CAMBRIDGE
INTERNATIONAL
DICTIONARY
of
PHRASAL
VERBS

Anglais-Français

PUBLISHED BY THE PRESS SYNDICATE OF THE UNIVERSITY OF CAMBRIDGE
The Pitt Building, Trumpington Street, Cambridge CB2 1RP, United Kingdom

CAMBRIDGE UNIVERSITY PRESS
The Edinburgh Building, Cambridge CB2 2RU, United Kingdom
40 West 20th Street, New York, NY 10011-4211, USA
10 Stamford Road, Oakleigh, Melbourne 3166, Australia

@ Cambridge University Press 1997

The pages in this book marked PHOTOCOPIABLE © Cambridge University Press 1997 may be photocopied free of charge by the purchasing individual or institution. This permission to copy does not extend to branches or additional schools of an institution. All other copying is subject to permission from the publisher.

First published 1998

Printed in the United Kingdom at the University Press, Cambridge

Typeset in Adobe Frutiger and Monotype Nimrod

A catalogue record for this book is available from the British Library

Library of Congress Cataloguing in Publication data applied for

ISBN 0 521 56557 X paperback

Cambridge International Dictionary of Phrasal Verbs: Anglais-Français

Directeur de collection
Professor Michael McCarthy

Rédacteur en chef
Elizabeth Walter

Chef de projet
Glennis Pye

Traducteur
Martine Pierquin

Rédacteur (anglais)
Kate Woodford

Rédacteur (français)
Thierry Fontenelle

Lexicographes
Stephen Curtis
Ann Kennedy
Kerry Maxwell
Clea McEnery
Elaine McGregor
Susannah Wintersgill
Kate Woodford

Consultant anglais américain
Carol-June Cassidy

Consultant anglais australien
Barbara Gassmann

Maquettistes
Barney Haward
Samantha Dumiak

Support logiciel
Robert Fleischman

Autres collaborateurs
Annetta Butterworth
Alice Chadwick
Claire Gerardy
Dominic Gurney
Lucy Hollingworth
Geraldine Mark
Jane Reeves

Table des matières

Introduction	vii
Comment utiliser ce dictionnaire	viii
Verbes à particule A–Z	1
Rubriques thématiques	431
Accord & désaccord	432
Informatique	433
Criminalité	434
Émotions	435
Alimentation	436
Donner & obtenir des renseignements	437
Maladie	438
Argent	439
Lire, écrire & étudier	440
Relations	441
Conversation	442
Réflexion	443
Voyages	444
Temps	445
Travail	446
Exercices	447
Corrigé	461

Introduction

Les verbes à particule représentent un aspect important de la langue anglaise. Ils forment en effet une des composantes centrales de la langue de tous les jours. Mais ils ne sont pas utilisés uniquement dans la langue parlée ou dans des situations informelles. L'anglais écrit, et même l'anglais formel, en font un usage fréquent. La compréhension et l'apprentissage des verbes à particule posent cependant souvent des problèmes. Il y a plusieurs raisons à cela. Le sens d'un verbe à particule n'a souvent rien à voir avec le sens traditionnel du verbe simple ou de la particule qui l'accompagne, ce qui explique la difficulté qu'ont les apprenants à comprendre les verbes à particule et à les assimiler. De plus, ces verbes ont souvent plusieurs sens et leur comportement syntaxique n'est pas toujours prévisible, ce qui complique encore la tâche de l'apprenant.

Le **Cambridge International Dictionary of Phrasal Verbs Anglais-Français** apporte une solution à ce problème si complexe de la langue anglaise en présentant les informations sur les verbes à particule de façon claire et précise. Chaque verbe est pourvu d'une traduction fidèle en français. Les exemples anglais, extraits du Cambridge International Corpus, illustrent chaque sens et sont également accompagnés de leur traduction française. Les variétés britannique, américaine et australienne de l'anglais sont traitées de façon extensive, ce qui donne au dictionnaire sa dimension résolument internationale. Les renseignements concernant les propriétés grammaticales de chaque verbe à particule sont présentés de façon claire et lisible, de manière à épargner à l'utilisateur le déchiffrage de codes grammaticaux obscurs.

Ce dictionnaire contient également en appendice des rubriques thématiques présentant des verbes à particule groupés selon leur signification ainsi qu'une batterie d'exercices que l'enseignant ou l'apprenant est libre de photocopier. L'ensemble forme ainsi une ressource inégalée qui pourra être utilisée comme ouvrage de référence ou comme outil didactique, en classe ou à domicile.

Comment utiliser ce dictionnaire

Flexion

La flexion est indiquée pour chaque verbe à particule.

chuck in chucks, chucking, chucked

get off gets, getting, got (*américain pp* aussi **gotten**)

Les formes fléchies différentes en anglais américain ou australien sont également indiquées.

Syntaxe

Le terme syntaxe désigne ici les propriétés grammaticales des verbes à particule. Ce dictionnaire indique la syntaxe de façon claire sans recourir à des codes grammaticaux compliqués. Cette partie de l'entrée indique ainsi si le verbe à particule est transitif ou intransitif et la place de l'objet du verbe transitif. Cette rubrique indique également si un verbe à particule ne peut être utilisé qu'à certaines formes ou à certains temps.

Ce verbe à particule est intransitif. Il ne prend pas d'objet direct.

drift off drifts, drifting, drifted

drift off
s'assoupir • *As Tim started telling her about his holiday for the third time, she closed her eyes and drifted off.*

Ce verbe à particule est transitif. L'objet direct peut être placé après le verbe à particule ou entre les deux parties. 'sth' (quelque chose) indique que l'objet n'est pas humain.

flag down flags, flagging, flagged

flag down sth or **flag** sth **down**
faire signe de s'arrêter à • *A police officer flagged the car down.* Un policier a fait signe à la voiture de s'arrêter.

gun down guns, gunning, gunned

'sb' (quelqu'un) indique que l'objet direct de ce verbe à particule est humain.

gun down sb or **gun** sb **down**
descendre, tirer sur • *He was gunned down in front of his wife and child by two masked assassins.*

see to sees, seeing, saw, seen

Ce verbe à particule est transitif. L'objet ne peut être placé qu'après le verbe. 'sth/sb' indique que l'objet peut être humain ou non-humain.

see to sth/sb
s'occuper de • *The cats need feeding twice a day, but Paula's seeing to that.*

build up builds, building, built

build up (sth) or **build** (sth) **up**

(en quantité) s'accumuler, (en taille) se développer, (en intensité) augmenter, accumuler, développer, faire augmenter • *There were big delays as traffic built up on the roads into the city.*

Les parenthèses indiquent que ce verbe à particule peut être transitif ou intransitif.

come from comes, coming, came, come

come from swh

1 venir de • *'Where do you come from?'* 'D'où viens-tu?'

'swh' (quelque part) indique que l'objet direct de ce verbe à particule désigne un lieu.

see about sees, seeing, saw, seen

see about sth/doing sth

s'occuper de • *It's getting late – I'd better see about dinner.* Il est tard. Je ferais bien de m'occuper du dîner.

Ce verbe à particule est toujours suivi d'un objet direct ou de la forme en -ing d'un autre verbe.

bend over backwards bends, bending, bent

bend over backwards to do sth

se mettre en quatre pour • *She would always bend over backwards to help anyone in trouble.*

Ce verbe à particule est toujours suivi d'un autre verbe à l'infinitif.

sandwich between

be sandwiched between sb/sth (toujours au passif) *familier*

être coincé entre • *Kim was sandwiched between her brothers in the back of the car.*

Ce verbe à particule est toujours utilisé à la voix passive.

fend for fends, fending, fended

fend for yourself (toujours pronominal)

se débrouiller • *She's 83 years old and still fends for herself.*

Ce verbe à particule est toujours utilisé à la forme pronominale.

die for

be dying for sth (toujours à la forme progressive) *familier*
avoir très envie de • *Put the kettle on – I'm dying for a cup of coffee.*

> Ce verbe à particule est toujours utilisé à la forme progressive.

fill in fills, filling, filled

fill in sth or **fill** sth **in**
1 (formulaire, questionnaire) remplir • *Please fill in the application form and send it back by November 2nd.* Prière de remplir le dossier d'inscription et de le renvoyer avant le 2 novembre.
2 (trou) reboucher • *Before painting, fill in all the cracks in the plaster.* Avant de peindre, rebouche toutes les fissures dans le plâtre.

fill in sb or **fill** sb **in** *légèrement familier*
mettre au courant • (souvent + **on**) *Let's go for a coffee and you can fill me in on what happened at the meeting.* Allons prendre un café, comme ça, tu pourras me mettre au courant de ce qui s'est passé à la réunion.

fill in
(absent) remplacer • (généralement + **for**) *Can you fill in for me for a couple of hours while I'm at the dentist's?* Est-ce que tu peux me remplacer pendant quelques heures, le temps que j'aille chez le dentiste?

> De nombreux verbes à particule ont plusieurs sens différents ainsi que des propriétés syntaxiques différentes. Ce dictionnaire présente les sens différents à l'intérieur de groupes illustrant une propriété syntaxique donnée.

rain off/out

be rained off (toujours au passif) *britannique & australien*
be rained out (toujours au passif) *américain*
être annulé(e) à cause de la pluie • *Most of the day's matches at Wimbledon were rained off.* A Wimbledon, la plupart des matchs de la journée ont été annulés à cause de la pluie.

> Les différences entre les variétés britannique, américaine et australienne sont clairement indiquées.

Renvois

hand round
voir **hand around/round**

> Les renvois indiquent l'endroit où est traité un verbe à particule donné, afin de faciliter son repérage.

Traductions

Chaque verbe à particule est suivi de sa traduction en français.

Les sujets et objets typiques des verbes sont également donnés en français.

bear out bears, bearing, bore, borne

bear out sth/sb or **bear** sth/sb **out**
(déclaration, théorie) confirmer • *The facts do not bear out the government's claims.* Les faits viennent démentir les déclarations faites par le gouvernement.

creep over creeps, creeping, crept

creep over sb *littéraire*
(malaise, fatigue) gagner • *A vague feeling of unease crept over her.* Un vague sentiment de malaise la gagna.

Exemples

Des exemples traduits en français et extraits du Cambridge International Corpus illustrent les différents sens de chaque verbe à particule.

Les exemples fournissent également de nombreuses informations grammaticales et collocationnelles.

bear up bears, bearing, bore, borne

bear up
tenir le coup • (souvent à la forme progressive) *'How is she doing since the funeral?' 'Oh, she's bearing up.'* 'Comment va-t-elle depuis l'enterrement?' 'Ca va, elle tient le coup.' • (parfois + **under**) *Many soldiers have trouble bearing up under the strain of battle.* Beaucoup de soldats ont du mal à tenir le coup pendant l'épreuve de la bataille.

Noms et adjectifs

Un certain nombre de noms et d'adjectifs sont dérivés de verbes à particule. Ils sont indiqués à la suite du verbe à particule dont ils sont issus.

send up sends, sending, sent

send up sb/sth or **send** sb/sth **up** *familier* (prof) imiter, (comportement) tourner en ridicule • *He loves sending up some of the more serious teachers.* Il adore imiter certains des profs les plus sérieux.

send-up *n* [C] *familier* parodie • *The programme is a hilarious send-up of the James Bond films.* L'émission est une parodie hilarante des films de James Bond.

grow up grows, growing, grew, grown

grow up
1 grandir • *She grew up in New Zealand.* Elle a grandi en Nouvelle-Zélande • *What do you want to be when you grow up?* Qu'est-ce que tu veux faire quand tu seras grand?

grown-up *n* [C] grande personne • *Daddy, why are all the grown-ups laughing?* Papa, pourquoi est-ce que toutes les grandes personnes rient?

grown-up *adj* adulte • *The couple, married for 32 years, had four grown-up children.* Le couple, marié depuis 32 ans, avait quatre enfants adultes.

Les verbes à particule très fréquents et utiles pour les apprenants de l'anglais apparaissent sur un fond gris qui les met en évidence.

look up looks, looking, looked

look up sth or **look** sth **up**

chercher • *Can you look up the French word for 'marrow'?* Est-ce que tu peux chercher l'équivalent français de 'marrow'? *I'm not sure what his number is. You'll have to look it up in the telephone directory.* Je ne suis pas sûre de son numéro. Il faudra que vous le cherchiez dans l'annuaire.

Abréviations

adj	adjectif		*prét*	prétérit
n	nom		*pp*	participe passé
adv	adverbe		sth	quelque chose
prép	préposition		sb	quelqu'un
[C]	nom pouvant être utilisé au pluriel		swh	quelque part
[U]	nom sans pluriel et ne pouvant pas être utilisé avec *a* ou *one*			
[singulier]	nom sans pluriel et pouvant être utilisé avec *a* ou *the*			
[pluriel]	nom ne pouvant être utilisé qu'au pluriel			

Régionalismes

britannique	ce verbe à particule n'est utilisé qu'en anglais britannique		*surtout britannique*	ce verbe à particule est surtout utilisé en anglais britannique
américain	ce verbe à particule n'est utilisé qu'en anglais américain		*surtout américain*	ce verbe à particule est surtout utilisé en anglais américain
australien	ce verbe à particule n'est utilisé qu'en anglais australien			

Niveaux de langue

familier	verbe à particule utilisé en famille, avec des amis ou des connaissances dans la langue de tous les jours		*tabou*	verbe à particule dont l'emploi peut vexer l'interlocuteur (ne s'utilise pas dans la langue soignée)
formel	verbe à particule utilisé dans des situations où le sérieux et la politesse sont requis (documents commerciaux, conférences, journaux parlés, presse de qualité…)		*humoristique*	verbe à particule dont l'emploi est destiné à faire rire l'interlocuteur
			littéraire	verbe à particule utilisé principalement dans des oeuvres littéraires
argot	verbe à particule utilisé dans des situations familières, souvent entre social donné			
vieilli	verbe à particule toujours utilisé, mais quelque peu désuet			

abide by abides, abiding, abided

abide by sth
respecter • *Staff who refused to abide by the new rules were fired.* Le personnel qui refusait de se plier au nouveau règlement a été renvoyé. • *We are quite willing to abide by their decision, whatever it may be.* Nous acceptons tout à fait de nous soumettre à leur décision, quelle qu'elle soit.

abound in/with abounds, abounding, abounded

abound in/with sth *formel*
abonder en • *Its forest and plains abound with deer and elk.* Ses forêts et ses plaines sont peuplées de cerfs et d'élans. • *His later novels abound in plots and schemes.* Ses derniers romans abondent en intrigues.

accede to accedes, acceding, acceded

accede to sth *formel*
1 accéder à • *The government finally acceded to the nationalists' demand for independence.* Le gouvernement a finalement accédé à la revendication d'indépendance des nationalistes.
2 accéder à • *Queen Victoria acceded to the throne in 1837.* La reine Victoria est montée sur le trône en 1837. • *Traidenis acceded to power in 1270 and ruled Lithuania for twelve years.* Traidenis a accédé au pouvoir en 1270 et a gouverné la Lithuanie pendant douze ans.

accord with accords, according, accorded

accord with sth *formel*
être conforme à • *His version of events does not accord with the witness's statements.* Sa version des faits ne concorde pas avec les déclarations du témoin.

account for accounts, accounting, accounted

account for sth
1 expliquer • *Can you account for your absence last Friday?* Pouvez-vous donner la raison de votre absence vendredi dernier? • *She was unable to account for over $5000.* Elle ne pouvait justifier plus de 5000 dollars. • *There's no accounting for taste.* Chacun son goût.
2 représenter • *Students account for about 50% of our customers.* Les étudiants représentent environ 50% de notre clientèle.

account for sb
retrouver (la trace de) • *The army made no attempt to account for the missing men.* L'armée n'a pas essayé de retrouver les disparus.

ace out aces, acing, aced

ace out sb or **ace** sb **out** *américain, familier*
devancer • *We were aced out by a rival agency.* Nous avons été devancés par une agence rivale.

ache for aches, aching, ached

ache for sb/sth
(sommeil) souffrir du manque de; (personne) souffrir de l'absence de • *He lay awake, his whole body aching for sleep.* Il restait éveillé, tout son corps appelant désespérément le sommeil. • *After only two weeks apart she was aching for him.* Au bout de seulement deux semaines de séparation, il lui manquait terriblement.

act out acts, acting, acted

act out sth or **act** sth **out**
1 représenter • *The children were told to act out a verse of their favourite poem.* On a demandé aux enfants de mimer un vers de leur poème préféré.
2 exprimer • *In therapy sessions, children are encouraged to act out their aggressions and talk about their fears.* Au cours des séances de thérapie, on encourage les enfants à exprimer leur agressivité et à parler de leurs angoisses. • *Playing another character allows you to act out your repressed desires.* Incarner une autre personne vous permet d'exprimer vos désirs refoulés.

act up acts, acting, acted

act up
1 *légèrement familier* faire des siennes • *If my knee starts acting up, I might have to*

give tomorrow's walk a miss. Si mon genou commence à me lâcher, je devrai peut-être m'abstenir de participer à la marche de demain. • *My car has been acting up again – I must get someone to have a look at it.* J'ai encore des problèmes avec ma voiture – il faut que je la fasse voir par quelqu'un.

2 faire des bêtises • *As soon as one of the kids starts acting up, the others follow.* Dès qu'un des enfants commence à faire des bêtises, les autres suivent.

3 *britannique* en faire plus • *Junior staff are frequently required to act up but they don't get paid extra.* On demande souvent aux jeunes employés d'en faire plus mais on ne les paye pas davantage pour autant.

add up adds, adding, added
add up (sth) or **add** (sth) **up**

additionner • *If you add those four figures up, it comes to over £500.* Si vous additionnez ces quatre nombres, cela fait plus de 500 livres. • *Kids who only ever use calculators to do sums quickly forget how to add up in their heads.* Les enfants qui ne se servent que de leur calculatrice pour faire des opérations sont rapidement incapables d'additionner mentalement.

add up (jamais à la forme progressive) *légèrement familier*

1 s'ajouter • *If you put a few pounds away each week, it's surprising how quickly it adds up.* Quand on met quelques livres de côté chaque semaine, on est surpris d'être vite en possession d'une somme non négligeable. • *You may only be eating a hundred calories here and a hundred calories there, but it all adds up.* Vous ne mangez peut-être que cent calories ici et là, mais elles finissent par s'additionner.

2 être compréhensible • (souvent dans des phrases négatives) *So why would she accept a job offering less money and fewer prospects; it just doesn't add up.* Pourquoi accepterait-elle un travail moins bien payé et avec moins d'avenir; cela n'a aucun sens.

add up to adds, adding, added
add up to sth

1 s'élever à • *The various building programmes add up to several thousand new homes.* L'ensemble des projets de construction représente plusieurs milliers de nouvelles maisons.

2 avoir pour résultat • *Trains are frequently cancelled and always late, all of which adds up to a lot of frustration for the passenger.* Les trains sont souvent annulés et ils sont toujours en retard, ce qui engendre beaucoup de frustration chez le passager. • *Whether such proposals add up to any real help for the poor remains to be seen.* Il reste à savoir si de telles propositions constitueront une aide réelle à l'égard des plus démunis.

adhere to adheres, adhering, adhered
adhere to sth *formel*

se conformer à • *Companies failing to adhere strictly to safety guidelines are penalised.* Les entreprises refusant de se conformer aux consignes de sécurité sont pénalisées.

agree with agrees, agreeing, agreed
agree with sb *légèrement vieilli*

réussir à • *The sea air seemed to agree with him – he looked fitter than he had in a long time.* L'air marin semblait lui réussir – il avait l'air en meilleure forme qu'il ne l'avait été depuis longtemps. • *It's good to see you looking so well – motherhood obviously agrees with you.* Cela fait plaisir de te voir avec une si bonne mine – manifestement, être mère te réussit bien.

not agree with sb (toujours dans des phrases négatives; jamais à la forme progressive)

ne pas réussir à • *I tend to avoid onions – they don't agree with me.* J'évite de manger des oignons – j'ai du mal à les digérer.

aim at aims, aiming, aimed
aim at sth/doing sth

avoir pour objectif, avoir pour objectif de faire • *We're aiming at a 50% increase in production.* Nous avons pour objectif une augmentation de 50% de la production. • *This is the latest in a series of talks aimed at settling the conflict.* C'est le dernier d'une série de pourparlers destinés à mettre fin au conflit.

aim sth **at** sb

viser qn • (généralement au passif) *Roughly half of the magazines bought in Britain are aimed exclusively at women.* A peu près la moitié des magazines achetés en Grande-Bretagne visent exclusivement les femmes. • *I don't think his remarks were aimed at anyone in particular.* Je ne pense pas que ses remarques visaient qui que ce soit en particulier.

allow for allows, allowing, allowed

allow for sth
tenir compte de • *The whole journey should take just over five hours – that's allowing for delays.* Le trajet devrait prendre un peu plus de cinq heures – en tenant compte d'éventuels ralentissements. • *Even allowing for exaggeration, these reports of human suffering are an appalling tale.* Même en tenant compte des exagérations, ces rapports sur la souffrance humaine sont révoltants.

allow of allows, allowing, allowed

allow of sth *formel*
admettre, souffrir • *The old woman was too full of energy to allow of their walking slowly on her account.* La vieille femme était trop énergique pour admettre qu'on marche lentement à cause d'elle.

allude to alludes, alluding, alluded

allude to sth/sb *légèrement formel*
faire allusion à • *She mentioned some trouble that she'd had at home and I guessed she was alluding to her son.* Elle a évoqué des problèmes familiaux et j'ai supposé qu'elle faisait allusion à son fils. • *So what is the dark secret alluded to in the title of Wellbrock's latest novel?* Et à quel sombre secret le titre du dernier roman de Wellbrock fait-il allusion?

amount to amounts, amounted

amount to sth (jamais à la forme progressive)
1 atteindre • *The cost of treating heart disease and cancer amounts to 100 billion dollars a year.* Le traitement des maladies cardiovasculaires et du cancer coûte 100 milliards de dollars par an.
2 équivaloir à • *He gave what amounted to an apology on behalf of his company.* Il exprima l'équivalent d'une excuse de la part de son entreprise. • *It remains to be seen whether his threats amount to anything more than tough talk.* Il reste à voir si ses menaces sont vraiment plus que des paroles d'intimidation.
3 to be or become very good or important • (généralement dans des phrases négatives) *The changes in the department did not amount to much.* Les changements dans le département n'ont pas fait grande différence. • *If you don't work hard in school, you'll never amount to anything.* Si tu ne travailles pas bien à l'école, tu n'arriveras jamais à rien.

angle for angles, angling, angled

angle for sth
essayer d'obtenir • *I suspect she's angling for promotion.* Je crois qu'elle essaie d'obtenir une promotion. • *He's been angling for an invitation all week.* Toute la semaine il a essayé de se faire inviter.

announce against announces, announcing, announced

announce against sb/sth *américain*
se déclarer opposé à • *Many show business people have announced against the Republican candidate.* Un grand nombre de personnalités du spectacle ont fait savoir qu'elles ne soutenaient pas le candidat républicain.

announce for announces, announcing, announced

announce for sth *américain*
annoncer sa candidature à • *He surprised the whole nation by announcing for the Presidency.* Il a surpris le pays tout entier en annonçant sa candidature à la présidence de la république.
announce for sb/sth *américain*
se déclarer en faveur de • *The union announced for the Democratic candidate.* Le syndicat s'est déclaré en faveur du candidat démocrate.

answer back answers, answering, answered

answer (sb) **back**
répondre • *Don't you dare answer me back, young lady!* Et ne vous risquez pas à me répondre, mademoiselle! • *What shocks me about Terry's kids is the way they answer back.* Ce qui me choque chez les enfants de Terry, c'est la manière dont ils répondent.

answer for answers, answering, answered

answer for sth
répondre de • *If the government decides to send all these men off to war, they will have a lot of deaths to answer for.* Si le gouvernement décide d'envoyer tous ces hommes à la guerre, il devra répondre d'un grand nombre de morts. • *Do you think parents should have to answer for their children's behaviour?* Pensez-vous que les parents doivent répondre des actes de leurs enfants? • *This was a perfectly happy office till Phil took over – he's got a lot to answer for.* L'ambiance était parfaitement bonne au bureau jusqu'au jour où Phil a pris la suite – il est pour beaucoup responsable.

answer for sb/sth
répondre de • *I can answer for Tanya because I used to work with her, but I've no idea what the other candidates are like.* Je peux répondre de Tania parce que j'ai travaillé avec elle, mais je ne sais pas du tout comment sont les autres candidats. • *Just from those three months of working together I can answer for her professionalism.* Rien qu'en me basant sur ces trois mois passés à travailler ensemble, je peux répondre de son professionnalisme.

answer to answers, answering, answered

answer to sb *légèrement formel*
rendre compte à • *We were living in a police state, where the police answered to no one.* Nous vivions dans un état policier où la police n'avait de comptes à rendre à personne.

ante up antes, anteing, anted

ante up (sth) *américain*
verser • *Each person is being asked to ante up $12 to cover expenses.* Chaque personne est priée de verser 12 dollars pour couvrir les frais.

arrive at arrives, arriving, arrived

arrive at sth
parvenir à • *We discussed the matter at length but failed to arrive at a decision.* Nous avons discuté du problème à fond mais sans parvenir à prendre une décision. • *It is hoped that after this round of talks they will be able to arrive at an agreement.* On espère qu'à la fin de cette série de négociations ils parviendront à un accord.

arse about/around arses, arsing, arsed

arse about/around *britannique & australien, argot*
glander • *I wish he'd stop arsing around and help me clear up this mess.* J'aimerais qu'il arrête de glander et qu'il m'aide à ranger ce bazar.

ascribe to ascribes, ascribing, ascribed

ascribe sth **to** sth *formel*
attribuer qch à qch • *If this had been the first time such a disaster had occurred, it could have been ascribed to misfortune.* Si ça avait été la première fois qu'un tel désastre arrivait, on aurait pu l'attribuer à la malchance. • *He ascribes his phenomenal success to being in the right place at the right time.* Il attribue sa réussite phénoménale au fait de s'être trouvé au bon endroit au bon moment.

ascribe sth **to** sb/sth *formel*
(caractéristique) imputer • *It seems strange that she can ascribe such callousness to her own son.* Cela semble bizarre qu'elle impute une telle dureté à son propre fils. • *People often ascribe different values to the same word.* Les gens attribuent souvent des valeurs différentes à un même mot.

ascribe sth **to** sb *formel*
attribuer à • *Most experts have ascribed the drawing to Michelangelo.* La plupart des experts attribuent ce dessin à Michelange.

ask after asks, asking, asked

ask after sb/sth
demander des nouvelles de • *Graham's been asking after you again.* Graham a encore demandé de tes nouvelles. • *Julia asked after your health.* Julia a demandé des nouvelles de ta santé.

ask around asks, asking, asked

ask around
demander autour de soi • *I'll ask around at work and see if anyone can babysit.* Je demanderai autour de moi au travail si quelqu'un peut garder des enfants.

ask for asks, asking, asked

couldn't ask for sb/sth (toujours dans des phrases négatives)
ne pas pouvoir espérer mieux • *She's great to work for – I really couldn't ask for a better*

boss. C'est super de travailler pour elle – comme chef, je ne pouvais vraiment pas espérer mieux.

ask for sb

vouloir parler à qn • *A young man was here earlier, asking for Rebecca.* Un jeune homme est venu tout à l'heure, il voulait parler à Rebecca.

be asking for sth (toujours à la forme progressive) *familier*

chercher qch • *Drinking and driving is just asking for trouble.* Conduire en état d'ivresse, c'est vraiment chercher les ennuis. • *Coming into work late almost every morning – he was really asking for it!* A arriver en retard au travail presque chaque matin – il le cherchait vraiment!

ask in asks, asking, asked

ask in sb or **ask** sb **in**

faire entrer • *I didn't want to leave him on the doorstep so I asked him in.* Je ne voulais pas le laisser sur le pas de la porte, alors je l'ai fait entrer. • (souvent + **for**) *I'd ask you in for a coffee but I have to be up early in the morning.* Je t'inviterais bien à entrer prendre un café mais je dois me lever tôt demain matin.

ask out asks, asking, asked

ask out sb or **ask** sb **out**

inviter qn à sortir • *There's some girl in the office he fancies but he's too scared to ask her out.* Il y a une fille au bureau qui lui plaît mais il n'ose pas l'inviter à sortir. • (parfois + **for**) *She phoned him to ask him out for a drink.* Elle lui a téléphoné pour l'inviter à sortir prendre un verre.

ask over/round asks, asking, asked

ask sb **over/round**

inviter • *I've asked Adrian and David over to dinner next Saturday.* Nous avons invité Adrien et David à dîner samedi prochain. • (souvent + **for**) *I thought we might ask Nicky and Steve round for drinks one night.* J'ai pensé qu'un soir on pourrait inviter Nicky et Steve à venir prendre un verre à la maison.

aspire to aspires, aspiring, aspired

aspire to sth

aspirer à • *Unlike so many men, he has never aspired to a position of power.* A la différence de bien des hommes, il n'a jamais aspiré à un poste de pouvoir.

associate with associates, associating, associated

associate sb/sth **with** sb/sth

associer avec • *Patience isn't a virtue I normally associate with Clare.* La patience n'est pas une qualité que j'associe habituellement avec Clare. • *Why do men always associate enjoying themselves with drinking loads of beer?* Pourquoi l'idée de s'amuser est-elle toujours associée chez les hommes avec celle de boire des quantités de bière? • *It's interesting how different styles of dress can be associated with different types of music.* Il est intéressant de voir comment différents styles vestimentaires sont associés à différents types de musique.

be associated with sth (toujours au passif)

être lié à • *The cancer risks associated with smoking are well publicized.* Les médias parlent beaucoup des risques de cancer liés au tabac. • *Tackling the problems associated with inflation is not going to be an easy task.* Il ne sera pas facile de s'attaquer aux problèmes liés à l'inflation.

associate with sb

fréquenter • *Tim's mother has always disapproved of the sort of people that he associates with.* La mère de Tim a toujours désapprouvé le genre de personnes qu'il fréquente.

atone for atones, atoning, atoned

atone for sth *formel*

expier • *Why should the new generation feel they have to atone for the country's past?* Pourquoi la nouvelle génération devrait-elle se sentir obligée d'expier les fautes passées de la nation?

attend to attends, attending, attended

attend to sb/sth

1 *formel* s'occuper de • *I've got to go into the office. I have one or two matters to attend to.* Il faut que j'aille au bureau. Je dois m'occuper d'une ou deux choses.

2 s'occuper de • *The doctors tried to attend to those with the worst injuries first.* Les médecins ont d'abord essayé de s'occuper des blessés les plus graves. • *As a child, you*

always assume that your parents are there to attend to your needs. Quand on est enfant, on présume toujours que nos parents sont là pour répondre à nos besoins.

attest to attests, attesting, attested
attest to sth *formel*
témoigner de • *A national poll conducted last week attests to her popularity.* Un sondage national effectué la semaine dernière témoigne de sa popularité.

attribute to attributes, attributing, attributed

attribute sth **to** sth *légèrement formel*
attribuer à • *He attributes his lack of self-confidence to a troubled childhood.* Il attribue son manque de confiance en soi à son enfance difficile. • *She attributes her success to having a good team of people working for her.* Elle attribue sa réussite à l'équipe de qualité qui travaille pour elle.
attribute sth **to** sb/sth *légèrement formel*
attribuer • *I would never attribute such a lack of judgement to you.* Jamais je ne t'attribuerais un tel manque de jugement.
attribute sth **to** sb *légèrement formel*
attribuer • (généralement au passif) *The poem was originally attributed to a little-known Welsh author.* A l'origine, le poème était attribué à un auteur gallois peu connu. • *Both statements were attributed to the minister in the press.* Dans la presse, les deux déclarations ont été attribuées au ministre.

auction off auctions, auctioning, auctioned

auction off sth or **auction** sth **off**
vendre aux enchères • *Conally's house and belongings were auctioned off to repay his business debts.* La maison de Conally et ses objets personnels ont été vendus aux enchères pour rembourser ses dettes professionnelles.

avail of avails, availing, availed

avail yourself **of** sth (toujours pronominal) *formel*
profiter de • *As an employee I thought I might avail myself of the opportunity to buy cheap shares in the company.* J'ai pensé qu'en tant qu'employé je pouvais profiter de l'occasion pour acheter des parts bon marché dans l'entreprise.

average out averages, averaging, averaged

average out sth or **average** sth **out**
faire la moyenne de • *When I average out what I spend on clothes it comes to about £150 a month.* Quand je fais la moyenne de ce que je dépense en vêtements, ça revient à environ 150 livres par mois.
average out
s'égaliser • *In the end, the highs and lows of life tend to average out.* En fin de compte, la vie est faite de hauts et de bas qui ont tendance à se compenser.

average out at averages, averaging, averaged

average out at sth
se monter/s'élever en moyenne à • *My time off work this year averages out at two days a week.* En moyenne, j'ai été absent au travail deux jours par semaine cette année.

back away backs, backing, backed
back away
1 reculer • *She saw that he had a gun and backed away.* Elle s'aperçut qu'il était armé et recula.
2 s'abstenir • (généralement + **from**) *The government has backed away from plans to increase taxes.* Le gouvernement a décidé de ne pas mettre à exécution son projet d'augmentation des impôts.

back down backs, backing, backed
back down
céder • *You could tell by the look on his face that nothing would make him back down.* On pouvait voir à l'expression de son visage que rien ne le ferait céder. • (souvent + **on**) *Local residents have forced the council to back down on its plans to demolish the library.* Les habitants ont contraint la municipalité à renoncer à ses projets de démolition de la bibliothèque.

back into backs, backing, backed
back into sth *américain, familier*
se trouver entraîné dans quelque chose par hasard • *So how did I get this job? I guess I just backed into it.* Comment j'ai obtenu ce poste? Je crois que ça s'est fait par hasard.

back off backs, backing, backed
back off
1 reculer • *I saw his knife and backed off.* J'ai vu son couteau et j'ai reculé.
2 *légèrement familier* ne pas insister • (souvent à l'impératif) *Just back off and let us do this on our own, will you?* N'insiste pas et laisse-nous nous occuper de ça nous-mêmes, d'accord? • *I thought I'd better back off and leave her to make her mind up.* J'ai pensé que je ferais mieux de ne pas insister et de la laisser prendre sa décision.
3 *surtout américain* faire marche arrière, revenir sur (idée, promesse) • (généralement + **from**) *The president seems to have backed off from his 'no new taxes' promise.* Le président semble être revenu sur sa promesse 'pas d'impôts nouveaux'.

back onto backs, backing, backed
back onto sth
donner sur (derrière) • *They've got a beautiful house that backs onto the beach.* Ils ont une belle maison qui, derrière, donne sur la plage.

back out backs, backing, backed
back out
se retirer • (souvent + **of**) *They backed out of the deal at the last minute.* Ils se sont retirés de l'affaire à la dernière minute. • *She's signed the contract so she can't back out now.* Maintenant qu'elle a signé le contrat, elle ne peut plus se retirer.

back up backs, backing, backed
back up sb or **back** sb **up**
1 soutenir • *Will you back me up if I say that he wasn't here?* Est-ce que tu me soutiendras si je dis qu'il n'était pas là? • (souvent + **on**) *I know you're telling the truth so I'll back you up on that.* Je sais que tu dis la vérité et je te soutiendrai sur ce point.
2 soutenir, aider • (souvent + **in**) *My family backed me up in my fight for compensation.* Ma famille m'a aidé quand je me suis battu pour obtenir une indemnisation.
back-up *n* [U] soutien • *Our engineers will provide technical back-up.* Nos ingénieurs fourniront l'assistance technique.
3 accompagner • *Can you back me up on piano?* Est-ce que tu peux m'accompagner au piano?
back-up *adj* (toujours avant n) *américain & australien* • *She's a back-up singer for Whitney Houston.* C'est une choriste de Whitney Houston.
back up sth or **back** sth **up**
confirmer • *Her findings have been backed up by recent studies.* Ses découvertes ont été confirmées par des études récentes.
back up (sth) or **back** (sth) **up**
1 faire marche arrière • *Back up a little more so there's room for another car in front.* Recule encore un peu pour qu'il y ait de la place devant pour une autre voiture.
2 sauvegarder • (souvent + **on/onto**) *I back up all my files onto floppy disks.* Je

sauvegarde tous mes fichiers sur disquettes. • *Make sure you back up every night.* Prend soin de sauvegarder ton travail tous les soirs.
back-up n [C] copie • *Always make a back-up of your files.* Il faut toujours faire une copie de tes fichiers. • *(employé comme adj) Where are those back-up tapes?* Où sont ces copies d'enregistrement?

back up
être bloqué • *Traffic is starting to back up on both lanes of the motorway.* L'autoroute commence à être embouteillée dans les deux sens.

bag up bags, bagging, bagged

bag up sth or **bag** sth **up**
mettre en sac • *We bagged up the vegetables to put in the freezer.* Nous avons mis les légumes en sachets pour les congeler.

bail out bails, bailing, bailed

bail out sb or **bail** sb **out**
payer une caution pour • *His wife refused to bail him out.* Sa femme a refusé de payer sa caution.

bail out sb/sth or **bail** sb/sth **out**
renflouer • *She keeps running up huge debts and then asking her friends to bail her out.* Elle n'arrête pas de faire des dettes énormes puis elle demande à ses amis de la renflouer.

bail out *américain*
(d'une situation délicate) se retirer, (ami, collègue) laisser tomber • *My advice to you is to bail out now before there's trouble.* Je vous conseille de vous retirer avant que les ennuis commencent. • (souvent + **on**) *A lot of Bob's friends bailed out on him when he got into trouble.* Bon nombre d'amis de Bob l'ont laissé tomber quand il a commencé à avoir des ennuis.

bail up bails, bailing, bailed

bail up sb or **bail** sb **up**
1 *australien* retenir • *I'm sorry I'm late – your neighbour bailed me up at the gate for half an hour.* Excuse-moi d'être en retard – ton voisin m'a retenu à l'entrée pendant une demi-heure.
2 *australien* dévaliser quelqu'un en le menaçant d'une arme à feu • *The prisoner bailed up the guard, took his wallet, and fled.* Le prisonnier a braqué une arme sur

le garde, lui a pris son portefeuille et s'est enfui.

bail/bale out bails, bailing, bailing/bales, baling, baled

bail out (sth) or **bail** (sth) **out**
britannique, américain & australien
bale out (sth) or **bale** (sth) **out**
britannique & australien
écoper • *It had rained all night and we had to bail the boat out in the morning.* Il avait plu toute la nuit et nous avons dû écoper le bateau le matin. • *As the water poured in, he frantically bailed out.* Au fur et à mesure que l'eau entrait, il écopait avec frénésie.

bail out *américain*
bale out *britannique & australien*
sauter • *The pilot had managed to bail out safely.* Le pilote avait réussi à sauter à temps.

balance out/up balances, balancing, balanced

balance out/up (sth) or **balance** (sth) **out/up**
(s')équilibrer • *We'd better ask a few men to the party to balance up the numbers.* Nous devrions inviter quelques hommes à la soirée pour que les choses soient plus équilibrées. • *I spend a lot one month and not so much the next and in the end it balances out.* Je dépense beaucoup d'argent un mois et moins le mois suivant; au bout du compte ça s'équilibre.

bale out
voir **bail/bale out**

balk/baulk at balks, balking, balked/baulks, baulking, baulked

balk at sth/doing sth *britannique, américain & australien*
baulk at sth/doing sth *britannique & australien*
rechigner à • *I balked at the prospect of four hours on a train in his company.* L'idée de passer quatre heures dans un train en sa compagnie me déplut profondément. • *I think that most people would baulk at spending so much on a meal.* Je crois que beaucoup de gens répugneraient à dépenser autant d'argent pour un repas.

ball up balls, balling, balled

ball up sth/sb or **ball** sth/sb **up**
américain, familier
(projet, personne) faire merder • *Don't use my computer – you'll ball it all up.* Ne te sers pas de mon ordinateur – tu vas tout faire merder. • *The new train schedule has balled me up.* C'est le nouvel horaire du train qui m'a fait merder.

balls up ballses, ballsing, ballsed

balls up sth or **balls** sth **up** *britannique & australien, familier*
(projet) faire foirer, (examen) merder à • *I ballsed up the second interview completely.* J'ai complètement merdé au deuxième entretien.

balls-up n [C] *britannique & australien, familier* merde • *She made a right balls-up of the arrangements.* Elle a semé la merde dans les préparatifs.

band together bands, banding, banded

band together
se (re)grouper • (souvent + to do sth) *Shoppers in the neighbourhood are banding together to make bulk orders.* Les consommateurs du quartier se regroupent pour faire des commandes en gros.

bandage up bandages, bandaging, bandaged

bandage up sb/sth or **bandage** sb/sth **up**
bander • *One of his arms, resting outside the bed, was bandaged up.* Un de ses bras, posé sur les couvertures, était bandé. • *When Alison cut her leg, the school nurse bandaged her up and sent her home.* Quand Alison s'est fait une coupure à la jambe, l'infirmière de l'école lui a fait un bandage et l'a renvoyée chez elle.

bandy about/around bandies, bandying, bandied

bandy about/around sth or **bandy** sth **about/around**
parler souvent de • (généralement au passif) *A lot of phrases are bandied about and I wonder if anyone really knows what they mean.* Beaucoup d'expressions circulent dont je me demande si on sait vraiment ce qu'elles signifient.

bang about/around bangs, banging, banged

bang about/around
faire du bruit • (souvent + **in**) *I could hear him banging about in the kitchen.* Je l'entendais faire du bruit dans la cuisine.

bang away at bangs, banging, banged

bang away at sth *surtout américain, familier*
(travail) s'acharner sur • *Tom's been banging away at his homework all evening.* Tom s'est acharné sur ses devoirs toute la soirée.

bang away at sb *américain, familier*
cuisiner • *The detectives banged away at him for hours.* Les inspecteurs de police l'ont cuisiné pendant des heures.

bang down bangs, banging, banged

bang down sth or **bang** sth **down**
(verre, livre) poser brutalement • (souvent + **on**) *'Five dollars,' he said, banging the glass down on the counter.* 'Ça fait cinq dollars', dit-il en posant brutalement le verre sur le comptoir.

bang into bangs, banging, banged

bang into sth
se cogner contre • *I couldn't see where I was going and I kept on banging into things.* Je ne voyais pas où j'allais et je me cognais contre les objets.

bang on bangs, banging, banged

bang on *britannique, familier*
rabâcher • (souvent à la forme progressive; généralement + **about**) *He's always banging on about how much better life is outside of London.* Il est toujours à rabâcher que la vie est plus agréable à l'extérieur de Londres.

bang out bangs, banging, banged

bang out sth or **bang** sth **out**
1 *légèrement familier* taper • *She banged out some well known songs on the old piano.* Elle a tapé quelques chansons célèbres sur le vieux piano.
2 *familier* taper • *Reporters in the newsroom sat at their computers, banging out stories for the next day.* Dans la salle de rédaction,

les journalistes tapaient leurs articles pour le lendemain.

bang up bangs, banging, banged

bang up sb or **bang** sb **up** *britannique, familier*
boucler • (généralement au passif) *He was banged up for 16 years for a murder that he didn't commit.* On l'a bouclé pendant 16 ans pour un crime qu'il n'avait pas commis.

bang up sb/sth or **bang** sb/sth **up** *américain, familier*
(objet) bousiller, (personne) casser la gueule à • *She's afraid to tell him she's banged up his car.* Elle n'ose pas lui dire qu'elle lui a bousillé sa voiture. • *Mike got banged up in a bar brawl.* Mike s'est fait casser la gueule dans une bagarre de bistrot.

banged-up *adj* tout cabossé • *a banged-up old truck* un vieux camion tout cabossé

bank on banks, banking, banked

bank on sth
compter sur • *I hope to be there but don't bank on it.* J'espère être là mais n'y compte pas trop quand même. • *She's banking on getting a pay increase this year.* Elle espère recevoir une augmentation de salaire cette année.

bargain for/on bargains, bargaining, bargained

bargain for/on sth
s'attendre à • (généralement dans des phrases négatives) *Neither pilot had bargained for the hazards of the land that they were flying over.* Aucun des deux pilotes ne s'attendaient aux embûches du terrain qu'ils étaient en train de survoler. • *She hadn't bargained on the house being sold so quickly.* Elle ne s'attendait pas à ce que la maison se vende si vite. • *The strength of the opposition was rather more than she'd bargained for.* Elle ne s'attendait pas à une opposition aussi forte.

barge in/into barges, barging, barged

barge in
barge into swh
faire irruption dans • (souvent + **on**) *I certainly wasn't about to go barging in on them uninvited.* Il n'était pas question que je fasse irruption chez eux sans y être invité. • *You don't just go barging into someone's bedroom without knocking.* On n'entre pas comme ça sans frapper dans la chambre de quelqu'un.

barge in
barge into sth
(conversation) interrompre, (par indiscrétion) se mêler de • *Sorry to barge in, but did I hear you say that you were driving into town?* Excusez-moi d'interrompre mais avez-vous dit que vous alliez en ville en voiture?

bark out barks, barking, barked

bark out sth or **bark** sth **out**
(ordre) aboyer • *The officers expect you to act the moment they bark out the orders.* Les officiers ont à peine fini d'aboyer leurs ordres qu'ils veulent qu'on les exécute.

base on/upon bases, basing, based

base sth **on/upon** sth
baser sur • (généralement au passif) *The film is based on a short story by Thomas Mann.* Le film est basé sur une nouvelle de Thomas Mann. • *Their predictions were based on a survey of 19 local companies.* Leurs prédictions étaient basées sur une enquête réalisée auprès de 19 entreprises locales.

bash about bashes, bashing, bashed

bash sth/sb **about** *britannique & australien, légèrement familier*
malmener • *If you bash it about like that, it won't last very long.* Si tu le malmènes comme ça, il ne va pas durer longtemps. • *At school, he always got bashed about by the bigger kids.* A l'école, il se fait constamment malmener par les plus grands.

bash in bashes, bashing, bashed

bash in sth or **bash** sth **in** *familier*
(porte) défoncer, (fenêtre) briser • *Someone had bashed in the side window of the car and taken the stereo system.* Quelqu'un avait brisé la vitre de la portière de la voiture et emporté la stéréo.

bash up bashes, bashing, bashed

bash up sb/sth or **bash** sb/sth **up** *familier*
(personne) tabasser, (objet) cogner sur • *He got bashed up in a fight.* Il s'est fait tabasser

dans un bar. • *Someone had gone and bashed his car up while he wasn't there.* Quelqu'un est allé cogner sur sa voiture pendant son absence.

bask in basks, basking, basked

bask in sth
savourer • *She smiled complacently, basking in their admiration.* Elle sourit avec complaisance, savourant leur admiration.

bat around bats, batting, batted

bat around sth or **bat** sth **around**
légèrement familier
discuter longuement • *We batted around various proposals but didn't come to a decision.* Nous avons discuté longuement diverses propositions mais n'avons pris aucune décision.

bat around (swh) *américain, familier*
traîner • *Those kids will get in trouble just batting around town all the time.* Ces gosses finiront par avoir des ennuis à toujours traîner en ville. • *He doesn't seem to do much – he just bats around most of the time.* Il n'a pas l'air de faire grand-chose. Il passe la plus grosse partie de son temps à traîner.

bat out bats, batting, batted

bat out sth or **bat** sth **out** *américain, familier*
jeter sur le papier • *Ruth batted out a few lines to use in her talk.* Ruth a jeté quelques notes sur le papier pour s'aider pendant son discours.

batten down battens, battening, battened

batten down (sth) or **batten** (sth) **down**
(écoutille, fenêtre) fermer • *Before the storm hit, we had battened down the windows.* Nous avions fermé les fenêtres avant que l'orage n'éclate. • *Everyone on the coast is battening down for Hurricane Lily.* Sur la côte, tout le monde s'enferme en prévision de l'ouragan Lily.

batten on/upon battens, battening, battened

batten on/upon sb *littéraire*
vivre à la charge de • *He's spent these last five years battening on some rich aunt of his.* Il a passé ses cinq dernières années à vivre à la charge d'une tante riche.

batter down batters, battering, battered

batter down sth or **batter** sth **down**
(porte) défoncer, (mur) démolir • *They came in the night and battered down his front door.* Ils sont venus pendant la nuit et ont démoli sa porte d'entrée.

baulk at
voir **balk/baulk at**

bawl out bawls, bawling, bawled

bawl out sth or **bawl** sth **out** *familier*
brailler • *Someone from the crowd bawled out his name.* Quelqu'un dans la foule a braillé son nom.

bawl out sb or **bawl** sb **out** *américain & australien, familier*
engueuler • (souvent + **for**) *His boss had bawled him out twice that week for being late.* Son chef l'avait engueulé deux fois cette semaine à cause de ses retards.

bear down bears, bearing, bore, borne

bear down
1 *américain* (en sport) foncer, (en accouchant) pousser • *The pitcher bore down and struck out the next two batters.* Le lanceur a foncé et a éliminé les deux batteurs suivants.
2 pousser • *When the woman's time comes, her partner holds her while she bears down.* Quand, pour la femme, le moment crucial est arrivé, son compagnon la soutient tandis qu'elle pousse le bébé.

bear down on bears, bearing, bore, borne

bear down on sb/sth *légèrement formel*
foncer sur • *A large bus was bearing down on them at high speed.* Un énorme bus fonçait sur eux à toute vitesse. • *The striker found a gap in the defence and bore down on the goal.* L'attaquant a trouvé une brèche dans la défense et a foncé sur le but.

bear on/upon bears, bearing, bore, borne

bear on/upon sth *formel*
concerner • *A number of court cases that bear on women's rights will be coming up*

soon. Plusieurs procès concernant les droits des femmes auront bientôt lieu.

bear out bears, bearing, bore, borne

bear out sth/sb or **bear** sth/sb **out**
(déclaration, théorie) confirmer, • *The facts do not bear out the government's claims.* Les faits viennent démentir les déclarations faites par le gouvernement. • *If you tell him what happened, I shall certainly bear you out.* Si vous lui dites ce qui s'est passé, vous pouvez avoir la certitude que je confirmerai vos propos.

bear up bears, bearing, bore, borne

bear up
tenir le coup • (souvent à la forme progressive) *'How is she doing since the funeral?' 'Oh, she's bearing up.'* "Comment va-t-elle depuis l'enterrement?' 'Ça va, elle tient le coup.' • (parfois + **under**) *Many soldiers have trouble bearing up under the strain of battle.* Beaucoup de soldats ont du mal à tenir le coup pendant l'épreuve de la bataille.

bear upon
voir **bear on/upon**

beat down beats, beating, beat, beaten

beat down
1 taper • (souvent + **on**) *A blazing Mediterranean sun beats down on the café tables.* Un soleil méridional brûlant tape sur les tables du café. • *The sun beat down over the desert.* Le soleil tapait sur le désert.
2 tomber à verse • *The rain beat down all day and kept them inside.* Il a plu à verse toute la journée et ils n'ont pas pu sortir.

beat down sb/sth or **beat** sb/sth **down**
faire baisser son prix à qn, faire baisser le prix de qch • (souvent + **to**) *The dealer was asking £5000 for the car, but I managed to beat him down to £4600.* Le vendeur voulait tirer 5000 livres de sa voiture, mais j'ai réussi à lui faire baisser son prix à 4600 livres. • *High prices were beaten down by a flood of imports.* Les prix élevés ont diminué grâce aux importations massives.

beat off beats, beating, beat, beaten

beat off sb/sth or **beat** sb/sth **off**
repousser • *She beat off an attacker with an umbrella.* Elle a repoussé un assaillant à l'aide d'un parapluie. • (souvent + **from**) *The advertising agency beat off competition from several leading companies.* L'agence de publicité a réussi à repousser la concurrence de plusieurs entreprises de premier plan.

beat off (sb) or **beat** (sb) **off** *américain, tabou*
se branler • *Some guy was beating off in the john next to me.* Il y avait un mec qui se branlait dans les toilettes d'à côté.

beat out beats, beating, beat, beaten

beat out sth or **beat** sth **out**
1 (rythme) battre • *The drums beat out their hypnotic rhythms.* Les tambours faisaient retentir leurs rythmes hypnotiques. • *He beat out a simple rhythm on a drum.* Il a battu un rythme simple sur un tambour.
2 éteindre • *We managed to beat out the fire with a blanket.* Nous avons réussi à éteindre le feu avec une couverture.

beat out sb or **beat** sb **out** *américain*
(adversaire) battre, (concurrent) l'emporter sur • *Their company beat out five other competitors for the contract.* En obtenant le contrat, leur entreprise l'a emporté sur cinq autres concurrents.

beat out of beats, beating, beat, beaten

beat sth **out of** sb
frapper pour faire parler • *Malloy claimed that his statements to the police had been beaten out of him.* Malloy a affirmé que la police avait usé de violence à son égard pour lui tirer ses déclarations.

beat up beats, beating, beat, beaten

beat up sb or **beat** sb **up**
tabasser • *He claims he was beaten up by police.* Il affirme qu'il a été tabassé par la police. • *Four soldiers dragged him out of his car and beat him up.* Quatre soldats l'ont tiré de sa voiture et l'ont tabassé.

beat up on beats, beating, beat, beaten

beat up on sb
1 *américain, familier* agresser • *City gangs are roaming the streets beating up on anyone they see alone.* Les bandes de la ville traînent dans les rues et agressent les personnes seules.

2 *américain, familier* s'en prendre à • (souvent pronominal) *Stop beating up on yourself – it wasn't your fault.* Arrête de t'en prendre à toi-même – ce n'était pas de ta faute. • *Why does the coach always beat up on Tim? He's the best pitcher on the team.* Pourquoi est-ce que l'entraîneur s'en prend toujours à Tim? C'est le meilleur lanceur de l'équipe.

beaver away beavers, beavering, beavered

beaver away *familier*
travailler d'arrache-pied • (souvent + *at*) *Lucy has been beavering away at her studies all afternoon.* Lucy a étudié d'arrache-pied tout l'après-midi.

become of becomes, became, become

become of sb/sth (toujours dans des questions; jamais à la forme progressive)
advenir • *Whatever became of that parcel you sent?* Où a bien pu passer ce colis que tu as envoyé? • *What will become of her children if she is sent to prison?* Que deviendront ses enfants si elle va en prison?

bed down beds, bedding, bedded

bed down
1 (toujours + *adv/prép*) s'installer pour dormir • *He bedded down for the night in a doorway.* Il s'est installé dans une embrasure de porte pour y passer la nuit.
2 *britannique & australien* (méthode) donner des résultats, (organisation) bien fonctionner • *The new system had not bedded down in the way he had hoped.* Le nouveau système n'avait pas donné les résultats qu'il espérait.

bed out beds, bedding, bedded

bed out sth or **bed** sth **out**
repiquer • *May is the time to bed out geraniums.* Le mois de mai est le meilleur moment pour repiquer les géraniums.

beef up beefs, beefing, beefed

beef up sth or **beef** sth **up** *familier*
renforcer • *You could beef up your image with a new hairstyle.* Une nouvelle coupe de cheveux vous mettrait plus en valeur. • *They want to employ young graduates to beef up their sales force.* Ils ont l'intention d'embaucher de jeunes diplômés pour renforcer leur équipe de représentants.
beefed-up *adj* (toujours avant n) amélioré • *a beefed-up version of the original computer program* une version améliorée du programme informatique initial

beg off begs, begging, begged

beg off (sth/doing sth)
se dérober • *It was no surprise to me that she'd begged off again.* Je n'ai pas été étonnée qu'elle se dérobe à nouveau.

begin with begins, beginning, began, begun

begin (sth) **with** (sth)
commencer par • *He always began his classes with a prayer.* Il commençait toujours ses cours par une prière. • *There were six of us **to begin with** and then two left.* Au départ nous étions six, et ensuite il y en a deux qui sont partis. • *The essay begins with a section on religion.* L'essai commence avec une partie sur la religion.

believe in believes, believing, believed

believe in sth (jamais à la forme progressive)
1 (Dieu) croire en, (fantômes) croire aux, (théorie) croire à • *She doesn't believe in God.* Elle ne croit pas en Dieu. • *They believe in astrology and let it rule their lives completely.* Ils croient à l'astrologie et celle-ci gouverne complètement leur vie.
2 être favorable à • *Sue believes in capital punishment for terrorists.* Sue est favorable à la peine de mort pour les terroristes. • *They did not believe in living together before marriage.* Ils n'étaient pas favorables à la vie commune avant le mariage.
believe in sb
avoir confiance en • *It is important to believe in your doctor.* Il est important d'avoir confiance en son médecin. • (parfois pronominal) *Gradually, since her divorce, she's starting to believe in herself again.* Après son divorce, elle a progressivement recommencé à avoir confiance en elle.

belly up to bellies, bellying, bellied

belly up to sb/sth *américain, familier*
(bar) s'avancer vers, (table) s'approcher de • *He bellied up to the bar for a drink.* Il s'est avancé vers le bar pour prendre un verre.

belong to belongs, belonging, belonged

belong to sb
1 appartenir à • *Who does this book belong to?* A qui ce livre appartient-il? • *The house belonged to her father but it's hers now.* La maison appartenait à son père mais maintenant c'est à elle.
2 (responsabilité) être l'affaire de, (mérite) revenir à • *The job of arresting the man must belong to the police.* L'arrestation de cet homme doit rester l'affaire de la police. • *All the credit for the project's success belonged to Tom.* Tout le mérite de la réussite du projet revenait à Tom.

belong to sth
1 faire partie de • *I think she belongs to some kind of dance group.* Je crois qu'elle fait partie d'une sorte de groupe de danse. • *Spiders belong to a group of animals known as arachnids.* Les araignées font partie d'une classe d'animaux appelés arachnides.
2 appartenir à • *Her novels belong to the European tradition.* Ses romans appartiennent à la tradition européenne. • *She seemed to belong to a different age with her strange ways.* Avec ses manières bizarres, elle semblait appartenir à un autre âge. • *Does this belt belong to your trousers?* Est-ce que c'est la ceinture qui va avec ton pantalon?

belt into belts, belting, belted

belt into sb *australien*
flanquer un coup à • *I didn't say a word, he just started to belt into me for no reason.* Je n'ai rien dit du tout, il s'est mis à me flanquer des coups sans raison.

belt into sth *australien*
(travail) s'atteler à • *When he's got a job to do, he just belts into it.* Quand il a un travail à faire, il s'y attèle.

belt out belts, belting, belted

belt out sth or **belt** sth **out** *familier*
chanter à pleins poumons, (instrument) jouer très fort de • *The band was belting out all the old favourites.* Le groupe jouait tous les vieux succès avec entrain.

belt up belts, belting, belted

belt up! (toujours à l'impératif) *britannique & australien, familier*
boucle-la! • *Just belt up, would you! I'm trying to concentrate.* Boucle-la, tu veux! J'essaie de me concentrer.

belt up *britannique & australien, familier*
mettre sa ceinture • (généralement à l'impératif) *Belt up in the back, kids!* Les enfants à l'arrière, mettez vos ceintures!

belt up sb or **belt** sb **up** *australien, argot*
donner une correction à • *Sam's got a black eye – he got belted up by his father for telling lies.* Sam a un oeil au beurre noir – il a reçu une correction de son père parce qu'il avait menti.

bend down bends, bending, bent

bend down
se baisser • (souvent + to do sth) *Simon bent down to tie his shoelaces.* Simon s'est baissé pour attacher ses lacets. • *Bend down as you go through the door, or you'll hit your head.* Baisse la tête quand tu passes la porte ou tu vas te cogner.

bend over bends, bending, bent

bend over (sth)
se pencher • *Joseph was bending over the fire, staring into the flames.* Joseph était penché au-dessus du feu à regarder les flammes. • *He was bending over trying to tie his shoelaces.* Il était penché et essayait d'attacher ses lacets.

bend over backwards bends, bending, bent

bend over backwards to do sth
se mettre en quatre pour • *She would always bend over backwards to help anyone in trouble.* Elle se mettait toujours en quatre pour aider tous ceux qui avaient des ennuis.

bet on bets, betting, bet or betted

bet on sth
parier • (souvent dans des phrases négatives) *It'd be great if they invited us, but don't bet on it.* Ce serait bien s'ils nous invitaient, mais n'y compte pas trop. • *He was betting on making enough money from the sale of his house to pay off all his debts.* Il espérait tirer suffisamment d'argent de

bid on bids, bidding, bid
bid on sth
faire une soumission • *Three groups have said they plan to bid on the baseball franchise.* Trois groupes ont déclaré qu'ils avaient l'intention de faire une offre pour la licence pour les compétitions de baseball.

bill as bills, billing, billed
bill sb/sth **as** sb/sth
présenter comme • *The travel offer was billed as 'a chance to taste the romance of France'.* L'offre de voyage était présentée comme 'une occasion de goûter au charme de la France'. • *They billed her as 'the woman with rubber bones'.* Ils l'ont annoncée comme 'la femme au squelette en caoutchouc'.

bind over binds, binding, bound
bind over sb or **bind** sb **over** *formel*
relaxer • (généralement au passif + to do sth) *She was bound over to keep the peace for a year.* Elle a été relaxée sous condition qu'elle ne récidive pas pendant un an.

bind to binds, binding, bound
bind sb **to** sth *formel*
(accord) obliger à respecter, (promesse) obliger à tenir • (généralement au passif) *Unfortunately we are bound to the original contract and cannot change now.* Malheureusement, nous sommes liés par le contrat initial et ne pouvons pas changer maintenant. • *His sister had been bound to secrecy.* On avait fait jurer le secret à sa soeur.

bind up in/with
be bound up in/with sth/sb (toujours au passif)
1 *légèrement formel* être lié à • *Their identity was bound up with their language and culture.* Leur identité était liée à leur langue et à leur culture.
2 *surtout britannique & australien* être obsédé par • *She was so utterly bound up in herself that she remained unaware of the people around her.* Elle était tellement obsédée par sa propre personne qu'elle ne faisait pas attention aux gens qui l'entouraient.

la vente de sa maison pour rembourser toutes ses dettes.

bitch up bitches, bitching, bitched
bitch up sth or **bitch** sth **up** *américain, argot*
(travail) saloper, (examen) se planter à • *I bitched up my interview.* Je me suis planté à l'entretien.

bite back bites, biting, bit, bitten
bite back sth or **bite** sth **back** (jamais au passif)
se retenir de dire • *He turned red and bit back an angry response.* Il est devenu rouge de colère et s'est retenu de répondre.
bite back
se venger • *They bit back with some equally damaging criticism of their opponents.* Ils se sont vengés en lançant contre leurs adversaires des critiques tout aussi préjudiciables.

bite into bites, biting, bit, bitten
bite into sth
1 (chair) s'enfoncer dans • *The rope was wrapped around her hand and bit into her flesh.* La corde était enroulée autour de sa main et s'enfonçait dans sa chair. • *The cold began to bite into my bones.* Le froid commençait à me pénétrer jusqu'aux os.
2 (activité) mordre sur • *Her job was demanding and began to bite into her free time.* Son travail était absorbant et commençait à mordre sur son temps libre.

black out blacks, blacking, blacked
black out
s'évanouir • *He blacked out so he remembers very little.* Il s'est évanoui et ne se souvient presque plus de rien.
  blackout n [C] (bref) étourdissement, (durable) évanouissement • *He suffers from blackouts and isn't allowed to drive.* Il est sujet à des étourdissements et n'a pas le droit de conduire.
black out sth or **black** sth **out**
1 plonger dans l'obscurité • *The entire city was blacked out.* La ville entière était plongée dans l'obscurité.
  blackout n [C] panne d'électricité • *The city's constant blackouts mean the streets are often unlit in the evenings.* Les pannes d'électricité incessantes sur la ville font que les rues sont rarement éclairées la nuit.
  blackout, black-out n [singulier] • *She remembered the blitz and the black-out bringing people together during the war.*

Elle se souvenait du bombardement et du black-out qui, pendant la guerre, rassemblaient les gens. • (employé comme *adj*) *black-out curtains* des rideaux opaques
2 censurer • *Names of the victims and their details had been blacked out in the report.* Les noms des victimes et leurs coordonnées avaient été censurés dans le rapport.

blackout *n* [C] (des médias) silence • *a news blackout on the police investigation* un black-out sur l'enquête de la police

blank off blanks, blanking, blanked

blank off sth or **blank** sth **off** *américain, familier*
(tunnel, route) barrer • *The police blanked off the Lincoln Tunnel.* La police a barré le tunnel de Lincoln.

blank out blanks, blanking, blanked

blank out sth or **blank** sth **out**
1 (nom) effacer • *Many of the key names in the report had been blanked out.* Un grand nombre des noms clés avaient été effacés du rapport.
2 décider d'oublier • *He claims not to remember anything about his mother's death – I think he just blanked it all out.* Il affirme ne pas se souvenir de la mort de sa mère – je pense qu'il a simplement décidé d'oublier tout ça.
3 provoquer la panne de • *The explosion has blanked out all radio and communications equipment.* L'explosion a provoqué la panne de tout le matériel de radio et de communication.

blank out
américain, familier avoir un passage à vide • *As he walked along the busy street his mind suddenly blanked out.* Alors qu'il marchait dans la rue animée il se sentit soudain la tête vide. • *I don't remember anything more after that point – I think I just blanked out.* Après ça, je ne me souviens plus de rien – je crois que j'ai eu un passage à vide.

blanket with blankets, blanketing, blanketed

be blanketed with sth (toujours au passif)
être couvert de • *The graveyard was blanketed with snow.* Le cimetière était couvert de neige.

blanket sth **with** sth *surtout américain*
inonder • *These companies blanket the state with direct-mail promises of easy money.* Ces entreprises inondent l'état de lettres qui promettent de l'argent vite gagné.

blast away blasts, blasting, blasted

blast away
tirer à maintes reprises • (souvent + *at*) *The navy's guns blasted away at enemy units on shore.* Les canons de la marine maintenaient les unités ennemies postées à terre sous un feu constant.

blast off blasts, blasting, blasted

blast off
décoller • *The space shuttle is due to blast off at 2 o'clock.* La navette spatiale doit décoller à 2 heures.

blast-off *n* [U] lancement • *The satellite was ready for blast-off at 14.15 hours.* A 14h15, le satellite était prêt au lancement.

blast out blasts, blasting, blasted

blast out (sth) or **blast** (sth) **out**
beugler • *A car drew up at the traffic lights, dance music blasting out from its radio.* Une voiture s'arrêta aux feux, la radio à fond sur un programme de dance music.

blend in/into blends, blending, blended

blend in
blend into sth
se fondre dans • *Some butterflies blend in with their surroundings to confuse their enemy.* Certains papillons se fondent dans leur environnement de façon à tromper l'ennemi. • *By day, these sounds blend into the sound of the traffic.* Pendant la journée ces bruits se fondent dans celui de la circulation.

blimp out/up blimps, blimping, blimped

blimp out/up *américain, familier*
enfler, se sentir enflé • *She really blimped out after her first semester at college.* Elle a vraiment enflé pendant son premier semestre à l'université.

block in blocks, blocking, blocked

block in sb/sth or **block** sb/sth **in**
(véhicule) bloquer • *A van had parked behind me and blocked me in.* Une

camionnette s'était garée derrière moi et me bloquait.

block in sth or **block** sth **in**
1 *surtout américain* (en note) inscrire, (avec couleur) colorier • *He carefully blocked in the areas of shadow in the drawing.* Il marqua avec soin les zones d'ombre dans le dessin. • *Activities were blocked in on the calendar for the next few weeks.* Les activités des deux semaines à venir étaient inscrites au calendrier.
2 *américain* (forme) esquisser, (plan) ébaucher • *The architect has blocked in a few cars and trees around the building.* L'architecte a esquissé quelques voitures et quelques arbres autour de l'immeuble.

block off blocks, blocking, blocked

block off sth or **block** sth **off**
(route) barrer • *All the roads out of town were blocked off by the police.* Toutes les routes qui mènent à l'extérieur de la ville ont été barrées par la police.

block out blocks, blocking, blocked

block out sth or **block** sth **out**
1 (lumière) empêcher d'entrer • *Unfortunately, there's a tree near the window which blocks out the light.* Malheureusement, il y a un arbre près de la fenêtre qui empêche la lumière d'entrer.
2 refouler • *The whole experience was so painful that I just tried to block it out.* L'expérience a été tellement douloureuse que j'ai essayé de la refouler.
3 *américain* (forme) esquisser, (plan) ébaucher • *Kay blocked out my essay for me.* Kay m'a fait le plan de ma dissertation.

block up blocks, blocking, blocked

block up sth or **block** sth **up**
boucher • *Dead leaves had blocked the drains up.* Des feuilles mortes avaient bouché les canalisations. • *You don't want cars and coaches blocking up the street.* Cela ne vous plairait pas que la rue soit bouchée par les voitures et les autocars.
blocked-up *adj* bouché • *My nose gets really blocked-up at night and I can't breathe through it.* J'ai le nez vraiment bouché la nuit et je n'arrive pas à respirer.

blot out blots, blotting, blotted

blot out sth or **blot** sth **out**
1 (soleil) masquer • *Smoke from the burning oilfields had formed a black cloud that blotted out the sun.* La fumée des puits de pétrole en flammes avait formé un nuage noir qui masquait le soleil.
2 refouler • *Perhaps there are some memories so bad that you have to blot them out.* Peut-être que certains souvenirs sont si terribles qu'il est nécessaire de les refouler.

blow away blows, blowing, blew, blown

blow away (sth) or **blow** (sth) **away**
(foulard) s'envoler, (vent) faire envoler • *You'd better put something on top of the tablecloth before it blows away.* Vous devriez mettre quelque chose sur la nappe avant qu'elle ne s'envole.

blow away sb or **blow** sb **away**
1 *américain, argot* descendre • *He just gets his shotgun out and blows the guy away.* Il attrape son fusil de chasse et descend le type.
2 *américain, familier* battre à plates coutures • *She blew away the other swimmers to win her race.* Elle a battu les autres nageurs à plates coutures et a gagné l'épreuve.
3 *américain, familier* époustoufler • *When I first read that book it blew me away – it was just so extraordinary.* La première fois que j'ai lu ce livre j'ai été époustouflé; c'était tout simplement exceptionnel.

blow down blows, blowing, blew, blown

blow down (sth) or **blow** (sth) **down**
(tempête) faire tomber • *Two huge trees had been blown down in the storm.* Deux arbres énormes avaient été abattus par la tempête. • *Our fence blew down last week.* Le vent a fait tomber notre clôture la semaine dernière.

blow in blows, blowing, blew, blown

blow in *surtout américain & australien, familier*
(personne) débarquer • (souvent + **from**) *My cousin just blew in from Florida for a three-day visit.* Mon cousin a débarqué de Floride pour une visite de trois jours.

blow off blows, blowing, blew, blown

blow (sth) **off** (sth)
(foulard) s'envoler, (vent) emporter, (explosion) souffler • *The shed roof blew off in the storm.* Le toit du hangar a été emporté par la tempête. • *A sudden gust of*

wind blew her hat off. Une soudaine rafale a emporté son chapeau. • *The explosion blew the door off its hinges.* L'explosion a arraché la porte de ses gonds.

blow off sth or **blow** sth **off**
1 arracher • (généralement au passif) *His right leg was blown off by a landmine.* Sa jambe droite a été arrachée par une mine.
2 *américain, argot* laisser tomber • *We decided to blow off the movie and went dancing instead.* Nous avons décidé de laisser tomber le cinéma et nous sommes allés danser.

blow off sb/sth or **blow** sb/sth **off** *américain, argot*
(personne) envoyer promener, (travail) bâcler • *He would have been selected as a finalist if he hadn't blown off the interview.* Il aurait été sélectionné pour la finale, si seulement il n'avait pas bâclé l'entretien. • *He said he'd help out but she blew him off.* Il a dit qu'il l'aiderait mais elle l'a envoyé promener.

blow off *britannique, argot, humoristique* péter • *He's always blowing off!* Il est toujours en train de péter!

blow out blows, blowing, blew, blown

blow out (sth) or **blow** (sth) **out**
(flamme) s'éteindre, (vent) éteindre • *She blew out the candles on her birthday cake.* Elle a soufflé les bougies de son gâteau d'anniversaire.

blow out sth or **blow** sth **out**
souffler • *The windows of the church had been blown out in the blast.* Les vitres de l'église avaient été soufflées par l'explosion.

blow out
éclater • *It's a good thing you weren't going any faster when your tyre blew out.* Heureusement que vous ne rouliez pas plus vite lorsque votre pneu a éclaté.

blow-out *n* [C] *familier* crevaison • *We hadn't driven far when we had a blow-out.* Nous n'avions pas roulé beaucoup quand nous avons crevé.

blow itself **out** (toujours pronominal) tomber • *After a few hours the storm blew itself out.* Après quelques heures, l'orage est tombé.

blow out sb or **blow** sb **out**
1 *britannique, familier* laisser tomber • *You're not going to blow me out like you did last time, are you?* Tu ne vas pas me laisser tomber comme la dernière fois, j'espère?

2 *américain, argot* anéantir • *Cincinnati blew the Browns out 44-29.* Cincinnati a anéanti les Browns par 44-29.

blow-out *n* [C] *américain, argot* anéantissement • (généralement au singulier) *Last night's game wasn't just a victory, it was a blow-out.* Le match d'hier soir, ce n'était pas une simple victoire, c'était un anéantissement.

blow over blows, blowing, blew, blown

blow over (sth) or **blow** (sth) **over**
(cheminée) tomber, (vent) renverser • *Their tents had blown over during the night.* Leurs tentes avaient été renversées par le vent au cours de la nuit. • *The wind was so strong it blew the fence over.* Le vent était si fort qu'il a renversé notre clôture.

blow over
1 tomber • *The storm had blown over by the evening.* Le soir, l'orage était tombé.
2 (dispute) être oublié • *Like most arguments, after a few days it just blew over.* Comme la plupart des disputes, après quelques jours on n'y pensait plus. • *I think the government hoped that the whole affair would blow over, but it didn't.* Je pense que le gouvernement espérait que l'incident serait vite oublié mais ce ne fut pas le cas.

blow up blows, blowing, blew, blown

blow up (sth/sb) or **blow** (sth/sb) **up**
(immeuble) faire sauter, sauter • *They threatened to blow up the airliner if their demands were not met.* Ils ont menacé de faire sauter l'avion si leurs exigences n'étaient pas satisfaites. • *He drove over a land mine and his jeep blew up.* Il a roulé sur une mine terrestre et sa jeep a explosé. • *The man threatened to blow himself up rather than surrender.* L'homme menaçait de se faire sauter plutôt que de se rendre.

blow up sth or **blow** sth **up**
1 (ballon, pneu) gonfler • *He blew his tyres up using the pressure pump.* Il a gonflé ses pneus à la pompe (à pression). • *I spent the morning blowing up balloons for Joe's party.* J'ai passé la matinée à gonfler des ballons pour la fête de Joe.

blow-up *adj* (toujours avant n) gonflable • *I got one of those blow-up travel pillows.* J'ai acheté un de ces oreillers gonflables de voyage.

2 faire un agrandissement • *The police had blown up a photograph of the riot to show more detail.* La police avait agrandi une photo de l'émeute pour faire apparaître plus de détails.
blow-up *n* [C] agrandissement • *Was that the original photo or a blow-up?* Etait-ce là la photographie originale ou un agrandissement?
3 exagérer • *The problem had been **blown up out of all proportion**.* Le problème avait pris une ampleur excessive.

blow up
1 (conflit) éclater • *Another row blew up this week over the proposed rise in school fees.* Un nouveau conflit a éclaté cette semaine au sujet du projet d'augmentation des frais de scolarité. • *Everything seemed perfect until all this trouble with my relatives blew up.* Tout semblait parfait jusqu'à ce qu'éclatent tous ces ennuis de famille.
2 *familier* éclater • (souvent + **at**) *She blew up at me and started calling me all these names.* Elle a éclaté et a commencé à me traiter de tous les noms.
blow-up *n* [singulier] *familier* engueulade • *After his blow-up with Lila, he needed a walk.* Après son engueulade avec Lila, il avait besoin d'aller faire un tour.
3 éclater • *They could hear a tremendous storm blowing up as they sat in the tent.* Assis sous la tente, ils ont entendu éclater un orage épouvantable.

blow up sb or **blow** sb **up** *australien, familier*
engueuler • *Ted was two hours late home from the party and his father really blew him up.* Ted est rentré de la soirée deux heures en retard et son père lui a passé un savon.

bluff out bluffs, bluffing, bluffed

bluff out sth/sb or **bluff** sth/sb **out** *américain, familier*
bluffer • *The boy was caught stealing the money, but he still tried **to bluff it out**.* Le garçon a été surpris en train de voler l'argent mais il a quand même essayé de bluffer. • *We managed to bluff the doorman out and got into the building.* Nous avons réussi à baratiner le portier et à entrer dans l'immeuble.

bluff out of bluffs, bluffing, bluffed

bluff sb **out of** sth *américain*
escroquer • *John bluffed me out of my share of the money.* John m'a carotté la part de l'argent qui me revenait.

blunder about/around
blunders, blundering, blundered

blunder about/around
avancer à tâtons • (souvent + **in**) *I blundered about in the darkness.* J'avançais à tâtons dans le noir.

blunder into blunders, blundering, blundered

blunder into swh/sth
se trouver quelque part par erreur, faire quelque chose par inadvertance • *An American spy plane had blundered into Siberian airspace.* Un avion d'espionnage américain s'était retrouvé par erreur dans l'espace aérien de la Sibérie. • *The two countries might have blundered into nuclear war.* Les deux pays ont failli commettre la gaffe de basculer dans la guerre nucléaire.

blurt out blurts, blurting, blurted

blurt out sth or **blurt** sth **out**
(paroles) laisser échapper • *Just before he left to board his plane she suddenly blurted out, 'I love you!'* Tout juste avant qu'il ne la quitte pour monter à bord de son avion, elle laissa échapper un "je t'aime!".

board out boards, boarding, boarded

board out sth or **board** sth **out** *surtout britannique & australien*
mettre en pension • *We always board our cats out when we go away.* Nous plaçons toujours nos chats en pension lorsque nos partons en voyage.

board up boards, boarding, boarded

board up sth or **board** sth **up**
(fenêtre) condamner • *Stores on the main street were boarding up their windows in case of riots.* Dans la rue principale, les commerçants protégeaient leurs vitrines avec des planches en prévision d'éventuelles émeutes.

bob up bobs, bobbing, bobbed

bob up
1 revenir à la surface • *He threw a bottle into the river and watched it bob up a moment later.* Il lança une bouteille dans la rivière et la regarda revenir brusquement à la surface quelques minutes plus tard.
2 surgir • *Suddenly a head bobbed up from behind the hedge.* Soudain une tête surgit de derrière de la haie.

bog down bogs, bogging, bogged

be bogged down (toujours au passif)
(personne) s'enliser • (souvent + **in**) *Try to look at the article as a whole and not get too bogged down in the details.* Essaie de considérer l'article dans son ensemble et de ne pas t'enliser dans les détails.

bog down (sth) or **bog** (sth) **down**
américain
(discussion) s'embourber, (personne) faire stagner • (souvent + **in**) *The discussion gradually bogged down in questions about voting procedures.* La discussion s'embourba peu à peu dans les questions relatives aux procédures de vote. • *The extra paperwork will bog down the whole project.* La charge administrative supplémentaire étouffera le projet entier.

bog in/into bogs, bogging, bogged

bog in *australien, familier*
bog into sth *australien, familier*
s'empiffrer • *I put the food down on the table and they all bogged into it as if they hadn't eaten for a week.* J'ai mis la nourriture sur la table et il se sont tous empiffrés comme s'ils n'avaient pas mangé depuis une semaine.

bog off

Bog off! (toujours à l'impératif)
britannique & australien, familier
aller se faire voir • *Oh, tell him to bog off!* Oh, dis-lui d'aller se faire voir!

boil down boils, boiling, boiled

boil down (sth) or **boil** (sth) **down**
(par cuisson) réduire, (sauce) faire réduire • *After ten minutes on a high heat the liquid boils down.* Après dix minutes à une température élevée, le liquide réduit.

boil down sth or **boil** sth **down**
(document) condenser • *I've boiled down the report for discussion in the meeting.* J'ai condensé le rapport pour faciliter les débats durant la réunion.

boil down to boils, boiled

boil down to sth (jamais à la forme progressive) *légèrement familier*
se résumer à • *The whole housing shortage problem boils down to one thing: money.* Le problème du manque de logements se résume à une seule question: l'argent. • *What it boils down to is that you just don't trust me.* Tu ne me fais pas confiance, voilà à quoi cela se borne.

boil over boils, boiling, boiled

boil over
1 (lait) se sauver • *Take the milk off the heat before it boils over.* Enlève le lait du feu avant qu'il ne se sauve.

2 (colère) déborder • *Finally, her frustration and anger boiled over and she lashed out at him.* Sa frustration et sa colère finirent par déborder et elle s'en prit violemment à lui. • (souvent + **into**) *Disputes in the region have boiled over into two wars.* Les conflits dans cette partie du monde ont par deux fois dégénéré en guerre.

boil up boils, boiling, boiled

boil up sth or **boil** sth **up** *surtout britannique & australien*
porter à ébullition • *Just add a spoonful of coffee to the water and boil it all up with a little sugar.* Ajouter à l'eau une cuillerée de café et un peu de sucre et porter à ébullition.

boil up *littéraire*
(colère) monter • (souvent + **in**) *Anger suddenly boiled up in him.* Soudain la colère monta en lui.

bollix up bollixes, bollixing, bollixed

bollix up sth or **bollix** sth **up** *américain, argot*
(projet) chambouler • *Having her here will sure bollix things up.* Sa présence va sans doute tout chambouler.

bolt down bolts, bolting, bolted

bolt down sth or **bolt** sth **down** *familier*
engloutir • *If you bolt your dinner down like that you'll get indigestion!* Si tu engloutis ton dîner à cette vitesse, tu auras une indigestion!

bomb out bombs, bombing, bombed

be bombed out (toujours au passif)
être bombardé • *Many of the city's buildings had been bombed out in the war.* De nombreux bâtiments de la ville avaient été bombardés pendant la guerre.

bomb out *surtout américain & australien, familier*
se planter • (souvent + **of**) *Tracy bombed out of the tennis match in straight sets.*

Tracy a perdu le match de tennis en plusieurs sets consécutifs. • (souvent + **in**) *I bombed out in my final exams.* Je me suis planté aux examens finaux.

bombard with bombards, bombarding, bombarded

bombard sb **with** sth
(questions) bombarder de, (lettres) noyer sous • *The kids bombarded the teacher with questions.* Les gamins bombardaient l'instituteur de questions. • *In prison, he had been bombarded with visits from psychologists.* En prison, il avait été assailli par des visites de psychologues.

bone up bones, boning, boned

bone up *familier*
(leçon) potasser • (souvent + **on**) *She's boning up on her history for an exam tomorrow.* Elle potasse son histoire pour un examen demain. • (parfois + **for**) *He was boning up for the written part of the driving test.* Il potassait pour la partie écrite de l'examen du permis de conduire.

book in/into books, booking, booked

book in *surtout britannique & australien*
book into sth *surtout britannique & australien*
réserver une chambre, (après réservation) se présenter à la réception • *After booking into our hotel, we went for a stroll around the city.* Nous sommes allés faire un petit tour en ville, après nous être présentés à la réception de l'hôtel. • *I've booked in at the Castle Hotel for the night.* J'ai réservé une chambre pour la nuit au Castle Hotel.
book in (sb/sth) or **book** (sb/sth) **in** *surtout britannique & australien*
book (sb/sth) **into** sth *surtout britannique & australien*
(hôtel) réserver une chambre, (garage) prendre rendez-vous • *Book him in at the Central if it's possible.* Réservez-lui une chambre au Central, si possible. • *I've booked into the most expensive hotel there.* J'ai réservé une chambre dans l'un des hôtels les plus chers du coin. • *I must remember to book the car into the garage for a service.* Je dois me souvenir de prendre rendez-vous avec le garage pour faire réviser la voiture.

book up

be booked up (toujours au passif)
(salle) être réservé, (personne) être pris • *The hotel's conference rooms are booked up two years in advance.* Le salles de conférence de l'hôtel sont retenues deux ans à l'avance. • *The dentist is booked up today, could you manage later in the week?* Tous les rendez-vous avec le dentiste sont attribués pour aujourd'hui, pourriez-vous venir un peu plus tard dans la semaine? • *I'd love to come, but I'm completely booked up this week.* J'aimerais vraiment pouvoir venir, mais je suis pris toute la semaine.

boom out booms, booming, boomed

boom out (sth) (jamais au passif)
(personne) vociférer, (bruit) retentir • *'What's your name?' the man boomed out as he approached.* "Comment vous appelez-vous?" demanda l'homme d'une voix tonitruante en s'approchant. • *A Beatles' song came booming out of a nearby radio.* Non loin de là, une chanson des Beatles sortait à plein volume d'un poste de radio.

boomerang on boomerangs, boomeranging, boomeranged

boomerang on sb
se retourner contre • *His joke had boomeranged on him and Cathy was furious.* Sa plaisanterie s'était retournée contre lui et Cathy était furieuse.

boot out boots, booting, booted

boot out sb or **boot** sb **out** *familier*
flanquer dehors • *The military regime booted out all foreign journalists.* Le régime militaire avait flanqué dehors tous les journalistes étrangers. • (souvent + **of**) *He was booted out of the company after a financial scandal.* Il a été viré de l'entreprise après un scandale financier.

boot up boots, booting, booted

boot up (sth) or **boot** (sth) **up**
(se) mettre en marche • *You'll need to boot up the computer before you can start work.* Il faut mettre l'ordinateur en marche pour pouvoir commencer à travailler. • *The system boots up automatically every morning.* Le système se met en marche automatiquement chaque matin.

border on borders, bordering, bordered

border on sth
1 être limitrophe de • *Swaziland borders on South Africa and Mozambique.* Le Swaziland jouxte l'Afrique du Sud et le Mozambique.
2 (insolence) friser • *He treated the women with an indifference that bordered on contempt.* Il traitait les femmes avec une indifférence qui frisait le mépris. • *She possesses a self-confidence that borders on arrogance.* Son assurance frise l'arrogance.

bore into bores, boring, bored

bore into sb
(regard) pénétrer • *He's got this cold stare that seems to bore into you.* Il a un regard froid et pénétrant.

boss about/around bosses, bossing, bossed

boss about/around sb or **boss** sb **about/around**
mener à la baguette • *Did you notice the way he bosses his wife around?* Avez-vous remarqué comme il mène sa femme à la baguette?

botch up botches, botching, botched

botch up sth or **botch** sth **up** *familier*
saloper • *He was trying to mend that table but he's gone and botched it up.* Il a voulu réparer la table, mais il a fait du travail de cochon.
botch-up *n* [C] *surtout britannique & australien, familier* gâchis • *They made a botch-up of painting the hall and we're going to have to redo it.* Ils ont repeint l'entrée comme des cochons et il va falloir tout refaire.

bottle out bottles, bottling, bottled

bottle out *britannique, familier*
se dégonfler • *She was going to do a parachute jump but bottled out at the last minute.* Elle allait sauter en parachute, mais elle s'est dégonflée à la dernière minute.

bottle up bottles, bottling, bottled

bottle up sth or **bottle** sth **up** *familier*
1 refouler • *A lot of men bottle things up instead of talking about how they feel.* Beaucoup d'hommes refoulent leurs émotions plutôt que d'exprimer ce qu'ils ressentent. • *Feelings that had been bottled up for years suddenly came flooding out.* Des sentiments qui avaient été refoulés depuis des années sont soudain sortis sans retenue.
2 *surtout américain & australien* (flotte) embouteiller, (argent) bloquer • *Nato tried to bottle up the Soviet fleet in the Black Sea.* L'Otan a essayé d'embouteiller la flotte soviétique dans la Mer Noire. • *Their money is bottled up in Poland because of the tight monetary controls.* A cause des stricts contrôles monétaires, leur argent est bloqué en Pologne.

bottom out bottoms, bottoming, bottomed

bottom out
atteindre son niveau le plus bas • *The sharp fall in house prices has finally bottomed out.* La chute sensible des prix de l'immobilier a finalement atteint son niveau le plus bas. • *Unemployment will continue to rise until the recession bottoms out.* Le taux de chômage continuera à augmenter jusqu'à ce que la récession cesse.

bounce around bounces, bouncing, bounced

bounce around sth or **bounce** sth **around** *surtout américain, familier*
(idées) échanger • *They bounced a few ideas around and eventually came up with a solution.* Ils ont échangé quelques idées et ont fini par trouver une solution.

bounce back bounces, bouncing, bounced

bounce back
se remettre • (souvent + **from**) *They are sure to bounce back from last week's defeat.* Ils se remettront certainement de leur défaite de la semaine dernière.

bounce into bounces, bouncing, bounced

bounce sb **into** sth/doing sth
pousser à, pousser à faire • (généralement au passif) *The party chairman firmly stated that they would not be bounced into an early election by recent opinion polls.* Le président du parti a fermement déclaré que les récents sondages d'opinion ne les pousseraient pas à des élections anticipées.

bounce off bounces, bouncing, bounced

bounce sth **off** sb *familier*
(idée) soumettre à • *The two researchers were constantly bouncing ideas off each other.* Les deux chercheurs se soumettaient constamment leurs idées. • *Bounce those suggestions off Marge and see what she thinks.* Soumets ces suggestions à Marge pour voir ce qu'elle en pense.

bow out bows, bowing, bowed

bow out
se retirer • (souvent + **of**) *After a succession of defeats and disappointments, he decided to bow out of politics.* Après une succession d'échecs et de déceptions, il a décidé de se retirer de la politique. • *He bowed out gracefully at the age of 71.* Il s'est retiré avec élégance à l'âge de 71 ans.

bow to bows, bowing, bowed

bow to sth/sb
s'incliner devant • *The government refuses to bow to public pressure.* Le gouvernement refuse de céder à la pression de l'opinion publique.

bowl over bowls, bowling, bowled

bowl over sb or **bowl** sb **over**
1 (de surprise) renverser, (beauté) éblouir • (généralement au passif) *When we first visited Crete we were just bowled over by its beauty.* La première fois que nous avons visité la Crète, nous avons été éblouis par sa beauté. • *I was bowled over by him – I'd never met anyone so devastatingly attractive.* Il m'a éblouie – Je n'avais jamais rencontré quelqu'un d'aussi irrésistiblement beau.
2 renverser • *An old man had been bowled over by the crowd.* Un vieil homme avait été renversé par la foule.

box in boxes, boxing, boxed

box in sb/sth or **box** sb/sth **in**
coincer • (généralement au passif) *When I returned I found that my car had been boxed in.* Quand je suis revenue j'ai constaté qu'on m'avait coincé ma voiture. • *He was running well until the final lap when he was boxed in by the Italian.* Il courait bien jusqu'au dernier tour où il a été coincé par l'Italien.

box in sb or **box** sb **in**
étouffer • (généralement au passif) *She did not want to send her son to a school where he would be boxed in by so many rules and regulations.* Elle ne voulait pas envoyer son fils dans une école où il serait étouffé par autant de règles et d'interdictions.
boxed-in *adj* (toujours après v) étouffer • *I think he feels boxed-in at work and wants greater independence.* Je pense qu'il étouffe au travail et qu'il veut davantage d'indépendance.

box up boxes, boxing, boxed

box up sth or **box** sth **up**
mettre en caisse • *I need to get all this stuff boxed up and sent off as soon as possible.* Il faut que je mette tout ça dans des caisses et que je l'envoie le plus vite possible.

brace up braces, bracing, braced

brace up *américain*
reprendre courage • (généralement à l'impératif) *Brace up, the journey is almost over!* Allez, du courage! Le voyage est presque terminé!

branch off branches, branching, branched

branch off
1 quitter • (souvent + **from**) *We branched off from the main route and went through the countryside.* Nous avons quitté la route principale et continué à travers la campagne.
2 bifurquer • *We noticed a path which branched off to the east.* Nous avons remarqué un sentier qui bifurquait vers l'est. • (souvent + **from**) *A number of smaller roads branch off from the main one.* Un certain nombre de routes secondaires partent de la route principale.
3 (conversation) dévier • (souvent + **into**) *The discussion branched off into a debate about abortion.* La discussion a dévié sur le problème de l'avortement.

branch out branches, branching, branched

branch out
(activité) se lancer dans, (pour changer) bifurquer vers • (souvent + **into**) *The clothes manufacturer recently branched out into children's wear.* Le fabricant de vêtements s'est lancé récemment dans l'habillement pour enfants. • (parfois +

from) *It's possible to branch out from computing to jobs in banking, accountancy and so on.* A partir de l'informatique, il est possible de bifurquer vers des emplois de banque, vers la comptabilité etc. • *Mr Robertson and his friends decided to **branch out on their own** and start a new company.* Mr Robertson et ses amis ont décidé de se mettre à leur compte et de démarrer une nouvelle entreprise.

brave out braves, braving, braved

brave out sth or **brave** sth **out** *surtout britannique & australien*
faire face à • *The weather looked stormy as we put up the tent, but we decided to **brave it out**.* Le temps avait l'air de tourner à l'orage quand nous avons monté la tente, mais nous avons décidé de ne pas nous laisser intimider.

brazen out brazens, brazening, brazened

brazen out sth or **brazen** sth **out**
agir sans scrupules • *You can either admit that you were wrong and apologise or you could just **brazen it out**.* Tu peux reconnaître ton erreur et t'excuser ou tu peux choisir de ne pas avoir de scrupules, tout simplement.

break away breaks, breaking, broke, broken

break away
1 s'échapper • *Two police officers tried to restrain him, but he broke away.* Deux policiers ont essayé de le maîtriser, mais il s'est échappé.
2 (en général) quitter, (état) faire sécession • *A group of National Party members broke away in 1982, protesting against the reforms.* Un groupe de membres officiels ont quitté le Parti National en 1982, pour protester contre les réformes. • (souvent + **from**) *At the age of 19, she broke away from her family and moved to New York.* A 19 ans, elle a quitté sa famille et est allée vivre à New York. • (parfois + **to do sth**) *A group of employees broke away to set up a rival company.* Un groupe d'employés a quitté l'entreprise pour monter une affaire concurrente.
breakaway *n* [C] (en général) départ, (en politique) sécession • (généralement au singulier) *The breakaway of the football club has come as a great shock to many people.* Le départ du club de foot a été un grand choc pour bien des gens.
breakaway *adj* (toujours avant n) dissident • *The new president has asked for international recognition for his breakaway republic.* Le nouveau président a demandé la reconnaissance internationale pour sa république dissidente.
3 se distinguer • (généralement + **from**) *Her photographs of the male body break away from conventional images.* Ses photos du corps masculin se distinguent des clichés conventionnels. • *She broke away from the traditional role of wife and mother and became a journalist.* Elle a rompu avec les rôles traditionnels d'épouse et de mère pour devenir journaliste.

break down breaks, breaking, broke, broken

break down

1 tomber en panne • *His car broke down on the way to work.* Il est tombé en panne avec sa voiture en allant au travail. • *The washing machine's broken down so I have to wash all our clothes by hand.* La machine à laver est tombée en panne et je dois laver tous nos vêtements à la main. • *I broke down just before I got to the bridge.* Je suis tombé en panne juste avant le pont.

broken-down *adj* (toujours avant n) en panne • *The shed was full of broken-down machinery and rusty tools.* La remise était pleine de machines en panne et d'outils rouillés.
2 se solder par un échec, échouer • *Talks between the two countries broke down when the two sides failed to reach an agreement.* Les négociations entre les deux pays se sont soldées par un échec car aucune des deux parties n'a réussi à parvenir à un accord. • *One in three marriages in Britain breaks down and ends in divorce.* En Grande-Bretagne, un mariage sur trois se solde par un échec et se termine par un divorce.
breakdown *n* [C] échec • (généralement au singulier) *The president has expressed deep disappointment at the breakdown of peace talks.* Le président a fait connaître sa déception quant à l'échec des pourparlers officiels sur la paix.
3 s'effondrer • *When I told her the news, she broke down.* Quand je lui ai annoncé la nouvelle, elle s'est effondrée.

4 (mentalement) s'effondrer, (physiquement) tomber malade • *Two days after the death of his wife he broke down and needed to seek medical help.* Deux jours après la mort de sa femme il s'est effondré et a dû consulter un médecin.

breakdown n [C] dépression nerveuse • (généralement au singulier) *He's going to have another breakdown if he carries on working like this.* Il va encore s'effondrer s'il continue de travailler comme ça. • *I think she's heading for a nervous breakdown.* Je crois qu'elle va tout droit à la dépression nerveuse.

break down sth or **break** sth **down**
1 (porte) enfoncer, (démolir) mur • *No one would answer so they broke the door down.* Comme personne ne répondait, ils ont enfoncé la porte.
2 (analyse) décomposer, (travail) répartir • (souvent + **into**) *The project has been broken down into sections for different teams to work on.* Le projet a été divisé en plusieurs catégories pour que différentes équipes puissent travailler dessus. • *We can break down the results of the survey by age and gender.* On peut répartir les résultats de l'enquête par tranche d'âge et par sexe.

breakdown n [C] (facture) détail • (généralement au singulier) *Have you asked for a breakdown of your exam marks?* As-tu demandé le détail de tes notes d'examen?

3 (timidité) vaincre, (préjugé) faire tomber • *Many women are concerned with breaking down the prejudice they still face at work.* Beaucoup de femmes tiennent à faire tomber les préjugés auxquels elles sont encore confrontées dans le monde du travail. • *The company's resistance to change is gradually being broken down.* Petit à petit, la résistance au changement dans l'entreprise commence à être vaincue.

breakdown n [C] effondrement • (généralement au singulier) *Education plays an important role in the breakdown of racial prejudice.* L'éducation joue un rôle important dans la lutte contre le racisme.

break down (sth) or **break** (sth) **down** se décomposer, décomposer • *The damaged liver may lose its ability to break down chemicals in the body.* Un foie endommagé peut devenir incapable de décomposer les substances chimiques de l'organisme.

• (parfois + **into**) *During digestion, the protein foods we eat are broken down into amino acids.* Durant la digestion, les aliments à base de protéines que nous absorbons sont décomposés en acides aminés.

breakdown n [singulier] décomposition • *The enzyme causes the breakdown of food in the stomach.* Les enzymes assurent la décomposition des aliments dans l'estomac.

Break it down! (toujours à l'impératif) *australien, familier*
Du calme! • *Just break it down!* Du calme, par pitié!

break for breaks, breaking, broke, broken

break for sth *américain, familier*
courir jusqu'à • *They got out of the car in heavy rain and broke for the door of the house.* Ils sont sortis de la voiture sous la pluie battante et ont couru jusqu'à la porte de la maison. • *Break for it – the police are coming!* Sauve-toi – voilà la police!

break in breaks, breaking, broke, broken

break in

1 entrer par effraction • *They broke in through the kitchen window.* Ils sont entrés par la fenêtre de la cuisine.

break-in n [C] cambriolage • *Two expensive paintings were stolen during the break-in.* Deux tableaux de valeur ont été dérobés au cours du cambriolage.

2 se servir de l'ordinateur de quelqu'un pour espionner • *Use a password to prevent anyone from breaking in.* Pour décourager les espions, utilise un mot de passe.

break in sth or **break** sth **in**
1 (chaussures) assouplir • *I'm just wearing these boots around the house to break them in.* Je porte ces bottes dans la maison pour qu'elles se fassent. • *He's breaking in a new baseball mitt.* Il est en train d'assouplir un nouveau gant de baseball.
2 dresser • *He had spent months breaking this horse in.* Il avait mis des mois à dresser ce cheval.
3 *américain* roder • *She can't drive fast as she's still breaking the car in.* Elle ne peut pas rouler vite car sa voiture est encore en rodage.

break in (sth)
interrompre • *'Tom,' Maggie broke in anxiously, 'do we have to leave tomorrow?'* 'Tom,' interrompit Maggie d'une voix anxieuse, 'Est-ce que nous devons vraiment partir demain?' • (souvent + **on**) *I'm sorry to break in on you like this, but there's an urgent call for you, Jenny.* Excusez-moi de vous interrompre mais il y a un appel urgent pour toi, Jenny.

break in sb or **break** sb **in** *familier*
(employé) former • *She was worried about starting a new job but her boss broke her in gently.* Elle était inquiète à l'idée de commencer un nouveau travail mais son patron l'a formée en douceur.

break in on breaks, breaking, broke, broken

break in on sth/sb
interrompre • *I don't want to break in on their meeting.* Je ne veux pas interrompre la réunion.

break into breaks, breaking, broke, broken

break into sth

1 entrer par effraction dans • *My car's been broken into twice this month.* Ma voiture a été cambriolée deux fois ce mois-ci.

2 réussir à entrer dans • *He broke into their computer system and stole some top secret records.* Il a réussi à entrer dans leur système informatique et a volé des informations ultra secrètes.

3 (réserves) taper dans • *You can always break into your savings if you're short of cash.* Si tu as besoin d'argent, tu peux toujours taper dans tes économies. • *Our food supply ran out after five days and we had to break into our emergency rations.* Nos réserves de nourriture ont été épuisées en cinq jours et nous avons dû taper dans nos rations de secours.

4 entamer • *Next time, could you use the cheese that's open before you go breaking into a new packet?* La prochaine fois, est-ce que tu peux utiliser le paquet de fromage qui est déjà ouvert avant d'en entamer un nouveau?

5 *britannique & australien* entamer • *Could you lend me 50p – otherwise I'll have to break into a £10 note to pay my bus fare.* Est-ce que tu peux me prêter 50 p? Sinon je vais devoir entamer un billet de 10 livres pour acheter mon ticket de bus.

6 (marché) pénétrer, (art) percer dans, (profession) se lancer dans • *American banks are starting to break into the British finance market.* Les banques américaines commencent à pénétrer le marché financier britannique. • *The job provides good experience for people who want to break into charity work.* Le poste représente une expérience intéressante pour toute personne désireuse de se lancer dans la profession caritative.

7 se mettre à • *The audience broke into cheers as the band came on stage.* Le public s'est mis à acclamer le groupe à son entrée en scène. • *I told him that a letter from the bank had just arrived and he broke into a sweat.* Je lui ai dit qu'une lettre de la banque était arrivée et il s'est mis à transpirer. • *Without warning, she had broken into a run and he thought he would never catch up.* Sans prévenir elle s'était mise à courir et il a cru qu'il n'arriverait pas à la rattraper.

break off breaks, breaking, broke, broken

break off (sth) or **break** (sth) **off**

1 interrompre • *We are breaking off our broadcast to make an urgent announcement.* Nous interrompons notre émission pour vous transmettre une information importante. • (parfois + **from**) *She broke off from reading and looked up at him.* Elle interrompit sa lecture et leva les yeux vers lui.

2 (négociations) rompre • *Talks between protesters and government officials broke off yesterday.* Les négociations entre les manifestants et le gouvernement ont été rompues hier. • *They broke off talks and there now seems little hope of a settlement.* Les négociations ont été rompues et il y a maintenant peu d'espoir de parvenir à un accord.

break off
s'arrêter de parler • *I broke off in the middle of speaking and now I can't remember what I was saying.* Je me suis arrêtée au milieu d'une phrase et maintenant j'ai oublié ce que j'allais dire.

break off sth or **break** sth **off**
(relation) rompre • *She broke off their engagement after discovering that he was having an affair.* Elle a rompu ses

fiançailles quand elle a découvert qu'il avait une liaison. • (souvent + **with**) *In 1950 they broke off diplomatic ties with Britain.* En 1950, ils ont rompu leurs relations diplomatiques avec la Grande-Bretagne.

break off with breaks, breaking, broke, broken

break off with sb
(amoureux) rompre avec • *She broke off with Philip to start a relationship with Jamie.* Elle a rompu avec Philip pour commencer une relation avec Jamie.

break out breaks, breaking, broke, broken

break out
1 (de prison) s'évader • (souvent + **of**) *They broke out of the prison camp by digging a tunnel.* Ils se sont évadés du camp de prisonniers en creusant un tunnel.
break-out *n* [C] évasion • *The prison governor resigned after a series of break-outs.* Le directeur de la prison a démissionné après une série d'évasions.
2 (guerre) éclater, (maladie, incendie) se déclarer • *Two men were injured when a fight broke out in the bar.* Deux hommes ont été blessés quand une bagarre a éclaté dans le bar. • *He had wisely left the country just before war broke out.* Il avait judicieusement quitté le pays juste avant que la guerre n'éclate. • *The fire broke out on the 19th floor of the 30-storey building.* L'incendie s'est déclaré au 19ème étage d'un immeuble de 30 étages.
outbreak *n* [C] (guerre, incendie) début, (maladie) accès • (souvent + **of**) *They're investigating an outbreak of food poisoning at a fast food restaurant.* Ils enquêtent sur un cas d'intoxication alimentaire dans un fast-food.
3 (paix) s'installer • *At last it seems that peace has broken out in the region.* Il semblerait que la paix s'est enfin installée dans la région.
4 (applaudissements) retentir, (rire) éclater • *Thunderous applause broke out as she walked on stage.* Un tonnerre d'applaudissements a retenti quand elle est entrée en scène.
5 (gouttes de transpiration) perler • (souvent + **on**) *Perspiration broke out on her forehead.* Des gouttes de transpiration perlaient sur son front.
6 (du quotidien) s'échapper, (routine) échapper à • *Each of them wanted a chance to break out, to dare to be different and to find themselves.* Chacun d'entre eux souhaitait pouvoir s'échapper, oser être différent et trouver sa voie. • (souvent + **of**) *Every once in a while it's good to break out of your routine.* De temps en temps cela fait du bien d'échapper au train-train quotidien.
break out sth
s'écrier • *'The idiot!' broke out Mr Gomez.* "Quel idiot!", s'écria M. Gomez.
break out sth or **break** sth **out** *américain*
(chiffre, information) isoler • *I'd like you to break out the sales figures for regions 4 and 6.* J'aimerais que vous calculiez le chiffre d'affaires pour les régions 4 et 6.

break out in/into breaks, breaking, broke, broken

break out in/into sth
(boutons, plaques) avoir une éruption de • *I broke out in a huge red rash the day before the party.* J'ai eu une éruption d'énormes plaques rouges la veille de la fête. • *When I saw the knife I broke out in a cold sweat.* Quand j'ai vu le couteau, j'ai eu des sueurs froides.

break through breaks, breaking, broke, broken

break through sth
1 (obstacle) franchir • *The prison riot ended when 140 officers succeeded in breaking through a barricade.* La mutinerie des prisonniers s'est terminée quand 140 policiers ont réussi à franchir une barricade.
2 (objectif, niveau) dépasser • *Sales of their new video have now broken through the 10 million level.* Le chiffre de ventes de leur nouvelle vidéo a dépassé les 10 millions.
3 (difficulté) surmonter, (problème) résoudre • *Part of my job as a teacher is to break through the apathy that stops these kids from achieving anything.* Une partie de mon travail d'enseignant consiste à aider ces jeunes à surmonter l'apathie qui les empêche d'accomplir quoi que ce soit. • *With this campaign we're hoping to break through people's prejudices.* Avec cette campagne nous espérons réussir à vaincre les préjugés.
breakthrough *n* [C] (en science) découverte, (dans profession) percée • *Her*

big breakthrough came when her novel was made into a tv drama. Elle a vraiment percé quand son roman a été adapté pour la télévision. • (souvent + **in**) *Scientists have made a major breakthrough in the treatment of cancer.* Les chercheurs ont fait une découverte capitale dans le domaine du traitement du cancer.

break through (sth)
(soleil) percer • *By midday the sun had started to break through.* Vers midi, le soleil avait fait son apparition. • *The sun's just starting to break through the clouds.* Le soleil commence juste à percer les nuages.

break up breaks, breaking, broke, broken

break up
1 (mariage) échouer, (couple) se séparer • *He started drinking heavily after his marriage broke up.* Il s'est mis à boire après l'échec de leur mariage • *I didn't know that Jenny and Mike had broken up.* Je ne savais pas que Jenny et Mike s'étaient séparés. • (souvent + **with**) *It's now three years since she broke up with her boyfriend.* Cela fait trois ans qu'elle a rompu avec son petit ami.
break-up, breakup *n* [C] (de mariage) échec, (de relations) rupture • (souvent + **of**) *She associated the house with the break-up of her marriage.* Dans son esprit, la maison est associée à l'échec de leur mariage. • (parfois + **with**) *The bad news came during his breakup with a longtime girlfriend.* La mauvaise nouvelle est arrivée au moment de sa rupture avec une petite amie de longue date.
2 *britannique & australien* (école, étudiant) finir • (souvent + **for**) *When do we break up for the summer holidays?* Quand est-ce que les vacances commencent cet été?
break up (sth) or **break** (sth) **up**
1 se casser, démolir • *We had to break the old fireplace up before we could move it from the house.* Nous avons dû démolir la vieille cheminée avant de pouvoir la sortir de la maison.
break-up, breakup *n* [C] (volontaire) destruction • *It was feared that the break-up of the oil tanker would result in further pollution.* On craignait que la destruction du pétrolier ait pour conséquence une aggravation de la pollution.
2 se diviser, diviser • (souvent + **into**) *After she had finished her talk we broke up into smaller groups.* Après son discours nous nous sommes divisés en petits groupes. • *The government wanted state farms to be broken up into small holdings.* Le gouvernement voulait que les fermes d'état soient divisées en petites exploitations.
break-up, breakup *n* [singulier] démembrement • (souvent + **into**) *A complete break-up into independent nation states would cause many economic problems.* Un démembrement complet en états indépendants serait la cause de nombreux problèmes économiques.
3 (réunion, fête) se terminer, mettre fin à • *The meeting broke up at ten to three.* La réunion s'est terminée à trois heures moins dix. • *I don't want to break up the party, but I have to go now.* Je ne veux pas casser l'ambiance, mais je dois partir maintenant.
4 se séparer, séparer • *War can often break up families.* Il arrive souvent que la guerre disperse les familles. • *After four years the band decided to break up.* Au bout de quatre ans le groupe a décidé de se séparer.
break-up, breakup *n* [C] groupe dissolution • (souvent + **of**) *The break-up of the pop group came as no surprise.* La dissolution du groupe pop ne fut pas une surprise.
5 prendre fin, mettre fin à • *The fight broke up when the police arrived.* La bagarre a pris fin quand la police est arrivée. • *Just break it up, you two!* Arrêtez, vous deux! • *They decided to break up the demonstration before it became too violent.* Ils ont décidé de disperser la manifestation avant qu'il n'y ait une escalade de la violence.
break up sth or **break** sth **up**
1 (journée) couper • *A day on my own can seem quite long so I usually go out for a walk just to break it up.* Une journée seule peut sembler longue et, pour faire une coupure, je sors généralement faire une promenade.
2 égayer • *I might put a red scarf with that black suit just to break it up.* Je mettrai peut-être un foulard rouge avec mon costume noir pour l'égayer.
break (sb) **up** *américain & australien, familier*
être plié, faire plier • *That show was so funny, it really broke me up.* Ce spectacle était vraiment marrant, j'étais plié tout du long. • *The kids break up whenever she*

starts speaking French. Les enfants sont pliés en quatre chaque fois qu'elle se met à parler français.

break with breaks, breaking, broke, broken

break with sth/sb
(personne) rompre avec, (parti) quitter • *The argument caused him to break with his brother.* La dispute a fait qu'il a rompu avec son frère. • *Gates broke with the party over their changes in education policy.* Gates a quitté le parti à la suite des changements politiques en matière d'éducation.

break with sth
(conventions) rompre avec • *American film producers are being encouraged to break with tradition and look abroad for new actors.* Les producteurs de cinéma américains sont encouragés à rompre avec la tradition et à chercher de nouveaux acteurs à l'étranger. • *Artists should have the courage to break with established ideas.* Les artistes devraient avoir le courage de rompre avec les idées reçues.

breathe in breathes, breathing, breathed

breathe in (sth) or **breathe** (sth) **in**
(gaz, fumée) inhaler • *Count to six as you breathe in, three as you breathe out.* Comptez jusqu'à six en inspirant, et jusqu'à trois en expirant. • *Think of all the chemicals you breathe in when you cycle to work.* Pensez à toutes les substances chimiques que vous inhalez quand vous allez travailler en vélo. • *She leaned over to breathe in the scent of the roses.* Elle se pencha pour respirer le parfum des roses.

breathe out breathes, breathing, breathed

breathe out (sth) or **breathe** (sth) **out**
exhaler • *He breathed out slowly and tried to stay calm.* Il expira lentement et essaya de rester calme. • *You breathe in oxygen and breathe out carbon dioxide.* Vous inhalez de l'oxygène et expirez du dioxyde de carbone.

breeze in/into breezes, breezing, breezed

breeze in
breeze into swh
entrer d'un air dégagé • *He breezes in every morning, always happy and smiling.* Il arrive chaque matin, l'air décontracté, toujours heureux et souriant. • *He just breezed into the office as if yesterday's argument had never happened.* Il est entré dans le bureau d'un air dégagé, comme si la dispute d'hier n'avait pas eu lieu.

breeze into breezes, breezing, breezed

breeze into sth
(emploi) décrocher • *He left Cambridge in '78 and breezed into a top banking job.* Il a quitté Cambridge en 78 et a décroché un poste important dans la banque.

breeze through breezes, breezing, breezed

breeze through sth *légèrement familier*
(examen) réussir facilement • *The exam won't be a problem for her – she'll just breeze through it.* Pour elle, l'examen ne sera pas un problème; elle l'aura facilement. • *I had breezed through school and assumed that university would be just as easy.* J'avais réussi facilement à l'école et je croyais que ce serait aussi simple à l'université.

brew up brews, brewing, brewed

brew up sth *britannique, américain & australien, familier*

brew up *britannique & australien, familier*
(thé, café) faire • *You sit there and I'll brew up a nice cup of tea for you.* Assieds-toi pendant que je te prépare une bonne tasse de thé. • *I'm brewing up if you'd like a cuppa.* Je fais du thé si tu en veux une tasse.

brew up sth or **brew** sth **up**
(coup) mijoter • *I don't know what you're brewing up, but I don't want any part of it.* Je ne sais pas ce que vous êtes en train de mijoter, mais je ne veux rien avoir à faire là-dedans.

brew up
(crise) couver • (généralement à la forme progressive) *A nasty row is brewing up over the meeting between the two countries.* Pour la prochaine réunion, il se prépare une sérieuse prise de bec entre les deux pays.

brick in/up bricks, bricking, bricked

brick in/up sth or **brick** sth **in/up**
(fenêtre, porte) murer • *We weren't using the fireplace so we decided to brick it in.*

Comme nous ne nous servions pas de la cheminée, nous avons décidé de la murer. • *The windows of the local army office have been bricked up, I notice.* J'ai remarqué que les fenêtres du service local de l'armée ont été murées.

brighten up brightens, brightening, brightened

brighten up sth or **brighten** sth **up**
égayer • *I thought yellow walls might brighten the place up a bit.* J'ai pensé que des murs jaunes pourraient égayer un peu la pièce. • *A few plants will brighten up any office at very little expense.* Quelques plantes égayeront n'importe quel bureau à peu de frais.

brighten up
1 (temps) s'éclaircir • *If the weather brightens up this afternoon we could go for a walk.* Si le temps s'éclaircit cet après-midi, nous pourrions aller nous promener.
2 avoir l'air plus réjoui • *As soon as she heard that you were coming she brightened up.* Dès qu'elle a su que tu venais elle a eu l'air plus réjoui.

brim over brims, brimming, brimmed

brim over
(verre) déborder • (généralement à la forme progressive) *She filled the jug with cream until it was brimming over.* Elle a rempli le pot de crème jusqu'à le faire déborder.

brim over with brims, brimming, brimmed

brim over with sth
déborder de • *I remember him brimming over with joy at the birth of his first son.* Je me souviens comme il débordait de joie à la naissance de son premier fils. • *Even in her nineties she brims over with energy.* Même à plus de quatre-vingt-dix ans elle déborde d'énergie.

brim with brims, brimming, brimmed

brim with sth
1 (larmes) s'emplir de • *As she was telling me her eyes brimmed with tears.* Ses yeux s'emplirent de larmes en me parlant.
2 déborder de • *She remembered him as a thin man who brimmed with self-confidence.* Elle se souvenait de lui comme d'un homme fluet mais plein d'assurance.

bring about brings, bringing, brought

bring about sth or **bring** sth **about**
(transformation) apporter • *We are hoping to bring about major changes in the way this company is organized.* Nous espérons apporter des changements radicaux à l'organisation de l'entreprise. • *Jealousy in a relationship is often brought about by a lack of trust.* Dans une relation, la jalousie est souvent due à un manque de confiance en l'autre.

bring along brings, bringing, brought

bring along sb/sth or **bring** sb/sth **along**
(personne) venir avec, (chose) apporter • *Bring your friend along if you like.* Viens avec ton ami si tu veux. • *I asked everyone to bring along something to eat.* J'ai demandé à tout le monde d'apporter quelque chose à manger.

bring along sb or **bring** sb **along** *surtout américain*
faire progresser • *The team's manager has a special ability for bringing new players along.* Le manager de l'équipe sait vraiment comment s'y prendre pour faire progresser les nouveaux joueurs.

bring around/round brings, bringing, brought

bring sb **around/round**
1 faire revenir à soi • *I tried slapping her face to bring her round.* Je lui ai donné des claques sur les joues pour essayer de la faire revenir à elle.
2 convaincre • *At first she didn't want to take on any more staff, but I eventually managed to bring her around.* Au début elle ne voulait pas embaucher plus de personnel, mais j'ai finalement réussi à la convaincre. • (souvent + **to**) *He hasn't yet managed to bring the others round to his way of thinking.* Il n'est pas encore parvenu à convertir les autres à sa façon de penser.

bring around/round sb/sth or **bring** sb/sth **around/round** *surtout britannique & australien*
venir avec • *Ann brought her new baby round this afternoon.* Ann est venue avec son bébé cet après-midi.

bring around/round to brings, bringing, brought

bring sb/sth **around/round to** sth
(faire) aborder • *She managed to bring him around to the question of price.* Elle a réussi à lui faire aborder la question du prix. • *I gently tried to bring the discussion round to the subject of his divorce.* Au cours de la conversation, j'ai essayé d'aborder délicatement le sujet de son divorce.

bring back brings, bringing, brought

bring back sth or **bring** sth **back**
1 rappeler • *We talked about our time together in Edinburgh and it really brought back memories.* Nous avons parlé de l'époque où nous étions ensemble à Edimbourg et cela m'a rappelé beaucoup de souvenirs. • *I spent a couple of hours looking at my old holiday photos and it brought it all back.* J'ai passé deux heures à regarder mon vieil album de photos de vacances et cela m'a tout rappelé.
2 (coutume) réintroduire, (moyen de transport) remettre en usage • *Trams have recently been brought back in Manchester.* A Manchester, les tramways ont été récemment remis en usage. • *They're always campaigning to bring back the death penalty.* Ils militent en permanence pour la réintroduction de la peine de mort.

bring back sb or **bring** sb **back**
1 remettre en poste • *He resigned his post in 1987 but was brought back by the new administration.* Il a démissionné de son poste en 1987 mais a été remis en poste par la nouvelle administration.
2 faire revenir à la vie • *Margaret was dead and no amount of grieving would bring her back.* Margaret était morte et toutes les larmes du monde ne pourraient la faire revenir à la vie. • *His heart stopped beating during the operation and the doctors tried to bring him back to life but they were too late.* Son coeur s'est arrêté de battre pendant l'opération et les médecins ont essayé de le réanimer mais il était trop tard.

bring back to brings, bringing, brought

bring sb **back to** sth
ramener à • *This talk of holidays brings me back to my original question, which was what are we doing this summer?* Cette conversation sur les vacances me ramène à ma question de départ: qu'est-ce que nous allons faire cet été?

bring down brings, bringing, brought

bring down sb or **bring** sb **down**
(gouvernement, président) faire tomber • *The current crisis threatens to bring down the government.* La crise actuelle risque de faire tomber le gouvernement.

bring down sth or **bring** sth **down**
1 faire baisser • *The government is trying to bring down inflation.* Le gouvernement essaye de faire baisser l'inflation. • *Her doctor's told her she needs to relax more to bring her blood pressure down.* Son médecin lui a dit qu'elle avait besoin de se détendre davantage pour faire baisser sa tension.
2 (avion, oiseau, animal) abattre • *Enemy fire brought down two fighter planes during the raid.* Deux avions de chasse ont été abattus par l'ennemi au cours du raid.

bring down on/upon brings, bringing, brought

bring down sth **on/upon** sb or **bring** sth **down on/upon** sb *formel*
(envie, haine) valoir • *Her obvious talent and natural beauty have brought the envy of many other actresses down on her.* Son talent manifeste et sa beauté naturelle lui ont valu l'envie de beaucoup d'autres actrices.

bring forth brings, bringing, brought

bring forth sth
1 *formel* provoquer • *The guilty verdict has brought forth sharp criticism from women's groups.* Le verdict de culpabilité a provoqué des critiques acerbes de la part des groupes féministes.
2 *vieilli* (objet caché) produire • *He put his hand in his pocket and brought forth a small notebook.* Il plongea la main dans sa poche et produisit un petit carnet.

bring forth sb *vieilli*
donner naissance à • *Six months ago, his wife had finally brought forth a son and heir.* Six mois auparavant, sa femme lui avait finalement donné un héritier.

bring forward brings, bringing, brought

bring forward sth or **bring** sth **forward**

bring in

1 avancer • *The book's publication date has been brought forward.* La date de publication du livre a été avancée. • (parfois + **to**) *We've brought forward the date of the wedding to May 21st.* Nous avons avancé la date du mariage au 21 mai.
2 proposer • *The reforms are part of a series of anti-terrorist measures being brought forward by the government.* Les réformes font partie d'une série de mesures anti-terroristes proposées par le gouvernement.

bring in brings, bringing, brought

bring in sth or **bring** sth **in**
1 rapporter • *Neither film brought in any money at the box office.* Aucun de ces deux films n'a rapporté d'argent. • *She left college and went to work because her father thought it was time she brought some money in.* Elle a arrêté la fac et a commencé à travailler parce que son père a estimé qu'il était temps qu'elle rapporte de l'argent à la maison.
2 (loi, règlement) introduire • *The government will bring in legislation to restrict the sale of guns.* Le gouvernement va introduire une loi pour limiter la vente des armes à feu.
3 inclure • *If you bring in a few references to other authors, it makes an essay more impressive.* Si tu inclus quelques références à d'autres auteurs, ta dissertation fera encore meilleur effet.

bring in sb or **bring** sb **in**
faire appel à • *Management consultants have been brought in to make the company more profitable.* On a fait appel à des consultants en gestion des entreprises afin d'augmenter les profits de la société. • *They brought in a team of experts to advise them.* Ils ont fait appel à une équipe de spécialistes qui doit les conseiller. • (souvent + **on**) *I'd like to bring Alex in on that project.* J'aimerais proposer à Alex de travailler sur ce projet.

bring in sb/sth or **bring** sb/sth **in**
attirer • *It is hoped that the company's attractive new premises will bring in some business.* Nous espérons que les beaux locaux tout neufs de l'entreprise attireront la clientèle. • *He convinced the channel that the show could bring in a new, younger audience.* Il a convaincu la chaîne que le spectacle pourrait attirer un nouveau public plus jeune.

bring into brings, bringing, brought

bring sb/sth **into** sth
parler de • *I don't really want to bring price into the discussion just now.* Je ne tiens pas vraiment à aborder la question du prix pour le moment.

bring off brings, bringing, brought

bring off sth or **bring** sth **off** *légèrement familier*
(travail) réussir, (affaire) mener à bien
• *It's a really difficult part to act but I think she brought it off.* C'est un rôle très difficile à tenir mais je pense qu'elle y réussit très bien. • *If he brings off the deal he'll be a wealthy man.* S'il mène l'affaire à bien, il sera un homme riche.

bring on brings, bringing, brought

bring on sth or **bring** sth **on**
provoquer • *Headaches are often brought on by stress.* Les maux de têtes sont souvent provoqués par le stress. • *This depression of his – what do you think brought it on?* Sa dépression – qu'est-ce qui l'a provoquée? • *Many companies have failed because of the problems brought on by the recession.* Beaucoup d'entreprises ont fait faillite en raison de problèmes liés à la crise.

bring on sb or **bring** sb **on** *surtout britannique & australien*
permettre de progresser • *Alice's sessions at nursery school have really brought her on.* Les séances à l'école maternelle ont vraiment permis à Alice de progresser. • *The college golf scholarships are excellent at bringing on talented young players.* Les bourses universitaires de golf sont un excellent moyen de permettre aux jeunes joueurs doués de progresser.

bring on/upon brings, bringing, brought

bring sth **on/upon** sb
(ennuis) causer • *He felt deep regret for the shame he had brought upon his family.* Il regrettait profondément d'avoir fait honte à sa famille. • (souvent pronominal) *I don't have any sympathy for her – she's brought it all on herself.* Je n'ai aucune compassion pour elle – elle est la cause de son propre malheur.

bring out brings, bringing, brought

bring out sth or **bring** sth **out**

1 (nouveau produit) sortir • *In 1931, the company brought out a new, smaller car.* En 1931, l'entreprise a sorti une nouvelle voiture, plus petite. • *Haynes, like many photographers, has brought out his own book.* Haynes, comme beaucoup de photographes, a sorti un livre personnel.
2 faire ressortir, • *Somehow the lemon brings out the flavour of the fish.* Il se trouve que le citron fait ressortir le goût du poisson. • (souvent + **in**) *Something about fishing brings out the hunter in us.* La pêche réveille en nous l'instinct du chasseur. • *A crisis can bring out the best in someone.* Les moments de crise sont parfois l'occasion pour nous de révéler nos plus grandes qualités. • *Something about him just brings out the worst in me.* Il y a quelque chose chez lui qui m'incite à me conduire d'une façon peu honorable.

bring out sb or **bring** sb **out**
(personne) donner confiance • *Having a girlfriend seems to have brought him out.* Depuis qu'il a une petite amie, il a l'air plus sûr de lui. • *Being away at college has really brought her out of herself.* Partir ailleurs pour ses études lui a vraiment permis de prendre de l'assurance.

bring out in brings, bringing, brought

bring sb **out in** sth *britannique & australien, légèrement familier*
(boutons, rougeurs) donner • *Fatty food generally brings me out in spots.* Les aliments gras me donnent généralement des boutons. • *Certain washing-powders bring her out in a rash.* Certaines lessives en poudre lui causent des allergies.

bring over to brings, bringing, brought

bring sb **over to** sth
(opinion) faire adopter • *She hasn't been able to bring her sister over to her point of view.* Elle n'a pas réussi à faire adopter son point de vue à sa soeur.

bring round
voir **bring around/round**

bring round to
voir **bring around/round to**

bring to brings, bringing, brought

bring sb **to**
faire revenir à soi • *Sam collapsed and at first no one could bring him to.* Sam s'est évanoui et d'abord personne n'a réussi à le faire revenir à lui.

bring together brings, bringing, brought

bring together sb or **bring** sb **together**
(personnes) rapprocher • *Everyone hoped that the wedding would bring the two families together.* Tout le monde espérait que le mariage rapprocherait les deux familles. • *The disaster brought the community closer together.* La catastrophe a resserré les liens entre les membres de la communauté.

bring up brings, bringing, brought

bring up sb or **bring** sb **up**
élever • *She decided she'd rather bring her children up in the countryside.* Elle a décidé qu'elle préférait élever ses enfants à la campagne. • *I was brought up by my grandmother.* J'ai été élevé par ma grand-mère. • (parfois + **to do sth**) *We'll bring them up to respect other people.* Je leur apprendrai à respecter autrui. • (parfois + **as**) *They're bringing their son up as a Catholic.* Ils donnent à leur fils une éducation catholique.

bring up sth or **bring** sth **up**
1 (sujet) aborder • *There are several points I'd like to bring up at the meeting tomorrow.* Il y a plusieurs points que j'aimerais aborder à la réunion de demain.
2 vomir • *He suddenly went white and brought up his breakfast all over the kitchen floor.* Soudain il est devenu tout pâle et il a vomi son petit déjeuner sur le sol de la cuisine.

bring upon
voir **bring on/upon**

bristle with bristles, bristling, bristled

bristle with sth *familier*
être hérissé de, (ville) grouiller de • *It was a Saturday afternoon and the town was bristling with people.* C'était un samedi après-midi et la ville grouillait de monde. • *The helicopters hovered above them, bristling with machine guns.* Les hélicoptères, hérissés de mitrailleuses, planaient au-dessus d'eux.

broaden out
broaden out broadens, broadening, broadened

broaden out (sth)
(conversation) s'étendre, (débat) s'élargir, élargir • *I thought we might broaden out the discussion to include health issues.* J'ai pensé que l'on pourrait élargir la discussion aux questions de santé.

broaden out
s'élargir • *The track broadens out and becomes a path at this point.* A partir de cet endroit, le sentier s'élargit et devient un chemin.

brush aside
brush aside brushes, brushing, brushed

brush aside sb/sth or **brush** sb/sth **aside**
(personne) repousser, (idée) rejeter • *The president continually brushed aside his critics during the eighteen-month campaign.* Pendant les dix-huit mois de campagne, le président a systématiquement ignoré ses opposants. • *He just brushed aside any objections to the proposal.* Il a tout simplement rejeté toutes les objections à la proposition.

brush by
brush by brushes, brushing, brushed

brush by sb
frôler en passant • *She brushed by me in the corridor but we didn't speak.* Elle m'a frôlé en passant dans le couloir, mais on ne s'est pas parlé.

brush down/off
brush down/off brushes, brushing, brushed

brush down/off sb/sth or **brush** sb/sth **down/off**
(vêtement) brosser, (meuble) épousseter • *He stood up, brushed himself down and got back on his bike.* Il s'est remis debout, s'est brossé et a renfourché sa bicyclette. • *You'd better brush the chair off before you sit down.* Tu ferais mieux d'épousseter la chaise avant de t'asseoir.

brush off
brush off brushes, brushing, brushed

brush off sb/sth or **brush** sb/sth **off**
(personne) envoyer promener, (accusation) rejeter • *I tried to say I was sorry but she just brushed me off.* J'ai essayé de m'excuser, mais elle m'a envoyé promener. • *He brushed off the allegations, claiming that they were 'complete nonsense'.* Il a rejeté l'ensemble des allégations en déclarant qu'elles n'avaient "aucun sens".

brush-off n [singulier] *légèrement familier* rejet • *I tried being friendly with him but he gave me the brush-off.* J'ai essayé d'être agréable avec lui mais il m'a envoyé paître.

brush up (on)
brush up (on) brushes, brushing, brushed

brush up (on) sth
(anglais) se remettre à, (technique) revoir • *He was hoping to brush up on his Italian before our trip.* Il espérait se remettre à l'italien avant notre voyage. • *Paul's challenged me to a game of tennis so I thought I'd better brush up on my technique.* Paul m'a proposé une partie de tennis et j'ai pensé que je ferais mieux de revoir ma technique.

bubble over
bubble over bubbles, bubbling, bubbled

bubble over
déborder d'enthousiasme pour • (généralement + **with**) *None of them was exactly bubbling over with enthusiasm for the project.* Aucun d'entre eux ne débordait vraiment d'enthousiasme pour le projet.

buckle down
buckle down buckles, buckling, buckled

buckle down
se mettre au travail • (généralement + **to**) *It's about time he buckled down to some serious work.* Il est temps qu'il se mette sérieusement au travail.

buckle up
buckle up buckles, buckling, buckled

buckle up *américain, familier*
mettre sa ceinture • *You'd better buckle up, it's going to be a bumpy ride.* Tu ferais mieux de mettre ta ceinture, on va être secoué pendant le voyage.

buddy up to
buddy up to buddies, buddying, buddied

buddy up to sb *américain, familier*
essayer de se faire pote avec • *I saw her buddying up to the boys in the school cafeteria.* Je l'ai vue qui essayait de se faire pote avec les garçons à la cafétéria de l'école.

budge up budges, budging, budged

budge up *britannique, familier*
se pousser • (souvent à l'impératif) *Budge up, and then Sarah can sit here with us.* Pousse-toi d'un cran, comme ça Sarah pourra s'asseoir avec nous.

bug off

Bug off! (toujours à l'impératif) *américain, familier*
casse-toi! • *Bug off, I'm trying to work.* Casse-toi, j'essaie de travailler.

bug out bugs, bugging, bugged

bug out
1 *américain, familier* se tirer • *He bugged out when he saw the man had a gun.* Il s'est tiré quand il a vu que l'homme était armé. • *She tends to bug out as soon as there are any real problems.* Elle a tendance à se tirer dès qu'il y a de vrais problèmes.
2 *américain, familier* s'ouvrir très grand • *When Sally saw the gown her eyes just bugged out.* Quand Sally a vu la robe, elle a écarquillé les yeux.

bugger about/around buggers, buggering, buggered

bugger about/around *britannique & australien, familier*
glandouiller • *He's spent half the morning buggering about on his computer.* Il a passé la moitié de la matinée à glandouiller devant son ordinateur.

bugger sb **about/around** *britannique & australien, familier*
emmerder • *He's changed the date three or four times and I'm fed up of being buggered around.* Cela fait trois ou quatre fois qu'il change la date et j'en ai marre qu'on se foute de moi.

bugger off buggers, buggering, buggered

Bugger off! (toujours à l'impératif) *britannique & australien, argot*
Fous-moi/nous la paix! • *Oh bugger off! I'm not in the mood.* Oh, fous-moi la paix, je ne suis pas d'humeur!

bugger off *britannique & australien, familier*
se barrer • *Everyone else had buggered off home and I was the only one in the office.* Tout le monde s'était barré chez soi et j'étais le seul au bureau.

bugger up buggers, buggering, buggered

bugger up sth or **bugger** sth **up** *britannique & australien, familier*
bousiller, saloper • *He was messing with the central heating and I think he's gone and buggered it up.* Il a cafouillé au chauffage central et je crois bien qu'il l'a bousillé.

build around builds, building, built

build sth **around** sth
fonder sur • *It's a mistake to build your life around your work.* C'est une erreur d'organiser sa vie autour de son travail. • *The whole film is built around such an improbable storyline.* Tout le film est fondé sur une histoire invraisemblable.

build in/into builds, building, built

build in sth or **build** sth **in**
build sth **into** sth
1 intégrer • *I've been exercising for so long now that it's built into my daily routine* Je fais de la gym depuis si longtemps que ça fait maintenant partie de ma routine journalière. • *If you want kids to study hard you have to build in a few incentives.* Si vous voulez que les enfants travaillent bien, il faut penser à introduire quelques récompenses.
built-in *adj* (toujours avant n) intégré • *We've opted for a monthly savings plan with built-in life insurance.* Nous avons choisi un plan d'épargne mensuel qui comporte une assurance-vie.
2 encastrer dans • *The cupboards in the kitchen are all built in.* Les placards de la cuisine sont tous encastrés. • *We're having shelves built into the wall over the bed.* On est en train de nous faire des étagères encastrées dans le mur au-dessus du lit.
built-in *adj* (toujours avant n) encastré • *a stereo with built-in speakers* une stéréo avec baffles incorporées.

build on builds, building, built

build on sth
(succès) tirer parti de • *Once your company has established a good reputation you've got something to build on.* Une fois que votre entreprise aura acquis une bonne réputation, vous aurez une base sur laquelle construire. • *We had a certain amount of success in the European*

championships and we hope to build on that success. Nous avons remporté un certain succès aux championnats d'Europe et nous espérons continuer comme ça.

build up builds, building, built

build up (sth) or **build** (sth) **up**
(en quantité) s'accumuler, (en taille) se développer, (en intensité) augmenter, accumuler, développer, faire augmenter • *There were big delays as traffic built up on the roads into the city.* Comme la circulation s'intensifiait, il y avait des ralentissements importants sur les routes en direction du centre ville. • *She needs something to build up her confidence again.* Elle a besoin de quelque chose pour lui redonner confiance.

build-up, **buildup** *n* [singulier]
(circulation, tension) intensification, (dépôts, armes) accumulation, (taux) augmentation, (troupes) concentration • *These last six months have seen a pronounced military build-up in the region.* On a observé une concentration de troupes importante dans la région au cours de ces six derniers mois. • *A rise in the earth's temperature is supposed to be caused by the build-up of polluting gases.* On pense que la hausse de la température terrestre est causée par une augmentation du taux des gaz polluants dans l'atmosphère.

build up sth or **build** sth **up**
1 (affaire) monter, (organisation, base de données) créer • *He'd spent the last ten years building up his printing business.* Il avait passé les dix dernières années à monter son imprimerie. • *She's concentrating on building up her career.* Elle s'applique à s'établir dans sa profession. • *Like a lot of countries in this region, they're struggling to build up their economy.* Comme de nombreux pays dans cette partie du monde, ils ont du mal à développer leur économie.
2 établir • *Police are slowly building up a profile of the killer.* La police établit petit à petit un portrait-robot du meurtrier. • *Personal relationships built up over a year will be lost when we move.* Quand nous déménagerons, nous allons perdre les relations personnelles que nous avions mis un an à établir.

build up sb/sth or **build** sb/sth **up**
(personne) faire la louange de, (chose) monter en épingle • *The media builds people up, only to knock them down again.* Les médias lancent des personnalités rien que pour les faire tomber ensuite de leur piédestal. • *They'd built the programme up so much that when it was finally shown it was a disappointment.* Ils avaient tellement monté le programme en épingle que lorsqu'il est finalement passé, on a été déçu.

build-up *n* [singulier] publicité, louanges • *The guy presenting the show gave me such a build-up it was almost embarrassing.* Le présentateur m'a fait tant de louanges que j'en étais presque gêné.

build up sb or **build** sb **up** (jamais au passif)
remettre sur pied • *Come on, have some food – we've got to build you up.* Allez, sers toi – il faut qu'on te fasse reprendre des forces.

build up to builds, building, built

build up to sth
se préparer progressivement • *You can't start by running long distances – you've got to build up to it in stages.* Tu ne peux pas commencer par courir sur des longues distances – il faut s'y préparer par étapes.

build-up, **buildup** *n* [singulier]
préparation • (généralement + **to**) *He got a lot of media coverage in the build-up to the elections.* Il a bénéficié d'une importante couverture médiatique pendant la campagne électorale.

bulk out/up bulks, bulking, bulked

bulk out/up sth or **bulk** sth **out/up**
familier
(volume) augmenter, (texte) étoffer • (souvent + **with**) *You can bulk out the salad with potatoes or pasta.* Tu peux rajouter des pommes de terre ou des pâtes à la salade pour qu'elle soit plus grosse. • *I added some statistics to my report to bulk it up a little.* J'ai ajouté quelques statistiques à mon rapport pour l'étoffer un peu.

bulk up bulks, bulking, bulked

bulk up (sth) or **bulk** (sth) **up** *surtout américain*
(personne) prendre du poids, (muscle) développer • *He was told to bulk up if he wanted to become a heavyweight boxer.* On lui a dit de prendre du poids s'il voulait

passer dans la catégorie des boxeurs poids lourd. • *Dan is going to the gym every day to bulk up his muscles for football.* Dan va à la salle de gym tous les jours pour se muscler pour le football.

bum about/around/round
bums, bumming, bummed

bum about/around/round *familier*
glandouiller • *He spent most of last year just bumming around.* L'année dernière, il a passé presque tout son temps à glandouiller.

bum about/around/round swh *familier*
vadrouiller • *I spent last summer bumming around Europe with some friends.* J'ai passé l'été dernier à me balader en Europe avec des amis.

bum off
bums, bumming, bummed

bum sth **off** sb
(cigarette, argent) taper • *If you're leaving now, can I bum a lift off you?* Si tu pars maintenant, est-ce que tu peux me ramener? • *He's always bumming money off me for cigarettes.* Il est toujours en train de me taper de l'argent pour s'acheter des cigarettes.

bum out
bums, bumming, bummed

bum out sb or **bum** sb **out** *américain, familier*
casser les pieds • *These reports are really beginning to bum me out.* Ces rapports commencent vraiment à me casser les pieds.

bum round
voir **bum about/around/round**

bump along
bumps, bumping, bumped

bump along
fonctionner tant bien que mal • *The property market bumped along until Friday when there was a sudden fall.* Le marché de l'immobilier s'est maintenu tant bien que mal jusqu'à la baisse imprévue de vendredi.

bump into
bumps, bumping, bumped

bump into sb
tomber sur quelqu'un • *I bumped into Mark when I was out shopping this afternoon.* Je suis tombé sur Marc en faisant les courses cet après-midi.

bump off
bumps, bumping, bumped

bump off sb or **bump** sb **off** *familier*
descendre • *He plays the hit-man who's hired to bump off the main character's wife.* Il joue le rôle du tueur à gages qui est engagé pour descendre la femme du personnage principal.

bump up
bumps, bumping, bumped

bump up sth or **bump** sth **up** *familier*
(prix) faire grimper, (loyer) augmenter • (parfois + **to**) *Leather seats will bump up the price of the car to $15,995.* Avec des sièges en cuir le prix de la voiture grimpe à 15 995 dollars. • (parfois + **by**) *Our landlord has just bumped the rent up by £50.* Le propriétaire de notre logement vient juste d'augmenter notre loyer de £50.

bump up sb or **bump** sb **up** *américain, familier*
faire passer • (souvent + **to**) *They've bumped Greg up to supervisor.* Greg est passé surveillant. • *She was bumped up to first class on her flight home.* Au retour, on l'a fait passer en première classe.

bunch up
bunches, bunching, bunched

bunch up (sth/sb) or **bunch** (sth/sb) **up**
s'entasser • (généralement au passif) *We were all bunched up at the back of the room.* Nous étions tous entassés au fond de la pièce.

bunch up (sth) or **bunch** (sth) **up**
se froisser • *My shirt's all bunched up at the back.* Ma chemise est toute froissée derrière.

bundle off
bundles, bundling, bundled

bundle off sb or **bundle** sb **off**
expédier • (souvent + **to**) *I was wrapped in a thick coat and bundled off to school.* On m'a emmitouflée dans un gros manteau et expédiée à l'école.

bundle up
bundles, bundling, bundled

bundle up (sb) or **bundle** (sb) **up**
(s') emmitoufler • *Bundle up well before you go out in the snow.* Couvre-toi bien avant de sortir dans la neige. • (souvent + **in**) *The children were bundled up in*

blankets for the journey. Pour le voyage, on avait emmitouflé les enfants dans des couvertures.

bundle up sth or **bundle** sth **up**
faire un paquet de • *I bundled up some old clothes and gave them to a charity shop.* J'ai fait un paquet de vieux vêtements et je les ai donnés au magasin d'une oeuvre de bienfaisance.

bung up   bungs, bunging, bunged

bung up sth or **bung** sth **up**
(canalisation) boucher • *I don't like to put paper down the toilet in case I bung it up again.* Je n'aime pas jeter du papier dans les toilettes pour le cas où ça les boucherait à nouveau.

bunged-up *adj légèrement familier* (nez) bouché • *I've got a cold and I'm all bunged-up.* J'ai un rhume et j'ai le nez complètement bouché. • *a bunged-up nose* un nez bouché

bunk down   bunks, bunking, bunked

bunk down (toujours + *adv/prép*)
dormir • *I can't offer you a bed but you're welcome to bunk down on the sofa.* Je n'ai pas de lit à te proposer mais tu peux dormir sur le divan.

bunk off   bunks, bunking, bunked

bunk off (sth) *britannique, familier*
(s'absenter) sécher, (partir tôt) se sauver • *If we bunk off early, we could do some shopping.* Si on file tôt, on pourra faire quelques courses. • *I remember bunking off school when I was a kid.* Je me souviens avoir séché l'école quand j'étais gamin.

buoy up   buoys, buoying, buoyed

buoy up sb or **buoy** sb **up**
encourager • *We buoyed each other up, saying 'This is going to work'.* On s'est encouragé l'un l'autre en se disant 'ça va marcher'.

buoy up sth or **buoy** sth **up**
stimuler • *Information technology will buoy up the nation's economy.* Les technologies de l'information vont stimuler l'économie du pays.

burn down   burns, burning, burnt or burned

burn down (sth) or **burn** (sth) **down**
brûler complètement • *They came back to find that their house had burnt down.* Au retour ils ont trouvé leur maison réduite en cendres. • *Dozens of people were hurt and a police station was burned down.* Des dizaines de personnes ont été blessées et un poste de police a été complètement détruit par le feu.

burn off   burns, burning, burnt or burned

burn off sth or **burn** sth **off**
brûler • *Up to 40 oil wells have been set alight to burn off the lethal gases.* On a mis le feu à 40 puits de pétrole pour brûler les gaz mortels.

burn off/up   burns, burning, burnt or burned

burn off/up sth or **burn** sth **off/up**
(énergie) dépenser, (calories) brûler, (graisses) faire fondre • *Aerobics certainly burns off a lot of calories.* L'aérobic fait brûler beaucoup de calories, ça c'est sûr. • *Do you think you burn off much fat in the gym?* Est-ce que tu crois que tu maigris vraiment en faisant de la gym? • *Research shows that fat people actually burn up energy faster than thin ones.* La recherche a démontré que les personnes obèses dépensent de l'énergie plus vite que les minces.

burn out   burns, burning, burnt or burned

burn out or **burn** itself **out**
1 s'éteindre • *I left the fire to burn out.* J'ai laissé le feu s'éteindre. • *The blaze spread from shop to shop until it burned itself out.* L'incendie s'est propagé de magasin en magasin avant de s'éteindre.

burnt-out *adj* calciné • *We drove past burnt-out buildings and boarded windows.* Nous sommes passés en voiture devant des immeubles calcinés et des fenêtres barricadées. • *Burnt-out cars litter the street.* Des voitures calcinées jonchent la rue.

2 (maladie) disparaître, (conflit) s'apaiser, (colère) se dissiper • *Generally speaking, the disease burns out within a couple of years.* En général, la maladie disparaît au bout de quelques années. • *The international community chose to wait until the conflict burnt itself out.* La communauté internationale a choisi d'attendre jusqu'à l'apaisement du conflit.

burn out sb or **burn** sb **out**
faire partir d'une maison en y mettant le feu • (souvent + **of**) *Hundreds of families have been burnt out of their homes.* Des centaines de familles ont dû partir après qu'on eût mis le feu à leurs maisons.

burn out (sth) or **burn** (sth) **out**
(ampoule) griller, (plombs) sauter, faire sauter • *I turned on a switch but the light had burnt out.* J'ai appuyé sur l'interrupteur mais l'ampoule avait grillé. • *Large voltage swings can cause electric motors to burn out.* Des sautes de tension importantes peuvent griller les moteurs électriques. • *Terrorists had planted devices designed to burn out signal cables in rail lines.* Des terroristes avaient posé des engins explosifs pour faire sauter les câbles d'aiguillage sur les lignes de chemin de fer.

burn out or **burn** yourself **out** *familier*
s'épuiser • *If he carries on working as hard as this he'll burn out before the exams.* S'il continue à travailler comme ça, il va s'épuiser avant les examens. • *You've got to keep up a steady rate of progress but you don't want to burn yourself out.* Il faut continuer à progresser régulièrement mais en faisant attention de ne pas s'épuiser.

burnt-out *adj familier* crevé • *By the time we'd finished the project I was completely burnt-out.* Une fois qu'on a eu fini le projet, j'étais complètement crevé.

burnout *n* [U] surmenage • *Teaching has a high rate of professional burnout.* Dans l'enseignement, il y a un taux élevé de surmenage professionnel.

burn out
être à cours d'inspiration • *His critics were saying that he'd burnt out and that he'd made all his best films.* Ses critiques disaient qu'il était fini et qu'il avait réalisé ses meilleurs films.

burn up burns, burning, burnt or burned

burn up sth or **burn** sth **up**
consommer beaucoup • *A car this size burns up a lot of fuel.* Une voiture de cette taille consomme beaucoup d'essence.

burn sb **up** *américain, familier*
(de colère) mettre en boule • *He'd made some remark about incompetent women that really burned me up.* Il avait fait une remarque à propos des femmes incompétentes qui m'a vraiment mis en boule.

be burning up (toujours à la forme progressive) *familier*
être brûlant • *I've just felt his forehead – he's really burning up.* Je viens de toucher son front – il est vraiment brûlant.

burn up (sth) or **burn** (sth) **up**
flamber, (satellite) se volatiliser • *The spacecraft finally burned up in the atmosphere of Venus.* Le vaisseau spatial s'est finalement volatilisé dans l'atmosphère de Vénus. • *It was proposed that the nuclear power station be used to burn up nuclear weapons waste.* Il a été proposé qu'on utilise la centrale pour brûler les déchets provenant de l'armement nucléaire.

burst in bursts, bursting, burst

burst in
faire irruption • (souvent + **on**) *Masked gunmen burst in on the meeting, killing 15 people.* Des hommes armés masqués ont fait irruption en pleine réunion et ont tué 15 personnes. • *The door was flung open and Oliver suddenly burst in.* Soudain, la porte s'est brusquement ouverte et Oliver a fait irruption dans la pièce.

burst into bursts, bursting, burst

burst into swh
faire irruption • *The police had burst into her flat in Lambeth, South London, with a search warrant.* La police, munie d'un mandat de perquisition, avait fait irruption dans son appartement de Lambeth, au sud de Londres.

burst into sth
(larmes) fondre en, (rire) éclater de, (chanter) se mettre à • *I told her what he'd said and she burst into laughter.* Je lui ai raconté ce qu'il avait dit et elle a éclaté de rire. • *He looked as if he was on the point of bursting into tears.* Il semblait être sur le point de fondre en larmes. • *The whole room seemed to burst into song.* Il semblait que tout le monde dans la pièce s'était mis à chanter.

burst out bursts, bursting, burst

burst out sth
1 s'écrier • *'Don't go!' he burst out.* "Ne pars pas!", s'écria-t-il. • *In the middle of the service my nephew suddenly burst out,*

'That man's got a dress on.' En pleine cérémonie, mon neveu s'est soudain exclamé : "Cet homme porte une robe!"
2 (rire) éclater de, (larmes) fondre en • *He took one look at her in her new hat and burst out laughing.* Il a jeté un regard à son nouveau chapeau et a éclaté de rire. • *He looked as if he was about to burst out crying.* Il était au bord des larmes.

outburst *n* [C] (de colère) accès, (de rire) éclat, (de larmes) crise • *The outbursts of temper increased as he got older.* Ses accès d'humeur ont augmenté avec l'âge.

burst with

be bursting with sth (toujours à la forme progressive)
déborder de • *She's a woman in her prime, bursting with energy and humour.* C'est une femme dans la fleur de l'âge, pleine d'humour et d'énergie. • *They're not exactly bursting with enthusiasm for the project.* On ne peut pas dire qu'ils débordent d'enthousiasme pour le projet.

bury away

be buried away (toujours au passif; toujours + *adv/prép*)
être enfoui • (souvent + **in**) *I found the article buried away in the business section of the newspaper.* J'ai trouvé l'article perdu dans la section économie du journal. • *She found the letter buried away at the back of a drawer.* Elle a trouvé la lettre cachée au fond d'un tiroir.

bury in buries, burying, buried

bury yourself **in** sth (toujours pronominal)
(travail) se plonger dans • *Partly to forget about his troubles, he buried himself in his studies.* En partie pour oublier ses ennuis, il se plongea dans ses études.

bust out busts, busting, bust
(*américain prét & pp* aussi **busted**)

bust out
1 *surtout américain, familier* se tirer, (de prison) s'évader • (souvent + **of**) *He bust out of the county jail.* Il s'est évadé de la prison du comté.
2 *américain, familier* perdre tout son argent • (souvent + **of**) *Jim busted out of the poker game and left.* Jim a perdu tout son argent au poker et a quitté les lieux.
3 *américain, familier* (quotidien, moule) sortir de • (souvent + **of**) *The dancers seemed to enjoy busting out of the stricter forms of classical ballet.* Les danseurs semblaient apprécier se dégager des règles strictes de la danse classique.

bust up busts, busting, bust (*américain prét & pp* aussi **busted**)

bust up *surtout américain, familier*
casser • *Her parents bust up when she was small.* Ses parents se sont séparés quand elle était jeune. • (souvent + **with**) *She'd bust up with Carlo and had nowhere to stay.* Elle avait rompu avec Carlo et n'avait nulle part où habiter.

bust-up *n* [C] *familier* engueulade • (souvent + **with**) *Jane had a big bust-up with Roger in the middle of the meeting.* Jane a eu une grosse engueulade avec Roger au milieu de la réunion.

bust-up *n* [C] rupture • *Two marriages in five are likely to end in a bust-up.* Deux mariages sur cinq risquent de finir par un divorce.

bust up sth or **bust** sth **up**
1 *américain, familier* (pièce, immeuble) saccager • *He went crazy and started to bust the apartment up.* Il est devenu fou et s'est mis à saccager l'appartement.
2 (manifestation) disperser, (réunion) mettre fin à • *He'd been part of a gathering that the police had bust up.* Il avait pris part à un rassemblement que la police avait dispersé.
3 *surtout américain* démanteler • *Busting up large telecommunication companies should lead to lower phone bills.* Le démantèlement des grosses compagnies de télécommunications devrait faire baisser les factures de téléphone.

bust-up *n* [C] *américain* démantèlement • *It's a huge global company in need of a bust-up.* C'est une énorme société internationale qu'il faudrait démanteler. • (employé comme *adj*) *The Directors have a bust-up plan ready and waiting.* Les directeurs ont un plan de démantèlement tout prêt.

bustle about/around bustles, bustling, bustled

bustle about/around (swh)
s'affairer • *Gina bustled around the room, tidying things away.* Gina s'affairait dans la pièce à faire du rangement. • *I could hear her bustling around in the kitchen making dinner.* Je l'entendais qui s'affairait dans la cuisine à préparer le dîner.

butt in butts, butting, butted

butt in

1 interrompre • *He kept butting in all the way through her speech.* Il n'a pas arrêté d'intervenir tout le long de son discours. • (souvent + **on**) *It irritates me the way she butts in on other people's conversations.* La façon dont elle s'immisce dans les conversations des autres m'agace.

2 *américain & australien, familier* intervenir • *His mother is always butting in instead of letting us make our own plans.* Sa mère est toujours en train de mettre son grain de sel dans nos affaires au lieu de nous laisser prendre nos décisions nous-mêmes. • *The manager warned the other players that his decisions were final and not to butt in.* Le manager a prévenu les autres joueurs que ses décisions étaient sans appel et qu'ils n'avaient pas à intervenir.

butt out butts, butting, butted

butt out *américain & australien, familier* s'occuper de ses oignons • *This is between Lou Ann and me so why don't you just butt out!* C'est une affaire entre Lou Ann et moi alors, occupe-toi de tes oignons!

butter up butters, buttering, buttered

butter up sb or **butter** sb **up** *familier* passer de la pommade à quelqu'un • *All these compliments – I know you're only trying to butter me up!* Tous ces compliments – Je sais bien que tu essaies de me passer de la pommade!

button down buttons, buttoning, buttoned

button down sth or **button** sth **down** *américain, familier* bien réfléchir, exprimer clairement • *Before you argue with him, button down the specific points you want to make.* Avant de discuter avec lui, réfléchis bien précisément aux remarques que tu veux faire.

button up buttons, buttoning, buttoned

button up sth or **button** sth **up** boutonner • *Come on, Hettie, button up your coat.* Allez, Hettie, boutonne ton manteau.

buttoned-up *adj américain* coincé • *The American lawyers were more open, less buttoned-up than their British counterparts.* Les avocats américains étaient plus ouverts, moins coincés que leurs homologues britanniques.

buy in buys, buying, bought

buy in sth or **buy** sth **in** *britannique & australien* (nourriture, boissons) s'approvisionner en • *They'd bought in all this wine for the party and scarcely anyone showed up.* Ils avaient acheté tout ce vin pour la fête et presque personne n'est venu.

buy into buys, buying, bought

buy into sth

1 (société) acquérir une part dans • *It was rumoured that McDowell was trying to buy into the newspaper business.* Le bruit a couru que McDowell essayait d'acquérir une part dans la presse écrite.

2 *familier* être convaincu de • *I never did buy into the idea that earning lots of money will bring you happiness.* Je n'ai jamais été convaincu que gagner beaucoup d'argent était synonyme de bonheur.

buy off buys, buying, bought

buy off sb or **buy** sb **off** acheter • (souvent + **with**) *Strikers were bought off with big wage settlements.* On a acheté les grévistes en leur offrant une augmentation de salaire importante.

buy out buys, buying, bought

buy out sb/sth or **buy** sb/sth **out** racheter la part de • *He bought out his partner for £3 million.* Il a racheté la part de son partenaire pour 3 millions de livres. • *They had a joint mortgage but Clare was able to buy John out.* Ils avaient un emprunt immobilier commun mais Clare a pu racheter la part de John.

buyout *n* [C] rachat d'entreprise • *Rumours of a sale or **management buyout** for Phibro never die.* Le bruit de la vente ou du rachat de Phibro par ses cadres continue de courir.

buy out of buys, buying, bought

buy sb **out of** sth *britannique & australien* (soldat) racheter l'engagement de • (souvent pronominal) *Whittingham was* *a soldier until he bought himself out of the army for £450.* Whittingham était soldat jusqu'au moment où il a racheté son engagement pour le somme de 450 livres. • *He started to play for the club after they bought him out of the army for £700.* Il a commencé à jouer pour le club après qu'ils eurent racheté son engagement dans l'armée pour 700 livres.

buy up buys, buying, bought

buy up sth or **buy** sth **up**
acheter systématiquement • *Most of the land in the area has been bought up by property developers.* La plupart des terres de la région ont été achetées par des promoteurs immobiliers. • *In Hawaii, Japanese investors have bought up nearly half of the resort hotels.* A Hawaï, les investisseurs japonais ont racheté presque la moitié des hôtels des stations touristiques.

buzz about/around/round
buzzes, buzzing, buzzed

buzz about/around/round (swh)
s'affairer • *Reporters were buzzing around trying to get the full story.* Les journalistes s'affairaient, essayant de connaître toute l'histoire. • *We spent the afternoon buzzing about town on our bikes.* Nous avons passé l'après-midi à tourner en ville sur nos bicyclettes.

buzz off buzzes, buzzing, buzzed

buzz off *familier*
filer • *I've got some stuff to do at home so I'm going to buzz off now.* Maintenant je file parce que j'ai des choses à faire à la maison.

Buzz off! (toujours à l'impératif) *familier*
Dégage! • *Look, I'm busy so just buzz off, would you!* Ecoute, je suis occupé alors dégage! D'accord?

buzz round
voir **buzz about/around/round**

C

call around calls, calling, called

call around *américain*
téléphoner • *I'll call around and see if anyone's free on Saturday.* Je téléphonerai pour voir s'il y a quelqu'un de libre samedi.

call away calls, calling, called

call away sb or **call** sb **away**
appeler • (généralement au passif) *Paul wasn't at the meeting. He was called away on urgent business, apparently.* Paul n'était pas à la réunion. Apparemment, on l'a appelé pour régler une affaire urgente.

call back calls, calling, called

call back (sb) or **call** (sb) **back** (jamais au passif)
rappeler • *'I'm sorry but Mr Lewis is in a meeting at the moment. Can you call back later?'* "Je suis désolé mais M. Lewis est en réunion en ce moment. Pouvez-vous rappeler plus tard?" • *Jill wasn't there when I called so I'll call her back tomorrow.* Jill n'était pas là quand j'ai appelé; je la rappellerai demain. • *I'm running out of change. Do you think you could call me back?* Je m'ai plus de monnaie. Crois-tu que tu peux me rappeler.
call-back, **callback** *n* [singulier] *britannique & australien* touche de rappel automatique • *We have automatic call-back on our phone.* Sur notre téléphone, il y a une touche de rappel automatique. • (employé comme *adj*) *a call-back facility* une touche de rappel automatique
callback *n* [C] *américain* appel • *I phoned the store this morning and am expecting a callback.* J'ai appelé le magasin ce matin et j'attends qu'ils me rappellent.
call back *surtout britannique & australien*
repasser • (souvent + *adv/prép*) *If you call back in half an hour he should be here.* Si vous repassez dans une demi-heure, il devrait être ici. • *Is it alright if I call back this afternoon to pick up those books?* Est-ce que je peux repasser cet après-midi pour prendre les livres?

call by calls, calling, called

call by *britannique & australien, familier*
passer • *I just thought I'd call by on my way into town.* J'ai pensé que je passerais en allant en ville.

call down calls, calling, called

call down sth or **call** sth **down** (jamais au passif) *littéraire*
attirer • *He feared that such an act would call down the wrath of God.* Il craignait qu'une telle action n'attire sur lui la colère divine.
call down sb or **call** sb **down** *américain*
rappeler à l'ordre • *She was called down by her teacher yesterday for making too much noise.* Hier, elle a été rappelée à l'ordre par son professeur parce qu'elle faisait trop de bruit.

call for calls, calling, called

call for sth
1 nécessiter • *It's the sort of work that calls for a high level of concentration.* C'est le genre de travail qui demande un haut niveau de concentration. • *It's not every day a good friend tells you she's getting married. This calls for a celebration!* Ce n'est pas tous les jours qu'une amie proche annonce son mariage. Il faut fêter ça!
2 réclamer • *Some critics have called for an independent investigation into the affair.* Des détracteurs ont demandé une enquête indépendante sur l'affaire. • *The report calls for a minimum wage.* Le rapport réclame l'octroi d'un salaire minimum.
call for sb *surtout britannique & australien*
passer prendre • *How about if I call for you around eight o'clock?* Est-ce que ça te convient si je passe te prendre vers huit heures?

call forth calls, calling, called

call forth sth or **call** sth **forth** *formel*
provoquer • *His remarks called forth a storm of protest.* Ses remarques ont déclenché une avalanche de protestations.

call in calls, calling, called

call in
1 *britannique & australien* passer • (généralement + *adv/prép*) *I'll call in on my way home.* Je passerai en rentrant chez moi. • *Do you mind if we just call in at the supermarket?* Ça t'ennuie si on passe au supermarché? • *I might call in on Mira while I'm in town.* Je passerai peut-être chez Mira pendant que je serai en ville. • *Call in for a coffee and a chat some time.* Passe prendre un café un de ces jours; on pourra bavarder.

2 appeler • *I'd better call in and tell them I'm going to be late.* Il vaudrait mieux que j'appelle pour dire que j'arriverai en retard. • *Melanie **called in** sick this morning.* Melanie a appelé pour dire qu'elle était malade ce matin.

3 appeler • *It's one of those programs where viewers call in to talk about their problems.* C'est une de ces émissions pendant lesquelles les spectateurs appellent pour parler de leurs problèmes.

call-in *n* [C]*surtout américain* émission avec appels en direct • *I was listening to a radio call-in.* J'écoutais une émission de radio avec appels en direct. • (employé comme *adj*) *We heard him interviewed on a radio call-in show.* Nous avons écouté son interview au téléphone qui passait en direct à la radio.

call in sb or call sb in
faire appel à • (souvent + to do sth) *British detectives were called in to conduct a fresh inquiry.* On a fait appel à des inspecteurs de police britanniques pour mener une nouvelle enquête. • *The police called him in for questioning.* La police l'a convoqué pour l'interroger.

call in sth or call sth in *britannique*
(marchandise) rappeler • *They've had to call in some of the latest models to check the brakes.* Ils ont dû rappeler certains des derniers modèles pour contrôler les freins.

call off calls, calling, called

call off sth or call sth off

1 annuler • *The match had to be called off because of the freezing weather.* Le match a dû être annulé à cause du froid. • *The wedding was planned for June and they've just called the whole thing off.* Le mariage était prévu en juin mais ils viennent de tout annuler.

2 abandonner • *Police have called off the search for the missing child until dawn tomorrow.* La police a suspendu ses recherches pour essayer de retrouver l'enfant disparu jusqu'à demain à l'aube.

call off sb/sth or call sb/sth off
légèrement formel
(chien) rappeler • *I shouted at him to call his dog off but he just ignored me.* Je lui ai crié de rappeler son chien mais il m'a ignoré.

call on calls, calling, called

call on sb
1 rendre visite à • *I'd like to call on Isobel while I'm in London.* J'aimerais profiter de mon séjour à Londres pour rendre visite à Isobel.

2 *américain* (étudiant) interroger • *She was afraid the teacher would call on her and she wouldn't know the answer.* Elle avait peur que le professeur l'interroge et de ne pas savoir répondre.

call on/upon calls, calling, called

call on/upon sb to do sth *formel*
enjoindre • (généralement au passif) *The army is in a state of readiness in case it should be called upon to launch an offensive.* L'armée est prête à intervenir si elle reçoit l'ordre de lancer une offensive.

call on/upon sth *formel*
(patience) faire appel à • *She would have to call on all her strength if she was to survive the next few months.* Elle aurait à faire appel à tout son courage pour survivre aux prochains mois.

call out calls, calling, called

call out (sth) or call (sth) out
crier • *Someone in the crowd called out his name, but he couldn't see who.* Quelqu'un dans la foule cria son nom mais il ne savait pas qui. • (souvent + *to*) *I called out to him but he didn't hear me.* Je l'ai appelé mais il ne m'a pas entendu. • *I think I heard him call out in the night.* Je crois que je l'ai entendu crier dans la nuit.

call out sb or call sb out
1 (spécialiste, organisation) faire appel à • *A hundred firefighters were called out to the blaze which took 90 minutes to contain.* L'incendie a mobilisé une centaine de pompiers. Il a fallu 90 minutes pour le maîtriser. • (parfois + to do sth) *I had to*

call the doctor out in the middle of the night to have a look at her. J'ai dû appeler le médecin au milieu de la nuit pour qu'il l'examine.

call-out *n* [C] *britannique* dépannage • *If your washing machine breaks down, a call-out can easily cost more than £100.* Si votre machine à laver tombe en panne, un dépannage peut facilement dépasser les 100 livres. • (employé comme *adj*) *The call-out charge alone will cost you £30.* Les frais de déplacement seuls vous reviendront à 30 livres.

2 appeler à la grève • *After a series of unsuccessful talks, the miners were called out.* Après une série de négociations infructueuses, les mineurs ont été appelés à la grève.

call out for calls, calling, called

call out for sth *américain*
commander par téléphone • *I don't want to cook tonight. Should I call out for a pizza?* Je n'ai pas envie de cuisiner ce soir. Veux-tu que je commande une pizza?

call over calls, calling, called

call over sb or **call** sb **over** *britannique & australien*
appeler • *She called me over to where she was sitting.* Elle m'a invité à la rejoindre là où elle était assise. • (parfois + to do sth) *He was amazed at what he saw and called the others over to look.* Il n'en croyait pas ses yeux et il a appelé les autres pour qu'ils viennent voir.

call over
passer • *I'll call over later this afternoon.* Je passerai plus tard cet après-midi.

call round calls, calling, called

call round *britannique & australien*
passer • (parfois + for) *You should call round for a drink some time.* Tu devrais passer prendre un verre un de ces jours. • (parfois + to do sth) *She called round this afternoon to collect the plates for the party.* Cet après-midi, elle est passée prendre les assiettes pour la fête.

call up calls, calling, called

call up (sb) or **call** (sb) **up** (jamais au passif) *surtout américain*

appeler • *Why don't you call me up at home?* Pourquoi ne m'appelles-tu pas chez moi?

• *You can call up and leave a message if I'm out.* Tu peux m'appeler et me laisser un message si je ne suis pas là.

call up sb or **call** sb **up**
1 (au combat) appeler • (généralement au passif) *He was called up a month after the war started.* Il a été appelé un mois après le début des offensives.

call-up *n* [U] (de soldat) appel, (de réserviste) rappel • *Students are applying for education courses to avoid the call-up.* Les étudiants demandent à s'inscrire à des formations pour éviter d'être appelés sous les drapeaux.

2 sélectionner • (généralement au passif) *He's been called up to play for England.* Il a été sélectionné pour jouer pour l'Angleterre.

call-up *n* [singulier] avis de sélection • *Carlton received his call-up to the Scottish side yesterday.* Carlton a reçu son avis de sélection pour jouer dans l'équipe écossaise hier.

call up sth or **call** sth **up**
1 (information) faire apparaître • *Can you call up last year's sales figures on Janice's computer?* Est-ce que tu peux faire apparaître les chiffres de vente de l'année dernière sur l'ordinateur de Janice?

2 (souvenir) évoquer • *The temple called up images of ancient Egypt.* Le temple évoquait des images de l'Ancienne Egypte.

call upon
voir **call on/upon**

calm down calms, calming, calmed

calm down (sb) or **calm** (sb) **down**
se calmer • (souvent à l'impératif) *Calm down. There's no point worrying about it now.* Calme-toi. Ça ne sert à rien de s'inquiéter maintenant. • *She was so annoyed – it took me half an hour to calm her down.* Elle était tellement fâchée – j'ai mis une demi-heure à la calmer. • (parfois pronominal) *I tried to calm myself down with a glass of wine.* J'ai essayé de me détendre en buvant un verre de vin.

calm down (sth) or **calm** (sth) **down**
(s')apaiser • *They went through a period of arguing a lot but things seem to have calmed down recently.* Ils ont traversé une période de disputes fréquentes mais les choses semblent s'être calmées récemment. • *I managed to calm the*

situation down by talking to them. J'ai réussi à apaiser la situation en leur parlant.

camp out camps, camping, camped

camp out
1 camper • *The kids love camping out in the garden.* Les enfants adorent camper dans le jardin.
   campout *n* [C] *américain* nuit sous la tente • *The kids like having campouts in the backyard in summer.* Les enfants aiment camper dans le jardin en été.
2 camper • *Tom and Barbara camped out at our place for a couple of days until their house was ready.* Tom et Barbara ont campé chez nous pendant quelques jours en attendant que leur maison soit prête.

camp up camps, camping, camped

camp it up *familier*
jouer de manière outrancière • *The best thing in the whole show was Steven Dykes, camping it up as the prince.* Le clou du spectacle c'était Steven Dykes qui jouait le prince en en faisant des tonnes.

cancel out cancels, cancelling, cancelled

cancel out sth or **cancel** sth **out**
(aspect positif) annuler • *The cost of staying there just one night cancelled out any savings we had made by sleeping on the train.* Une seule nuit dans cet endroit a réduit à néant toutes les économies que nous avions faites en passant la nuit dans le train. • *The negative and positive sides of the argument seem to cancel each other out.* Les aspects négatifs et positifs du raisonnement s'annulent mutuellement.

capitalize on capitalizes, capitalized, capitalizing

capitalize on sth
tirer parti de • *Of course the opposition intend to capitalize on the government's lack of popularity.* L'opposition a bien entendu l'intention de tirer parti du manque de popularité du gouvernement.

care for cares, caring, cared

care for sb
1 s'occuper de • *Very little support is given to people who care for their elderly relatives.* Les gens qui s'occupent de parents âgés reçoivent très peu d'aide.

2 *vieilli* aimer • *You know I care for you, Julia.* Julia, vous savez que je vous aime.
care for sth (toujours dans des questions) *formel*
désirer • *Would you care for a glass of wine?* Est-ce que vous désirez un verre de vin?
not care for sth/sb (toujours dans des phrases négatives) *formel*
ne pas aimer • *Your father thought she was nice but Camille and I didn't care for her.* Votre père la trouvait agréable mais Camille et moi ne l'aimions guère.

carry away

be carried away (toujours au passif)
s'emballer • *I got a bit carried away when I was dancing and got up on the table.* Je me suis un peu laissé emporter quand je dansais et que je suis montée sur la table.

carry forward carries, carrying, carried

carry forward sth or **carry** sth **forward**
1 (chiffre) reporter • *Some businesses tried to avoid tax by carrying forward losses from earlier years.* Certaines entreprises essayaient de ne pas payer d'impôts en reportant le montant des pertes des années précédentes.
2 (chiffre) reporter • *$4000 is the figure carried forward from the previous page.* 4.000 dollars est le chiffre reporté de la page précédente.
3 (entreprise) faire progresser • *He had found the man who could carry the company forward when he retired.* Il avait trouvé l'homme qui serait capable de faire progresser l'entreprise quand il prendrait sa retraite.

carry off carries, carrying, carried

carry off sth or **carry** sth **off** (jamais au passif)
1 y arriver • *It's not an easy part to act but I thought he carried it off brilliantly.* Ce n'est pas un rôle facile à interpréter mais j'ai trouvé qu'il s'en tirait brillamment. • *I wouldn't dare wear anything so outrageous but somehow Dil manages to carry it off.* Je n'oserais pas porter quelque chose d'aussi extravagant mais, je ne sais pas pourquoi, sur Dil, ça passe très bien.
2 remporter • *Davies, as predicted, carried off the award for Best Female actress.* Davies, comme on s'y attendait, a remporté le prix de la Meilleure Actrice.

3 (objet) emporter • *Thieves broke into the shop and carried off jewellery worth thousands of pounds.* Des voleurs sont entrés dans le magasin par effraction et ont emporté pour des milliers de livres de bijoux.

carry off sb or **carry** sb **off** *littéraire* (maladie) emporter • *Hunger and cold carried off many of the children in the camp.* La faim et le froid ont emporté beaucoup d'enfants du camp.

carry on carries, carrying, carried

carry on *surtout britannique & australien*

1 continuer • *I'll just carry on till I've got it finished.* Je continuerai jusqu'à ce que j'aie fini, c'est tout. • (souvent + doing sth) *If he carries on drinking like that he's going to have a problem.* S'il continue à boire comme ça, il va avoir des problèmes. • (souvent + with) *Shall I just carry on with the painting?* Est-ce que je peux continuer à peindre?

2 continuer à vivre comme d'habitude • *Three days ago my wife tells me she's got another man. I can't just carry on as if nothing's happened.* Il y a trois jours, ma femme m'a dit qu'il y avait un autre homme dans sa vie. Je ne peux pas continuer à vivre comme si de rien n'était! • *If it weren't for you, Michael, I just don't think I could carry on.* Si tu n'étais pas là, Michael, je ne crois pas que j'aurais la force de continuer. • *In the remote mountain villages, life carries on as normal, even during the fighting.* Dans les villages de montagne isolés, la vie continue normalement, même pendant les combats.

3 être surexcité • *The children have been carrying on all day.* Les enfants ont été surexcités toute la journée.

carry-on *n* [C]*vieilli* grabuge • *There was a right old carry-on over who should accept the award.* Il y a eu pas mal de grabuge pour savoir qui devrait accepter le prix.

4 *vieilli* fricoter • (généralement + **with**) *And all that time her husband had been carrying on with Olga Jones next door!* Et pendant tout ce temps son mari fricotait avec la voisine, Olga Jones!

carry on sth or **carry** sth **on** *surtout britannique & australien*
perpétuer • *She's going to carry on the family tradition and become a lawyer.* Elle va perpétuer la tradition familiale et sera avocate. • *He died six years ago but a team of scientists carry on his work in a laboratory in Switzerland.* Il est mort il y a six ans mais une équipe de chercheurs continue son travail dans un laboratoire en Suisse.

carry out carries, carrying, carried

carry out sth or **carry** sth **out**

1 effectuer • *A survey of ten schools in the area will be carried out next year.* Une enquête sera effectuée l'année prochaine dans dix écoles de la région.

2 (ordre) exécuter, (menace) mettre à exécution • *No one actually thought that the kidnappers would carry out their threat.* Personne ne pensait vraiment que les kidnappeurs mettraient leur menace à exécution. • *He claimed that he was blameless because he was merely carrying out instructions.* Il a déclaré qu'il était innocent parce qu'il ne faisait qu'obéir aux ordres.

carry over carries, carrying, carried

carry over sth or **carry** sth **over**
reporter • (souvent + **to**) *The performance has had to be carried over to next week.* La représentation a dû être reportée à la semaine prochaine. • *How much holiday can you carry over from one year to the next?* Combien de jours de vacances peux-tu reporter d'une année à l'autre?

carry over (sth) or **carry** (sth) **over**
avoir des répercussions sur • (souvent + **into**) *Inevitably, problems at work are carried over into your private life.* Inévitablement, les problèmes rencontrés au travail ont des répercussions sur la vie privée. • *Military culture involves drinking heavily and this carries over into civilian life.* La forte consommation d'alcool fait partie de la culture militaire et cela a des répercussions sur la vie civile.

carry-over *n* [singulier] héritage • (généralement + **from**) *Black polo-neck sweaters are a carry-over from the 1960's.* Les pulls noirs à col roulé sont un héritage des années 60.

carry through carries, carrying, carried

carry through sth or **carry** sth **through**
mener à bien • *It will almost certainly be the next decade before this package of*

reforms is carried through. Il faudra sans doute attendre la prochaine décennie pour que l'ensemble des réformes soient menées à bien.

carry sb **through** (sth) (jamais au passif) (volonté) soutenir • *It was my faith that carried me through.* C'est ma foi absolue qui m'a soutenu. • *Determination alone will carry you through the bad times.* Seule la détermination peut soutenir quelqu'un dans les moments difficiles.

cart off carts, carting, carted

cart off sb or **cart** sb **off**
emmener de force • *Opponents of the government were simply carted off to prison.* Les opposants au gouvernement ont simplement été jetés en prison.

carve out carves, carving, carved

carve out sth or **carve** sth **out** (jamais au passif)
(carrière, niche) se faire • *She's carved out a nice little career for herself as a daytime chat-show hostess.* Elle s'est fait une belle petite carrière comme animatrice d'un talk-show diffusé pendant la journée. • *Over the last five years they've carved out a very profitable niche in the computer industry.* Au cours des cinq dernières années ils se sont fait une niche très rentable dans l'industrie de l'informatique.

carve up carves, carving, carved

carve up sth or **carve** sth **up**
1 (viande) découper • *She carved up the chicken.* Elle a découpé le poulet.
2 (pays) démanteler • *Prussia was abolished and most of its territory carved up between Poland and the Soviet Union.* La Prusse a été démantelée et la plus grande partie de son territoire partagée entre la Pologne et l'Union Soviétique.

carve-up *n* [singulier] *britannique & australien* partage • *Managers have promised that there will be no carve-up of the business.* Les directeurs ont promis qu'il n'y aurait pas de morcèlement de l'entreprise.

carve up sb or **carve** sb **up**
britannique, familier faire une queue de poisson • *Some idiot carved me up and I had to brake suddenly.* Un idiot m'a fait une queue de poisson et j'ai dû freiner brusquement.

cash in cashes, cashing, cashed

cash in sth or **cash** sth **in**
(action, bon d'épargne) se faire rembourser • *She cashed in her savings bonds to raise money to buy the car.* Elle s'est fait rembourser ses bons d'épargne afin de se procurer l'argent pour acheter la voiture.

cash in on cashes, cashing, cashed

cash in on sth
se faire de l'argent avec, tirer profit de • *Should the families of criminals be allowed to cash in on their crimes by selling stories to the papers?* Doit-on laisser les familles de criminels se faire de l'argent avec les délits commis en vendant leurs histoires aux journaux? • *Anti-road protesters are hoping to cash in on growing public support.* Les opposants à la construction de la route espèrent tirer profit du soutien grandissant de l'opinion publique.

cash up cashes, cashing, cashed

cash up *britannique & australien*
(commerçant) faire la caisse • *The gunman broke in just as she was cashing up.* L'homme armé est entré par effraction au moment précis où elle faisait la caisse.

cast about/around/round
casts, casting, cast

cast about/around/round
1 *légèrement formel* chercher des yeux • (généralement + **for**) *He was casting around for something to use as a weapon.* Il cherchait des yeux quelque chose qui puisse lui servir d'arme.
2 *légèrement formel* (excuse) chercher • (généralement + **for**) *She cast around in her mind for an excuse.* Elle cherchait une excuse dans sa tête.

cast aside casts, casting, cast

cast aside sth/sb or **cast** sth/sb **aside**
formel
rejeter • *That's when I was seeing Jamie – before I was cast aside in favour of the gorgeous Italian.* C'était au moment où je voyais Jamie – avant que je ne sois répudié en faveur du bel Italien. • *Some of his toys he plays with for months, others are cast aside after a couple of weeks.* Il joue avec

certains de ses jouets pendant des mois alors qu'il se désintéresse de certains autres au bout d'une ou deux semaines.

cast aside sth or **cast** sth **aside** *formel*
(doutes, inhibitions, préjugés) se débarrasser de • *Cast aside your prejudices for a moment and keep an open mind.* Oublie tes préjugés un moment et ne juge pas trop vite.

cast away

be cast away (toujours au passif)
être naufragé • (généralement + **on**) *If I were cast away on a desert island, I think it's chocolate that I'd miss most.* Si j'étais naufragé sur une île déserte, je crois que ce qui me manquerait le plus c'est le chocolat.
castaway *n* [C] naufragé • *Have you seen that film where he plays a castaway?* Est-ce que vous avez vu ce film dans lequel il joue le rôle d'un naufragé?

cast down casts, casting, cast

cast down sth or **cast** sth **down** *littéraire*
(tête) baisser • (généralement au passif) *She stood before them with eyes cast down.* Elle se tenait devant eux, les yeux baissés.
downcast *adj* baissé • *Tears formed in his downcast eyes.* Ses yeux baissés s'emplirent de larmes.
be cast down (toujours au passif) *littéraire*
être accablé • *He seemed very cast down by the situation.* La situation semblait beaucoup l'accabler.
downcast *adj* découragé • *She left the house feeling downcast.* Découragée, elle quitta la maison.

cast off casts, casting, cast

cast off sth or **cast** sth **off** *littéraire*
(contrainte) se libérer de • *She was impatient to cast off the restraints of formality.* Elle avait hâte de se libérer des formalités d'usage.
cast-offs *n* [pluriel] vieux vêtements • *My sister always had new clothes, while I had to make do with her cast-offs.* Ma soeur avait toujours de nouveaux vêtements alors que je devais toujours me contenter de ceux qu'elle ne portait plus.
cast off sth or **cast** sth **off** *formel*
(vêtements) se débarrasser rapidement de • *He cast off his jacket and plunged into the water.* Il se débarrassa rapidement de sa veste et plongea dans l'eau.
cast off
larguer les amarres • *She started up the engine, cast off and sailed away.* Elle mit le moteur en route, largua les amarres et prit la mer.

cast out casts, casting, cast

cast out sb or **cast** sb **out** *légèrement formel*
rejeter • (généralement au passif) *Sometimes she felt cast out by her family.* Parfois, elle se sentait rejetée par sa famille. • *He was cast out of his home at the age of fourteen.* Il a été chassé de chez lui à l'âge de quatorze ans.
outcast *n* [C] exclu • *People treat you like a social outcast if you don't have a television.* Si vous n'avez pas la télévision, les gens vous considèrent comme un paria.

cast round

voir **cast about/around/round**

cast up casts, casting, cast

cast up sth or **cast** sth **up**
(marée) rejeter • (généralement au passif + **on**) *Their bodies were cast up on the beach.* Leurs corps ont été rejetés sur la plage.

cat around cats, catting, catted

cat around *américain, argot*
coucher avec tout le monde • *He decided he was tired of catting around and would look for a steady girl.* Il a décidé qu'il en avait assez de coucher avec n'importe qui et qu'il allait se chercher une copine.

catch at catches, catching, caught

catch at sth
(manche) tirer par, essayer d'attraper • *In great excitement, he caught at my sleeve and tried to pull me back.* Très agité, il me tira par la manche et essaya de me faire reculer. • *As we walked, thorns caught at our clothes.* Sur notre passage, des épines s'accrochaient à nos vêtements.

catch on catches, catching, caught

catch on
1 (mode) se répandre, (film) avoir du succès • *The practice of taking cold showers is*

unlikely to catch on in Britain. Il y a peu de chances que l'usage des douches froides se répande en Grande-Bretagne. • (souvent + **with**) *The movie did not catch on with black audiences.* Le film n'a pas eu de succès auprès du public noir.

2 *légèrement familier* (blague) saisir • *They sold the fake jewellery for years before anyone caught on.* Ils ont vendu des faux bijoux pendant des années avant qu'on ne découvre le pot aux roses. • (souvent + **to**) *The audience soon catches on to the fact that he is only joking.* Le public a vite saisi qu'il ne fait que plaisanter.

catch out catches, catching, caught

catch out sb or **catch** sb **out**

1 (étudiant) piéger • *Some of the exam questions seemed designed to catch you out.* Certaines questions de l'examen semblaient prévues pour vous piéger. • (parfois + **on**) *You can't catch them out on American history.* En histoire américaine ils sont incollables.

2 (menteur) surprendre • (souvent + **in**) *He caught her out in a lie about her past.* Il l'a surprise en train de mentir sur son passé.

3 *britannique & australien* surprendre • *Thousands of drivers were caught out by the sudden snowstorms.* Des milliers de conducteurs ont été surpris par les tempêtes de neige inopinées.

catch up catches, catching, caught

catch up *britannique, américain & australien*

catch up sb or **catch** sb **up** *britannique & australien*

1 rattraper • (souvent + **with**) *He caught up with the other runners on the last lap.* Il a rattrapé les autres coureurs au dernier tour. • *You go on ahead, and I'll catch you up later.* Pars devant et je te rattraperai plus tard.

2 (niveau) rattraper • (souvent + **with**) *My piano playing's improved, but I've got a long way to go before I catch up with my sister.* Je fais des progrès au piano mais j'ai encore du chemin à faire avant de rattraper ma soeur. • *Children who come to our classes without basic reading skills often find it hard to catch up.* Les enfants qui viennent dans nos classes sans bases en lecture ont souvent du mal à rattraper le niveau.

catch up *britannique, américain & australien*

catch up sb or **catch** sb **up** *américain* mettre au courant • (généralement + **on**) *I'll phone you tonight to catch up on all the gossip.* Je te téléphonerai ce soir pour me mettre au courant des derniers commérages. • *I'll catch you up on the details later.* Je te mettrai au courant des détails plus tard.

catch up in

be caught up in sth (toujours au passif)

1 se trouver pris dans • *I found myself caught up in an expensive legal battle.* Je me suis trouvée prise dans une bataille juridique onéreuse. • *Thousands of innocent civilians were caught up in the invasion.* Des milliers de civils innocents se sont trouvés pris au milieu de l'invasion.

2 se retrouver coincé dans • *I got caught up in heavy traffic on the way home.* Je me suis retrouvée coincée dans une circulation dense en rentrant à la maison.

catch up on/with catches, catching, caught

catch up on/with sth

(retard) rattraper • *I'm hoping to catch up on some sleep.* J'espère rattraper quelques heures de sommeil. • *I need a couple of days in the office to catch up with my paperwork.* Il me faut environ deux jours pleins au bureau pour rattraper mon travail administratif en retard.

catch up with catches, catching, caught

catch up with sb

1 (stress) commencer à se faire sentir • *The pressures of supporting a big family are beginning to catch up with him.* Le stress d'une grosse famille à entretenir commence à le gagner.

2 [police, fisc] attraper • *They had been selling stolen cars for years before the police caught up with them.* Ils vendaient des voitures volées depuis des années quand la police les a attrapés.

3 revoir • *I caught up with him in Singapore a few years later.* Je l'ai revu à Singapour quelques années plus tard. • *I'll catch up with you later!* Je te rejoindrai plus tard.

catch up with sth

se mettre au courant • *I'm trying to catch up with all this new technology.* J'essaie de me tenir au courant de toutes ces nouvelles technologies.

cater for caters, catering, catered

cater for sb/sth
pourvoir aux besoins de • *Our travel advice centre caters for the independent traveller.* Notre centre d'informations touristiques pourvoit aux besoins du voyageur indépendant. • *Large classes cannot cater for the needs of all the pupils in them.* Les grosses classes ne permettent pas de répondre aux besoins de tous les élèves.

cater to caters, catering, catered

cater to sb/sth
plaire, séduire • *This form of nationalism caters to the worst elements of racism in our society.* Cette forme de nationalisme séduit les éléments les plus racistes de notre société. • *Music shows that cater to older audiences tend to be more traditional.* Les spectacles musicaux qui veulent plaire à un public plus âgé ont tendance à être plus traditionnels.

cave in caves, caving, caved

cave in (sth) or **cave** (sth) **in**
(plafond) s'effondrer • *The explosion caused the roof of the building to cave in.* L'explosion a provoqué l'effondrement du plafond de l'immeuble. • *He'd had a blow to the head which had caved his skull in.* Il avait reçu un coup à la tête qui lui avait défoncé le crâne.

cave in
céder • (souvent + to) *The government are insistent that they will not cave in to the strikers' demands.* Le gouvernement insiste sur le fait qu'il ne cèdera pas aux exigences des grévistes.

centre/center around/round
centres, centring, centred/centers, centering, centered

centre (sth) **around/round** sth
britannique & australien
center (sth) **around/round** sth *américain*
(discussion) tourner autour de • *Much of the discussion centred around the reduction of pollution.* L'essentiel de la discussion a tourné autour de la réduction de la pollution. • *My social life is centred round one or two pubs.* Ma vie sociale tourne autour d'un ou deux pubs.

centre/center on centres, centring, centred/centers, centering, centered

centre (sth) **on** sth *britannique & australien*
center (sth) **on** sth *américain*
se concentrer sur • *The main action of the play centres on a young woman and her older lover.* Dans la pièce, l'action principale se concentre sur une jeune femme et son amant d'un certain âge. • *Most architectural debate is still centred on controversial buildings.* L'essentiel du débat concernant l'architecture porte encore sur des bâtiments controversés.

centre/center round
voir **centre/center around/round**

chain up chains, chaining, chained

chain up sb/sth or **chain** sb/sth **up**
(personne) enchaîner, (animal, vélo) attacher avec une chaîne • *She left the dogs chained up in the yard.* Elle a laissé les chiens attachés à une chaîne dans le jardin. • *My bike was chained up outside the house.* Mon vélo était attaché avec une chaîne à l'extérieur de la maison.

chalk up chalks, chalking, chalked

chalk up sth or **chalk** sth **up**
(victoire) remporter, (point) marquer, (bénéfice) réaliser • *British companies last year chalked up their highest profits in 25 years.* L'année dernière, les entreprises britanniques ont réalisé leurs meilleurs bénéfices depuis vingt-cinq ans. • *He's chalked up ten goals this season.* Il a marqué dix buts cette saison.

chalk up to chalks, chalking, chalked

chalk up sth **to** sth or **chalk** sth **up to** sth *surtout américain & australien*
(problème) mettre sur le compte de • *The company chalked up their deficit to problems in manufacturing.* L'entreprise a mis son déficit sur le compte de problèmes de manufacture. • *If a relationship breaks up you just have to **chalk it up to experience*** Si une relation échoue, il ne reste qu'à en tirer la leçon.

chance on/upon chances, chancing, chanced

chance on/upon sb/sth
(ami) rencontrer par hasard, (objet égaré) retrouver par hasard • *I wasn't actually looking for the photo – I just chanced on it in a drawer.* En fait, je ne cherchais pas la photo – Je l'ai retrouvée par hasard dans un tiroir. • *She'd chanced on an old teacher of hers in a shop.* Elle avait rencontré un de ses anciens professeurs par hasard, dans un magasin.

change around/round changes, changing, changed

change around/round sth or **change** sth **around/round**
(meubles) déplacer, (pièce) changer la disposition des meubles dans • *Why don't you change the furniture around so the bookcase is near the door?* Pourquoi est-ce que tu ne changes pas la disposition des meubles pour que la bibliothèque soit près de la porte? • *I'm going to change my bedroom round and put the bed next to the window.* Je vais changer la disposition des meubles dans ma chambre et mettre mon lit près de la fenêtre.

change down changes, changing, changed

change down *britannique & australien*
rétrograder • *You should really change down to go round a corner.* Tu devrais rétrograder quand tu prends un virage. • (souvent + **into**) *Change down into second.* Passez en seconde.

change over changes, changing, changed

change over
(d'une chose à une autre) passer • (souvent + **from**) *We've just changed over from gas central heating to electric.* Nous sommes passés du chauffage central au gaz à l'électricité. • (souvent + **to**) *He's old enough to remember when Britain changed over to decimal money.* Il est assez âgé pour se souvenir du moment où la Grande-Bretagne est passée au système monétaire décimal.
changeover *n* [C] passage • (souvent + **to**) *The changeover to the new taxation system has caused a lot of problems.* Le passage au nouveau système fiscal a causé beaucoup de problèmes.

change over/round changes, changing, changed

change over/round
échanger • *Tell me when you get tired of scrubbing the floor, and we'll change over.* Dis-moi quand tu en auras assez de frotter le sol et nous échangerons. • *If you don't like where you're sitting, why don't we change over?* Si tu n'aimes pas être assis là, pourquoi est-ce qu'on n'échange pas?

change round

voir **change around/round** or **change over/round**

change up changes, changing, changed

change up *britannique & australien*
passer à la vitesse supérieure • *Listen to the noise of the engine to decide when to change up.* Ecoute le bruit du moteur pour savoir quand passer à la vitesse supérieure. • (souvent + **into**) *I'd just changed up into fourth gear when I had to brake suddenly.* Je venais juste de passer en quatrième quand j'ai dû freiner brutalement.

charge up charges, charging, charged

charge up sth or **charge** sth **up**
(batterie) charger • *The heating works off solar batteries which you can charge up when it is sunny.* Le chauffage fonctionne avec des piles solaires qui se chargent quand il y a du soleil.

chase down chases, chasing, chased

chase down sb/sth or **chase** sb/sth **down** *américain, légèrement familier*
(information) rechercher, (personne) traquer • *The FBI are chasing down information in a number of states in new enquiries.* Le FBI recherche des informations dans plusieurs états concernant de nouvelles enquêtes. • *Relatives were chased down by journalists after the trial.* Après le procès, la famille a été traquée par les journalistes.

chase off chases, chasing, chased

chase off sb/sth or **chase** sb/sth **off**
(personne, animal) chasser • *We used to chant insults outside his house until he'd come out and chase us off.* Nous avions l'habitude de scander des injures devant chez lui jusqu'à ce qu'il sorte pour nous chasser.

chase up chases, chasing, chased

chase up sb or **chase** sb **up** *surtout britannique & australien, légèrement familier*
relancer • *Adrian still hasn't paid his rent – you're going to have to chase him up.* Adrian n'a toujours pas payé son loyer – il va falloir que tu le relances. • (souvent + **about**) *I must chase up the store about that fabric they've ordered for me.* Je dois relancer le magasin à propos du tissu qu'ils ont commandé pour moi.

chase up sth or **chase** sth **up** *surtout britannique & australien, légèrement familier*
(information) rechercher, (paiement) réclamer • *Her job is to chase up loans which people haven't repaid.* Son travail consiste à réclamer les emprunts que les gens n'ont pas remboursés. • *I think the story about her previous marriage is worth chasing up.* Je crois que cela vaut la peine de rechercher des informations sur l'histoire de son précédent mariage.

chat up chats, chatting, chatted

chat up sb or **chat** sb **up**
1 *britannique & australien, familier* draguer • *He spent all evening trying to chat Jane up.* Il a passé toute la soirée à essayer de draguer Jane.
chat-up *adj* (toujours avant n) *britannique & australien, familier* drague • *Her favourite chat-up line is to ask someone what they want to drink.* Sa façon favorite d'aborder quelqu'un est de lui demander s'il souhaite boire quelque chose en particulier.
2 *surtout américain* baratiner • *Why don't you chat your mother up and see if we can borrow her car?* Et si tu baratinais ta mère pour voir si on peut emprunter sa voiture?

cheat on cheats, cheating, cheated

cheat on sb *familier*
tromper • *She decided to leave her husband when she found out he'd been cheating on her.* Elle a décidé de quitter son mari après s'être aperçue qu'il l'avait trompée.

check in checks, checking, checked

check in
(bagages) faire enregistrer, (personne) se présenter à l'enregistrement • *When I flew to New York, I was told to check in two hours before my flight.* Quand j'ai pris l'avion pour New York, on m'a dit de me présenter à l'enregistrement deux heures avant mon vol.
check-in *n* [U] enregistrement • *Check-in is at 9 a.m. and the flight departs at 10.30 a.m.* On doit se présenter à l'enregistrement à 9h et le vol est à 10h30.
check-in *n* [C] enregistrement • *When we got to the check-in, there were already long queues of people.* Quand nous sommes arrivés à l'enregistrement, il y avait déjà beaucoup de gens qui faisaient la queue. • (employé comme *adj*) *The woman at the check-in desk asked if I wanted a smoking or a non-smoking seat.* La femme à l'enregistrement a demandé si je voulais un siège fumeur ou non-fumeur.

check in/into checks, checking, checked

check in
check into sth

se présenter à la réception • *After I had checked in, I had a shower and then unpacked my suitcase.* Après m'être présenté à la réception, j'ai pris une douche puis j'ai défait ma valise. • *He checked into a cheap hotel near the station.* Il a pris une chambre dans un hôtel bon marché près de la gare.

check into checks, checking, checked

check into sth
(histoire) vérifier, (crime) enquêter sur, (personne) faire une enquête sur • *The police, foolishly, hadn't bothered checking into the man's background.* La police n'avait bêtement pas pris la peine d'enquêter sur le passé de l'homme.

check off checks, checking, checked

check off sth or **check** sth **off**
vérifier, cocher • *She told the children to get on the coach after checking off their*

check out checks, checking, checked

check out

1 quitter l'hôtel • (souvent + **of**) *We checked out of the motel early the next morning.* Nous avons quitté le motel le lendemain matin de bonne heure.

check-out *n* [U] *surtout américain & australien* heure à laquelle les chambres doivent être libérées • *Check-out is 11 o'clock.* Les chambres doivent être libérées à 11 heures. • (employé comme *adj*) *I think check-out time is 12 noon.* Je crois que les chambres doivent être libérées à midi.

2 (information) s'avérer correct, (détails, chiffres) correspondre • *None of the information he gave me checked out.* Aucun des renseignements qu'il m'a donnés ne s'est avéré correct.

3 *américain, familier* (endroit) partir, (travail) quitter • *The bar was a real dump so we decided to check out.* Nous avons décidé de partir parce que le bar était vraiment minable. • (souvent + **on**) *Bob checked out on us so we had to find a new partner for our business.* Bob nous a quittés et il nous a fallu trouver un nouvel associé.

4 *américain, argot* casser sa pipe • *Can you believe Don just checked out like that?* Te rends-tu compte que Don a cassé sa pipe, comme ça?

check out sth/sb or **check** sth/sb **out**

1 (objet) examiner, (information) vérifier, (personne) faire une enquête sur • *He hired private investigators to check out his future business partner.* Il a engagé des détectives privés pour faire une enquête sur son futur associé. • *Safety inspectors checked the hotel out before giving it a licence.* Les responsables de la sécurité ont inspecté l'hôtel avant d'accorder une licence. • *She took her car into the garage to have the rattling noise checked out.* Elle a amené sa voiture au garage pour qu'ils cherchent la cause de ce bruit de ferraille.

2 *familier* (personne, objet) regarder, (endroit) essayer • *Why don't we check out that new bar in the town centre?* Et si nous essayions ce nouveau bar du centre-ville? • *Wow! Check him out – he's gorgeous!* Hou là! vise un peu – il est superbe!

check out sb or **check** sb **out** *américain* (client) faire passer à la caisse • *Bring your cart round to the next aisle and I'll check you out there.* Amenez votre caddie à la caisse suivante et, là, je m'occuperai de vous.

checkout, check-out *n* [C] caisse • *I had to wait 15 minutes at the check-out.* J'ai dû attendre 15 minutes à la caisse.

check out (sth) or **check** (sth) **out** *américain*
passer à la caisse • *It took me nearly an hour to check out, the store was so busy.* Cela m'a pris presque une heure pour passer à la caisse, il y avait tant de monde dans le magasin. • *I had checked out the milk before I noticed the container was leaking.* J'étais déjà passée à la caisse avec le lait quand je me suis aperçue que le récipient fuyait.

check out sth or **check** sth **out** *américain* (livre) faire tamponner, (cassette vidéo) faire enregistrer • *You can check out these books at the main desk.* Vous pouvez faire tamponner ces livres au bureau principal.

check over checks, checking, checked

check over sth/sb or **check** sth/sb **over**
examiner • *She sent an early copy of her novel to her publisher so that he could check it over.* Elle a envoyé une première copie de son roman à son éditeur afin qu'il puisse l'examiner. • *Get yourself checked over by a doctor before you take up squash.* Fais-toi examiner par un médecin avant de te mettre au squash.

check up checks, checking, checked

check up
vérifier • *When I checked up at the library, I found out that the land had been sold by the council.* Quand je suis allé vérifier à la bibliothèque, j'ai découvert que la municipalité avait vendu le terrain.

check up on checks, checking, checked

check up on sb
(personne) surveiller, (société) faire une enquête sur • *My mum checks up on me most evenings to see that I've done my homework.* Presque tous les soirs, ma mère vient me voir pour vérifier si j'ai fait mes devoirs. • *Inspectors checked up on the company and discovered that it had not been paying enough tax.* Les inspecteurs ont fait

une enquête et ils ont découvert que la société ne payait pas assez d'impôts.

cheer on cheers, cheering, cheered

cheer on sb or **cheer** sb **on**
(personne, équipe) encourager • *Swedish supporters crowded into the tennis centre to cheer their players on.* Les supporters suédois se sont entassés dans la salle de tennis pour encourager leurs joueurs. • *He managed to do the jump at the third attempt, cheered on by a crowd of 25,000.* Encouragé par les acclamations d'une foule de 25.000 personnes, il a réussi son saut au troisième essai.

cheer up cheers, cheering, cheered

cheer up (sb) or **cheer** (sb) **up**
retrouver le moral, remonter le moral à • *We sent some flowers to the hospital to cheer her up.* Nous lui avons envoyé des fleurs à l'hôpital pour lui remonter le moral. • (souvent à l'impératif) *Come on, cheer up! Things aren't so bad.* Allez, courage! La vie n'est pas si dure. • (souvent pronominal) *She bought a skirt to cheer herself up a bit.* Elle s'est achetée une jupe pour se remonter un peu le moral.

chew on chews, chewing, chewed

chew on sth *familier*
(problème) cogiter sur, (question) réfléchir à • *Surrogate mothers have given the media a new moral issue to chew on.* Les médias ont trouvé dans le problème des mères porteuses une nouvelle question éthique à débattre. • *Why don't you just chew on it for a while before making your decision?* Pourquoi ne réfléchis-tu pas un peu à la question avant de prendre une décision?

chew out chews, chewing, chewed

chew out sb or **chew** sb **out** *américain & australien, familier*
passer un savon à • *The coach chewed the team out for quitting practice early.* L'entraîneur a passé un savon à l'équipe parce qu'ils avaient terminé l'entraînement trop tôt.

chew over chews, chewing, chewed

chew over sth or **chew** sth **over**
légèrement familier (problème) ruminer • *They've been chewing the problem over since last week.* Ils ruminent la question depuis la semaine dernière. • *We meet every now and then to chew over the past.* Nous nous rencontrons de temps en temps pour ruminer le passé.

chew up chews, chewing, chewed

chew up sth or **chew** sth **up**
1 endommager, mettre en pièces • *Your tape recorder has just chewed up my favourite cassette.* Ton magnétophone vient d'endommager ma cassette préférée. • *My washing machine has started to chew up my clothes.* Ma machine à laver a commencé à déchirer mes vêtements.
2 mâchouiller • *The dog chewed up the living room carpet while we were out.* Le chien a fait des trous dans le tapis du salon en le mâchouillant pendant que nous étions sortis. • *Do you think you could stop your baby chewing up all the magazines?* Tu crois que tu pourrais empêcher ton bébé de mâchouiller toutes les revues?

chicken out chickens, chickening, chickened

chicken out *familier*
se dégonfler • *I was going to tell him what I thought of him at the meeting, but I chickened out.* J'allais lui dire ce que j'avais pensé de lui à la réunion, mais je me suis dégonflé.

chill out chills, chilling, chilled

chill out *familier*
décompresser • (généralement à l'impératif) *Sit down, have a drink and chill out, girl!* Assieds-toi, prends un verre et décompresse, ma fille! • *We spent the whole week chilling out in the country.* Nous avons passé toute la semaine à décompresser à la campagne.

chime in chimes, chiming, chimed

chime in (sth)
intervenir • *'I agree 100%,' Martin chimed in.* "Je suis d'accord à 100%", intervint Martin. • (souvent + **with**) *She chimed in with another argument against the move.* Elle intervint pour donner un nouvel argument contre le déménagement. • *Bob chimed in to challenge my views on*

chime in with chimes, chiming, chimed

chime in with sth
s'accorder avec, correspondre • *What you've just told me chimes in with what I heard yesterday.* Ce que vous venez juste de me dire est en accord avec ce j'ai appris hier. • *The president's interest in domestic issues chimes in with the voters' concerns about their jobs.* L'intérêt que le président porte aux problèmes nationaux correspond aux inquiétudes que les électeurs ont à propos de leurs emplois.

chip away at chips, chipping, chipped

chip away at sth
(marbre) tailler, (pouvoir) affaiblir progressivement, (confiance) miner • *Her constant criticisms chipped away at my self-confidence.* Ses critiques continues ont miné mon assurance. • *Inflation has steadily chipped away at our savings.* L'inflation a progressivement fait fondre nos économies.

chip in chips, chipping, chipped

chip in (sth) or **chip** (sth) **in** *légèrement familier*
mettre de sa poche • *We all chipped in so that we could afford a really special present.* Nous avons tous mis de notre poche afin de pouvoir acheter un vraiment beau cadeau.

chip in *surtout britannique & australien, légèrement familier*
intervenir • *I tried to explain things to Jenny but Jane kept chipping in.* J'ai essayé d'expliquer les choses à Jenny mais Jane n'arrêtait pas d'intervenir. • (parfois + **with**) *While I was talking, John chipped in with a comment about one of the slides.* Alors que je parlais, John est intervenu pour faire un commentaire sur l'une des diapositives.

chisel in chisels, chiseling, chiseled

chisel in *américain, familier*
réussir à s'incruster • (souvent + **on**) *How did he manage to chisel in on the project after we'd done all the planning?* Comment a-t-il réussi à s'incruster dans le projet après que nous ayons tout planifié?

chivvy along/up chivvies, chivvying, chivvied

chivvy along/up sb/sth or **chivvy** sb/sth **along/up** *familier*
(personne) presser, (cadence) accélérer • *He kept stopping to rest so I had to chivvy him up a bit.* Il s'arrêtait sans cesse pour se reposer alors il a fallu que je le presse un peu.

choke back/down chokes, choking, choked

choke back/down sth or **choke** sth **back/down**
(larmes) retenir, (colère) ravaler • *'John has had an accident,' said Jane, choking back the tears.* "John a eu un accident", déclara Jane en retenant ses larmes. • *She had to choke down an overpowering urge to tell them she didn't want the job anyway.* Il a fallu qu'elle étouffe une très forte envie de leur dire que de toute façon elle ne voulait pas le travail.

choke down chokes, choking, choked

choke down sth or **choke** sth **down**
avaler avec difficulté • *He managed to choke down the raw fish.* Il est parvenu à avaler le poisson cru avec difficulté.

choke off chokes, choking, choked

choke off sth or **choke** sth **off**
mettre fin à • *Higher interest rates could choke off an improvement in the housing market.* L'augmentation des taux d'intérêt pourrait mettre fin à une reprise du marché de l'immobilier. • *The wire choked off his oxygen supply.* Le fil de fer a coupé son approvisionnement en oxygène.

choke up chokes, choking, choked

choke up
1 être bouleversé • *She can't talk about her mother without choking up.* Elle ne peut pas parler de sa mère sans être bouleversée.

choked up *adj* (toujours après v) ému • *I'm sorry, I'm feeling a little choked up at the moment.* Je suis désolé, je me sens un peu ému en ce moment.

2 *américain, familier* craquer • *Sandy choked up as soon as she got on the court and was easily beaten.* Sandy a craqué dès qu'elle est arrivée sur le court et elle s'est fait battre facilement. • *He sounded great at rehearsal, but just choked up in the show.* Il était très bien durant les répétitions, mais il a craqué à la représentation.

choke up sth or **choke** sth **up**
(quartier) bloquer, (cheminée) boucher • *The chimney was choked up with crumbled bricks and rubbish.* La cheminée était bouchée par des morceaux de briques et des détritus. • *Heavy traffic choked up the city centre every weekend before Christmas.* Une circulation dense bloquait le centre-ville tous les week-ends avant Noël.

choose up chooses, choosing, chose, chosen

choose up (sth) *américain*
se constituer en équipe, constituer des équipes • *Let the captains choose up so we can play ball.* Laissez les capitaines choisir leur équipe et nous jouerons au foot. • *There were just enough of us to choose up sides for a game.* Nous étions juste assez nombreux pour nous former des équipes et faire une partie.

chop down chops, chopping, chopped

chop down sth or **chop** sth **down**
(arbre) abattre • *They decided to chop the elm tree down because it was too close to the house.* Ils ont décidé d'abattre l'orme parce qu'il était trop près de la maison. • *Workmen chopped down the pine forest in order to clear the land for building.* Des ouvriers ont abattu la forêt de pins pour dégager le terrain à bâtir.

chop up chops, chopping, chopped

chop up sth or **chop** sth **up**
émincer • *Chop up the onion and fry in oil.* Emincer l'oignon et faire revenir dans l'huile.

chow down chows, chowing, chowed

chow down *américain, argot*
bouffer • *The bikers pulled up in front of the diner ready to chow down.* Les motards se sont arrêtés en face du restaurant, prêts à bouffer.

chuck away/out chucks, chucking, chucked

chuck away/out sth or **chuck** sth **away/out** *familier*
(vieillerie) balancer • *It's time you chucked out those old newspapers.* Il est temps que tu balances ces vieux journaux.

chuck in chucks, chucking, chucked

chuck in sth or **chuck** sth **in**
britannique & australien, familier
(remarque) sortir • *The shareholders chucked in a few surprise recommendations at the annual outing.* Les actionnaires ont sorti quelques recommandations inattendues au cours de l'excursion annuelle.

chuck in/up chucks, chucking, chucked

chuck in/up sth or **chuck** sth **in/up**
(jamais au passif)
(travail) laisser tomber • *He chucked in his job to travel round the world.* Il a laissé tomber son travail pour faire le tour du monde. • *She chucked up her art class half way through the term.* Elle a laissé tomber son cours de dessin au milieu du trimestre.

chuck out chucks, chucking, chucked

chuck out sb or **chuck** sb **out** *familier*
(élève) virer • *He had been chucked out of school for taking drugs.* Il avait été viré de l'école parce qu'il se droguait. • *Several kids were chucked out of the dance after a fight broke out.* Plusieurs jeunes se sont fait virer de la boîte après qu'une bagarre ait éclaté. • (employé comme *adj*) *They were in the pub from the end of work until chucking out time.* Ils sont restés au pub de la sortie du travail jusqu'à l'heure de la fermeture.

chuck up chucks, chucking, chucked

chuck up (sth) (jamais au passif) *familier*
rendre • *Oh no! The cat's just chucked up all over the kitchen floor.* Oh, non! Le chat vient de rendre dans la cuisine; il en a mis partout. • *She chucked up her dinner.* Elle a rendu son dîner.

chum around chums, chumming, chummed

chum around *américain, vieilli*
être souvent ensemble • (souvent + **with**) *Ricky and Pete chummed around with each other at college.* Ricky et Pete étaient souvent ensemble à la fac.

chum up chums, chumming, chummed

chum up *britannique & australien, vieilli, informel*
devenir copains • (souvent + **with**) *Alice chummed up with Jenny and they often walked to school together.* Alice et Jenny sont devenues copines et elles allaient souvent ensemble à l'école à pied. • *The boys chummed up while on holiday.* Les garçons sont devenus copains au cours des vacances.

churn out churns, churning, churned

churn out sth or **churn** sth **out**
produire en série • *The factory churns out thousands of pairs of shoes every week.* L'usine produit des milliers de paires de chaussures chaque semaine.

churn up churns, churning, churned

churn up sth or **churn** sth **up**
1 (terre) remuer • *Heavy vehicles had churned up the mud on the road, making it impassable.* Des poids lourds avaient creusé la surface boueuse sur leur passage, rendant la route impraticable.
2 (événement) faire des vagues • *Each new book about the actress churns up a frenzy of interest.* Chaque nouveau livre sur l'actrice suscite une vague d'intérêt passionné. • *Plans to develop the area have been churned up by political issues.* Les projets d'aménagement de la région ont été bousculés pour des raisons politiques.

churn up sb or **churn** sb **up**
bouleverser • *Seeing children who are seriously ill always churns me up.* La vue d'enfants gravement malades me bouleverse toujours.

clam up clams, clamming, clammed

clam up *familier*
se taire • *It's difficult to get proper information because everyone clams up the moment they realise the police are involved.* Il est difficile d'obtenir des renseignements satisfaisants car, dès qu'ils s'aperçoivent que la police est impliquée, les gens se taisent.

clamp down clamps, clamping, clamped

clamp down
prendre des mesures contre • (généralement + **on**) *Local residents have pleaded with police to clamp down on street crime.* Les habitants ont supplié la police de prendre des mesures contre l'insécurité dans le quartier.
clamp-down *n* [C] mesure de répression, mesure de réduction • (généralement au singulier + **on**) *a government clamp-down on public spending* une mesure gouvernementale de réduction des dépenses publiques

clap out claps, clapping, clapped

clap out sth or **clap** sth **out**
taper des mains en mesure • *Try to clap out the rhythm as you listen to the song.* Essaie de taper des mains en mesure tout en écoutant la chanson.

claw back claws, clawing, clawed

claw back sth or **claw** sth **back** *surtout britannique & australien*
(position) reconquérir • *The airline is beginning to claw back some of the business it lost after the bomb scare.* La ligne aérienne commence à reconquérir une partie de la clientèle qu'elle a perdue à la suite de l'alerte à la bombe. • *By the end of the match, Holdsworth had clawed two goals back for Newcastle United.* A la fin du match, Holdsworth avait réussi à réduire l'écart en marquant deux buts pour Newcastle United.

clean down cleans, cleaning, cleaned

clean down sth or **clean** sth **down** *surtout britannique & australien*
nettoyer à fond • *It's a good idea to clean down the woodwork before you paint it.* Il est recommandé de nettoyer les boiseries à fond avant de les peindre.

clean out cleans, cleaning, cleaned

clean out sth or **clean** sth **out**
1 nettoyer à fond • *I wish I could find the time to clean these cupboards out.* Si seulement je pouvais trouver le temps de nettoyer ces

placards à fond. • *One of his jobs was cleaning out the bird cages*. L'une de ses tâches consistait à nettoyer à fond les cages des oiseaux. • *She carefully cleaned out the cut on his cheek*. Elle prit soin de nettoyer convenablement la coupure sur sa joue.

clean-out *n* [singulier] *britannique & australien* nettoyage approfondi • *Let's have a good clean-out in the kitchen*. Faisons un nettoyage approfondi de la cuisine.

2 vider • *She returned home to find her flat had been cleaned out by burglars*. En rentrant chez elle, elle a constaté que son appartement avait été vidé par des cambrioleurs.

clean out sb or **clean** sb **out**
familier mettre à sec • *Buying our new house has completely cleaned us out*. L'achat de notre nouvelle maison nous a mis complètement à sec. • *She threatened to clean him out if he tried to divorce her*. Elle menaça de le plumer s'il essayait d'obtenir le divorce.

clean up clears, clearing, cleared

clean up (sth/sb) or **clean** (sth/sb) **up**
nettoyer • *We'll go out as soon as I've cleaned up the kitchen*. Nous partirons dès que j'aurai nettoyé la cuisine. • *We'll need to clean up before we can leave the building*. Il faudra que nous nettoyions avant de quitter l'immeuble. • *She'd spilt some coffee and was cleaning it up just as John walked in*. Elle avait renversé du café et était en train de l'éponger au moment où John est entré.

clean-up, clean up *n* [C] nettoyage • *It's time you gave your bedroom a good clean-up*. Il est temps que tu nettoies convenablement ta chambre. • (employé comme *adj*) *A clean-up operation had been under way at the works since early Monday*. Une opération de nettoyage était en cours à l'usine depuis lundi matin.

clean up sth or **clean** sth **up**
(ville) nettoyer, (livre) expurger • *Some people think that television should be cleaned up*. Il y a des gens qui pensent que la télévision devrait être expurgée de certains programmes. • *The new mayor had promised to close down late-night bars and generally clean up the town*. Le nouveau maire avait promis de faire fermer les bars de nuit et de lancer un nettoyage général de la ville.

cleanup, clean-up *adj* (toujours avant n) de nettoyage • *a cleanup campaign aimed at corruption in businesses* une opération de nettoyage visant à éradiquer la corruption dans le monde des affaires.

clean up (sth) or **clean** (sth) **up**
(argent) ramasser • *We cleaned up at the roulette table last night*. Nous avons raflé la mise à la roulette hier soir. • *I hear he cleaned up a small fortune in the lottery*. J'ai entendu dire qu'il a ramassé une petite fortune à la loterie.

clear away clears, clearing, cleared

clear away (sb) or **clear** (sb) **away**
américain
écarter • *A crowd had gathered around the injured and had to be cleared away by the police*. Beaucoup de gens s'étaient rassemblés autour du blessé et durent être écartés par la police. • *Clear away from there – it's dangerous!* Eloigne-toi d'ici – c'est dangereux!

clear off clears, clearing, cleared

clear off *surtout britannique, familier*
filer • (souvent à l'impératif) *Clear off and leave me alone!* Fiche le camp et laisse-moi tranquille! • *The press cleared off when they saw the police arriving*. Les journalistes ont filé quand ils ont vu la police arriver.

clear out clears, clearing, cleared

clear out sth or **clear** sth **out**
débarrasser • *They spent the weekend clearing out the attic*. Ils ont passé le week-end à débarrasser le grenier.

clear-out *n* [C] *britannique & australien* rangement • *We need to give the garage a good clear-out*. Nous avons besoin de faire un grand rangement dans le garage.

clear out *familier*
(personne) partir, (endroit) quitter • *When he returned home he was glad to find that the squatters had cleared out*. A son retour il eut le plaisir de constater que les squatters étaient partis. • (souvent + *of*) *My landlord's given me a week to clear out of my flat*. Mon propriétaire m'a donné une semaine pour quitter mon appartement.

clear up clears, clearing, cleared

clear up (sth) or **clear** (sth) **up**
(pièce) ranger • *We'll have to clear up before my parents come home*. Il faudra qu'on

range avant le retour de mes parents. • *Can you clear up that mess in the kitchen before you go out?* Peux-tu mettre de l'ordre dans la cuisine avant de sortir?

clear up sth or **clear** sth **up**

1 (situation) clarifier, (affaire) tirer au clair • *I hope that clears up the situation for you, but please ask if there's anything else you'd like to know.* J'espère que cela clarifie la situation, mais n'hésitez pas à poser des questions si vous désirez en savoir plus. • *Before we sign the contract there are a few points that we should clear up.* Avant de signer le contrat, il y a quelques points que nous devrions éclaircir.

2 disparaître • *After several days the infection started to clear up.* Après plusieurs jours l'infection a commencé à disparaître. • *I'll give you something which should clear that up very quickly.* Je vais vous prescrire quelque chose qui devrait faire disparaître cela très rapidement.

clear up

(temps) s'éclaircir • *I hope the weather clears up before we have to leave.* J'espère que le temps s'éclaircira avant que nous soyons obligés de partir.

climb down climbs, climbing, climbed

climb down

britannique & australien reconnaître ses torts, se rétracter • *He chose to climb down in the face of pressure.* Cédant à la pression, il a choisi de reconnaître ses torts. • (parfois + **on**) *She would never climb down on what she regards as an issue of principle.* Elle ne se rétracterait jamais sur ce qu'elle considérait être une question de principe.

climb-down n [C] *britannique & australien* retour en arrière • *The fact that she agreed to talk to him at all represented a climb-down.* Le fait qu'elle ait consenti à lui parler représentait une reculade. • (parfois + **on**) *The statement signalled a climb-down on his earlier decision.* La déclaration a marqué un recul par rapport à sa décision précédente.

clock in/on clocks, clocking, clocked

clock in/on

pointer en arrivant au travail • *We're supposed to clock in by 10 o'clock at the latest.* Nous sommes censés pointer à 10 h au plus tard. • *What time did you clock on this morning?* A quelle heure as-tu pointé ce matin?

clock off/out clocks, clocking, clocked

clock off/out

pointer en sortant du travail • *Don't forget to clock out as you leave the building.* N'oublie pas de pointer en partant. • *Have you clocked off for lunch?* As-tu pointé pour aller déjeuner?

clock on

voir **clock in/on**

clock up clocks, clocking, clocked

clock up sth or **clock** sth **up** *surtout britannique & australien, familier* totaliser • *In 1986 the company clocked up total sales of $38.2 million.* En 1986, l'entreprise a réalisé un chiffre d'affaires total de 38,2 millions de dollars. • *Several of these planes have already clocked up around 21,000 flying hours.* Plusieurs de ces avions comptent déjà environ 21.000 heures de vol.

clog up clogs, clogging, clogged

clog up (sth) or **clog** (sth) **up**

(route) (se) congestionner, (tuyau) (se) boucher • *If they decide to build this new business park, the roads in the area will clog up.* S'ils décident de construire ce nouveau centre d'affaires, les routes du secteur vont être congestionnées. • (souvent + **with**) *This disease causes the lungs to clog up with a thick substance.* Cette maladie fait que les poumons sont encombrés d'une substance épaisse.

close down closes, closing, closed

close down (sth) or **close** (sth) **down**

fermer • *Many of the city's leading restaurants close down for the whole of August.* Un grand nombre des meilleurs restaurants de la ville ferment tout le mois d'août. • *I don't understand why we can't keep the park and close down that ugly factory.* Je ne comprends pas pourquoi on ne pourrait pas garder le parc et fermer cette horrible usine.

close in closes, closing, closed

close in

1 resserrer son étau • *The enemy were fast closing in.* L'ennemi resserrait rapidement

son étau. • (souvent + **on**) *The police gradually closed in on the man, and this time he knew he wouldn't get away.* La police encerclait l'homme progressivement, et cette fois-ci, il savait qu'il ne parviendrait pas à s'échapper.

2 (nuit) tomber, (temps) se couvrir • *The evening is closing in and grandma will be looking for us.* La nuit tombe et grand-mère va se demander où nous sommes. • *Storm clouds began to close in and so they turned for home.* Le ciel commença à se couvrir de nuages orageux et ils rebroussèrent chemin pour rentrer chez eux.

close off closes, closing, closed

close off sth or **close** sth **off**

(route, bâtiment, zone) interdire au public • *We used to get a lot of pleasure from walking in those hills until they were closed off.* Nous aimions beaucoup nous promener dans ces collines jusqu'au jour où elles ont été interdites au public. • (parfois + **to**) *It is our aim to close off areas of the city centre to traffic.* Notre but est d'interdire la circulation dans certains quartiers du centre-ville.

close on closes, closing, closed

close on sb/sth

rattraper • *She screamed encouragement as the horse she had chosen began to close on the leader.* Elle poussa des cris d'encouragement au moment où le cheval qu'elle avait choisi se mit à rattraper le cheval de tête.

close out closes, closing, closed

close out sth or **close** sth **out**

1 *familier* terminer • *Agassi closed out the match by hitting a powerful serve that his opponent couldn't reach.* Agassi a terminé le match par un très bon service que son adversaire a laissé passer. • *The president closed out the interview with a one-line joke.* Le président a mis fin à l'entretien par un bon mot.

2 *américain* clore • *He closed out his checking account and transferred the money to another bank.* Il a clos son compte courant et a fait transférer l'argent dans une autre banque.

3 *américain* solder • *They are closing out winter jackets and there are some good buys.* Ils sont en train de solder les vestes d'hiver et il y a de bonnes affaires à faire.

close out sth/sb or **close** sth/sb **out**

surtout américain

rejeter • *I hate the way she closes me out when she's worried.* Je déteste la façon dont elle me rejette quand elle est contrariée. • *Some countries close out foreign competition.* Certains pays rejettent la concurrence étrangère.

close out *américain*

(magasin) liquider • *Business has been bad for months and we may have to close out.* Les affaires marchent mal depuis des mois et il nous faudra peut-être liquider. • *Is there anything you want at the sports store? They're closing out.* Est-ce que tu veux quelque chose au magasin de sport? Ils sont en train de liquider.

close-out *n* [C] *américain* liquidation de stock • *I bought this skirt at a close-out.* J'ai acheté cette jupe en solde. • (employé comme *adj*) *close-out merchandise* marchandise en liquidation

close up closes, closing, closed

close up (sth) or **close** (sth) **up**

1 (magasin) fermer • *As we were closing up for the night, a woman came running into the shop, screaming and shouting.* Au moment où nous fermions pour la nuit, une femme s'est ruée dans la boutique en hurlant. • *I wanted so much to close my home up and go travelling.* Je voulais tellement mettre la clé sous la porte et partir en voyage.

2 (plaie) se refermer, refermer • *The wound will take about three weeks to close up completely.* La plaie mettra à peu près trois semaines à se refermer complètement. • *The flower's white and purple petals close up at night.* Les pétales blancs et violets de la fleur se referment la nuit.

close up (sb) or **close** (sb) **up**

(se) serrer • *They closed up to prevent anyone reaching him.* Ils se serrèrent pour empêcher qui que ce soit de l'atteindre.

cloud over clouds, clouding, clouded

cloud over

1 (ciel) se couvrir • *We watched as the sky clouded over, waiting for the rain to come.* Nous regardions le ciel se couvrir, en attendant l'arrivée de la pluie.

2 (visage) s'assombrir • *Steve's shining, happy morning face suddenly clouded over.* Le visage matinal de Steve, rayonnant et heureux, s'assombrit soudainement.

clown about/around clowns, clowning, clowned

clown about/around
faire le pitre • *They were clowning around and seemed not to notice me come in.* Ils faisaient les pitres et semblaient ne pas avoir remarqué mon arrivée.

club together clubs, clubbing, clubbed

club together *surtout britannique & australien*
se cotiser • (souvent + **to do sth**) *We all clubbed together to buy her a wedding present.* Nous nous sommes cotisés pour lui acheter un cadeau de mariage.

clue in/up clues, clueing, clued

clue in sb or **clue** sb **in** *américain, familier*
clue up sb or **clue** sb **up** *britannique, familier*
mettre au courant • (souvent + **on**) *Let's meet for lunch and you can clue me in on what's been happening.* Allons manger ensemble et tu pourras me mettre au courant de ce qui s'est passé.
clued-in, **clued-up** *adj américain, familier britannique, familier* averti • *Clued-up travellers know not to buy anything from these unofficial market traders.* Les voyageurs avertis savent qu'il ne faut rien acheter à ces vendeurs à la sauvette.

clutch at clutches, clutching, clutched

clutch at sth
essayer de se cramponner à • *She clutched at the rope to try to stop herself from falling.* Elle a essayé de se cramponner à la corde pour ne pas tomber.

coast along coasts, coasting, coasted

coast along
continuer sur sa lancée • *She already knew enough to pass the exam, so she just coasted along in class.* Elle avait déjà assez de connaissances pour réussir à l'examen, alors elle ne faisait que le minimum en classe. • (parfois + **on**) *The company is coasting along nicely on its exports to African countries.* La société continue gentiment sur sa lancée dans ses exportations vers l'Afrique.

cobble together cobbles, cobbling, cobbled

cobble together sth or **cobble** sth **together**
concocter à la hâte • *I didn't have much food in but I managed to cobble something together which everyone said was delicious.* Je n'avais pas grand-chose à manger à la maison mais j'ai réussi tout de même à préparer quelque chose en vitesse que tout le monde a trouvé délicieux. • *It was obvious to all that his statement had been hastily cobbled together.* Personne ne doutait que sa déclaration avait été concoctée à la hâte.

cock up cocks, cocking, cocked

cock up (sth) or **cock** (sth) **up** *britannique & australien, argot*
faire foirer • *He had one very simple job to do and he managed to cock it up totally.* Il avait un travail très simple à faire et il a réussi à tout faire foirer.
cock-up *n* [C] *britannique & australien, argot* connerie • *We're being watched by an audience of millions so I don't want any cock-ups.* Des millions de spectateurs nous regardent, alors je ne veux pas la moindre connerie.

colour/color in colours, colouring, coloured/colors, coloring, colored

colour in sth or **colour** sth **in** *britannique & australien*
color in sth or **color** sth **in** *américain & australien*
colorier • *She coloured in all the squares and triangles on the page of her book.* Elle a colorié tous les carrés et les triangles qui sont sur la page de son cahier. • (parfois + **in**) *She coloured the squares in in red and the triangles in in blue.* Elle a colorié les carrés en rouge et les triangles en bleu.

colour/color up colours, colouring, coloured/colors, coloring, colored

colour up *britannique & australien*
color up *américain & australien*
rougir • *He's so shy, a girl only has to talk to him and he colours up.* Il est si timide qu'il suffit qu'une fille lui parle pour qu'il rougisse.

comb out combs, combing, combed

comb out sth or **comb** sth **out**
(cheveux) démêler • *She sat in front of the mirror, combing out her long brown hair.* Assise devant le miroir, elle démêlait ses longs cheveux bruns.

come about comes, coming, came, come

come about
se produire • *The company director admitted that he had no idea how the mistakes came about.* Le directeur de l'entreprise a reconnu qu'il ne savait pas du tout comment les erreurs s'étaient produites. • *The discovery came about while scientists were working on a different project.* La découverte a été faite alors que les scientifiques travaillaient sur un autre projet.

come across comes, coming, came, come

come across sth/sb (jamais au passif)
(objet, ami) tomber sur • *While she was tidying up the living room, she came across her old photograph album.* En rangeant le salon, elle est tombée sur son vieil album de photos. • *I came across an old school friend of mine when I was travelling in Canada.* Au cours de mon voyage au Canada, je suis tombé sur un de mes anciens camarades d'école.

come across
1 paraître • (généralement + **as**) *The hero in the film comes across as slightly crazy.* Le héros du film donne l'impression d'être un peu fou. • *Helen came across as being an extremely intelligent woman.* Helen semblait être une femme d'une intelligence exceptionnelle. • *I thought Paul Glover came across well in the interview.* J'ai trouvé que Paul Glover avait fait bonne impression à l'entretien. • *We were told that Sue would be ideal for the job, but she came across badly when we talked to her.* On nous avait dit que Sue serait idéale pour le poste, mais elle nous a fait mauvaise impression lors de notre entretien avec elle.
2 (idée) passer, (émotion) transparaître • *Her ideas came across with great force in the article.* Dans cet article, elle a fait passer ses idées avec beaucoup de force. • *His bitterness comes across in much of his poetry.* On sent son amertume dans la plupart de ses poèmes.

come after comes, coming, came, come

come after sb
(fuyant) poursuivre • *He saw us picking his apples and he came after us with a stick.* Il nous a vus en train de cueillir ses pommes et nous a poursuivis en nous menaçant d'un bâton.

come along comes, coming, came, come

come along
1 (ami, bus) arriver • *We needed someone who knew about first aid, and Claire came along at just the right moment.* Nous avions besoin de quelqu'un qui s'y connaisse en secourisme et Claire est arrivée juste au bon moment. • *We're going to the party now, and Jane and Chris are coming along later.* Nous allons à la fête maintenant, Jane et Chris viendront plus tard. • *I waited 25 minutes for a bus and then three came along at the same time.* J'ai attendu le bus pendant 25 minutes, après quoi trois sont arrivés en même temps.
2 accompagner • *I'm going to the Monet exhibition this afternoon – why don't you come along?* Je vais voir l'exposition de Monet cet après-midi – pourquoi ne viens-tu pas avec moi?
3 (jamais à la forme progressive) (nouveau né) arriver, (occasion) se présenter • *Can you imagine what life was like before electricity came along?* Peux-tu imaginer comment les gens vivaient avant l'invention de l'électricité? • *We had to change our lifestyle once our first child came along.* Nous avons dû changer notre style de vie à l'arrivée de notre premier enfant. • *Since Tom left school, he has been doing any odd jobs that come along.* Depuis que Tom a quitté l'école, il prend tous les petits boulots qui se présentent. • *I think she's the best crime writer to come along since P.D. James.* A mon avis, c'est la meilleure des auteurs de romans policiers depuis P.D. James.

Come along! (toujours à l'impératif) *surtout britannique & australien, vieilli*
Dépêche-toi! • *Come along, Andy, you've spent over an hour in the bathroom!* Dépêche-toi, Andy, cela fait plus d'une heure que tu es dans la salle de bains!

• *Come along, Ellen! You can go faster than that!* Allez, Ellen, tu peux aller plus vite que ça!

be coming along (toujours à la forme progressive)
(personne) faire des progrès, (travail) avancer • *How's your thesis coming along?* Est-ce que ta thèse avance? • *Jason's coming along well on drums.* Jason fait des progrès en batterie.

come apart comes, coming, came, come

come apart
(appareil) se casser, (livre) se déchirer • *I picked up the book and it came apart in my hands.* Quand j'ai pris le livre, il s'est déchiré.

come around/round comes, coming, came, come

come around/round
1 aller voir, venir • *'Have you seen Adrian recently?' 'Yes, he came round last week.'* "As-tu vu Adrian récemment?" "Oui, il est passé me voir la semaine dernière."
• (parfois + **for**) *Why don't you come round for dinner next Saturday?* Pourquoi ne viendriez-vous pas dîner samedi prochain?
• (parfois + to do sth) *Halfway through the party, a neighbour came around to complain about the noise.* Au milieu de la fête, un voisin est venu se plaindre du bruit.
2 passer • (souvent + **with**) *After the performance, one of the performers came around with a collection box.* Après le spectacle, un des artistes est passé faire la quête. • *A waitress came round with snacks and drinks.* Une serveuse est passée avec des amuse-gueule et des boissons.
3 (idée) se faire à • *I know Debbie doesn't like the idea of you borrowing her car, but she'll soon come round.* Je sais que l'idée que tu empruntes sa voiture ne plaît pas à Debbie, mais elle s'y fera bientôt. • (souvent + **to**) *I spent several hours telling him what a good project it was, and he finally came around to the idea.* J'ai passé plusieurs heures à lui expliquer que c'était un projet valable et il a fini par l'admettre. • *I'm sure she'll **come around to our way of thinking**.* Je suis sûr qu'elle se rangera à notre avis.
4 reprendre connaissance • *I stayed next to Kathy all night because I wanted to be there when she came around.* Je passé toute la nuit près de Kathy parce que je voulais être là lorsqu'elle reprendrait connaissance.
5 avoir lieu • *The annual flower festival is coming around again this month.* Les floralies annuelles ont lieu ce mois-ci.
6 (document) faire circuler • *A memo came around telling us about arrangements for the Christmas lunch.* On a fait circuler une note de service nous informant de ce qui avait été convenu pour le repas de Noël.

come at comes, coming, came, come

come at sb (jamais au passif)
1 (victime) se jeter sur • (souvent + **with**) *He came at her with a knife.* Il s'est jeté sur elle avec un couteau.
2 (questions) être assailli de • *Questions were coming at her so fast that she didn't have time to think about what she was saying.* Elle était assaillie de tellement de questions qu'elle n'avait pas le temps de penser à ce qu'elle disait.

come at sth (jamais au passif; toujours + *adv/prép*)
(sujet) aborder • *Let's come at the problem from a different angle, because this approach has got us nowhere.* Abordons le problème sous un angle différent, parce que cette approche ne nous a menés nulle part.

come away comes, coming, came, come

come away
(poignée) se détacher, (papier peint) se décoller • (souvent + **from**) *The paper has started to come away from the wall because it's so damp.* Le papier a commencé à se décoller parce qu'il y a trop d'humidité dans le mur. • *I just opened the drawer as usual and the handle **came away in my hand**.* J'ai simplement ouvert le tiroir comme d'habitude et la poignée m'est restée dans la main.

come back comes, coming, came, come

come back
1 (endroit) revenir à • *I'll come back and pick you up around 8.00.* Je reviendrai te prendre vers 8 heures. • *It's strange coming back to the place where you used to live.* Ça fait bizarre de revenir là où tu vivais avant.
• (souvent + **from**) *I've just come back from*

the dentist's. Je reviens tout juste de chez le dentiste.

2 revenir à la mode • *Padded shoulders are coming back.* Les épaules rembourrées reviennent à la mode. • (souvent + **in**) *Those 50's style dresses are coming back in.* Les robes style années 50 reviennent à la mode. • (souvent + **into**) *Long hair on men seems to be coming back into fashion.* Il semble que les cheveux longs pour les hommes reviennent à la mode.

comeback, come-back *n* [C] retour • *Ripped jeans are making a comeback apparently.* On dirait que les jeans déchirés reviennent à la mode. • *After nearly ten years without public performances he is staging a comeback in New York.* Après avoir été absent de la scène pendant presque 10 ans, il fait un come-back à New York.

3 revenir • *I thought I'd got rid of my cough but it seems to have come back again.* Je pensais m'être débarrassé de ma toux mais elle semble être revenue. • *Those old doubts have come back again.* Ces vieux doutes sont revenus.

4 revenir à la mémoire • (généralement + **to**) *I'm trying to remember his name – it'll come back to me when I'm not thinking about it.* J'essaie de me souvenir de son nom – cela me reviendra quand je n'y penserai pas. • *She used to drive around in an old black car – it's all coming back to me now.* Elle conduisait une vieille voiture noire – tout cela me revient maintenant.

5 *surtout américain & australien* rétorquer • (souvent + **with**) *He came back with some insult or other and walked off.* Il a rétorqué avec une insulte et a tourné les talons.

comeback *n* [C] *surtout américain & australien* répartie • *I wish I'd been able to think of a good comeback.* Si seulement j'avais pu trouver une bonne répartie.

come back to comes, coming, came, come

come back to sth
(sujet) revenir à • *I'd like to come back to what Rachel was saying.* J'aimerais revenir à ce que disait Rachel.

come before comes, coming, came, come

come before sb/sth
(juge, tribunal, comité) comparaître devant • *Their complaints are due to come before the Committee for a public hearing.* Leurs plaintes doivent être entendues par le Comité en audience publique. • *Rubenfeld's case will come before the court on Friday.* L'affaire Rubenfeld comparaîtra devant le tribunal vendredi.

come between comes, coming, came, come

come between sb
(se) brouiller • *Don't let one little quarrel come between you!* Il ne faut pas vous brouiller pour une dispute sans importance!

come by comes, coming, came, come

come by sth
obtenir • *So how did you manage to come by this job?* Alors, comment as-tu fait pour obtenir ce travail? • *I'd like to know how he came by that black eye.* J'aimerais savoir comment il s'est fait cet oeil au beurre noir. • *Accurate statistics are hard to come by.* Il n'est pas facile d'obtenir des statistiques fiables.

come by (swh) *surtout américain & australien*
passer • *You should come by some time after work – it would be good to have a chance to talk.* Tu devrais passer un de ces jours après le travail; ça serait bien d'avoir le temps de parler. • *I'll come by the office one day this week and give you my report.* Je passerai au bureau cette semaine pour vous donner mon rapport.

come down comes, coming, came, come

come down

1 (plafond) s'écrouler, (arbre) être abattu • *A lot of trees came down in the storm.* De nombreux arbres ont été abattus par l'orage. • *If you put any more books on that shelf the whole thing's going to come down.* Si tu mets un livre de plus sur cette étagère, elle va s'écrouler.

2 (avion) s'écraser • *The plane came down over the Atlantic, killing all hundred and eighty passengers.* L'avion s'est écrasé au-dessus de l'Atlantique et les 180 passagers sont morts.

3 remonter • *The story came down from the early pioneer days of the country.* L'histoire remontait aux premiers jours de l'époque des pionniers.

4 (ordre) transmettre • *Word came down that we were expected to work later.* On nous a

fait savoir que nous devrions rester plus tard au travail.
5 (prix, température) baisser, (coût) diminuer • *Property prices have come down dramatically over the last few months.* Les prix de l'immobilier ont baissé de façon spectaculaire au cours de ces quelques derniers mois. • *Strawberries usually come down at this time of year.* Les fraises sont généralement moins chères à cette période de l'année.
6 baisser son prix • *He's asking £300 for the piano, but he might be prepared to come down a bit.* Il demande 300 livres pour le piano, mais il se pourrait qu'il soit prêt à baisser un peu son prix.
7 (toujours + *adv/prép*)) se prononcer • *The minister **came down in favour of** a reformed prison system.* Le ministre s'est prononcé en faveur d'une réforme du système pénitentiaire. • *The White House has **come down on the side of** military action.* La Maison Blanche s'est prononcée en faveur d'une action militaire. • *The author **comes down against** private pensions in this article.* Dans cet article, l'auteur se prononce contre le système des cotisations-retraites privées.
8 *familier* revenir sur terre • *She likes the high she gets from drugs – it's coming down afterwards that's the problem.* Elle aime la sensation de planer que lui donnent les drogues – c'est la descente qui pose problème. • *The whole weekend was so wonderful that I haven't really come down yet.* Le week-end était si merveilleux que je plane encore.
comedown *n* [singulier] déception • *A Monday at work is a bit of a comedown after such a brilliant weekend.* Se retrouver au travail le lundi, c'est un peu déprimant après un week-end aussi génial.
9 *britannique, formel* sortir de • (souvent + **from**) *He came down from Oxford in '63 and started working for a bank.* Il est sorti d'Oxford en 63 et a commencé à travailler dans une banque.

come down on comes, coming, came, come

come down on sb
être intraitable envers • *They're **coming down heavily** on people for not paying parking fines.* Ils sont sans pitié pour ceux qui ne payent pas leurs amendes pour stationnement interdit. • *The police are **coming down hard** on offenders.* La police devient intraitable envers les délinquants.
• *If he is rude in class again, the headmaster will **come down on him like a ton of bricks**.* S'il est de nouveau grossier en classe, il va se faire descendre en flammes par le directeur.

come down to comes, coming, came, come

come down to sth
revenir à • *It depends on whether you want children or a career – because that's what it **comes down to**.* En fait, le fond du problème c'est de savoir si tu préfères avoir des enfants ou réussir ta vie professionnelle. • *It **all comes down to** money in the end.* Tout n'est qu'une question d'argent en fin de compte. • *When it **comes down to it** you can't trust anyone.* Le fond du problème c'est qu'on ne peut faire confiance à personne. • *If it **comes down to it** we'll have to cancel the whole event.* Si les choses en arrivent là, nous devrons tout annuler.

come down with comes, coming, came, come

come down with sth *légèrement familier*
(rhume) attraper • *I think I'm coming down with a cold – I've been coughing all day.* Je crois que je suis en train d'attraper un rhume – J'ai toussé toute la journée.

come forth comes, coming, came, come

come forth
formel (offre) se présenter • *She applied for jobs with several foreign companies and an offer to work overseas soon came forth.* Elle a postulé auprès de plusieurs sociétés étrangères et une offre de travail à l'étranger s'est rapidement présentée. • (parfois + **from**) *The original proposal came forth from the commission in October 1994.* La première proposition a été faite par la commission en octobre 1994.
forthcoming *adj* (toujours après v) disponible • (généralement dans des phrases négatives) *The theatre has been informed that further government funds will not be forthcoming.* On a informé le théâtre que des fonds gouvernementaux supplémentaires ne seraient pas disponibles. • *I wrote to the council about*

the new parking scheme, but no answer was forthcoming. J'ai écrit à la municipalité au sujet du nouveau système de stationnement, mais on ne m'a envoyé aucune réponse.

forthcoming *adj* (toujours avant n) prochain, à paraître • *The Senator has decided not to stand again in the forthcoming elections.* Le sénateur a décidé de ne pas se représenter aux prochaines élections. • *An extract from Martin Amis's forthcoming novel will be published in the newspaper this Sunday.* Un extrait du prochain roman de Martin Amis sera publié dans le journal ce dimanche.

come forth with comes, coming, came, come

come forth with sth
surtout américain, formel (suggestion) présenter, (information) donner • *There is a reward of $20,000 for anyone who comes forth with information about the crime.* Toute personne offrant des renseignements sur le crime recevra une récompense de 20.000 dollars. • *She criticized the committee for failing to come forth with any concrete proposals.* Elle a critiqué le comité pour n'avoir pas réussi à présenter des propositions concrètes.

forthcoming *adj* (toujours après v) disposé à (parler) • (souvent + about) *She wouldn't say much about her latest film, and she was even less forthcoming about her love life.* Elle ne voulait pas dire grand-chose au sujet de son dernier film et elle était encore moins disposée à parler de sa vie sentimentale.

come forward comes, coming, came, come

come forward
(renseignement) fournir, (offre) faire, (personne) se présenter • *300 donors have come forward in response to a request for people to give blood.* 300 donneurs se sont présentés à la suite d'un appel public de don de sang. • (parfois + with) *The police are asking members of the public to come forward with information.* La police demande à la population de lui fournir des renseignements. • *The company is unlikely to come forward with a higher offer in the next 48 hours.* Il est peu probable que la société fasse une offre plus importante dans les prochaines quarante-huit heures.

• (parfois + to do sth) *Several patients have come forward to support allegations of abuse at the hospital.* Plusieurs patients se sont présentés pour soutenir les allégations de mauvais traitements à l'intérieur de l'hôpital.

come from comes, came, come

come from swh (jamais à la forme progressive)
1 venir de • *'Where do you come from?' "*D'où viens-tu?" • *Manuela comes from Bologna.* Manuela est originaire de Bologne.
2 provenir de • *This wine comes from a small vineyard near Bergerac.* Ce vin provient d'un petit vignoble près de Bergerac.

come from sth (jamais à la forme progressive)
venir de • *The term 'aqueduct' comes from the Latin words 'aqua', meaning water, and 'ducere', meaning to convey.* Le mot 'aqueduct' vient du latin 'aqua', qui signifie 'eau', et 'ducere', qui veut dire 'conduire'. • *Although he came from a poor background, Smith went on to become a millionaire.* Tout en provenant d'un milieu défavorisé, Smith a réussi à devenir millionnaire.

come in comes, coming, came, come

come in
1 entrer • (souvent à l'impératif) *She knocked on the door and a voice from inside shouted 'Come in!'* Elle a frappé à la porte et une voix a crié de l'intérieur: "Entrez!"
2 arriver • *Has the 8.05 train from Edinburgh come in yet?* Est-ce que le train de 8h05 en provenance d'Edimbourg est arrivé?
incoming *adj* (toujours avant n) qui arrive • *Passengers on incoming flights must collect their luggage before they pass through customs.* A l'arrivée, les passagers doivent récupérer leurs bagages avant de passer la douane. • *This new defence system can track and destroy incoming short-range missiles.* Ce nouveau système de défense peut repérer et détruire les missiles de courte portée.
3 arriver, rentrer • *I was so tired, I didn't even hear James come in last night.* J'étais si fatigué que je n'ai même pas entendu James rentrer hier soir. • *I'll come in early tomorrow to finish that off.* J'arriverai tôt demain pour terminer ça.
4 venir • (souvent + to do sth) *We've got an electrician coming in to fix the lights*

come in for

tomorrow. Il y a un électricien qui vient réparer les lumières demain.

5 (nouvelle, lettre, coup de téléphone) arriver • *Reports are coming in of a plane crash off Long Island.* On a reçu des informations concernant un accident d'avion près de Long Island. • *We stayed up all night watching the election results come in.* Nous sommes restés éveillés toute la nuit à suivre les résultats des élections. • *Hundreds of letters have come in complaining about the programme.* Des centaines de lettres de réclamation ont été reçues à propos de l'émission.

incoming *adj* (toujours avant n) qui arrive • *I have a special tray for incoming mail on my desk.* J'ai une corbeille spéciale sur mon bureau pour le courrier qui arrive. • *This phone is for incoming calls only.* Ce téléphone ne peut que recevoir des appels.

6 arriver • (généralement + *adv/prép*) *You can't buy Seville oranges all year round – they usually come in just after Christmas.* On ne peut pas acheter des oranges de Séville toute l'année – elles arrivent d'habitude juste après Noël.

7 (toujours + *adv/prép*) arriver • *Smith finished the course in 2 minutes 50 seconds, and the next competitor came in 5 seconds later.* Smith a réalisé la course en 2 minutes et 50 secondes et le concurrent suivant est arrivé 5 secondes plus tard. • *The Christian Democrats came in third with 12.3% of the vote.* Les Démocrates Chrétiens sont arrivés en troisième position avec 12,3% des voix.

8 (toujours + *adv/prép*) revenir à, être • *The project came in £150, 000 under budget.* le projet a coûté 150.000 livres de moins que prévu. • *The results came in slightly better than we expected.* Les résultats ont été légèrement meilleurs qu'on ne l'escomptait.

9 (travail) rentrer • *Despite the recession, new business is coming in steadily.* Malgré la récession, de nouvelles commandes rentrent régulièrement.

10 (marée) monter • *As we walked back along the beach, the tide was coming in fast.* Tandis que nous nous promenions sur la plage, la marée montait rapidement.

incoming *adj* (toujours avant n) montant • *The wreckage of the boat was washed onto the beach by the incoming tide.* L'épave du bateau a été rejetée sur la plage par la marée montante.

11 participer • *We need someone to drive us to the airport, and that's where Bob comes in.* Il nous faut quelqu'un pour nous conduire à l'aéroport, et c'est là que Bob intervient.

12 intervenir • *Do you mind if I come in here and tell you about the arrangements for this afternoon?* Est-ce que je peux intervenir maintenant et vous informer de l'organisation pour cet après-midi? • (souvent + **on**) *I'd like to come in on that point.* J'aimerais intervenir sur ce point. • (parfois + **with**) *Steve came in with a suggestion about how we could improve the system.* Steve a fait une suggestion sur la manière dont nous pourrions améliorer le système.

13 être utile • *Those old blankets will come in when the weather gets colder.* Ces vieilles couvertures seront utiles quand il fera plus froid. • *Helen's mechanical know-how* **came in handy** *when our car broke down last night.* Les connaissances de Helen en mécanique ont été bien utiles hier soir quand notre voiture est tombée en panne.

14 (affaire) participer à, (partenaire) s'associer avec • (souvent + **on**) *It'll cost you £500 if you want to come in on the deal.* Si vous voulez participer à l'affaire, cela vous coûtera 500 livres. • (parfois + **with**) *Do you want to come in with us to buy Sheila's present?* Est-ce que tu veux t'associer avec nous pour acheter le cadeau pour Sheila?

come in for comes, coming, came, come

come in for sth (jamais au passif) (critique) faire l'objet de, (éloge) recevoir • *The minister has come in for a lot of criticism over his handling of the affair.* La manière dont le ministre a mené l'affaire a fait l'objet de nombreuses critiques. • *Our department came in for particular praise in the report.* Dans le rapport, notre service a été particulièrement couvert d'éloges.

come into comes, coming, came, come

come into swh
entrer • *Would you ask Ms Hudson to come into my office please.* Pouvez-vous demander à Ms Hudson de bien vouloir entrer dans mon bureau, s'il vous plaît.

come into sth

1 venir • *She's been coming into the office every weekend.* Elle vient au bureau tous les week-ends.
2 hériter de • *I came into a lot of money on my aunt's death.* J'ai hérité de beaucoup d'argent à la mort de ma tante. • ***He will come into a fortune on his twenty-first birthday.*** Il va hériter d'une fortune à son vingt-et-unième anniversaire.
3 (vigueur) entrer en • *The new rules will come into force in April.* Le nouveau règlement entrera en vigueur en avril. • *Most staff will need retraining when the changes come into effect next year.* La plupart des employés devront se recycler quand les changements seront mis en place l'année prochaine.

come into it

(fierté, amour, chance) être une question de • (généralement dans des phrases négatives) *I've decided to move to Vancouver because of my career, not because Jay lives there – love doesn't come into it.* J'ai décidé de partir à Vancouver pour des raisons professionnelles, pas parce que Jay vit là-bas; l'amour n'a rien à voir avec ça. • *Christina got the job because of her skills and experience, but a certain amount of luck did come into it as well.* Christina a obtenu le poste en raison de ses compétences et de son expérience, mais la chance y a aussi contribué.

come of comes, coming, came, come

come of sth

sortir de • *Did anything come of your meeting with Peter?* Est-ce qu'il est sorti quelque chose de ta réunion avec Peter? • *She shouldn't keep meeting him. No good can come of it.* Elle ne devrait pas continuer à le voir. Il n'en sortira rien de bon.

come off comes, coming, came, come

come off

1 réussir • (souvent dans des phrases négatives) *Using children in the movie was a gamble that didn't quite come off.* L'idée d'utiliser des enfants dans le film était un pari qui n'a pas tellement réussi.
2 avoir lieu • *The planned football game never came off.* Le match de football prévu n'a jamais eu lieu.
3 (toujours + *adv/prép*) s'en sortir • *She usually comes off best in an argument.* En général, dans une discussion, c'est elle qui gagne. • *Teachers came off badly in the pay negotiations.* Dans les négociations salariales, les enseignants s'en sont mal sortis.
4 (toujours + *adv/prép*) américain donner l'impression de • (généralement + **as**) *He comes off as a snob when you first meet him.* La première fois qu'on le rencontre, il donne l'impression d'être snob. • *I think he came off well in the interview.* Je crois qu'il a fait bonne impression à l'entretien.

come off sth

1 se déshabituer de • *I've got a book on how to come off tranquillizers safely.* J'ai un livre qui explique comment se déshabituer des tranquillisants sans mettre sa santé en danger.
2 *américain, familier* sortir de • *The dollar has just come off a period of strength.* Le dollar vient de sortir d'une période où il était fort. • *He just rejoined the team after coming off knee surgery.* Il vient de réintégrer l'équipe au sortir d'une opération du genou.

Come off it! *familier*

tu plaisantes! • *Ask him to cook the meal? Come off it, he can hardly boil an egg!* Lui demander de préparer le repas? Tu plaisantes! Il sait à peine faire cuire un oeuf!

come on comes, coming, came, come

Come on!

1 (toujours à l'impératif) allez! • *Come on, we'll be late if you don't hurry up!* Allez, on va être en retard si tu ne te dépêches pas! • *Come on! Push as hard as you can!* Allez! Poussez de toutes vos forces! • *Come on, Jilly, you can tell me. I won't say anything to anyone.* Allez, Jilly, dis-moi. Je n'en parlerai à personne.

2 arrête! • *Oh, come on Teresa, you made the same excuse last week!* Oh, arrête un peu, Teresa, tu as donné la même excuse la semaine dernière!

come on

1 (lumière) s'allumer, (chauffage) se mettre en route, (eau) commencer à couler, (courant) revenir • *What time does the heating come on?* A quelle heure le chauffage se met-il en route?
2 commencer • *The football comes on after the news.* Le foot commence après les informations.

3 faire des progrès • *With better teaching, they should come on a lot.* Avec un meilleur enseignement, ils devraient faire beaucoup de progrès. • *How's your new novel coming on?* Est-ce que votre nouveau roman avance? • *Since moving to America, his tennis has come on in leaps and bounds.* Depuis son arrivée en Amérique, il a fait des progrès remarquables en tennis.
4 commencer • *Arthritis tends to come on gradually in elderly people.* L'arthrite a tendance à apparaître progressivement chez les personnes âgées. • *I've got a headache coming on.* Je commence à avoir mal à la tête.
5 (hiver) approcher • *With winter coming on, I thought I'd buy a new coat.* L'hiver n'étant pas loin, j'ai pensé qu'il faudrait m'acheter un nouveau manteau.
6 entrer en scène • *There was great applause when the Russian ballerina came on.* L'entrée en scène de la danseuse de ballet russe a déclenché un tonnerre d'applaudissements.
7 *britannique, familier* avoir ses règles • *I came on a bit late this month.* Mes règles étaient un peu en retard ce mois-ci.
8 *britannique & australien, littéraire* (pluie) se mettre à tomber • *The rain came on during the afternoon.* La pluie s'est mise à tomber au cours de l'après-midi.

come on (sth)
parler au téléphone • *My father came on and begged me to come home.* J'ai eu mon père au téléphone qui m'a supplié de rentrer à la maison. • *When John came on the line, I hung up.* Quand j'ai entendu la voix de John à l'appareil, j'ai raccroché.

come on sth *américain & australien, familier*
donner l'impression de • (parfois + **as**) *She comes on as a real hothead.* Elle donne l'impression d'être vraiment impétueuse. • *He comes on real stupid – but don't be fooled.* Il a l'air vraiment stupide, mais ne vous laissez pas tromper par les apparences.

come on to comes, coming, came, come

come on to sb *familier*
draguer • *I get guys coming on to me all the time.* Il y a toujours des mecs qui me draguent.

come-on n [C] drague • *He interpreted my smile as a come-on.* Il a pensé que je lui souriais pour le draguer.

come out comes, coming, came, come

come out
1 sortir • *You're not allowed in there. Come out immediately!* Vous n'avez pas le droit d'être là. Sortez immédiatement! • (souvent + **of**) *The train began to pick up speed as it came out of the tunnel.* A la sortie du tunnel le train a commencé à prendre de la vitesse.
2 sortir • *I can't come out tonight because I've still got work to do.* Je ne peux pas sortir ce soir parce que je n'ai pas fini mon travail. • *Do you want to come out for a drink sometime?* Veux-tu sortir et aller prendre un verre un de ces jours?
3 (tache, couleur) partir au lavage • *Do you think this red wine stain will come out of the carpet?* Crois-tu que la tache de vin rouge sur le tapis partira? • *I've used a chestnut colour in my hair, which should come out after about six washes.* Je me suis fait une couleur châtain qui devrait disparaître après environ six shampoings.
4 (de prison, de l'hôpital) sortir • *He was sentenced to 25 years in prison. He'll be an old man when he comes out.* Il a été condamné à 25 ans de prison. Ce sera un vieil homme quand il sortira. • *My mother's coming out of hospital tomorrow.* Ma mère sort de l'hôpital demain.
5 (livre, journal, disque) sortir • *He bought REM's new album on the day it came out.* Il a acheté le nouvel album de REM le jour même où il est sorti. • *The dictionary has just come out on CD-ROM.* Le dictionnaire vient juste de sortir sur CD-ROM.
6 (secret) être divulgué, (vérité) être révélé • *She is confident that the truth will come out during the trial.* Elle est certaine que la vérité éclatera au cours du procès. • *During our conversation, it came out that he was not as rich as we had thought.* Au cours de notre conversation, il est ressorti qu'il n'était pas aussi riche que nous ne l'avions pensé.
7 (toujours + adv/prép) être • *How did your chocolate cake come out?* Est-ce que ton gâteau au chocolat était réussi? • *Gina's sketch of the house came out really well.* Le croquis de la maison que Gina a réalisé était très réussi. • *We came out much better*

than the other companies in the report. Il ressort du rapport que nous arrivons en tête devant les autres entreprises.

8 paraître • *When are your exam results coming out?* Quand aurez-vous vos résultats d'examen? • *Next month's sales figures are due to come out on April 4th.* Le chiffre d'affaires du mois prochain doit être publié le 4 avril.

9 se manifester • *Once the project was underway, problems with the software began to come out.* Une fois le projet lancé, des problèmes informatiques ont commencé à se poser. • *I had always thought of Tom as a calm person, but his bad temper came out when we started working together.* J'avais toujours cru que Tom était quelqu'un de calme, mais son mauvais caractère s'est révélé quand nous avons commencé à travailler ensemble.

10 apparaître • *The sun came out in the afternoon.* Le soleil est apparu dans l'après-midi.

11 (plante) fleurir • *It was late March, and the daffodils in my garden were beginning to come out.* C'était la fin mars et les jonquilles de mon jardin commençaient à fleurir.

12 (photo) être réussi • *My photos of the party didn't come out because the room was too dark.* Mes photos de la fête ne sont pas réussies parce que la pièce était trop sombre. • *Alice's red dress comes out really well in this photo.* La robe rouge d'Alice ressort très bien sur cette photo.

13 (discours) sortir • *I didn't mean to insult you – it just came out like that.* Je ne voulais pas t'insulter – c'est sorti comme ça. • *When I tried to tell her I loved her, it just came out all wrong.* Quand j'ai voulu lui dire que je l'aimais, je m'y suis très mal pris.

14 (toujours + *adv/prép*) se prononcer • *The opposition **came out** strongly **in favour of** capital punishment.* L'opposition s'est prononcée fermement en faveur de la peine de mort. • *The committee **came out against** any change to the rules.* Le comité s'est montré hostile à tout changement du règlement.

15 revendiquer publiquement son homosexualité • *He joined the Gay Society after he came out.* Il a rejoint la Gay Society après avoir revendiqué publiquement son homosexualité. • (parfois + **to**) *Louise still hasn't come out to her parents.* Louise n'a toujours pas révélé à ses parents qu'elle est lesbienne.

16 *britannique* se mettre en grève • *300 factory workers have come out to protest over planned job losses.* 300 ouvriers se sont mis en grève pour protester contre les suppressions d'emplois prévues. • *The union has threatened that postal workers will **come out on strike** unless an agreement is reached.* Le syndicat a menacé d'appeler les employés des postes à la grève si un accord n'était pas signé.

17 *vieilli* faire ses débuts dans le monde • *Helena was married just eight months after she came out.* Helena s'est mariée seulement huit mois après avoir fait ses débuts dans le monde.

coming-out *n* [singulier]*vieilli* débuts dans le monde • *Penelope's parents decided to hold a party to celebrate their daughter's coming out.* Les parents de Pénélope ont décidé d'offrir une soirée pour célébrer les débuts dans le monde de leur fille. • (employé comme *adj*) *She met her future husband at a coming-out dance.* Elle a rencontré son futur mari à un bal des débutantes.

come out in comes, coming, came, come

come out in sth
(bouton, rougeur) attraper • *I think Jenny must have measles because she's come out in spots.* Je crois que Jenny doit avoir la rougeole parce qu'elle est couverte de boutons. • *This face cream has made my skin come out in a rash.* Cette crème pour le visage m'a fait attraper des plaques rouges.

come out of comes, coming, came, come

come out of sth
1 (en résultat) sortir de • *Kate's suggestion was the only good idea to come out of the discussion.* La suggestion de Kate a été la seule bonne idée à sortir de la réunion. • *It is difficult to see what will come out of these peace talks, because neither side is willing to compromise.* Il est difficile de savoir ce qui sortira de ces négociations pour la paix car aucun des deux camps n'est prêt à faire des compromis.

2 (récession) sortir de, (retraite) abandonner • *The economy is expected to come out of recession within six months.* On espère

sortir de la crise économique dans les six mois à venir. • *She was persuaded to come out of retirement and become the managing director of the new company.* On l'a persuadée d'abandonner sa retraite et de devenir directrice générale de la nouvelle entreprise.

come out of swh
venir de • *He is responsible for some of the funniest travel writing to come out of America.* Il est l'auteur des récits de voyage les plus drôles qui nous viennent d'Amérique.

come out with comes, coming, came, come

come out with sth
1 (discours) sortir • *Clare does come out with some strange ideas sometimes.* Clare a vraiment de drôles d'idées, quelquefois. • *I asked one innocent question and he came out with a stream of abuse!* Je n'ai fait que poser une innocente question et il s'est mis à sortir toute une série d'insultes. • *She came straight out with it and accused him of cheating.* Elle s'est exprimée franchement et l'a accusé de tricher.
2 (produit) sortir • *Microsoft has just come out with a new version of the software.* Microsoft vient de sortir une nouvelle version du logiciel.

come over comes, coming, came, come

come over
1 s'approcher • *As I walked into the room, Tim came over to greet me.* Quand je suis entrée dans la pièce, Tim s'est approché pour me saluer.
2 venir • (souvent + **from**) *I've come over from the States on business.* Je suis venue des Etats-Unis pour affaires. • (souvent + **to**) *Thousands of foreign tourists come over to London each year to do their Christmas shopping.* Des milliers de touristes étrangers viennent à Londres chaque année pour faire leurs achats de Noël.
3 venir • *Do you want to come over after work?* Voulez-vous venir après le travail? • *Why don't you come over and see me next time you're in Manchester?* Pourquoi ne venez-vous pas me voir la prochaine fois que vous passez à Manchester?
4 (insurgés) passer du côté de • (souvent + **to**) *This latest victory for the rebels might encourage government troops to come over to their side.* Cette dernière victoire des rebelles risque d'encourager les troupes gouvernementales à passer de leur côté.
• (parfois + **from**) *Two of the most promising members of the party have come over from Labour.* Deux des membres les plus prometteurs du parti sont passés de notre côté après avoir été chez les travaillistes.
5 (idée) passer • *Do you think his ideas about freedom come over in the film?* Est-ce que tu crois que ses idées sur la liberté passent dans le film? • *Her message came over loud and clear – I would lose my job if I was late again.* Son message était clair; je perdrai ma place si j'arrive encore une fois en retard. • *The music came over with such intensity, I found myself in tears.* La musique véhiculait une émotion si intense que j'ai pleuré.
6 (toujours + *adv/prép*) donner l'impression de • (généralement + **as**) *I spent an hour talking to Henry about steam trains – he comes over as a real enthusiast.* J'ai passé une heure à parler de trains à vapeur avec Henri; il donne l'impression d'être vraiment passionné. • *She's a very intelligent woman, but she didn't come over very well on that TV programme.* C'est une femme très intelligente mais elle ne passait pas très bien dans cette émission de télé.

come over sb
(sentiment) envahir • *A great sense of calm came over me when I realised that I was no longer responsible for the situation.* Un grand sentiment de calme m'a envahi quand je me suis rendu compte que la situation n'était plus de mon ressort. • *You're not usually so rude – what's come over you?* Tu n'es pas aussi grossier d'habitude – qu'est-ce qui te prend?

come over sth *britannique & australien, légèrement familier*
(mal, fatigué) se sentir • *Ben came over all shy when he met Nicola for the first time.* A sa première rencontre avec Nicola, Ben se sentit tout timide. • *I'm going to have to sit down – I've come over rather faint.* Il va falloir que je m'assoie – je me sens plutôt mal.

come round
voir **come around/round**

come through comes, coming, came, come

come through

1 (message, appel) passer, (document) arriver • *Have your exam results come through yet?* Est-ce que tes résultats d'examens sont arrivés? • *My visa hasn't come through yet and we're leaving for Australia next week.* Je n'ai pas encore reçu mon visa et nous partons en Australie la semaine prochaine.

2 (idée) passer, (émotion) transparaître • *When you speak in public you mustn't let your nervousness come through.* Quand vous vous exprimez en public, il ne faut pas laisser voir votre nervosité. • *Her bitterness always comes through in her poetry.* Son amertume transparaît toujours dans sa poésie.

3 entrer • *Would the next patient like to come through?* Le patient suivant aurait-il l'obligeance de venir?

come through (sth)

s'en tirer • *It was a miracle that he came through that car crash.* C'est un miracle qu'il ait réussi à s'en tirer après cet accident de voiture. • *She came through the exam with flying colours.* Elle a réussi l'examen haut la main.

come through with comes, coming, came, come

come through with sth (jamais au passif)

(argent, information) fournir • *She wanted to buy the house but wasn't sure whether her father would come through with the money for the deposit.* Elle voulait acheter la maison mais elle ne savait pas si son père lui fournirait l'argent pour le versement initial. • *Our London office finally came through with the necessary legal documents.* Notre bureau londonien nous a finalement fourni les documents juridiques nécessaires.

come to comes, coming, came, come

come to

reprendre conscience • *All I could remember when I came to was my mother's anxious face.* La seule chose dont je me souvenais au moment où j'ai repris conscience était le visage anxieux de ma mère.

come to sth

1 faire • *That comes to £25, please.* Cela fait 25 livres, s'il vous plaît.

2 arriver à • *He won't come to any harm so long as his Dad is there.* Tant que son père est là, il ne lui arrivera rien. • *The war had just come to an end.* La guerre venait de finir. • *If it comes to a fight, I'll be there with you.* Si l'on en vient à se battre je serai à tes côtés. • *We worked really hard on the plans, but they never came to anything.* Nous avons travaillé vraiment dur sur les plans mais ils n'ont rien donné.

3 (décision) prendre, (conclusion) en arriver à • *It was several weeks before she came to a decision.* Elle a mis plusieurs semaines à prendre une décision. • *I've thought about what happened for a long time, and I've come to the conclusion that it must have been an accident.* J'ai longuement réfléchi à ce qui s'est passé et j'en suis arrivé à la conclusion que ça a dû être un accident.

come to sb (jamais au passif)

(idée) venir à, (nom) revenir à • *I can't remember his name, hang on, it'll come to me in a minute.* J'ai oublié son nom, attends, ça va me revenir sous peu. • *The idea of starting her own business came to her in the bath.* L'idée de démarrer sa propre entreprise lui est venue alors qu'elle était dans son bain.

come under comes, coming, came, come

come under sth

1 (attaque, critique, examen, révision, pression) être l'objet de • *Dupont's proposal has come under fire from others within the party.* La proposition de Dupont a fait l'objet de critiques véhémentes de la part d'autres membres du parti. • *The government has come under increasing pressure to deal with rising unemployment.* On presse de plus en plus le gouvernement à prendre des mesures pour enrayer la montée du chômage. • *Several management decisions have recently come under scrutiny.* Plusieurs décisions directoriales ont récemment fait l'objet d'un examen minutieux. • *A 10-year trade agreement between the two countries is now due to come under review.* Un accord commercial qui lie les deux pays pour une période de dix ans doit bientôt faire l'objet d'une révision.

2 (institution) dépendre de • *His case came under the jurisdiction of the criminal court.* L'affaire le concernant est tombée sous la

juridiction de la cour d'assises. • *Playground guidelines come under the Department of Health and Safety.* Les directives concernant les cours de récréations sont la responsabilité du service chargé de la Santé et de la Sécurité.
3 (dans une liste) se trouver • *I think 'swimming pools' usually come under 'leisure centres' in the telephone directory.* Je crois que les 'piscines' se trouvent d'habitude sous la rubrique 'loisirs' dans l'annuaire.

come up comes, coming, came, come

come up
1 s'approcher • *After the concert, several members of the audience came up and congratulated her.* Après le concert, plusieurs spectateurs se sont approchés pour la féliciter. • (souvent + **to**) *As we came up to the border, we could see a crowd of people waiting to cross.* Comme nous nous approchions de la frontière, nous avons aperçu une foule de gens qui attendaient de pouvoir passer.
2 (problème) être soulevé, (nom) être mentionné • *The issue of safety came up twice during the meeting.* Le problème de la sécurité a été soulevé deux fois au cours de la réunion. • *We were discussing who would be suitable for the job, and your name came up.* On discutait pour essayer de voir qui conviendrait pour le poste et ton nom a été mentionné.
3 (occasion) se présenter • *A job has come up in the sales department. Are you interested in applying?* Un poste s'est libéré au service des ventes. Est-ce que cela t'intéresse? • *When the opportunity to run a major film studio came up, she took it immediately.* Quand l'occasion de diriger une importante maison de production de films s'est présentée, elle l'a saisie au vol.
4 (problème) se présenter • *I'm sorry I couldn't go with you last night, but something came up.* Excusez-moi de n'avoir pas pu vous accompagner hier, mais j'ai eu un empêchement. • *You can phone Steve if a problem comes up with your computer.* Si tu as un problème avec ton ordinateur, tu peux appeler Steve.
5 (question) être posé • *Did any questions on phrasal verbs come up in your English exam?* Est-ce qu'il y a eu des questions sur les verbes à particule à ton examen d'anglais?
6 (affaire) être jugé • *The case is due to come up at Nottingham Crown Court on February 1st.* L'affaire sera jugée à la cour d'assises de Nottingham le 1er février.
7 (sur écran) apparaître • (souvent + **on**) *She pressed 'enter' on her computer and the text came up on screen.* Elle a appuyé sur la touche 'enter' de son ordinateur et le texte est apparu sur l'écran. • *He entered the information they had on the killer into the computer and the names of two possible suspects came up.* Il a entré les informations qu'ils avaient sur l'assassin et les noms de deux suspects possibles sont apparus.
8 (numéro) sortir • *Three of my numbers came up in last week's lottery and I won £10.* Trois des numéros que j'avais choisis sont sortis au tirage de la loterie la semaine dernière et j'ai gagné 10 livres.
9 faire son chemin • *He's just been made an advertising executive – he's really coming up in the world.* Il vient d'être nommé responsable de la publicité – il est vraiment en train de faire son chemin dans le monde.
up-and-coming *adj* (toujours avant n) prometteur • *The lead role in the film is played by an up-and-coming young Scottish actor.* Le rôle principal du film est tenu par un jeune acteur écossais plein d'avenir.
10 se lever • *She awoke just as the sun was coming up.* Elle s'éveilla juste au moment où le soleil se levait.
11 (lumières) se rallumer • *The actors took a final bow before the lights came up.* Les acteurs saluèrent une dernière fois avant que les lumières ne se rallument.
12 sortir de terre • *It was late February, and snowdrops were just coming up in my garden.* C'était la fin février et des perce-neige commençaient juste à sortir dans le jardin.
13 (toujours + *adv/prép*) en ressortir • *I've spent two hours polishing the table, and it's come up beautifully.* J'ai passé deux heures à cirer la table et elle en est ressortie superbe.
be coming up (toujours à la forme progressive)
(événement) arriver • *Christmas is coming up shortly and I still haven't bought all my presents.* Ce sera bientôt Noël et je n'ai pas encore acheté tous mes cadeaux. • *Coming up in the second half of the programme: a competition to win tickets for the Madonna*

concert. Dans la deuxième partie de notre programme: un concours qui vous permettra peut-être de gagner des billets pour le concert de Madonna.

coming up!
(serveur) ça vient! • *'I'd like a hamburger and fries, please.' 'Coming right up, sir!'* 'Je voudrais un hamburger et des frites, s'il vous plaît.' 'Oui, Monsieur, ça vient!'

come up against comes, coming, came, come

come up against sth/sb (jamais au passif)
(difficulté) se heurter à • *When she started her career, she came up against racism and prejudice.* Au début de sa carrière elle s'est heurtée au racisme et aux préjugés. • *In the campaign to stop the road being built, they have come up against the council and local businesses.* Au cours de la campagne contre la construction de la route, ils se sont heurtés à la municipalité et aux commerçants du coin.

come up against sb (jamais au passif)
(adversaire) se trouver confronté à • *If he reaches the semi-finals, he will come up against the Australian champion, Greg Martin.* S'il va jusqu'aux demi-finales, il se trouvera confronté au champion australien, Greg Martin.

come up for comes, coming, came, come

come up for sth
1 (vente) être mis en • *That house you like in Victoria Park has just come up for sale.* La maison que tu aimes sur Victoria Park vient d'être mise en vente.
2 (discussion) être discuté • *This issue will come up for discussion at next week's meeting.* Cette question sera discutée à la réunion de la semaine prochaine.
3 (renouvellement) arriver à la date de renouvellement • *Your contract will come up for renewal in August.* Votre contrat sera renouvelé en août. • *The senator comes up for reelection in November.* Le sénateur se représentera aux élections en novembre.

come up on

be coming up on sth (toujours à la forme progressive) *américain*
(heure) être bientôt, (âge) avoir bientôt • *It's coming up on 11 o'clock so stay tuned for the news.* Il est presque 11 heures, alors restez à l'écoute pour les informations. • *I can't believe it's coming up on Thanksgiving already.* Je n'arrive pas à croire que c'est déjà bientôt Thanksgiving.

come up to comes, coming, came, come

come up to sth (jamais au passif)
(niveau) atteindre • (généralement dans des phrases négatives) *This essay doesn't come up to your usual standards.* Cette dissertation est d'un niveau inférieur à ce à quoi vous nous avez habitués. • *If his work doesn't **come up to scratch** we'll have to get someone else to do it.* Si son travail n'est pas à la hauteur, il nous faudra trouver quelqu'un d'autre.

be coming up to sth (toujours à la forme progressive; jamais au passif)
(heure) être bientôt, (âge) avoir bientôt • *It was just coming up to 5 o'clock and he was getting rather hungry.* Il était presque cinq heures et il commençait à avoir assez faim. • *'How old are you, Helen?' 'I'm coming up to fifteen.'* 'Quel âge as-tu, Helen?' 'J'aurai bientôt quinze ans.'

come up with comes, coming, came, come

come up with sth (jamais au passif)
1 (projet, idée) avoir, (solution, réponse) trouver • *A team of advertisers is hard at work trying to come up with a slogan for the product.* Une équipe de publicistes réfléchit activement pour essayer de trouver un slogan pour le produit. • *Experts have failed to come up with an explanation of why the explosion happened.* Les spécialistes n'ont pas réussi à trouver d'explication à l'explosion.
2 trouver, fournir • *Each member of the expedition needs to come up with £3,000 to fund their trip.* Chaque membre de l'expédition doit fournir 3.000 livres pour financer le voyage. • *We need someone to create a new software program. Can Bob **come up with the goods**?* Nous avons besoin de créer un nouveau logiciel. Est-ce que Bob pourrait nous fournir ça?

come upon comes, coming, came, come

come upon sb/sth *formel*
(personne) tomber sur • *On my way home, I came upon Connie returning from the market.* En rentrant chez moi, je suis

tombé sur Connie qui revenait du marché. • *During his research, he came upon a case of a woman who was allergic to water.* Au cours de sa recherche, il est tombé sur une femme qui était allergique à l'eau.

come upon sb *formel*
(châtiment) être infligé à • *She knew that a heavy punishment would come upon her if she returned home late.* Elle savait qu'elle serait sévèrement punie si elle rentrait tard chez elle.

condole with condoles, condoling, condoled

condole with sb *vieilli*
présenter ses condoléances à • (parfois + on) *He went round to condole with Mrs Emerson on the loss of her beloved husband.* Il est venu présenter ses condoléances à Mrs Emerson qui venait de perdre son mari.

cone off cones, coning, coned

cone off sth or **cone** sth **off** *britannique*
baliser • (généralement au passif) *The southbound lane was coned off because of roadworks.* La voie en direction du sud était balisée à cause des travaux.

confide in confides, confiding, confided

confide in sb
se confier à • *He didn't trust his brother enough to confide in him.* Il n'avait pas assez confiance en son frère pour se confier à lui.

conjure up conjures, conjuring, conjured

conjure up sth or **conjure** sth **up**
(tableau, image, mémoire) évoquer • *The word 'Alps' conjures up images of snow and blue skies.* Le mot "Alpes" évoque des images de neige et de ciel bleu. • *She writes from experience, conjuring up a sleazy world of clubs and drugs.* Elle s'inspire de son expérience dans son écriture, évoquant un monde louche de boîtes de nuit et de drogues. • *The smell of polish conjures up memories of school days.* L'odeur d'encaustique évoque des souvenirs d'école.

conjure up sth/sb or **conjure** sth/sb **up**
faire apparaître • *How am I meant to conjure up a meal for six with nothing in the fridge?* Comment suis-je supposé faire apparaître un repas pour six quand il n'y a rien dans le frigo? • *If I could just conjure up the perfect boyfriend for you, I would.* Si seulement je pouvais sortir de ma poche ton petit ami idéal, je le ferais.

conk out conks, conking, conked

conk out
1 *familier* (machine) rendre l'âme • *My car's so old that one of these days it's just going to conk out.* Ma voiture est si vieille qu'un de ces jours elle va tout simplement rendre l'âme. • *I think the washing-machine has finally conked out.* Je crois que la machine à laver a finalement rendu l'âme.

2 *surtout américain & australien, familier* tomber raide • *The neighbour's dog is so old and sick he looks like he could conk out any minute.* Le chien du voisin est si vieux et si malade qu'on a l'impression qu'il pourrait tomber raide à tout instant.

conk out/off conks, conking, conked

conk out *britannique, américain & australien, familier*
conk off *américain, familier*
s'écrouler de fatigue • *One minute he was standing there, and the next minute, he just conked out!* Il était debout là, et la minute d'après il s'est écroulé, tout simplement. • *I nearly conked off in the meeting, I was so tired.* Dès que je m'allonge sur le canapé, je m'endors.

connect up connects, connecting, connected

connect up sth or **connect** sth **up**
(téléphone, ordinateur) brancher • *We've just moved into the house and the telephone hasn't been connected up yet.* Nous avons déjà emménagé et le téléphone n'a pas encore été branché. • (souvent + to) *Has the cooker been connected up to the gas?* Est-ce que la cuisinière a été branchée sur le gaz?

connive at/in connive, conniving, connived

connive at/in sth *formel*
se rendre complice de • *The government connive at the problem because they know it would be too costly to solve it.* Le gouvernement ferme les yeux sur le problème parce qu'ils savent qu'il serait trop coûteux de le résoudre. • *She had little patience with women who connived in the*

oppression of their sisters. Elle avait peu de patience avec les femmes qui se rendaient complices de l'oppression de leurs soeurs.

consign to consigns, consigning, consigned

consign sth/sb **to** sth *formel*
expédier à, abandonner dans • *I have no intention of consigning my elderly mother to some awful institution.* Je n'ai absolument pas l'intention d'abandonner ma vieille mère dans une horrible institution. • *Is anyone interested in this article before I consign it to the dustbin?* Y a-t-il quelqu'un qui serait intéressé par cet article avant que je ne l'expédie à la poubelle?

consist of consists, consisted

consist of sth (jamais à la forme progressive)
se composer de • *The team consists of four Americans and two Europeans.* L'équipe se compose de quatre Américains et deux Européens. • *It's a simple dish to prepare, consisting mainly of rice and vegetables.* C'est un plat simple à préparer, qui est surtout composé de riz et de légumes.

contend with contends, contending, contended

contend with sth
lutter contre • *Teachers have to contend with a growing use of drugs in schools.* Les enseignants doivent lutter contre une consommation croissante de drogue dans les écoles. • *Both teams had to contend with icy rain and a strong wind during the match.* Les deux équipes durent lutter contre une pluie glaciale et un vent fort pendant le match.

contract in/into contracts, contracting, contracted

contract in *surtout britannique*
contract into sth *surtout britannique*
souscrire à • *The health scheme was begun six months ago, and 2000 people have already contracted in.* Le projet médical a été initié il y a six mois, et 2.000 personnes y ont déjà souscrit.

contract out contracts, contracting, contracted

contract out sth
sous-traiter • (souvent + **to**) *We have decided to contract out the cleaning and maintenance of the offices to a private firm.* Nous avons décidé de sous-traiter le nettoyage et l'entretien des bureaux à une firme privée.

contract out *surtout britannique*
renoncer par contrat • (souvent + **of**) *Five years ago, she decided to contract out of her pension scheme.* Elle a décidé, il y a cinq ans, de renoncer par contrat à son plan de retraite.

contribute to contributes, contributing, contributed

contribute to sth
contribuer à • *Pollutants in the air contribute to a wide range of heart and lung diseases.* Les polluants dans l'air contribuent à un nombre important de maladies cardiaques et pulmonaires. • *Falling sales in the American market contributed to the company's collapse.* La baisse du chiffre de ventes sur le marché américain a contribué à la faillite de la société.

cook up cooks, cooking, cooked

cook up sth or **cook** sth **up**
1 (repas) préparer en vitesse • *While I was having a bath, Pete cooked up a large pot of vegetable soup.* Pendant que je prenais un bain, Pete a préparé en vitesse une grande casserole de soupe de légumes. **2** *familier* (coup) mijoter • *He cooked up a plan to set fire to his garage and then claim £15,000 from the insurance company.* Il mijota le projet de mettre le feu à son garage et de soumettre ensuite une demande d'indemnisation de 15.000 livres à sa compagnie d'assurance. • *Her mother asked her if she'd been in the pub, so she had to cook up a story about working late in the library.* Sa mère lui a demandé si elle avait été au pub, alors il a fallu qu'elle invente une histoire en prétendant qu'elle avait travaillé tard à la bibliothèque.

cool down/off cools, cooling, cooled

cool down/off (sb/sth) or **cool** (sb/sth) **down/off**
1 (café) refroidir, (personne) se rafraîchir, (pieds) rafraîchir • *She waited until her coffee had cooled down before taking a sip.* Elle a attendu que son café refroidisse avant d'en boire une gorgée. • *We went for*

a swim to cool off. Nous sommes allés nager pour nous rafraîchir. • *He put his feet in a bucket of ice to cool them down.* Il s'est mis les pieds dans un seau de glace pour les rafraîchir.

2 (se) calmer • *Just leave her to cool off and then talk to her.* Laisse-la se calmer avant de lui parler. • *The trial was delayed by six months to allow racial tensions in the city to cool down.* Le procès fut différé de six mois pour permettre aux tensions raciales dans la ville de s'apaiser. • *They threw him in jail for a few days to cool him off.* Ils l'ont mis en prison pendant quelques jours pour le calmer.

cool down/off (sth) or **cool** (sth) **down/off**
ralentir • *Trade among the European partners cooled off in 1990.* Les échanges commerciaux entre partenaires européens ont ralenti en 1990. • *Higher tax should cool down the stock market.* Une augmentation des impôts devrait ralentir les affaires en Bourse.

coop up   coops, cooping, cooped

coop up sb/sth or **coop** sb/sth **up**
enfermer • (généralement au passif) *I felt in need of a holiday in the sun after being cooped up inside all winter.* Je ressentais le besoin de vacances au soleil après avoir été enfermé tout l'hiver. • (souvent + **in**) *Many of the prisoners were cooped up in tiny cells for 23 hours a day.* Beaucoup de prisonniers étaient enfermés dans de minuscules cellules 23 heures par jour.

cop off   cops, copping, copped

cop off *britannique, familier*
sortir avec • (souvent + **with**) *Who did you cop off with last night, Sarah?* Avec qui es-tu sortie hier soir, Sarah?

cop out   cops, copping, copped

cop out *familier*
se dégonfler • *I was meant to be going bungee jumping with Mark, but I copped out at the last minute.* Je devais aller faire du saut à l'élastique avec Marc, mais je me suis dégonflé à la dernière minute.

cop-out *n* [C] *familier* solution de facilité • *Saying it's a problem of money is a complete cop-out really.* Dire que c'est un problème d'argent, c'est bidon en fait.

copy down   copies, copying, copied

copy down sth or **copy** sth **down**
recopier • *He sat through the lecture, busily copying down her words.* Il resta assis pendant tout le cours et nota consciencieusement ses paroles. • *She told her students to copy down the essay titles she had written on the board.* Elle a dit à ses étudiants de recopier les sujets de dissertation qu'elle avait écrits au tableau.

copy out   copies, copying, copied

copy out sth or **copy** sth **out**
recopier • *She carefully copied out two verses of the poem.* Elle recopia soigneusement deux vers du poème.

cordon off   cordons, cordoning, cordoned

cordon off sth or **cordon** sth **off**
(rue) barrer • *Police had cordoned off the city centre.* La police avait barré l'accès au centre-ville. • *The area was cordoned off while fire fighters tried to keep the blaze under control.* Le quartier a été barré pendant que les pompiers essayaient de maîtriser l'incendie.

cotton on   cottons, cottoning, cottoned

cotton on *familier*
commencer à piger • *I didn't know he was the spy and it took me a while to cotton on.* Je ne savais pas que c'était lui l'espion et j'ai mis du temps à piger. • (souvent + **to**) *I'd only just cottoned on to the fact that they were having a relationship.* Je venais tout juste de piger qu'ils avaient une liaison.

cotton to   cottons, cottoning, cottoned

cotton to sb/sth *américain, familier*
accrocher avec, apprécier • *I didn't really cotton to him.* Je n'ai pas vraiment accroché avec lui.

cotton to sth *américain, familier*
commencer à piger • *They never really cottoned to how the new equipment worked.* Ils n'ont jamais vraiment compris comment le nouveau matériel fonctionnait.

couch in

be couched in (toujours au passif)
être formulé en • *Like all agreements, it's couched in incomprehensible legal*

terminology. Comme tous les contrats, il est formulé en un jargon juridique inintelligible.

cough up coughs, coughing, coughed

cough up sth or **cough** sth **up**
(sang, mucosité) cracher • *She'd started coughing up blood and was understandably worried.* Elle avait commencé à cracher du sang et elle s'inquiétait, naturellement.

cough up (sth) or **cough** (sth) **up** *familier*
allonger • *I've already had to cough up £200 for his bike.* J'ai déjà dû allonger 200 livres pour sa bicyclette. • *It's your turn to buy the drinks – come on, cough up!* C'est ta tournée – allez, allonge!

count against counts, counting, counted

count against sb/sth
jouer contre • *She has the qualifications for the job but her age will probably count against her.* Elle possède les compétences nécessaires au poste mais son âge va sans doute jouer contre elle.

count among counts, counting, counted

count (sb/sth) **among** sth
compter au nombre de • *I've known her for years but I wouldn't count her among my closest friends.* Cela fait des années que je la connais, mais je ne la compterais pas parmi mes amies intimes. • *It's a film that he counts among his personal favourites.* C'est un film qu'il compte au nombre de ses favoris. • *They will count among some of the country's finest works of art.* Elles compteront au nombre des plus belles oeuvres d'art du pays.

count down counts, counting, counted

count down (sth) or **count** (sth) **down**
compter les jours • (souvent + **to**) *The press is already counting down to what they believe will be the wedding of the century.* La presse a déjà déclenché le compte à rebours de ce qu'ils considèrent être le mariage du siècle. • *'So, are you looking forward to leaving work?' 'Oh, I'm just counting down the days.'* "Alors, tu as hâte de quitter ton travail?" – "Oh, je compte les jours, sans plus!"

countdown *n* [C] compte à rebours • (souvent + **to**) *As the countdown to a full-scale ground war continues, troops gather in the east.* Alors que le compte à rebours avant l'offensive générale à terre continue, les troupes se rassemblent à l'Est. • *The countdown to the election has already begun.* Le compte à rebours de la campagne a déjà commencé.

count for counts, counting, counted

count for sth
compter pour quelque chose • *Experience is certainly important but qualifications still count for something.* L'expérience est importante, c'est sûr, mais les diplômes comptent quand même pour quelque chose. • *My opinion doesn't count for anything around here.* Mon opinion ne compte pour rien ici.

count in counts, counting, counted

count in sb or **count** sb **in** *familier*
(participant) compter • *You can count me in for the ice-skating trip on Wednesday.* Tu peux me compter pour la sortie à la patinoire, mercredi.

count off counts, counting, counted

count off *américain*
crier son numéro • *The soldiers counted off in tens.* Les soldats crièrent leurs numéros dix par dix.

count off sb/sth or **count** sb/sth **off** *américain*
compter, énumérer • *Before the bus leaves, the driver will have to count off the children.* Avant que le bus ne parte, le conducteur devra compter les enfants. • *He liked to count off the places he still remembered in the city.* Il aimait énumérer les endroits de la ville dont il se souvenait.

count on/upon counts, counting, counted

count on/upon sb
compter sur • *You can always count on Martin in a crisis.* On peut toujours compter sur Martin en cas de crise. • (souvent + **to do sth**) *You can usually count on Patrick to keep the conversation going.* On peut normalement compter sur Patrick pour animer la conversation.

count on/upon sth
compter sur • *I was counting on that extra bit of income to pay for the course.* Je

comptais sur ce revenu supplémentaire pour payer le cours. • *I'm counting on getting away by 4:30.* Je compte partir à 4 h 30 au plus tard. • *Sorry I'm late, I didn't count on being held up in the traffic* Désolé, je suis en retard, je ne comptais pas être coincé dans un embouteillage.

count out counts, counting, counted

count out sb or **count** sb **out** *familier*
ne pas compter sur • *If you're going swimming before ten o'clock tomorrow morning, you can count me out!* Si vous allez nager avant 10 h demain matin, vous pouvez y aller sans moi!

count out sth or **count** sth **out**
compter (billet par billet ou pièce par pièce) • *She counted out $100 in $20 bills and handed it over.* Elle compta 100 dollars en billets de 20 et les remit.

count towards counts, counting, counted

count towards sth
compter pour • *The work that you do during the year counts towards your final degree.* Le travail que vous faites pendant l'année compte pour votre diplôme.

count up counts, counting, counted

count up sth/sb or **count** sth/sb **up**
calculer • *Have you counted up how many people are coming on Saturday?* As-tu calculé combien de personnes viennent samedi?

count upon
voir count on

couple with

be coupled with (toujours au passif)
s'allier à • *It was her charm, coupled with her extraordinary energy, that made her so good at the job.* C'était son charme, allié à une incroyable énergie, qui la rendait si douée pour ce travail. • *High interest rates, coupled with high inflation, are major deterrents to investment.* Des taux d'intérêt élevés liés à une inflation galopante dissuadent fortement les investisseurs.

cover over covers, covering, covered

cover over sth or **cover** sth **over**
recouvrir • (souvent + **with**) *We planted the seeds in the trench and covered them over with earth.* Nous avons planté les graines dans la tranchée et nous les avons recouvertes de terre.

cover up covers, covering, covered

cover up sth/sb or **cover** sth/sb **up**
cacher, couvrir • *We used the painting to cover up a damp patch on the wall.* Nous nous sommes servis du tableau pour dissimuler une tache d'humidité sur le mur. • *Make sure you're well covered up if you're going out in this weather.* Prends soin de bien te couvrir si tu sors par ce temps. • (parfois + **with**) *We laid him on the sofa and covered him up with a warm blanket.* Nous l'avons allongé sur le canapé et l'avons couvert d'une couverture chaude.

cover up (sth) or **cover** (sth) **up**
(faute, ami) couvrir • *They had attempted to cover up their own mistakes by accusing junior officials of incompetence.* Ils avaient essayé de couvrir leurs propres erreurs en accusant les fonctionnaires subalternes d'incompétence. • (parfois + **for**) *The police think he won't answer questions, not because he's guilty, but because he's covering up for someone else* La police pense qu'il ne répondra pas aux questions, non pas parce qu'il est coupable, mais parce qu'il couvre quelqu'un d'autre.

cover-up *n* [C] opération de camouflage • *There had obviously been a police cover-up.* Il était évident que la police avait organisé une opération de camouflage.

cozy up to cozies, cozying, cozied

cozy up to sb *américain, familier*
se mettre bien avec • *Look at her, cozying up to the director. It makes me sick.* Regarde-la en train de se mettre bien avec le directeur. Ça me rend malade.

crack down cracks, cracking, cracked

crack down
(police, gouvernement) prendre des mesures plus énergiques contre • (généralement + **on**) *The police are cracking down on drug traffickers.* La police prend des mesures plus énergiques contre les trafiquants de drogue. • *The parents are demanding that teachers should crack down on bad behaviour in the classroom.* Les parents demandent que les enseignants sévissent contre la mauvaise conduite en classe.

crackdown *n* [C] (ensemble de) mesures sévères contre • (généralement + **on**) *a crackdown on tax-dodgers* des mesures sévères contre les fraudeurs fiscaux

crack on cracks, cracking, cracked

crack on *britannique, familier*
se remuer • *Let's crack on now and try to finish by six o'clock.* Remuons-nous maintenant pour essayer de finir avant six heures.

crack up cracks, cracking, cracked

crack (sb) **up** *familier*
éclater de rire, faire éclater de rire • *They cracked up when they saw me in that hat.* Ils ont éclaté de rire quand ils m'ont vue avec ce chapeau. • *There's something about that guy's face that simply cracks me up.* Il y a quelque chose dans le visage de ce type qui me fait rire, tout simplement.

crack up *familier*
(moralement) craquer • *When someone becomes neurotic about pens and paper clips, it's a sure sign they're cracking up.* Quand quelqu'un attache une importance névrotique aux stylos et aux trombones, on peut être sûr qu'il est en train de craquer.

crack up (sth) or **crack** (sth) **up**
américain, familier
emboutir • *The truck cracked up at the intersection when it hit a van going through a stop light.* Le camion a été embouti au croisement par une camionnette qui grillait un feu rouge. • *Zach cracked up a car while blind drunk.* Zach a embouti une voiture quand il était complètement soûl.

crack-up *n* [C] *américain, familier*
accident de voiture • (généralement au singulier) *There was a bad car crack-up on the freeway.* Il y a eu un grave accident sur l'autoroute.

cram in/into crams, cramming, crammed

cram in sth or **cram** sth **in**
cram sth **into** sth
entasser • *You can't cram any more clothes into that suitcase.* Tu ne peux pas entasser plus de vêtements dans cette valise. • *The book is only sixty pages long, we can't cram any more information in.* Le livre n'a que 60 pages, nous ne pouvons pas inclure plus d'informations.

cram in
cram into swh
s'entasser • *Hundreds of people crammed into the church for the memorial service.* Des centaines de personnes se sont entassées dans l'église pour la messe commémorative.

crank out cranks, cranking, cranked

crank out sth or **crank** sth **out** *surtout américain, familier*
produire en série • *She cranks out, on average, 23 new novels a year.* Elle produit, en moyenne, 23 nouveaux romans par an.

crank up cranks, cranking, cranked

crank up sth or **crank** sth **up**
1 (moteur) démarrer à la manivelle • *He gets up first thing in the morning to crank up the generator so that there's enough hot water.* Il se lève tôt le matin pour mettre en route le générateur afin qu'il y ait assez d'eau chaude.
2 (volume) augmenter, (recherche) améliorer • *Clare used the remote to crank up the volume on the TV.* Clare a utilisé la télécommande pour augmenter le volume de la TV. • *The author cranks up the tension to provide an exciting finish to the novel.* L'auteur accentue la tension pour que le roman se termine de façon intéressante. • *The company are cranking up their technical research.* La société améliore son programme de recherches techniques.

crash out crashes, crashing, crashed

crash out *familier*
s'écrouler de sommeil, tomber raide • (souvent + *adv/prép*) *When I get home after a full day's work, I often just crash out in front of the TV.* Quand je rentre à la maison après une journée de travail, il m'arrive souvent de tomber raide devant la TV.

crawl with

be crawling with sb/sth (toujours à la forme progressive)
grouiller de • *The kitchen was just crawling with ants.* La cuisine grouillait de fourmis. • *In the summer this place is crawling with tourists.* En été, cet endroit grouille de touristes.

cream off creams, creaming, creamed

cream off sb or **cream** sb **off**
sélectionner • *Their policy is to cream off the brightest children and place them in special schools.* Leur politique consiste à sélectionner les enfants les plus doués et à les placer dans des écoles spéciales. • *The best of the troops are creamed off for elite units.* Le meilleur des troupes est sélectionné pour les unités d'élites.

cream off sth or **cream** sth **off** *familier*
(argent) s'approprier • *During his 12 years as dictator he has creamed off 5% of the country's oil revenues.* Pendant ses 12 années de dictature, il s'est approprié 5 % des revenus nationaux provenant de l'exploitation du pétrole. • *The government has creamed off large profits from the electricity supply industry.* L'Etat s'est approprié une grande partie des bénéfices réalisés dans le secteur de l'énergie électrique.

crease up creases, creasing, creased

crease (sb) **up** *britannique & australien, familier*
éclater de rire, faire se plier de rire • *It's something about his manner – he just creases me up.* C'est quelque chose dans son comportement – il me fait plier de rire. • *I took one look at him and creased up with laughter.* Je l'ai regardé et j'ai éclaté de rire.

credit with credits, crediting, credited

credit sb **with** sth
attribuer à • *You might at least credit me with some intelligence.* Tu pourrais au moins me reconnaître une certaine intelligence.

creep in/into creeps, creeping, crept

creep in
creep into sth
1 (doute) se glisser • *It was later in the relationship that the doubts started to creep in.* Ce fut un peu plus tard dans leur relation que les doutes ont commencé à naître. • *She used to sound very American but a few British phrases are starting to creep in.* Elle s'exprimait avant d'une façon très américaine, mais quelques expressions britanniques commencent à se glisser dans son vocabulaire. • *A note of irritation had crept into his voice.* Une note d'irritation s'était glissée dans sa voix.
2 (erreur) se glisser • *A few mistakes always creep in during the editing process.* Quelques erreurs se glissent toujours dans le texte au moment de la rédaction. • *One or two typing errors had crept into the report.* Une ou deux fautes de frappe s'étaient glissées dans le rapport.

creep over creeps, creeping, crept

creep over sb *littéraire*
(malaise, fatigue) gagner • *A vague feeling of unease crept over her.* Un vague sentiment de malaise la gagna.

creep up on creeps, creeping, crept

creep up on sb
1 s'approcher sans bruit de • *He followed her down a dark alley and crept up on her.* Il la suivit dans une allée sombre et la rattrapa sans bruit. • *Don't creep up on me like that – you made me jump!* Ne t'approche pas comme ça sans bruit – tu m'as fait sursauter!
2 envahir insidieusement • *You don't even realise that you're getting older – it just creeps up on you.* On ne se rend même pas compte qu'on vieillit – cela vous tombe dessus comme ça. • *The worst thing about stress is how it creeps up on people.* Le pire dans le stress c'est qu'il atteint les gens insidieusement.
3 arriver sans prévenir • *Somehow the deadline crept up on me.* Tout d'un coup, la date limite est arrivée sans prévenir.

crop up crops, cropping, cropped

crop up
1 surgir • *We tend to deal with problems as they crop up.* Nous avons tendance à nous occuper des problèmes au moment où ils se présentent. • *If anything crops up and you can't come on Thursday, just ring me.* S'il y a un contretemps et que tu ne peux pas venir jeudi, donne-moi un coup de fil.
2 être mentionné • (souvent + *adv/prép*) *Her name kept cropping up in conversation.* Son nom revenait sans cesse dans la conversation.

cross off crosses, crossing, crossed

cross off sth or **cross** sth **off** (sth)
(nom) barrer • *When you've read the article, cross your name off.* Quand vous avez lu

l'article, barrez votre nom. • *Well we've bought the drink for the party so I can cross that off the list.* Bon, nous avons acheté la boisson pour la fête, je peux barrer ça de la liste.

cross out crosses, crossing, crossed

cross out sth or **cross** sth **out**
(erreur) barrer • *If you make a mistake, just cross it out neatly.* Si vous faites une erreur, il suffit de barrer proprement.

crossings out *n* [pluriel] *surtout britannique & australien* ratures • *It was the usual letter from Tony – full of crossings out and spelling mistakes.* C'était une lettre comme Tony les affectionnait – pleine de ratures et de fautes d'orthographe.

cross over crosses, crossing, crossed

cross over (sth) *surtout britannique & australien*
(rue) traverser • *Look both ways before you cross over.* Regarde de chaque côté avant de traverser. • *I crossed over the road near the traffic lights.* J'ai traversé la route à proximité des feux.

cross over
1 passer à l'ennemi • (souvent + **to**) *During this period, a lot of French socialists crossed over to the communists.* A cette époque, beaucoup de socialistes français sont passés chez les communistes.
2 se convertir • (souvent + **to**) *They used to play a lot of dance music but they've recently crossed over to jazz.* Ils jouaient surtout de la dance music mais ils se sont récemment convertis au jazz.

crossover *adj* (toujours avant n) • *They're one of a number of dance-rock crossover bands.* Ils font partie de ces nombreux groupes qui ont un style moitié rock, moitié dance music.

cross up crosses, crossing, crossed

cross up sb or **cross** sb **up** *américain, familier*
déconcerter, trahir • *The pitcher crossed up the batter with a curve-ball.* Le lanceur a décontenancé le batteur avec un lancer de balle en courbe. • *Trust me – I wouldn't cross you up.* Fais-moi confiance; ce n'est pas moi qui te trahirais.

crowd around/round crowds, crowding, crowded

crowd around/round (sth/sb)
se rassembler autour de • *We all crowded around the television screen.* Nous nous sommes tous rassemblés autour du poste de télé. • *As soon as he appeared, reporters crowded round.* Dès qu'il apparut, les journalistes se rassemblèrent autour de lui.

crowd in/into crowds, crowding, crowded

crowd in
crowd (sb) **into** swh
se tasser dans • *Do we need a bigger room or can we all crowd in here?* Est-ce qu'il nous faut une pièce plus grande ou est-ce que nous pouvons tous nous tasser? • *Demonstrators were crowded into a small hall.* Les manifestants se tassaient dans une petite salle. • *More than 1500 people crowded into St James' church for the service.* Plus de 1500 personnes se sont entassées dans l'église St James pour assister au service.

crowd out crowds, crowding, crowded

crowd out sth/sb or **crowd** sth/sb **out**
ne pas laisser de place à • *There are worries that all these big nationwide companies will crowd out local firms.* On s'inquiète du fait que toutes ces grosses sociétés nationales risquent de ne pas laisser de place aux entreprises locales. • *Younger students are actually being crowded out by mature students.* Les étudiants jeunes sont en fait dépassés en nombre par les étudiants plus âgés.

crowd round

voir **crowd around/round**

crumple up crumples, crumpling, crumpled

crumple up sth or **crumple** sth **up**
chiffonner en boule • *She crumpled up the letter and threw it in the bin.* Elle a chiffonné la lettre et l'a jetée à la poubelle.

cry off cries, crying, cried

cry off *britannique & australien, familier*
changer d'avis • *Now, if I say we'll be there, you're not going to cry off at the last minute,*

are you? Bon, si je dis que nous irons, tu ne vas pas changer d'avis à la dernière minute, j'espère?

cry out cries, crying, cried

cry out (sth) (jamais au passif)
crier • (souvent + **in**) *She cried out in pain.* Elle a crié de douleur. • *I heard him cry out in the middle of the night.* Je l'ai entendu crier en pleine nuit. • *He fell to his knees and cried out 'I'm so scared. Oh God, I'm so scared.'* Il se laissa tomber à genoux et s'écria: "J'ai tellement peur. Mon Dieu, tellement peur."

cry out against cries, crying, cried

cry out against sth
s'opposer avec véhémence à • *Civil rights groups are crying out against the new laws.* Des groupes de défense des droits du citoyen s'opposent avec véhémence aux nouvelles lois.
outcry *n* [C] protestations • *His imprisonment caused a public outcry.* Son emprisonnement a provoqué un tollé général. • *The executions have sparked an international outcry.* Les exécutions ont suscité un ensemble de protestations au niveau international.

cry out for

be crying out for sth (toujours à la forme progressive) *familier*
(changement) avoir grand besoin de • *The country's crying out for a change of government.* Le pays a grand besoin d'un changement de gouvernement. • *These bare walls are just crying out for a spot of colour.* Ces murs nus ont grand besoin d'un peu de couleur.

cuddle up cuddles, cuddling, cuddled

cuddle up
se blottir • (souvent + **to**) *I got under the duvet and cuddled up to Steve to get warm.* Je me suis glissée sous la couette et me suis blottie contre Steve pour me réchauffer.

cull from culls, culling, culled

cull sth **from** sth
choisir • *The book contains a number of quotes culled from various interviews over the years.* Le livre contient un certain nombre de citations choisies parmi divers entretiens réalisés au fil des ans.

culminate in culminates, culminating, culminated

culminate in sth
se terminer par • *They'd had a series of arguments which culminated in Matt leaving the company.* Ils ont eu une série de disputes qui se sont terminées par le départ de Matt de l'entreprise. • *The celebrations culminated in a magnificent firework display at midnight.* Les fêtes commémoratives se sont terminées par un magnifique feu d'artifice à minuit.

curl up curls, curling, curled

curl up
1 se pelotonner • *I left her curled up on the sofa with a book.* Je l'ai laissé lire tranquillement, pelotonnée dans le canapé. • *He watched the cat as she lay down in front of the fire and curled up into a ball.* Il regarda la chatte se coucher en boule devant la cheminée. • *I was so embarrassed – I just wanted to curl up and die.* J'étais tellement gênée que je voulais me faire toute petite et disparaître.
2 se recroqueviller • *I'd left the book open in the sun and its pages had started to curl up.* J'avais laissé le livre ouvert au soleil et les coins des pages avaient commencé à se corner. • (employé comme *adj*) *The sandwich consisted of a curled-up lettuce leaf between two pieces of stale bread.* Le sandwich était composé d'une feuille de salade ratatinée entre deux tranches de pain rassis.

curse with

be cursed with (toujours au passif)
être affligé de • *My brother is cursed with very smelly feet.* Mon frère souffre d'un grave problème de transpiration des pieds.

cut across cuts, cutting, cut

cut across sth
1 couper par • *If we cut across this field it'll save time.* Si on coupe par ce champ, on gagnera du temps.
2 traverser • *Support for environmental issues cuts across traditional party lines.* Le soutien en faveur des problèmes d'environnement surpasse les divisions traditionnelles entre les partis. • *Sport has a way of cutting across social or racial differences.* Le sport se moque des barrières sociales et raciales.

cut back cuts, cutting, cut

cut back (sth) or **cut** (sth) **back**
réduire les dépenses • *When companies are cutting back, the first people to lose their jobs are temporary staff.* Quand les entreprises réduisent les dépenses, les premiers à perdre leur emploi sont les temporaires. • *The government is committed to cutting back its defence budget.* Le gouvernement s'est engagé à réduire les dépenses en matière de défense. • (souvent + **on**) *We're having to cut back on investment this year.* Nous devons réduire les investissements cette année.
cutback *n* [C] réduction • (souvent + **in**) *Cutbacks in public spending are expected in the next budget.* On s'attend à des réductions des dépenses publiques dans le prochain budget.

cut back sth or **cut** sth **back**
tailler • *The roses need to be cut right back at this time of year.* Les rosiers ont besoin d'être taillés à cette époque de l'année.

cut back *surtout américain*
(consommation) réduire • (généralement + **on**) *He's trying to cut back on fat in his diet.* Il essaie de réduire sa consommation de matières grasses. • *You smoke far too much. You should cut back.* Tu fumes trop. Tu devrais réduire.

cut down cuts, cutting, cut

cut down sth or **cut** sth **down**
1 (arbre) couper • *The new owners cut down the apple trees and built a bigger garage.* Les nouveaux propriétaires ont coupé les pommiers pour construire un garage plus grand.
2 réduire • *They've cut her hours down at work so she doesn't have much money.* Ils ont réduit son nombre d'heures de travail et elle n'a pas beaucoup d'argent. • *If an article is too long for the space allocated, you have to cut it down.* Si un article est trop long par rapport à l'espace qui lui est alloué, vous devez le couper.

cut down
réduire • (souvent + **on**) *I'm trying to cut down on the amount of sugar I eat.* J'essaie de réduire ma consommation de sucre. • *I don't drink so much alcohol these days – in fact I've really cut down.* Je ne bois plus autant d'alcool à présent – en fait, j'ai vraiment diminué.

cut down sb or **cut** sb **down** *littéraire*
(ennemi) abattre • *One of the victims tried to escape over the wall but was cut down by automatic fire.* Une des victimes a essayé de s'échapper en escaladant le mur avant d'être abattue à la mitraillette.

cut in cuts, cutting, cut

cut in
1 se mettre en route • *If the pressure drops below the safety level, the pump will cut in.* Si la pression tombe en deçà du seuil de sécurité, la pompe se mettra en route.
2 faire une queue de poisson • *A car suddenly cut in right in front of us and I had to slam on the brakes.* Soudain, une voiture nous a fait une queue de poisson et j'ai dû freiner brusquement.
3 emprunter le partenaire de danse • *'Can I cut in?' he asked, looking at Alice.* 'Puis-je emprunter votre partenaire?', demanda-t-il en regardant Alice.

cut in (sth)
interrompre la conversation • *Anna suddenly cut in and asked who was paying for the tickets.* Anna interrompit brusquement la conversation pour demander qui payait les billets. • (parfois + **on**) *I'm sorry to cut in on your conversation like this.* Je suis désolée d'interrompre comme ça votre conversation.

cut in sb or **cut** sb **in** *familier*
(dans un jeu, une affaire) donner sa part du gâteau à • *If we cut Mike in, we'll have to split the profit between five of us.* Si nous donnons à Mike sa part du gâteau, nous devrons partager les bénéfices en cinq. • (parfois + **on**) *Let's talk to Ann – she may want to be cut in on the business and she'd be a good partner.* Parlons-en à Ann; elle aura peut-être envie d'être de la partie et elle ferait une bonne partenaire.

cut in/into cuts, cutting, cut

cut in sth or **cut** sth **in**
cut sth **into** sth
américain incorporer • *After sifting the flour, cut the lard in.* Après avoir tamisé la farine, incorporer le saindoux.

cut off cuts, cutting, cut

cut off sth or **cut** sth **off**
(aide financière, électricité, approvisionnement) couper • *The U.S.*

threatened to cut off military aid. Les Etats-Unis ont menacé d'interrompre l'aide militaire. • *Water and electricity supplies have been cut off and there's very little food.* L'approvisionnement en eau et en électricité a été coupé et la nourriture se fait rare.

cutoff *n* [singulier] *américain* interruption • *A cutoff of military assistance would mean certain death for thousands.* Une interruption de l'aide militaire signifierait la mort certaine pour des milliers de gens. • *The engine has an automatic cutoff.* Le moteur est équipé d'un système d'arrêt automatique. • (employé comme *adj*) *Where's the cutoff valve for the heating system?* Où est la valve de sécurité du chauffage?

cut off sb/sth or **cut** sb/sth **off**
1 couper du monde • (généralement au passif) *All the roads were blocked by snow so the whole village was cut off.* Toutes les routes furent bloquées en raison de la neige et le village s'est trouvé complètement coupé du monde. • *We often get cut off in the winter.* Nous nous trouvons souvent coupés du monde en hiver.
2 *américain* faire une queue de poisson • *Some idiot cut me off at the light.* Un imbécile m'a fait une queue de poisson au feu rouge. • *Did you see that guy? He just cut off the car in front of us.* Tu as vu le type? Il vient de faire une queue de poisson à la voiture de devant.

cut off sb or **cut** sb **off**
1 couper les ponts avec • *Her family didn't approve of the match so they cut her off.* Sa famille n'a pas approuvé son mariage et ils ont coupé les ponts. • (parfois pronominal) *He's completely cut himself off from his family.* Il a complètement coupé les ponts avec sa famille.
2 (gaz) couper • *We'd better pay that electricity bill before they cut us off.* Nous ferions mieux de régler cette facture d'électricité si nous ne voulons pas être coupés. • *If you get cut off you have to pay loads of money to get re-connected.* Quand on vous le coupe, il faut payer une fortune pour se le faire rebrancher.
3 interrompre • *She cut me off in midsentence.* Elle m'a interrompu en plein milieu de ma phrase.
4 *américain, familier* arrêter de servir • *So you're telling me I've had too much to drink and you're cutting me off, right?* Vous voulez dire que j'ai trop bu et que vous arrêtez de me servir, c'est bien ça?
5 (conversation) couper • (généralement au passif) *I don't know what happened then – somehow we got cut off.* Je ne comprends pas ce qu'il s'est passé – on a dû être coupés.
6 couper les vivres, déshériter • *His father so disapproved of his life-style that he cut him off without a penny.* Son père désapprouvait tellement son style de vie qu'il l'a laissé sans un sou.

be cut off (toujours au passif)
1 être coupé du monde • (souvent + **from**) *We're a bit cut off from other people here, living so far from the town.* Nous sommes un peu coupés du monde ici, si loin de la ville.
2 être isolé • (souvent + **from**) *Cut off from friends and family, prisoners often suffer from acute loneliness.* Coupés de leurs amis et de leur famille, les prisonniers souffrent souvent d'un sentiment de grande solitude. • (employé comme *adj*) *I think I'd feel very cut-off if I were on my own in the house all day.* Je crois que je me sentirais très isolée si j'étais toute seule à la maison toute la journée.

cut out cuts, cutting, cut

cut out sth or **cut** sth **out**
1 découper • (souvent + **of**) *She had a picture of him that she'd cut out of a magazine.* Elle avait une photo de lui qu'elle avait découpée dans un magazine.

cutout *n* [C] silhouette • *There was a large cardboard cutout of the star outside the cinema.* Il y avait une grande silhouette en carton de la star devant le cinéma.

2 découper • *Fold the paper in two and cut out a semi-circle.* Plier le papier en deux et découper un demi-cercle.
3 couper • *She cut out the offending paragraph before she delivered her speech.* Elle a coupé le paragraphe choquant avant de faire son discours. • (souvent + **of**) *Two long speeches have been cut out of the first act.* Deux longs discours ont été coupés dans le premier acte.
4 supprimer • *I still eat fish and chicken but I've cut out red meat altogether.* Je mange encore du poisson et du poulet mais j'ai complètement supprimé la viande rouge.
5 bloquer • *The trees have grown so tall that they're cutting out the light.* Les arbres sont devenus si grands qu'ils empêchent la lumière de passer.

cut out
1 tomber en panne • *I don't know what's wrong with this car – the engine keeps cutting out.* Je ne sais pas ce qu'il se passe avec cette voiture – le moteur n'arrête pas de caler.
cutout, cut-out n [C] système d'arrêt automatique • *There's a cut-out that switches off the machine automatically if it gets overloaded.* Il y a un système d'arrêt automatique si la machine est en surcharge.
2 *surtout américain* (véhicule) déboîter • *The car in front of us cut out with no warning and began weaving through the traffic.* La voiture devant nous a déboîté sans prévenir et a commencé à se faufiler au milieu des voitures.
3 *américain, familier* se casser • *I have to cut out – see you later guys.* Il faut que je me casse – salut.
cut out sb or **cut** sb **out**
exclure • *We can sell direct to the customer and cut out the middleman.* Nous pouvons vendre directement au consommateur et éliminer les intermédiaires. • (parfois + **of**) *They cut me out of the conversation completely.* Ils m'ont complètement exclu de la conversation. • *Her father cut her out of his will.* Son père l'a exclue du testament.
Cut it out! (toujours à l'impératif) *familier*
ça suffit! • *Cut it out, you two! The last thing I want to hear is you guys arguing!* Ça suffit, vous deux! Je ne veux pas vous entendre vous disputer!
be cut out to do sth (toujours au passif)
être fait pour • (généralement dans des phrases négatives) *Sometimes I don't think I'm cut out to be a teacher.* Il m'arrive de penser que je ne suis pas fait pour enseigner.

cut out for

be cut out for sth (toujours au passif)
être fait pour • (généralement dans des phrases négatives) *I'm not sure you're cut out for the army.* Je ne suis pas certain que vous soyez fait pour l'armée.

cut through cuts, cutting, cut

cut through sth
1 (eau) fendre, traverser • *The slim yacht cut through the sea.* Le yacht élancé fendait l'eau. • *He cut through United's defence to score.* Il a forcé la défense de United et a marqué un but.
2 (bureaucratie, paperasserie) réduire • *I wish there was some way we could cut through all this bureaucracy.* J'aimerais trouver un moyen de réduire toute cette bureaucratie.

cut up cuts, cutting, cut

cut up sth or **cut** sth **up**
couper en morceaux • *He eats what we adults eat but I cut it up for him.* Il mange la même chose que les adultes mais je lui coupe en morceaux.
be cut up (toujours au passif)
1 *légèrement familier* être tout retourné • (souvent + **about**) *He seemed pretty cut up about his grandmother dying.* Il avait l'air tout retourné de savoir sa grand-mère mourante.
2 *légèrement familier* être blessé • *He was badly cut up in a fight.* Il a été sérieusement blessé dans une bagarre. • *What have you been doing? Your hands are all cut up.* Qu'est-ce qu'il t'est arrivé? Tes mains sont toutes blessées.
cut up *américain, familier*
chahuter • *The kids cut up as soon as the teacher left the classroom.* Les enfants se mirent à chahuter dès que le prof sortit de la classe.
cutup n [C] *américain, familier* farceur • *Fox acts the part of the loud-mouthed cutup in the family.* Fox joue le rôle du farceur grande gueule de la famille.
cut up sb or **cut** sb **up**
1 *américain, familier* casser du sucre sur le dos de • *She seems to cut up most of the people she works with.* J'ai l'impression qu'elle casse du sucre sur le dos de la plupart de ses collègues.
2 *britannique* faire une queue de poisson • *He cut me up and I had to brake suddenly.* Il m'a fait une queue de poisson et j'ai dû freiner brusquement.

D

dab at dabs, dabbing, dabbed

dab at sth
(tache) tamponner, (visage) se tamponner • *She dabbed at her eyes as if she was crying.* Elle se tamponna les yeux comme si elle était en train de pleurer.

dabble in/with dabbles, dabbling, dabbled

dabble in/with sth
faire un peu de, (Bourse) boursicoter • *He dabbled in advertising before starting a career in magazine publishing.* Il a travaillé un peu dans la pub avant de commencer une carrière dans l'édition de magazines. • *I dabble with photography but just as a hobby.* Je fais un peu de photo mais juste en amateur.

dally with dallies, dallying, dallied

dally with sth
(idée) jouer avec • *She dallied with the idea of starting her own business but she never made any serious plans.* Elle jouait avec l'idée de lancer sa propre entreprise mais elle n'a jamais fait de projets sérieux.

dally with sb *vieilli*
flirter avec • *He had dallied with one or two of the local women in the village.* Il avait flirté avec une ou deux femmes du village.

dam up dams, damming, dammed

dam up sth or **dam** sth **up**
construire un barrage sur • *The river was dammed up and a reservoir built.* On a construit un barrage sur la rivière pour faire un réservoir.

damp/dampen down damps, damping, damped/dampens, dampening, dampened

damp/dampen down sth or **damp/dampen** sth **down**
1 couvrir • *He threw leaves on in an attempt to damp down the flames.* Il jeta des feuilles pour essayer de couvrir les flammes.
2 désenfler • *Nasal sprays can help to damp down any inflammation in the nose.* Les gouttes pour le nez en aérosol peuvent aider à réduire toute congestion des fosses nasales.
3 apaiser • *The murder has roused anger in the community which may not be easily damped down.* Le meurtre a provoqué un sentiment de colère dans la communauté qu'il ne sera peut-être pas facile d'apaiser.
4 (linge) humecter, (pièce) humidifier • *On hot days you should damp down your greenhouse to lower the temperature.* Les jours de chaleur, tu devrais humidifier ta serre pour faire baisser la température.

dash off dashes, dashing, dashed

dash off sth or **dash** sth **off**
(lettre, livre) écrire à la hâte, (portrait) dessiner à la hâte • *His latest novel, already a bestseller, was dashed off in under three weeks.* Son dernier roman, qui est déjà un bestseller, a été écrit à la hâte en moins de trois semaines.

dash off *familier*
se sauver • *I'm going to have to dash off – I've got a doctor's appointment at four.* Il va falloir que je me sauve – J'ai un rendez-vous chez le médecin à quatre heures. • *You dashed off after the show and I didn't get a chance to speak to you.* Tu t'es sauvé après le spectacle et je n'ai pas pu te parler.

date back dates, dating, dated

date back (toujours + *adv/prép*)
remonter à • *The oldest part of the building dates back to the early 16th century.* La partie la plus ancienne du bâtiment remonte au début du 16e siècle. • *There had been an amazing discovery of human remains dating back nearly two million years.* On avait fait la découverte extraordinaire d'ossements humains remontant à environ deux millions d'années.

dawn on/upon dawns, dawning, dawned

dawn on/upon sb
(vérité) apparaître à • *Then it dawned on me that my exams were only 2 weeks away.* Puis j'ai réalisé que mes examens étaient dans deux semaines. • *It was when I saw them talking at Michelle's party that the truth suddenly dawned on me.* C'est quand

je les ai vus parler ensemble à la fête chez Michelle que tout à coup j'ai compris.

deal in deals, dealing, dealt

deal in sth
1 vendre, (drogue) revendre • *She used to sell modern art but now she deals in antiques.* Avant, elle était dans le commerce d'art moderne mais maintenant elle vend des antiquités. • *He made most of his money by dealing in drugs.* Il a réalisé la plus grande partie de sa fortune en revendant de la drogue.
2 *familier* s'occuper de • *As a journalist, she's used to dealing in hard facts.* En tant que journaliste elle a l'habitude d'être confrontée à la dure réalité.

deal in/into deals, dealing, dealt

deal sb **in**
deal sb **into** sth
1 servir • *We're playing poker Kerrie, should I deal you in?* On joue au poker, Kerrie, je te sers?
2 *américain, familier* compter qn pour qch • *If you're still going to Karen's tonight, you can deal me in.* Si tu as toujours l'intention d'aller chez Karen ce soir, tu peux me compter aussi.

deal out deals, dealing, dealt

deal out sth or **deal** sth **out**
1 distribuer • *Who's going to deal out the cards, then?* Alors, qui est-ce qui distribue les cartes?
2 (punition) administrer • *The same punishment was dealt out to everyone who was caught stealing.* Le même châtiment fut administré à tous ceux que l'on surprit en train de voler.
deal out sb or **deal** sb **out** *américain, familier*
exclure • (souvent + **of**) *She's been dealt out of their plans and is furious.* Elle est furieuse d'avoir été exclue de leurs projets.

deal with deals, dealing, dealt

deal with sth

1 s'occuper de • *I haven't got time to reply to this letter. Could you deal with it?* Je n'ai pas le temps de répondre à cette lettre. Est-ce que tu peux t'en occuper? • *Emergency services claim they do not have the resources to deal with a major disaster.* Les services d'urgence prétendent ne pas avoir les moyens nécessaires en cas de catastrophe majeure.

2 (livre, film, article) traiter de • *His latest novel deals with the relationship between a man and his son.* Son dernier roman traite de la relation entre un homme et son fils. • *The second part of this document deals with staff training.* La deuxième partie de ce document traite de la formation du personnel.

deal with sb/sth
traiter avec • *We have been dealing with this firm for over ten years.* Nous traitons avec cette entreprise depuis plus de dix ans. • *He was the first Soviet leader to deal constructively with western governments.* Il a été le premier leader soviétique à avoir des rapports constructifs avec les gouvernements occidentaux.

deal with sb
1 avoir affaire à • *As a family doctor, she deals with 20 to 30 patients a day.* En tant que médecin de famille, elle a affaire à 20 à 30 patients par jour. • *He mainly deals with children who have emotional problems.* Il a surtout affaire à des enfants qui ont des troubles émotifs.
2 *familier* s'occuper de • *The group said it would deal with any of its members who were selling drugs.* Le groupe a déclaré qu'il s'occuperait personnellement de tout membre impliqué dans le trafic de drogue. • *Go to your room and I'll deal with you later!* Vas dans ta chambre! Tout à l'heure, tu vas avoir affaire à moi!

decide on/upon decides, deciding, decided

decide on/upon sth/sb
(film) se décider pour, (candidat) choisir • *Have you decided on a name for the baby?* Est-ce que vous avez choisi un nom pour le bébé? • *We've decided on a beige carpet for the dining-room.* En ce qui concerne la salle à manger, nous nous sommes décidés pour une moquette beige.

deck out decks, decking, decked

deck out sth or **deck** sth **out**
décorer • (généralement au passif + **with**) *The streets leading into town were decked out with flags and banners.* Les rues menant au centre ville étaient décorées de drapeaux et de bannières.

deck out sb or deck sb out

vêtir • (généralement pronominal) *He'd decked himself out in a dark suit and a bright yellow tie.* Il était vêtu d'un costume sombre et d'une cravate jaune vif. • *The women were all decked out in summer dresses and hats.* Les femmes étaient toutes vêtues de robes d'été et coiffées de chapeaux.

declare against declares, declaring, declared

declare against sth/sb *formel*
se déclarer hostile à • *The health minister has declared against the new bill.* Le ministre de la santé s'est déclaré hostile au nouveau projet de loi.

declare for declares, declaring, declared

declare for sth/sb *formel*
se déclarer favorable à • *The king abdicated after the national referendum declared for a republic.* Le roi a abdiqué après que le referendum se soit prononcé en faveur de la république.

defer to defers, deferring, deferred

defer to sb/sth *formel*
s'en remettre à • *I tend to defer to Guy on financial matters – he's much better informed than I am.* Pour les questions financières, j'ai tendance à m'en remettre à Guy – il est mieux informé que moi. • *I defer to your judgment.* Je m'en remets à votre jugement.

delight in delights, delighting, delighted

delight in sth/doing sth *légèrement formel*
faire ses délices de qch, se régaler à faire qch • *As a nation we delight in scandal about the famous.* Notre nation fait ses délices des scandales qui affectent les gens célèbres et respectables. • *He seems to delight in telling everyone about the mistakes I make.* On dirait qu'il se régale à raconter mes erreurs à tout le monde.

deliver of delivers, delivering, delivered

be delivered of sb (toujours au passif) *formel*
donner naissance à • *The Princess was delivered of a healthy baby girl at 9 o'clock this morning.* La Princesse a donné naissance à une petite fille en parfaite santé ce matin à 9 heures.

deliver yourself **of** sth (toujours pronominal) *formel*
(opinion) émettre, (discours) prononcer • *He delivered himself of a bitter attack on his opponent.* Il s'est livré à une violente attaque contre son adversaire.

deliver on delivers, delivering, delivered

deliver on sth
tenir parole sur • (généralement dans des phrases négatives) *He was accused of failing to deliver on his promise to make life better for the people.* Il a été accusé d'avoir manqué à sa promesse d'améliorer la qualité de la vie pour l'ensemble de la population.

deliver over/up delivers, delivering, delivered

deliver over/up sth/sb or **deliver** sth/sb **over/up** *formel*
livrer • (souvent + to) *They were forced to deliver up their passports to the border control.* On les a obligés à remettre leur passeport au poste de frontière. • *The two thieves were delivered over to the sheriff.* Les deux voleurs ont été livrés au shérif.

delve into delves, delving, delved

delve into sth
fouiller dans • *I don't like to delve too deeply into his past.* Ça ne me plaît pas de fouiller trop loin dans son passé. • *It must be terrible to have journalists delving into your private life all the time.* Ça doit être terrible d'avoir des journalistes toujours en train de fouiller dans votre vie privée.

depart from departs, departing, departed

depart from sth *formel*
rompre avec • *The film departs from almost every cinematic convention.* Le film rompt avec presque toutes les conventions cinématographiques.

depend on/upon depends, depending, depended

depend on/upon sth/sb

1 dépendre de • *The city's economy depends largely on the car industry.* L'économie de la ville est en grande partie tributaire de l'industrie automobile. • *(parfois + to do sth) People depend on their lungs to breathe.* Les humains ont besoin de leurs poumons pour respirer. • *(parfois + for) She depended on her family for support during the trial.* Elle comptait sur sa famille pour la soutenir pendant le procès.

2 (jamais à la forme progressive) dépendre de • *(souvent + pronom interrogatif) The cost of your flight depends on what time of year you go.* Le prix du vol dépend de la saison à laquelle vous partez. • *I might go this evening – it depends on whether I can leave work early.* Je viendrai peut-être ce soir – ça dépend si je peux quitter mon travail de bonne heure. • *A house in this area will cost between £60,000 and £80,000, depending on its size and condition.* Dans ce quartier, une maison coûtera entre 60.000 et 80.000 livres selon sa taille et son état général.

depend on/upon sb/sth

compter sur • *It's so hard to find a reliable hairdresser who you can depend on.* Il est difficile de trouver un coiffeur sérieux sur lequel on puisse compter. • *(parfois + to do sth) I don't feel I can depend on him to do anything.* Je ne pense pas pouvoir attendre de lui qu'il fasse quoi que ce soit.

deprive of deprives, depriving, deprived

deprive sb/sth **of** sth

priver de • *The new law will deprive religious minorities of their right to vote.* La nouvelle loi privera les minorités religieuses de leur droit de vote. • *No one can function properly if they're deprived of adequate sleep.* Personne ne peut fonctionner normalement sans un sommeil adéquat.

derive from derives, deriving, derived

derive from sth

dériver de • *The name of the cave, Fingal's Cave, derives from the legendary Irish figure, Fin MacCool.* Le nom de la grotte, Fingal's Cave, est un dérivé du nom du légendaire héros irlandais, Fin MacCool. • *Pollutants like this derive mainly from the combustion of fuel in car engines.* Les polluants de ce genre proviennent surtout de la combustion du carburant dans les moteurs de voitures.

descend from descends, descending, descended

descend from sth

descendre de • *According to the theory of evolution, human beings descended from apes.* Selon la théorie de l'évolution, l'homme descend du singe.

be descended from sb (toujours au passif)

descendre de • *Her father is descended from the Greek royal family.* Son père descend de la famille royale de Grèce.

descend on/upon descends, descending, descended

descend on/upon swh/sb

arriver sans prévenir • *A crowd of press photographers descended on the hotel.* Une foule de photographes de presse a envahi l'hôtel. • *My sister and her family descended on us last Saturday.* Ma soeur et sa famille ont débarqué chez nous samedi dernier.

descend on/upon sb

envahir • *A feeling of despair descended on us as we realised that we were lost.* Le désespoir nous a envahis quand nous avons réalisé que nous nous étions perdus.

descend to descends, descending, descended

descend to sth/doing sth

s'abaisser à • *I never imagined he would descend to stealing.* Je n'aurais jamais cru qu'il s'abaisserait à voler. • *You should never descend to that sort of behaviour.* On ne devrait jamais s'abaisser à ce genre de comportement.

descend upon

voir **descend on/upon**

despair of despairs, despairing, despaired

despair of sth/sb or **despair of** doing sth
formel

désespérer de • *I despair of my son – he just refuses to do any homework.* Mon fils me désespère – il refuse de faire ses devoirs. • *I'd been 18 months without work and I'd begun to despair of ever finding a job.* Cela faisait 18 mois que j'étais sans emploi et je commençais à désespérer de retrouver un travail.

detract from detracts, detracting, detracted

detract from sth
enlever quelque chose à • *The recent scandal has further detracted from the company's reputation.* Le récent scandale a encore amoindri la réputation de l'entreprise. • *She does have a big nose but it in no way detracts from her overall prettiness.* Elle a un grand nez mais ça n'enlève rien à sa beauté.

devolve on/upon devolves, devolving, devolved

devolve on/upon sb *formel*
échoir à • *When James Allen died, the estate devolved on his nephew.* Quand James Allen est mort, ses biens ont échu à son neveu.

devolve (sth) **on/upon** sb/sth *formel*
déléguer à • *The Home Secretary has devolved the task upon junior ministers.* Le ministre de l'intérieur a délégué la tâche à des secrétaires d'état.

devolve to devolves, devolving, devolved

devolve (sth) **to** sb/sth *formel*
déléguer à • *The new bill will devolve some power to local government.* La nouvelle loi délèguera un certain pouvoir aux autorités locales.

devolve upon
voir **devolve on/upon**

devote to devotes, devoting, devoted

devote sth **to** sth/doing sth
consacrer à • *He resigned from his job to devote more time to his family.* Il a quitté son emploi pour consacrer plus de temps à sa famille. • *She never married but devoted her life to writing and speaking about women's rights.* Elle ne s'est jamais mariée mais elle a consacré sa vie à écrire et à parler en faveur des droits des femmes. • *Two whole pages of the newspaper were devoted to the news of the royal divorce.* Deux pages entières du journal étaient consacrées au divorce royal.

devote yourself **to** sth/doing sth
(toujours pronominal)
se consacrer à • *He retired in 1814 to devote himself to social reforms.* Il s'est retiré en 1814 pour se consacrer aux réformes sociales.

dial in/into dials, dialing, dialled
(*américain & australien* aussi **dials, dialing, dialed**)

dial in
dial into sth
appeler • *I tried to dial in to download the file but the line was busy.* J'ai essayé de me connecter pour télécharger le fichier mais la ligne était occupée.

dial out dials, dialing, dialled
(*américain & australien* aussi **dials, dialing, dialed**)

dial out
appeler à l'extérieur • *Can you dial out from this phone or is it for internal calls only?* Pouvez-vous appeler à l'extérieur à partir de ce téléphone ou est-il réservé aux appels internes?

dictate to dictates, dictating, dictated

dictate to sb
commander • *I will not be dictated to by some idiot in the personnel department.* Ce n'est pas un imbécile du service du personnel qui va me dicter ce que je dois faire.

diddle around diddles, diddling, diddled

diddle around *américain & australien, familier*
traînasser • *She's been diddling around all morning.* Elle a traînassé toute la journée.

diddle with diddles, diddling, diddled

diddle with sth *américain, familier*
bidouiller • *Lisa diddled with the tape recorder waiting for Tom to speak.* Lisa bidouillait le magnétophone en attendant que Tom parle.

die away dies, dying, died

die away
s'atténuer • *I listened till the echo of Jackson's footsteps died away.* J'écoutais

jusqu'à ce qu'on n'entende plus résonner les pas de Jackson.

die back dies, dying, died

die back
dépérir • *The fuschia always dies back in the winter.* Le fuschia dépérit toujours en hiver.

die down dies, dying, died

die down
(bruit) se calmer, (agitation) tomber • *When the applause had died down, he started to speak.* Quand les applaudissements se turent, il commença à parler. • *Eventually the fuss will die down and everything will return to normal.* Toutes ces histoires finiront par s'apaiser et les choses reviendront à la normale.

die for

be dying for sth (toujours à la forme progressive) *familier*
avoir très envie de • *Put the kettle on – I'm dying for a cup of coffee.* Branche la bouilloire – Je meurs d'envie de boire un café. • *I'm dying for a cigarette.* Je meurs d'envie de fumer.

die off dies, dying, died

die off
mourir • *The ground and climate isn't right for growing grass so after a few years it dies off.* Le sol et le climat ne sont pas propres à faire pousser de la pelouse et au bout de quelques années tout meurt.

die out dies, dying, died

die out
s'éteindre • *Dinosaurs died out 65 million years ago.* Les dinosaures se sont éteints il y a 65 millions d'années. • *Many of the customs of village life have died out over the years.* Beaucoup de traditions rurales ont disparu avec le temps.

dig in digs, digging, dug

dig in sth or **dig** sth **in**
enterrer • *The soil was very poor so I dug in a big pile of compost.* Comme le sol était très pauvre, j'y ai enterré un gros tas de compost.

dig in or **dig** yourself **in**
se retrancher • *We received orders that we were to move to the hills and dig in.* Nous avons reçu des ordres nous dictant de nous retrancher dans les collines. • *His troops had five months to dig themselves in before the war started.* Ses troupes ont eu cinq mois pour se retrancher avant le début des hostilités.

dig in *familier*
1 attaquer • (souvent à l'impératif) *The food's on the table so dig in before it gets cold.* Le repas est servi, alors attaquez avant que ça ne refroidisse.
2 *américain* s'atteler à la tâche • *They dug in immediately so as not to waste any more time.* Ils s'attelèrent à la tâche sur-le-champ pour ne pas perdre davantage de temps.

dig into digs, digging, dug

dig into sth
1 fouiller dans • *He dug into his pocket and pulled out a few coins.* Il fouilla dans sa poche et en sortit quelques pièces.
2 entamer • *The Taylors have had to dig into their savings to pay for the legal fees.* Les Taylor ont dû entamer leurs économies pour payer les frais de justice.
3 entamer • *I watched him dig into an enormous plateful of food.* Je le regardais entamer une énorme assiette pleine de nourriture.
4 *américain* s'attaquer à • *He sat down at his desk and dug into the work that had piled up while he had been away.* Il s'assit à son bureau et s'attaqua au travail qui s'était accumulé pendant son absence.

dig sth **into** sth
enterrer • *Dig plenty of compost into the soil.* Enterrez beaucoup de compost dans le sol.

dig into sth or **dig** yourself **into** sth
se retrancher dans • *They had dug into fixed positions around the area.* Ils s'étaient retranchés en positions fixes dans les environs.

dig out digs, digging, dug

dig out sth or **dig** sth **out**
1 *légèrement familier* dénicher • *I'm sure I have a map of Prague – I'll try and dig it out tonight.* Je suis sûre d'avoir une carte de Prague – Il faut que j'essaye de la dénicher ce soir. • (souvent + *of*) *We were looking at some old school photographs I'd dug out of a drawer.* Nous regardions quelques vieilles photos d'école que j'avais dénichées dans un tiroir.

2 *légèrement familier* dénicher • *I had to dig out information from for my dissertation from old manuscripts.* J'ai dû aller dénicher des informations pour mon mémoire dans des vieux manuscrits.

dig over digs, digging, dug

dig over sth or **dig** sth **over**
bêcher • *I spent the afternoon digging over the flowerbed so that I could plant some bulbs.* J'ai passé l'après-midi à bêcher le parterre de fleurs pour pouvoir y planter des bulbes.

dig up digs, digging, dug

dig up sth or **dig** sth **up**
1 creuser • *They're digging up the road outside our house.* Ils sont en train de creuser sur la route qui passe devant chez nous. • *When we moved in we had to dig up the cellar floor and replace it.* Quand nous avons emménagé nous avons dû casser le sol de la cave et le refaire.
2 dénicher • *They've recently dug up some new evidence which suggests that he was innocent.* Ils ont récemment déniché de nouvelles preuves suggérant son innocence. • *The press are always digging up scandalous facts about people's pasts.* La presse est constamment en train de dénicher des faits scandaleux dans le passé des gens.

din into dins, dinning, dinned

din sth **into** sb *britannique & australien, vieilli*
faire entrer qch dans la tête de qn • (généralement au passif) *It was dinned into us at school that we must always be organized.* On nous a inculqué à l'école qu'il fallait toujours être organisé.

dine off/on dines, dining, dined

dine off/on sth
dîner de • *We dined off smoked salmon and drank champagne.* Pour le dîner, nous avons mangé du saumon fumé et bu du champagne.

dine out dines, dining, dined

dine out *légèrement formel*
dîner au restaurant • *We're dining out on Friday with some friends of David's.* Vendredi nous dînons au restaurant avec des amis de David.

dine out on dines, dining, dined

dine out on sth *surtout britannique & australien, humoristique*
(histoire) resservir • *Christine was once invited to the palace – in fact she's dined out on it ever since.* Christine a un jour été invitée au château et depuis elle ne cesse de nous resservir cette histoire.

dip in/into dips, dipping, dipped

dip sth **in** (sth)
dip sth **into** sth
tremper • *He dipped his brush in the paint.* Il trempa son pinceau dans la peinture. • *There's some bread for dipping into your soup.* Il y a du pain pour tremper dans la soupe.

dip into dips, dipping, dipped

dip into sth
1 feuilleter • *It's the sort of book you can dip into every now and again.* C'est le genre de livre qu'on peut feuilleter de temps en temps.
2 taper dans • *I've had to dip into my savings to pay for the repairs.* J'ai dû taper dans mes économies pour payer les réparations.
3 plonger la main dans • *She had a box of chocolates beside her that she kept dipping into.* Il y avait une boîte de chocolats à côté d'elle dans laquelle elle puisait régulièrement.

disabuse of disabuses, disabusing, disabused

disabuse sb **of** sth *formel*
détromper sur • *He said he thought that all women liked babies but I soon disabused him of that notion.* Il a dit qu'il croyait que toutes les femmes aimaient les bébés mais je l'ai vite détrompé sur ce point.

disagree with disagrees, disagreed

disagree with sb (jamais à la forme progressive)
ne pas réussir à • *I tend to avoid coconut as it disagrees with me.* J'essaie d'éviter la noix de coco car ça ne me réussit pas. • *I must have eaten something that disagrees with me – my stomach really hurts.* J'ai dû

manger quelque chose qui ne me réussit pas – j'ai vraiment mal à l'estomac.

dish out dishes, dishing, dished

dish out sth or **dish** sth **out**
1 servir • *Maurice, could you dish the potatoes out for me, please?* Maurice, est-ce que tu peux servir les pommes de terre pour moi, s'il te plait?
2 *familier* (prix, critiques) distribuer • *He was on TV last night, dishing out prizes at some award ceremony.* Il passait à la télé hier soir; il distribuait les prix à je ne sais quelle cérémonie. • (parfois + to) *Doctors have been criticized for dishing out drugs to patients who don't need them.* On a reproché aux médecins de trop distribuer les médicaments à des patients qui n'en ont pas besoin. • *It's the sort of criticism that the press routinely dishes out to the stars.* C'est le genre de critiques que la presse sert régulièrement aux stars. • *He can dish it out but he can't take it!* Il aime critiquer mais il n'aime pas qu'on le critique!

dish up dishes, dishing, dished

dish up sth or **dish** sth **up**
1 servir • *She dished up the most delicious meal for us.* Elle nous a servi le plus délicieux des repas.
2 *légèrement familier* servir • *Film critics seem to applaud anything this young director dishes up.* Les critiques de cinéma semblent applaudir tout ce que ce jeune réalisateur leur sert.

dish up *britannique & australien*
servir • *If you want to sit at the table, I'm ready to dish up.* Si vous voulez venir à table, je vais servir.

dispense with dispenses, dispensing, dispensed

dispense with sth/sb *formel*
se passer de • *Nobody would suggest that companies dispense with interviews altogether.* Personne n'aurait l'idée de suggérer que les entreprises renoncent complètement à faire passer des entretiens. • *New drugs may dispense with the need for injections altogether.* Les nouveaux médicaments pourraient rendre les piqûres inutiles. • *The newspaper began to lose readers when it dispensed with one of its most popular writers.* Le journal a commencé à perdre des lecteurs quand il s'est débarrassé de l'un de ses chroniqueurs les plus populaires.

dispose of disposes, disposing, disposed

dispose of sth
1 *légèrement formel* se débarrasser de • *Nuclear waste is often disposed of under the sea.* On se débarrasse souvent des déchets nucléaires dans les fonds marins. • *The court heard how Mellor had disposed of his victims' bodies in rivers and lakes.* La manière dont Mellor s'était débarrassé du corps de ses victimes dans des rivières et dans des lacs a été portée à la connaissance de la cour.
2 *formel* résoudre • *That's disposed of items one and two on the agenda so let's move onto number three.* Les points un et deux de l'ordre du jour étant résolus, passons au point numéro trois. • *A case which goes to trial will naturally take longer to dispose of.* Naturellement, une affaire qui passe au tribunal sera plus longue à trancher.
3 *formel* (capital, biens, actions) liquider • *The bank disposed of its shares at just the right time.* La banque a liquidé ses actions juste au bon moment.

dispose of sb/sth *légèrement humoristique*
zigouiller • *When the time came to dispose of the pig, he found himself unable to do it.* Quand le moment fut venu de zigouiller le cochon, il ne s'en sentit pas le courage.

dispose of sb
liquider • *Within fifty minutes, the nineteen-year-old German had disposed of the ex-champion.* En l'espace de cinquante minutes, l'Allemand de dix-neuf ans avait liquidé l'ex-champion.

dissociate from dissociates, dissociating, dissociated

dissociate sb/sth **from** sb/sth
dissocier de • *I can't dissociate the man from his political opinions.* Je n'arrive pas à dissocier l'homme de ses idées politiques.

dissociate yourself **from** sb/sth (toujours pronominal)
se dissocier de • *Most party members are keen to dissociate themselves from the extremists.* La plupart des membres du parti tiennent à se dissocier des extrémistes. • *The writer has publicly dissociated himself from the film of his book.*

L'écrivain s'est dissocié publiquement du film réalisé à partir de son livre.

dissolve into dissolves, dissolving, dissolved

dissolve into sth
1 faire place à • *There are fears that the present conflict might dissolve into full-scale civil war.* On craint que le conflit actuel ne se transforme en véritable guerre civile.
2 (larmes) fondre en larmes, (rire) attraper un fou rire • *She saw his photograph on the wall and dissolved into tears.* Elle aperçut sa photo au mur et fondit en larmes. • *We dissolved into fits of giggles just like silly schoolgirls.* Nous avons attrapé un fou rire comme de stupides écolières.

dive in/into dives, diving, dived
(*américain prét & pp aussi* **dove**)

dive in
dive into sth
1 se lancer dans • *When neighbouring countries are having a war you can't just dive in.* Quand des pays voisins se font la guerre, vous ne pouvez pas débarquer comme ça. • *Unfortunately, I had dived into the discussion without being fully informed.* Malheureusement, je m'étais lancé dans la discussion alors que je ne me sentais pas vraiment bien informé.
2 attaquer • *The food's on the table and there's plenty, so dive in everyone.* Le repas est servi et on a compté large alors, attaquez.

dive into dives, diving, dived
(*américain prét & pp aussi* **dove**)

dive into sth
(poche, sac) fouiller dans • *I dived into my trouser pocket and – thank goodness – found the key.* J'ai fouillé dans ma poche de pantalon et, Dieu merci, j'ai trouvé la clé.

divest of divests, divesting, divested

divest yourself **of** sth (toujours pronominal) *formel*
se débarrasser de • *He divested himself of his cloak and hat and proceeded to the drawing room.* Il se débarrassa de son manteau et de son chapeau et se dirigea vers le salon.

divest sb/sth **of** sth *formel*
se défaire de • (généralement pronominal) *It is very difficult to divest yourself of a reputation that has been acquired over years.* Il est très difficile de se défaire d'une réputation que l'on s'est forgée sur plusieurs années.

divest sb **of** sth *formel*
dépouiller • *There's a growing movement to divest the monarchy of its remaining privileges.* Il existe un mouvement d'opinion de plus en plus fort qui souhaite dépouiller la monarchie de ses derniers privilèges.

divide by divides, dividing, divided

divide sth **by** sth
diviser par • *21 divided by 3 is 7.* 21 divisé par 3 égale 7.

divide into divides, dividing, divided

divide sth **into** sth
diviser un grand nombre par un plus petit nombre • *What do you get if you divide 6 into 18?* Qu'est-ce qu'on obtient quand on divise 18 par 6?

divide off divides, dividing, divided

divide off sth or **divide** sth **off**
séparer • *The end of the room was divided off by a tall screen.* Le fond de la pièce était séparé par un haut paravent.

divide up divides, dividing, divided

divide up (sth) or **divide** (sth) **up**
diviser • *She divided up the class into four groups.* Elle a divisé la classe en quatre groupes. • *The world divides up into those who like cats and those who don't.* Le monde se partage entre les gens qui aiment les chats et ceux qui ne les aiment pas.

divide up sth or **divide** sth **up**
partager • (souvent + **among**) *I think we should divide up the costs equally among us.* J'estime que nous devrions diviser les dépenses entre nous en parts égales. • (souvent + **between**) *They're proposing that the country be divided up between them.* Ils proposent de se partager le pays.

divvy out/up divvies, divvying, divvied

divvy out/up (sth) or **divvy** (sth) **out/up**
surtout américain, familier
répartir • *They haven't yet decided how to divvy up the proceeds from the sale.* Ils n'ont pas encore décidé comment ils allaient répartir le produit de la vente.

do away with does, doing, did, done

do away with sth
se débarrasser de, supprimer • *These ridiculous rules and regulations should have been done away with years ago.* On aurait dû se débarrasser de ce règlement ridicule depuis des années.

do away with sb *familier*
supprimer • (souvent pronominal) *I tried to do away with myself but I couldn't.* J'ai essayé de me supprimer mais je n'ai pas pu.

do down does, doing, did, done

do down sb or **do** sb **down** *britannique, familier*
rabaisser • *It seemed that everyone at the meeting was trying to do her down.* Il semblait que toutes les personnes présentes à la réunion essayaient de la rabaisser et de la contrôler. • (souvent pronominal) *Stop doing yourself down.* Arrête de te rabaisser.

do for does, doing, did, done

do for sb/sth *surtout britannique, vieilli, informel*
bousiller • *Driving on rough roads has really done for my car.* A conduire sur des routes en mauvais état j'ai vraiment bousillé ma voiture.

done for *adj* (toujours après v) *familier*
foutu • *Driving conditions were so awful – I was convinced I was done for.* Les conditions pour conduire étaient tellement penibles; j'ai bien cru que j'étais foutu. • *We're done for if she ever finds out what really happened.* On est foutus si elle découvre jamais ce qui s'est réellement passé.

do in does, doing, did, done

do in sb or **do** sb **in**
1 *familier* (de fatigue) crever • *That walk's completely done me in.* Cette marche m'a complètement crevée.

   done in *adj* (toujours après v) *familier* (de fatigue) crevé • *When we got back home we were completely done in.* Quand nous sommes revenus à la maison nous étions complètement crevés.

2 *familier* supprimer • *Phil had heard that his enemies were threatening to do him in.* Phil avait entendu dire que ses ennemis avaient menacé de le supprimer.

do out does, doing, did, done

do out sth or **do** sth **out** *britannique & australien*
faire • *I'm off work next week so I'm going to do out the kids' rooms.* Comme je ne travaille pas la semaine prochaine, je vais faire les chambres des enfants.

do out of does, doing, did, done

do sb **out of** sth *familier*
dépouiller de • *Roz was convinced he was trying to do her out of her inheritance.* Roz était convaincue qu'il essayait de la dépouiller de son héritage.

do over does, doing, did, done

do over sth or **do** sth **over**
1 *britannique, familier* cambrioler • (généralement au passif) *In this area some of the houses have been done over many times.* Dans ce quartier, certaines maisons ont été cambriolées plusieurs fois.

2 *surtout américain* refaire • *They're getting some new appliances and want to do over their kitchen at the same time.* Ils vont avoir de nouveaux appareils électroménagers et ils veulent refaire la cuisine par la même occasion.

3 *américain & australien* refaire • *This is full of errors – I'm sorry but you'll have to do it over.* C'est plein d'erreurs – Je suis désolé mais vous allez devoir tout refaire.

do over sb or **do** sb **over** *britannique & australien, argot*
faire la peau à • *Rumours were going about that they were going to do him over.* Des bruits couraient selon lesquels ils allaient lui faire la peau.

do up does, doing, did, done

do up sth or **do** sth **up**
1 (robe) fermer, (lacets) faire • *Can you help me do up my dress?* Peux-tu m'aider à fermer ma robe? • *Do your laces up or you'll trip over.* Fais tes lacets ou tu vas tomber.

2 refaire • *She and her husband were planning to buy an old country house and do it up.* Son mari et elle avaient l'intention d'acheter une vieille maison à la campagne et de la refaire.

3 (cadeau) envelopper • (souvent + **in**) *She always does her presents up beautifully in*

gold paper. Elle enveloppe toujours joliment ses cadeaux dans du papier doré.

do up *britannique*
se fermer • *Why won't this zip do up?* Pourquoi cette fermeture ne se ferme-t-elle pas?

do yourself up (toujours pronominal) *légèrement familier*
se faire beau • *Don't bother doing yourself up, we're only going for a pizza.* Pas la peine de te faire beau, on sort simplement manger une pizza.

do with does, doing, did, done

do with sth
faire de • (généralement dans des questions) *What have you done with my car keys?* Qu'est-ce que tu as fait de mes clés de voiture? • *I had his letter yesterday but I just can't remember what I did with it.* J'ai reçu sa lettre hier mais je ne sais plus ce que j'en ai fait.

do sth **with** yourself (toujours pronominal) *familier*
faire • *What are you going to do with yourself today?* Qu'est-ce que tu vas faire aujourd'hui? • *I'm sure she won't know what to do with herself when the kids leave home.* Je suis certaine que lorsque les enfants partiront elle ne saura pas quoi faire de son temps.

could do with sth/sb *familier*
avoir besoin de • *Do you have time to talk? I could really do with some advice.* Est-ce que tu as le temps de bavarder? J'ai vraiment besoin d'un conseil. • *I could have done with a couple of people to help me out.* J'aurais bien eu besoin d'une ou deux personnes pour m'aider.

I can't do with/I can't be doing with sth/sb (toujours dans des phrases négatives) *britannique, familier*
je n'arrive pas à supporter • *I really can't be doing with his constant complaining.* Je n'arrive pas à supporter ses lamentations perpétuelles. • *He's one person on telly I just can't be doing with.* C'est le présentateur de télévision que je n'arrive pas à supporter.

do without does, doing, did, done

do without (sth/sb)
se passer de • *There's no milk left, so I'm afraid you'll just have to do without.* Il n'y a plus de lait, j'ai bien peur qu'il faille t'en passer.

I can/could do without sth *familier*
je me passerais volontiers de • *I could really do without all that screaming and shouting from the kids while I'm trying to work.* Je me passerais volontiers d'avoir des enfants en train de crier autour de moi quand j'essaie de travailler.

dob in dobs, dobbing, dobbed

dob in sb or **dob** sb **in** *britannique & australien, familier*
moucharder • *At school she was the sort of girl who was always dobbing people in.* A l'école, c'était le genre de fille qui était toujours à moucharder les autres.

dole out doles, doling, doled

dole out sth or **dole** sth **out** *familier*
(argent) distribuer • (souvent + to) *I can't keep doling out money to you kids.* Je ne peux pas continuer à vous allonger de l'argent, mes enfants. • *Beryl was in the kitchen doling out soup to hungry children.* Beryl était dans la cuisine à distribuer de la soupe à des enfants affamés.

doll up dolls, dolling, dolled

doll yourself up (toujours pronominal) *familier*
se faire belle • *She dolled herself up for the occasion in a little red dress.* Elle se fit belle et mit une petite robe rouge pour l'occasion.

dolled up *adj familier* tout beau, toute belle • *Sandra was there – all dolled up in a strappy black dress and heels.* Sandra était là, toute mignonne dans une robe noire à bretelles et des hauts talons.

doom to dooms, dooming, doomed

doom sb/sth **to** sth
condamner à • (généralement au passif) *The plan was doomed to failure from the start.* Le projet était condamné à l'échec depuis le début. • *Does this mean that the present leadership is doomed to eventual defeat?* Cela signifie-t-il que la direction actuelle est condamnée un jour ou l'autre à l'échec?

dope out dopes, doping, doped

dope out sth or **dope** sth **out** *américain, argot*
piger • (souvent + pronom interrogatif) *She can't dope out why they broke into her*

office. Elle n'arrive pas à piger pourquoi ils ont cambriolé son bureau. • *He thinks he has it all doped out.* Il pense qu'il a tout pigé.

dope up dopes, doping, doped

dope up sb or **dope** sb **up**
droguer jusqu'aux yeux • (généralement au passif) *We visited her in hospital but she was so doped up she didn't even recognize us.* Nous sommes allés la voir à l'hôpital mais elle planait tellement qu'elle ne nous a même pas reconnus.

dose up doses, dosing, dosed

dose sb **up with** sth
doper • *She dosed him up with a cold cure and put him to bed.* Elle l'a dopé avec un traitement contre le rhume et l'a mis au lit.

doss about/around dosses, dossing, dossed

doss about/around *britannique, familier*
glander • *I spent the whole afternoon just dossing around.* J'ai passé l'après-midi à glander.

doss down dosses, dossing, dossed

doss down (toujours + *adv/prép*) surtout *britannique & australien, familier*
pieuter • *She dossed down in stations and doorways, anywhere that would shelter her from the cold.* Elle pieutait dans les gares et sous les porches, partout où elle pouvait s'abriter du froid. • *You can doss down on our sofa for tonight if you like.* Tu peux pieuter sur mon canapé ce soir si tu veux.

dot about/around

be dotted about/around (swh) (toujours au passif)
être dispersé dans • *We have offices dotted about all over the region.* Nous avons des bureaux répartis dans toute la région. • *I noticed a few photographs dotted around the room.* Je remarquai quelques photographies dispersées dans la pièce.

dot with dots, dotting, dotted

dot sth **with** sth
parsemer de • *Dot the crust with butter and place in the oven.* Parsemer la croûte de beurre et mettre au four.

be dotted with sth (toujours au passif)
être parsemé de • *We looked at the fields dotted with tents.* Nous avons regardé les champs parsemés de tentes.

dote on/upon dotes, doting, doted

dote on/upon sb
adorer • *She has a three-year-old son who she just dotes on.* Elle a un fils de trois ans qu'elle adore.

double as doubles, doubling, doubled

double as sth
faire office de • *The school's gymnasium doubles as a dining room.* Le gymnase de l'école fait office de réfectoire. • *A hard-wearing shirt for the daytime, it doubles as a light jacket for the evening.* Chemise épaisse le jour, elle fait office de veste légère le soir.

double back doubles, doubling, doubled

double back
faire demi-tour • *If we don't find it by the end of this road, we'll just double back.* Si nous ne le trouvons pas avant le bout de cette route, nous ferons demi-tour. • *It's a strange route because you effectively* **double back** *on yourself.* C'est une route bizarre parce qu'on revient effectivement sur ses pas.

double for doubles, doubled

double for sb (jamais à la forme progressive)
passer pour • *There was a guy in the gym last night who could have doubled for Arnold Schwarzenegger.* Il y avait un type hier au club de gym qui aurait pu passer pour Arnold Schwarzenegger.

double over/up doubles, doubling, doubled

double (sb) **over/up**
se plier en deux, faire se plier en deux • (souvent au passif + **with**) *He has his audiences doubled up with laughter.* Il fait tordre son public de rire. • *She doubled over, clutching her side.* Elle se plia en deux en se tenant le côté.

double up doubles, doubling, doubled

double up

partager une chambre • *There are only three bedrooms so some of us will have to double up.* Comme il n'y a que trois chambres certains d'entre nous devrons partager. • (souvent + **with**) *Jane, would you mind doubling up with Anna when the others arrive?* Jane, est-ce que ça te dérangerait de partager la même chambre qu'Anna quand les autres arriveront?

double up as doubles, doubling, doubled

double up as sth
faire office de • *Our spare bedroom doubles up as a study.* Notre chambre d'amis fait aussi office de bureau.

doze off dozes, dozing, dozed

doze off *familier*
s'assoupir • *He dozed off in front of the TV.* Il s'est assoupi devant la télé.

drag away drags, dragging, dragged

drag sb **away** *familier*
arracher à • (généralement + **from**) *I'll bring Melissa with me tonight – if I can drag her away from the TV.* Je viendrai avec Mélissa ce soir – si je réussis à l'arracher du poste de télévision. • (souvent pronominal) *I'll perhaps meet you for a drink – if I can drag myself away from my studies.* Je prendrai peut-être un verre avec toi – si j'arrive à m'arracher à mon travail.

drag down drags, dragging, dragged

drag sb **down**
affecter • *He's been unwell for a number of months now and it's starting to drag him down.* Cela fait maintenant des mois qu'il ne se sent pas bien et ça commence à lui affecter le moral. • *All that stress and conflict at work has really dragged him down.* Tout ce stress et ces conflits au travail ont commencé à l'affecter sérieusement.

drag down sth or **drag** sth **down**
faire baisser • *The earthquake will drag down the prices of property built on less stable ground.* Le tremblement de terre va faire baisser les prix des propriétés bâties sur un terrain moins stable. • *One or two bad exam results may drag down the overall results.* Un ou deux mauvais résultats aux examens risquent de faire baisser la note générale.

drag in/into drags, dragging, dragged

drag in sb/sth or **drag** sb/sth **in**
drag sb/sth **into** sth
1 mêler à • *Think very carefully before you go dragging the police in.* Réfléchis bien avant de mêler la police à cette affaire. • *It seems likely now that the whole region will be dragged into the war.* Il semble probable à présent que toute la région soit entraînée dans la guerre.

2 mêler à • *Every time we discuss this you drag your mother in.* À chaque fois qu'on discute de ça il faut que tu y mêles ta mère. • *There's no point dragging all that into the argument – it's just not relevant.* Ça ne sert à rien de mêler tout ça à la discussion – ça n'a rien à voir.

drag on drags, dragging, dragged

drag on
s'éterniser • (souvent + **for**) *The war has already dragged on for six years and could drag on for a further six.* La guerre a déjà duré six ans et elle pourrait encore traîner six ans. • *The talks might drag on for weeks before any concrete result is announced.* Les négociations peuvent traîner pendant des semaines avant qu'un résultat concret ne soit annoncé.

drag out drags, dragging, dragged

drag out (sth) or **drag** (sth) **out**
faire traîner • (souvent + **for**) *It's looking as if the talks might drag out for several more days.* Il semblerait que les pourparlers traînent encore plusieurs jours. • *She intended to drag out her thesis project for as long as she could.* Elle avait l'intention de faire traîner son projet de thèse aussi longtemps que possible.

drag out of drags, dragging, dragged

drag sth **out of** sb
tirer qch à qn • *You never tell me how you feel – I always have to drag it out of you.* Tu ne me dis jamais ce que tu ressens – il faut toujours que je te tire les vers du nez.

drag up drags, dragging, dragged

drag up sth or **drag** sth **up**
remettre sur le tapis • *All that stuff with Dave happened years ago. Why do you have*

to keep dragging it up? Toute cette histoire avec David s'est passée il y a des années. Pourquoi est-ce que tu remets toujours ça sur le tapis? • *The press have dragged up some story about a woman that he was supposed to have hit.* La presse a ressorti une histoire au sujet d'une femme qu'il aurait frappée.

drag up sb or **drag** sb **up** *britannique, humoristique*
mal élever • *Wine in cups? Who dragged you up!* Du vin dans des tasses? Qui t'a élevé comme ça?

dragoon into dragoons, dragooning, dragooned

dragoon sb **into** doing sth *humoristique*
forcer à • *I've been dragooned into giving the after-dinner speech.* On m'a forcé à faire le discours de fin de repas.

draw back draws, drawing, drew, drawn

draw back
1 reculer • *Connie drew back, startled and frightened.* Connie, surprise et effrayée, eut un mouvement de recul. • (souvent + **from**) *He drew back from the window when he saw the car arriving.* Il recula de la fenêtre quand il vit arriver la voiture.
2 (pour éviter les problèmes) faire marche arrière • (souvent + **from**) *He was a man who always drew back from conversation.* C'était un homme qui reculait toujours devant une conversation. • *They had intended to take him to court but had drawn back because of the costs involved.* Ils voulaient le poursuivre en justice mais avaient fait marche arrière en raison des frais qu'ils auraient dû encourir.

draw in draws, drawing, drew, drawn

draw in *surtout britannique & australien*
(jours, soirées) raccourcir, (nuit) tomber plus tôt • *The nights are really drawing in now.* Il fait nuit beaucoup plus tôt maintenant.

draw in/into draws, drawing, drew, drawn

draw in sb/sth or **draw** sb/sth **in**
draw sb/sth **into** sth
mêler à • (généralement au passif) *If the conflict spreads and other countries are drawn in, it could be very bad news.* Si le conflit se généralise et que d'autres pays sont impliqués ça serait très très inquiétant. • *I'm not going to be drawn into that kind of argument.* Je refuse d'être mêlée à ce genre de querelle.

draw in
draw into swh
entrer (en gare) • *She looked eagerly along the platform as the train slowly drew in.* Comme le train entrait en gare, elle scruta le quai d'un regard plein d'espoir. • *People gathered on the platform as the train drew into the station.* Comme le train entrait en gare, les gens se rassemblèrent sur le quai.

draw off draws, drawing, drew, drawn

draw off sth or **draw** sth **off**
(vin) tirer • *The next step is to draw the wine off into a clean barrel.* L'étape suivante consiste à tirer du vin dans un tonneau propre.

draw on draws, drawing, drew, drawn

draw on sth
(cigarette) tirer sur • *He drew deeply on his cigar and then began to speak.* Il tira longuement sur son cigare et commença à parler.

draw on *légèrement formel*
(temps) passer lentement, (jour) tirer à sa fin, (année) se terminer • *As the evening drew on, she became more anxious.* Comme la soirée avançait, elle s'inquiétait de plus en plus.

draw on/upon draws, drawing, drew, drawn

draw on/upon sth
1 s'inspirer de • *His early poetry draws heavily on his experience and memories of childhood.* Ses premiers poèmes s'inspirent essentiellement de son histoire personnelle et de ses souvenirs d'enfance.
2 puiser dans • *I have some money saved which I can draw on in an emergency.* J'ai de l'argent de côté dans lequel je peux puiser en cas d'urgence.

draw out draws, drawing, drew, drawn

draw out sb or **draw** sb **out**
faire sortir de sa réserve • *I tried to draw him out with some conversation.* J'ai essayé de le faire sortir de sa réserve en lui faisant la conversation.

draw out sth or draw sth out
faire durer • *The director drew the meeting out for another hour with a series of tedious questions.* Le directeur a fait durer la réunion une heure de plus avec un tas de questions ennuyeuses.

drawn-out *adj* interminable • *The signs indicate that it isn't going to be a long, drawn-out affair.* Tout laisse à penser qu'il ne s'agira pas d'une histoire interminable.

draw out
1 *surtout britannique & australien* (jours, soirées) rallonger, (nuit) tomber plus tard • *I much prefer it when the evenings start to draw out again.* Je préfère de beaucoup quand les soirées commencent à rallonger.
2 partir • *I ran onto the platform just as the train began to draw out.* J'ai couru sur le quai juste au moment où le train s'ébranlait.

draw up draws, drawing, drew, drawn

draw up sth or draw sth up
1 (liste, plan) établir, (contrat) rédiger • *The new agreement was drawn up in secret by the Health Minister.* Le nouvel accord a été secrètement rédigé par le ministre de la santé. • *I've drawn up a list of candidates I'd like to interview.* J'ai établi une liste de candidats auxquels j'aimerais faire passer un entretien.
2 (chaise) approcher • *Their card game looked interesting so I drew up a chair to watch.* Leur partie de cartes ayant l'air intéressante, j'approchai une chaise pour regarder.
3 (genoux, jambes) ramener contre soi • *Cold and miserable, he drew up his knees and held them tightly to his chest.* Mourant de froid, il ramena ses genoux bien serrés contre sa poitrine.

draw up
s'arrêter • (généralement + *adv/prép*) *With a screech of the brakes he drew up outside her house in a red sports car.* Dans un crissement de pneus, il arrêta sa voiture de sport rouge devant sa maison.

draw yourself up (toujours pronominal)
se redresser • *Miss Wilson drew herself up, stared at him in disgust and walked angrily out of the room.* Miss Wilson se redressa, le regarda d'un air dégoûté et, dans un mouvement de colère, sortit de la pièce.

draw upon
voir **draw on/upon**

dream of

wouldn't dream of doing sth
Il ne me/lui viendrait jamais à l'idée de • *I wouldn't dream of asking your mother to help us – she's much too busy.* Il ne me viendrait jamais à l'idée de demander à ta mère de nous aider – elle a bien trop à faire. • *I wouldn't dream of leaving my car unlocked round here.* Il ne me viendrait jamais à l'idée de laisser ma voiture par ici sans la verrouiller.

dream on

dream on! *familier*
on peut toujours rêver! • *'When I win the lottery, I'm going to give up work and live in the south of France.' 'Dream on, Jenny!'* 'Quand je gagnerai au loto, j'arrêterai de travailler et j'irai vivre dans le midi de la France.' 'Oui, Jenny. On peut toujours rêver!'

dream up dreams, dreaming, dreamt or dreamed

dream up sth or dream sth up
imaginer • *They've asked a marketing company to dream up a name for their latest product.* Ils ont demandé à une entreprise de marketing d'imaginer un nom pour leur dernier produit. • *She's always dreaming up crazy schemes to get rich quick.* Elle est toujours en train d'imaginer des moyens farfelus de devenir riche rapidement.

dredge up dredges, dredging, dredged

dredge up sth or dredge sth up
ressortir • *He accused the press of dredging up lies about his past.* Il a accusé la presse de ressortir des histoires mensongères concernant son passé.

dredge up sth/sb or dredge sth/sb up
dénicher • *We finally managed to dredge up some old family photos.* Nous avons finalement réussi à dénicher quelques vieilles photos de famille. • *Let's see if we can dredge up an eligible man for Helen.* Voyons si nous pouvons dénicher un homme convenable pour Helen.

dress down dresses, dressing, dressed

dress down
s'habiller simplement • *This time he dressed down, having realised that the*

smart suit would be out of place. Cette fois il s'habilla simplement, se rendant compte que son élégant costume serait déplacé.

dress down sb or **dress** sb **down**
réprimander • (souvent + **for**) *He dressed them down for challenging his authority.* Il les réprimanda parce qu'ils avaient mis en doute son autorité.

dressing-down *n* [C] réprimande • *She gave me a dressing-down for being late.* Elle m'a passé un savon à cause de mon retard.

dress up dresses, dressing, dressed

dress up (sb) or **dress** (sb) **up**
1 s'habiller chic • *Weddings are a great opportunity to dress up.* Les mariages sont une très bonne occasion pour s'habiller chic. • *She was dressed up to the nines in a pink Chanel suit and high heels.* Elle était sur son trente et un avec un tailleur Chanel rose et des talons hauts. • (parfois + **in**) *I used to hate it when my Mum would dress me up in pretty dresses.* Je détestais que ma mère m'habille avec de jolies robes.

2 déguiser, se déguiser • (souvent + **in**) *When she was young, she loved to dress up in her mother's clothes.* Quand elle était petite, elle adorait se déguiser avec les vêtements de sa mère. • (souvent + **as**) *Matthew was dressed up as a cowboy for Luke's party.* A la fête chez Luke, Matthew était déguisé en cowboy.

dressing-up *n* [U] *britannique* déguisement • *Dressing-up is one of Robbie's favourite games at the moment.* Se déguiser est un des jeux favoris de Robbie pour le moment. • (employé comme *adj*) *Provide dressing-up clothes and ask the children to pretend to be a member of their family.* Fournissez des déguisements aux enfants et demandez-leur de faire comme s'ils étaient un membre de la famille.

dress up sth or **dress** sth **up**
enjoliver • (souvent + **as**) *They attempted to dress it up as a book with international relevance.* Ils ont essayé de le présenter comme un livre d'intérêt international. • (souvent + **in**) *A lot of so-called new products are simply the old products dressed up in new packages.* Beaucoup de prétendus nouveaux produits ne sont que les anciens produits remis en valeur grâce à un nouvel emballage.

drift apart drifts, drifting, drifted

drift apart
être de moins en moins proches • *Jane used to be one of my best friends at school but we've drifted apart over the past few years.* A l'école, Jane était ma meilleure amie mais, ces dernières années, nous nous sommes perdues de vue.

drift off drifts, drifting, drifted

drift off
s'assoupir • *As Tim started telling her about his holiday for the third time, she closed her eyes and drifted off.* Quand Tim se mit à lui raconter ses vacances pour la troisième fois, elle ferma les yeux et s'assoupit. • *I was just drifting off to sleep when there was a crash in the kitchen.* J'étais juste en train de sombrer dans le sommeil quand j'ai entendu un bruit fracassant dans la cuisine.

drill into drills, drilling, drilled

drill sth **into** sb
(conseil) enfoncer dans la tête • *It was drilled into us at an early age that we should never cross the road without looking.* Dès notre plus jeune âge, on nous a enfoncé dans la tête qu'il ne fallait jamais traverser la rue sans regarder.

drink in drinks, drinking, drank, drunk

drink in sth or **drink** sth **in**
(paysage) s'imprégner de, (paroles) boire • *He gazed up at her adoringly, drinking in her every word.* Il la fixait avec adoration, buvant ses paroles. • *We sat in a small café, watching people pass by and drinking in the atmosphere.* Nous étions assis dans un petit café à regarder les gens passer et à nous imprégner de l'atmosphère ambiante.

drink to drinks, drinking, drank, drunk

drink to sb/sth
(réussite) boire à, (mariés) boire à la santé de • *Let's drink to John and Annmarie and wish them every happiness in the future!* Buvons à la santé de John et Annmarie et souhaitons-leur beaucoup de bonheur! • *They raised their glasses and drank to the success of the project.* Ils levèrent leurs verres et burent au succès de l'entreprise.

drink up drinks, drinking, drank, drunk

drink up (sth) or **drink** (sth) **up**
finir son verre • *We'd better drink up – it looks like the pub's about to close.* On ferait

mieux de finir nos verres – on dirait que le pub va fermer. • *Drink your coffee up, Paul, before it goes cold.* Paul, finis ton café avant qu'il ne refroidisse.

drive at

be driving at sth (toujours à la forme progressive; toujours dans des questions) *familier*
vouloir dire • *What on earth is he driving at?* Où diable veut-il en venir? • *I just don't understand what you're driving at.* Je ne comprends pas ce que tu veux dire.

drive away drives, driving, drove, driven

drive away sb/sth or **drive** sb/sth **away**
faire partir • *The sheep were annoying her, so she clapped her hands to drive them away.* Comme les moutons l'ennuyaient elle frappa dans ses mains pour les chasser.

drive away sb or **drive** sb **away**
faire fuir • (parfois + **from**) *Tourists have been driven away from our beaches by the threat of oil pollution.* Les risques de marée noire ont fait fuir les touristes de nos plages.

drive away sth or **drive** sth **away**
(tristesse, inquiétude) dissiper, (soucis) faire oublier • *A trip to the seaside will drive your cares away.* Un voyage au bord de la mer te fera oublier tes soucis.

drive off drives, driving, drove, driven

drive off sb/sth or **drive** sb/sth **off**
(loin de soi) chasser • *The enemy attack was driven off by their army.* L'assaillant a été mis en déroute par leur armée.

drive off sb or **drive** sb **off** (sth)
chasser, chasser de • *The farmer called in the police to drive the gypsies off his land.* Le fermier a appelé la police pour qu'elle chasse les gitans de ses terres.

drive off
driver • *Hogan drove off at the seventeenth.* Hogan a drivé au dix-septième trou.

drive out drives, driving, drove, driven

drive out sb/sth or **drive** sb/sth **out**
(de force) chasser • (souvent + **of**) *They were driven out of their homes and villages by the invading army.* Ils ont été chassés de leurs maisons et de leurs villages par l'envahisseur.

drone on drones, droning, droned

drone on
parler d'une voix monotone • (souvent + **about**) *She droned on for hours about her family history.* Elle nous rasait à nous parler de sa famille pendant des heures et des heures.

drool over drools, drooling, drooled

drool over sth/sb
baver d'envie devant • *We sat by the swimming pool, drooling over all the gorgeous young men.* Nous nous sommes assises au bord de la piscine et nous avons bavé d'envie devant tous les jeunes mecs mignons. • *I left Sarah in the shop, drooling over a green silk dress.* Je laissai Sarah dans la boutique, bavant d'envie devant une robe en soie verte.

drop around/round drops, dropping, dropped

drop around/round *surtout britannique & australien, familier*
(chez quelqu'un) passer • *Is it OK if I drop round to pick up those photos?* Est-ce que je peux passer prendre les photos? • *You should drop around sometime – it's ages since we've got together.* Tu devrais passer un de ces jours – ça fait des siècles qu'on ne s'est pas vus.

drop around/round sth or **drop** sth **around/round** *familier*
déposer • *If you drop those papers around tomorrow, I'll have a look at them.* Si vous déposez ces papiers demain, j'y jetterai un coup d'oeil.

drop away drops, dropping, dropped

drop away
1 *surtout britannique & australien* (valeur) baisser, (soutien, intérêt) diminuer • *Contributions from the public have dropped away rapidly and now form only 20% of our income.* Les contributions du public ont rapidement diminué et elles ne représentent plus que 20% de nos revenus.
2 *surtout britannique & australien* descendre en pente raide • (parfois + **to**) *Behind the house, the garden drops away to a small stream.* Derrière la maison, le jardin

descend en pente raide jusqu'à un petit ruisseau.

drop back drops, dropping, dropped

drop back
retourner en arrière • *I dropped back to help my sister who was having trouble with her horse.* Je suis retournée en arrière pour aider ma soeur qui avait des problèmes avec son cheval. • (parfois + **to**) *She was in the lead at the end of the first lap but has now dropped back to fourth place.* Elle était en tête à la fin du première tour mais elle a maintenant régressé en quatrième position

drop behind drops, dropping, dropped

drop behind (sb/sth)
1 se laisser distancer • *I couldn't run as fast as the others and soon dropped behind.* Je ne courais pas aussi vite que les autres et je me suis bientôt laissée distancer. • *He dropped behind the other cars when he had to stop to change a wheel.* Quand il a dû s'arrêter pour changer une roue, les autres voitures l'ont distancé.
2 *britannique & australien* prendre du retard • *Repeated illness caused him to drop behind at school.* Des maladies fréquentes lui ont fait prendre du retard à l'école. • (parfois + **in**) *We've dropped behind our competitors in productivity and output.* Nous avons pris du retard sur nos concurrents du point de vue de la productivité et du rendement.

drop by drops, dropping, dropped

drop by *familier*
passer • *He said he might drop by later this evening.* Il a dit qu'il passerait peut-être plus tard dans la soirée.

drop in drops, dropping, dropped

drop in *familier*
passer • *Just drop in whenever you're in the area.* Tu n'as qu'à passer quand tu es dans le coin. • (souvent + **on**) *I dropped in on George on my way home.* Je suis passé chez George en rentrant chez moi. • (souvent + **at**) *Could you drop in at Sarah's and pick up my books for me?* Peux-tu passer chez Sarah et aller chercher mes livres à ma place?

drop sb **in it** *britannique & australien, familier*
mettre dans le pétrin • *Why did you have to tell her about my date with Sally? You've dropped me right in it.* Pourquoi lui as-tu parlé de mon rendez-vous avec Sally? Tu m'as vraiment mis dans le pétrin.

drop in/into drops, dropping, dropped

drop in sth or **drop** sth **in** *britannique & australien, familier*
drop sth **into** swh *britannique & australien, familier*
déposer • *Jim can drop your books in at the library if you like.* Jim peut déposer tes livres à la bibliothèque, si tu veux. • *She dropped her skirt into the cleaner's this morning.* Elle a déposé sa jupe au pressing ce matin.

drop in
drop into swh
(magasin, bibliothèque, pub) passer à • *I need to drop in at the bank on my way home.* Je dois passer à la banque en rentrant chez moi. • *I dropped into the book store to see if they had that book you wanted.* Je suis passé voir à la librairie s'ils avaient le livre que tu voulais.

drop off drops, dropping, dropped

drop off sb/sth or **drop** sb/sth **off**
déposer (en passant) • *I'm driving into town so I can drop you off on the way.* Je vais en ville avec la voiture; je peux te déposer en chemin. • *If you're going past the library would you mind dropping off these books?* Si tu passes par la bibliothèque, ça te dérangerait de déposer ces livres?

drop off
1 *familier* s'endormir • *She dropped off in the armchair.* Elle s'est endormie dans le fauteuil. • *I lay in bed hoping I'd drop off to sleep but I couldn't.* Je me suis allongée en espérant que j'allais m'endormir mais je n'y suis pas parvenue.
2 diminuer • *Orders have dropped off since Christmas.* Les commandes ont diminué depuis Noël.

drop-off *n* [C] diminution • (souvent + **in**) *a drop-off in the number and quality of applicants* une diminution du nombre et de la qualité des candidats

drop out drops, dropping, dropped
drop out
1 laisser tomber • *Peter was coming with us to the theatre, but had to drop out at the last minute.* Peter devait venir avec nous au théâtre, mais il a dû se décommander à la dernière minute. • (souvent + **of**) *He dropped out of the race after two laps.* Il a abandonné la course après deux tours.
2 abandonner ses études • (souvent + **of**) *She dropped out of college and took a job in a riding stables.* Elle a abandonné ses études à l'université et a trouvé un travail dans une école d'équitation.
dropout *n* [C] jeune qui a abandonné ses études • *She runs informal classes for high school dropouts.* Elle donne des cours privés pour les jeunes qui ont laissé tomber le lycée.
3 se marginaliser • *He dropped out in the sixties and spent several years in India.* Il s'est marginalisé dans les années soixante et a passé plusieurs années en Inde.
dropout *n* [C] marginal • *The protesters are mainly hippies and dropouts.* Les manifestants sont surtout des hippies et des marginaux.

drop over drops, dropping, dropped
drop over *familier*
passer • *I might drop over after work. Will you be in?* Je passerai peut-être après le travail. Tu seras chez toi?

drop round
voir **drop around/round**

drown in/with drowns, drowning, drowned
drown sth **in/with** sth
noyer dans • *As usual, Ben drowned his food in tomato sauce.* Comme d'habitude, Ben a noyé sa nourriture dans la sauce tomate.

drown out drowns, drowning, drowned
drown out sth or **drown** sth **out**
couvrir • *I had to turn the music up to drown out the shouting.* J'ai dû mettre la musique plus fort pour couvrir les cris.

drown with
voir **drown in/with**

drum into drums, drumming, drummed
drum sth **into** sb
enfoncer qch dans la tête de qn • (généralement au passif) *As a soldier, discipline and respect for rank is drummed into you from day one.* Quand on est soldat, on vous enfonce la discipline et le respect de la hiérarchie dans la tête dès le premier jour. • *They've had it drummed into them not to complain.* On leur a enfoncé dans la tête qu'il ne fallait jamais se plaindre.

drum out drums, drumming, drummed
drum out sb or **drum** sb **out**
(d'une organisation) expulser, (d'un travail) renvoyer • (généralement au passif + **of**) *She'd been drummed out of her job after having an affair with one of her students.* Elle avait été renvoyée de son travail après avoir eu une liaison avec un de ses étudiants.

drum up drums, drumming, drummed
drum up sth
attirer, susciter • *He's just launched a campaign to drum up support for the cause.* Il vient de lancer une campagne afin de trouver des supporters à sa cause. • *Both companies are desperately trying to find new ways to drum up business.* Les deux entreprises essaient désespérément de trouver de nouveaux moyens d'attirer le client.

dry off dries, drying, dried
dry off (sb/sth) or **dry** (sb/sth) **off**
sécher, se sécher • (parfois pronominal) *Here, dry yourself off with this towel.* Tiens, sèche-toi avec cette serviette. • *I like to dry off in the sun.* J'aime me sécher au soleil.

dry out dries, drying, dried
dry out (sth) or **dry** (sth) **out**
sécher • *Central heating dries out your skin.* Le chauffage central dessèche la peau. • *If you don't keep food covered, it dries out.* Quand on ne couvre pas la nourriture, elle sèche.
dry out *familier*
se désintoxiquer • *She was in her late thirties when she finally dried out.* Elle approchait de la quarantaine quand elle s'est finalement désintoxiquée.

dry up dries, drying, dried

dry up (sth) or **dry** (sth) **up** *britannique & australien*
essuyer • *I was just drying up a few dishes.* J'étais simplement en train d'essuyer un peu de vaisselle. • *Give me a teatowel and I'll dry up for you.* Donne-moi un torchon et j'essuierai la vaisselle.

drying up *n* [U] *britannique & australien*
fait d'essuyer la vaisselle • *I'll wash up if you'll do the drying up.* Je laverai la vaisselle si tu l'essuies.

dry up
1 (rivière, lac) s'assécher • *The pond had dried up over the long hot summer.* La mare s'était asséchée au cours de l'été long et chaud. • *The wells have all dried up and people walk miles for water.* Les puits se sont asséchés et les gens parcourent des kilomètres pour trouver de l'eau.
2 se tarir • *The flow of foreign money into the country has almost dried up.* L'afflux de devises étrangères vers le pays commence à se tarir.
3 se taire, avoir un trou de mémoire • *My biggest fear is that halfway through my presentation I'll just dry up.* Ma plus grande crainte est d'avoir un trou de mémoire au beau milieu de mon exposé.

dry up! (toujours à l'impératif) *familier*
tais-toi! • *Oh dry up, for God's sake, you've done nothing but moan all morning!* Par pitié, tais-toi donc! Tu n'as fait que te plaindre toute la matinée.

dude up dudes, duding, duded

dude yourself **up** (toujours pronominal) *américain, argot*
bien se saper • *She's going to really dude herself up for the dance.* Elle va se saper particulièrement bien pour le bal.

duff up duffs, duffing, duffed

duff up sb or **duff** sb **up** *britannique, familier*
tabasser • *They followed him out of a nightclub and duffed him up.* Ils l'ont suivi à l'extérieur de la boîte et ils l'ont tabassé.

duke out dukes, duking, duked

duke it out *américain, argot*
se tabasser • *The two men were duking it out in the bar.* Les deux hommes étaient en train de se tabasser dans le bar.

dumb down dumbs, dumbing, dumbed

dumb down sth or **dumb** sth **down** *américain, familier*
(manuel scolaire, programme) simplifier • *They did not approve of dumbing down books as a way of encouraging children to read.* Ils ne partageaient pas l'opinion selon laquelle simplifier les livres encourageait les enfants à la lecture.

dummy up dummies, dummying, dummied

dummy up *américain, familier*
refuser de parler • *She just dummied up when I tried to find out what had happened.* Elle a tout simplement refusé de parler quand j'ai essayé de savoir ce qui s'était passé.

dump on dumps, dumping, dumped

dump on sb
1 *familier* tomber sur le dos de qn • *I really don't want to dump on you, but on the other hand the work has to be done.* Ce n'est pas vraiment mon intention de te tomber sur le dos, mais ceci dit il faut bien que le travail se fasse.
2 *américain, familier* casser du sucre sur le dos de • *It's okay for me to dump on my family but I don't like anyone else doing it.* Je peux me permettre de casser du sucre sur le dos de ma famille, mais je n'aime pas que d'autres le fassent.

dump (sth) **on** sb *surtout américain, familier*
se confier • *I wish he wouldn't come and dump on me every time he's feeling depressed.* J'aimerais bien qu'il ne vienne pas se confier à moi à chaque fois qu'il déprime. • *Sam's in need of a good listener to dump his troubles on.* Sam a besoin de quelqu'un qui sache écouter pour lui confier ses problèmes.

dust down/off dusts, dusting, dusted

dust down sth/sb or **dust** sth/sb **down** *britannique & australien*
dust off sth/sb or **dust** sth/sb **off** *britannique, américain & australien*
épousseter • *He stood up, dusted his trousers off and shook his jacket.* Il se leva, enleva la poussière de son pantalon et

secoua sa veste. • (parfois pronominal) *She dusted herself down and went on with her work.* Elle s'épousseta et se remit au travail.

dust down sth or **dust** sth **down** *britannique & australien*

dust off sth or **dust** sth **off** *britannique, américain & australien*

1 (idée, expression) resservir, (loi) ressortir • *Every time a great actor dies, critics dust off the same tired old clichés.* A chaque fois qu'un grand acteur meurt, les critiques resservent les mêmes vieux clichés.

2 donner un coup de chiffon • *They brought out the old ambulances, dusted them down and put them back into service.* Ils ont sorti les vieilles ambulances, leur ont donné un coup de chiffon et les ont remises en service.

dust yourself **down/off** (toujours pronominal)
se ressaisir • *You always have setbacks in life but you've just got to **pick yourself up and dust yourself down**.* Dans la vie, on a toujours des revers de fortune mais il faut se ressaisir.

dwell on/upon dwells, dwelling, dwelled

dwell on/upon sth
(en pensée) ruminer, (en paroles) s'étendre sur • *I try not to dwell on the past.* J'essaie de ne pas ruminer le passé. • *He was an alcoholic for five years but it's a subject that he'd rather not dwell on.* Il a bu pendant cinq ans mais c'est un sujet sur lequel il préfère ne pas s'étendre.

E

ease off/up   eases, easing, eased

ease off/up

1 (se) ralentir, (se) réduire • *I'm leaving soon but I'm just waiting for the traffic to ease off a bit.* Je vais bientôt partir mais j'attends qu'il y ait moins de circulation. • *At last the rain began to ease up.* Enfin la pluie commença à se calmer.

2 relâcher son effort, ralentir • *John's been working really long hours over the past month so the boss has told him to ease off a little.* Le mois dernier, John a fait beaucoup d'heures supplémentaires et son patron lui a dit qu'il pouvait ralentir un peu. • (souvent + **on**) *The police are under political pressure to ease up on their investigation.* Des pressions politiques sont exercées sur la police pour qu'elle relâche son effort dans cette enquête.

3 devenir moins sévère • *At first they were pretty hostile towards me but when they found out I'd helped the authorities they eased up a bit.* Au début, ils étaient assez hostiles à mon égard mais quand ils ont appris que j'avais coopéré avec les autorités, ils se sont un peu détendus. • (souvent + **on**) *Ease off on him will you, he's not all that bad.* Ne le juge pas aussi sévèrement; au fond, il n'est pas si mauvais.

ease out   eases, easing, eased

ease out sb or ease sb out

pousser à démissionner • (généralement au passif + **of**) *Mr Millard was eased out of his job after a long campaign by parents and teachers.* Mr Millard a été contraint de démissionner au terme d'une longue campagne menée par les parents et les enseignants.

ease up

voir **ease off/up**

eat away   eats, eating, ate, eaten

eat away sth or eat sth away

éroder • *The house was built on land which the sea is slowly eating away.* La maison a été construite sur un terrain que la mer érode lentement.

eat away at   eats, eating, ate, eaten

eat away at sb

(amertume, honte) ronger • *The knowledge that I killed him eats away at me inside.* Le fait de savoir que c'est moi qui l'ai tué me ronge le coeur.

eat away at sth

(sentiment, économies) entamer • *There is a belief that routine eats away at love.* On a tendance à penser que l'habitude tue l'amour.

eat in   eats, eating, ate, eaten

eat in

1 manger à la maison • *We're eating in tonight as we want to go to bed early.* Ce soir, nous mangeons à la maison parce que nous voulons nous coucher tôt.

2 manger sur place • *We sell hamburgers to eat in or take away.* Nous vendons des hamburgers à consommer sur place ou à emporter.

eat into   eats, eating, ate, eaten

eat into sth

(économies, bénéfices) entamer, (temps libre, affaires) empiéter sur • *The high cost of living in London is eating into my savings.* La vie chère de Londres m'a fait entamer mes économies. • *Increased administrative work can eat into employees' free time.* Un travail administratif accru peut empiéter sur le temps libre des employés.

eat out   eats, eating, ate, eaten

eat out

manger au restaurant • *The cost of eating out is quite high here.* Ici, cela coûte cher de manger au restaurant.

eat out sb or eat sb out

américain, argot engueuler • *He eats out all his students, so don't worry about it.* Ne t'en fais pas, il engueule tous ses étudiants.

eat up   eats, eating, ate, eaten

eat up sth or eat sth up

1 manger tout, finir de manger • *Within two minutes she had eaten up all the bread and cheese.* En deux minutes, elle avait mangé tout le pain et le fromage.

2 (budget) entamer, (espace) utiliser • *The increased cost of books eats up the school's budget.* L'augmentation du prix des livres entame le budget de l'école. • *Any software that stores images will eat up a lot of disk space.* Tout logiciel qui garde des images en mémoire utilisera beaucoup d'espace sur le disque dur.

3 *légèrement familier* (carburant) consommer • *A big car like this eats up petrol.* Une grosse voiture comme celle-ci consomme beaucoup d'essence.

4 *américain, familier* (film, spectacle) adorer • *I didn't like the show but the kids really ate it up.* Je n'ai pas tellement aimé le spectacle mais les enfants l'ont adoré.

eat up sb or **eat** sb **up**
(remors) ronger, (amertume) dévorer • *He was so eaten up by guilt he became ill.* Il était tellement rongé de remors qu'il est tombé malade. • *If you're not careful, bitterness can eat you up.* Faites attention de ne pas vous laisser dévorer par l'amertume.

Eat up! (toujours à l'impératif)
finis ce que tu as dans ton assiette! • *Come on, eat up! We haven't got all day.* Allez, finis ce que tu as dans ton assiette! On ne va pas y passer la journée.

ebb away ebbs, ebbing, ebbed

ebb away
décliner • *Our strength ebbed away under the hot sun.* Nos forces déclinaient sous le soleil brûlant. • *His life was ebbing quickly away.* Il déclinait rapidement.

edge out edges, edging, edged

edge out sb/sth or **edge** sb/sth **out**
éliminer • *Mr James who was hired by the previous management was soon edged out by the new boss.* Mr James, qui avait été embauché par l'ancienne direction, a été rapidement éliminé par le nouveau patron. • (souvent + *of*) *Foreign car manufacturers are edging domestic companies out of the markets.* Les constructeurs automobiles étrangers sont en train d'éliminer du marché les constructeurs nationaux.

edit out edits, editing, edited

edit out sth or **edit** sth **out**
(avant diffusion, publication) couper • *The new television channel adopted the policy of editing out sex, nudity and street language from the films it broadcasts.* La nouvelle chaîne de télévision a décidé de couper ce qui fait référence à la sexualité, la nudité et la langue de la rue dans les films qu'elle diffuse. • *Two paragraphs had been edited out of the article.* Deux paragraphes de l'article avaient été coupés.

eff off

Eff off! (toujours à l'impératif) *britannique & australien, tabou*
Va te faire foutre! • *Just tell him to eff off!* Dis-lui d'aller se faire foutre!

egg on eggs, egging, egged

egg on sb or **egg** sb **on**
pousser qn à faire • *A crowd of youths egged him on as he climbed the wall.* Un attroupement d'adolescents l'encourageait tandis qu'il escaladait le mur. • *Egged on by his friends, Joe drank five pints of strong lager.* Poussé par ses amis, Joe a bu cinq pintes de bière blonde forte.

eke out ekes, eking, eked

eke out sth or **eke** sth **out** (jamais au passif)

1 (sauce) allonger, (réserves) faire durer • *I added some tomato to eke out the meat sauce.* J'ai ajouté de la tomate pour allonger la sauce.

2 s'en tirer • *He ekes out a living by trading paintings for food.* Il arrive à survivre en échangeant des tableaux contre de la nourriture.

elbow out elbows, elbowing, elbowed

elbow out sb/sth or **elbow** sb/sth **out**
écarter • *The smaller countries of the region were elbowed out by their larger neighbours.* Les petits pays de cette partie du monde ont été écartés par des voisins plus gros qu'eux.

embark on/upon embarks, embarking, embarked

embark on/upon sth *légèrement formel*
entreprendre • *So does he have any advice for those about to embark on an acting career?* Alors, est-ce qu'il a des conseils à donner à ceux qui entreprennent une carrière d'acteur? • *We are now embarked on the third and most important of the projects.* Nous entreprenons maintenant

le troisième et le plus important de nos projets.

embroider on embroiders, embroidering, embroidered

embroider on sth
(événement) broder sur, (vérité) embellir • *Admittedly I had embroidered on the truth a little but that's what story-telling is all about.* Je reconnais que j'avais un peu embelli la vérité mais c'est à cela que tient l'art de raconter des histoires.

empty out empties, emptying, emptied

empty out sth or **empty** sth **out**
1 vider • *I've emptied out my pockets but it's not there.* J'ai vidé mes poches mais je ne l'ai pas trouvé.
2 vider • *He tried to make the bottle lighter by emptying out half the water.* Il a essayé d'alléger la bouteille en vidant la moitié de l'eau.

empty out
(salle) se vider, (bureau) être déserté • *Most of the offices in the city empty out at 5.30 on weekdays.* En semaine, la plupart des bureaux de la ville sont désertés dès 5h30.

encroach on/upon encroaches, encroaching, encroached

encroach on/upon sth
1 *formel* (droits, temps, travail) empiéter sur • *What the government proposed encroaches on the rights of individuals.* Ce que le gouvernement propose empiète sur les droits des individus.
2 (mer) gagner du terrain sur, (terrain) mordre sur • *The new plans involve private land and do not encroach on country park territory.* Les nouveaux projets concernent des terrains privés et ne mordent pas sur le parc régional.

end in ends, ending, ended

end in sth
se terminer par • *Her first, childless marriage ended in divorce.* Son premier mariage, au cours duquel elle n'a pas eu d'enfant, s'est terminé par un divorce.
• *(britannique) As for Sophie and Mark getting together, it'll end in tears.* Si Sophie et Mark continuent de sortir ensemble, ça finira mal.

end up ends, ending, ended

end up (toujours + *adv/prép/adj*) *légèrement familier*
(lieu) se retrouver à, (situation) se retrouver dans, (clochard) finir • *We ended up in Blackpool of all places.* Et figurez-vous que nous nous sommes retrouvés à Blackpool. • (souvent + **as**) *Illegally imported reptiles such as snakes and crocodiles often end up as shoes, belts and handbags.* Des reptiles d'importation clandestine, tels que crocodiles et serpents, finissent souvent transformés en chaussures, ceintures ou sacs à main.
• (souvent + **with**) *He ended up with an alcohol problem.* Il a fini alcoolique.
• *She'll end up pregnant at this rate.* Si elle continue comme ça, elle va se retrouver enceinte.

end up doing sth *légèrement familier*
finir par faire • *I ended up paying for everyone on the table.* J'ai fini par payer pour toute la tablée.

endear to endears, endearing, endeared

endear sb **to** sb
faire aimer de • (souvent dans des phrases négatives) *He has a sexist streak in him which is unlikely to endear him to his new colleagues.* Il a des réactions sexistes qui ne vont certainement pas le faire aimer de ses nouvelles collègues. • *It's the way that she laughs at herself that endears her to me.* C'est la façon dont elle peut se moquer d'elle-même qui fait qu'elle m'est chère.

engage in engages, engaging, engaged

engage in sth *formel*
se lancer dans • *They've been engaged in a legal battle with the council for months.* Cela fait des mois qu'ils sont engagés dans une bataille juridique avec la municipalité.

engage sb **in** sth
(conversation) engager • *He made no attempt whatsoever to engage either of us in conversation.* Il n'a fait aucun effort pour engager la conversation avec aucun d'entre nous.

engage on/upon engages, engaging, engaged

engage on/upon sth *formel*
faire • (généralement au passif) *So what projects are you engaged on at present?*

Alors, sur quels projets êtes-vous en train de travailler en ce moment?

enlarge on/upon enlarges, enlarging, enlarged

enlarge on/upon sth *formel*
(sujet) développer • *The idea is to introduce the main points of your talk before you enlarge upon them.* Il s'agit de présenter les grands points de votre discours avant de les développer. • *Would you care to enlarge on what you've just said?* Pourriez-vous développer ce que vous venez de dire?

enquire after enquires, enquiring, enquired

enquire after sb/sth *formel*
demander des nouvelles de • *He always enquires after my father.* Il demande toujours des nouvelles de mon père.

enquire into enquires, enquiring, enquired

enquire into sth *formel*
enquêter sur, se renseigner sur • *I decided to enquire into the possibility of part-time work.* J'ai décidé de me renseigner sur les possibilités de travail à temps partiel.

enter into enters, entering, entered

enter into sth
1 (discussion) entamer • *They refuse to enter into any discussion on the matter.* Ils refusent d'entamer toute discussion sur le problème. • *The company had been invited to enter into settlement negotiations.* L'entreprise avait été invitée à entamer les négociations finales. • *We are sorry we cannot enter into personal correspondence.* Nous sommes navrés de ne pouvoir entamer avec vous une correspondance personnelle. • *You've got to dance if you're going to enter into the spirit of things.* Il faut danser si tu veux te mettre dans l'ambiance.

2 (accord) passer • *They have made it clear that they do not wish to enter into the agreement.* Ils ont clairement fait savoir qu'ils ne souhaitaient pas passer d'accord. • *That explains his reluctance to enter into such a contract.* Cela explique pourquoi il ne tient pas à passer un contrat.

3 avoir à voir avec • (souvent dans des phrases négatives) *The issue of money doesn't enter into it – it's whether you want to go that's important.* La question d'argent n'a rien à voir là-dedans. Ce qui compte, c'est de savoir si tu veux y aller.

enter on/upon enters, entering, entered

enter on/upon sth *formel*
entreprendre, s'engager dans • *She never entered upon any action of importance without first consulting her husband.* Elle n'a jamais rien entrepris d'important sans d'abord consulter son mari.

even out evens, evening, evened

even out (sth) or **even** (sth) **out**
s'équilibrer • *He pays for some things and I pay for others and in the end it all evens out.* Il paie pour certaines choses et moi pour d'autres et, au bout du compte, cela s'équilibre. • *The new system is aimed at evening out the differences between rich and poor colleges.* Le nouveau système tend à atténuer les différences entre les universités riches et les plus pauvres.

even up evens, evening, evened

even up sth or **even** sth **up**
équilibrer • *Gavin's been on three trips this year so if you go on this one that evens things up a bit.* Gavin a fait trois voyages cette année, donc si tu vas à celui-ci, ça équilibrera un peu les choses.

expand on/upon expands, expanding, expanded

expand on/upon sth
donner des détails sur • *He mentioned one or two ideas that he'd had but he didn't expand on them.* Il a mentionné une ou deux idées qui lui étaient venues mais il n'a pas donné de détails.

explain away explains, explaining, explained

explain away sth or **explain** sth **away**
trouver une explication à • *Six hundred pounds is missing – try explaining that away.* Il manque six cents livres; essayez de trouver une explication à cela.

eye up eyes, eyeing, eyed

eye up sb or **eye** sb **up** *surtout britannique & australien, familier* reluquer • *That guy in the green jacket's been eyeing you up all evening.* Le type avec la veste verte t'a reluquée toute la soirée.

eye up sth or **eye** sth **up** *surtout britannique & australien, familier* lorgner • *I saw you eyeing up that chocolate cake!* Je t'ai vu lorgner ce gâteau au chocolat!

F

face off faced, facing, faces

face off *américain*
s'opposer • (souvent + **over**) *Increasingly, doctors and insurance companies are facing off over health care.* De plus en plus, les médecins et les compagnies d'assurance se confrontent sur des questions de santé. • *Amy and Mary Jo faced off in the street ready to fight.* Amy et Mary Jo se sont mesurées dans la rue, prêtes à en venir aux mains.

face-off *n* [C] *surtout américain* confrontation • (généralement au singulier) *an angry face-off between the neighbors* une confrontation violente entre voisins

face up to faces, facing, faced

face up to sth
(réalité) faire face à • *She refuses to face up to reality and still believes the project will be a success.* Elle refuse de regarder la réalité en face et croit encore que le projet sera couronné de succès. • *You're going to have to face up to the fact that you're not going to get that job.* Il faut que tu acceptes le fait que tu ne vas pas obtenir cet emploi.

factor in/into factors, factoring, factored

factor in sth or **factor** sth **in**
factor sth **into** sth
prendre en compte • *People are earning more, but when inflation is factored in, they are no better off.* Les gens sont mieux payés, mais quand on prend en compte l'inflation, ils ne sont pas plus riches. • *The age of the subjects will not be factored into the research results.* L'âge des sujets ne sera pas pris en compte dans les résultats de la recherche.

factor out factors, factoring, factored

factor out sth or **factor** sth **out**
américain
ne pas compter • *When you factor out delays for rain, the game took four hours.* Si l'on ne compte pas le retard dû à la pluie, le jeu a duré quatre heures.

fade away fades, fading, faded

fade away
1 s'estomper, disparaître • *As the years passed, the memories of her grandfather slowly faded away.* Au fil des ans, les souvenirs qu'elle avait de son grand-père s'estompaient lentement. • *The voices became louder and closer and then faded away again.* Les voix devinrent plus fortes et se rapprochèrent puis elles s'évanouirent progressivement.
2 (malade) décliner, s'éteindre • *He was taken to hospital and faded away a few days later.* Il a été emmené à l'hôpital et s'est éteint quelques jours plus tard.

fade in fades, fading, faded

fade in (sth) or **fade** (sth) **in**
(son) devenir plus fort, (image) apparaître • *As the music faded in, the camera focussed on the face of a young boy.* Tandis que la musique devenait plus forte, la caméra s'arrêta sur le visage d'un jeune garçon.

fade out fades, fading, faded

fade out
disparaître progressivement, devenir rare • *Interest in the product has now almost completely faded out.* L'intérêt pour le produit a presque entièrement disparu. • *The fashion for wearing old, ripped jeans faded out very quickly.* La mode des vieux jeans déchirés a disparu rapidement.

fade out (sth) or **fade** (sth) **out**
disparaître en fondu • *At the end of the film, the image of the city at night faded out and the lights came on in the cinema* A la fin du film, l'image de la ville la nuit a disparu en fondu et les lumières de la salle se sont rallumées. • *The sound engineers were told to fade the music out when the chairman stood up to speak.* Les ingénieurs du son avaient reçu la consigne de baisser progressivement la musique quand le président s'est levé pour faire son discours.

faff about/around faffs, faffing, faffed

faff about/around *britannique, familier*
glandouiller • *I wish you'd stop faffing about and do something useful!* J'aimerais que tu arrêtes de glandouiller et que tu fasses quelque chose d'utile.

fake out fakes, faking, faked

fake out sb or **fake** sb **out** *américain, familier*
(naïf) avoir, raconter des bobards à • *She faked me out and left without telling me that she was leaving.* Elle m'a raconté des bobards et est partie sans m'en avertir.

fall about falls, falling, fell, fallen

fall about *britannique & australien, familier*
(de rire) se tordre • *She fell about laughing when she saw his new haircut.* Elle s'est tordue de rire quand elle a vu sa nouvelle coiffure. • (parfois + **at**) *I told Mike about Sue's car breaking down again and he fell about at the news.* J'ai raconté à Mike que la voiture de Sue était encore tombée en panne et cela l'a bien fait rire.

fall apart falls, falling, fell, fallen

fall apart
1 (vêtement) être usé, (verre) se briser en mille morceaux • *I've only had these shoes three months and they are already falling apart.* Cela fait trois mois seulement que je porte ces chaussures et elles sont tout usées. • *She didn't realize the vase was cracked and when she picked it up it fell apart in her hands.* Elle ne s'est pas rendu compte que le vase était fendu et quand elle l'a ramassé il s'est réduit en miettes entre ses doigts.
2 (organisation, système) se désagréger, (accord) devenir caduc • *His company fell apart in the market collapse of 1987.* Son entreprise a fait faillite quand le marché s'est effondré en 1987. • *With the high rate of unemployment and a failing economy, the country seems to be **falling apart at the seams**.* Avec le fort taux de chômage et une économie en perte de vitesse, le pays semble aller à vau-l'eau. • *Their marriage was already falling apart even before his wife had an affair.* Leur mariage était déjà en train de se désagréger avant même que sa femme ait un amant. • *After Julie's husband died, her whole world fell apart.* Avec la mort de son mari, c'est tout l'univers de Julie qui a basculé.
3 (moralement) sombrer • *She began to fall apart after the death of her son.* Elle a commencé à sombrer dans la dépression après la mort de son fils.

fall away falls, falling, fell, fallen

fall away
1 (plâtre) tomber, (peinture) s'écailler • *Although the building was fairly new, the plaster was already falling away in places.* Bien que l'immeuble soit assez récent, le plâtre tombe déjà à certains endroits. • (souvent + **from**) *The house was very damp and much of the plaster had fallen away from the walls.* La maison était très humide et beaucoup de plâtre était tombé des murs.
2 *surtout britannique & australien* diminuer • *Support for the Prime Minister has fallen away over the past few years.* Le soutien au Premier Ministre a diminué au cours de ces dernières années. • (parfois + **to**) *Profits rose to £30 million in 1990, but fell away to £20 million as the company was hit by recession.* Les bénéfices ont atteint 30 millions de livres en 1990, mais sont redescendus à 20 millions quand la société a été frappée par la crise.
falling-away *n* [C] *britannique & australien* diminution • *There has been a noticeable falling-away of audiences at the theatre.* Il y a eu une diminution notoire du nombre de spectateurs dans la fréquentation du théâtre.
3 disparaître • *After a few minutes, all her inhibitions fell away and she joined in the singing.* Au bout de quelques minutes, toutes ses inhibitions ont disparu et elle aussi s'est mise à chanter.
4 descendre en pente • *From the top of the hill, the road fell away and the views of the surrounding countryside were superb.* La route descendait en pente depuis le sommet de la colline et la vue sur la campagne environnante était superbe.

fall back falls, falling, fell, fallen

fall back
1 reculer • *Anna saw the look of anger in his eyes and fell back a step or two.* Anna remarqua l'expression de colère dans son regard et recula de quelques pas. • (souvent + **in**) *The police fired tear gas into the crowd and they fell back in confusion.* La police a lancé des bombes lacrymogènes sur la foule et tout le monde a reculé dans un mouvement de panique.
2 battre en retraite • *The British troops suffered heavy losses in the fighting and fell back.* Les troupes britanniques subirent

de lourdes pertes dans la bataille et battirent en retraite.
3 être distancé • *They were walking so fast that she could not keep up with them and she soon fell back.* Ils marchaient si vite qu'elle n'arrivait pas à avancer au même rythme et elle fut bientôt distancée. • *Richards was in the lead for the first 200 metres of the race, but fell back to third place just before the finishing line.* Richards était en tête pendant les 200 premiers mètres de la course, mais il est redescendu en troisième position juste avant la ligne d'arrivée.
4 *britannique & australien* diminuer • *Production has fallen back over the past six months.* La production a diminué ces six derniers mois.

fall back on/upon falls, falling, fell, fallen

fall back on/upon sth
se rabattre sur • *Many families had lost their savings during the war and had nothing to fall back on.* De nombreuses familles avaient perdu leurs économies pendant la guerre et n'avaient plus aucun recours. • *We'll have to fall back on our original plan if this one doesn't work out.* Nous devrons nous rabattre sur notre projet de départ si celui-ci ne marche pas.
fallback, **fall-back** *adj* (toujours avant n) position de repli • *She aims to be elected onto the committee, but her fallback position is to influence the debate at the committee meeting.* Elle veut être élue au comité, mais sa position de repli est d'exercer son influence au cours du débat lors de la réunion du comité.
fallback, **fall-back** *n* [C] position de repli • *Their first choice for the job is Amanda Martin, with Paul Davies as the fallback.* Ils ont choisi Amanda Martin pour le poste, sinon leur second choix est Paul Davis.

fall behind falls, falling, fell, fallen

fall behind (sb)
1 se laisser distancer • *She managed to keep up with them for the first few minutes but fell behind shortly afterwards.* Elle a réussi à rester à leur hauteur pendant les quelques premières minutes mais s'est laissé distancer peu après.
2 perdre • *In the first half of the game, Middlesbrough had fallen behind Liverpool by two goals to one.* Middlesbrough a perdu la première mi-temps contre Liverpool par deux buts à un. • (souvent + **in**) *She finally managed to beat her opponent after falling behind in both sets.* Elle a finalement réussi à battre son adversaire après avoir perdu les deux premiers sets.

fall behind (sth/sb)
se laisser devancer • *In the early 1990's, the company was falling dangerously behind its rivals.* Au début des années 1990, l'entreprise s'est dangereusement laissé distancer par ses concurrents. • *My parents told me I couldn't have a part-time job because I would fall behind at school.* Mes parents m'ont dit qu'ils ne voulaient pas que je prenne un travail à temps partiel parce que je risquais de prendre du retard dans mes études. • (souvent + **in**) *The report claims that we have fallen behind the rest of the world in information technology.* Le rapport prétend que nous nous sommes laissé distancer par le reste du monde dans le domaine des technologies l'information.

fall behind (sth)
prendre du retard • *The project has fallen hopelessly behind schedule.* Le projet a pris tellement de retard qu'il ne sera pas terminé dans les temps. • (souvent + **with**) *He was ill for six weeks and fell behind with his schoolwork.* Il a été malade pendant six semaines et a pris du retard dans son travail scolaire. • (parfois + **in**) *High interest rates have caused many people to fall behind in their mortgage payments.* Les taux d'intérêt élevés ont fait que beaucoup de gens n'arrivent plus à rembourser leur emprunt immobilier.

fall down falls, falling, fell, fallen

fall down
1 tomber • *In the strong winds they were worried that the tree in the garden would fall down.* Ils avaient peur que l'arbre du jardin ne soit abattu par les fortes rafales de vent. • *He stumbled a few metres and then fell down.* Il a avancé en chancelant sur quelques mètres puis il est tombé.
2 échouer • *The book falls down by failing to bring out the hero's true character sufficiently.* Le livre est un échec dans la mesure où il ne fait pas vraiment ressortir la personnalité profonde du héros. • (souvent + **in**) *The government has been accused of falling down in its duty to prevent*

materials being sold abroad for the manufacture of weapons. Le gouvernement a été accusé de manquer à son devoir en ne s'opposant pas à l'exportation de matériel servant à la fabrication d'armes à feu.

downfall n [C] chute • (généralement au singulier) *This series of military defeats brought about the downfall of the government.* Cette série de défaites militaires a causé la chute du gouvernement. • *In the end, it was the continual drinking that was his downfall.* Au bout du compte, c'est son alcoolisme qui lui a été fatal.

be falling down (toujours à la forme progressive)
tomber en ruine • *Much of the city's housing that was built in the 60's is now falling down.* Un grand nombre de logements de la ville, construits dans les années 60, tombent maintenant en ruine.

fall for falls, falling, fell, fallen

fall for sb/sth *familier*
tomber amoureux de • *She fell for a Frenchman when she was on holiday in Paris.* Durant ses vacances à Paris, elle est tombée amoureuse d'un Français. • *He fell for the romance of travelling by train while he was a student.* Il a été séduit par le charme des voyages en train du temps où il était étudiant.

fall for sth
se faire avoir par • *She often falls for the extravagant claims of slimming products.* Elle se fait souvent avoir par les affirmations extravagantes des produits d'amaigrissement. • *He told me he had property worth £2 million, and I fell for it hook, line and sinker.* Il m'a dit qu'il avait £2 millions de biens et je l'ai avalé.

fall in falls, falling, fell, fallen

fall in
1 (toit, plafond) s'effondrer • *Ten miners were trapped underground when the roof of the tunnel fell in.* Dix mineurs ont été coincés sous terre quand le plafond du tunnel s'est effondré.
2 se mettre en rang • (souvent à l'impératif) *'Company fall in!' shouted the sergeant-major.* 'Compagnie, à vos rangs!' cria le sergent-chef. • (souvent + **behind**) *As Marco began marching off, the others fell in behind him.* Quand Marco se mit en marche, les autres se rangèrent derrière lui.

fall in alongside/beside falls, falling, fell, fallen

fall in alongside/beside sb
se mettre à marcher aux côtés de • *The girl fell in alongside Alice, and for a while they both remained silent.* La fille se mit à marcher aux côtés d'Alice et, pendant un moment, elles demeurèrent toutes deux silencieuses.

fall in with falls, falling, fell, fallen

fall in with sb *familier*
se lier d'amitié avec • *Carol's parents didn't approve of the group of people she had fallen in with at school.* Les parents de Carole n'approuvaient pas ses liens d'amitié avec un certain groupe de personnes de son école.

fall in with sth
être d'accord avec • *She claimed she only fell in with his plan because she was frightened of him.* Elle a déclaré qu'elle avait approuvé son plan simplement parce qu'elle avait peur de lui. • *I don't mind what we do—I'll just fall in with whatever you decide.* Ce que nous déciderons de faire m'est égal; je suis d'accord avec tout ce que tu veux.

fall into falls, falling, fell, fallen

fall into sth
1 commencer à faire • *I fell into my job by chance.* J'ai commencé à faire ce travail par hasard. • *In Spain, he had fallen into the habit of having a short sleep after lunch.* En Espagne, il avait pris l'habitude de faire une petite sieste après le déjeuner. • *She fell into conversation with the man working behind the bar.* Elle entama une conversation avec l'homme qui tenait le bar.
2 (coma) tomber dans, (ruines) tomber en • *He died in March, three months after falling into a coma.* Il est mort en mars, trois mois après être tombé dans le coma. • *Many of the houses along the seafront have fallen into disrepair.* Beaucoup de maisons du bord de mer sont délabrées.
3 se diviser en • *The problems we face fall into two categories.* Les problèmes que nous affrontons se divisent en deux catégories. • *His work as a novelist falls into three*

fall off falls, falling, fell, fallen

fall off

(quantité) diminuer, (qualité) baisser • *The demand for new cars fell off in the first half of the year.* La demande en nouvelles voitures a diminué durant la première moitié de l'année. • *We used to enjoy going to our local French restaurant but the standard has really fallen off recently.* Nous aimions aller au restaurant français local mais la qualité a vraiment baissé récemment.

fall-off, falling-off *n* [C] diminution, baisse • *Travel agents have reported a fall-off in business to the Caribbean.* Les agences de voyage ont constaté un ralentissement des affaires à destination des Caraïbes.

fall on falls, falling, fell, fallen

fall on sth

tomber • *My birthday falls on a Monday this year.* Mon anniversaire tombe un lundi cette année.

fall on/upon falls, falling, fell, fallen

fall on/upon sb

1 être de la responsabilité de • *The job of collecting the new tax will fall on local councils.* La tâche de collecter le nouvel impôt sera de la responsabilité des autorités locales. • (parfois + to do sth) *It fell on Jane to make all the arrangements for their trip.* C'est Jane qui a été chargée d'organiser le voyage.

2 (victime) se jeter sur • *The gang of youths fell on him, kicking and punching him in the stomach.* La bande de jeunes s'est jetée sur lui et lui a donné des coups de pied et des coups de poing dans l'estomac.

fall on/upon sth

(nourriture) se jeter sur • *They fell upon the bread and cheese as if they had not eaten for days.* Ils se sont jetés sur le pain et le fromage comme s'ils n'avaient pas mangé depuis des jours.

fall out falls, falling, fell, fallen

fall out

1 se fâcher • *I haven't seen Karen since we fell out last month.* Je n'ai pas vu Karen depuis que nous nous sommes fâchées le mois dernier. • (souvent + **with**) *He left home after falling out with his parents.* Il est parti de chez lui après s'être fâché avec ses parents. • (parfois + **over**) *It's stupid to fall out over such a small thing.* C'est idiot de se fâcher pour quelque chose d'aussi anodin.

falling-out *n* [C] *familier* dispute • (généralement au singulier) *Clare and Richard had a falling-out last week and they're still not speaking to one another.* Clare et Richard se sont disputés la semaine dernière et ils ne se parlent toujours pas.

2 (cheveux, dents) tomber • *His hair began to fall out when he was only 25.* Il a commencé à perdre ses cheveux quand il avait tout juste 25 ans. • *Most of Sophie's baby teeth have fallen out.* Sophie a perdu presque toutes ses dents de lait.

3 rompre les rangs • (souvent à l'impératif) *'Fall out, men!' shouted the major.* 'Soldats, rompez!' cria le commandant.

fall over falls, falling, fell, fallen

fall over

1 tomber • *He was walking along quite normally and then suddenly fell over.* Il marchait tout à fait normalement et, soudain, il est tombé.

2 (objet) se renverser, (liquide) déborder • *If you make the cake too high it'll just fall over.* Si tu fais le gâteau trop haut, il va déborder.

fall over sth

trébucher contre, trébucher sur • *Be careful not to fall over the step on your way in.* Fais attention de ne pas trébucher contre la marche en entrant.

fall over yourself to do sth (toujours pronominal)

faire tout son possible pour faire qch • *He was falling over himself to make her feel welcome.* Il faisait tout son possible pour qu'elle se sente la bienvenue.

fall through falls, falling, fell, fallen

fall through

échouer • *The company had agreed to finance the project, but the deal is now in danger of falling through.* L'entreprise avait donné son accord pour financer le projet, mais l'affaire risque maintenant d'échouer. • *Our plans to go on holiday together fell through when John became ill.* Nos projets de vacances ensemble sont tombés à l'eau quand John est tombé malade.

fall to falls, falling, fell, fallen

fall to sb
incomber à • *The job of arranging the new schedule fell to Steven.* La tâche d'établir le nouveau planning incomba à Steven. • (souvent + to do sth) *It falls to me to thank the committee for their continued support of the group.* C'est à moi que revient la responsabilité de remercier le comité pour son soutien fidèle au groupe.

fall to (sth/doing sth) *littéraire*
se mettre à • *There was a lot of work to be done and they fell to it immediately.* Il y avait beaucoup de travail et ils s'y mirent aussitôt. • *As we sat together, he fell to talking about the past.* Quand nous nous sommes assis, il s'est mis à parler du passé.

fall under falls, falling, fell, fallen

fall under sth (jamais au passif)
1 se classer sous • *This article falls under the general heading of media studies.* Cet article se classe sous le titre général d'études des médias.
2 (influence, charme) tomber sous • *While he was at university, he fell under the influence of one of the English professors.* A l'université, il est tombé sous l'influence d'un de ses professeurs d'anglais. • *At the end of the war, the land fell under government control.* A la fin de la guerre, le pays est tombé sous le contrôle du gouvernement. • *I had only known her a week but I had already fallen under her spell.* Je ne la connaissais que depuis une semaine mais j'étais déjà tombé sous son charme.

fall upon
voir **fall on/upon**

fan out fans, fanning, fanned

fan out
se déployer • *The group of police officers and volunteers fanned out so that they could search the area more effectively.* Le groupe de policiers et de volontaires s'est déployé de façon à fouiller le secteur avec plus d'efficacité.

fan out (sth) or **fan** (sth) **out**
(se) déployer en éventail • *He fanned the cards out on the table so that everyone could see them.* Il déploya les cartes en éventail sur la table de façon à ce que tout le monde puisse les voir.

fancy up fancies, fancying, fancied

fancy up sth or **fancy** sth **up** *américain, familier*
décorer • *Kim fancied up the birthday cake with special candles.* Kim a décoré le gâteau d'anniversaire avec des bougies originales.

farm out farms, farming, farmed

farm out sth or **farm** sth **out**
donner en sous-traitance • *He has decided to farm out most of the work to freelance designers.* Il a décidé de donner la plupart du travail en sous-traitance à des designers free-lances.

fart about/around farts, farting, farted

fart about/around *familier*
glander • *Tina spent the whole day farting around at home.* Tina a passé la journée à glander à la maison.

fasten on to/onto fastens, fastening, fastened

fasten on to/onto sb
(personne) se cramponner à • *She had fastened onto one of the actors at the party and kept asking him questions about famous film stars.* Elle s'était cramponnée à un des acteurs présents à la soirée et lui posait sans arrêt des questions sur les stars de cinéma.

fasten on/upon fastens, fastening, fastened

fasten on/upon sth
(détail) s'arrêter sur • *He fastened on the words 'group leader' in the document and wondered whether this referred to him.* Il s'arrêta sur le terme 'meneur' inscrit dans le document et se demanda si cela faisait référence à lui. • *Looking for an explanation for the fighting, journalists fastened on extreme nationalism.* Cherchant une explication à la bagarre, les journalistes s'arrêtèrent sur celle du fanatisme nationaliste.

fasten up fastens, fastening, fastened

fasten up sth or **fasten** sth **up** *surtout britannique & australien*
(manteau, sac) fermer • *You should fasten your coat up—it's freezing outside.* Tu

devrais fermer ton manteau; il fait très froid dehors.

fasten upon
voir **fasten on/upon**

fathom out fathoms, fathoming, fathomed

fathom out sth or **fathom** sth **out**
britannique & australien
comprendre • *I tried to understand what he had meant but I couldn't fathom it out.* J'ai essayé de comprendre ce qu'il avait voulu dire mais cela restait pour moi un mystère. • (souvent + pronom interrogatif) *Have you fathomed out how to make it work yet?* As-tu compris comment le faire marcher, maintenant?

fatten up fattens, fattening, fattened

fatten up sth or **fatten** sth **up**
engraisser • *The cattle are fed a diet which is designed to fatten them up as cheaply as possible.* Le bétail a un régime alimentaire destiné à engraisser les bêtes au meilleur prix.

fawn on/over fawns, fawning, fawned

fawn on/over sb
flatter • *The photographers were fawning over Princess Diana, trying to get her to pose for the cameras.* Les photographes flattaient la Princesse Diana, dans l'espoir qu'elle accepte de se laisser photographier.

fear for fears, fearing, feared

fear for sth/sb *légèrement formel*
s'inquiéter pour • *After 50 workers were laid off, many people feared for their jobs.* Quand 50 ouvriers ont été licenciés, beaucoup de gens ont eu peur de perdre leur emploi. • *John had not been seen for over 24 hours, and she feared for his safety.* John avait disparu depuis 24 heures et elle craignait qu'il soit en danger. • *When their daughter was taken into hospital with an unknown disease, they feared for her.* Quand leur fille a été emmenée à l'hôpital sans diagnostic précis, ils se sont inquiétés à son sujet.

feast on/upon feasts, feasting, feasted

feast on/upon sth
se régaler de • *His fans will be able to feast on his biography which has just been published.* Ses fans pourront se régaler à la lecture de sa biographie qui vient de paraître.

feed off feeds, feeding, fed

feed off sth
1 se nourrir de • *Hyenas feed off rotting flesh.* Les hyènes se nourrissent de chair en décomposition.
2 profiter de • *The popular press feeds off gossip about famous people.* La presse populaire vit des commérages à propos des célébrités. • *Each project team feeds off the work that other teams have already completed.* Toute équipe qui travaille sur un projet profite du travail réalisé par d'autres équipes.

feed on/upon feeds, feeding, fed

feed on/upon sth
1 se nourrir de • *Most beetles feed on live plants or plant material.* La plupart des insectes se nourrissent de plantes vivantes ou de produits issus des plantes.
2 être alimenté par • *Extreme nationalism feeds on hatred of other ways of life.* Le fanatisme nationaliste est alimenté par la haine à l'égard de modes de vie différents du nôtre.

feed sb/sth **on/upon** sth *britannique & australien*
être nourri de • *The athletes were fed on a diet which was high in protein and carbohydrates.* Les athlètes recevaient une alimentation riche en protéines et en hydrates de carbone. • *You shouldn't feed your dog just on tinned food.* Vous ne devriez pas nourrir votre chien exclusivement avec des conserves.

feed up feeds, feeding, fed

feed up sb/sth or **feed** sb/sth **up**
britannique & australien
(personne) bien nourrir, (animal) engraisser • *Kate's very thin at the moment—we'll have to feed her up a bit.* Kate est très mince en ce moment; il faudra mieux la nourrir.

feed upon
voir **feed on/upon**

feel for feels, feeling, felt

feel for sb *légèrement familier*
plaindre • *I really feel for him having to take the exam all over again.* Je le plains

vraiment de devoir repasser entièrement l'examen. • *We felt for Jane, she seemed so miserable when Thierry left.* Nous avons beaucoup plaint Jane, elle avait l'air si triste quand Thierry est parti.

feel out feels, feeling, felt

feel out sb or **feel** sb **out** *familier*
essayer de sonder • *She wanted to feel out her manager about taking some time off.* Elle voulait essayer de sonder son directeur sur la question des vacances.

feel out sth or **feel** sth **out** *familier*
réfléchir à • *They were feeling out the possibility of starting their own business.* Ils réfléchissaient à la possibilité de créer leur propre entreprise.

feel up feels, feeling, felt

feel up sb or **feel** sb **up** *familier*
peloter • *It was the second time she had been felt up on the Metro.* C'était la deuxième fois qu'elle se faisait peloter dans le métro.

feel up to feels, feeling, felt

feel up to sth/doing sth
se sentir capable de • *Jane wanted to do the tour but Andy didn't feel up to it.* Jane voulait faire toute la tournée mais Andy ne s'en sentait pas l'énergie. • *Do you feel up to coming to the party then?* Est-ce-que tu te sens en forme pour venir à la fête, finalement?

fence in fences, fencing, fenced

fence in sth or **fence** sth **in**
1 clôturer • *She decided to fence in her yard to make it more private.* Elle a décidé de clôturer son jardin pour avoir plus d'intimité. • (employé comme *adj*) *a small fenced-in garden* un petit jardin entouré d'une clôture
2 mettre dans un enclos • (généralement au passif) *The sheep are always fenced in at night.* Les moutons sont toujours mis dans un enclos pour la nuit.

fence off fences, fencing, fenced

fence off sth or **fence** sth **off**
clôturer • (souvent au passif + **from**) *A small area was fenced off from the rest of the beach.* Une petite partie était séparée du reste de la plage par une clôture. • (employé comme *adj*) *A fenced-off area in the garden contained a variety of rare plants.* Une partie clôturée du jardin contenait une variété d'essences rares.

fend for fends, fending, fended

fend for yourself (toujours pronominal)
se débrouiller • *She's 83 years old and still fends for herself.* Elle a 83 ans et se débrouille encore toute seule. • *A million commuters were left to fend for themselves yesterday when bus drivers went on strike all over the city.* Un million de voyageurs ont dû se débrouiller quand les conducteurs d'autobus ont fait grève dans toute la ville.

fend off fends, fending, fended

fend off sth/sb or **fend** sth/sb **off**
1 (pierre) se protéger contre, (agresseur) repousser, (coup) parer • *Police used their riot shields to fend off bricks thrown by the crowd.* Les policiers se sont servi de leurs boucliers anti-émeute pour se protéger des briques lancées par la foule. • *She managed to fend off her attacker.* Elle a réussi à repousser son agresseur.
2 (question, personne) écarter • *She only tells you what she wants you to know and fends off any difficult questions anyone tries to ask.* Elle ne dit que ce qu'elle veut bien qu'on sache et écarte toute question délicate qu'on essaie de lui poser. • *Sophie spent the whole evening fending off all the young men at the party.* Sophie a passé toute la soirée à écarter tous les jeunes hommes présents à la soirée.

ferret out ferrets, ferreting, ferreted

ferret out sth or **ferret** sth **out**
dénicher • *For the fancy-dress party, he ferreted out an old suit his father had worn in the 60s.* Pour la soirée costumée, il a déniché un vieux costume que son père portait dans les années 60.

fess up fesses, fessing, fessed

fess up *américain, familier*
cracher le morceau • *Fess up – you ate the last piece of cake, didn't you?* Avoue – tu as mangé la dernière part de gâteau, pas vrai?

fetch up fetches, fetching, fetched

fetch up *vieilli, informel*
(toujours + *adv/prép*) atterrir • (souvent + **in**) *After a whole hour driving around,*

we fetched up in the middle of nowhere. Après avoir tourné en rond pendant une heure avec la voiture, nous avons atterri dans un trou perdu.

fetch up sth or **fetch** sth **up** (jamais au passif) *britannique, familier*
rendre • *The dog fetched up its dinner all over the kitchen floor.* Le chien a rendu tout son repas sur le sol de la cuisine.

fiddle about/around fiddles, fiddling, fiddled

fiddle about/around
1 *familier* (dans sac) farfouiller, (pour réglage) tourner les boutons • *She was fiddling around in her bag looking for a comb.* Elle farfouillait dans son sac pour trouver un peigne. • *I fiddled about on my short wave radio to find the World Service.* J'ai cherché à capter la BBC internationale avec mon poste de radio à ondes courtes.
2 *familier* glandouiller • *They can no longer afford to fiddle around – it's time they acted.* Ils ne peuvent plus se permettre de se croiser les bras – il est temps pour eux d'agir.

fiddle about/around with fiddles, fiddling, fiddled

fiddle about/around with sth *familier*
tripoter, jouer avec • *Naomi, stop fiddling about with your hair. It looks just fine.* Naomi, arrête de tripoter tes cheveux. Ils sont très bien comme ça. • *A good team captain will fiddle around with different combinations of players to find a winning side.* Un bon capitaine envisagera différentes combinaisons possibles entre les joueurs d'une équipe pour trouver la formule gagnante.

fiddle away fiddles, fiddling, fiddled

fiddle away sth or **fiddle** sth **away**
américain & australien, familier
(temps) gaspiller • *You'll never finish if you keep fiddling away the time.* Tu n'auras jamais fini si tu continues à gaspiller ton temps.

fight back fights, fighting, fought

fight back
se défendre • *He might be 70 years old, but don't underestimate his ability to fight back.* Il a peut-être 70 ans mais ne sous-estimez pas sa capacité à se défendre. • (souvent + **with**) *The company fought back with the argument that customers are capable of judging a product before they buy it.* L'entreprise s'est défendue en avançant l'argument selon lequel les clients sont capables de juger un produit avant de l'acheter.

fight back sth or **fight** sth **back**
(émotion) réprimer • *Somehow he fought back his anger and remained calm.* Il réussit à réprimer sa colère et à rester calme. • *'I owe them over $3,000', he confessed, fighting back the tears.* Je leur dois plus de $3 000, avoua-t-il en réprimant une envie de pleurer.

fight down fights, fighting, fought

fight down sth or **fight** sth **down**
(envie) réprimer • *He had to fight down the desire to laugh.* Il lui fallut réprimer une envie de rire.

fight off fights, fighting, fought

fight off sb/sth or **fight** sb/sth **off**
repousser • *Officials say that villagers have had to fight off several attacks in the past year.* Selon les autorités locales, les villageois ont dû repousser plusieurs attaques au cours de l'année dernière.

fight off sth or **fight** sth **off**
(maladie, émotion) se défendre contre • *People vary in their ability to fight off infections.* Les gens n'ont pas la même capacité à se défendre contre les maladies. • *He spent many years fighting off painful memories from his childhood.* Il a passé bien des années à se défendre contre de douloureux souvenirs d'enfance. • *The company managed to fight off competition for the contract.* L'entreprise a réussi à repousser la concurrence pour l'obtention de ce contrat.

fight out fights, fighting, fought

fight out sth or **fight** sth **out**
(problème) régler entre soi • *There's only one free ticket so you'll have to **fight it out** between you.* Il n'y a qu'un ticket gratuit; débrouillez-vous pour régler ça entre vous. • *The salary issue is still being fought out.* La question des salaires est toujours en discussion.

figure on figures, figuring, figured

figure on sth/doing sth *surtout américain & australien*
prévoir • *They figured on about 20 people coming to the party.* Ils ont prévu qu'une vingtaine de personnes viendraient à la soirée. • *Nobody figured on the drought and its devastating effect on the corn crop.* Personne n'avait prévu la sécheresse et ses effets dévastateurs sur le maïs. • *We hadn't figured on staying up so late.* Nous n'avions pas prévu de veiller si tard.

figure out figures, figuring, figured

figure out sth/sb or **figure** sth/sb **out**
comprendre • (souvent + pronom interrogatif) *I can't figure out why he did it.* Je n'arrive pas à comprendre pourquoi il a fait cela. • *I've never been able to figure Sue out.* Je n'ai jamais réussi à comprendre Sue.

file away files, filing, filed

file away sth or **file** sth **away**
(document, lettre) classer • *He always files everything away very carefully, so the report shouldn't be hard to find.* Comme il classe toujours tout avec beaucoup de soin, le rapport ne devrait pas être difficile à trouver.

fill in fills, filling, filled

fill in sth or **fill** sth **in**

1 (formulaire, questionnaire) remplir • *Please fill in the application form and send it back by November 2nd.* Prière de remplir le dossier d'inscription et de le renvoyer avant le 2 novembre.

2 (trou) reboucher • *Before painting, fill in all the cracks in the plaster.* Avant de peindre, rebouche toutes les fissures dans le plâtre.

fill in sb or **fill** sb **in** *légèrement familier*
mettre au courant • (souvent + **on**) *Let's go for a coffee and you can fill me in on what happened at the meeting.* Allons prendre un café, comme ça, tu pourras me mettre au courant de ce qui s'est passé à la réunion.

fill in
(absent) remplacer • (généralement + **for**) *Can you fill in for me for a couple of hours while I'm at the dentist's?* Est-ce que tu peux me remplacer pendant quelques heures, le temps que j'aille chez le dentiste? • *Janet filled in while her boss was away on holiday.* Janet a remplacé son patron pendant qu'il était en vacances.

fill out fills, filling, filled

fill out sth or **fill** sth **out**
(formulaire, questionnaire) remplir • *We were all asked to fill out a form.* On nous a demandé à tous de remplir un formulaire.

fill out
se développer • *When John's a little older and fills out more, he'll be an outstanding athlete.* Quand John sera un peu plus vieux et qu'il se sera développé davantage, ce sera un athlète remarquable.

fill up fills, filling, filled

fill up (sth) or **fill** (sth) **up**
(se) remplir • *Fill that bucket up with water and bring it over here.* Remplis ce seau d'eau et apporte-le ici. • *We'd better get to the restaurant early because it usually fills up around 8 o'clock.* Nous ferions mieux d'aller au restaurant de bonne heure parce que les gens arrivent en général vers 8 heures. • *We need to fill up at the next gas station.* Il faut faire le plein à la prochaine station-essence.

fill-up n [C] *américain* plein d'essence • *We need to stop at a gas station for a fill-up.* Nous devons nous arrêter à la prochaine station pour faire le plein d'essence.

fill up sb or **fill** sb **up**
rassasier • *Those potatoes have really filled me up. I couldn't eat another thing!* Ces pommes de terre m'ont vraiment rassasiée. Je ne peux rien avaler d'autre!

film over films, filming, filmed

film over
(surface) devenir opaque, (regard) se brouiller • (souvent + **with**) *His eyes filmed over with tears when he heard the news.* A cette nouvelle, ses yeux se brouillèrent de larmes.

filter in filters, filtering, filtered

filter in *britannique*
s'infiltrer • *There's a lane closed ahead and we'll have to filter in to the middle lane.* Il

y a une bande interdite à la circulation plus loin; il faudra nous infiltrer dans la bande du milieu.

filter out filters, filtering, filtered

filter out sth or **filter** sth **out**
(substance) filtrer • *Devices in the two chimneys are used to filter out poisonous gases from the smoke released into the air.* Des appareils filtrent les gaz toxiques contenus dans la fumée qui s'échappe des deux cheminées.

filter out sth/sb or **filter** sth/sb **out**
éliminer • *The company claims that the device can filter out unwanted phone calls before the phone rings.* La société prétend que l'appareil peut éliminer les appels indésirables avant que le téléphone ne sonne. • *These tests are designed to filter out unsuitable applicants.* Ces tests sont conçus pour éliminer les candidats indésirables.

find against finds, finding, found

find against sb/sth
se prononcer contre • *The jury found against the tobacco company and awarded £400,000 to the woman smoker's family.* Le jury s'est prononcé contre la manufacture de tabac et a accordé la somme de £400.000 à la famille de la fumeuse.

find for finds, finding, found

find for sb/sth
se prononcer en faveur de • *Yesterday, the judge found for two men on the assault charges they had made against the police.* Hier, le juge s'est prononcé en faveur de deux hommes qui avaient accusé la police d'agression.

find out finds, finding, found

find out (sth) or **find** (sth) **out**

(information) chercher à savoir, apprendre, découvrir • (souvent + pronom interrogatif) *I need to find out exactly what went wrong.* Il faut que j'essaie de découvrir en quoi les choses ne se sont pas passées comme elles auraient dû. • *Ring the restaurant to find out if they still have a table free.* Appelle le restaurant pour savoir s'ils ont encore une table de libre.

• (souvent + **about**) *He knew that if his parents found out about the party, he would never be allowed to stay in the house on his own again.* Il savait que, si ses parents entendaient parler de la fête, il ne pourrait plus jamais rester seul à la maison.
• (souvent + **that**) *We found out that it was his birthday and so decided to buy him a small present.* Nous avons appris que c'était son anniversaire et nous avons décidé de lui offrir un petit cadeau.
• *Learning to drive isn't easy, as you'll soon find out.* Apprendre à conduire n'est pas une chose facile, comme tu pourras bientôt le constater. • *He's often thought about having an affair, but is worried that his wife would find out.* Il a souvent pensé à avoir une aventure, mais il craint que sa femme ne s'en aperçoive.

find out sb or **find** sb **out**
(coupable) découvrir • (généralement au passif) *He lived in dread of being found out.* Il vivait dans la terreur d'être découvert.

finish off finishes, finishing, finished

finish off sth or **finish** sth **off**

1 finir • *I'll just finish this letter off before I go.* Je vais finir cette lettre avant de partir. • *We need some more tiles to finish off the bathroom wall.* Nous avons besoin de quelques carreaux de plus pour finir le mur de la salle de bains.

2 (verre, assiette) finir • *Let's finish this one off before we open another bottle.* Finissons celle-là avant d'ouvrir une autre bouteille.

finish off
terminer • (souvent + **with**) *We ate a huge meal, finishing off with banana cream pie.* Nous avons fait un énorme repas, en terminant par une tarte à la crème de banane. • *The bride's father spoke for half an hour and finished off by reading out the telegrams.* Le père de la mariée a parlé pendant une demi-heure et a terminé en lisant les télégrammes.

finish off sb/sth or **finish** sb/sth **off**
légèrement familier

1 (blessé) achever • *He lay on the ground waiting for the bullet that would finish him off.* Il était allongé sur le sol et attendait qu'on tire la balle qui l'achèverait.

2 (adversaire) finir d'écraser • *A goal from Clough finished off the opposition in the last minutes of the game.* Un but de Clough a

fini d'écraser l'équipe adverse dans les dernières minutes du jeu.

finish off sb or **finish** sb **off**
achever • *The last game of tennis has really finished me off.* Le dernier match de tennis m'a vraiment achevé. • *It was the fact that his wife left him for another man that finished him off.* C'est le fait que sa femme parte avec un autre qui l'a achevé.

finish up finishes, finishing, finished

finish up (toujours + *adv/prép/adj*) *surtout britannique & australien, légèrement familier*
finir • *She drank so much that she finished up in hospital.* Elle a tellement bu qu'elle a fini à l'hôpital. • *We did a ten-mile walk and finished up in a village on the other side of the river.* Nous avons fait une marche de 15 km jusqu'à un petit village de l'autre côté de la rivière. • (souvent + **with**) *Amazingly she finished up with a seat in the Italian parliament.* Aussi incroyable que ça puisse paraître, elle a fini par décrocher un siège au parlement italien. • (souvent + **as**) *He finished up as a gardener in a park.* Il a fini comme jardinier dans un parc.

finish up doing sth *britannique & australien, légèrement familier*
finir par • *We finished up paying twice as much for the trip as Nicki and Steve!* Il a fini par payer deux fois plus cher pour le voyage que Nicki et Steve!

finish up (sth) or **finish** (sth) **up**
1 finir • *Finish up your dinner and then you can watch television.* Finis ton assiette et tu pourras regarder la télé.
2 *surtout américain* finir • *He's currently finishing up his latest album which will be released next July.* Il est en train de finir son dernier album qui sortira en juillet.

finish up with finishes, finishing, finished

finish up with sth
(se) terminer par • *The President's week begins with a visit to Camp David and finishes up with an address to Congress.* La semaine du Président commence avec une visite de Camp David et se termine par un discours au Congrès. • *I ate three courses and finished up with a chocolate dessert.* J'ai pris trois plats et j'ai terminé par un dessert au chocolat.

finish with finishes, finishing, finished

finish with sb
1 *britannique & australien, familier* rompre avec • *Paula's just finished with her boyfriend after three years.* Après trois ans de relation, Paula vient de rompre avec son copain.
2 en avoir terminé avec • *One moment – I haven't finished with you yet.* Un instant. Je n'en ai pas encore terminé avec vous. • *He'll wish he'd never come to see me by the time I've finished with him.* Il regrettera d'être venu me voir quand j'en aurai terminé avec lui.

finish with sth
finir d'utiliser • *Have you finished with this magazine?* Avez-vous fini de lire ce magazine? • *I'll have the scissors when you've finished with them.* J'aurai besoin des ciseaux quand tu auras fini de t'en servir.

fink on finks, finking, finked

fink on sb *américain, argot*
moucharder sur • *How did the police know? Someone must have finked on him.* Comment est-ce que la police est au courant? Quelqu'un doit avoir mouchardé à son sujet.

fink out finks, finking, finked

fink out *américain, argot*
se désister • *We'd planned to go camping, but at the last minute Bob finked out.* Nous avions prévu d'aller camper, mais, au dernier moment, Bob nous a laissé tomber.

fire away

Fire away! (toujours à l'impératif) *légèrement familier*
Vas-y, je t'écoute! • *'I'd like to ask you some questions about your childhood, if I may.' 'Fire away.'* 'J'aimerais vous poser quelques questions sur votre enfance, si vous le permettez.' 'Allez-y, je vous écoute.'

fire off fires, firing, fired

fire off sth or **fire** sth **off**
1 tirer • *The rebels ran through the streets firing off shots into the air.* Les rebelles couraient dans les rues en tirant des coups de feu en l'air.

2 envoyer • *After reading the newspaper article, she fired off an angry letter to the editor.* Après avoir lu l'article dans la presse, elle a envoyé une lettre de protestation à l'éditeur.

fire up fires, firing, fired

fire up sb or **fire** sb **up**
mettre dans tous ses états, provoquer la colère de • *The issue has fired up civil rights activists.* Le sujet a provoqué la colère des militants pour les droits du citoyen. • *We had an argument about it and she got all fired up.* Nous nous sommes disputés à ce sujet et elle s'est mise dans tous ses états.

fire up sth or **fire** sth **up**
1 *américain* (cigarette, barbecue) allumer • *He paused and fired up another cigarette.* Il s'est arrêté et a allumé une cigarette. • *If we fire up the barbecue now, dinner will be ready in an hour.* Si nous allumons le barbecue maintenant, le dîner sera prêt dans une heure.
2 *américain* démarrer • *She fired up the car engine, slipped it into gear, and went speeding off.* Elle a démarré le moteur, passé une vitesse et est partie en trombe.

firm up firms, firming, firmed

firm up sth or **firm** sth **up**
1 (accord, détail, prix) confirmer • *Could we have a meeting so that we can firm up the details of our agreement?* Pourrions-nous nous rencontrer pour confirmer certains détails de notre accord?
2 (cuisses, fesses) raffermir • *Swimming is one of the best ways to firm up your thighs.* La natation est un des meilleurs moyens pour raffermir les cuisses.

fish for fishes, fishing, fished

fish for sth (jamais au passif)
(compliment, information, invitation) essayer d'obtenir • (généralement à la forme progressive) *Anne's brother was fishing for information about David, her new boyfriend.* Le frère d'Anne essayait d'obtenir des informations sur David, son nouveau petit ami. • *He's always fishing for compliments.* Il est toujours à chercher des compliments. • *It was embarrassing listening to them fishing for an invitation to her party.* A les entendre essayer de se faire inviter à sa fête, on se sentait mal à l'aise.

fish out fishes, fishing, fished

fish out sth/sb or **fish** sth/sb **out**
familier
(corps) repêcher • (souvent + **of**) *The police fished a body out of the river this morning.* La police a repêché un corps de la rivière, ce matin. • *The ball's fallen into the pond, can you fish it out?* Le ballon est tombé dans la mare, tu peux aller le rechercher?

fish out sth or **fish** sth **out** *familier*
(clé, mouchoir) sortir • *He put his hand in his pocket and fished out a sweet.* Il fouilla dans sa poche et en sortit un bonbon.

fit in fits, fitting, fitted *(américain prét aussi* fit*)*

fit in
1 se sentir à l'aise • (souvent + **with**) *She seems to fit in well with everyone in the department.* Elle a l'air de bien s'accorder avec tout le monde dans le département. • *I never felt that I fitted in at school.* Je ne me suis jamais senti à ma place à l'école.
2 aller bien ensemble • (souvent + **with**) *These colours don't fit in with the design of the room.* Ces couleurs ne vont pas avec l'agencement de la pièce.
3 intervenir • *We need someone to drive the van. That's where Susan fits in.* Nous avons besoin de quelqu'un pour conduire le camion et c'est là que Susan intervient.
4 (activité) caser • (souvent + **around**) *Tennis has to fit in around her busy schedule of meetings.* Elle doit caser le tennis dans son emploi du temps surchargé de réunions.

fit in sb/sth or **fit** sb/sth **in**
(activité) trouver le temps de faire, (client) avoir le temps de recevoir • *He'll fit in a TV interview before travelling to Paris.* Il prendra le temps d'accorder un entretien télévisé avant de se rendre à Paris. • *The doctor's very busy, but she could fit you in tomorrow morning.* Le docteur est très occupé, mais elle aurait le temps de vous recevoir demain matin.

fit in with fits, fitting, fitted
(américain prét aussi fit*)*

fit in with sth
1 concorder avec • *The chance to move to a bigger building fits in well with our plans to expand the business.* Notre déménagement dans un bâtiment plus grand concorde avec notre projet de

développer notre entreprise. • *Why should I change my habits to fit in with their way of life?* Pourquoi est-ce que je devrais changer mes habitudes et me conformer à leur mode de vie?

2 concorder avec • *The latest bombings fit in with previous threats to increase terrorist activity.* Les derniers attentats à la bombe confirment les menaces antérieures d'une intensification des activités terroristes.

fit into fits, fitting, fitted (*américain prét aussi* fit)

fit into sth

1 faire partie de • *The new college courses fit into a national education plan.* Les nouveaux cours universitaires font partie d'un nouveau projet éducatif d'envergure nationale. • *Road development did not fit into his vision of the future.* Le développement du réseau routier ne faisait pas partie de ses idées concernant l'avenir.

2 appartenir à • *As a writer, she does not fit into any of the traditional categories.* En tant qu'écrivain, elle n'appartient à aucune des catégories traditionnelles.

fit out fits, fitting, fitted (*américain prét aussi* fit)

fit out sb/sth *or* **fit** sb/sth **out**

(soldat, navire) équiper • *The ship is being fitted out for the voyage.* On est en train d'équiper le navire pour la traversée. • *We fitted him out with a smart new suit for the occasion.* Pour l'occasion, nous lui avons fourni un beau costume tout neuf.

fit up fits, fitting, fitted (*américain prét aussi* fit)

fit up sb/sth *or* **fit** sb/sth **up** *surtout britannique & australien*

(pièce, maison) équiper • *He fitted up a special pine-panelled bar in the room.* Il a spécialement installé un bar couvert de panneaux en pin dans la pièce. • (souvent + **with**) *The new director asked to be fitted up with his own private plane.* Le directeur a demandé qu'un avion privé lui soit attribué. • *We fitted the children up with three speed bikes for the trip.* Pour le voyage, nous avons équipé les enfants de trois vélos de course.

fit up sb *or* **fit** sb **up** *britannique, familier*
monter une machination contre • *The policemen were accused of fitting up a businessman on a false murder charge.* Les policiers ont été accusés d'avoir monté une machination contre un homme d'affaires avec une fausse accusation de meurtre.

fix on fixes, fixing, fixed

fix on sth/sb
choisir • *We haven't fixed on a hotel yet for our wedding reception.* Nous n'avons pas encore choisi d'hôtel pour notre repas de mariage.

fix up fixes, fixing, fixed

fix up sth *or* **fix** sth **up**

1 (pièce) refaire, (en bureau) transformer, (maison) réparer • *Ella had fixed up one of the bedrooms for me to use as an office.* Ella avait transformé une des chambres pour m'en faire un bureau. • *They spent thousands of dollars fixing up an old house in the countryside.* Ils ont dépensé des milliers de dollars pour retaper une vieille maison à la campagne.

2 (réunion) prévoir • *I'd like to fix up a meeting with you for some time next week if that's possible.* J'aimerais prévoir une réunion avec vous la semaine prochaine si c'est possible.

3 *américain & australien, familier* (problème) résoudre, (désaccord) régler • *Did you manage to fix up the problem with your lease?* Avez-vous réussi à régler le problème de votre bail? • *They fixed up their dispute with the builder and work on the house is underway again.* Ils ont réglé leur désaccord avec l'entrepreneur chargé de leur maison et les travaux ont repris.

fix up sb/sth *or* **fix** sb/sth **up**
procurer qch à qn • (souvent + **with**) *Could you fix us up with a place to stay for a few nights?* Pourriez-vous nous procurer une chambre pour quelques nuits? • *If I still haven't found anyone to take to the dance, Paul said he'd be able to fix me up.* Si je n'ai toujours trouvé personne à emmener danser, Paul m'a dit qu'il pourrait me trouver quelqu'un.

fix yourself **up** (toujours pronominal) *américain, familier*
se faire beau • *She changed her clothes and brushed her hair, fixing herself up to go out.* Elle s'est changée et s'est brossé les cheveux pour se faire belle avant de sortir.

fix sb **up** *australien, familier*
rembourser • *I haven't forgotten the $20 I owe you, can I fix you up tomorrow?* Je n'ai

pas oublié que je te dois $20, je peux te rembourser demain?

fizzle out fizzles, fizzling, fizzled

fizzle out *légèrement familier*
se terminer progressivement • *When she went away to college, she stopped writing to her boyfriend and eventually their relationship just fizzled out.* Quand elle est partie à l'université, elle a cessé d'écrire à son petit ami et, en fin de compte, leur relation s'est progressivement terminée. • *All the newspapers wrote about the scandal but public interest soon fizzled out.* Tous les journaux ont commenté le scandale mais l'intérêt des lecteurs est vite retombé.

flag down flags, flagging, flagged

flag down sth or **flag** sth **down**
faire signe de s'arrêter à • *A police officer flagged the car down.* Un policier a fait signe à la voiture de s'arrêter. • *We tried to flag down a taxi but they were all full.* Nous avons essayé de héler un taxi mais ils étaient tous pleins.

flake out flakes, flaking, flaked

flake out *familier*
tomber comme une masse • *The children had had an exhausting day, and flaked out on their beds.* Les enfants avaient eu une journée très fatigante et s'endormirent comme des masses une fois dans leurs lits.

flare out flares, flaring, flared

flare out *américain, familier*
(de colère) éclater • (généralement + **at**) *He flared out at her, slamming his fist on the table.* Il a tapé du poing sur la table, laissant éclater sa colère à son égard.

flare up flares, flaring, flared

flare up
1 (violence, dispute, colère) éclater • *Violence flared up again last night in many parts of the city.* Des manifestations violentes ont à nouveau éclaté dans différentes parties de la ville hier soir. • *As soon as he saw Nina, he could feel the anger flaring up in his heart.* Dès qu'il aperçut Nina, il sentit la colère monter en lui.
2 éclater de colère • *'You can't stop me from saying what I think'* she said, *flaring up.* 'Tu ne m'empêcheras pas de dire ce que je pense' s'écria-t-elle en éclatant de colère.
flare-up *n* [C] éclat • *The possibility of a flare-up between the two governments remains very strong.* La possibilité d'un éclat entre les deux gouvernements reste très forte.
3 (maladie) réapparaître • *If it flares up again, you should go to see a doctor.* Si cela réapparaît, vous devriez aller voir un médecin.
flare-up *n* [C] recrudescence • *She experienced a flare-up of her arthritis problems.* Elle a souffert d'une recrudescence de ses problèmes d'arthrite.

flash around flashes, flashing, flashed

flash around sth or **flash** sth **around**
(argent, bague) exhiber • *Did you see Judy flashing her diamond ring around?* Tu as vu Judy en train d'exhiber sa bague en diamants?

flash back flashes, flashing, flashed

flash back
faire un retour en arrière sur • (généralement + **to**) *Her mind flashed back to the day of their wedding.* Elle se remémora le jour de leur mariage.
flashback *n* [C] retour en arrière • *A year after the accident, he was still having flashbacks.* Un an après l'accident, l'événement lui revenait encore régulièrement à l'esprit.
flashback *n* [C] retour en arrière • *The film begins with a flashback to the hero's childhood.* Le film commence par un retour en arrière sur l'enfance du héros.

flash on flashes, flashing, flashed

flash on sth *américain, familier*
(idée) avoir • *Wait, I just flashed on a possible solution to our scheduling problem.* Attends, je viens juste de trouver une possibilité de solution à notre problème de planning.

flash out flashes, flashing, flashed

flash out sth or **flash** sth **out**
lancer, étinceler • *Tom's eyes flashed out a look of hatred.* Les yeux de Tom lançaient des éclairs de haine.

flatten out flattens, flattening, flattened

flatten out (sth) or **flatten** (sth) **out**
1 (s') aplatir • *Matthew flattened out his newspaper and began to read.* Matthew aplatit son journal et se mit à lire. • *The path is steep here but flattens out at the top of the hill.* Le chemin monte en pente raide ici mais il redevient plat au sommet de la colline.
2 devenir stable • *Interest rates have begun to flatten out.* Les taux d'intérêt ont commencé à se stabiliser.

flesh out fleshes, fleshing, fleshed

flesh out sth or **flesh** sth **out**
étoffer • (souvent + *with*) *Can you flesh out your report with some figures?* Est-ce que tu peux étoffer ton rapport en y ajoutant quelques chiffres?

flick over flicks, flicking, flicked

flick over *britannique, familier*
(TV) changer de chaîne, (radio) changer de station • *She flicked over to see if the film had begun.* Elle a changé de chaîne pour voir si le film avait commencé.

flick through flicks, flicking, flicked

flick through sth
1 (livre, magazine) feuilleter • *I passed the time flicking through magazines.* J'ai tué le temps en feuilletant des magazines. • *He picked up my photo album and started flicking through it.* Il a pris mon album de photos et a commencé à le feuilleter.
2 passer d'une chaîne à l'autre, passer d'une station à l'autre • *I've just been flicking through the channels but there's nothing I want to watch.* Je viens de zapper pour voir ce qu'il y a sur chaque chaîne mais je n'ai rien trouvé qui m'intéresse.

fling into flings, flinging, flung

fling yourself **into** sth (toujours pronominal)
se plonger dans • *He's really flung himself into his work since his relationship with Isobel ended.* Il s'est vraiment plongé dans son travail depuis la fin de sa relation avec Isobel.

fling off flings, flinging, flung

fling off sth or **fling** sth **off**
(vêtement) retirer, (couverture) rejeter • *She just had time to fling her clothes off and dive into the shower.* Elle a eu juste le temps de retirer ses vêtements et de plonger sous la douche.

flip off flips, flipping, flipped

flip off sb or **flip** sb **off** *américain, argot*
faire un bras d'honneur à • *He laughed sarcastically and flipped them off.* Il eut un rire sarcastique et leur fit un bras d'honneur.

flip out flips, flipping, flipped

flip out *surtout américain, familier*
devenir fou • *The kids really flipped out the first time they saw the new computer games.* La première fois qu'ils ont vu les nouveaux jeux informatiques, les enfants sont devenus fous. • *He flipped out in court, yelling and screaming about his rights.* Il est devenu fou en pleine audience, criant à tue-tête qu'il avait des droits.

flip through flips, flipping, flipped

flip through sth
(livre, magazine) feuilleter • *I was just flipping through my new cookbook while the kettle boiled.* Je feuilletais mon nouveau livre de cuisine pendant que la bouilloire chauffait.

flirt with flirts, flirting, flirted

flirt with sb
flirter avec • *He likes to flirt with the young women in the office.* Il aime flirter avec les jeunes femmes du bureau.

flirt with sth
(idée) caresser • *He's flirted with the idea of going back to college but whether he'll actually do it I don't know.* Il a caressé l'idée de retourner à l'université mais je ne sais pas s'il le fera vraiment. • *As a young man he flirted briefly with communism.* Jeune homme, il a un peu flirté avec les communistes.

float about/around floats, floating, floated

float about/around
(idée, histoire) circuler • *Rumours about his condition had been floating about for a long time.* Des rumeurs concernant son état de santé circulaient depuis longtemps.

be floating about/around (toujours à la forme progressive)
(document) traîner • *I'm sure I saw your list floating around somewhere.* Je suis

certaine d'avoir vu votre liste traîner quelque part.

flood back flood, flooding, flooded

flood back
(souvenir) remonter à la surface • *Seeing where I used to live brought so many memories flooding back.* Revoir l'endroit où j'habitais a fait remonter à la surface bien des souvenirs. • *I only have to smell the polish they used at my school and it all comes flooding back.* Il suffit que je sente l'odeur de la cire qu'on utilisait dans mon école et tous mes souvenirs remontent à la surface.

flood in/into floods, flooding, flooded

flood in
flood into sth
(lumière) entrer à flots, (visiteurs) affluer • *More and more hotels are being built as tourists from Germany and Japan flood in.* On construit de plus en plus d'hôtels pour loger les touristes qui arrivent en masse d'Allemagne et du Japon. • *Letters of complaint have been flooding into the office.* Le bureau a été inondé de lettres de protestation.

flood out floods, flooding, flooded

flood out sb or **flood** sb **out**
être évacué en raison d'une inondation • *Several families living on the seafront were flooded out during the storm.* Plusieurs familles vivant sur le front de mer ont été évacuées en raison de l'inondation qui a accompagné l'orage.

flood with floods, flooding, flooded

flood sth **with** sth
(prospectus) inonder de • *Thousands of the paper's loyal readers flooded its offices yesterday with faxes of support.* Hier, des milliers de lecteurs assidus du journal ont inondé le bureau de fax de solidarité. • *The international market is flooded with tea and coffee.* Le marché international croule sous les excédents de thé et de café.

flounder about/around
flounders, floundering, floundered

flounder about/around
se débattre • (souvent + **in**) *He floundered around in the deep water, desperate to reach the shore.* Il se débattait dans l'eau profonde, voulant désespérément rejoindre le rivage.

flow from flows, flowing, flowed

flow from sth
résulter de • *Problems flowing from his recent illness have made the family's life very difficult.* Les problèmes résultant de sa maladie récente ont rendu la vie de sa famille très difficile.

fluff out/up fluffs, fluffing, fluffed

fluff out/up sth or **fluff** sth **out/up**
(coussin) retaper, (plumes) faire bouffer • *The parakeets looked bigger than ever, having fluffed out their feathers.* Les perruches, ayant fait bouffer leurs plumes, avaient l'air encore plus grosses. • *Fluff the pillows up when you make the bed.* Retape les oreillers quand tu fais le lit.

flunk out flunks, flunking, flunked

flunk out *américain & australien, familier*
se faire virer • *Dan won't be going back to college next year – he flunked out.* Dan ne retournera pas à la fac, l'année prochaine; il s'est fait virer.

flush out flushes, flushing, flushed

flush out sb/sth or **flush** sb/sth **out**
faire sortir, faire sortir de sa cachette • (souvent + **from**) *The dog flushed the rabbits out from their holes.* Leur chien a fait sortir les lapins de leurs trous. • *Troops launched a dawn raid to flush out resistance fighters.* Les soldats ont effectué un raid à l'aube pour faire sortir les résistants de leurs cachettes.

flush out sth or **flush** sth **out**
laver • *Heavy rain had flushed out the drains, taking sewage and other pollutants out to sea.* Les pluies fortes avaient lavé les canalisations, emportant les eaux usées et les autres polluants vers la mer.

flutter about/around flutters, fluttering, fluttered

flutter about/around
(oiseau, papillon) voleter • *Butterflies fluttered about in the sunlight.* Des papillons voletaient au soleil.

fly about/around flies, flying, flew, flown

fly about/around (swh)
(rumeurs, accusations) circuler • (généralement à la forme progressive) *Nobody knew where George had gone, but there were all sorts of rumours flying around.* Personne ne savait où George était parti mais toutes sortes de rumeurs circulaient. • *There's a ridiculous story about Jane having a drinking problem flying about the office.* Il y a une histoire ridicule qui circule au bureau selon laquelle Jane serait alcoolique.

fly at flies, flying, flew, flown

fly at sb
1 se jeter sur • *When she saw her daughter's killer, she flew at him screaming and scratching.* Quand elle vit l'assassin de sa fille, elle se jeta sur lui en criant, toutes griffes dehors.
2 s'en prendre à • *He will fly at anyone who dares to disagree with him.* Il s'en prend à tous ceux qui osent le contredire.

fly into flies, flying, flew, flown

fly into sth
(colère) se mettre en, (panique) être pris de • *When I refused to move my car, he flew into a rage and threatened to call the police.* Quand j'ai refusé de bouger ma voiture il s'est mis en colère et a menacé d'appeler la police.

fob off fobs, fobbing, fobbed

fob off sb or **fob** sb **off** *familier*
1 (naïf) rouler • (généralement + **with**) *She really knows about jewellery. You won't be able to fob her off with false diamonds.* Elle s'y connaît en joaillerie. Vous n'arriverez pas à la rouler avec de faux diamants.
2 envoyer promener • *The manager of the shop tried to fob us off by telling us to complain directly to the manufacturer.* Le patron du magasin a essayé de nous envoyer promener en nous disant de nous plaindre directement auprès du fabricant. • *The children refused to be fobbed off with promises of chocolate.* Les enfants ont refusé qu'on les envoie promener avec des promesses de chocolat.
fob off sth or **fob** sth **off** *familier*
fourguer • (généralement + **on/onto**) *Who can I fob off all these old books onto?* A qui est-ce que je pourrais bien fourguer tous ces vieux livres?

focus on/upon focuses, focussing, focussed

focus (sth) **on/upon** sth
1 (se) concentrer sur • *He has given up running in order to focus on the long jump.* Il a laissé tomber la course à pied pour se concentrer sur le saut en longueur. • *Scientists are focussing their research upon areas with high levels of cancer patients.* Les scientifiques concentrent leur recherche dans des régions qui comptent un grand nombre de cancéreux.
2 (avec appareil photo, microscope) faire le point sur, (regard) se braquer sur • *I focussed the telescope on the moon.* J'ai braqué le télescope sur la lune. • *All eyes were focussed upon him.* Tous les regards étaient braqués sur lui.

fog up fogs, fogging, fogged

fog up (sth) or **fog** (sth) **up**
(pare-brise, lunettes) (s') embuer • *The steam from all this cooking has fogged up the windows.* La vapeur de toute cette préparation avait embué les fenêtres. • *My glasses fogged up when I came into the warm room.* Mes lunettes se sont embuées quand je suis entrée dans la pièce chaude.

foist on foists, foisting, foisted

foist sth **on** sb
imposer à • *Parents should not try to foist their values on their children.* Les parents ne devraient pas essayer d'imposer leurs valeurs à leurs enfants. • *His friends tried to foist a goodbye party on him, but he preferred to leave quietly.* Ses amis ont essayé de lui imposer une fête d'adieux mais il a préféré partir discrètement.

fold away folds, folding, folded

fold away (sth) or **fold** sth **away**
(chaise, table) plier • *The van's seats can be folded away to make more room.* Les sièges du camion peuvent se plier pour faire de l'espace. • *He bought a bicycle which folds away and fits in the back of his car.* Il a acheté une bicyclette qui se plie et se range à l'arrière de sa voiture.
fold-away *adj* (toujours avant n) pliant • *a fold-away bed* un lit pliant

fold in folds, folding, folded

fold in sth or **fold** sth **in**
(farine, blancs d'oeuf) incorporer • *Beat the eggs and butter, then fold in the flour.* Battre les oeufs et le beurre, puis incorporer la farine.

fold into folds, folding, folded

fold sth **into** sth
(farine, blancs d'oeuf) incorporer • *Fold the egg whites into the chocolate mixture.* Incorporer les blancs d'oeuf au chocolat fondu.

fold up folds, folding, folded

fold up (sth) or **fold** (sth) **up**
(vêtement, papier, chaise) plier • *Can you help me fold up these sheets?* Tu peux m'aider à plier ces draps? • *The road map folds up and fits in my bag.* La carte se plie et tient dans mon sac. • *Fold that chair up and put it in here.* Pliez cette chaise et mettez-la ici.

fold-up *adj* (toujours avant n) pliant • *a fold-up table* une table pliante

follow on follows, following, followed

follow on

1 *surtout britannique & australien* faire suite à • (généralement + **from**) *This document follows on from the discussions we had last month.* Ce document fait suite aux conversations que nous avons eues le mois dernier.

follow-on *n* [singulier] *surtout britannique & australien* prolongement • (souvent + **from**) *My research project is a follow-on from earlier work.* Mon projet de recherche est le prolongement d'un travail antérieur.

2 rejoindre • *David has already left and we'll be following on later.* David est déjà parti et nous le rejoindrons plus tard.

follow through follows, following, followed

follow through (sth) or **follow** (sth) **through**

1 poursuivre • *The group had one successful song but failed to follow through with another hit record.* Le groupe a fait une chanson qui a été un succès mais il n'a pas réussi à continuer sur sa lancée avec un autre tube.

2 (projet) mener à terme, (promesse) tenir • (généralement + **on**) *We hope that they will follow through on their commitment to better working conditions.* Nous espérons qu'ils respecteront leur engagement à instaurer de meilleures conditions de travail. • *Scientists plan to follow through on their investigations into the cause of the disease.* Les scientifiques prévoient de poursuivre leurs recherches sur l'origine de la maladie.

3 (mouvement) continuer, amplifier • *She needs to follow through more on her backhand if she is going to improve it.* Il faut qu'elle amplifie son revers si elle veut l'améliorer.

follow up follows, following, followed

follow up sth or **follow** sth **up**

1 donner suite à • (souvent + **with**) *If you make a hotel booking by phone, follow it up with written confirmation.* Si vous réservez une chambre dans un hôtel, donnez suite à votre appel en confirmant par écrit. • *We are worried that terrorists will follow up their threats with bomb attacks.* Nous avons peur que les terroristes donnent suite à leurs menaces avec des attentats à la bombe.

follow-up *n* [singulier] prolongement • (généralement + **to**) *The meeting was a follow-up to the West Africa summit talks.* La réunion était un prolongement des négociations au sommet qui avaient eu lieu en Afrique de l'Ouest.

2 donner suite à • *The police were quick to follow up allegations of fraud.* La police a rapidement donné suite aux allégations de fraude.

fool about/around fools, fooling, fooled

fool about/around

1 faire l'imbécile • *We spent the afternoon fooling around on the beach.* Nous avons passé l'après-midi à faire les imbéciles sur la plage. • (souvent + **with**) *You should never fool about with matches.* Il ne faut jamais jouer avec des allumettes.

2 coucher avec • (généralement + **with**) *She's fooling around with someone at work.* Elle couche avec un de ses collègues.

fool with fools, fooling, fooled

fool with sth *américain & australien, familier*
faire l'imbécile avec • *Don't fool with that gun – it's loaded!* Ne fais pas l'imbécile avec ce revolver – il est chargé!

footle about/around footles, footling, footled

footle about/around *britannique*
traînailler, glandouiller • *She spent the whole morning footling around in the kitchen.* Elle a passé toute la matinée à traînailler dans la cuisine.

force back forces, forcing, forced

force back sth or **force** sth **back** (jamais au passif) *surtout britannique & australien*
(émotion) réprimer • *When she saw her sister again, she had to force back the tears.* Quand elle a revu sa soeur, elle a dû réprimer une envie de pleurer.

force on/upon forces, forcing, forced

force sth **on/upon** sb
imposer à • *I wasn't going to eat a dessert but Julia forced it on me.* Je n'allais pas manger de dessert mais Julia m'a forcé à en prendre. • *When she accepted the promotion, she had many new responsibilities forced upon her.* Quand elle a accepté la promotion, on lui a imposé beaucoup de nouvelles responsabilités.
force yourself **on/upon** sb (toujours pronominal)
imposer sa présence à, s'imposer • *I couldn't stay at their house – I'd feel as if I was forcing myself on them.* Je ne pouvais pas rester chez eux. J'aurais eu l'impression de m'imposer.

forge ahead forges, forging, forged

forge ahead
1 accélérer • *Just 100 metres from the finishing line Jackson forged ahead.* A juste 100 mètres de la ligne d'arrivée, Jackson a accéléré.
2 aller de l'avant • *They are forging ahead, building a mile a day of the railway line.* Ils avancent vite et construisent 16 km par jour de voie ferrée. • (souvent + **of**) *The company has forged ahead of its rivals with record profits.* La société a pris de l'avance sur ses concurrents en faisant des bénéfices records. • (parfois + **with**) *The department has promised to forge ahead with its plan to build a new airport.* Le département a promis d'aller de l'avant dans son projet de construction d'un aéroport.

fork out forks, forking, forked

fork out sth or **fork** sth **out** *familier*
(argent) débourser • *She couldn't persuade her father to fork out for a plane ticket home.* Elle n'a pas réussi à convaincre son père de débourser l'argent pour qu'elle puisse rentrer chez elle en avion.

fork over/up forks, forking, forked

fork over/up sth or **fork** sth **over/up** *américain & australien, familier*
(argent) débourser • *Guests had forked over $2000 for the privilege of eating with the presidential candidate.* Les invités avaient déboursé plus de $ 2000 pour avoir le privilège de manger avec le candidat à la présidence. • *I know you have my book, now fork it over.* Je sais que tu as mon livre, alors maintenant, sors-le.

foul up fouls, fouling, fouled

foul up sth or **foul** sth **up** *familier*
mettre en panne • *The new program fouled up our computer system.* Le nouveau programme a flanqué en l'air notre système informatique.
foul-up *n* [C] *familier* embrouille • *There was a foul-up which meant that she never received the message.* Il y a eu une embrouille et elle n'a jamais reçu le message.
foul up (sth) or **foul** (sth) **up** *familier*
faire des bourdes • *Too often management fouls up and then blames others.* Trop souvent, la direction fait des bourdes et en accuse ensuite les autres. • *He fouled up his resignation speech.* Son discours de démission a foiré.

found on/upon

be founded on/upon sth (toujours au passif)
être basé sur • *He claims that a society founded on socialist principles could never work.* Il affirme qu'une société basée sur des principes socialistes ne marcherait

jamais. • *Her ideas are all founded upon a belief in the supreme importance of the family.* Ses idées sont toutes basées sur la croyance en l'importance fondamentale de la famille.

freak out freaks, freaking, freaked

freak out (sb) or **freak** (sb) **out** *familier*
perturber, paniquer • *She just assumed from his appearance that he was a girl and it freaked her out to hear him speak.* A cause de son apparence physique, elle l'avait pris pour une fille et elle a été très surprise quand elle l'a entendu parler. • *She saw all those faces looking up at her and just freaked out.* Elle a vu tous ces visages tournés vers elle et elle a paniqué.

freak out *familier*
flipper • *He freaked out totally and attacked Peter.* Il a complètement flippé et il a attaqué Peter.

free up frees, freeing, freed

free up sth or **free** sth **up**
(temps) consacrer, (argent) débloquer, (ressources) libérer • *I cancelled my meeting to free up the afternoon to write my report.* J'ai annulé ma réunion pour consacrer mon après-midi à la rédaction de mon rapport. • *If the developed nations cut their military spending it would free up huge resources.* Si les pays développés réduisaient leurs dépenses militaires, cela libérerait d'immenses ressources.

free up sb or **free** sb **up**
(collègue) libérer • *If I can get Dan to do my filing, that'll free me up to get on with writing those letters.* Si Dan veut bien faire du classement pour moi, cela me libérera pour finir d'écrire ces lettres.

freeze off

be frozen off (toujours au passif)
britannique
annuler à cause du gel • *Racing at Taunton was frozen off again today.* La course de Taunton a été à nouveau annulée à cause du gel.

freeze out freezes, freezing, froze, frozen

freeze out sb or **freeze** sb **out**
1 exclure • *She wanted to be a member of the group but the others were freezing her out.* Elle voulait faire partie du groupe mais les autres l'excluaient. • *He believed that organizations such as theirs were being frozen out.* Il croyait que les organisations telles que la leur étaient supplantées par d'autres.
2 *surtout américain* exclure • *The government wants to help home buyers who are frozen out of high-priced markets.* Le gouvernement veut aider les acheteurs immobiliers qui sont exclus du marché en raison des prix élevés.

freeze over freezes, freezing, froze, frozen

freeze over
geler • *The lake would freeze over in the winter and we would go skating.* Le lac gelait en hiver et nous faisions du patin à glace.

freeze up freezes, freezing, froze, frozen

freeze up
1 (canalisation, serrure) geler • *It was so cold that the pipes froze up and I thought they were going to burst.* Il faisait si froid que les canalisations gelaient et j'ai cru qu'elles allaient éclater. • *When I tried to get into my car, I found that the locks had frozen up.* Quand j'ai essayé de monter dans ma voiture, je me suis rendue compte que les serrures étaient gelées.
2 *américain & australien* être bloqué • *The lock had frozen up and wouldn't open until I put some oil on it.* La serrure était bloquée et j'ai dû mettre de l'huile pour ouvrir.
3 se figer • *In front of the man she had admired for so long she froze up completely and was unable even to speak.* Devant l'homme qu'elle avait admiré si longtemps elle se figea complètement et se trouva même incapable d'articuler un mot.

freshen up freshens, freshening, freshened

freshen up sth or **freshen** sth **up**
(décor) rafraîchir • *I've painted the bedroom to freshen it up a little.* J'ai repeint la chambre pour la rafraîchir un peu.

freshen up
se rafraîchir • *Would you like to use the bathroom to freshen up a little?* Est-ce que tu veux utiliser la salle de bains pour te rafraîchir un peu? • (parfois pronominal) *Just let me freshen myself up and then we*

can go. Laisse-moi d'abord me rafraîchir et ensuite nous pourrons y aller.

frig about/around friggs, frigging, frigged

frig about/around *britannique & australien, argot*
faire l'imbécile • *Stop frigging about, you idiot!* Toi, arrête de faire l'imbécile!

frig around with friggs, frigging, frigged

frig around with sth *australien, argot*
tripatouiller, trifouiller dans • *He's been frigging around with the lawnmower all morning!* Il a tripatouillé la tondeuse toute la matinée.

frig around with sb *australien, argot*
fricoter avec • *Tom's been frigging around with his best friend's wife.* Tom fricote avec la femme de son meilleur ami.

frig up friggs, frigging, frigged

frig up sth or **frig** sth **up** *australien, argot*
bousiller • *You were supposed to fix it, not frig it up.* Tu étais supposé le réparer, pas le bousiller.

frig-up n [singulier] *australien, argot*
bazar • *What a frig-up!* Quel bazar!

frighten away/off frightens, frightening, frightened

frighten away/off sb/sth or **frighten** sb/sth **away/off**
1 effaroucher • *Be quiet or you'll frighten the deer away.* Reste tranquille pour ne pas effaroucher le daim.
2 effrayer • *Tourists were frightened off by reports of street crime.* Les comptes rendus sur la violence dans les rues ont effrayé les touristes.

fritter away fritters, frittering, frittered

fritter away sth or **fritter** sth **away**
(argent) gaspiller, (temps) perdre • (souvent + on) *She fritters so much money away on expensive make-up.* Elle gaspille tellement d'argent en produits de maquillage onéreux. • (parfois + doing sth) *Jane and Len frittered their time away arguing about who should go.* Jane et Len ont perdu leur temps à se disputer pour savoir qui devait y aller.

frizzle up frizzles, frizzling, frizzled

frizzle up (sth) or **frizzle** (sth) **up**
britannique & australien, familier
(se) dessécher • *I can't eat this bacon-it's all frizzled up!* Je ne mange pas ce bacon-il est tout desséché.

frolic about/around frolics, frolicking, frolicked

frolic about/around
s'amuser • *The children spent all day frolicking around in the sea.* Les enfants ont passé toute la journée sur la plage à s'amuser dans l'eau.

front for fronts, fronting, fronted

front for sb/sth
servir de couverture à • *There were rumours that she was fronting for international gangsters.* On racontait qu'elle servait de couverture à des gangsters internationaux.

front on/onto fronts, fronting, fronted

front on/onto sth
(mer, lac) donner sur • *Their house fronts onto the lake.* Leur maison donne sur le lac.

front up fronts, fronting, fronted

front up *australien, familier*
faire une apparition • *I'm dreading the party, but I'll still front up.* Je redoute la soirée mais j'y ferai quand même une apparition.

frost over/up frosts, frosting, frosted

frost over/up
se couvrir de givre • *The car windows were frosted up.* Les vitres de la voiture étaient couvertes de givre.

frown on/upon frowns, frowning, frowned

frown on/upon sth
désapprouver • *Many people tend to frown on smoking nowadays.* De nos jours, beaucoup de gens sont contre le tabac. • (généralement au passif) *Divorce is still frowned upon in many countries.* Le divorce est encore mal vu dans bien des pays.

fry up   fries, frying, fried

fry up sth or **fry** sth **up**
faire frire • *Shall we just fry up last night's meat and potatoes?* Est-ce qu'on réchauffe la viande et les pommes de terre d'hier soir à la poêle?

fry-up n [C] *britannique, familier* aliments frits • *We had a big fry-up for breakfast.* Nous nous sommes fait frire un énorme petit déjeuner.

fuck about/around   fucks, fucking, fucked

fuck about/around *tabou*
faire le con • *Just stop fucking around and listen to me, will you!* Arrête de faire le con et écoute-moi, d'accord?

fuck sb **about/around** *tabou*
se foutre de la gueule de • *You shouldn't fuck him about like that.* Tu ne devrais pas te foutre de sa gueule comme ça.

fuck off   fucks, fucking, fucked

Fuck off! (toujours à l'impératif) *tabou*
Casse-toi! • *Just fuck off and leave me alone!* Casse-toi et fous-moi la paix!

fuck sb **off** *tabou*
foutre en l'air • *It really fucks me off the way he thinks he can talk to people like that!* Ça me fout en l'air qu'il pense pouvoir parler aux gens comme ça!

fuck over   fucks, fucking, fucked

fuck over sb or **fuck** sb **over** *américain, tabou*
faire un sale coup • *Mitchell fucked us all over when he ran off with the money.* Mitchell nous a vraiment fait un sale coup quand il s'est sauvé avec l'argent.

fuck up   fucks, fucking, fucked

fuck up (sth) or **fuck** (sth) **up** *tabou*
merder, faire merder • *He's worried he fucked up the job interview.* Il a peur d'avoir merdé à son entretien d'embauche. • *That was a disaster – I really fucked up!* Ça a été un désastre – j'ai vraiment merdé!

fuck-up n [C] *tabou* merde • *It's been one fuck-up after another since she became manager!* Depuis qu'elle est devenue directrice on enchaîne les merdes.

fuck up sb or **fuck** sb **up** *tabou*
foutre en l'air • *Maria's been really fucked up by her parents' divorce.* Maria a vraiment été foutue en l'air par le divorce de ses parents.

fuel up   fuels, fuelling, fuelled
(*américain* aussi **fuels, fueling, fueled**)

fuel up
faire le plein • *We can drive for another 20 miles and then we'll need to fuel up.* Nous pouvons encore faire 35 km et ensuite il faudra faire le plein.

fumble about/around   fumbles, fumbling, fumbled

fumble about/around
tâtonner, fouiller • *She fumbled around in the dark until she found the light switch.* Elle tâtonna dans le noir jusqu'à ce qu'elle trouve la lumière. • *The woman fumbled around in her handbag looking for the keys.* La femme a fouillé dans son sac à la recherche de ses clés.

fur up   furs, furring, furred

fur up *britannique*
(bouilloire, tuyau) s'entartrer • *The water is so hard around here, our kettle is always furring up.* L'eau est tellement calcaire ici que notre bouilloire est toujours entartrée.

fuss at   fusses, fussing, fussed

fuss at sb *américain*
faire des histoires à, faire des histoires à propos de • *Those two are continually fussing at each other over nothing.* Ces deux-là sont toujours à se faire un tas d'histoires pour trois fois rien. • *Don't fuss at me, I'm working as fast as I can.* Ne viens pas me faire d'histoires, je travaille aussi vite que je peux.

fuss over   fusses, fussing, fussed

fuss over sb/sth
être aux petits soins pour • *Tim watched, embarrassed at the way she fussed over him.* Tim observait, gêné de la façon dont elle était aux petits soins avec lui.

futz around   futzes, futzing, futzed

futz around *américain, argot*
glandouiller • *Stop futzing around and come and help us.* Arrête de glandouiller et viens nous aider.

G

gad about/around gads, gadding, gadded

gad about/around (swh) *familier, vieilli*
se balader • (généralement à la forme progressive) *Most of our weekends were spent gadding about London.* Nous passions la plupart de nos week-ends à nous balader dans Londres. • *While you were gadding around with your friends, I was at home cooking for ten people!* Pendant que tu te baladais avec tes amis, j'étais à la maison en train de faire à manger pour dix personnes!

gadabout *n* [C] *humoristique, vieilli*
vadrouilleur • *Where have you been, you young gadabout!* Où étais-tu donc passé, petit vagabond?

gain on/upon gains, gaining, gained

gain on/upon sb/sth
rattraper • *You'll have to speed up – they're gaining on us!* Il faut te dépêcher; ils nous rattrapent! • *I was now gaining rapidly on the yacht in front of me.* Je rattrapais rapidement le yacht qui me précédait.

gang up gangs, ganging, ganged

gang up *familier*
faire équipe • (souvent + **on**) *She says the other kids in her class have been ganging up on her.* Elle dit que les autres enfants de sa classe se sont ligués contre elle. • (souvent + **against**) *I think I felt sorry for him because the rest of the family were ganging up against him.* Je crois que j'ai eu pitié de lui car le reste de sa famille était en train de se liguer contre lui.

gas up gases, gassing, gassed

gas up (sth) or **gas** (sth) **up** *américain, familier*
mettre de l'essence dans • *We'll need to gas up before we get on the thruway.* Il faudra faire le plein avant de prendre l'autoroute. • *You go gas up the van and then we can leave.* Va mettre de l'essence dans la camionnette et nous pourrons partir.

gather around/round gathers, gathering, gathered

gather around/round (sb/sth)
se rassembler, se rassembler autour de • *A crowd gathered around her.* Une foule s'était formée autour d'elle. • *In the evenings we would gather round the campfire and sing songs.* Le soir, nous nous rassemblions autour d'un feu de camp et nous chantions des chansons. • (parfois + to do sth) *Hundreds of office workers gathered around to watch the firemen control the blaze.* Des centaines d'employés de bureau se rassemblèrent pour regarder les pompiers maîtriser l'incendie.

gather in gathers, gathering, gathered

gather in sth or **gather** sth **in**
(récoltes, moisson) rentrer • *We watched them gathering in the harvest.* Nous les avons regardés rentrer la moisson.

gather round

voir **gather around/round**

gather up gathers, gathering, gathered

gather up sth or **gather** sth **up**
rassembler • *She gathered up the newspapers that were scattered around the floor.* Elle a rassemblé les journaux qui étaient éparpillés sur le sol. • *I'll just gather my things up and then we can go.* Je vais rassembler mes affaires et nous pourrons partir.

gather sb **up** *littéraire*
serrer dans ses bras • *He gathered her up in a warm embrace.* Il la serra tendrement contre lui.

gather yourself **up** (toujours pronominal) *littéraire*
se lever • *He gathered himself up and left the room.* Il se leva et sortit de la pièce.

gear to/towards gears, gearing, geared

gear sth **to/towards** sth/sb
adapter à • (généralement au passif) *Most public places are simply not geared to people with disabilities.* La plupart des lieux publics ne sont simplement pas adaptés

aux handicapés. • *The old education system was geared towards exams.* L'ancien système d'éducation était organisé en fonction des examens.

gear up gears, gearing, geared

gear up (sth/sb) or **gear** (sth/sb) **up**
se préparer pour • (souvent + to do sth) *Employees are already gearing up to cope with an increased workload.* Les employés s'apprêtent déjà à faire face à une surcharge de travail. • (parfois pronominal) *I'm gearing myself up to ask him to give me my money back.* Je me prépare avant de lui demander de me rendre mon argent. • (souvent + for) *The singer and his group are gearing themselves up for a world tour.* Le chanteur et son groupe se préparent avant leur tournée mondiale.

gee up gees, geeing, geed

gee up sb or **gee** sb **up** *britannique, familier*
encourager • *We hadn't been playing well and our captain was trying to gee us up.* Nous n'avions pas bien joué et notre capitaine essayait de nous encourager.
Gee up! (toujours à l'impératif) *britannique*
hue! • *Gee up, Neddy!* Hue, Neddy!

gen up gens, genning, genned

gen up *britannique*
s'informer • (généralement + **on**) *I thought I'd better gen up on the company before my interview.* J'ai pensé qu'il valait mieux que je m'informe sur l'entreprise avant mon entretien.

get about gets, getting, got
(*américain pp* aussi **gotten**)

get about
1 *surtout britannique & australien, familier*
se déplacer • *So you've just come back from Japan and now you're off to Canada? You get about a bit, don't you?* Tu viens de rentrer du Japon et tu pars au Canada? Tu te déplaces pas mal, n'est-ce pas?
2 se déplacer facilement • *Annie's finding it much more difficult to get about these days.* Annie a plus de mal à se déplacer ces derniers temps.
3 *surtout britannique* (rumeur) circuler • *News certainly gets about quickly in these parts!* Les nouvelles circulent bien vite par ici!
4 *familier* coucher à droite et à gauche • *He gets about a bit, does Alex. I never seem to see him with the same woman twice.* Alex couche à droite et à gauche; je ne le vois jamais deux fois de suite avec la même femme.

get above gets, getting, got
(*américain pp* aussi **gotten**)

get above yourself (toujours pronominal) *surtout britannique*
avoir la grosse tête • (généralement à la forme progressive) *She's really getting above herself since she got that promotion.* Depuis qu'elle a eu cette promotion, elle a vraiment la grosse tête.

get across gets, getting, got
(*américain pp* aussi **gotten**)

get across sth or **get** sth **across**
(message) faire passer • *There's only so much you can get across in a short advertisement.* Il y a une limite à ce qu'on peut faire passer dans une pub courte. • (souvent + **to**) *This is the message that we want to get across to the public.* C'est le message que nous voulons communiquer au public.

get after gets, getting, got (*américain pp* aussi **gotten**)

get after sb/sth *américain*
rattraper • (souvent à l'impératif) *Get after Shirley and tell her not to wait for us.* Rattrape Shirley et dis-lui de ne pas nous atendre.
get after sb (jamais au passif) *américain*
relancer, refaire la leçon à • *I'll have to get after that plumber.* Il va falloir que je relance ce plombier. • (souvent + **about**) *You should get after the kids about the mess in their rooms.* Tu devrais refaire la leçon aux enfants au sujet du désordre dans leur chambre.

get ahead gets, getting, got
(*américain pp* aussi **gotten**)

get ahead
réussir • (souvent + **in**) *It's tough for any woman who wants to get ahead in politics.* C'est dur pour une femme de réussir dans le monde de la politique.

get along gets, getting, got
(*américain pp* aussi **gotten**)

get along
1 bien s'entendre • *Vicky and Ellen seem to be getting along much better these days.* Vicky et Ellen ont l'air de mieux s'entendre ces derniers temps. • (souvent + **with**) *I really don't get along with my sister's husband.* Je ne m'entends vraiment pas avec le mari de ma soeur. • *We've been **getting along like a house on fire**.* Nous nous entendons comme cul et chemise.
2 se débrouiller • *I wonder how Julie got along in her interview.* Je me demande comment Julie s'est débrouillée à son entretien. • (parfois + **with**) *How are you getting along with your Spanish?* Comment ça va, en espagnol? • (parfois + **without**) *It's not going to be easy but I reckon we can get along without him.* Cela ne va pas être facile, mais je crois qu'on peut se débrouiller sans lui.

be getting along (toujours à la forme progressive) *vieilli*
y aller • *Anyway, I must be getting along, I've got so much to do at home.* De toute façon, il faut que j'y aille; j'ai tellement de choses à faire à la maison.

get around gets, getting, got
(*américain pp* aussi **gotten**)

get around
1 voyager beaucoup • *Spain, Germany and Italy in one month? You certainly get around!* L'Espagne, l'Allemagne et l'Italie en un mois? Dis donc, qu'est-ce que tu voyages!
2 (nouvelle) circuler • *I don't want it to get around that I'm leaving.* Je ne veux pas qu'on sache que je m'en vais. • *Word got around that Jeanette and Dave were having an affair.* On racontait que Jeanette et Dave avaient une liaison.
3 *familier* coucher à droite et à gauche • *So he gets around quite a bit, does he? Lucky sod.* Alors, il couche à droite et à gauche, c'est ça? Le sale veinard.

get around sth
(problème) régler, contourner • *Don't worry about the problem with the catering, we'll get around it somehow.* Ne te fais pas de souci avec le traiteur, on trouvera bien un moyen de régler ça. • *Our lawyer found a way of getting around the adoption laws.* Notre avocat a trouvé un moyen de contourner la loi sur l'adoption.

get around sb
amadouer • *And don't think you can get around me by buying me flowers!* Et ne va pas croire que tu peux m'amadouer en m'achetant des fleurs!

get around (swh)
circuler • *We managed to get around and see quite a bit of the island.* Nous avons réussi à circuler et à visiter pas mal d'endroits sur l'île. • *It's difficult to get around the city if you don't have a car.* C'est difficile de circuler dans la ville sans voiture.

get around/round to gets, getting, got (*américain pp* aussi **gotten**)

get around/round to sth/doing sth
trouver le temps de faire • *I finally got round to sorting out that cupboard yesterday.* J'ai finalement trouvé le temps de ranger ce placard, hier. • *I'll mention your name when I write to him – if I ever get around to it.* Je lui parlerai de toi quand je lui écrirai; si du moins je trouve le temps d'écrire.

get at gets, getting, got (*américain pp* aussi **gotten**)

get at sb
1 *britannique, familier* s'en prendre à • *He keeps getting at me and I really don't know what I've done wrong.* Il m'arrête pas de s'en prendre à moi et je n'ai aucune idée de ce que j'ai pu faire de mal. • (employé comme *adj*) *I think she felt a bit got at during the meeting.* Je crois qu'elle a trouvé qu'on s'en prenait un peu trop à elle pendant la réunion.
2 (en menaçant) intimider, (avec de l'argent) corrompre, (dans un procès) suborner • (généralement au passif) *The accused claimed that the witness had been got at.* L'accusé affirma que le témoin avait été suborné.

be getting at sth (toujours à la forme progressive; toujours dans des questions) *familier*
vouloir dire • *What are you getting at, Andy? Do you think I was wrong to tell her?* Que veux-tu dire, Andy? Tu penses que j'ai eu tort de lui dire?

get at sth
1 atteindre • *I've put that cake on a high shelf so Tom can't get at it.* J'ai mis le gâteau sur une étagère en hauteur pour que Tom ne puisse pas l'attraper. • *She's inherited a lot*

of money but she's not allowed to get at it till she's 21. Elle a hérité de beaucoup d'argent mais elle n'a pas le droit d'y toucher avant ses 21 ans.
2 (vérité) découvrir • *I just don't believe the explanation I've been given – I'm determined to get at the truth.* Je ne crois pas aux explications qu'on m'a données; je suis décidé à découvrir la vérité.

get away gets, getting, got
(*américain pp* aussi **gotten**)

get away
1 s'échapper • *What time did you finally get away last night?* A quelle heure as-tu réussi à t'échapper, hier soir? • (souvent + **from**) *We walked to the next beach to get away from the crowds.* Nous avons marché jusqu'à la plage suivante pour nous isoler des gens.
2 s'échapper • *We ran after them but they got away.* Nous avons couru après eux mais ils se sont échappés. • *They got away in a stolen car.* Ils se sont échappés dans une voiture volée. • (parfois + **with**) *Everyone's saying they got away with $500,000.* Tout le monde raconte qu'ils sont partis en emportant 500.000 dollars.
getaway *n* [C] *familier* fuite • *The thieves made a getaway through a back exit.* Les voleurs ont pris la fuite par une sortie à l'arrière. • (employé comme *adj*) *The three men jumped into a getaway van and drove off.* Les trois hommes ont sauté dans une camionnette qui les attendait et ont pris la fuite.
3 *familier* (en vacances) s'évader • (généralement + *adv/prép*) *I just need to get away for a few days and think things over.* J'ai besoin de m'évader pendant quelques jours et de réfléchir. • *We decided to go up to Scotland to **get away from it all**.* Nous avons décidé d'aller en Ecosse pour nous évader un peu.
Get away! *britannique, familier, vieilli* Tu plaisantes! • *'Nicky, doing a parachute jump?' 'Get away!'* 'Nicky sautant en parachute?' 'Tu plaisantes!'

get away from gets, getting, got
(*américain pp* aussi **gotten**)

get away from sth
1 échapper à • *The problem with being a fast-food outlet is that it's difficult to get away from the greasy burger image.* Le problème d'un fast-food, c'est qu'il est difficile d'échapper à l'image du hamburger trop gras.
2 s'éloigner de • *I think we're getting away from the main issue here.* Je crois que nous nous éloignons du sujet central, à présent.

get away with gets, getting, got
(*américain pp* aussi **gotten**)

get away with sth/doing sth
1 s'en tirer • *If I thought I could get away with it, I wouldn't pay tax at all.* Si je croyais que ça pourrait passer inaperçu, je ne paierais pas d'impôts du tout. • *He shouldn't treat you like that – don't let him get away with it.* Il ne devrait pas te traiter comme ça; ne laisse pas passer ça. • *He **gets away with murder** just because he's cute.* On lui passe tout sous prétexte qu'il est mignon.
2 s'en tirer avec, s'en tirer en faisant • *Do you think we could get away with only one coat of paint on that wall?* Est-ce que tu crois qu'on pourrait s'en tirer avec une seule couche de peinture pour ce mur?

get back gets, getting, got (*américain pp* aussi **gotten**)

get back
retourner • *What time did you get back last night?* A quelle heure es-tu rentré hier soir? • (souvent + **to**) *By the time we got back to the hotel, Lydia had already left.* Quand nous sommes retournés à l'hôtel, Lydia était déjà partie. • (parfois + **from**) *The letter was at home waiting for me when I got back from work.* Quand je suis rentré du travail, la lettre m'attendait à la maison.

get back sth or get sth back
récupérer • *I wouldn't lend him anything, you'll never get it back.* Je ne lui prêterais rien, tu ne le récupèreras jamais.
Get back! (toujours à l'impératif) reculez! • *Get back, Josh, or you'll get hurt!* Recule, Josh, ou tu vas te faire mal!
get sb back *familier*
faire payer • *I want to get him back for embarrassing me yesterday in front of Robert.* Je veux lui faire payer de m'avoir mis mal à l'aise hier devant Robert.

get back at gets, getting, got
(*américain pp* aussi **gotten**)

get back at sb

get back into gets, getting, got
(américain pp aussi **gotten)**

get back into sth
se remettre à • *She worked as a doctor for a few years but eventually decided to get back into research.* Elle a travaillé comme médecin pendant quelques années mais elle a finalement décidé de se remettre à la recherche.

get back to gets, getting, got
(américain pp aussi **gotten)**

get back to sb
recontacter • *I'll get back to you later this afternoon with more details.* Je vous recontacterai cet après-midi pour vous donner plus de détails. • *He said he'd get back to me in a couple of days.* Il a dit qu'il me recontacterait dans quelques jours.

get back to sth
en revenir à, se remettre à • *To get back to the question of funding, there are one or two matters that concern me.* Pour en revenir au problème du financement, il y a une ou deux questions qui me préoccupent. • *Anyway, I'd better get back to work.* Bon, je ferais mieux de me remettre au travail. • *It was ages before I got back to sleep.* J'ai mis un temps infini à me rendormir.

get behind gets, getting, got
(américain pp aussi **gotten)**

get behind
prendre du retard • *I don't want her to have too much time off school or she'll get behind.* Je ne veux pas qu'elle manque trop l'école sinon elle va prendre du retard. • (souvent + **with**) *They got behind with the house payments when the interest rates went up.* Ils ont pris du retard dans le remboursement de la maison au moment où les taux d'intérêt ont augmenté.

get behind sb/sth *surtout américain*
(cause, personne) soutenir • *The whole neighborhood got behind the proposal to install traffic lights at the school.* Tout le quartier a soutenu la proposition d'installer des feux devant l'école.

se venger de • (souvent + **for**) *I think he's trying to get back at her for those remarks she made in the meeting.* Je crois qu'il se venge d'elle pour ces remarques qu'elle a faites à la réunion.

get by gets, getting, got
(américain pp aussi **gotten)**

get by
1 (financièrement) se débrouiller • (souvent + **on**) *I don't know how he gets by on so little money.* Je ne sais pas comment il arrive à se débrouiller avec si peu d'argent.
2 se débrouiller • (souvent + **with**) *We can just about get by with four computers but ideally we'd have another.* Nous arrivons à nous débrouiller avec quatre ordinateurs mais, idéalement, il nous en faudrait un de plus. • *I can get by in Italian but I'm by no means fluent.* J'arrive à me débrouiller en italien mais je ne le parle pas du tout couramment.

get down gets, getting, got
(américain pp aussi **gotten)**

get sb **down** (jamais au passif)
démoraliser • *All this uncertainty is really getting me down.* Toute cette incertitude me démoralise vraiment. • *The house is always untidy and it's starting to get me down.* La maison est toujours en désordre et ça me démoralise vraiment.

get down sth or **get** sth **down** (jamais au passif)
1 (paroles) noter • *I didn't manage to get down every word she said.* Je n'ai pas réussi à noter tout ce qu'elle a dit. • *Did you get that telephone number down?* Est-ce que tu as noté le numéro de téléphone?
2 avaler • *Her throat was so swollen she couldn't get anything down.* Sa gorge était tellement enflée qu'elle ne pouvait rien avaler.

get down
1 se baisser • *'Get down! He's got a gun.'* 'Baisse-toi! Il est armé.' • *I'm not going to get down on my knees and beg him to come.* Je me vais pas me mettre à genoux et le supplier de venir.
2 *surtout britannique, familier* sortir de table • *Can I get down now please, Mummy?* Est-ce que je peux sortir de table, s'il-te-plaît, Maman?

get down on gets, getting, got
(américain pp aussi **gotten)**

get down on sb/sth *américain, familier*
critiquer • (souvent + **for**) *My mother used to get down on us for watching too much television.* Ma mère nous critiquait parce que nous regardions trop la télévision.

get down to gets, getting, got
(*américain pp* aussi **gotten**)

get down to sth/doing sth
(travail) se mettre à • *I've got loads of work to do but I can't seem to get down to it.* J'ai énormément de travail mais je n'arrive pas à m'y mettre. • *It's time you got down to looking for a job.* Il est temps que tu te mettes à chercher du travail.

get in gets, getting, got (*américain pp* aussi **gotten**)

get in
1 arriver • *What time did Chuck get in last night?* A quelle heure Chuck est-il rentré, hier soir? • *Just give me five minutes to organize myself – I've only just got in.* Laisse-moi cinq minutes que je m'organise – Je viens juste d'arriver.
2 arriver • *What time does your train get in?* A quelle heure est-ce que ton train arrive? • *His plane doesn't get in till ten o'clock.* Son avion n'arrive pas avant dix heures.
3 entrer • *I used Bob's keys to get in.* Je suis entré avec les clés de Bob. • *We wanted to see the new Spielberg film but we couldn't get in.* Nous voulions voir le nouveau Spielberg mais on ne nous a pas laissé entrer.
4 (aux élections) passer • *Do you think the Conservatives will get in again?* Est-ce que tu crois que les Conservateurs passeront encore cette fois-ci? • *Bush got in with a small majority.* Bush est passé avec une faible majorité.
5 être admis • *He wanted to go to Oxford but he didn't get in.* Il voulait aller à Oxford mais il n'a pas été admis.
6 *britannique* être sélectionné • *You have to be pretty good for the first team. Not many people get in.* Il faut être vraiment bon pour être dans la première équipe. Peu de joueurs sont sélectionnés.

get in sb or **get** sb **in**
faire venir • *There's obviously a problem with the wiring – we'll have to get an electrician in.* Il est évident qu'il y a un problème avec l'électricité – il faudra faire venir un électricien.

get in sth or **get** sth **in**
1 acheter • *I must get some extra milk in at the weekend.* Il faut que je rachète du lait ce week-end.
2 (mot) placer • *I finally managed to get a word in.* J'ai fini par pouvoir placer un mot. • *She was chattering away and I couldn't get a word in edgeways.* Elle n'arrêtait pas de bavarder et je n'arrivais pas à placer un mot. • *I'll try to get my suggestion in at the start of the meeting.* J'essaierai de faire passer ma proposition en début de réunion.
3 *familier* avoir le temps de faire • *Do you think we could get a game of tennis in before lunch?* Crois-tu qu'on ait le temps de faire une partie de tennis avant le déjeuner? • *I managed to get in a couple of hours work before the meeting.* J'ai réussi à caser quelques heures de travail avant la réunion.

get in on gets, getting, got (*américain pp* aussi **gotten**)

get in on sth *familier*
réussir à s'imposer dans • *A Japanese company tried to get in on the deal.* Une entreprise japonaise a réussi à faire partie du coup. • *They've seen the advantages and now they're trying to **get in on the act**.* Ils ont vu les avantages et maintenant ils essaient de faire partie du coup.

get in with gets, getting, got (*américain pp* aussi **gotten**)

get in with sb *familier*
se mettre bien avec • *I think she's trying to get in with Sue because she thinks it will be good for her career.* Je crois qu'elle essaie de se mettre bien avec Sue parce qu'elle pense que ça servira sa carrière. • *He was always very keen to get in with the right people.* Il a toujours fait de son mieux pour se mettre bien avec les gens qui pouvaient lui être utiles.

get into gets, getting, got (*américain pp* aussi **gotten**)

get into sth
1 (activité) se mettre à • *She's been getting into yoga recently.* Elle s'est mise au yoga dernièrement. • *How did you get into journalism?* Comment est-ce que vous êtes devenu journaliste?
2 être admis à • *Did she get into university?* Est-ce qu'elle a été admise à l'université?
3 *britannique* devenir membre de • *He's hoping to get into the school team.* Il espère devenir membre de l'équipe de l'école.
4 se mettre à • *I got into the habit of having a snack at about 11 each morning.* J'ai pris

l'habitude de manger quelque chose le matin vers 11 heures. • *We had to get into a completely different routine once the baby arrived.* Nous avons dû changer complètement nos habitudes quand le bébé est arrivé.

5 *familier* (vêtement) rentrer dans • (généralement dans des phrases négatives) *I've put on so much weight that I can't get into any of my clothes any more.* J'ai tellement grossi que je ne rentre plus dans aucun de mes vêtements.

get (sb) **into** sth (jamais au passif)
(s') embarquer dans • *He'd drunk too much and got into a fight outside the restaurant.* Il avait trop bu et il s'est retrouvé impliqué dans une bagarre devant le restaurant. • *Can't you do something, Rob? You got us into this mess!* Tu ne peux pas faire quelque chose, Rob? C'est toi qui nous a embarqué dans cette galère! • *Business was bad during the recession and we got into debt.* Pendant la crise, les affaires ont été mauvaises et nous nous sommes endettés. • (parfois pronominal) *She got herself into trouble with the police.* Elle a eu des problèmes avec la police.

get into sb *australien, familier*
s'en prendre à • *That's right Jo, you get into him!* C'est ça, Jo, attaque-le!

get off gets, getting, got (*américain pp* aussi **gotten**)

get off (sth)

1 (véhicule) descendre de • *She got off the bus and ran towards him.* Elle est descendue du bus et a couru vers lui. • *The plane was still on the runway but people were already beginning to get off.* L'avion était encore sur la piste mais les gens commençaient déjà à descendre. • *You need to get off at Camden Town.* Vous devez descendre à Camden Town.

2 sortir • *I'll see if I can get off early this afternoon.* Je verrai si je peux sortir de bonne heure cet après-midi. • *What time do you get off work?* A quelle heure sortez-vous du travail?

get (sb) **off** (sth)
s'en tirer, tirer de • *She was charged with fraud, but her lawyer managed to get her off.* Elle a été accusée de fraude, mais son avocat a réussi à la tirer de là. • (parfois + **with**) *He got off with a £20 fine.* Il s'en est tiré avec une amende de 20 livres. • *Considering that it was his second offence I think he got off lightly*. Etant donné qu'il s'agit d'une récidive j'estime qu'il s'en est bien tiré.

Get off (sb/sth)**!** (toujours à l'impératif) *surtout britannique, familier* lâchez-moi!, lâchez-ça! • *If he tries putting his arm round you again, just tell him to get off.* S'il essaie encore de mettre son bras autour de toi, dis-lui de te laisser tranquille.

get off

1 partir • *If we can get off by seven the roads will be clearer.* Si nous pouvons partir avant sept heures, il y aura moins de circulation. • *Anyway, I must get off to the shops.* Bon, il faut que j'aille faire des courses.

2 *américain, argot* se camer • (généralement + **on**) *He likes to get off on cocaine.* Il aime se camer à la cocaïne. • *How can we get off if we don't have any dope?* Avec quoi on peut se camer si on n'a pas de dope?

get (sb) **off**

1 *familier* (s') endormir • *I've been trying to get Sam off for an hour now.* Cela fait une heure que j'essaie d'endormir Sam. • *What time did you finally get off to sleep?* A quelle heure t'es-tu finalement endormi?

2 *américain, argot* jouir • *Last night we got off at the same time.* Hier soir, nous avons joui en même temps.

get off sth

1 raccrocher • *I'm waiting for Adrian to get off the phone so that I can call Dom.* J'attends qu'Adrian raccroche pour appeler Dom.

2 *américain* (blague) sortir • *Joan got off two quick jokes about the manager before he arrived.* Joan a sorti deux blagues rapides sur le directeur avant qu'il n'arrive.

get sth **off** *familier*
envoyer • *I got that letter off this morning.* J'ai envoyé cette lettre ce matin.

Get off it! *américain, familier*
Tu plaisantes! • *Get off it! I don't believe a word you've said.* Tu plaisantes! Je ne te crois absolument pas.

get it off *américain, argot*
s'envoyer en l'air • (souvent + **with**) *So did he get it off with anyone?* Alors, il s'est tapé quelqu'un?

get off on gets, getting, got (*américain pp* aussi **gotten**)

get off on sth *familier*
être excité par • *Dave likes power – he gets off on it.* Dave aime le pouvoir – ça l'excite.

get off with gets, getting, got
(*américain pp* aussi **gotten**)

get off with sb *britannique & australien, argot*
sortir avec • *She'd got off with some bloke at the party.* A la fête, elle était sortie avec un mec.

get on gets, getting, got (*américain pp* aussi **gotten**)

get on (sth)

monter dans • *I got on the wrong bus and ended up horribly lost.* Je suis monté dans le mauvais bus et je me suis complètement perdu. • *I got on at Clapham Junction.* Je suis monté à Clapham Junction. • *The plane was almost full by the time I got on.* Quand je suis monté, l'avion était déjà presque plein.

get on

1 *surtout britannique & australien* s'entendre • *Sue and I have always got on well.* Sue et moi, nous nous sommes toujours bien entendues. • (souvent + **with**) *It's a shame she doesn't get on better with her colleagues.* C'est dommage qu'elle ne s'entende pas mieux avec ses collègues. • (parfois + **together**) *Do James and your father get on together?* Est-ce que James et ton père s'entendent?

2 s'en sortir • (souvent à la forme progressive) *She seems to be getting on fine at school.* Ça a l'air de bien se passer à l'école. • (souvent + **with**) *How are you getting on with the painting?* Comment ça va la peinture?

3 continuer • (généralement + **with**) *I think I'll get on with some work while the kids are out.* Je crois que je vais continuer à travailler tant que les enfants ne sont pas là. • *I've told you what to do – now just get on with it!* Je t'ai dit ce qu'il fallait faire – maintenant, au travail! • *I'll leave you to get on then, shall I?* Je te laisse continuer, d'accord?

4 *surtout britannique & australien* réussir • *He came to this company with the attitude that he wanted to get on.* Il est arrivé dans cette entreprise avec la volonté de réussir. • (parfois + **in**) *You have to make some sacrifices if you're going to get on in the business world.* Il va vous falloir faire quelques sacrifices si vous voulez réussir dans les affaires.

be getting on (toujours à la forme progressive)

1 *familier* vieillir • *How old's George, then? He must be getting on.* Quel âge a George, maintenant? Il ne doit plus être tout jeune.

2 *surtout britannique & australien, familier* (temps) passer • *Time's getting on and he's still not here.* Le temps passe et il n'est toujours pas là. • *Anyway, it's getting on – I'd better go.* Bon, il se fait tard – il faut que j'y aille.

get it on *surtout américain, argot*
s'envoyer en l'air • (souvent + **with**) *Did you get it on with her?* Tu as couché avec elle?

get on at gets, getting, got
(*américain pp* aussi **gotten**)

get on at sb (jamais au passif)
en avoir après • *You're always getting on at me!* Tu en as toujours après moi!

get on for

be getting on for sth (toujours à la forme progressive) *britannique & australien*
(heure, nombre) approcher • *He must be getting on for 90 now.* Il doit avoir près de 90 ans, maintenant. • *There must have been getting on for 200 people at the wedding.* Il devait y avoir près de 200 personnes au mariage. • *It's getting on for nine now and it takes half an hour to get there.* Il est près de neuf heures maintenant, et il faut une demi-heure pour aller là-bas.

get on to/onto gets, getting, got
(*américain pp* aussi **gotten**)

get on to/onto sth

1 (sujet) aborder • *It didn't take long before we got onto the subject of babies.* Il n'a pas fallu longtemps pour que nous abordions le sujet des bébés. • *How did we get onto that subject?* Comment en sommes-nous arrivés à parler de cela?

2 être nommé membre de • *Taylor has threatened to resign if she gets on to the committee.* Taylor a menacé de démissionner si elle est nommée membre du comité.

3 (TV, radio) passer à • *He got on to local radio with the story.* Il est passé à la radio locale pour parler de cette histoire.

get on to/onto sb (jamais au passif)
1 contacter • *We'd better get on to a plumber about that leak in the bathroom.* Nous ferions mieux de contacter un plombier au sujet de cette fuite dans la salle de bains. • *Did you get onto the passport office?* Est-ce que tu as contacté le service des passeports?
2 (responsable) remonter jusqu'à • *It only took a couple of months before the Immigration Office got on to her.* Il ne fallut que quelques mois au Bureau de l'Immigration pour remonter jusqu'à elle.

get on toward

be getting on toward sth (toujours à la forme progressive) *américain* (heure) être près de • *It must be getting on toward closing time.* Ça doit être bientôt l'heure de la fermeture. • *It's getting on toward seven.* Il est près de sept heures.

get out gets, getting, got (*américain pp* aussi **gotten**)

get out

1 (véhicule) descendre de • *I'll stop at the lights and you can get out.* Je m'arrêterai au feu pour te laisser descendre. • *As he got out of the car his wallet fell out of his pocket.* Quand il est descendu de voiture son portefeuille est tombé de sa poche.

2 sortir • *She doesn't get out so much now that she's got the baby.* Elle ne sort plus autant maintenant qu'elle a son bébé.
3 (nouvelle) se répandre • *There'll be trouble with the unions if news of the redundancies gets out.* Nous aurons des problèmes avec les syndicats si la nouvelle des licenciements se répand. • *Word got out that Matthew was intending to resign.* On a entendu dire que Matthew avait l'intention de démissionner.

get (sb) **out**
s'échapper, aider à s'échapper • *I left the door open and the cat got out.* J'ai laissé la porte ouverte et le chat s'est échappé. • (souvent + **of**) *They're trying to get the hostages out of the country.* Ils essaient d'aider les otages à s'échapper du pays. • (souvent à l'impératif) *Just get out will you!* Sortez immédiatement! • *A lot of people who've been in prison find it difficult to get a job when they get out.* Beaucoup de gens ont du mal à trouver un emploi à leur sortie de prison.

get out sth or **get** sth **out**
1 (tache) enlever • (souvent + **of**) *I can't get those coffee stains out of the tablecloth.* Je n'arrive pas à enlever ces taches de café de la nappe.
2 (produit) sortir • *We've really got to get this book out by the end of the year.* Il faut vraiment que nous sortions ce livre d'ici la fin de l'année.
3 (paroles) dire • *He was so overcome with shock he could hardly get the words out.* Il était dans un tel état de choc que les mots arrivaient à peine à sortir.

get out of gets, getting, got (*américain pp* aussi **gotten**)

get out of sth/doing sth
(corvée) échapper à • *I've got a meeting this morning but I'll see if I can get out of it.* J'ai une réunion ce matin, mais je veux voir si je peux y échapper. • *You're just trying to get out of doing the housework!* Tu es en train d'essayer de ne pas faire le ménage, c'est ça?

get out of sth
(habitude) perdre • *I used to do a lot of swimming but I've got out of the habit these past few months.* Avant, je nageais beaucoup mais j'en ai perdu l'habitude ces derniers mois. • *If you get out of a routine it's very hard to get back into it.* Si vous changez vos habitudes quotidiennes, c'est difficile de revenir en arrière.

get sth **out of** sb
(information) soutirer qch à qn, (remboursement) obtenir qch de qn • *He was determined to get the truth out of her.* Il était décidé à lui soutirer la vérité. • *Daniel must know what happened – I'll try to get it out of him.* Daniel doit savoir ce qui s'est passé – j'essaierai de le faire parler. • *Did you get a refund out of the travel agent for that trip you had to cancel?* Vous êtes-vous fait rembourser par l'agence pour le voyage que vous avez dû annuler?

get sth **out of** sth/doing sth
tirer de • *She gets a lot of pleasure out of her garden.* Elle tire beaucoup de plaisir de son jardin. • *It was an interesting course but I'm not sure I got much out of it.* C'était un cours intéressant mais je ne suis pas certain d'en avoir tiré grand-chose.

get over gets, getting, got (*américain pp* aussi **gotten**)

get over sth

1 se remettre de • *I don't suppose you ever really get over the death of a child.* Je suppose qu'on ne se remet jamais de la mort d'un enfant. • *It took her months to get over the shock of Richard leaving.* Il lui a fallu plusieurs mois pour se remettre du départ de Richard.

2 (jamais au passif) se remettre de • *She was only just getting over the flu when she caught chickenpox.* Elle se remettait tout juste de la grippe quand elle a attrapé la varicelle.

3 (problème) résoudre • *They had to get over one or two technical problems before filming could start.* Il leur a fallu résoudre un ou deux problèmes techniques avant de commencer le tournage.

get over sth or **get** sth **over**

(idée) faire passer • *He frequently uses humour to get over serious messages.* Il utilise souvent l'humour pour faire passer des messages sérieux. • *Did you manage to get your points over?* Est-ce que tu as réussi à faire passer tes idées?

can't/couldn't get over sth (toujours dans des phrases négatives) *familier*
ne pas revenir de • *I couldn't get over how much weight Dave had lost.* Je n'en revenais pas de voir à quel point David avait maigri. • *He was so incredibly rude to her – I couldn't get over it.* Il était d'une grossièreté avec elle – je n'en revenais pas.

get over with gets, getting, got
(*américain pp* aussi **gotten**)

get sth **over with**

(corvée) se débarrasser de • *I'll be glad to get these exams over with.* Je serai contente d'être débarrassée de ces examens. • *I wanted to give my paper at the start of the week so that I could get it over with.* Je voulais faire mon exposé en début de semaine pour en être débarrassée. • *I'd rather do it now and **get it over and done with**.* Je préfère le faire maintenant et en être débarrassé.

get round gets, getting, got
(*américain pp* aussi **gotten**)

get round *surtout britannique & australien*

(nouvelle) se répandre • *Word had got round that Helena was leaving the company.* On avait fait courir le bruit qu'Helena quittait la société. • *For obvious reasons I don't want it to get round that I've applied for the post.* Pour une raison évidente, je ne veux pas que l'on sache que j'ai posé ma candidature à ce poste.

get round sth *surtout britannique & australien*

(problème) régler, contourner, (obstacle) surmonter • *We're making progress but there are still one or two obstacles to get round.* Nous avançons mais il y a encore un ou deux obstacles à surmonter. • (parfois + **by**) *They got round the problem of overcrowding by opening up an alternative location.* Ils ont réglé le problème de la trop grande affluence en ouvrant dans un nouvel endroit.

get round sb *surtout britannique & australien*

convaincre • *I don't think Liz is too keen on the idea at the moment but don't worry, I'll get round her.* Je ne pense pas que Liz soit très enthousiasmée par cette idée en ce moment mais, ne t'en fais pas, j'arriverai à la convaincre.

get round to
voir **get around/round to**

get through gets, getting, got
(*américain pp* aussi **gotten**)

get through

avoir au téléphone • *I tried phoning her earlier, but I couldn't get through.* J'ai déjà essayé de l'appeler mais je n'ai pas réussi à l'avoir. • (souvent + **to**) *He got through to the wrong department.* Il a eu le mauvais service.

get through sth *surtout britannique & australien*

1 (nourriture, boisson) consommer, finir, (argent) dépenser • *We nearly got through a whole jar of coffee last week.* Nous avons presque consommé un bocal entier de café, la semaine dernière. • *Have you got through that box of cornflakes already?* Vous avez déjà fini la boîte de cornflakes? • *He gets through over £50 every time he goes out.* Il dépense plus de 50 livres à chaque fois qu'il sort.

2 terminer • *I get through a lot more work when I'm on my own.* Je travaille beaucoup plus quand je suis seule. • *It took me ages to get through that book she lent me.* J'ai mis une éternité à terminer le livre qu'elle m'a prêté.

get (sb/sth) **through** sth (jamais au passif)
réussir, aider à réussir • *She didn't get through her first year exams.* Elle n'a pas réussi ses examens de première année. • *You'll never get that car through the road test unless you fix the exhaust.* Vous n'obtiendrez jamais la permission de rouler avec cette voiture si vous ne faites pas réparer le tuyau d'échappement.

get (sb) **through** sth (jamais au passif)
surmonter, aider à surmonter • *I don't know how I got through the first couple of months after Andy's death.* Je ne sais pas comment j'ai réussi à surmonter les mois qui ont suivi la mort d'Andy. • *We need to conserve our supplies so that we can get through the winter.* Nous devons économiser nos réserves pour tenir tout l'hiver. • *We'll get you through this, Karen.* Nous vous sortirons de là, Karen.

get (sth) **through** (sth)
(loi) passer • *It took several months to get the bill through Parliament.* Il a fallu attendre plusieurs mois pour que la proposition de loi passe au Parlement. • *If these proposals get through, we'll have to rethink our strategies.* Si ces propositions passent, il nous faudra revoir notre stratégie.

get through to gets, getting, got
(*américain pp* aussi **gotten**)

get through to sb
se faire comprendre de • (souvent dans des phrases négatives) *I just don't seem to be able to get through to him these days.* Il semblerait que je n'arrive pas à me faire comprendre de lui, ces temps-ci.

get through to sth
aller jusqu'à • *If they win this, they'll get through to the final.* S'ils gagnent, ils iront en finale. • *I didn't even get through to the second interview stage.* Je ne suis même pas allé jusqu'au deuxième entretien.

get to gets, getting, got (*américain pp* aussi **gotten**)

get to sb *familier*
contrarier, énerver • *I know he's annoying, but you shouldn't let him get to you.* Je sais qu'il est pénible mais tu ne devrais pas le laisser te contrarier comme ça. • *This heating is starting to get to me – I don't know how much more I can bear.* Ce chauffage commence à m'énerver – je ne sais pas si je peux supporter ça plus longtemps.

get to (toujours dans des questions) *familier*
passer • *I wonder where my glasses have got to.* Je me demande où sont passées mes lunettes. • *So where's Annabel got to? She should have been here an hour ago.* Mais où est passée Annabel? Elle aurait dû arriver il y a une heure.

get to doing sth
se mettre à • *I got to thinking about his childhood and how different it must have been to mine.* Je me suis mise à réfléchir à son enfance et à quel point elle a dû être différente de la mienne.

get together gets, getting, got
(*américain pp* aussi **gotten**)

get together (sb) or **get** (sb) **together**
(se) réunir • *We should get together and go for a drink some time.* Nous devrions nous réunir et prendre un verre, un jour. • *I'm planning to get a few friends together for a dinner party.* J'ai l'intention d'inviter quelques amis à dîner. • (souvent + to do sth) *The whole team got together to discuss the matter.* Toute l'équipe s'est réunie pour discuter du problème. • (parfois + **with**) *We got together with our solicitor to look at the contract.* Nous nous sommes réunis avec notre avocat pour examiner le contrat.

get-together *n* [C] *familier* réunion • *I suppose you'll be having the usual family get-together over Christmas.* Je suppose que vous allez faire votre réunion de famille habituelle pour Noël.

get together
(couple) sortir ensemble • *I always thought that Shirley and Alan would get together.* J'ai toujours pensé que Shirley et Alan sortiraient ensemble. • (souvent + **with**) *Eight years ago, I got together with a girl who worked at the hospital.* Il y a huit ans, je suis sorti avec une fille qui travaillait à l'hôpital.

get yourself **together** (toujours pronominal)
se calmer • *I just need a few minutes to get myself together.* J'ai simplement besoin de quelques minutes pour me calmer.

get it together
1 *familier* bien se débrouiller • *I thought he'd really got it together last time I saw him*

get up

– *he'd got a job, found somewhere to live and seemed pretty happy.* J'ai trouvé qu'il se débrouillait vraiment bien la dernière fois que je l'ai vu. Il avait trouvé un travail, un logement et il avait l'air plutôt heureux. • *She had a lot of plans for her career but she never really got it together.* Elle avait beaucoup de projets professionnels mais elle n'a jamais vraiment réussi à les réaliser.

2 *familier* (amants) passer à l'action • *They finally get it together about two minutes before the end of the film.* Environ deux minutes avant la fin du film, ils sont enfin passés à l'action.

get together sth or **get** sth **together**

1 (affaires) rassembler • *Can you just give me a couple of hours so that I can get my things together?* Pouvez-vous m'accorder quelques heures que je puisse rassembler mes affaires?

2 (rapport) préparer, (argent) trouver • *Can you get together a quick report and bring it to the meeting?* Pouvez-vous préparer un rapport rapidement et l'apporter à la réunion? • *I'd really like to do the course but I'm not sure I can get the fees together.* J'aimerais vraiment bien suivre ce cours, mais je ne suis pas certaine de trouver l'argent nécessaire pour m'inscrire.

get up gets, getting, got (*américain pp* aussi **gotten**)

get (sb) **up**

se lever, faire se lever • *I had to get up at five o'clock this morning.* J'ai dû me lever à cinq heures, ce matin. • *Can you get the kids up?* Est-ce que tu peux dire aux enfants de se lever?

get up

1 se lever • *The whole audience got up and started clapping.* Toute la salle s'est levée et s'est mise à applaudir. • *I keep having to get up to answer the phone.* Je n'arrête pas de me lever pour répondre au téléphone.

2 *britannique & australien* (vent) se lever • *The wind's getting up – do you think there's going to be a storm?* Le vent se lève; tu crois qu'il va y avoir de l'orage?

get up sth or **get** sth **up**

1 organiser • *They're getting up a petition against the new motorway.* Ils organisent une pétition contre la nouvelle autoroute.

2 *américain* apprendre, améliorer ses connaissances en • *She's getting up her French before she leaves for a job in Montreal.* Elle améliore son français avant de partir travailler à Montréal.

get sb **up** *familier*

1 (toujours + *adv/prép*) habiller • (souvent pronominal) *He'd got himself up as a Roman emperor for a fancy dress party.* Il s'est habillé en empereur romain pour une soirée déguisée. • *All the kids had been got up in teddy-bear suits.* Tous les enfants avaient été déguisés en ours en peluche.

getup *n* [C] *familier* accoutrement • *He was in a sort of Santa Claus getup with a red suit and white beard.* Il portait un accoutrement de père Noël composé d'un costume rouge et d'une barbe blanche.

2 *américain, familier* (sportif) mettre en condition • (souvent + **for**) *Her trainer was determined to get her up for the marathon.* Son entraîneur était décidé à la mettre en condition pour le marathon. • *The coach gets the players up before the game.* L'entraîneur met les joueurs en condition avant le match.

get it up *familier*

(homme) bander • (généralement dans des phrases négatives) *He was so drunk he couldn't even get it up!* Il était tellement ivre qu'il n'arrivait même pas à bander!

Get up! (toujours à l'impératif) *américain* Hue. • *Get up, Nelly.* Hue, Nelly.

get up to gets, getting, got (*américain pp* aussi **gotten**)

get up to sth

1 *surtout britannique & australien* fabriquer, (bêtise) faire • *Did you find out what the kids had been getting up to?* Tu as réussi à savoir ce que les enfants avaient fabriqué? • *She's been getting up to all sorts of mischief lately.* Elle n'arrête pas de faire des bêtises ces jours-ci.

2 aller jusqu'à • *I got up to chapter 4.* Je suis allée jusqu'au chapitre 4. • *Which question did you get up to in the test?* Tu es allé jusqu'à quelle question, à l'examen?

get with

Get with it! (toujours à l'impératif) *humoristique* Sois un peu plus branché! • *Get with it, dad, they're the biggest band since the Beatles. You must have heard of them!* Sois un peu plus branché, Papa, c'est le groupe le plus important depuis les Beatles. Tu en as sûrement déjà entendu parler.

giddy up

Giddy up! (toujours à l'impératif) Allez, hue! • *Giddy up, horsey!* Allez, hue bidet!

ginger up   gingers, gingering, gingered

ginger up sth or **ginger** sth **up**
égayer • *The problem is that it makes dull reading – I think we ought to ginger it up somehow.* Le problème, c'est que c'est ennuyeux à lire – Je pense que nous devrions l'égayer un peu.

give away   gives, giving, gave, given

give away sth or **give** sth **away**
1 donner, (en promotion) distribuer • (souvent + **to**) *I gave away my old pans to a friend who's just set up home.* J'ai donné mes vieilles poêles à un ami qui vient de s'installer. • *We're giving away free shampoo samples as a promotion.* Nous distribuons des échantillons gratuits de shampooing en promotion.

give-away *n* [C] cadeau • *I was amazed by the number of give-aways you get when you fly first-class.* J'étais surpris par le nombre de choses qu'on vous offre en cadeau quand vous volez en première classe. • (employé comme *adj*) *He'd seen adverts for leather jackets at give-away prices.* Il avait vu des vestes en cuir à des prix dérisoires.

2 révéler • *If you tell her any more you'll give the end of the film away.* Si tu lui en dis davantage, elle va deviner la fin du film. • *It was meant to be a surprise until Caroline gave it away.* Ça devait être une surprise jusqu'à ce que Caroline vende la mèche. • *You don't want to give too much away about a product before it's on the market.* Il ne faut pas trop en dire sur le produit avant qu'il ne soit sur le marché. • *Don't tell him too much or you'll give the game away.* Ne lui en dis pas trop ou tu vas vendre la mèche.

give-away *n* [singulier] indice • *'So how do you know she's smoking again?' 'Well, the cigarette packets lying around are a give-away!'* 'Comment sais-tu qu'elle refume?' 'Et bien, les paquets de cigarettes qui traînent sont révélateurs!' • (*familier*) *It's the unnatural orange colour of fake-tan – it's a **dead give-away**.* C'est l'orange artificiel du faux bronzage – ça ne trompe pas.

3 (but, penalty) permettre de marquer • *Luton's poor defense gave away three goals to Coventry.* La médiocre défense de Luton a permis à Coventry de marquer trois buts.

give sb **away**
trahir • *His voice seems quite calm but his trembling hands give him away.* Sa voix a l'air posée mais le tremblement de ses mains trahit sa nervosité. • (souvent pronominal) *You give yourself away by trying too hard to seem cheerful.* Tu te trahis en faisant trop d'efforts pour paraître enthousiaste.

give away sb or **give** sb **away**
1 mener à l'autel • *The bride's father usually gives her away.* C'est normalement le père de la mariée qui la mène à l'autel.

2 *britannique & australien* donner pour adoption • *Her first child, born when she was 17, was given away at birth.* Son premier enfant, né alors qu'elle n'avait que 17 ans, a été donné pour adoption à la naissance.

give back   gives, giving, gave, given

give back sth or **give** sth **back**

rendre • *I must give you back that book you lent me.* Je dois te rendre ce livre que tu m'as prêté.

give sb sth **back**
rendre • *She will undergo an operation which will give her her sight back.* Elle va subir une opération qui lui rendra la vue. • *Nothing could give him his dignity back.* Rien ne pourrait lui faire retrouver sa dignité.

give in   gives, giving, gave, given

give in

1 céder • *He nagged me so much to buy him a new bike that eventually I just gave in.* Il a tellement insisté pour que je lui achète un nouveau vélo que j'ai fini par céder. • (souvent + **to**) *The government cannot be seen to give in to terrorists' demands.* Il est inconcevable que le gouvernement cède aux exigences des terroristes.

2 s'incliner • *She knew she'd lost the argument but she wouldn't give in.* Elle

give in to

savait qu'elle n'avait pas eu le dernier mot mais elle ne voulait pas s'incliner. • *You'll never guess the answer. Do you give in?* Tu ne devineras jamais. Tu donnes ta langue au chat?

give in sth or **give** sth **in**

(devoir) rendre, (document) remettre • *Have you given in your essay yet?* Est-ce que tu as rendu ta dissertation? • *We want to get 5000 signatures before we give the petition in.* Nous voulons obtenir 5000 signatures avant de remettre la pétition.

give in to   gives, giving, gave, given

give in to sth

céder à • *Certainly he felt the pull of self-pity, but he never once gave in to it.* Il a sans aucun doute été tenté de s'apitoyer sur lui-même mais il ne s'est jamais laissé aller jusque là. • *I've been craving chocolate all morning but I refuse to give in to it.* J'ai eu envie de chocolat toute la matinée mais je ne céderai pas.

give of   gives, giving, gave, given

give of yourself/sth *formel*

donner de sa personne, donner de son temps, donner de l'argent • *He was remembered as a kind, generous man who would always give of himself.* On se souvenait de lui comme d'un homme bon, généreux, toujours prêt à donner de sa personne. • *The club is run entirely by volunteers who give of their free time during the summer holidays.* Le club est entièrement géré par des volontaires qui donnent de leur temps libre pendant les vacances d'été.

give off   gives, giving, gave, given

give off sth

1 (chaleur, odeur, gaz) dégager, (lumière) émettre • *I've only got a small radiator in my room and it doesn't give off much heat.* Je n'ai qu'un petit radiateur dans ma chambre et il ne dégage pas beaucoup de chaleur. • *The petrol tank was on fire and it was giving off clouds of thick black smoke.* Le réservoir d'essence était en feu et il dégageait des nuages de fumée épaisse et noire.

2 (qualité) montrer • *Although he came from a working-class family, he gave off a certain air of nobility.* Bien qu'il vienne d'une famille ouvrière, une certaine noblesse se dégageait de sa personne.

give onto   gives, giving, gave, given

give onto sth *surtout britannique & australien*

(fenêtre, pièce) donner sur • *The patio doors give onto a small courtyard.* Les portes-fenêtres donnent sur une petite cour.

give out   gives, giving, gave, given

give out sth or **give** sth **out**

1 donner • *I've said I'll give out leaflets for them in town.* J'ai dit que je distribuerai des dépliants pour eux en ville. • *One of the government's proposals is to give out condoms in high schools.* Une des propositions du gouvernement est de distribuer des préservatifs dans les écoles secondaires.

2 annoncer • (généralement au passif) *The winners' names were given out on the radio last night.* Les noms des gagnants ont été annoncés hier soir à la radio.

give out

1 (réserve) s'épuiser • *The food supplies will give out by the end of the week.* Les réserves de nourriture seront épuisées à la fin de la semaine. • *Eventually my patience gave out and I shouted at her.* Elle a fini par me faire perdre patience et je me suis mis à crier.

2 (machine) tomber en panne, (freins) lâcher • *It was on the twenty-first mile that my legs gave out.* Mes jambes ont lâché au bout de 33 kilomètres. • *I'll stop speaking now because I think my voice is about to give out.* Je vais m'arrêter de parler à présent parce que je crois que je n'aurai bientôt plus de voix. • *The car's at the garage – the clutch has finally given out.* La voiture est au garage – l'embrayage a fini par lâcher.

3 (chemin) s'arrêter • *The trail gave out half way around the lake.* Le sentier autour du lac s'arrêtait à mi-chemin.

give out sth

1 *littéraire* émettre • *He gave out a low moan.* Il émit un grognement sourd. • *Suddenly she gave out a loud scream and clutched at me.* Soudain, elle poussa un grand cri et s'agrippa à moi.

2 (lumière) émettre, (chaleur, gaz) dégager • *Is that radiator giving out any heat?* Est-ce que ce radiateur chauffe? • *Fluorescent*

lamps give out a brighter light for the same amount of electricity. Les lampes fluorescentes éclairent mieux tout en consommant la même quantité d'électricité.

give over

Give over! (toujours à l'impératif) *britannique, familier*
arrêter • *'Can I have 50p to buy some sweets, Mum?' 'Oh, give over! I've given you £2 already today.'* 'Je peux avoir 5 francs pour acheter des bonbons, s'il te plaît Maman?' 'Oh, ça suffit! Je t'ai déjà donné 20 francs aujourd'hui.'

give over to

be given over to sth (toujours au passif)
être consacré à • *A whole wing of the museum has been given over to the Matisse exhibition.* Une aile entière du musée a été consacrée à l'exposition Matisse. • *The whole evening was given over to eating and drinking.* Toute la soirée a été passée à boire et à manger.

give yourself **over to** sth (toujours pronominal)
se consacrer entièrement à • *When she started her career, she gave herself over to her job.* Au début de sa carrière, elle s'est consacrée entièrement à son travail.

give over sb/sth **to** sb or **give** sb/sth **over to** sb
confier à • *The keys to the property were given over to us at the solicitors'.* Les clés de la propriété nous ont été confiées par les notaires. • *On her mother's death, Kay was given over to her aunt to be looked after.* A la mort de sa mère, Kay a été confiée à sa tante.

give up gives, giving, gave, given

give up (sth) or give (sth) up

arrêter • *I gave up smoking six months ago.* J'ai arrêté de fumer il y a environ six mois. • *Don't offer him a cigarette – he's given up.* Ne lui offre pas de cigarette – il ne fume plus. • *I gave up alcohol while I was pregnant.* J'ai arrêté de boire de l'alcool pendant ma grossesse.

give up sth or give sth up

1 arrêter • *Are you going to give up work when you have your baby?* Est-ce que tu vas arrêter de travailler quand tu auras ton bébé?* • *I had to give up French classes because I just didn't have time.* J'ai dû arrêter d'aller à mon cours de français parce que je n'avais pas le temps.

2 (maison) renoncer à, (place assise) céder • *They were forced to give up their home because they couldn't pay the mortgage.* Ils ont dû renoncer à leur maison parce qu'ils n'arrivaient plus à payer les traites. • *He gave up his seat on the bus so that a woman with a baby could sit down.* Il a cédé sa place assise dans le bus à une femme qui voyageait avec un bébé.

3 sacrifier • (souvent + to do sth) *She gave up every Saturday afternoon to work in a charity shop.* Elle a sacrifié tous ses samedis après-midi pour travailler dans une boutique de bienfaisance.

give up (sth/doing sth) or give (sth) up

abandonner • *I had to give up halfway through the race because I was so tired.* J'ai dû abandonner à mi-course parce que j'étais trop fatigué. • *I've given up trying to persuade Sara to come – she's just not interested.* J'ai abandonné l'idée de persuader Sara de venir – ça ne l'intéresse pas.

give up

donner sa langue au chat • *I give up – what's the capital of Sudan?* Je donne ma langue au chat – c'est quoi la capitale du Soudan? • *Do you give up?* Tu veux que je te le dise?

give yourself **up** (toujours pronominal)
se rendre • (parfois + **to**) *The gunman finally gave himself up to the police.* L'homme armé a fini par se rendre à la police. • *The rebels had to give themselves up because they'd run out of supplies.* Les rebelles ont dû se rendre parce qu'ils n'avaient plus de provisions.

give up sb or give sb up

1 donner pour adoption • *She was very young when she gave birth to a son and her parents made her give him up.* Elle était très jeune quand elle a donné naissance à un fils et ses parents l'ont forcée à l'abandonner.

2 arrêter de fréquenter • *He wanted me to give up all my male acquaintances and I just wouldn't do it.* Il voulait que j'arrête de fréquenter toutes mes connaissances masculines et je n'ai pas voulu.

give up on · gives, giving, gave, given

give up on sb
ne plus compter sur • *You're here at last. We'd almost given up on you!* Te voilà enfin. Nous ne t'attendions plus! • *He'd been unconscious for so long that the doctors had given up on him.* Il était inconscient depuis si longtemps que les médecins avaient perdu tout espoir qu'il survive.

give up on sth
ne plus croire à • *I've given up on aerobics. It just wasn't making any difference to my body.* Je ne crois plus à l'efficacité de l'aérobic. Cela n'a rien changé à mon physique.

give up to · gives, giving, gave, given

give yourself **up to** sth (toujours pronominal)
1 *littéraire* se consacrer entièrement à • *After 1851, he gave himself up entirely to his historical publications.* A partir de 1851, il s'est entièrement consacré à ses publications historiques.
2 *littéraire* se laisser aller à • *After his death she gave herself up to grief.* Après sa mort elle s'est laissée aller à son chagrin.

glance off · glances, glancing, glanced

glance off (sth)
(ballon) rebondir sur, (balle) ricocher contre, (lumière) se réfléchir sur • *The ball grazed his left wrist and glanced off his jaw.* La balle lui a écorché le poignet et a ricoché contre sa mâchoire.

glance over · glances, glancing, glanced

glance over sth
jeter un coup d'œil à • *Could you just glance over this letter and tell me if you think it's all right?* Est-ce que tu pourrais jeter un coup d'œil à cette lettre et me dire si tu penses que ça va?

glaze over · glazes, glazing, glazed

glaze over
(regard) devenir vitreux, (personne) avoir l'air ailleurs • *He started telling her about the different rates of interest on savings accounts and her eyes glazed over.* Il a commencé à lui parler des différents taux d'intérêt sur les comptes épargne et son regard s'est éteint. • *I'm sure I just glaze over every time he starts talking about his job.* Je suis sûre que j'ai l'air ailleurs à chaque fois qu'il se met à parler de son travail.

glom onto · gloms, glomming, glommed

glom onto sth
1 *américain, familier* piquer • *She glommed onto some of my tapes after the party and hasn't given them back yet.* Elle m'a piqué des cassettes après la fête et ne me les a toujours pas rendues.
2 *américain, familier* (idée) adopter • *Young people are quick to glom onto any new fashion in clothes.* Les jeunes ont vite fait d'adopter n'importe quelle nouvelle mode vestimentaire.

glory in · glories, glorying, gloried

glory in sth
être très fier de • *Other people might not want such a fearsome reputation but Davies seems to glory in it.* Il y a des gens qui ne voudraient pas d'une réputation aussi redoutable mais David semble en être très fier.

gloss over · glosses, glossing, glossed

gloss over sth
glisser sur • *The company's profits dropped dramatically last year, a fact which the director was keen to gloss over.* Les bénéfices de la société ont baissé de façon spectaculaire l'année dernière; fait sur lequel le directeur a glissé allègrement.

glue to

be glued to sth (toujours au passif)
être collé devant • *Everyone was glued to the TV set as the election results came in.* Tout le monde était collé devant la télévision quand on a donné les résultats des élections.

gnaw at · gnaws, gnawing, gnawed

gnaw at sb
ronger • *I thought I trusted him, but a growing doubt kept gnawing at me.* Je croyais avoir confiance en lui mais j'étais rongé par un doute croissant.

gnaw at sth
ronger • *Violent crime and drug culture continue to gnaw at the fabric of society.* La violence et la drogue continuent de ronger le tissu social.

go about goes, going, went, gone

go about sth/doing sth
(tâche) s'attaquer à • (souvent dans des questions) *How can we go about solving this problem?* Comment pouvons-nous nous y prendre pour résoudre ce problème? • *I'd like to help, but what's the best way to go about it?* J'aimerais vous aider, mais quelle est la meilleure façon de s'y prendre?

go about sth
(travail) faire • *In spite of last night's bomb attack, most people seem to be going about their business as usual.* En dépit de l'attentat à la bombe d'hier soir, la plupart des gens ont l'air de vaquer à leurs occupations comme d'habitude. • *She tends to whistle as she goes about her household chores.* Elle siffle souvent quand elle fait le ménage.

go about doing sth
passer son temps à • *I wish she wouldn't go about telling people that I'm depressed.* J'aimerais bien qu'elle ne passe pas son temps à raconter aux gens que je suis déprimée. • *You can't go about treating people like that!* Tu ne peux pas toujours traiter les gens comme ça!

go about
1 *surtout britannique* traîner • (généralement à la forme progressive) *There seems to be a lot of flu going about at the moment.* Il y a une bonne épidémie de grippe qui traîne en ce moment.
2 *surtout britannique* (histoire) circuler • (généralement à la forme progressive) *Don't believe anything you hear, there're all kinds of rumours going about.* Ne crois pas ce que tu entends raconter, il y a toutes sortes de rumeurs qui circulent.
3 (toujours + *adv/prép*) *surtout britannique* se promener • *Everyone went about in fur coats and thermal boots.* Tout le monde s'est promené en manteau de fourrure et en après-skis.
4 *surtout britannique* virer de bord • *The boat went about as it came close to the shore.* Le bateau a viré de bord quand il s'est approché du rivage.

go about together/with goes, going, went, gone

go about together *surtout britannique*
go about with sb *surtout britannique*
passer beaucoup de temps avec • *We used to go about together when we were at school.* Nous étions toujours ensemble quand nous allions à l'école.

go after goes, going, went, gone

go after sb
poursuivre • *I got on my bike and went after him.* J'ai enfourché mon vélo et je l'ai poursuivi. • *She looks upset, do you think we should go after her?* Elle a l'air bouleversé; tu crois que nous devrions la rattraper?

go after sth
(travail) essayer d'obtenir • *Are you planning to go after Simon's job when he leaves?* Est-ce que tu vas essayer d'avoir le poste de Simon quand il sera parti?

go against goes, going, went, gone

go against sth
(principe) être contraire à • *It goes against my principles to respect someone just because they're in a position of authority.* C'est contraire à mes principes de respecter quelqu'un simplement parce que cette personne a du pouvoir. • *The EU says the decision goes against European trade rules.* L'Union Européenne a déclaré que la décision est contraire aux lois du marché européen. • *It goes against the grain for Sarah to admit that she's wrong.* Ce n'est pas dans la nature de Sarah de reconnaître ses torts.

go against sth/sb
s'opposer à, aller à l'encontre de • *I went against my father's advice and bought the house.* Je suis allé à l'encontre de l'avis de mon père et j'ai acheté la maison. • *I really don't want to go against my boss.* Je ne tiens pas vraiment à m'opposer à mon patron.

go against sb
être défavorable à • *If the vote goes against him, it could be the end of his political career.* Si le vote lui est défavorable, cela pourrait bien être la fin de sa carrière politique. • *If the verdict goes against him, he could face up to five years in prison.* Si le verdict lui est défavorable, il pourrait être condamné à cinq ans de prison.

go ahead goes, going, went, gone

go ahead
1 commencer • *The preparations are complete but we can't go ahead without government money.* Les préparatifs sont terminés mais nous ne pouvons pas

commencer sans l'argent du gouvernement. • (souvent + **with**) *We're going ahead with the offer unless we're told we can't proceed.* Nous sommes prêts à faire l'offre à moins que l'on ne nous dise que nous ne pouvons commencer.

go-ahead *n* [U] (pour commencer) feu vert • *The government has **given the go-ahead** for a multi-billion pound road-building project.* Le gouvernement a donné le feu vert pour un projet de construction de routes de plusieurs milliards. • *We've got to **get the go-ahead** from our director before we take on more people.* Il nous faut le feu vert du directeur avant d'engager plus de gens.

go-ahead *adj* (toujours avant n) dynamique • *Some of the more go-ahead companies even allow job-share.* Certaines entreprises parmi les plus dynamiques acceptent même les postes partagés.

2 *légèrement familier* allez-y • *'Do you mind if I take some of this paper?' 'Sure, go ahead.'* 'Vous permettez que je prenne quelques feuilles de papier?' 'Bien sûr, faites.' • *'May I use your computer for a moment?' 'Go right ahead.'* 'Est-ce que je peux utiliser votre ordinateur un instant?' 'Allez-y.'

3 avoir lieu • *The majority of French people want the trial to go ahead.* La majorité des Français veulent que le procès ait lieu. • *The president's visit will go ahead despite the political situation.* La visite du président aura lieu malgré la situation politique.

go along goes, going, went, gone

go along

1 aller • *'Do you use the bar much?' 'I sometimes go along after work.'* 'Vous fréquentez souvent le bar?' 'J'y vais parfois après le travail.' • (souvent + **to**) *I thought I might go along to the party for an hour or so.* Il est possible que j'aille à la fête pendant une heure ou deux.

2 (toujours + *adv/prép*), *légèrement familier* se dérouler • *She was happy at work and happy in her relationship. In fact everything was going along quite nicely.* Elle était heureuse dans son travail et dans sa vie amoureuse. En fait, tout se déroulait plutôt bien.

go along with goes, going, went, gone

go along with sth/sb

être d'accord avec • *She'll go along with anything he says just for a quiet life.* Elle sera d'accord avec tout ce qu'il dit, rien que pour vivre en paix. • *I go along with Martin on this one – I think the scheme's a disaster.* Je suis d'accord avec Martin sur ce sujet – Je pense que le projet est un désastre.

go around goes, going, went, gone

go around doing sth

avoir la mauvaise idée de • (généralement à la forme progressive) *Someone's been going around spraying graffiti on the walls.* Quelqu'un a eu la mauvaise idée de couvrir les murs de graffiti avec une bombe. • *Please don't go around telling everyone what I said.* J'espère que tu n'auras pas la mauvaise idée de raconter ce que je t'ai dit à tout le monde.

go around (swh)

1 traîner • *There's a nasty flu virus going around at the moment.* Il y a un méchant virus de la grippe qui traîne en ce moment. • *I think I've caught that cold that's been going around the office.* Je crois que j'ai attrapé le rhume qui traîne au bureau.

2 (rumeur) circuler • *What's this story going around about Matthew leaving home?* Qu'est-ce que c'est que cette rumeur au sujet de Matthew qui aurait décidé de partir de chez lui? • *There's a rumour going around these parts that he's been having an affair.* Le bruit circule qu'il aurait une liaison.

go around

1 (toujours + *adv/prép*) surtout américain aller chez, aller à • *'Have you seen Amanda recently?' 'Yes, we went around to her place for dinner last week.'* 'Vous avez vu Amanda récemment?' 'Oui, nous sommes allés dîner chez elle la semaine dernière.'

2 satisfaire tout le monde • *Will there be enough cake to go around or should I get some more?* Est-ce qu'il y aura assez de gâteau ou est-ce que je dois aller en chercher davantage?

3 (toujours + *adv/prép*) se promener • *He usually goes around in shorts and a T-shirt.* Il se promène généralement en short et en tee-shirt. • *Ever since she got that job she's been going around with a big smile on her face.* Depuis qu'elle a obtenu ce poste elle se promène avec un grand sourire.

go around together/with
goes, going, went, gone

go around together
go around with sb
voir souvent • *Do they still go around together?* Est-ce qu'ils se voient toujours autant? • *They don't approve of the people she goes around with.* Ils n'approuvent pas ses fréquentations.

go at
goes, going, went, gone

go at sth (jamais au passif) *familier*
mettre toute son énergie dans • *I had a good session in the gym today – I really went at it.* J'ai fait une bonne séance de gym, aujourd'hui – je me suis vraiment donnée à fond. • *(britannique) I've never heard them argue like that before – they really went at it hammer and tongs.* Je ne les ai jamais entendus se disputer comme ça auparavant – ils ne plaisantaient pas.

go at sb (jamais au passif) *familier*
attaquer • *She really went at him with her fists!* Elle l'a carrément attaqué à coups de poing.

go away
goes, going, went, gone

go away
1 partir • (souvent à l'impératif) *Look, just go away and leave me alone, will you?* Ecoute, va-t'en et laisse-moi tranquille, d'accord?
2 partir • (généralement + *adv/prép*) *She usually looks after the house when we go away in the summer.* D'habitude, c'est elle qui garde la maison quand nous partons l'été. • *He goes away on business a lot.* Il part très souvent en voyage d'affaires.
3 disparaître • *Sometimes the symptoms go away on their own without treatment.* Parfois, les symptômes disparaissent d'eux-mêmes, sans traitement. • *I've got this bad feeling about the relationship and it won't go away.* J'ai un mauvais pressentiment au sujet de cette relation et ça ne passe pas.

go back
goes, going, went, gone

go back
1 retourner • *I'd been away from Canada for three years and thought it was time I went back.* Cela faisait trois ans que j'avais quitté le Canada et je pensais qu'il était temps que j'y retourne. • (souvent + **to**) *When are you going back to Paris?* Quand rentres-tu à Paris? • *'So you didn't enjoy your meal?' 'No, we won't be going back there again!'* 'Le repas ne vous a pas plu?' 'Non, nous n'y retournerons pas!'
2 reprendre • (généralement + *adv/prép*) *The schools all go back in the second week of April.* Les écoles reprennent la deuxième semaine d'avril. • *When do you go back to university?* Quand reprenez-vous la fac?
3 *familier* retourner à l'expéditeur, être renvoyé • *That shirt's going back – I found a hole in it.* Je vais rendre cette chemise – j'ai trouvé un trou dedans. • *When do these books have to go back?* Quand doit-on rendre ces livres?

go back sth
1 *familier* se connaître depuis • *Stef and Delia go back almost twenty years.* Stef et Delia se connaissent depuis presque vingt ans. • *Trevor and me – we go back a long way.* Trevor et moi, ça fait un bail que nous nous connaissons.
2 remonter à • *Britain's links with this country go back centuries.* Les liens de la Grande-Bretagne avec ce pays remontent à des siècles.
3 remonter • *Going back a couple of hundred years, this place would not have been inhabited.* Il y a deux cents ans, cet endroit aurait été inhabité.

go back on
goes, going, went, gone

go back on sth
revenir sur • *I promised him I'd be there and I don't like to go back on my promises.* Je lui ai promis que je serai là et je n'aime pas revenir sur mes promesses. • *He said he'd pay you the money and I don't think he'll go back on his word.* Il a dit qu'il vous paierait l'argent et je ne pense pas qu'il revienne sur sa promesse.

go back over
goes, going, went, gone

go back over sth
revoir • *I went back over the figures just to check that they were correct.* J'ai revu les chiffres pour m'assurer qu'ils étaient corrects. • *As she lay in her bed she went back over the events of the day.* Allongée dans son lit, elle se repassa en mémoire les événements de la journée.

go back to
goes, going, went, gone

go back to sth
1 (ancien métier) revenir à, (études) reprendre • *She went back to work when*

her daughter was two. Elle a recommencé à travailler quand sa fille avait deux ans.
2 en revenir à • *Going back to the first point that I made, we're all going to have to speed up.* Pour en revenir à mon premier point, nous allons tous devoir accélérer. • *To go back to what Sue said earlier...* Pour en revenir à ce que Sue disait tout à l'heure...
3 en revenir à • *If things go back to the way they were last year, we'll have to make some changes.* Si les choses en reviennent à ce qu'elles étaient l'année dernière nous devrons opérer quelques changements.
4 remonter à • *If you go back to the turn of the century, ten to fifteen people would have lived in a house this size.* Au début du siècle, dix à quinze personnes auraient vécu dans une maison de cette taille.
5 remonter à • *Parts of the church go back to the eleventh century.* Certaines parties de l'église remontent au onzième siècle.

go back to sb
ressortir avec • '*Would you ever go back to Darren?*' '*He wouldn't have me back.*' 'Est-ce que tu ressortirais avec Darren?' 'Il ne serait pas d'accord.'

go before goes, going, went, gone

go before (toujours au passé; jamais à la forme progressive)
précéder • *This performance was a marked improvement on what had gone before.* Cette représentation est bien meilleure que les précédentes. • *Whatever has gone before is irrelevant.* Ce qui s'est passé précédemment est sans importance.

go before sb
comparaître devant • *This was the first case of its kind to go before an English jury.* C'était la première affaire de ce genre à comparaître devant un jury britannique. • *He's due to go before the judge next week.* Il doit comparaître devant le juge la semaine prochaine.

go beyond goes, going, went, gone

go beyond sth
aller plus loin que • *He has ambitions which go beyond the mere production of catchy pop records.* Ses ambitions vont plus loin que la simple production de disques pop entraînants.

go by goes, going, went, gone

go by

1 (temps) passer • *As each month goes by, the economic situation just gets worse.* La situation économique s'aggrave de mois en mois. • *Time went by and hopes for the hostages' safety began to fade.* Le temps passait et l'espoir de retrouver les otages sains et saufs diminuait.

bygone *adj* (toujours avant n) *formel* révolu • *I don't have much patience with the romanticizing of bygone days.* Cela m'énerve quand on enveloppe le passé d'une aura de romantisme. • *The monarchy are just a relic of a bygone era.* La monarchie n'est qu'un vestige d'une époque révolue.

2 passer • *I'm just sitting here watching **the world go by**.* Je suis assis et je regarde passer le temps.

go by sth (jamais au passif)
1 suivre, se baser sur • '*How much pasta do you cook for 6 people?*' '*I tend to go by what it says on the packet.*' 'Combien de pâtes cuisinez-vous pour six personnes?' 'J'ai tendance à suivre ce qui est indiqué sur le paquet.' • *If last year's was anything to go by it should be a great party.* Si on se fonde sur l'année dernière, ce devrait être une grande fête.

2 respecter • *We'd better go by the rules – I don't want any trouble.* Nous ferions mieux de respecter les règles. Je ne veux pas d'ennuis. • *Mike's like that – he always **goes by the book**.* Mike est comme ça. Il applique toujours le règlement à la lettre.

go by swh *américain & australien*
s'arrêter à • *I thought I'd go by the store on my way home and get some food.* J'ai pensé que je m'arrêterai au magasin en rentrant à la maison pour acheter à manger.

go down goes, going, went, gone

go down

1 baisser • *House prices went down in July following an increase in the previous two months.* Le prix des maisons a baissé en juillet après avoir été en augmentation les deux mois précédents.

2 baisser • *It used to be a really good restaurant but it's really gone down recently.* C'était un très bon restaurant mais la qualité a vraiment baissé dernièrement.

3 (pneu) être dégonflé • *That back tyre's gone down again – it must have a puncture.* Ce pneu est encore dégonflé – il doit être crevé.

4 désenfler • *My throat's still very sore although my glands have gone down now.*

J'ai encore très mal à la gorge mais mes ganglions ont désenflé.

5 baisser • *The audience grew quiet as the lights went down.* Le public s'est tu quand les lumières se sont éteintes.

6 (soleil) se coucher • *We sat on the balcony sipping drinks and watching the sun go down.* Nous nous sommes assis sur le balcon pour boire un verre et assister au coucher du soleil.

7 (navire) sombrer • *1513 people drowned when the Titanic went down in 1912.* 1513 personnes se sont noyées quand le Titanic a sombré en 1912.

8 (avion) tomber • *The plane went down just three miles from the airport.* L'avion est tombé à 5 kilomètres de l'aéroport.

9 (au sud) descendre • (souvent + **to**) *We might go down to Brighton at the weekend and see Johnny.* Ce week-end nous irons peut-être à Brighton voir Johnny.

10 (toujours + *adv/prép*) (discours) être reçu, (événement) rester dans les mémoires • *I think my speech went down rather well, don't you?* J'ai l'impression que mon discours a été bien reçu, qu'en penses-tu? • *(britannique) My joke about the fat couple went down like a lead balloon.* Ma plaisanterie sur le couple obèse est tombée à plat. • (parfois + **as**) *This will go down as one of the most important soccer matches ever played.* On se souviendra de ce match comme d'un des plus importants dans l'histoire du football. • *His contribution to world peace will go down in history.* Sa contribution en faveur de la paix dans le monde restera dans l'Histoire.

11 (toujours + *adv/prép*) (nourriture) bien passer, (boisson) faire du bien • *I'm so hot. A glass of cold beer would go down really well right now.* Qu'est-ce que j'ai chaud. Un verre de bière fraîche me ferait beaucoup de bien.

12 surtout britannique perdre • *They're playing so badly, it's obvious they're going to go down.* Ils jouent si mal qu'il est évident qu'ils vont perdre. • (souvent + **to**) *England went down 4-2 to France in last night's match.* L'Angleterre a perdu 4 à 2 face à la France, hier soir.

13 être en panne • *The computers went down and we lost a whole day's work.* Les ordinateurs sont tombés en panne et nous avons perdu toute une journée de travail.

14 britannique & australien, familier aller en prison • *You could go down for five years if they catch you.* Vous pourriez faire cinq ans de prison s'ils vous attrapaient.

15 américain, familier se passer • *I tried to warn him about what was going down, but he wouldn't listen.* J'ai essayé de le prévenir de ce qui se passait mais il n'a pas voulu écouter.

16 britannique, formel quitter l'université • *He went down in 1954 and joined the army.* Il a quitté l'université en 1954 et s'est engagé dans l'armée.

17 *tabou* sucer • (souvent + **on**) *Quietly, he went down on her.* Doucement, il se mit à la sucer.

go down on goes, going, went, gone

go down on sth (toujours + *adv/prép*) (genoux) se mettre à • *She likes me to go down on all fours and give her horse-rides.* Elle aime que je me mette à quatre pattes et que je la prenne à cheval sur mon dos. • *Please come tonight – I'll go down on my knees and beg you.* S'il te plaît, viens ce soir – je t'en supplie à genoux. • *So how did he propose, then? Did he go down on one knee?* Alors, comment a-t-il fait sa demande en mariage? Il a mis un genou en terre?

go down with goes, going, went, gone

go down with sth britannique, familier (maladie) attraper • *James had gone down with the flu just before they went away.* James avait attrapé la grippe juste avant qu'ils ne partent.

go for goes, going, went, gone

go for sth

1 choisir • *When you're buying a computer, go for one with a lot of memory.* Si tu achètes un ordinateur, choisis-en un avec une grande capacité de mémoire.

2 être vendu • *One-bedroom apartments go for about $80.000 in this part of town.* Dans ce quartier, les appartements de deux pièces sont vendus 80 000 dollars. • *I found this silver tray in a local junk shop where it was going for a song.* J'ai trouvé ce plateau en argent dans une brocante du coin; ils le vendaient trois fois rien.

3 essayer d'obtenir • *As he was going for the ball, he tripped and fell.* Il a trébuché et est tombé en essayant d'attraper le ballon. • *I've decided to go for that job in the sales department.* J'ai décidé d'essayer d'obtenir ce poste au service des ventes. • *(familier)* *'Do you think I should apply for that job?' 'Yeah, go for it!'* 'Tu crois que je devrais me présenter pour ce poste?' 'Oui, vas-y!'

go for sb/sth

1 (jamais à la forme progressive) préférer • *Chris tends to go for older women.* Chris a tendance à préférer les femmes plus âgées. • *I go for plain-coloured clothes rather than patterned ones.* Je préfère les vêtements unis aux imprimés.

2 (jamais au passif) être valable pour • *Oh, do be quiet Sam! And that goes for you too, Emma!* Oh, tais-toi donc, Sam! C'est valable aussi pour toi, Emma!

go for sb

1 *familier* attaquer • *As he opened the door, one of the dogs went for him.* Quand il a ouvert la porte, un des chiens s'est jeté sur lui.

2 s'en prendre à • *I don't know what I've done to offend Pam but she really went for me in the meeting today.* Je ne sais pas ce que j'ai fait pour offenser Pam mais elle s'en est vraiment prise à moi, pendant la réunion.

go forth goes, going, went, gone

go forth *littéraire*

aller • *The time had come to go forth to battle.* L'heure était venue d'aller se battre.

go forward goes, going, went, gone

go forward

1 se faire • *Their marriage can now go forward.* Leur mariage peut maintenant se faire.

2 aller • (souvent + *to*) *The three regional winners will go forward to the semi-finals next week.* Les trois champions régionaux iront en demi-finale la semaine prochaine.

3 *surtout britannique* passer à l'heure d'été • *Is this the weekend when the clocks go forward?* Est-ce que c'est ce week-end que nous passons à l'heure d'été?

4 être suggéré • *The local party is selecting a candidate for the election and Daryl's name has gone forward.* Le parti local est en train de choisir un candidat pour les élections et le nom de Daryl a été suggéré.

go forward with goes, going, went, gone

go forward with sth (jamais au passif)

mettre à exécution • *The publishing company is going forward with its plans to take over the magazine.* La maison d'édition est en train de mettre à exécution son projet de rachat du magazine.

go in goes, going, went, gone

go in

1 entrer • *I had a look in the window but I didn't go in.* J'ai regardé par la fenêtre mais je ne suis pas entré.

2 intervenir • *Fighting broke out in the region yesterday and troops have gone in to restore order.* Les hostilités ont éclaté hier dans la région et l'armée est intervenue pour rétablir l'ordre.

3 (bureau) aller travailler, (hôpital) être hospitalisé • *If you don't feel well, don't go in.* Si tu ne te sens pas bien, ne va pas travailler. • *When does she go in for her eye operation?* Quand est-ce qu'elle se fait opérer de l'oeil?

4 aller en ville • *I usually go in on the bus, rather than have the car to worry about.* En général, je vais en ville en bus plutôt que de me créer des ennuis avec la voiture.

5 (soleil, lune) se cacher • *The sun went in just as I sat down on the terrace.* Le soleil s'est caché juste au moment où je me suis assise sur la terrasse.

6 *familier* (dans la tête) rentrer • *You can tell her something ten times, but it still doesn't go in.* Tu peux lui répéter quelque chose dix fois mais ça ne rentre pas pour autant.

7 (football, hockey) entrer dans les buts, (golf) entrer dans le trou • *His first shot narrowly missed the goal but his second shot went in.* Au premier tir, il a raté le but de peu mais au second, il a marqué un but.

go in (sth)

entrer, tenir • *Is this too big to go in the suitcase?* Est-ce que c'est trop gros pour tenir dans la valise? • *I tried all the keys in the lock, but none of them would go in.* J'ai essayé toutes les clés mais aucune n'entre dans la serrure.

go in for goes, going, went, gone

go in for sth

1 aimer • (souvent dans des phrases négatives) *I don't really go in for party games.* Je n'aime pas tellement les jeux auxquels on joue dans les fêtes. • *They go in for chess a lot in Russia.* Les Russes aiment beaucoup jouer aux échecs.

2 (enseignement) entrer dans, (mécanique, politique) se lancer dans • *Have you ever thought of going in for teaching?* Est-ce-que tu as déjà pensé à entrer dans l'enseignement?

3 s'inscrire à • *Are you going in for the First Certificate this month?* Est-ce-que tu t'inscris au 'First Certificate', ce mois-ci?

go in with goes, going, went, gone

go in with sb
s'associer à • *I've decided to go in with a friend of mine who's just started a software company.* J'ai décidé de m'associer à un de mes amis qui vient de lancer une firme de logiciels.

go into goes, going, went, gone

go into swh
1 entrer dans, aller à • *Mike went into the kitchen to start cooking the dinner.* Mike est allé à la cuisine préparer le dîner.
2 (bureau) aller à, (hôpital) aller à, entrer à • *I'm not going into the office today.* Je ne vais pas au bureau aujourd'hui. • *He's going into hospital next week to have his tonsils out.* Il entre à l'hôpital la semaine prochaine pour se faire retirer les amygdales.
3 (ville) aller en • *I'm going into town this afternoon. Do you need anything?* Je vais en ville, cet après-midi. Tu as besoin de quelque chose?

go into sth
1 (jamais au passif) (finale) aller en, (fabrication) entrer en • *He was in first place as he went into the final.* Il était classé premier quand il est allé en finale. • *A new model of the car has just gone into production.* Un nouveau modèle de voiture vient d'entrer en fabrication.
2 (jamais au passif) (entreprise donnée) entrer chez, (enseignement) entrer dans, (politique) se lancer dans • *She's going into the family business when she graduates.* Elle va rejoindre l'entreprise familiale après son diplôme. • *You're not thinking of going into politics, are you?* Tu ne penses pas te lancer dans la politique, n'est-ce pas?
3 (jamais au passif) (rire) éclater de, (rage) devenir fou de • *He went into a mad rage at the news.* Quand il a appris la nouvelle, il est devenu fou de rage. • *Kathy went into peals of laughter when I told her.* Kathy a éclaté de rire quand je le lui ai raconté.
4 (jamais au passif) (vrille) descendre en, (piqué) faire un • *The pilot suddenly lost control of the plane and it went into a nosedive.* Le pilote a soudain perdu le contrôle de l'avion et a fait un piqué.
5 (problème) discuter de, (détails) entrer dans • *She mentioned that she'd had an accident but she didn't go into it in any detail.* Elle a mentionné qu'elle avait eu un accident mais elle n'est pas entrée dans les détails. • *The issues involved are highly complex and I don't want to go into them right now.* Cela soulève des problèmes très complexes dont je préfère ne pas discuter maintenant.
6 (jamais au passif) (arbre, réverbère) rentrer dans • *The truck swerved off the road and went into a lamppost.* Le camion est sorti de la route et est rentré dans un réverbère.
7 (jamais au passif) être un diviseur de • *Five goes into thirty six times.* Trente divisé par cinq égale six.
8 être investi dans • *Over $50 million has gone into designing the new aircraft.* Plus de 50 millions de dollars ont été investis dans la conception du nouvel avion. • *Clearly, a lot of effort has gone into producing this book.* Il est évident que beaucoup d'efforts ont été consentis pour la fabrication de ce livre.

go off goes, going, went, gone

go off
1 partir • (parfois + to) *I'm going off to Vancouver next week to see my sister.* Je pars à Vancouver la semaine prochaine pour rendre visite à ma soeur. • (parfois + to do sth) *Tim went off to make us both a cup of coffee.* Tim est allé nous faire une tasse de café.
2 *britannique & australien* (légume, viande) s'avarier, (lait) tourner • *These sausages smell rather strange – I think they've gone off.* Ces saucisses ont une drôle d'odeur; je crois qu'elles ne sont plus bonnes.
3 (lumière, chauffage) s'éteindre, (machine) s'arrêter • *All the lights suddenly went off and the house was plunged into darkness.* Soudain, toutes les lumières se sont éteintes et la maison a été plongée dans l'obscurité. • *I've set the heating to go off at 11 p.m.* J'ai programmé le chauffage pour qu'il s'éteigne à onze heures.
4 (réveil) sonner, (alarme) se déclencher • *The alarm went off in the middle of the night.* L'alarme s'est déclenchée au milieu de la nuit. • *My alarm clock didn't go off this morning.* Mon réveil n'a pas sonné ce matin.

go off with

5 (bombe) exploser • *Two people were seriously injured when a bomb went off in the main station.* Deux personnes ont été grièvement blessées à la suite de l'explosion d'une bombe à la gare centrale.

6 (toujours + *adv/prép*), *familier* se passer • *I thought the performance went off rather well.* J'ai trouvé que la représentation s'était plutôt bien passée. • *The demonstration went off peacefully with no arrests.* La manifestation s'est déroulée dans le calme et il n'y a pas eu d'arrestation.

7 *britannique & australien* se dégrader • *I enjoyed the first hour or so of the film but I thought it went off a little towards the end.* J'ai bien aimé la première heure du film mais j'ai trouvé que ça se dégradait un peu vers la fin.

go off sb/sth *britannique & australien* cesser d'aimer • *I used to eat a lot of fish but I've gone off it a bit recently.* Avant, je mangeais beaucoup de poisson mais je m'en suis un peu lassé dernièrement. • *I'm not going to go off you after one argument!* Je ne vais pas cesser de t'aimer pour une simple dispute!

go off with goes, going, went, gone

go off with sth
familier partir avec • *Someone's gone off with my pen.* Quelqu'un m'a pris mon stylo.

go off with sb
partir avec • *Apparently, he's left his wife and gone off with his next-door neighbour.* Apparemment, il a quitté sa femme et il est parti avec la voisine.

go on goes, going, went, gone

go on

1 continuer • *The music festival goes on until August 31.* Le festival de musique continue jusqu'au 31 août. • (souvent + **for**) *The war had been going on for three years and there was still no sign of peace.* La guerre durait depuis trois ans et il n'y avait toujours aucun espoir de paix. • (parfois + doing sth) *Let's hope the situation will go on improving.* Espérons que la situation continuera à s'améliorer. • *The path just seemed to go on and on.* Le chemin semblait ne jamais s'arrêter. • *I know she's upset about losing her job, but, you know, life must go on.* Je sais qu'elle est triste d'avoir perdu son travail mais quoi, la vie continue.

ongoing *adj* (étude) en cours, (problème) permanent • *The study is part of an ongoing research project about women and employment.* L'étude fait partie d'une recherche en cours sur les femmes et l'emploi. • *Smoking is an ongoing problem in the school.* Le tabac est un problème permanent dans l'école.

2 continuer • (souvent + doing sth) *We can't go on living here for much longer.* Nous ne pouvons pas continuer à vivre ici très longtemps. • (parfois + **with**) *He looked up at me as I came into the room and then went on with what he was doing.* Il a levé les yeux sur moi quand je suis entrée dans la pièce puis il a reporté son attention sur ce qu'il était en train de faire. • *Clive and I haven't spoken to each other for weeks – we can't go on like this.* Cela fait des semaines que Clive et moi ne nous sommes pas parlé; nous ne pouvons pas continuer comme ça.

3 se passer • (souvent à la forme progressive) *Why isn't Mel here? What's going on?* Pourquoi Mel n'est-il pas là? Qu'est-ce qui se passe? • *I don't know what went on last night but they're not speaking to each other this morning.* Je ne sais pas ce qui s'est passé hier soir mais, ce matin, ils ne se parlent plus.

goings-on *n* [pluriel] *familier* événement, activité • *There've been some strange goings-on in the house next door.* Il se passe des choses étranges dans la maison d'à côté.

4 parler à n'en plus finir. • (souvent + **about**) *I've just spent an hour listening to Anne going on about all her problems.* Je viens de passer une heure à écouter Anne parler sans discontinuer de ses problèmes. • *Anita does go on, doesn't she!* C'est difficile de placer un mot avec Anita, pas vrai?

5 continuer son chemin • *We must go on if we want to reach home before it gets dark.* Si nous voulons arriver à la maison avant la nuit, il nous faut continuer notre chemin. • *Helen had a short rest while the rest of the group went on ahead of her.* Helen s'est reposée un peu tandis que le reste du groupe continuait son chemin.

6 (lumière) s'allumer, (appareil) se mettre en route • *The heating goes on at about 7*

o'clock. Le chauffage se met en route à 7 heures.

Go on!

1 *familier* Allez! • *'I don't really feel like going to this party.' 'Oh, go on, it'll be great fun!'* 'Je n'ai pas vraiment envie d'aller à cette fête.' 'Oh, allez, on va s'amuser!'

2 *familier* D'accord! • *'Are you sure you wouldn't like another drink?' 'Oh, go on then, but just a small one.'* 'Tu es sûre que tu ne veux pas un autre verre?' 'Oh, allez, d'accord, mais juste un petit.' • *'Can I go out to the cinema, Dad?' 'Oh, go on, but don't be late back.'* 'Est-ce que je peux aller au cinéma, Papa?' 'Bon, d'accord, mais ne rentre pas tard.'

3 *familier* Pas possible! • *'Apparently, she got so drunk that she sat on Colin's knee. 'Go on, she didn't!'* 'Apparemment, elle était si soûle qu'elle s'est assise sur les genoux de Colin.' 'Non, pas possible, elle n'a pas fait ça!'

go on sth

(information) se baser sur • *I'm not certain if Jack still lives at that address – I'm just going on what a friend told me.* Je ne suis pas certain que Jack habite encore à cette adresse – Je me fie simplement à ce que m'a dit un ami. • *We don't have much to go on at the moment, but we are continuing our research.* Nous n'avons pas tellement d'informations sur lesquelles baser pour le moment, mais nous poursuivons nos recherches.

go on sth/doing sth (jamais au passif) *britannique*

(argent) partir en • *I should imagine most of his money goes on beer and cigarettes.* J'imagine que l'essentiel de son argent part en bière et en cigarettes.

be going on sth (toujours à la forme progressive) *familier*

(x ans) aller sur ses • *She's probably sixteen going on seventeen.* Elle a probablement seize ans et elle va sur ses dix-sept.

go on to do sth

continuer à • *After his surprise win in the first round, he then amazed everyone by going on to win the championship.* Après sa victoire inattendue au premier round, il a continué à surprendre tout le monde en gagnant le championnat.

go on (sth)

continuer • *I'm sorry, I interrupted you. Please go on.* Excusez-moi, je vous ai interrompu. Je vous en prie, continuez.

• (souvent + **with**) *He paused to light a cigarette and then went on with his story.* Il s'est arrêté pour allumer une cigarette et a continué son histoire. • *'We used to be good friends,' Val went on, 'but we've completely lost touch now.'* 'Nous étions bons amis autrefois' continua Val, 'mais nous nous sommes complètement perdus de vue.' • (parfois + to do sth) *He explained that there had been a gas leak but went on to reassure us that we would not be affected.* Il a expliqué qu'il y avait eu une fuite de gaz mais il a continué en nous rassurant et en disant que cela ne nous affecterait pas.

go on at goes, going, went, gone

go on at sb

s'en prendre à • (souvent + to do sth) *She'd been going on at him for ages to have his hair cut.* Cela faisait un temps infini qu'elle le harcelait pour qu'il se fasse couper les cheveux. • (souvent + **about**) *I wish you wouldn't go on at me about my clothes.* J'aimerais que tu arrêtes de t'en prendre à moi au sujet de mes vêtements.

go on to goes, going, went, gone

go on to swh

continuer sur • *We plan to spend a week in Sydney before going on to Melbourne.* Nous avons prévu de passer une semaine à Sydney avant de continuer sur Melbourne.

go on to sth

passer à • *Are you planning to go on to university after you finish school?* Penses-tu aller à l'université quand tu auras fini l'école? • *Let's go on to the second point on today's agenda.* Passons au deuxième point de l'ordre du jour.

go out goes, going, went, gone

go out

1 sortir • *You've got to go out on a Saturday night.* Un samedi soir, il faut sortir. • (souvent + **for**) *Do you fancy going out for a beer some time?* Est-ce que ça te plairait d'aller boire une bière, un jour? • (souvent + to do sth) *He's just gone out to collect his mother from the station.* Il vient de sortir pour aller chercher sa mère à la gare.

2 passer de mode, ne plus exister, ne plus être utilisé • *Baggy jeans went out years*

ago. Les jeans larges ont passé de mode il y a des années. • (souvent + **of**) *You spend all this money on a piece of clothing and then it goes out of fashion.* On dépense tout cet argent dans un vêtement et il passe de mode.
3 être annoncé, être envoyé • *A flood alert went out last night.* On a annoncé des risques d'inondation, hier soir. • (souvent + **to**) *Dismissal notices have gone out to one in five of the company's employees.* Des lettres de licenciement ont été envoyées à un employé de l'entreprise sur cinq.
4 s'éteindre • *In the middle of dinner, the lights suddenly went out.* Au milieu du dîner, les lumières se sont soudain éteintes.
5 (feu) s'éteindre • *Have you got a light? My cigarette's gone out.* Tu as du feu? Ma cigarette s'est éteinte. • *Shall I put some more wood on the fire or let it go out?* Est-ce que je remets du bois sur le feu ou est-ce que je le laisse s'éteindre?
6 être diffusé • *The new series is scheduled to go out on Saturday evenings at 9 o'clock.* La diffusion du nouveau feuilleton est programmée le samedi soir à 9 heures.
7 (marée) descendre, (mer) se retirer • *A few small boats were left stranded on the beach as the tide went out.* Quelques petits bateaux sont restés à sec sur la plage quand la mer s'est retirée.
8 *britannique* être éliminé • (souvent + **to**) *Connors went out to Borg in the semi-finals.* Connors a été éliminé par Borg en demi-finale.
9 se mettre en grève • *It was rumoured that the miners were about to **go out on strike**.* On a raconté que les mineurs allaient se mettre en grève.

go out for goes, going, went, gone

go out for sth *américain*
se présenter pour faire partie de • *He went out for football in his freshman year and made the team.* Il s'est présenté pour faire partie de l'équipe de football de l'université quand il était en première année et il a été sélectionné. • *Are you going out for chorus this year?* Est-ce que tu te présentes pour faire partie de la chorale, cette année?

go out of goes, going, went, gone

go out of sb/sth
quitter • *All the life and energy has gone out of her since she lost her job.* Toute sa vitalité et toute son énergie l'ont quittée depuis qu'elle a perdu son emploi. • *After 25 years together all the excitement had gone out of our marriage.* Après vingt-cinq années de vie commune, notre mariage avait perdu tout son charme et tout son intérêt.

go out to goes, going, went, gone

go out to swh
aller s'installer à • *He's going out to Japan to start a teaching job.* Il va s'installer au Japon où il va travailler comme enseignant.

go out to sb
(pensée) aller à • *Louisa's death was a tragedy, our deepest sympathies go out to her husband and three children.* La mort de Louisa a été ressentie tragiquement, nos condoléances les plus sincères vont à son mari et à ses trois enfants. • *Our thoughts go out to all the people who cannot be with their families at this special time of year.* Nos pensées vont à tous ceux qui ne peuvent être avec leur famille durant cette période privilégiée de l'année. • *My heart goes out to anyone in that position.* Je plains de tout mon coeur ceux qui se trouvent dans une telle situation.

go out together/with goes, going, went, gone

go out together
go out with sb
sortir avec • *They'd been going out together for years before they got married.* Ils sont sortis ensemble pendant des années avant de se marier. • *How long have you been going out with him now?* Cela fait combien de temps que tu sors avec lui maintenant?

go over goes, going, went, gone

go over sth
1 parler de, vérifier • *We don't have much time so I'll quickly go over the main points of the document.* Comme nous n'avons pas beaucoup de temps, je ne mentionnerai rapidement que les grands points du document. • *I'd like to go over your essay with you when you've half an hour to spare.* Lorsque vous aurez une demi-heure à me consacrer, j'aimerais que nous parlions de votre dissertation.
2 repenser à • *You can go over the same old things again and again in your head.* On peut se repasser sans cesse en mémoire les mêmes vieilles histoires. • *In bed last*

night I kept going over what you'd said to me at lunch. Hier soir, dans mon lit, j'ai repensé longtemps à ce que tu m'avais dit au moment du déjeuner.
3 fouiller • *The police had been over his apartment looking for drugs.* La police, pensant y trouver de la drogue, a fouillé son appartement.
going-over *n* [singulier] fouille • *He's going to **give** the car **a good going-over**.* Il va fouiller la voiture avec soin.
4 nettoyer • *I usually just go over the floor with a damp cloth.* D'ordinaire, je nettoie simplement le sol avec un linge humide.
going-over *n* nettoyage • (généralement au singulier) *The bedrooms shouldn't be too bad because I **gave** them **a good going-over** last week.* Les chambres devraient aller car je les ai nettoyées à fond la semaine dernière.

go over
1 (toujours + *adv/prép*) passer • *I haven't seen Patrick for a while – I thought I might go over for an hour or so later on.* Il y a un moment que je n'ai pas vu Patrick. J'ai pensé que je passerais peut-être une heure ou deux, plus tard dans la journée.
2 aller à • *So when are you going over to Paris?* Alors, quand vas-tu à Paris?
3 (toujours + *adv/prép*) être reçu • *I wonder how a play like this would go over in Britain?* Je me demande comment une pièce comme celle-ci serait reçue en Grande-Bretagne. • (*américain*) *Our new design is expected to go over big with our customers.* Notre nouveau design devrait avoir un grand succès auprès de notre clientèle.

go over to goes, going, went, gone
go over to sth
1 passer à • *The company that I work for has recently gone over to flexi-time.* Dernièrement, l'entreprise pour laquelle je travaille est passée aux horaires à la carte. • *We used to have electric heating but we've recently gone over to gas.* Nous nous chauffions à l'électricité mais maintenant nous sommes passés au gaz.
2 (opposition) passer à • *Some key party members have already gone over to the opposition.* Des membres clés du parti sont déjà passés à l'opposition. • *She has a few enemies ever since she **went over to the other side**.* Elle a quelques ennemis depuis qu'elle est passée de l'autre côté.

go round goes, going, went, gone
go round doing sth *surtout britannique* passer son temps à • *You can't go round telling everyone he's a liar.* Tu ne peux passer ton temps à dire à tout le monde que c'est un menteur. • *Someone's been going round writing on the walls.* Quelqu'un s'est amusé à écrire sur les murs.
go round (swh)
1 *surtout britannique* (maladie) courir • *There's a nasty flu virus going round the office at the moment.* Il y a un méchant virus de la grippe qui court au bureau en ce moment. • *Have you had the throat infection that's been going round?* Est-ce que tu as attrapé le mal de gorge qui courait?
2 *surtout britannique* (rumeur) courir • *The news went round the school that two pupils had been expelled.* La nouvelle a couru dans l'école que deux élèves avaient été renvoyés.
go round
1 (toujours + *adv/prép*) *surtout britannique* passer • *I might go round after work and see how he's doing.* Je passerai peut-être après le travail pour voir ce qu'il devient.
2 *surtout britannique* satisfaire tout le monde • *Do you think there'll be enough wine to go round?* Crois-tu qu'il y aura assez de vin pour tout le monde?
3 (toujours + *adv/prép*) se promener • *He usually goes round in jeans and a T-shirt.* D'habitude, il se promène en jean et en tee-shirt. • *She's been going round with a big smile on her face.* Elle se promène avec un sourire jusqu'aux oreilles.

go round together/with goes, going, went, gone
go round together *surtout britannique*
go round with sb *surtout britannique*
être toujours ensemble, être toujours avec • *As kids, we always went round together.* Quand nous étions enfants, nous étions toujours ensemble. • *He's been going round with some really weird types recently.* Il est toujours avec des individus très bizarres depuis peu.

go through goes, going, went, gone
go through sth
1 traverser • *She went through absolute hell during her divorce.* A l'époque de son

divorce, elle a traversé un cauchemar. • *My younger son is going through rather a difficult phase.* Mon plus jeune fils traverse une période assez difficile.

2 subir • *All new patients are required to go through a medical examination.* Tous les nouveaux patients doivent subir un examen médical.

3 fouiller • *Customs officers went through her suitcase looking for drugs.* Les douaniers ont fouillé sa valise pour voir si elle ne contenait pas de la drogue. • *Someone's been going through my papers because they're all over my desk.* Quelqu'un a fouillé dans mes papiers parce qu'ils sont tout en désordre sur mon bureau.

4 répéter • *Do you want me to go through those dance steps with you?* Est-ce que tu veux répéter ces pas de danse avec moi?

5 examiner • *When I went through my bank statement, I found I'd been charged too much interest.* En vérifiant mon relevé bancaire, j'ai remarqué qu'on m'avait retiré trop en intérêts. • *Why don't we go through it together and see if you've missed anything?* Et si on vérifiait ensemble pour voir si vous avez omis quelque chose?

6 (argent) dépenser, (vêtement) user • *New York's an expensive city and we went through over $400 while we were there.* New York est une ville chère et nous avons dépensé plus de 400 dollars pendant notre séjour. • *I used to go through 40 cigarettes a day.* Je fumais 40 cigarettes par jour. • *He's gone through three pairs of shoes this year already.* Il a déjà usé trois paires de chaussures, cette année.

go through sb/sth

passer par • *You have to go through the switchboard if you want to phone Mike at work.* Il faut passer par le standard quand on veut appeler Mike au travail. • *All changes in the practices of the Church of England have to go through Parliament.* Tous les changements concernant les usages de l'Eglise Anglicane doivent passer par le parlement. • *If you want to make a complaint, you'll have to go through the proper channels.* Si vous souhaitez déposer une plainte, vous devez accomplir les formalités d'usage.

go through

1 passer • *All handguns will be banned if this bill goes through.* Si cette loi passe, toutes les armes de poing seront bannies. • *The deal will only go through if 51% of shareholders agree to it.* Le marché ne sera conclu que si 51% des actionnaires sont d'accord.

2 *surtout britannique* être sélectionné • (souvent + **to**) *Wigan won their game and went through to the final.* Wigan a remporté le match et a été selectionné pour la finale. • *If she plays like this tomorrow, she should go through without any difficulty.* Si elle joue comme ça demain, elle sera sélectionnée sans difficulté.

go through with   goes, going, went, gone

go through with sth

mettre à exécution • *The union is determined to go through with the strike, despite the threat of job losses if it does.* Le syndicat est décidé à mettre son préavis de grève à exécution, en dépit des menaces de pertes d'emplois. • *She realized she couldn't go through with the abortion and so she decided to keep her baby.* Elle a réalisé qu'elle n'était pas capable de mettre son projet d'avortement à exécution et elle a décidé de garder le bébé.

go to   goes, going, went, gone

go to sth

dépenser beaucoup (d'énergie, d'argent...) • *Please don't go to a lot of trouble to cook for us.* S'il te plaît, ne passe pas ton temps à cuisiner pour nous. • (souvent + **to do** sth) *He went to great pains to check every fact in the book.* Il s'est donné beaucoup de mal pour vérifier chaque fait relaté dans le livre. • *Her parents went to great expense to send her to boarding school.* Ses parents ont dépensé une fortune pour l'envoyer en pension dans une école privée.

go to sb

être attribué à • *All of the money raised will go to a local charity.* Tout l'argent collecté sera attribué à une organisation caritative locale. • *The award for Best Actor went to Tom Hanks.* Le titre de Meilleur Acteur a été attribué à Tom Hanks.

go to it *américain, familier*

s'y mettre • (souvent à l'impératif) *Go on, there's cleaning to be done. Go to it!* Allez, il y a du nettoyage à faire. Il faut t'y mettre. • *I'd better go to it and make up for time lost.* Il faut que je m'y mette et que je rattrape le temps perdu.

go together goes, going, went, gone

go together
1 (jamais à la forme progressive) aller de pair • *People tend to think that politics and corruption go together.* Les gens ont tendance à penser que la politique et la corruption vont de pair. • *Hollywood and glamour went together during the 1940s.* Dans les années 1940, Hollywood et la gloire allaient de pair.
2 (jamais à la forme progressive) aller bien ensemble • *Do you think that this blue shirt and these green trousers go together?* Est-ce que tu trouves que cette chemise bleue et ce pantalon vert vont bien ensemble? • *Tomatoes and basil go together wonderfully.* Les tomates et le basilic vont merveilleusement bien ensemble.
3 *familier* sortir ensemble • (généralement à la forme progressive) *They had been going together since they were 17.* Ils sortaient ensemble depuis leurs 17 ans.

go towards goes, going, went, gone

go towards sth/doing sth (jamais au passif)
(argent) être consacré à • *My parents gave me $1000 to go towards my college tuition.* Mes parents m'ont donné 1000 dollars pour payer une partie de mes frais de scolarité. • *£3 billion of this year's budget will go towards cleaning up the environment.* 3 milliards de livres du budget de cette année seront consacrés à la protection de l'environnement.

go under goes, going, went, gone

go under
1 sombrer • *The ship went under just minutes after the last passenger had been rescued.* Le navire a sombré seulement quelques minutes après que le dernier passager ait été sauvé.
2 (financièrement) sombrer • *The government has refused any financial assistance to stop the company from going under.* Le gouvernement a refusé son aide financière pour empêcher l'entreprise de sombrer. • *Thousands of small businesses went under during the recession.* Des milliers de petites entreprises ont sombré pendant la récesssion.

go up goes, going, went, gone

go up
1 augmenter • *The government is trying to prevent interest rates from going up.* Le gouvernement essaie d'empêcher les taux d'intérêts d'augmenter. • (souvent + **by**) *The price of fuel has gone up by five cents a gallon.* Le prix du carburant a augmenté de cinq cents le gallon. • (parfois + **to**) *The jobless total went up to two million this year.* Le nombre de demandeurs d'emplois est passé à deux millions cette année.
2 (bâtiment) être édifié, (panneau) être installé • *New hotels and apartments are going up all along the coast.* De nouveaux hôtels et appartements sont édifiés tout le long de la côte. • *Posters have gone up all over the city advertising the free concert.* Des affiches ont été posées dans toute la ville pour annoncer le concert gratuit.
3 sauter • *There's a gas leak and the whole building could go up at any moment.* Il y a une fuite de gaz et tout l'immeuble risque de sauter à tout moment. • *There was a loud explosion and the car went up in flames.* Il y a eu une forte explosion et la voiture a pris feu.
4 (clameur, cri, grognement) s'élever • *Huge cheers went up when the result was announced.* D'immenses clameurs se sont élevées quand le résultat a été annoncé.
5 s'approcher • (souvent + **to** do sth) *Afterwards, several members of the audience went up to congratulate her.* Après, plusieurs personnes du public sont venues la féliciter. • (souvent + **to**) *He went up to the microphone and announced the winners of the competition.* Il s'est approché du micro et a nommé les gagnants du concours.
6 monter • (généralement + **to**) *I'm thinking of going up to Scotland for my holidays this year.* Cette année, je pense monter en Ecosse pour les vacances. • *'When are you going to London next?' 'I'm going up next Saturday to do some shopping.'* 'C'est quand, la prochaine fois que tu vas à Londres?' 'J'y vais samedi prochain pour faire quelques achats.'
7 *britannique, formel* aller à l'université • (souvent + **to**) *He spent a year travelling in India before going up to Cambridge.* Il a passé un an à voyager en Inde avant d'aller à Cambridge.

go up against goes, going, went, gone

go up against sb/sth *américain, familier*

concourir contre, rivaliser avec • *Edberg went up against a new Ukrainian player.* Edberg a concouru contre un nouveau joueur ukrainien.

go up to goes, going, went, gone

go up to sth
atteindre • *During the flood, the water went up to the top of the bridge.* Pendant l'inondation, le niveau de l'eau a atteint le haut du pont.

go with goes, going, went, gone

go with sth

1 aller bien avec • *That red tie doesn't go with your suit – why don't you wear the green one?* Cette cravate rouge ne va pas avec ton costume. Pourquoi ne mets-tu pas la verte? • *The company needs a new logo to go with its updated image.* La société a besoin d'un nouveau logo qui aille avec sa nouvelle image. • *What sort of wine do you think goes best with Chinese food?* Quel vin irait le mieux avec un plat chinois, selon toi?

2 aller de pair • *Petty crime often goes with drug addiction.* La petite criminalité va souvent de pair avec la drogue. • *Are you aware of all the health problems that go with smoking?* Etes-vous conscient des problèmes de santé qui sont liés au tabagisme?

3 accompagner • *Would you like a drink to go with your meal?* Voudriez-vous boire quelque chose pour accompagner votre repas?

go with sth/sb (jamais au passif) *légèrement familier*
(proposition) accepter, (personne) être d'accord avec • *I think we should go with Sue's proposal.* Je pense que nous devrions accepter la proposition de Sue. • (parfois + **on**) *I go with Amanda on this one – it would be much cheaper to update our existing system than buy a new one.* Je suis d'accord avec Amanda sur ce point. Ce serait bien moins cher de moderniser notre système actuel plutôt que d'en acheter un nouveau.

go with sb (jamais au passif) *familier*
sortir avec, coucher avec • *Pete was the first man I ever went with.* Pete est le premier homme avec lequel je suis sortie. • *Did Tessa go with anyone else while you were married?* Est-ce que Tessa a couché avec quelqu'un d'autre durant votre mariage?

go without goes, going, went, gone

go without (sth)
se passer de • *I don't like to go without sleep.* Je n'aime pas devoir me passer de sommeil. • *I can't afford to buy her a new coat this year, so she'll have to go without.* Je ne peux pas lui acheter un nouveau manteau cette année. Il faudra qu'elle s'en passe.

goad on goads, goading, goaded

goad on sb or **goad** sb **on**
aiguillonner • *He was goaded on by the taunts and jeers from the crowd.* Les railleries et les huées de la foule l'ont aiguillonné.

gobble down/up gobbles, gobbling, gobbled

gobble down/up sth or **gobble** sth **down/up** *familier*
(nourriture) engloutir • *We've got half an hour for lunch so you don't need to gobble it down.* Nous avons une demi-heure pour le déjeuner, ce n'est donc pas la peine d'engloutir ton repas. • *He was so hungry that he'd gobbled up his food before she'd even started hers.* Il avait tellement faim qu'il avait englouti son repas avant même qu'elle ait commencé le sien.

gobble up gobbles, gobbling, gobbled

gobble up sth or **gobble** sth **up**

1 *familier* (économies) absorber • *My rent gobbles up two thirds of my monthly salary.* Mon loyer absorbe deux tiers de mon salaire mensuel.

2 *familier* (entreprise) absorber • *Independent magazines are increasingly being gobbled up by large publishing groups.* Les magazines indépendants sont de plus en plus souvent absorbés par des groupes importants de l'édition.

goof around goofs, goofing, goofed

goof around *surtout américain & australien, familier*
glander, déconner • *We spent the afternoon goofing around by the pool.* Nous avons passé l'après-midi à glander au bord de la pscine.

goof off goofs, goofing, goofed

goof off *américain, familier*

glander • *They've goofed off and gone to a ballgame.* Ils ont décidé de glander et sont allés à un match de foot.

goof-off n [C] *américain, familier* glandeur • *That guy is the biggest goof-off – he'll be lucky if he keeps his job.* Ce type est le pire des glandeurs. S'il réussit à garder son travail, il aura de la chance.

goof up   goofs, goofing, goofed

goof up (sth) or **goof** (sth) **up** *américain & australien, familier*
se planter, faire foirer • *He goofed up the deal by insisting on too high a price.* Il a fait foirer le marché en persistant à demander un prix trop élevé. • (souvent + **on**) *Sally always goofs up on school tests.* Sally se plante toujours à ses contrôles scolaires.

gouge out   gouges, gouging, gouged

gouge out sth or **gouge** sth **out**
creuser, enlever • *Several of the victims had had their eyes gouged out.* Plusieurs victimes avaient eu les yeux arrachés. • *I spent the morning gouging the flesh out of pumpkins.* J'ai passé la matinée à creuser des citrouilles.

grab at   grabs, grabbing, grabbed

grab at sb/sth
attraper • *She grabbed at the balloon as the wind blew it away.* Elle a rattrapé le ballon au moment où il allait être emporté par le vent. • *A hand grabbed at me from behind as I ran forward.* Une main m'a attrapé par derrière au moment où je partais en courant.

grab at sth
(occasion) sauter sur • *If I were you, I'd grab at the chance to work in the U.S.* A votre place, je sauterais sur l'occasion d'aller travailler aux Etats-Unis.

grapple with   grapples, grappling, grappled

grapple with sth
(problème) se colleter avec • *I've been grappling with the finer points of Spanish all morning.* Je me suis colleté avec les subtilités de l'espagnol toute la matinée. • *This is one of many problems that the committee is having to grapple with.* C'est un des nombreux problèmes avec lesquels le comité doit se colleter.

grasp at   grasps, grasping, grasped

grasp at sth
1 saisir • *I grasped at the pole to try and steady myself.* J'ai saisi la perche pour essayer de retrouver mon équilibre.
2 (occasion) saisir, (idée) sauter sur • *They grasp at every new idea put forward.* Ils sautent sur toutes les idées neuves qui sont proposées. • *When the doctor has told you you've a year to live, you* **grasp at straws**. Quand le docteur vous dit qu'il vous reste une année à vivre, vous vous raccrochez à tout ce qui est porteur d'espoir.

grass on/up   grasses, grassing, grassed

grass on sb *britannique & australien*
grass up sb or **grass** sb **up** *britannique & australien*
(coupable) balancer • *He'd grassed on other members of the band.* Il avait balancé d'autres membres de la bande. • *You wouldn't grass him up, would you?* Tu ne le balancerais pas, n'est-ce pas?

grass over   grasses, grassing, grassed

grass over sth or **grass** sth **over** *surtout britannique & australien*
recouvrir d'herbe • *We could grass over the whole area and make it into a lawn.* On pourrait recouvrir toute la surface d'herbe et en faire une pelouse.

grass up

voir **grass on/up**

grate on   grates, grating, grated

grate on sb/sth
agacer • *She has one of those nasal voices that really grates on me.* Elle a une de ces voix nasillardes que je trouve insupportables. • *After a while, the baby's crying began to* **grate on his nerves**. Au bout d'un moment, les pleurs du bébé ont commencé à lui taper sur les nerfs.

gravitate to/towards   gravitates, gravitating, gravitated

gravitate to/towards sth/sb
être attiré par • *She does tend to gravitate towards older men.* Elle a tendance à être attirée par les hommes plus âgés.

grind away — grinds, grinding, ground

grind away *légèrement familier*
bosser, (intellectuellement) bûcher • *Many authors grind away for years to produce books that scarcely sell a copy.* Beaucoup d'auteurs bûchent pendant des années pour produire des livres qui ne se vendent pas.

grind down — grinds, grinding, ground

grind down sb or **grind** sb **down**
écraser • *Ground down by years of abuse, she no longer had the will to leave him.* Ecrasée par des années de mauvais traitements, elle n'avait plus le courage de le quitter. • *They had been ground down by years of harsh dictatorship.* Ils avaient été écrasés par des années de dictature implacable.

grind out — grinds, grinding, ground

grind out sth or **grind** sth **out**
produire à la chaîne • *The orchestra ground out the same tunes that they've been playing for twenty years.* L'orchestre a ressorti les uns après les autres les morceaux qu'il joue depuis vingt ans.

grope for — gropes, groping, groped

grope for sth *familier*
chercher, chercher en vain • *I found myself groping for words to try to express how I felt.* Je me suis retrouvée à chercher mes mots pour essayer d'exprimer ce que je ressentais. • *The government is still groping for a solution to the problem.* Le gouvernement est toujours à la recherche d'une solution à ce problème.

gross out — grosses, grossing, grossed

gross out sb or **gross** sb **out** *américain, familier*
dégoûter • *Your room really grosses me out – at least pick up the dirty clothes!* Ta chambre est vraiment dégoûtante; ramasse au moins ton linge sale!

ground in/on

be grounded in/on (toujours au passif)
être basé sur • *What I don't like about his films is that they're not grounded in reality.* Ce que je n'aime pas dans ses films, c'est qu'ils ne sont pas basés sur la réalité.

grow apart — grows, growing, grew, grown

grow apart
se perdre de vue • *We were good friends at school but we've grown apart over the years.* Nous étions bons amis à l'école mais, avec le temps, nous nous sommes perdus de vue. • *The fact is that people change and sometimes this causes them to grow apart.* Le fait est que les gens changent et que parfois ils deviennent étrangers l'un à l'autre.

grow away from — grows, growing, grew, grown

grow away from sb
se perdre de vue • *A lot of them are people I knew at school and I've just grown away from them.* Beaucoup d'entre eux sont des gens que je fréquentais à l'école mais je les ai perdus de vue.

grow into — grows, growing, grew, grown

grow into sth
1 pouvoir mettre • *The trousers are a bit big now but he'll soon grow into them.* Le pantalon est un peu grand mais il pourra bientôt le mettre.

2 se faire à • *It takes a while but you gradually grow into the job.* Cela prend du temps mais on finit par se faire au travail. • *At first motherhood felt a little odd but I've sort of grown into the role.* Au début, être mère me semblait un peu bizarre mais je m'y suis faite.

grow on — grows, growing, grew, grown

grow on sb *familier*
(personne) devenir sympathique, (chose) devenir agréable • *I wasn't sure about that painting when you bought it, but it's growing on me.* Je n'étais pas convaincu quand j'ai acheté ce tableau, mais je l'apprécie de plus en plus. • *He didn't seem all that attractive at first but he's starting to grow on me.* Il ne semblait pas très attirant au premier abord mais j'ai commencé à l'apprécier.

grow out of — grows, growing, grew, grown

grow out of sth
1 ne plus pouvoir mettre • *If you buy something that only just fits her now, she'll have grown out of it in a couple of months.*

Si tu achètes quelque chose juste à sa taille maintenant, dans deux mois elle ne pourra plus le mettre.

2 naître de • *The idea for the film grew out of a dream that I'd had as a child.* L'idée du film est née d'un rêve que j'avais eu quand j'étais enfant. • *The book grew out of lectures he first gave in Cambridge in 1943.* Le livre est basé sur une série de conférences qu'il a données pour la première fois à Cambridge en 1943.

3 passer l'âge de • *She went through a phase of speaking in silly voices but thankfully grew out of it.* Elle a traversé une phase pendant laquelle elle parlait en prenant des voix idiotes mais, heureusement, ça lui a passé. • *Hay fever is one of those illnesses you often grow out of as you get older.* Le rhume des foins est une de ces maladies qui passent souvent avec l'âge.

grow up grows, growing, grew, grown

grow up

1 grandir • *She grew up in New Zealand.* Elle a grandi en Nouvelle-Zélande. • *What do you want to be when you grow up?* Qu'est-ce que tu veux faire quand tu seras grand? • *Learning to take disappointments is all part of growing up.* En grandissant, on doit apprendre à surmonter ses déceptions.

grown-up *n* [C] grande personne • *Daddy, why are all the grown-ups laughing?* Papa, pourquoi est-ce que toutes les grandes personnes rient?

grown-up *adj* adulte • *The couple, married for 32 years, had four grown-up children.* Le couple, marié depuis 32 ans, avait quatre enfants adultes. • *I hadn't seen her for three years and she suddenly looked so grown-up.* Cela faisait trois ans que je ne l'avais pas vue et, tout à coup elle avait l'air si mûr.

2 se développer • (généralement + *adv/prép*) *The city grew up originally as a crossing point on the river.* La ville, à l'origine, s'est développée parce que c'était l'endroit où l'on traversait la rivière. • *A tremendous closeness had grown up between all those involved in the crisis.* Des liens extrêmement étroits s'étaient développés entre tous ceux qui étaient impliqués dans la crise.

Grow up! *familier*

Arrête de faire l'enfant! • *Oh grow up, for God's sake, it's really not that funny!* Arrête de faire l'enfant, s'il te plaît, ce n'est vraiment pas drôle!

grow up on grows, growing, grew, grown

grow up on sth

grandir avec, grandir dans • *These comedy shows from the 70's are funny to us because that's what we grew up on.* Ces émissions humoristiques des années 70 nous semblent drôles parce qu'elles ont bercé notre jeunesse.

grub about/around grubs, grubbing, grubbed

grub about/around *familier*

fouiner à la recherche de • *She watched the dog grubbing around for something in the mud.* Elle observait le chien qui fouinait dans la boue à la recherche de quelque chose. • *Grubbing about in my bag for the ticket, I found a half-eaten chocolate bar.* En fouillant dans mon sac pour trouver le billet, j'ai trouvé une barre de chocolat entamée.

grub out/up grubs, grubbing, grubbed

grub out/up sth or grub sth out/up

déterrer • *She spent the morning in the garden grubbing up weeds.* Elle a passé la matinée à arracher les mauvaises herbes dans le jardin.

guard against guards, guarding, guarded

guard against sth

faire attention à, faire attention de ne pas • *Emotional dependency is something you have to guard against in a relationship.* Dans une relation, il faut faire attention à l'excès de dépendance sentimentale. • *I have to guard against the temptation to socialize when I should be studying.* Je dois faire attention de ne pas me laisser tenter par le besoin de voir du monde quand je dois étudier.

guess at guesses, guessing, guessed

guess at sth

essayer d'imaginer • (souvent + pronom interrogatif) *There are no photographs of him so we can only guess at what he looked like.* Il n'y a pas de photos de lui et nous ne pouvons qu'essayer d'imaginer à quoi il ressemblait. • *You can only guess at the difficulties a blind person might encounter.* On ne peut qu'essayer d'imaginer les difficultés rencontrées par les non-voyants.

gum up gums, gumming, gummed

gum up sth or **gum** sth **up** *familier*
1 coller • (généralement au passif) *When I woke up this morning, my eyes were all gummed up.* Quand je me suis réveillée ce matin, mes yeux étaient tout collés.
2 désorganiser, chambouler • *A few strikers have managed to gum up production at the factory.* A l'usine, quelques grévistes ont réussi à désorganiser la production.

gun down guns, gunning, gunned

gun down sb or **gun** sb **down**
descendre, tirer sur • *He was gunned down in front of his wife and child by two masked assassins.* Il a été descendu devant sa femme et ses deux enfants par deux tueurs masqués.

gun for

be gunning for sb (toujours à la forme progressive) *familier*
créer des ennuis à • *He's been gunning for me ever since I got the promotion he wanted.* Il essaie de me créer des ennuis depuis que j'ai eu la promotion qu'il visait.

gussy up gussies, gussying, gussied

gussy up sb/sth or **gussy** sb/sth **up**
américain, familier
bien habiller, rendre attrayant • *He was gussied up in a bright, new shirt for the party.* Il s'était fait élégant pour la soirée, arborant une chemise neuve de couleur vive. • *They bought a cheap house and gussied it up with all sorts of appliances.* Ils ont acheté une maison bon marché et l'ont rendue plus attrayante en installant toutes sortes d'appareils électriques.

gutter out gutters, guttering, guttered

gutter out
1 s'éteindre • *The candles were burnt down and guttering out.* Les bougies étaient consumées et étaient en train de s'éteindre.
2 *américain* (inspiration) s'essouffler • *His career as a writer guttered out.* Sa carrière d'écrivain commença à s'essoufler.

hack around hacks, hacking, hacked

hack around *américain, familier*
glander • *He's just been hacking around all day and getting on everyone's nerves.* Il a passé la journée à glander et à taper sur les nerfs de tout le monde.

hack into hacks, hacking, hacked

hack into sth
(logiciel) pirater • *A student had managed to hack into some top-secret government data.* Un étudiant avait réussi à s'introduire dans une banque de données gouvernementale classée ultra confidentielle.

hack off hacks, hacking, hacked

hack off sb or **hack** sb **off** *britannique, familier*
énerver • *It really hacks me off, the way he just expects me to do everything for him.* Ça m'énerve vraiment la façon dont il s'attend tout naturellement à ce que je fasse tout pour lui.
hacked-off *adj britannique, familier*
contrarié • *What are you looking so hacked-off about?* Qu'est-ce qui te contrarie comme ça?

hail from hails, hailed

hail from swh (jamais à la forme progressive) *formel*
venir de • *Where do you hail from with an accent like that?* D'où venez-vous avec un accent comme le vôtre?

ham up hams, hamming, hammed

ham it up *familier*
en faire des tonnes • *Lawrence plays the part of a film star, hamming it up hilariously in every scene.* Lawrence joue le rôle d'une star de cinéma et, pour faire rire, en fait des tonnes à chaque scène. • *They hammed it up for the TV cameras, gazing lovingly at each other throughout the interview.* Ils en ont fait des tonnes pour les caméras de la télé, se regardant amoureusement dans les yeux pendant toute la durée de l'interview.

hammer away at hammers, hammering, hammered

hammer away at sth
(maths) bûcher, (rapport) bûcher sur • *Poor Mark's been hammering away at his report all weekend.* Ce pauvre Mark a bûché sur son rapport tout le week-end.
hammer away at sth/sb
revenir inlassablement sur • *She hammers away at the same point for three whole pages.* Pendant trois pages, elle revient inlassablement sur le même point. • *He kept hammering away at the witness.* Sans cesse, il revenait vers le témoin avec d'autres questions.

hammer in/into hammers, hammering, hammered

hammer in sth or **hammer** sth **in**
hammer sth **into** sb
faire entrer dans la tête de • *It's an important principle and it has to be hammered in.* C'est un principe important et il faut qu'il soit bien compris.

hammer out hammers, hammering, hammered

hammer out sth or **hammer** sth **out**
(accord, marché) finir par conclure • *Our lawyers expect to hammer out an agreement with the industry within a few months.* Nos avocats espèrent parvenir à un accord avec l'industrie d'ici quelques mois.

hand around/round hands, handing, handed

hand around/round sth or **hand** sth **around/round**
faire circuler • *Could you hand these mints round with the coffee?* Pouvez-vous faire circuler ces bonbons à la menthe avec le café?

hand back hands, handing, handed

hand back sth or **hand** sth **back**
1 rendre • *'No, I've never seen him before',* I said, handing the photograph back. 'Non,

je ne l'ai jamais vu', ai-je dit en rendant la photo.
2 rendre • *She had broken the rules of the contest and had to hand back the prize.* Elle n'avait pas respecté le règlement du concours et avait dû rendre le prix.

hand (sb) **back**
remettre en communication avec • *'No more news at the scene of the accident, so I'll hand you back to the London studio.'* 'Nous n'avons pas plus d'informations ici, sur le lieu de l'accident. Je rends donc l'antenne à notre studio à Londres.'

hand down hands, handing, handed

hand down sth or **hand** sth **down**
1 (coutume) transmettre, (bijou) donner en héritage • *These traditions have been handed down from generation to generation.* Ces traditions se sont transmises de génération en génération. • *She had some jewellery which had been handed down from her grandmother.* Elle avait des bijoux qui lui avaient été donnés en héritage par sa grand-mère.
2 (verdict) rendre, (peine) infliger • *The judge is expected to hand down a life sentence this week.* Cette semaine, on s'attend à ce que le juge inflige une peine de prison à vie.
3 passer • *You stand there and I'll hand them down to you.* Tu restes là et je te les passe.

hand in hands, handing, handed

hand in sth or **hand** sth **in**
1 (dissertation) remettre • *All essays must be handed in on time.* Toutes les dissertations doivent être remises à la date prévue.

2 (document) remettre • *Please hand your passport in at the office, they will be returned to you later.* Vous êtes priés de remettre votre passeport à ce bureau; ils vous sera rendu plus tard. • *The terrorists must hand in their weapons if the peace process is to succeed.* Pour que les négociations en faveur de la paix réussissent, il faut que les terroristes rendent les armes.
3 (démission) remettre • *As soon as this project is over, I'll be **handing in my notice**.* Dès que ce projet sera fini, je donnerai mon préavis. • *I feel like **handing in my resignation**.* J'ai envie de remettre ma démission.

hand on hands, handing, handed

hand on sth or **hand** sth **on**
1 transmettre • *The papers are signed by an official before being handed on to the next department.* Les papiers sont signés par un représentant officiel avant d'être transmis au service suivant.
2 (savoir-faire) transmettre • *These are dances which have been handed on from one generation to the next.* Ce sont des danses qui se sont transmises d'une génération à l'autre.

hand out hands, handing, handed

hand out sth or **hand** sth **out**
1 distribuer • *They stood on the street corner handing out leaflets.* Ils distribuaient des tracts au coin de la rue. • *Some hospitals hand out free samples of baby milk.* Certains hôpitaux distribuent des échantillons de lait gratuits.

handout *n* [C] aumône • *We don't expect handouts, only what is rightfully ours.* Nous ne voulons pas la charité mais simplement ce qui nous revient de droit.
handout *n* [C] (conférence) résumé, (cours) polycopié • *If you can't attend the lecture, make sure someone gives you a copy of the handout.* Si vous ne pouvez pas assister au cours, assurez-vous que quelqu'un vous donne une copie du polycopié distribué aux étudiants.

2 (conseils) prodiguer, (critiques) faire, (punitions) distribuer • *Prisoners complained about the harsh treatment handed out to them.* Les prisonniers se sont plaints du dur traitement qui leur était infligé. • *She's good at handing out criticism but she can't take it.* Elle sait critiquer mais elle ne supporte pas qu'on la critique.

hand over hands, handing, handed

hand over sth or **hand** sth **over**
remettre • *The driver was forced to hand over the car keys and was left standing on the roadside.* Le conducteur a été contraint de remettre les clés de la voiture et a été laissé sur le bas-côté.

hand over (sth/sb) or **hand** (sth/sb) **over**
(responsabilité, gestion) passer • (souvent + **to**) *He announced his decision to resign and hand over to his junior.* Il a rendu publique son intention de démissionner

et de passer la main à son fils. • *Dr Clarke will be handing over responsibility for her patients from next month.* Les malades du Dr Clarke seront placés sous la responsabilité de quelqu'un d'autre à partir du mois prochain. • *All prisoners of war will be handed over after the ceasefire.* Tous les prisonniers de guerre seront libérés après le cessez-le-feu.

handover *n* [C] • (généralement au singulier) *I think we're all hoping for a peaceful handover.* Je crois que nous espérons tous que le transfert se fera de manière pacifique.

hand round

voir **hand around/round**

hang about

Hang about! (toujours à l'impératif) *britannique & australien, familier*
Attends une minute! • *Hang about! You can't just take it without asking her.* Attends une minute! Tu ne peux pas le prendre comme ça sans lui demander.

hang about/around/round
hangs, hanging, hung

hang about/around/round (swh) *familier*
traîner • *I spent quite a bit of my youth just hanging about on street corners.* J'ai passé un bon bout de ma jeunesse à traîner dans les rues. • *I had to hang around the station waiting for his train to arrive.* J'ai dû traîner dans la gare en attendant que son train arrive.

hang about/around/round *britannique & australien, familier*
traîner • *If you hang about any more, you'll miss your train.* Si tu continues à traîner, tu vas rater ton train. • *Once he's decided to do something, he doesn't hang around.* Une fois qu'il a décidé de faire quelque chose, il ne perd pas de temps.

hang about/around/round together
hangs, hanging, hung

hang about/around/round together *familier*
être toujours fourrés ensemble • *There were ten of us who used to hang around together.* On était dix à être toujours fourrés ensemble.

hang about/around/round with
hangs, hanging, hung

hang about/around/round with sb *familier*
passer son temps avec • *I've got no idea who she hangs around with these days.* Je ne sais pas du tout avec qui elle passe son temps en ce moment.

hang back hangs, hanging, hung

hang back
1 montrer de la réticence à • (souvent + **from**) *Hadley was hanging back from signing the agreement.* Hadley montrait une certaine réticence à signer l'engagement.
2 rester en arrière • *The others rushed over but I hung back and watched to see what would happen.* Les autres se précipitèrent mais je restais en arrière pour voir ce qui allait se passer.

hang in hangs, hanging, hung

hang in there *britannique, américain & australien*
hang in *américain*
familier s'accrocher • (généralement à l'impératif) *Hang in there – things will get better.* Accroche-toi – tout s'arrangera. • *Try to hang in a little longer.* Essaie de t'accrocher encore un peu.

hang on hangs, hanging, hung

hang on
1 *familier* attendre un moment • *We're a bit busy at the moment – can you hang on a minute?* Nous sommes occupés pour l'instant – Pouvez-vous attendre une petite minute? • *We asked for a quick decision but they've kept us hanging on for weeks.* Nous avions demandé à ce qu'ils se décident rapidement mais ils nous ont fait attendre pendant des semaines.
2 se tenir • *Hang on tight, it's going to be a bumpy ride!* Accroche-toi, on va être secoué! • (souvent + **to**) *Hang on to the rail as you go down the ramp.* Tiens-toi à la rampe quand tu descends la passerelle.
3 s'accrocher • *It's all about hanging on and trying not to let the situation get to you.* Il suffit de s'accrocher et d'essayer de ne pas se laisser démoraliser par la situation. • (*familier*) *If you just **hang on in there** things will get better.* Si tu t'accroches, tout s'arrangera.

Hang on! (toujours à l'impératif) *familier*
Attends une minute! • *Hang on, I thought Pete was in Paris at the moment.* Attends une minute, je croyais que Pete était à Paris en ce moment. • *Hang on a minute, who's Matt Collins and what's his connection with the company?* Attends une minute, qui est Matt Collins et qu'est-ce qu'il a à voir avec la société?

hang sth **on** sb *américain, argot*
mettre qch sur le dos de qn • *He was afraid the police would hang the break-in on him.* Il avait peur que la police lui mette le cambriolage sur le dos.

hang on to/onto hangs, hanging, hung

hang on to/onto sth/sb
1 s'accrocher à • *We hung onto the side of the boat while John swam to the bank.* Nous nous sommes accrochés au flanc du bateau tandis que John gagnait la rive à la nage.
2 garder • *You should hang on to that painting, it might be worth a lot of money one day.* Tu devrais garder ce tableau, il vaudra peut-être beaucoup d'argent un jour. • *At least she's managed to hang onto her job.* Au moins, elle a réussi à garder son travail.

hang on/upon hangs, hanging, hung

hang on/upon sth
dépendre de • *The project's future hangs mainly on the outcome of a recent grant application.* L'avenir du projet dépend principalement des résultats d'une demande de subvention récente.

hang out hangs, hanging, hung

hang out (toujours + *adv/prép*) *familier*
traîner • *It's where all the students hang out.* C'est là que traînent tous les étudiants. • (souvent + **with**) *Mainly he hangs out with kids his own age.* Il traîne surtout avec des jeunes de son âge.

hang-out *n* [C] *familier* endroit préféré • *The cafe was a favourite hang-out for artists.* Le café était un des endroits préférés des artistes.

hang out sth or **hang** sth **out**
(linge) pendre • *What a pain! – It's raining and I've just hung the washing out.* La barbe! Il pleut et je viens de pendre mon linge!

hang out for hangs, hanging, hung

hang out for sth *australien, familier*
attendre d'obtenir • *He's hanging out for his asking price of $250,000.* Il attend d'obtenir les 250,000 dollars qu'il en demande. • *If I were you I'd hang out for a better deal.* Si j'étais vous, j'attendrais de faire une meilleure affaire.

hang over hangs, hanging, hung

hang over sb/sth
planer sur • *The prospect of famine hangs over many areas of the world.* La perspective d'une famine plane sur beaucoup de régions du globe. • *I've got this job interview hanging over my head.* Il y a cet entretien qui me tracasse.

hang round
voir **hang about/around/round**

hang round together
voir **hang about/around/round together**

hang round with
voir **hang about/around/round with**

hang together hangs, hanging, hung

hang together
1 se serrer les coudes • *We've all got to hang together if we're going to win this one.* Si nous voulons gagner cette fois, nous devons nous serrer les coudes.
2 tenir debout • (souvent dans des phrases négatives) *Somehow her story just doesn't quite hang together.* Son histoire ne tient pas vraiment debout. • *It was an interesting film but, for me, it didn't quite hang together as a whole.* C'était un film intéressant mais, pris dans son ensemble, je trouve qu'il ne tenait pas vraiment debout.

hang up hangs, hanging, hung

hang up

(téléphone) raccrocher • *Can I talk to Joanne again before you hang up?* Est-ce que je peux reparler à Joanne avant que tu ne raccroches? • (parfois + **on**) *Why did you hang up on me?* Pourquoi m'as-tu raccroché au nez?

hang up sth or **hang** sth **up**
accrocher • *She hung up her coat on a hook by the door.* Elle a pendu son manteau à un crochet près de la porte. • *Let me hang those things up for you.* Laisse-moi accrocher tout ça pour toi.

be hung up (toujours au passif) *familier*
avoir des complexes • (souvent + **about**) *Why are so many women so hung up about food?* Pourquoi y a-t-il autant de femmes obsédées par la nourriture?

hang-up *n* [C] *familier*
• (souvent + **about**) *He's got a hang-up about his lack of education.* Il fait un complexe parce qu'il n'a pas fait d'études.

hang up sb/sth or **hang** sb/sth **up**
américain
retarder • *Computer problems have been hanging us up all week.* Des problèmes d'informatique nous ont retardés toute la semaine. • *We were hung up in traffic for over an hour.* Nous avons été pris pendant plus d'une heure dans les embouteillages.

hang it up *américain, familier*
rendre son tablier • *If the job doesn't get better I'm going to hang it up.* Si le travail ne s'améliore pas, je vais rendre mon tablier.

hang upon

voir **hang on/upon**

hang with   hangs, hanging, hung

hang with sb *américain, argot*
traîner avec • *Who's that guy I saw you hanging with?* Qui est ce type avec qui je t'ai vue traîner?

hanker after/for   hankers, hankering, hankered

hanker after/for sth
rêver de • *Even after all these years, I still hanker after a motorbike.* Malgré toutes ces années, je rêve toujours d'avoir une moto.

happen along/by/past
happens, happening, happened

happen along/by/past (swh) *surtout américain*
passer par, passer devant • *I'd have drowned if he hadn't happened along and pulled me out of the river.* Je me serais noyée s'il n'était pas passé par là et s'il ne m'avait pas sortie de la rivière. • *We happened by your house last night but you were out.* Nous sommes passés chez toi, hier soir, mais tu étais sorti.

happen on/upon   happens, happening, happened

happen on/upon sb/sth
(livre, ami) tomber sur • *I just happened on it in a second-hand bookshop and I had to have it.* Je suis tombé dessus dans une librairie d'occasion et je n'ai pas pu résister.

harden to

be hardened to sth (toujours au passif)
devenir moins sensible à • *After two years of war, these people have become hardened to the horrors of bombing.* Après deux ans de guerre, ces gens sont devenus moins sensibles à l'horreur des bombardements.

hare off   hares, haring, hared

hare off *britannique & australien, familier*
partir en trombe • *He hared off down the road.* Il a descendu la rue en trombe.

hark at

Hark at you! *britannique, humoristique*
écoute-toi! • *Hark at him, calling me lazy when he never even walks anywhere if he can drive!* Ecoutez-le me traiter de paresseuse alors qu'il ne va jamais nulle part sans prendre sa voiture!

hark back to   harks, harking, harked

hark back to sth
1 revenir sans cesse sur • (souvent à la forme progressive) *She's always harking back to when she was young and saying how much better it was then.* Elle revient sans cesse sur sa jeunesse, quand tout était mieux que maintenant.
2 (jamais à la forme progressive) évoquer • *And yet his latest offering harks back to his earlier films.* Et pourtant, sa dernière oeuvre évoque ses premiers films.

harp on   harps, harping, harped

harp on *familier*
rabâcher la même chose • (généralement + **about**) *He keeps harping on about declining standards in education.* Il est toujours à rabâcher la même chose sur la baisse du niveau scolaire.

hash out hashes, hashing, hashed

hash out sth or **hash** sth **out** *américain, familier*
(décision) prendre, (problème) résoudre • *Important management issues are hashed out in monthly meetings.* Des questions de gestion importantes sont réglées au cours des réunions mensuelles.

hash over hashes, hashing, hashed

hash over sth or **hash** sth **over** *surtout américain, familier*
(problème) retourner dans tous les sens • *This issue has been hashed over again and again, and we still have no solution.* Ce problème a été retourné dans tous les sens à plusieurs reprises et nous n'avons toujours pas de solution.

hash up hashes, hashing, hashed

hash up sth or **hash** sth **up** *américain & australien, familier*
(tir, coup) rater, (travail) bâcler • *She hashed up her next shot and lost the game.* Elle a raté le coup suivant et a perdu la partie.

haul before hauls, hauling, hauled

haul sb **before** sb/sth *familier*
(quelque part) emmener, (juge) convoquer chez • (généralement au passif) *She was hauled before the courts and ordered to pay a fine.* Elle a été convoquée au tribunal et elle a dû payer une amende.

haul in hauls, hauling, hauled

haul in sth or **haul** sth **in**
tirer hors de l'eau • *When the fishermen hauled in their nets, they found them empty.* Quand les pêcheurs ont tiré leurs filets hors de l'eau, ils étaient vides.

haul in/into hauls, hauling, hauled

haul in sb or **haul** sb **in**
haul sb **into** swh
(police) emmener au poste • (souvent + for) *The police hauled him in for questioning.* Les policiers l'ont emmené au poste pour l'interroger.

haul off hauls, hauling, hauled

haul off sb or **haul** sb **off**
emmener de force • *The traders were investigated, found guilty, and hauled off to jail.* Les opérateurs en Bourse ont été mis en examen, jugés coupables et jetés en prison.

haul up hauls, hauling, hauled

haul up sb or **haul** sb **up** (toujours + adv/prép) *familier*
(quelque part) emmener de force, (juge) convoquer chez, (comité) convoquer devant • (généralement au passif) *Ministers were hauled up in front of a special committee, in an attempt to discover what had gone wrong.* Afin d'essayer de découvrir ce qui ne s'était pas déroulé normalement, on a convoqué les ministres devant un comité spécial. • (souvent + before) *His son was hauled up before the courts and given a three-year sentence.* Son fils est passé au tribunal et a été condamné à trois ans de prison.

have against has, had

have sth **against** sb/sth (jamais à la forme progressive)
avoir qch contre qn/qch • (généralement dans des phrases négatives) *I have nothing against her – I just don't find her very easy to talk to.* Je n'ai rien contre elle; je trouve simplement qu'elle n'est pas d'un abord facile.

have around/round has, having, had

have sb **around/round** *surtout britannique & australien*
(invité) recevoir • *We're having some friends around on Friday night.* Nous recevons quelques amis vendredi soir. • *Shall we have your parents round for dinner next weekend?* Et si nous invitions tes parents à dîner le week-end prochain?

have away has, having, had

have it away *britannique, argot*
baiser • *She's been having it away with some bloke at work.* Elle couche avec un type du bureau.

have down as has, had

have sb **down as** sth (jamais à la forme progressive)
considérer qn comme qch • *For some reason I didn't have him down as the partying type.* Sans raison particulière, je

ne l'imaginais pas du genre à faire la fête. • *I had you down as a sporty sort of person.* Je te croyais sportive.

have in has, having, had

have in sth or **have** sth **in** (jamais à la forme progressive)
(nourriture, boisson) avoir chez soi • *We must make sure we have enough food in for the holiday weekend.* Nous devons nous assurer que nous avons assez de provisions à la maison pour le week-end férié. • *Do we have any wine in?* Est-ce que nous avons assez de vin en réserve?

have in sb or **have** sb **in**
1 (entrepreneur, électricien, audit) faire venir • *We had the builders in last month to do the kitchen extension.* Le mois dernier, nous avons eu des ouvriers à la maison pour faire les travaux d'agrandissement de la cuisine.
2 *américain & australien* recevoir • *We had Anna and David in for a drink last night.* Anna et David ont pris un verre à la maison hier soir.

have off has, having, had

have off sth or **have** sth **off**
prendre en congé • *I'm having a couple of weeks off in September.* Je prends deux semaines de vacances en septembre. • *Could I have Friday afternoon off?* Est-ce que je peux prendre mon après-midi, vendredi?

have it off *britannique & australien, argot*
baiser • *They had it off in the back seat of his car.* Ils ont baisé sur le siège arrière dans sa voiture.

have on has, having, had

have on sth or **have** sth **on**
1 (jamais à la forme progressive; jamais au passif) (vêtement) porter • *I was okay because I had my winter coat on.* J'étais bien parce que je portais mon manteau d'hiver. • *I didn't have any clothes on at the time.* A ce moment-là, je ne portais aucun vêtement.
2 (jamais à la forme progressive; jamais au passif) (télévision, radio, fer à repasser) être allumé • *He has the TV on the whole time.* Il a toujours la télé allumée.

have sth **on** (jamais à la forme progressive)
avoir prévu • *Do we have anything on this Thursday night?* Est-ce que nous avons prévu quelque chose, jeudi soir? • *I've got a lot on at work this month.* J'ai beaucoup de choses à faire au travail, ce mois-ci.

have sb **on** *britannique & australien, familier*
faire marcher • (généralement à la forme progressive) *That's not really his wife – you're having me on!* Ce n'est pas vraiment sa femme! Tu me fais marcher!

have sth **on** you (jamais à la forme progressive)
avoir sur soi • *Do you have any money on you?* Est-ce que tu as de l'argent sur toi? • *Luckily, Alan had his keys on him, so we were able to get into the flat.* Heureusement, Alan avait ses clés sur lui et nous avons pu pénétrer dans l'appartement.

have sth **on** sth/sb (jamais à la forme progressive; jamais au passif) *familier*
avoir quelque chose sur • *Do you have anything on this organization?* Est-ce que vous avez quelque chose sur cette organisation?

have out with has, having, had

have it out with sb *familier*
s'expliquer avec • *Wouldn't it be better to have it out with him, rather than build up all this resentment?* Ne serait-il pas mieux de vous expliquer avec lui plutôt que de nourrir toute cette rancune?

have over has, having, had

have sb **over**
recevoir la visite de • *We had some friends over last night.* Nous avions des amis à la maison hier soir.

have round

voir **have around/round**

have up has, having, had

have sb **up** *britannique & australien, familier*
être jugé • (généralement au passif) *He was had up for armed robbery.* Il a été jugé pour vol à main armée.

hawk about/around/round
hawks, hawking, hawked

hawk about/around/round sth or **hawk** sth **about/around/round** (swh)
faire du porte à porte • *They hawked the paintings around the local shops and split the money they made between them.* Ils ont

fait le tour des boutiques locales avec les peintures et ont partagé l'argent gagné.

haze over hazes, hazing, hazed

haze over
se couvrir • *It was a beautiful clear morning but it's beginning to haze over now.* Ce matin, il faisait beau et le ciel était bien dégagé mais, maintenant, ça commence à se couvrir.

head off heads, heading, headed

head off sb/sth or **head** sb/sth **off**
barrer la route à • *They had failed in their attempt to head off the incoming missiles.* Leur tentative pour arrêter les missiles dirigés contre eux avait échoué.

head off sth or **head** sth **off**
(grève, conflit) éviter • *The company is increasing wages in an attempt to head off a strike.* L'entreprise est en train d'augmenter les salaires pour essayer d'éviter une grève.

head off/out heads, heading, headed

head off *britannique, américain & australien*
head out *américain*
partir • *As soon as the school year ended, the whole family headed off to the mountains.* Dès que l'école a été terminée toute la famille est partie à la montagne. • *We're heading out early – make sure you're here on time.* Nous partons de bonne heure; fais en sorte d'arriver à temps.

head up heads, heading, headed

head up sth or **head** sth **up**
diriger • *He heads up a multi-national corporation.* Il dirige une entreprise multinationale.

heal over heals, healing, healed

heal over
cicatriser • *Try to protect that cut until it heals over completely.* Essaie de protéger cette coupure jusqu'à ce qu'elle cicatrise complètement.

heal up heals, healing, healed

heal up
guérir • *I'm not supposed to use my arm till the bone has healed up completely.* Je ne suis pas censé me servir de mon bras tant que l'os n'est pas complètement guéri.

heap on/upon heaps, heaping, heaped

heap sth **on/upon** sb/sth
(l'éloge de qn) faire, (critique) émettre • (généralement au passif) *Much praise has been heaped on this talented young musician.* Ce jeune musicien plein de talent a été couvert de nombreuses louanges. • *He deals well with all the criticism heaped on him.* Il fait très bien face à toutes les critiques dont on l'accable.

heap up heaps, heaping, heaped

heap up sth or **heap** sth **up**
entasser • *Our coats and scarves were all heaped up in the corner.* Nos manteaux et nos écharpes étaient tous entassés dans le coin.

hear from hears, hearing, heard

hear (sth) **from** sb
1 recevoir des nouvelles de • *Have you heard from Peter recently?* Est-ce que tu as eu des nouvelles de Peter dernièrement? • *Please write soon. I look forward to hearing from you.* Sois gentil d'envoyer bientôt de tes nouvelles. Je serai content de te lire. • *You'll be hearing from my lawyer.* Vous en reparlerez avec mon avocat.
2 recevoir le témoignage de • *The police would like to hear from anyone who might have witnessed the crime.* La police aimerait recevoir le témoignage de quiconque était sur les lieux du délit. • *The enquiry heard from several former employees.* Durant l'enquête, le témoignage de plusieurs anciens employés a été entendu.

hear of heard

have/had heard of sb/sth (toujours aux temps composés)
entendre parler de • (souvent dans des phrases négatives) *I'd never heard of him.* Je n'avais jamais entendu parler de lui. • *It's a tiny country that most people have never heard of.* C'est un tout petit pays dont la plupart des gens n'ont même jamais entendu parler. • *We'd heard of one another but had never met.* Nous avions entendu parler l'un de l'autre mais nous ne nous étions jamais rencontrés.

not hear of sth or **not hear of** sb doing sth (toujours dans des phrases négatives; jamais à la forme progressive)
ne pas vouloir entendre parler de • *She'd wanted to go to a late-night concert but her mother wouldn't hear of it.* Elle avait voulu sortir tard le soir pour assister à un concert mais sa mère n'avait pas voulu en entendre parler.

hear out hears, hearing, heard

hear sb **out**
écouter jusqu'au bout • *At least hear me out before making up your mind.* Au moins, écoute-moi jusqu'au bout avant de trancher.

heat up heats, heated, heating

heat up sth or **heat** sth **up**
faire chauffer, faire réchauffer • *I was heating up some soup for lunch.* Je faisais réchauffer de la soupe pour le déjeuner.

heat up (sth) or **heat** (sth) **up**
chauffer • *Electricity heats up the cables as it passes through them.* L'électricité chauffe les cables par lesquels elle passe.

heat up
(situation) s'aggraver, (combat) s'intensifier • *United Nations forces were called in as the conflict heated up.* Les forces d'intervention des Nations Unies ont été appelées quand le conflit s'est aggravé. • *As growth in the business slows, competition is heating up.* Du fait du ralentissement continu des affaires, la concurrence s'intensifie.

heave up heaves, heaving, heaved

heave up (sth) or **heave** (sth) **up** (jamais au passif) *familier*
rendre, vomir • *I found her heaving up in the toilets five minutes before the performance.* Je l'ai trouvée en train de rendre dans les toilettes cinq minutes avant la représentation.

hedge about/around/round with hedges, hedging, hedged

hedge about/around/round sth **with** sth or **hedge** sth **about/around/round with** sth
(conditions) truffer de • (généralement au passif) *The committee's conclusions were uncertain and hedged about with reservations.* Les conclusions du comité étaient vagues et pleines de réserves.

hedge against hedges, hedging, hedged

hedge against sth
se prémunir contre • *Investors are hedging against a possible stockmarket crash.* Les investisseurs se prémunissent contre un éventuel crash boursier. • *Raising taxes might be one way to hedge against economic recession.* Augmenter les impôts serait une façon de se prémunir contre la récession.

hedge in hedges, hedging, hedged

hedge in sth/sb or **hedge** sth/sb **in**
imposer des limites à • (généralement au passif) *We have permission to sell, but it is hedged in with strict conditions.* La vente nous est autorisée mais elle est limitée par de strictes conditions. • *I feel a bit hedged in at work.* Je trouve qu'on ne me laisse pas prendre assez d'initiatives dans mon travail.

hedge round with
voir **hedge about/around/round with**

heel over heels, heeling, heeled

heel over
(bateau) giter • *The ship heeled over in the strong winds.* Le navire gîtait sous la force du vent.

hell around hells, helling, helled

hell around (swh) *américain, argot*
se conduire comme un hooligan • *It isn't much fun walking back home, with young kids helling around the streets.* Ce n'est pas très agréable de rentrer à pied à la maison avec de jeunes enfants qui se conduisent dans les rues comme des hooligans.

help along helps, helping, helped

help sth **along**
aider, faire progresser • *Ice-cream sales are up 50 percent, helped along by the hot weather.* Les ventes de glaces ont augmenté de 50 pour cent, aidées par le beau temps.

help off with helps, helping, helped

help sb **off with** sth
(manteau) aider à ôter • *Let me help you off with your coat.* Laissez-moi vous aider à ôter votre manteau.

help on with   helps, helping, helped

help sb **on with** sth
aider à enfiler • *Could you help the kids on with their coats?* Est-ce que tu peux aider les enfants à enfiler leurs manteaux?

help out   helps, helping, helped

help out (sb) or **help** (sb) **out**
aider • (souvent + **with**) *I thought I could help out with the childcare one or two afternoons a week.* J'ai pensé que je pourrais aider en gardant les enfants un ou deux après-midi par semaine. • *If we were really short of money I'm sure my parents would help us out.* Si nous avions vraiment de gros problèmes d'argent je suis sûr que mes parents nous aideraient.

help to   helps, helping, helped

help sb **to** sth
servir qch à qn • *Can I help you to some more dessert?* Reprendrez-vous du dessert?

hem in   hems, hemming, hemmed

hem in sb or **hem** sb **in**
(police) cerner, (règlement) limiter • (généralement au passif) *The crowd was hemmed in on all sides by the police.* La foule était cernée par la police. • *We're hemmed in by so many regulations at work.* Nous sommes limités par tant de normes réglementaires dans notre travail.

hem in sth or **hem** sth **in**
entourer • (généralement au passif) *The city is hemmed in by mountains and the Adriatic sea.* La ville est entourée par les montagnes et la mer Adriatique.

hew to   hews, hewing, hewed

hew to sth *américain*
se conformer à • *Our local newspaper has always hewed to the government line.* Notre journal local a toujours suivi la ligne gouvernementale. • *The present administration hews to an old, narrow view of business and competition.* Les administrateurs actuels se conforment à une vision étroite et passéiste des affaires et de la concurrence.

hide away   hides, hiding, hid, hidden

hide away sth or **hide** sth **away**
dissimuler • *I've got my own store of paper hidden away in a drawer.* J'ai ma propre provision de papier dissimulée dans un tiroir.

hide away
se cacher, s'isoler • *I thought I'd rent a cottage in the country and hide away for a while.* J'ai pensé louer une maison à la campagne et vivre à l'ombre pendant un moment.

hideaway *n* [C] retraite • *By the time the press arrived he'd already retreated to his country hideaway in Yorkshire.* Quand la presse est arrivée il s'était déjà retiré dans sa maison de campagne dans le Yorkshire.

hide out   hides, hiding, hid, hidden

hide out
se cacher • (généralement + *adv/prép*) *The killer hid out in the mountains as the police launched a nationwide search.* Le meurtrier est allé se cacher dans la montagne quand les policiers ont lancé une opération de recherche dans tout le pays.

hideout, **hide-out** *n* [C] cachette • *The guerillas operated from a secret hideout in the hills.* Les guérilleros opéraient depuis une cachette secrète dans les collines.

hike up   hikes, hiking, hiked

hike up sth or **hike** sth **up**
1 *familier* augmenter • *The new electricity company immediately hiked up their prices by 30%.* La nouvelle compagnie d'électricité a immédiatement augmenté ses prix de 30%. • *The Chancellor hiked up interest rates from 7.5% to 11% in less than a year.* Le ministre des finances a fait passer les taux d'intérêt de 7.5 à 11% en moins d'un an.

2 *américain* soulever • *If we can hike the piano up over the step, we can get it into the house.* Si nous arrivons à soulever le piano pour passer la marche, nous pourrons le faire entrer dans la maison.

3 *surtout américain* (vêtement) remonter • *She hiked up her skirt and showed me the bruise.* Elle a remonté sa jupe et m'a montré le bleu.

hinge on/upon   hinges, hinged

hinge on/upon sth (jamais à la forme progressive)
1 dépendre de, s'articuler autour de • *The prosecution's case hinged upon the evidence of a boy who had witnessed the murder.*

L'argumentation de l'accusation s'articulait autour du témoignage d'un jeune garçon qui avait vu le meurtre. • (parfois + pronom interrogatif) *The future of the company hinges on whether sufficient sponsorship can be found.* L'avenir de l'entreprise dépend d'un éventuel soutien financier suffisant.
2 s'articuler autour de • *The plot of the film hinges on a case of mistaken identity.* L'intrigue du film s'articule autour d'un cas d'identité erronée. • *The whole election campaign hinged on the single issue of taxes.* Toute la campagne électorale s'articulait autour de l'unique question des impôts.

hint at hints, hinting, hinted

hint at sth
faire allusion à • *She hinted at the possibility that they might be taking on more staff in the near future.* Elle a fait allusion au fait qu'il était possible qu'ils emploient plus de personnel dans un proche avenir. • *What are you hinting at, Mark? Do you think I should lose weight?* Qu'est-ce que tu insinues, Mark? Que je devrais perdre du poids?

hire out hires, hiring, hired

hire out sth or **hire** sth **out** *britannique & australien*
louer • *Several places now hire out bikes to tourists during the summer season.* Il y a maintenant plusieurs endroits qui louent des vélos aux touristes pendant l'été.

hire out sb or **hire** sb **out**
proposer les services de • *She knew of a detective agency that also hired out security guards.* Elle connaissait une agence de détectives privés qui proposait aussi les services de vigiles. • (parfois pronominal) *He's decided to go freelance and hire himself out as a computer programmer.* Il a décidé de devenir free-lance et de proposer ses services en tant que programmeur.

hit back hits, hitting, hit

hit back
riposter • (souvent + **at**) *In tonight's speech, he is expected to hit back at critics who have attacked his handling of the crisis.* Dans le discours de ce soir, on s'attend à ce qu'il riposte aux critiques qui ont critiqué la façon dont il a géré la crise.

hit for hits, hitting, hit

hit sb **for** sth *américain, familier*
(de l'argent) taper • *They're hitting all the parents for a contribution to the school appeal.* Ils tapent tous les parents pour qu'ils contribuent à la quête de l'école.

hit off hits, hitting, hit

hit it off *familier*
accrocher, bien s'entendre • *Lynn and Elaine hit it off at once.* Lynn et Elaine ont accroché tout de suite. • (parfois + **with**) *I didn't really hit it off with his friends.* Je n'accrochais pas vraiment avec ses amis.

hit on hits, hitting, hit

hit on sb
1 *américain, argot* draguer • *Some guy hit on me while I was standing at the bar.* Un mec m'a draguée quand j'étais au bar.
2 *américain, argot* (de l'argent) taper • (souvent + **for**) *There were a couple of tramps outside the building hitting on people for money.* Il y avait deux clochards devant l'immeuble qui tapaient les gens.

hit on/upon hits, hit

hit on/upon sth (jamais à la forme progressive)
(idée) avoir • *That's when I hit on the idea of giving the work to Caroline.* C'est à ce moment-là que j'ai eu l'idée de confier le travail à Caroline.

hit out hits, hitting, hit

hit out
attaquer • (généralement + **at**) *The Medical Association yesterday hit out at government cuts in healthcare services.* L'Association Médicale a attaqué hier les restrictions budgétaires décidées par le gouvernement dans le domaine de la Santé.

hit up hits, hitting, hit

hit up *américain & australien, familier*
(héroïne) se piquer • (souvent + **on**) *His parents are worried that he's been hitting up on heroin.* Ses parents craignent qu'il ait commencé à se piquer à l'héroïne. • *They hang around the derelict buildings, hitting up.* Ils traînent du côté des immeubles en ruine où ils vont se piquer.

hit up sb or **hit** sb **up** *américain, argot*
taper • (souvent + **for**) *He hit me up for $20 but I didn't have it.* Il a essayé de me taper

de 20 dollars mais je ne les avais pas. • *Every time I see her she tries to hit me up.* A chaque fois que je la vois elle essaie de me taper.

hit upon
voir **hit on/upon**

hit with hits, hitting, hit

hit sb **with** sth *familier*
assommer en, assommer avec • *That's when she hit us with the news that she was leaving.* C'est à ce moment-là qu'elle nous a assommés en nous annonçant qu'elle partait. • *He spent twenty minutes checking over the car and then he hit me with a bill for £120!* Il a passé vingt minutes à examiner la voiture puis il m'a assommé avec une note de 120 livres!

hive off hives, hiving, hived

hive off sth or **hive** sth **off**
se séparer de • *The plan is to hive off individual companies once they are profitable.* L'idée est de rendre indépendantes les entreprises particulières une fois qu'elles sont rentables. • *It is not known what will happen to the rest of the company once the shipyard has been hived off.* On ne sait pas ce que va devenir le reste de l'entreprise une fois que le chantier naval sera devenu indépendant.

hoard away hoards, hoarding, hoarded

hoard away sth or **hoard** sth **away**
mettre de côté • *She had carefully hoarded away her wages each week.* Chaque semaine, elle avait prudemment mis sa paie de côté.

hoard up hoards, hoarding, hoarded

hoard up sth or **hoard** sth **up**
stocker • *Many families are hoarding up tinned goods after warnings of possible food shortages.* De nombreuses familles se sont mises à stocker des conserves après avoir été averties de risques possibles de pénurie alimentaire.

hoe in/into hoes, hoeing, hoed

hoe in
hoe into sth
1 *australien, familier* se mettre à • *She didn't want to waste any time so she hoed straight in.* Elle ne voulait pas perdre de temps et elle s'est mise tout de suite à la tâche. • *Jo loves school – you should see the way he hoes into his homework.* Jo adore l'école; il faut voir comment il se met à ses devoirs.

2 *australien, familier* (nourriture) attaquer • *The food's on the table, so hoe in everyone!* Le repas est servi alors, attaquez! • *You should have seen the way those kids hoed into the cake.* Si vous aviez vu l'appétit avec lequel les enfants ont attaqué le gâteau.

hoe into hoes, hoeing, hoed

hoe into sb *australien, familier*
massacrer • *Disappointed shareholders hoed into the management at the general meeting.* Les actionnaires déçus ont massacré la direction à l'assemblée générale.

hoke up hokes, hoking, hoked

hoke up sth or **hoke** sth **up** *américain, familier*
enjoliver • *It's just a stupid show that's been hoked up with a few tricks.* Ce n'est qu'un spectacle idiot qui a été enjolivé de quelques artifices.

hold against holds, holding, held

hold sth **against** sb
reprocher à • (souvent dans des phrases négatives) *He certainly made a mistake, but I don't hold it against him.* Il a fait une bêtise, c'est certain, mais je ne lui en veux pas.

hold back holds, holding, held

hold back sb/sth or **hold** sb/sth **back**
1 (manifestants) contenir, (eau) retenir • *The police held back the crowds as the procession went past.* La police a contenu la foule quand la procession est passée. • *At the mouth of the reservoir, water is held back by a concrete dam.* A l'extrémité du barrage, l'eau est retenue par une digue en béton.

2 (progrès) entraver, (contrainte) empêcher • *There are fears that higher interest rates in Europe could hold back the world economy.* On craint que des taux d'intérêts plus élevés en Europe n'entravent l'économie mondiale. • *I was reluctant to get a full-time job when I had young children, but nothing's holding me back now.* Je n'avais pas envie de prendre un

travail à temps plein quand j'avais des enfants en bas âge mais, maintenant, plus rien ne m'en empêche.

hold back sth or **hold** sth **back**

1 refuser de divulguer, se refuser à divulguer • (souvent + **from**) *Information is sometimes held back from patients when it is thought it might upset them.* Parfois, on se refuse à divulguer une information aux malades quand on pense que cela risquerait de les perturber. • *The army are still holding back details of their casualties.* L'armée refuse toujours de divulguer des informations détaillées sur les pertes subies.

2 (larmes) retenir, (colère) contenir • *He cried bitterly, not even attempting to hold back the tears.* Il pleurait amèrement, sans même essayer de se retenir. • *I held back my irritation and tried to speak slowly and calmly.* J'ai contenu ma colère et j'ai essayé de parler lentement et calmement.

3 (somme d'argent) retenir • *30% of the payment will be held back until completion of the work.* 30% du paiement seront retenus jusqu'à ce que le travail ait été exécuté.

hold (sb) **back**

se retenir, (pressentiment) retenir • (souvent + **from** + doing sth) *I've always held back from interfering in their arguments.* Je me suis toujours retenu d'intervenir dans leurs disputes. • *She wanted to disagree with what they were saying but something held her back.* Elle voulait exprimer son désaccord avec ce qu'ils étaient en train de dire mais quelque chose la retint.

hold down holds, holding, held

hold down sb/sth or **hold** sb/sth **down**

(personne) maîtriser, (objet) maintenir en place • *He was struggling so much that it took four police officers to hold him down.* Il se débattait tellement qu'il fallut quatre policiers pour le maîtriser. • *The roof consists of three layers of plastic sheeting, held down by bricks.* Le toit est composé de trois feuilles de plastique, maintenues en place par des briques.

hold down sth or **hold** sth **down**

1 (prix) contrôler, (coût, inflation) maîtriser • *Car manufacturers are holding down their prices in an attempt to boost sales.* Les fabricants de voitures contrôlent leurs prix dans l'espoir de stimuler les ventes.

• *The government is trying to hold down public spending.* Le gouvernement essaie de maîtriser la dépense publique.

2 *américain, familier* mettre en veilleuse • (souvent à l'impératif) *Hold down the noise in there, I'm trying to get to sleep!* Mettez-la en veilleuse, là-dedans, j'essaie de dormir, moi. • *Can you hold it down a bit, kids?* Vous pouvez la mettre un peu en veilleuse, les mouflets?

3 (nourriture) garder dans l'estomac • (généralement dans des phrases négatives) *She can't hold anything down at the moment.* Elle n'arrive à rien garder dans l'estomac en ce moment.

hold down sb or **hold** sb **down**

opprimer • *The satellite states were previously held down by a strong central government.* Les états satellites étaient auparavant opprimés par un puissant gouvernement central.

hold forth holds, holding, held

hold forth

disserter • (souvent + **on**) *She held forth on a variety of subjects all through lunch.* Elle a disserté sur des sujets variés pendant tout le temps du repas. • *I sat quietly in a corner while Greg held forth.* Je m'assis silencieusement dans un coin tandis que Greg tenait un discours.

hold off holds, holding, held

hold off sb or **hold** sb **off**

(agresseur, concurrent) repousser • *A small group of guerrilla forces managed to hold off the government army.* Un petit groupe de forces rebelles a réussi à repousser les troupes gouvernementales. • *The 100 metres champion successfully held off the other runners and finished in record time.* Le vainqueur du 100 mètres a réussi à distancer les autres coureurs et à réaliser un temps record.

hold off (sth/doing sth) (jamais au passif) (projet) reporter, (décision) réserver, (vendre) s'abstenir provisoirement de • *Small investors would be wise to hold off and wait for the economy to improve.* Les petits actionnaires feraient bien de patienter et d'attendre que la situation économique s'améliore. • *You should probably hold off buying until house prices come down.* Vous feriez sans doute bien de vous abstenir d'acheter jusqu'à ce que les prix des maisons baissent. • *The board has* decided to hold off its decision until next week. Le conseil a décidé de réserver sa décision jusqu'à la semaine prochaine.

hold off
(pluie, neige) ne pas tomber • *Luckily, the rain held off and we had the party outside as planned.* Par chance, il n'a pas plu et la fête a eu lieu dehors comme prévu.

hold on holds, holding, held

hold on
1 patienter • (souvent à l'impératif) *Hold on – I'll be ready in a minute!* Patiente; je serai prêt dans une minute! • *We held on another five minutes but in the end we had to leave without her.* Nous avons patienté cinq minutes de plus mais nous avons finalement dû partir sans elle.
2 tenir, se tenir • *I held on tight as the bike went over a bumpy bit of ground.* Je me tenais fermement tandis que le vélo traversait un bout de terrain plein de bosses. • (souvent + **to**) *Hold on to that rail, Polly.* Tiens-toi à la rampe, Polly.
3 s'accrocher • *The two teams were evenly matched, but Leeds held on and won the match 2-1.* Les deux équipes étaient de force égale mais Leeds s'est accroché et a gagné le match 2 à 1.

Hold on! (toujours à l'impératif)
Attends! • *Hold on, how much did you say you would pay him?* Attends, combien as-tu dit que tu le payerais? • *Hold on a minute – if Sarah's not coming, why are we booking a table for six?* Attends une minute; si Sarah ne vient pas, pourquoi réservons-nous une table pour six?

hold on to/onto holds, holding, held

hold on to/onto sth/sb (jamais au passif)
tenir fermement • *The path's rather steep here so you'll need to hold on to the rail.* Le chemin est assez pentu et il faudra bien te tenir à la rampe. • *They held onto each other and kissed passionately.* Ils se serrèrent l'un contre l'autre et s'embrassèrent passionnément.

hold on to/onto sth (jamais au passif)
1 garder • *We sold most of the furniture but we held on to the kitchen table and chairs.* Nous avons vendu la plupart des meubles mais nous avons gardé la table de cuisine et les chaises. • *It was a tough fight but he managed to hold onto his title.* Le combat a été serré mais il a réussi à conserver son titre.
2 conserver • *Even the older members of the party have held onto their youthful idealism.* Même les membres plus âgés du parti ont conservé l'idéalisme de leur jeunesse.

hold out holds, holding, held

hold out sth or **hold** sth **out**
tendre • *She held out her glass for a refill.* Elle tendit son verre pour qu'on le resserve. • *He held out his hand for me to shake.* Il me tendit la main pour me saluer.

hold out sth
(espoir) garder, conserver • (souvent dans des phrases négatives) *I don't hold out much hope that the situation will improve.* Je n'ai pas grand espoir que la situation s'améliore.

hold out
1 (nourriture, argent) durer • *We're hoping that our money will hold out until the end of the month.* Nous espérons que notre argent durera jusqu'à la fin du mois. • *Our food supplies will only hold out for another two weeks.* Nos réserves de nourriture dureront encore deux semaines.
2 tenir bon • (souvent + **against**) *The city held out against the bombing for several months.* Malgré les bombardements, la ville a tenu bon pendant plusieurs mois. • *The longer the rebels hold out, the more publicity they'll receive for their cause.* Plus longtemps les rebelles tiennent bon et plus cela fait de publicité à leur cause.

hold out against holds, holding, held

hold out against sth
résister à • *Some teachers are still holding out against the recent changes in the education system.* Certains professeurs résistent encore aux récentes réformes du système éducatif.

holdout n [C] *américain* opposant • *The Senator was the only holdout against the new fuel tax.* Le sénateur était le seul opposant à la nouvelle taxe sur le carburant.

hold out for holds, holding, held

hold out for sth
attendre d'obtenir • *We could sell now or we could hold out for a better offer.* Nous

pourrions vendre maintenant ou nous pourrions attendre d'obtenir une meilleure offre. • *The strike continues as post office workers continue to hold out for better conditions.* La grève se poursuit tandis que les employés des postes continuent d'espérer l'obtention de meilleures conditions.

hold out on holds, holding, held

hold out on sb

1 *familier* cacher quelque chose à • *I'll be really angry if I find out you've been holding out on me.* Je serai vraiment fâché si je découvre que tu m'as caché quelque chose.

2 *américain, familier* ne pas rembourser • *Liam was holding out on us when he could have paid.* Liam ne nous remboursait pas alors qu'il aurait pu payer.

hold over holds, holding, held

hold over sth or **hold** sth **over**

1 reporter • (souvent au passif) *The match had to be held over because of heavy rain.* Le match a dû être reporté en raison des fortes pluies. • (parfois + **for**) *We held the meeting over for a week so that more people could attend.* Nous avons reporté la réunion d'une semaine pour que plus de gens puissent y participer.

2 *américain* (film) maintenir à l'affiche, (spectacle) prolonger • (souvent au passif) *The movie is so popular that it's being held over.* Le film a tellement de succès qu'il est maintenu à l'affiche. • (parfois + **for**) *They will hold the show over for another week.* Ils prolongeront le spectacle une semaine de plus.

hold sth **over** sb

faire chanter • *His employers know that he is an illegal immigrant and they hold it over him.* Ses employeurs savent qu'il a immigré clandestinement et ils le font chanter.

hold to holds, holding, held

hold sb **to** sth

1 (contrat) faire honorer, (promesse) faire tenir • *They held me to the exact terms of the contract.* Ils m'ont contraint d'honorer les termes exacts du contrat. • *'I'll give you that money next week.' 'I'll hold you to that.'* 'Je te donnerai l'argent la semaine prochaine.' 'J'y compte bien.'

2 maintenir à • (généralement au passif) *In the second round, Davis was held to 2-2 by John Reeves.* Au deuxième round, Davis a été maintenu à 2-2 par John Reeves.

hold together holds, holding, held

hold (sth) **together**

maintenir dans l'unité • *Successive rulers held the country together by force.* Des gouvernements successifs ont maintenu de force le pays dans l'unité. • *The new coalition appears to be holding together.* La nouvelle coalition semble se maintenir dans l'unité.

hold up holds, holding, held

hold up sth or **hold** sth **up**

supporter • *The roof was held up by two steel posts.* Le toit était supporté par deux poteaux métalliques.

hold up sth/sb or **hold** sth/sb **up**

1 retarder • *Lack of funding could hold up the building of the tunnel.* Un financement insuffisant pourrait retarder la construction du tunnel. • *The match was held up for ten minutes as police cleared fans off the pitch.* Le match a été retardé de dix minutes, le temps que la police fasse circuler les supporters hors du terrain. • (employé comme *adj*) *I was late for the meeting because **I got held up** in the traffic.* Je suis arrivé en retard à la réunion parce que j'ai été retardé par la circulation.

hold-up *n* [C] ralentissement • *The new bypass is designed to reduce traffic hold-ups.* La nouvelle rocade a été conçue pour réduire les ralentissements de la circulation.

2 (banque) attaquer à main armée • *Four armed men held up the bank and escaped with $4 million.* Quatre hommes armés ont attaqué la banque et ont pris la fuite en emportant 4 millions de dollars. • *He was held up at gunpoint by a gang of youths.* Il était tenu sous la menace d'une arme par une bande de jeunes.

hold-up *n* [C] attaque à main armée, hold-up • *There was a hold-up at our local post office last week.* Il y a eu un hold-up à la poste locale la semaine dernière.

hold up

tenir bon • *If my knee holds up, I'll join you on that walk tomorrow.* Si mon genou tient bon, je vous accompagnerai pour cette marche de demain. • *The leisure industry hasn't held up too well in the recent* recession. L'industrie des loisirs n'a pas très bien résisté à la dernière récession.

hold up as holds, holding, held

hold sb/sth **up as** sth
présenter comme • (généralement au passif) *Sweden is often held up as an example of a country with a high standard of living.* La Suède est souvent présentée comme un exemple de pays ayant un niveau de vie très élevé. • *The black community held him up as a role model for younger generations.* La communauté noire le présentait comme un modèle exemplaire pour les générations plus jeunes.

hold with holds, held

not hold with sth (toujours dans des phrases négatives; jamais à la forme progressive)
être contre • *She doesn't hold with people living together before they're married.* Elle est contre les gens qui vivent ensemble avant le mariage.

hole up holes, holing, holes

hole up (toujours + *adv/prép*) *familier*
se planquer • *She holed up at a small hotel near the beach to avoid journalists.* Elle se planquait dans un petit hôtel près de la plage pour éviter les journalistes.

hollow out hollows, hollowing, hollowed

hollow out sth or **hollow** sth **out**
creuser, vider • *Hollow out the tomatoes and stuff them with the rice mixture.* Vide les tomates et remplis-les avec la farce au riz.

home in on homes, homing, homed

home in on sth
1 (caméra) s'arrêter sur, (gouvernement) porter toute son attention sur • *The camera homes in on the woman's face and you can see that she's crying.* La caméra s'arrête sur le visage de la femme et l'on peut voir qu'elle est en train de pleurer. • *The new administration has already homed in on some issues badly in need of attention.* La nouvelle administration a déjà décidé de se concentrer sur certains problèmes qui ont grand besoin d'attention.

2 se diriger vers • *Soldiers on the ground watched the missile home in on its target.* Les soldats au sol observaient le missile qui se dirigeait vers sa cible.

honk up honks, honking, honked

honk up (sth) or **honk** (sth) **up** (jamais au passif) *britannique, argot*
dégueuler • *He came home drunk and honked up all over the floor.* Il est rentré soûl et il a dégueulé partout. • *She spent the night honking her guts up.* Elle a passé la nuit à dégueuler partout.

hook into hooks, hooking, hooked

hook sb **into** sth/doing sth *américain, familier*
enrôler pour • *He's been hooked into working at the school fair.* Il s'est fait enrôler pour travailler à la fête de l'école.

hook up hooks, hooking, hooked

hook up sth/sb or **hook** sth/sb **up**
brancher • (souvent au passif) *Is your computer hooked up yet?* Est-ce que ton ordinateur est déjà branché? • (souvent + **to**) *His wife lay on the couch, hooked up to a dialysis machine.* Sa femme était allongée sur le canapé, branchée à un rein artificiel.
hook-up *n* [C] relais • *We hope to bring you a live report via our satellite hook-up.* Nous espérons vous faire parvenir un reportage en direct grâce à notre relais satellite.

hook up
1 *américain, familier* sympathiser, faire équipe • *When did Laura and Bob hook up?* Quand est-ce que Laura et Bob se sont mis ensemble? • (souvent + **with**) *Do you want to hook up with us when you come to Seattle?* Est-ce que tu veux faire équipe avec nous quand tu viendras à Seattle?
2 *familier* s'associer • (souvent + **with**) *Many large British companies are hooking up with American partners.* Beaucoup de firmes britanniques sont associées à des partenaires américains.

horn in horns, horning, horned

horn in *américain & australien, familier* (conversation) mettre son grain de sel • (souvent + **on**) *Anna's always horning in on our conversations!* Anna est toujours en train de mettre son grain de sel dans nos conversations!

horse about/around horses, horsing, horsed

horse about/around *familier*
chahuter • *He was horsing around in the kitchen and broke one of my favourite mugs.* Il chahutait dans la cuisine et il a cassé une de mes tasses préférées.

hose down hoses, hosing, hosed

hose down sth or **hose** sth **down**
laver au jet • *Could you hose the car down?* Est-ce que tu pourrais laver la voiture au jet?

hot up hots, hotting, hotted

hot up *surtout britannique & australien, familier*
(soirée) s'animer, (rythme) s'accélérer, (compétition) s'intensifier • *A few days before the election, the pace began to hot up.* Quelques jours avant les élections, le rythme a commencé à s'accélérer. • *Competition from European markets is just starting to hot up.* La concurrence de la part des marchés européens commence seulement à s'intensifier.

hound out hounds, hounding, hounded

hound out sb or **hound** sb **out**
chasser • (généralement + of) *He claims he was hounded out of his job by a group of students who disapproved of his views.* Il affirme qu'il a été chassé de son poste par un groupe d'étudiants qui étaient hostiles à ses idées.

huddle up huddles, huddling, huddled

huddle up
se blottir, se pelotonner • *We huddled up together for warmth.* Nous nous sommes blottis les uns contre les autres pour nous réchauffer. • *Terrified by the noise, she huddled up in a corner of the room.* Terrifiée par le bruit, elle se blottit dans un coin de la pièce.

hunger after/for hungers, hungering, hungered

hunger after/for sth *littéraire*
désirer ardemment • *I've never hungered after power.* Je n'ai jamais eu soif de pouvoir. • *She hungered for his touch.* Elle désirait ardemment qu'il la touche.

hunker down hunkers, hunkering, hunkered

hunker down
1 *américain* s'accroupir • *We hunkered down around the campfire toasting marshmallows.* Nous nous sommes accroupis autour du feu de camp pour faire griller des carrés de guimauve.
2 *américain* s'installer • *The audience hunkered down with their popcorn waiting for the movie to start.* Les spectateurs se sont installés avec leurs sachets de popcorn en attendant que le film commence.

hunt down hunts, hunting, hunted

hunt down sb or **hunt** sb **down**
retrouver la trace de • *Chandler's mission was to hunt down and kill a German agent in Switzerland.* La mission de Chandler était de retrouver la trace d'un agent allemand séjournant en Suisse et de le tuer.

hunt out hunts, hunting, hunted

hunt out sth or **hunt** sth **out**
dénicher • *I'll try to hunt out those old photos for you.* J'essaierai de dénicher ces vieilles photos pour toi. • *We managed to hunt out the only Indian restaurant in Boston.* Nous avons réussi à dénicher le seul restaurant indien de Boston.

hunt up hunts, hunting, hunted

hunt up sth or **hunt** sth **up** (jamais au passif)
dénicher • *She tried to help him with his research by hunting up his references.* Elle a essayé de l'aider dans sa recherche en dénichant pour lui ses ouvrages de référence.

hurry along hurries, hurrying, hurried

hurry sb/sth **along**
(personne) faire se dépêcher, (travaux) faire accélérer • *Can you hurry Fiona along a bit? She's spent over an hour in the bathroom.* Est-ce que tu peux demander à Fiona de se dépêcher? Cela fait plus d'une heure qu'elle est dans la salle de bains. • *We want to move into the house next*

month so John's trying to hurry the work along. Comme nous voulons emménager dans la maison le mois prochain, John essaie de faire accélérer les travaux.

Hurry along! (toujours à l'impératif) *vieilli*
Dépêche-toi! • *Hurry along now, Helen, or you'll be late for school!* Dépêche-toi maintenant, Helen, ou tu vas arriver en retard à l'école!

hurry on hurries, hurrying, hurried

hurry on (sth)
s'empresser de poursuivre, s'empresser d'ajouter • *He saw the shock on her face and hurried on.* Il vit le choc sur son visage et il s'empressa de poursuivre. • *'But that's all in the past now,' she hurried on.* 'Mais c'est du passé maintenant,' s'empressa-t-elle d'ajouter.

hurry up hurries, hurrying, hurried

hurry up
se dépêcher • (souvent à l'impératif) *Hurry up, Martin – we're already late!* Dépêche-toi, Martin! Nous sommes déjà en retard! • (parfois + **with**) *Can you hurry up with that report? I need it by lunchtime.* Pouvez-vous vous dépêcher de fournir ce rapport? Je le voudrais ce midi au plus tard.

hurry-up *adj* (toujours avant n) *américain, familier* • *You'd better send him a hurry-up message – it's time he was here!* Tu ferais bien de lui envoyer un message pour lui dire de se dépêcher; il devrait déjà être là!

hurry up sb/sth or **hurry** sb/sth **up**
faire se dépêcher, faire s'accélérer • *Can you hurry the kids up because their dinner's getting cold.* Peux-tu dire aux enfants de se dépêcher ? Leur dîner est en train de refroidir. • *I'd like to get this contract signed. Can't you hurry things up a bit?* J'aimerais que ce contrat soit signé. Ne pouvez-vous pas accélérer un peu les choses?

hush up hushes, hushing, hushed

hush up sth or **hush** sth **up**
(scandale) étouffer • (généralement au passif) *There was some financial scandal involving one of the ministers but it was all hushed up.* Il y a eu un scandale financier qui impliquait un des ministres mais l'affaire a été étouffée.

hype up hypes, hyping, hyped

hype up sth or **hype** sth **up**
familier faire du battage autour de • *The England match has been hyped up out of all proportion.* On a fait un battage excessif autour du match avec l'Angleterre.

hyped-up *adj familier* entouré d'un grand battage publicitaire • *It's just one of those hyped-up action movies with a lot of special effects.* Ce n'est qu'un de ces films d'action entouré d'un grand battage publicitaire et plein d'effets spéciaux.

ice down ices, icing, iced

ice down sth or **ice** sth **down** *américain, familier*
mettre de la glace sur • *You'll need to ice your ankle down to reduce the swelling.* Il faut que vous mettiez de la glace sur votre cheville pour la faire désenfler.

ice over/up ices, icing, iced

ice over/up
(lac) geler, (route) se couvrir de verglas, (fenêtre) se couvrir de givre • *Winter is coming and the lakes will soon start icing over.* L'hiver arrive et les lacs commenceront bientôt à geler. • *The car's windows had iced up in the freezing cold.* Les fenêtres de la voiture s'étaient couvertes de givre dans le grand froid.

ice up ices, icing, iced

ice up
(moteur, serrure) geler • *Our flight was delayed because the plane's engine had iced up.* Notre vol a été retardé parce que le réacteur de l'avion avait givré.

identify with identifies, identifying, identified

identify with sb/sth
s'identifier à • *Many women feel unable to identify with the super-thin models in glossy magazines.* Beaucoup de femmes ne peuvent s'identifier aux mannequins super minces des magazines féminins. • *Readers can easily identify with the hero's sense of frustration at the beginning of the novel.* Au début du roman, les lecteurs peuvent facilement s'identifier au sentiment de frustration du héros.

identify sb/sth **with** sth
associer à • (généralement au passif) *Saul Bellow and his novels are usually identified with Chicago.* Saul Bellow et ses romans sont généralement associés à Chicago. • *Many football fans are unfairly identified with violence.* Beaucoup de supporters de football sont injustement associés à un comportement violent.

idle away idles, idling, idled

idle away sth or **idle** sth **away**
(journée) passer à ne rien faire • (souvent + doing sth) *He was idling away the afternoon sitting on the grass and reading.* Il passait paresseusement l'après-midi à lire assis dans l'herbe.

imbue with imbues, imbuing, imbued

imbue sb/sth **with** sth *formel*
imprégner de • (généralement au passif) *Everyone in the department is imbued with a sense of pride in their work.* Chacun dans le service est imprégné d'un sentiment de fierté dans son travail. • *His poetry is imbued with deep religious feeling.* Sa poésie est imprégnée d'un profond sentiment religieux.

immerse in immerses, immersing, immersed

immerse sb **in** sth
se plonger dans • (généralement au passif) *He is totally immersed in family life and has no wish to work.* Il s'est complètement plongé dans sa vie de famille et ne désire pas travailler à l'extérieur. • (parfois pronominal) *At college, she immersed herself in the ideas of Mill, Locke and Voltaire.* A l'université, elle s'est plongée dans les idées de Mill, Locke et Voltaire.

impact on/upon impacts, impacting, impacted

impact on/upon sth/sb *légèrement formel*
avoir un impact sur • *Any problems with the computers will impact on our schedules.* Tout problème d'ordinateur aura un impact sur nos prévisions. • *Falling export rates have impacted on the economy.* La chute des taux d'exportation a eu un impact sur l'économie.

impinge on/upon impinges, impinging, impinged

impinge on/upon sth/sb *formel*
(vie) affecter, (liberté) empiéter sur • *The new regulations impinge upon our right to free speech.* La nouvelle réglementation empiète sur notre droit à la liberté

d'expression. • *The riots in the city impinged on the daily lives of ordinary people.* Les émeutes ont affecté la vie quotidienne des gens ordinaires de la ville.

impose on/upon imposes, imposing, imposed

impose sth **on/upon** sb *formel*
(amende, interdiction) imposer à • *Strict financial controls were imposed on the BBC.* De stricts contrôles financiers ont été imposés à la BBC. • *The settlers imposed their own culture and religion on the native people.* Les colons ont imposé leurs propres culture et religion aux indigènes. • *The court imposed a £10,000 fine on the newspaper for printing the story.* Le tribunal a infligé une amende de 10 000 livres au journal pour avoir publié l'histoire.

impose on/upon sb
en demander trop à, déranger • *I think Alex imposes on you too much – he's perfectly capable of doing his own cooking and washing.* Je pense qu'Alex t'en demande trop: il est parfaitement capable de faire sa propre cuisine et de laver son linge lui-même. • *Are you sure it's alright if I come and stay? I don't want to impose on you.* Tu es sûr que je peux rester chez toi? Je ne veux pas te déranger.

impress on/upon impresses, impressing, impressed

impress sth **on/upon** sb
faire comprendre à • *One of the things my father impressed on me was to stand up for myself.* Une des choses que mon père m'a fait comprendre, c'est qu'il fallait se défendre soi-même. • *The importance of patients' rights should be impressed upon all medical staff.* On devrait clairement faire comprendre au personnel médical l'importance des droits des malades.

improve on/upon improves, improving, improved

improve on/upon sth
améliorer • *He hopes to improve on his bronze medal and win the gold in the next Olympics.* Il espère transformer sa médaille de bronze en médaille d'or aux prochains jeux olympiques. • *I don't think the design of this bike can be improved upon.* Je ne pense pas que le design de ce vélo puisse être amélioré.

impute to imputes, imputing, imputed

impute sth **to** sb/sth
1 *formel* attribuer à • *She made the mistake of imputing stupidity to her critics.* Elle a commis l'erreur de croire que ses critiques étaient idiots.
2 *formel* imputer à • *They imputed the error to the lawyer who was handling the case.* Ils ont imputé l'erreur à l'avocat qui s'occupait de l'affaire. • *Doctors have imputed people's breathing problems to high levels of pollution in the area.* Les docteurs ont imputé les problèmes respiratoires des gens au fort taux de pollution de la région.

indulge in indulges, indulging, indulged

indulge in sth
s'autoriser, se laisser aller à • *I indulged in some duty-free shopping at the airport.* Je me suis autorisé quelques achats dans les boutiques hors taxes de l'aéroport. • *She was furious with her boss and indulged in fantasies of revenge.* Elle était furieuse contre son chef et se laissait aller à des rêves de vengeance.

inform on informs, informing, informed

inform on sb
dénoncer • *The terrorist group warned that anyone who informed on them would be killed.* Le groupe terroriste a menacé de tuer quiconque les dénoncerait.

infringe on/upon infringes, infringing, infringed

infringe on/upon sth *formel*
empiéter sur • *He warns that the new law will infringe upon the rights of minority groups.* Il a mis en garde contre le fait que la nouvelle loi empiètera sur les droits des minorités. • *They claim that censorship has infringed on freedom of expression.* Ils affirment que la censure a empiété sur la liberté d'expression.

ink in inks, inking, inked

ink in sth or **ink** sth **in**
(date) marquer, (dessin) repasser à l'encre • *I inked in the date of their wedding in my*

ink in sth/sb or **ink** sth/sb **in** *familier*
(date) fixer, (personnel, chaises) réquisitionner • *I've inked in the party for June 23rd.* J'ai fixé la date de la soirée au 23 juin. • *The team captain has inked in most of the players for Saturday's game.* Le capitaine de l'équipe a réquisitionné la plupart des joueurs pour le match de samedi.

ink out inks, inking, inked

ink out sth or **ink** sth **out**
recouvrir d'un trait d'encre • *Several lines of the document were inked out.* Plusieurs lignes du document étaient recouvertes d'un trait d'encre.

inquire after inquires, inquiring, inquired

inquire after sb/sth *formel*
s'enquérir de, demander des nouvelles de • *He politely inquired after all her family.* Il s'est poliment enquéri de toute sa famille. • *She phoned her sister to inquire after their mother's health.* Elle a téléphoné à sa soeur pour s'enquérir de la santé de leur mère.

inquire into inquires, inquiring, inquired

inquire into sth *formel*
enquêter sur, se renseigner sur • *When the authorities inquired into his background, they found he had a criminal record.* Quand les autorités ont enquêté sur son passé, ils ont découvert qu'il avait un casier judiciaire. • *We're inquiring into the possibility of buying the apartment we're renting.* Nous sommes en train de nous renseigner sur les possibilités d'achat de l'appartement que nous louons.

insist on/upon insists, insisting, insisted

insist on/upon sth/doing sth
exiger, exiger de • *She insisted on seeing her lawyer.* Elle a exigé de voir son avocat.

diary. J'ai marqué la date de leur mariage dans mon agenda. • *She was busily inking in her pencil drawings of the house.* Elle était occupée à repasser à l'encre les dessins au crayon qu'elle avait faits de la maison.

• *He insists on the freshest produce for his restaurant.* Il exige les produits les plus frais pour son restaurant.

insure against insures, insuring, insured

insure against sth
(inconvénient) éviter, (intempéries) se prémunir contre • *You need to take precautions to insure against possible failure.* Il vous faut prendre des précautions pour éviter un échec éventuel. • *They'd insured against rain by putting up a tent where their guests could shelter.* Ils avaient monté une tente pour que leurs invités puissent s'abriter au cas où il pleuvrait.

interest in interests, interested

interest sb **in** sth (jamais à la forme progressive)
susciter l'intérêt de quelqu'un pour quelque chose • *Can I interest you in a quick drink before lunch?* Puis-je vous convaincre de venir prendre un verre en vitesse avant le déjeuner? • *The salesman tried to interest me in a new car.* Le vendeur a essayé de me persuader d'acheter une nouvelle voiture.

interfere with interferes, interfering, interfered

interfere with sth
1 (travail) déranger dans, (développement) entraver • *He tried not to let his personal worries interfere with his work.* Il essaya de ne pas laisser ses problèmes personnels le déranger dans son travail. • *She decided not to have children because they would have interfered with her dancing career.* Elle décida de ne pas avoir d'enfants parce qu'ils auraient entravé sa carrière de danseuse.
2 interférer • *His mobile phone produced radio emissions that interfered with other phones.* Son téléphone portatif produisait des ondes qui interféraient avec les autres téléphones.

interfere with sb *britannique & australien*
se livrer à des actes sexuels sur • *He was sent to prison for interfering with young boys.* Il a été emprisonné pour s'être livré à des attouchements sur de jeunes garçons.

invalid out invalids, invaliding, invalided

invalid out sb or **invalid** sb **out** *surtout britannique & australien*
contraindre à démissionner pour raisons de santé, réformer pour raisons de santé • (généralement au passif) *He joined the army in 1994 and was invalided out the following year.* Il s'est engagé dans l'armée en 1994 et a été réformé pour raisons de santé l'année suivante. • (souvent + **of**) *She was invalided out of the fire service because of injuries she'd received in a fire.* Elle a dû quitter la brigade des pompiers en raisons de blessures subies dans un incendie.

inveigh against inveighs, inveighing, inveighed

inveigh against sth/sb *formel*
fulminer contre • *He inveighed against the injustice of the legal system.* Il fulminait contre l'injustice du système juridique.

invest in invests, investing, invested

invest sth **in** sth
investir dans • *We've all invested a lot of time in this project.* Nous avons tous investi beaucoup de temps dans ce projet.

invest in sth *familier*
investir dans • *I think it's time we invested in a new washing machine.* Je pense qu'il est temps que nous investissions dans une nouvelle machine à laver. • *Most schools in the region have now invested in computers with CD-ROMs.* La plupart des écoles de la région ont maintenant investi dans des ordinateurs avec CD-ROM.

invest sth **in** sb *formel*
investir de • (généralement au passif) *I am using the power invested in me to call an inquiry.* J'utilise le pouvoir dont je suis investi pour ordonner une enquête.

invest with invests, investing, invested

invest sb **with** sth *formel*
investir de • *She has demanded that her commission be invested with the power of arrest.* Elle a exigé que sa commission soit dotée du pouvoir de procéder à des arrestations.

invest sth/sb **with** sth *formel*
attribuer quelque chose à • (généralement au passif) *In his poems, everyday reality is invested with wonder and delight.* Dans ses poèmes, la réalité de tous les jours est empreinte d'émerveillement et de joie.

invite along invites, inviting, invited

invite along sb or **invite** sb **along**
inviter • *We were all going out to the cinema so I invited Adrian along.* Comme nous allions tous au cinéma, j'ai invité Adrian. • (souvent + **to**) *I usually get invited along to a few parties at the golf club.* En général, je suis invité à quelques soirées du club de golf.

invite around/round invites, inviting, invited

invite around/round sb or **invite** sb **around/round**
inviter chez soi • (souvent + **for**) *I've invited Clea and Alan round for dinner on Saturday.* J'ai invité Clea et Alan à venir dîner à la maison samedi. • (souvent + **to**) *We've been invited around to David's house tomorrow night.* Nous sommes invités chez David demain soir. • (souvent + **to do sth**) *They invited us round to watch their wedding video.* Ils nous ont invités chez eux pour regarder la vidéo de leur mariage.

invite back invites, inviting, invited

invite back sb or **invite** sb **back**
inviter à finir la soirée chez soi • (souvent + **for**) *Jane invited us back for coffee after the show.* Jane nous a invités à prendre un café chez elle après le spectacle. • (souvent + **to**) *I was hoping to be invited back to Ian's place.* J'espérais que Ian me réinviterait chez lui.

invite out invites, inviting, invited

invite out sb or **invite** sb **out**
inviter à sortir • (souvent + **for**) *I've been invited out for dinner by an old friend of mine.* J'ai été invité à dîner au restaurant par un de mes vieux amis. • (souvent + **to**) *Harry invited her out to a club.* Harry l'a invitée à sortir en boîte.

invite over invites, inviting, invited

invite over sb or **invite** sb **over**
inviter chez soi • *We haven't invited John's parents over yet.* Nous n'avons pas encore invité les parents de John à venir chez nous. • (souvent + **for**) *They invited us over for Christmas dinner.* Ils nous ont invités à dîner chez eux le soir de Noël.

invite round

voir **invite around/round**

iron out irons, ironing, ironed

iron out sth or **iron** sth **out**

(difficultés) aplanir, (problèmes) résoudre • *We're still trying to iron out some problems with our computer system.* Nous sommes encore en train d'essayer de résoudre quelques problèmes informatiques • *The committee's aim is to iron out the differences between the rival factions.* L'objectif du comité est d'aplanir les différences entre les factions rivales.

issue forth issues, issuing, issued

issue forth *littéraire*

sortir, tomber • *As she opened the lid of the desk, a great flood of papers issued forth.* Quand elle a ouvert le couvercle du pupitre, une avalanche de papiers en est tombée.

issue from issues, issuing, issued

issue from swh *formel*

(cri) provenir de, (gaz) émaner • *I noticed a cloud of smoke issuing from the chimney.* Je remarquai un nuage de fumée qui émanait de la cheminée. • *A terrible scream issued from the room.* Un cri terrible retentit en provenance de la pièce.

itch for itches, itching, itched

itch for sth *familier*

avoir très envie de • *By four o'clock, I was itching for the meeting to end.* A quatre heures, j'avais hâte que la réunion se termine. • *I could tell he was itching for a fight.* Je voyais bien qu'il cherchait la bagarre.

J

jabber away jabbers, jabbering, jabbered

jabber away *familier*
baragouiner • *They were all jabbering away in Italian and I couldn't understand a word.* Ils étaient tous en train de baragouiner en italien et je ne comprenais pas un mot.

jack around jacks, jacking, jacked

jack sb **around** *américain, argot*
se foutre de • *I'm tired of her jacking me around.* J'en ai marre qu'elle se foute de moi.

jack in jacks, jacking, jacked

jack in sth or **jack** sth **in** *britannique, familier*
(travail) plaquer • *I've decided to jack in my job and go travelling.* J'ai décidé de plaquer mon boulot et de voyager.

jack off jacks, jacking, jacked

jack off *américain, tabou*
se branler • *She found him jacking off over some porn magazines.* Elle l'a surpris en train de se branler en regardant des magazines porno.

jack up jacks, jacking, jacked

jack up sth or **jack** sth **up**
1 (voiture) soulever à l'aide d'un cric • *We had to jack up the car to change the tyre.* Nous avons dû soulever la voiture avec le cric pour changer la roue.
2 *familier* faire grimper • *Once tourists start visiting a place, the restaurant owners jack up their prices.* Dès que les touristes commencent à fréquenter un endroit, les restaurateurs font grimper leurs prix. • *The Chancellor jacked up interest rates by 4,5%.* Le ministre des finances a fait grimper les taux d'intérêt de 4,5%.

jack up (sb) or **jack** (sb) **up** *américain, familier*
se droguer, droguer • (souvent + **on**) *He jacked up on cocaine.* Il s'est drogué à la cocaïne. • (parfois pronominal) *What's she been jacking herself up with?* Elle s'est droguée à quoi? • (employé comme *adj*) *He was all jacked up on dope.* Il était complètement drogué.

jack up *australien, familier*
refuser, refuser de • (souvent + **on**) *I asked Mary to clean my car but she jacked up on me and told me to do it myself.* J'ai demandé à Mary de laver ma voiture mais elle a refusé et m'a dit de le faire moi-même. • *My aunt's invited us for dinner – I only hope the kids don't jack up.* Ma tante nous a invités à dîner; j'espère simplement que les enfants ne refuseront pas de venir.

jam up

be jammed up (toujours au passif)
1 (rue) être obstrué • *The entrance to the street was all jammed up with police cars.* L'entrée de la rue était complètement obstruée par des voitures de police.
2 être bloqué • *The paper feeder in the printer is jammed up again.* Le chargeur à papier est encore bloqué.

jar on jars, jarring, jarred

jar on sb
exaspérer • *That squeaky voice of hers really jars on me.* Sa voix aiguë m'exaspère vraiment. • *Their whispering and giggling had started to jar on her nerves.* Leurs chuchotements et leurs rires commençaient à lui taper sur les nerfs.

jazz up jazzes, jazzing, jazzed

jazz up sth or **jazz** sth **up** *familier*
(tenue) égayer, (plat) améliorer • *A nice colourful scarf will jazz that jacket up a bit.* Un joli foulard coloré égayera un peu cette veste. • (parfois + **with**) *I bought a plain pizza and jazzed it up with a few olives and anchovies.* J'ai acheté une pizza ordinaire et je l'ai décorée d'un peu d'olives et de quelques anchois.

jerk around jerks, jerking, jerked

jerk around sb or **jerk** sb **around** *américain, argot*
se foutre de • *The public are tired of being jerked around by this government.* Les gens en ont assez que le gouvernement se foute d'eux.

jerk around *américain, argot*
faire le con • *He used to jerk around a lot in class.* En classe, il était très souvent en train de faire le con.

jerk off *jerks, jerking, jerked*

jerk off
1 *tabou* se branler • *He often jerks off in the bath.* Il se branle souvent dans son bain.
2 *américain, argot* glander • *They're always jerking off and they never get much done.* Ils sont toujours en train de glander et ils n'en font pas lourd.

jib at *jibs, jibbing, jibbed*

jib at sth/doing sth *surtout britannique, vieilli*
rechigner à • *She jibbed at the prospect of working extra hours.* Elle a rechigné à l'idée de faire des heures supplémentaires. • *Although the new tax is unpopular, the government has jibbed at abolishing it completely.* Bien que le nouvel impôt soit mal accueilli, le gouvernement a rechigné à le supprimer complètement.

jibe with *jibes, jibing, jibed*

jibe with sth *américain & australien, familier*
(histoire) coller avec • *Her description of the man didn't jibe with what she told the police earlier.* Sa description de l'homme ne collait pas avec ce qu'elle avait dit à la police auparavant.

jockey into *jockeys, jockeying, jockeyed*

jockey sth **into** sth *américain*
manoeuvrer • *They jockeyed the truck into a space in front of the store.* Ils ont manoeuvré pour garer le camion devant le magasin.

jockey sb **into** sth/doing sth *surtout américain, familier*
persuader de • *We were jockeyed into signing the contract before we realized the consequences.* Nous avons été persuadés de signer le contrat avant d'en réaliser les conséquences.

jog along *jogs, jogging, jogged*

jog along *britannique & australien, familier*
avancer • *My research is jogging along quite nicely.* Mes recherches avancent plutôt bien.

join in *joins, joining, joined*

join in (sth)
participer • *She watches the other kids playing but she never joins in.* Elle regarde jouer les autres enfants mais ne participe jamais. • *You all seemed to be having such a good time that I thought I'd join in the fun.* Vous aviez l'air de vous amuser tellement bien que j'ai pensé me joindre à la fête.

join up *joins, joining, joined*

join up
1 (dans l'armée) s'engager • *He joined up as soon as he'd left school.* Il s'est engagé dès qu'il a quitté l'école.
2 (organisations) s'unir, (personnes) faire équipe • *The two design companies are planning to join up and create a new range of footwear.* Les deux bureaux de stylisme ont en projet de s'unir et de créer une nouvelle gamme de chaussures. • (souvent + **with**) *We joined up with another couple from the hotel and hired a boat for the day.* Nous avons fait équipe avec un autre couple de l'hôtel et nous avons loué un bateau pour la journée.

join up (sth) or **join** (sth) **up**
relier, assembler • *By 1980 the two motorways had been joined up.* En 1980, les deux autoroutes avaient été reliées. • (souvent + **with**) *Ozone is formed when single oxygen atoms join up with two-atom oxygen molecules.* On obtient de l'ozone quand des atomes simples d'oxygène s'assemblent à des molécules de deux atomes d'oxygène.

join with *joins, joining, joined*

join with sb *formel*
se joindre à • (généralement + **in** + doing sth) *I'm sure everyone will join with me in wishing Chris and Dawn a happy future together.* Je suis sûr que tout le monde se joindra à moi pour souhaiter un avenir plein de bonheur à Chris et à Dawn. • *The police have joined with the drugs squad in trying to catch major drug traffickers.* La police s'est jointe à la brigade anti-drogue

pour essayer d'arrêter de gros trafiquants de drogue.

jolly along jollies, jollying, jollied

jolly along sb or **jolly** sb **along** *familier*
(employé) maintenir l'enthousiasme de, (à sortir) pousser • *I think it's one of my jobs as a manager to jolly the staff along.* Je pense que c'est une de mes tâches de manager de maintenir l'enthousiasme du personnel. • *She didn't really want to go to the party so we jollied her along a bit.* Elle ne voulait pas venir à la fête et nous l'avons donc poussée un peu.

jot down jots, jotting, jotted

jot down sth or **jot** sth **down**
noter • *I always carry a notebook with me so that I can jot down any ideas.* J'ai toujours un carnet avec moi pour noter les idées qui me passent par la tête.

juice up juices, juicing, juiced

juice up sth or **juice** sth **up**
1 *américain, familier* (histoire) pimenter, (moteur) pousser • *You can always juice up a story by adding some sexy dialogue.* On peut toujours pimenter une histoire en y ajoutant un dialogue érotique quelconque. • *He's going to juice up the car's engine and go racing in it.* Il va pousser le moteur de la voiture et faire de la course automobile.
2 *américain, argot* faire le plein • *I've gotta juice up the car for the trip.* Je dois faire le plein pour le voyage.

jumble up jumbles, jumbling, jumbled

jumble up sth or **jumble** sth **up**
mélanger • (généralement au passif) *His clothes were all jumbled up in the suitcase.* Ses vêtements étaient tout en vrac dans la valise.

jump at jumps, jumping, jumped

jump at sth
sauter sur • *I jumped at the chance of a free trip to Paris.* j'ai sauté sur l'occasion d'un voyage gratuit à Paris. • *I thought he'd jump at the offer, but he wasn't interested.* J'ai pensé qu'il sauterait sur l'occasion mais cela ne l'intéressait pas.

jump in jumps, jumping, jumped

jump in
1 intervenir • *I wish you'd stop jumping in and finishing my sentences all the time.* J'aimerais que tu cesses d'intervenir et de finir mes phrases tout le temps.
2 foncer tête baissée • *The record company jumped in with a multi-million dollar deal.* La maison de disques a foncé tête baissée avec un contrat de plusieurs millions de dollars. • *It's just like me, isn't it, to **jump in** with both feet!* C'est bien de moi, pas vrai, de foncer tête baissée!

jump on jumps, jumping, jumped

jump on sb *familier*
passer un savon à • *She jumps on me for the smallest mistake.* Elle me passe un savon pour la moindre bêtise.

jump out at jumps, jumping, jumped

jump out at sb
sauter aux yeux de • *As I scanned the books on the shelf, one of the titles jumped out at me.* Alors que je regardais les livres sur l'étagère, un des titres m'a sauté aux yeux.

jump up jumps, jumping, jumped

jump up
se lever d'un bond • *She jumped up and ran to the door.* Elle s'est levée d'un bond et a couru à la porte.

jut out juts, jutting, jutted

jut out
faire saillie, se dresser • (souvent + **from**) *Gibraltar juts out from the southern coast of Spain.* Gibraltar se détache en saillie de la côte sud de l'Espagne. • (parfois + **of**) *We could see the tips of icebergs jutting out of the water.* Nous pouvions voir le sommet des icebergs se dresser hors de l'eau.

keel over   keels, keeling, keeled

keel over
1 chavirer • *Their boat keeled over in a storm.* Leur bateau a chaviré au cours d'une tempête.
2 tomber dans les pommes • *He finished the bottle of whiskey, got up to leave and keeled over.* Il termina la bouteille de whisky, se leva pour partir puis tomba dans les pommes.

keep after/at   keeps, keeping, kept

keep after/at sb *américain*
harceler • *She keeps after me to buy her a television for her bedroom but so far I've resisted.* Elle n'arrête pas de me harceler pour que je lui achète une télévision pour sa chambre mais jusqu'à présent j'ai résisté.

keep ahead   keeps, keeping, kept

keep (sb) **ahead**
rester en tête, maintenir en tête • (généralement + **of**) *The selling power of the name alone will keep them ahead of their rivals.* Seule la force d'incitation à la vente du nom leur permettra de continuer à devancer leurs concurrents. • *They'll have to work hard to keep ahead in the opinion polls.* Il va leur falloir faire un gros effort pour rester en tête des sondages.

keep at   keeps, keeping, kept

keep (sb) **at** sth
persévérer • *Learning a language is hard work – you have to keep at it.* Apprendre une langue exige beaucoup de travail; il faut persévérer. • *It was work that required intense concentration and he kept us at it all afternoon.* C'était un travail qui nécessitait une concentration extrême et il nous a gardés à la tâche tout l'après-midi.

keep away   keeps, keeping, kept

keep away (sb/sth) or **keep** (sb/sth) **away**
ne pas s'approcher de, tenir à distance • (généralement + **from**) *There was a notice warning people to keep away from the edge of the cliff.* Il y avait une affiche qui prévenait les gens de ne pas s'approcher du bord de la falaise. • *The new campaign is aimed at keeping young people away from drugs.* La nouvelle campagne a pour objectif de dissuader les jeunes de toucher à la drogue.

keep away sth or **keep** sth **away**
se prémunir contre • *He takes garlic tablets every morning to keep colds away.* Il prend des comprimés à l'ail tous les matins pour se prémunir contre les rhumes.

keep back   keeps, keeping, kept

keep back (sb/sth) or **keep** (sb/sth) **back**
ne pas s'approcher, (curieux) tenir à distance, (eaux) contenir • *Barriers were built to keep back the flood water.* Des parapets ont été construits pour contenir les inondations. • *Once a firework is lit, you should keep well back.* Dès qu'un feu d'artifice est allumé, il faut se tenir à distance.

keep back sth or **keep** sth **back**
1 cacher • *I suspected she was keeping something back.* Je la soupçonnais de cacher quelque chose.
2 conserver • *Fry the onions in two-thirds of the butter, keeping back a third for the sauce.* Faire frire les oignons dans deux tiers de beurre et conserver le tiers restant pour la sauce.
3 *surtout britannique & australien* garder • *Your employers will keep back 7% of your salary to pay into your pension.* Votre employeur gardera 7% de votre salaire pour votre retraite.

keep down   keeps, keeping, kept

keep down sth or **keep** sth **down**

1 (nombre) limiter, (niveau) contrôler • *The government are desperate to keep inflation down.* Le gouvernement voudrait désespérément maîtriser l'inflation. • *I have to exercise to keep my weight down.* Il faut que je fasse de l'exercice pour ne pas grossir. • *I'm trying to keep numbers down as the room is quite small.* J'essaie de

limiter le nombre de personnes parce que la salle est assez petite.

2 (musique) baisser • (souvent à l'impératif) *Keep your voice down, would you?* Parle moins fort, veux-tu? • *Could you keep the noise down? I'm trying to sleep.* Pourriez-vous faire moins de bruit? Je voudrais dormir.

3 (jamais au passif) garder dans l'estomac • (généralement dans des phrases négatives) *For three days after the operation, she couldn't keep anything down.* Pendant les trois jours qui ont suivi son opération, elle n'a rien pu garder dans l'estomac.

keep down sb or **keep** sb **down**
opprimer • *It's all part of a conspiracy to keep women down.* Il s'agit d'un complot visant à opprimer les femmes.

keep from keeps, keeping, kept

keep sth **from** sb
cacher • *Is there something you're keeping from me?* Est-ce que tu me caches quelque chose? • *I tend to keep things like that from Trish because it just upsets her.* J'ai tendance à cacher ce genre de choses à Trish parce que cela ne fait que la bouleverser.

keep sb **from** sth
empêcher de • *Well, I'd better go – I don't want to keep you from your studies.* Bon, je ferais mieux d'y aller; je ne veux pas t'empêcher d'étudier.

keep sb/sth **from** doing sth
empêcher de • *I had to put my hand across her mouth to keep her from shouting.* J'ai dû mettre ma main sur sa bouche pour l'empêcher de crier. • *A drop of oil in the pan will keep the spaghetti from sticking together.* Une goutte d'huile dans la casserole empêchera les spaghetti de coller.

keep in keeps, keeping, kept

keep sb **in**
1 (à l'école) garder en retenue, (chez soi) garder à la maison • *He was often kept in after school for bad behaviour.* Il était souvent gardé en retenue après l'école pour mauvaise conduite. • *The doctor told me to keep her in for a day or so until her temperature comes down.* Le docteur m'a dit de la garder un jour ou deux à la maison jusqu'à ce que sa température baisse.

2 garder sous surveillance médicale • *The doctors thought she was all right but they kept her in overnight for observation.* Les médecins ont pensé qu'elle n'avait rien de grave mais ils l'ont gardée en observation pour la nuit.

keep in sth or **keep** sth **in**
(émotion) réprimer • *I'd been feeling such intense frustration for so long and I just couldn't keep it in any more.* Je ressentais une telle frustration depuis si longtemps que je ne pouvais plus la réprimer.

keep in *britannique & australien*
rester sur le côté • (généralement à l'impératif) *Keep in! There's a car coming.* Reste sur le côté, voilà une voiture!

keep in with keeps, keeping, kept

keep in with sb *britannique & australien*
rester en bons termes avec • *It's always good to keep in with ex-employers – you never know when you're going to need them.* C'est toujours bien de rester en bons termes avec ses anciens employeurs; on ne sait jamais quand on aura à nouveau besoin d'eux.

keep off keeps, keeping, kept

keep (sb/sth) **off** sth
ne pas aller, empêcher d'aller • *Motorists have been advised to keep off the busy main roads.* On a conseillé aux automobilistes de rester à l'écart des grands axes de circulation. • *I wish she'd keep her dog off my lawn.* J'aimerais qu'elle empêche son chien d'aller sur ma pelouse. • *Keep off the grass.* Défense de marcher sur le gazon.

keep off sth or **keep** sth **off** (sth/sb)
(pluie) se protéger de, protéger de, (insectes) éloigner de • *She wore a hat to keep the sun off.* Elle portait un chapeau pour se protéger du soleil. • *He'd put a cloth over the plates to keep flies off the food.* Il avait mis une nappe sur les assiettes pour protéger la nourriture des mouches.

keep (sb) **off** sth
1 éviter, interdire à • *I'm keeping off cheese and fatty food generally.* En règle générale, j'évite le fromage et les graisses.
2 *surtout britannique & australien* ne pas parler de • *I tried to keep him off politics because once he starts, there's no stopping him.* J'essayais qu'il ne parle pas de politique parce que, quand il commence, on ne peut plus l'arrêter.

keep off *britannique*

(neige, pluie) ne pas tomber • *We're playing tennis this afternoon, if the rain keeps off.* Nous jouons au tennis cet après-midi, s'il ne pleut pas.

keep on keeps, keeping, kept

keep on doing sth

continuer de • *She kept on asking me questions the whole time.* Elle n'a pas arrêté de me poser des questions tout le temps. • *I keep on thinking I've seen him before somewhere.* Je continue de penser que je l'ai déjà vu quelque part.

keep on sb or keep sb on

garder • *They got rid of most of the staff but kept one or two people on.* Ils se sont débarrassés de la plupart de leurs employés mais ils ont gardé une ou deux personnes.

keep on

1 *légèrement familier* ne pas arrêter de parler de • (généralement + **about**) *He kept on about how much he was earning till we were all sick of hearing about it.* Il n'a pas arrêté de parler de son salaire jusqu'à ce que nous en ayons tous par-dessus la tête de l'entendre.
2 continuer • *We'll just keep on and hope that we see a signpost.* Nous n'avons qu'à continuer en espérant que nous trouverons un panneau indicateur.

keep on at keeps, kept

keep on at sb (jamais à la forme progressive)

harceler • *I wish she wouldn't keep on at me, it's not my fault.* J'aimerais qu'elle cesse de me harceler, ce n'est pas de ma faute. • (souvent + **about**) *He keeps on at me about the kind of clothes I wear.* Il n'arrête pas de me harceler au sujet du style de vêtements que je porte. • (parfois + **to do sth**) *The boss keeps on at me to sort out the filing system.* Le chef n'arrête pas de me harceler pour que je mette au point le système de classement.

keep out keeps, keeping, kept

keep out (sb/sth) or keep (sb/sth) out

ne pas entrer, empêcher d'entrer • *We hung up a thick curtain to keep out the draught.* Nous avons suspendu un rideau épais pour empêcher les courants d'air d'entrer. • (souvent à l'impératif) *Unsafe building. Keep out.* Attention danger. Défense d'entrer.

keep out of keeps, keeping, kept

keep (sb/sth) out of sth

ne pas se mêler de • *When they start arguing, I just keep out of it.* Quand ils se mettent à se disputer, je ne m'en mêle pas. • *That should keep you out of trouble for a while.* Cela devrait t'empêcher de faire des bêtises pendant un moment. • *I tend to think that we should keep politics out of sport.* J'ai tendance à penser que nous ne devrions pas mêler le sport et la politique.

keep to keeps, keeping, kept

keep to sth

1 rester sur • *I was in a hurry so I thought I'd better keep to the main roads.* J'étais pressé et j'ai pensé que je ferais mieux de rester sur les routes principales.
2 s'en tenir à • *I was trying to keep to safe subjects, like the weather and the family.* J'essayais de m'en tenir à des sujets neutres, tels que le temps et la famille. • *I wish she'd keep to the point when she's telling you something.* J'aimerais qu'elle ne sorte pas du sujet quand elle dit quelque chose.
3 (promesse) respecter • *Once we've signed the contract, we have to keep to the terms of the agreement.* Une fois que nous avons signé le contrat, nous devons en respecter les termes. • *I'm finding it rather difficult keeping to my diet.* J'ai du mal à respecter mon régime. • *If we'd kept to our original plan, we wouldn't be in this mess.* Si nous nous en étions tenus à notre projet initial, nous ne serions pas dans ce pétrin.

keep sth to sth

limiter • *I'm trying to keep costs to a minimum.* J'essaie de limiter les dépenses au minimum. • *If we keep the dinner party to six, it'll be easier to cook for.* Si nous limitons le dîner à six personnes, ce sera plus facile pour faire la cuisine.

keep sth to yourself (toujours pronominal)

garder pour soi • *She tends to keep her opinions to herself.* Elle a tendance à garder ses opinions pour elle. • *I told him I was leaving but asked him to keep it to himself.* Je lui ai dit que je partais mais je lui ai demandé de le garder pour lui.

keep up keeps, keeping, kept

keep up

1 aller à la même vitesse • (souvent + **with**) *She was walking so fast that I couldn't keep up with her.* Elle marchait si vite que je n'arrivais pas à rester à sa hauteur.

2 rester au même niveau, suivre • *Prices have been rising very fast and wages haven't kept up.* Les prix ont augmenté très vite et les salaires n'ont pas suivi. • *Because I'm new to the job, I have to work twice as hard as everyone else just to keep up.* Comme je suis nouveau, je dois travailler deux fois plus dur que les autres pour rester à niveau. • (souvent + **with**) *He finds it difficult to keep up with the rest of the class.* Il a du mal à suivre au même rythme que les enfants de sa classe.

3 suivre • *We've received so many orders that our staff can't keep up.* Nous avons reçu tellement de commandes que le personnel n'arrive pas à répondre à la demande. • (souvent + **with**) *My Italian friends talk so fast, I simply can't keep up with what they're saying.* Mes amis italiens parlent si vite que je n'arrive tout simplement pas à suivre ce qu'ils racontent.

keep up (sth) or **keep** (sth) **up**

continuer • *It's been wonderful weather this spring – let's hope it keeps up.* Il a fait très beau ce printemps. Espérons que ça dure! • *People are having difficulties keeping up the repayments on their loan.* Les gens ont du mal à continuer de rembourser leur emprunt. • *We must keep up the pressure on the government to change this law.* Nous devons continuer à faire pression pour que le gouvernement change cette loi. • *Keep up the good work!* Ne relâchez pas votre effort!

keep up sth or **keep** sth **up**

1 (forces) garder, (taux) maintenir • *Make sure you eat properly – you've got to keep your strength up.* Fais attention de bien manger; il faut garder des forces. • *Demand for property in this area keeps the prices up.* La demande en immobilier dans ce secteur maintient les prix à un niveau élevé. • *Keep your spirits up.* Il faut garder le moral.

2 (savoir-faire) entretenir • *I've tried to keep up my Spanish by going to evening classes.* J'ai essayé d'entretenir mon espagnol en suivant un cours du soir.

3 entretenir • *It takes a lot of money to keep up an old house.* Il faut beaucoup d'argent pour entretenir une vieille maison.

upkeep n [U] entretien • *The tenant is responsible for the upkeep of the farm buildings.* Le locataire est responsable de l'entretien des bâtiments de la ferme.

keep sb **up**

empêcher d'aller se coucher • *Anyway, I don't want to keep you up – you look tired.* Bon, je ne veux pas t'empêcher d'aller te coucher: tu as l'air fatigué.

keep it up

continuer • *I've been working flat out this morning and I can't keep it up much longer.* J'ai travaillé sans interruption toute la matinée et je ne peux pas continuer beaucoup plus longtemps. • (souvent à l'impératif) *You're doing very well, everybody, keep it up.* Vous êtes tous en train de faire du très bon travail, continuez.

key in/into keys, keying, keyed

key in sth or **key** sth **in**
key sth **into** sth

(données) saisir • *I've got all the data now but it still needs to be keyed in.* J'ai toutes les données maintenant mais il faut encore les saisir. • *The forms are all filled in and the information is then keyed into the system.* Les papiers sont tous remplis et ensuite l'information est saisie.

key to keys, keying, keyed

key sth **to** sth *surtout américain*

adapter à • (généralement au passif) *Each player is paid a salary keyed to his position and ability.* Chaque joueur reçoit un salaire en rapport avec sa position et ses compétences.

kick about/around kicks, kicking, kicked

kick sb **about/around**

maltraiter • *I'm just sick of being kicked around by employers.* J'en ai marre d'être maltraitée par mes employeurs.

kick about/around sth or **kick** sth **about/around** *familier*

discuter • *Once a week, the whole team gets together to kick around a few ideas.* Une fois par semaine, l'équipe se réunit pour discuter quelques idées.

kick about/around (swh)
se balader • *She kicked around the States for a year or so, then came home.* Elle s'est baladée aux Etats-Unis pendant environ un an, puis elle est revenue.

be kicking about/around (swh) (toujours à la forme progressive) *familier*
traîner • *I think there's an old lawnmower kicking about in the back of the shed somewhere.* Je crois qu'il y a une vieille tondeuse qui traîne quelque part au fond de la cabane. • *We've probably got a copy of it kicking around the office somewhere.* Nous en avons probablement une copie qui traîne quelque part dans le bureau.

kick against
voir **kick (out) against**

kick around with kicks, kicking, kicked

kick around with sb *surtout australien, familier*
traîner avec • *They were just a couple of guys I used to kick around with.* C'étaient deux types avec qui j'avais l'habitude de traîner.

kick back kicks, kicking, kicked

kick back *américain, familier*
se détendre • *Tonight I just want to kick back and watch some baseball on TV.* Ce soir, je veux seulement me détendre et regarder du baseball à la télé.

kick back sth or **kick** sth **back** *américain*
donner en dessous-de-table • (souvent + **to**) *She kicked back part of her fee to the agent who introduced the client to her.* Elle a donné une partie de ses honoraires en dessous-de-table à l'agent qui lui a présenté le client.

kickback n [C] *américain* dessous-de-table • *The customs officer was accused of receiving bribes and kickbacks.* Le douanier a été accusé d'avoir reçu des pots-de-vin et des dessous-de-table.

kick down kicks, kicking, kicked

kick down sth or **kick** sth **down**
(porte) forcer, (mur) faire tomber • *He threatened to kick the door down if I didn't open it.* Il a menacé de forcer la porte à coups de pied si je ne lui ouvrais pas.

kick down (sth) or **kick** (sth) **down** *américain, familier*
rétrograder • *You'll have to kick down to a lower gear on the hill.* Il faut que tu rétrogrades dans la montée.

kick in kicks, kicking, kicked

kick in sth or **kick** sth **in**
(porte) forcer à coups de pied, (fenêtre) briser d'un coup de pied • *They'd kicked the door in and got in that way.* Ils avaient forcé la porte à coups de pied et étaient entrés de cette façon.

kick in (sth) or **kick** (sth) **in** *américain & australien, familier*
(argent) donner • *If everyone kicks in $15, we can rent the boat for a whole day.* Si tout le monde donne 15 livres, nous pouvons louer le bateau pour la journée.

kick in *légèrement familier*
faire effet • *We're still waiting for the air conditioning to kick in.* Nous attendons toujours que la climatisation se fasse sentir. • *It takes about half an hour for the tablets to kick in.* Il faut environ une demie-heure avant que les comprimés ne produisent leur effet.

kick off kicks, kicking, kicked

kick off
1 donner le coup d'envoi • *What time do they kick off?* A quelle heure donne-t-on le coup d'envoi?

kickoff n [C] coup d'envoi • (généralement au singulier) *We got to the ground about five minutes before kickoff.* Nous sommes arrivés sur le terrain environ cinq minutes avant le coup d'envoi. • *The kickoff's at 2.00.* Le coup d'envoi est à deux heures.
2 *américain & australien, argot* casser sa pipe • *He was in his 90's when he kicked off.* Il avait dans les quatre-vingt-dix ans quand il a cassé sa pipe.

kick off (sth) *familier*
(événement) démarrer • *The jazz festival kicks off next week.* Le festival de jazz démarre la semaine prochaine. • (souvent + **with**) *I'd like to kick off the discussion with a few statistics.* J'aimerais lancer la discussion en donnant quelques statistiques.

kick off sth or **kick** sth **off**
retirer d'un coup de pied • *She kicked off her shoes and danced barefoot.* D'un coup

de pied, elle a retiré ses chaussures et a dansé pieds nus.

kick on kicks, kicking, kicked

kick on *australien, familier*
continuer • (généralement + *adv/prép*) *The party was great – we kicked on until the early hours of Sunday morning.* La fête était super! Nous avons continué jusqu'aux petites heures dimanche matin.

kick out kicks, kicking, kicked

kick out sb or **kick** sb **out**
mettre dehors • *If he's not paying his rent why don't you just kick him out?* S'il ne paie pas son loyer, pourquoi ne le mettez-vous pas dehors, tout simplement? • (souvent + **of**) *He was kicked out of college in the second year.* Il a été renvoyé de la fac quand il était en deuxième année.

kick out against kicks, kicking, kicked

kick (out) against sth
se révolter contre • *You've got to kick against the system – it's part of being a student.* C'est normal de se révolter contre le système quand on est étudiant.

kick over kicks, kicking, kicked

kick over sth or **kick** sth **over**
renverser d'un coup de pied • *He stood up and in his rage kicked the chair over.* Il s'est levé et, dans sa colère, a renversé la chaise d'un coup de pied.

kick over *américain, familier*
démarrer • *The engine isn't kicking over.* Le moteur ne veut pas démarrer.

kick sth **over** *australien, familier*
(travail) expédier • *Don't worry about the washing-up, we'll kick that over in no time.* Ne t'en fais pas pour la vaisselle; nous allons l'expédier en deux minutes.

kick up kicks, kicking, kicked

kick up sth or **or kick** sth **up**
1 (poussière) soulever • *The horses had kicked up a cloud of dust.* Les chevaux avaient soulevé un nuage de poussière sur leur passage.

2 *américain, familier* (faire) augmenter • *We're afraid the delays for building approval will kick our costs up.* Nous craignons que les retards pour l'obtention du permis de construire ne fassent augmenter les frais. • *The landlord has kicked up the rent.* Le propriétaire a augmenté le loyer.

kick up *américain, familier*
faire des siennes • *My knee is starting to kick up again after yesterday's run.* Après la course d'hier, mon genou recommence à faire des siennes.

kick up sth
faire tout un plat • *She kicked up a fuss about the poor service in the hotel.* Elle a fait des histoires à propos de la mauvaise qualité du service dans l'hôtel. • *Some journalist had kicked up a stink about the police's treatment of them.* Un journaliste avait fait du tapage en dénonçant la manière dont ils avaient été traités par la police.

kid about/around kids, kidding, kidded

kid about/around *américain, familier*
faire l'imbécile • *Stop kidding around and listen to me!* Arrête de faire l'imbécile et écoute-moi!

kill off kills, killing, killed

kill off sth/sb or **kill** sth/sb **off**
éliminer • *She showed how the use of pesticides is killing off birds, fish and other wildlife.* Elle a démontré comment l'utilisation de pesticides tue les oiseaux, les poissons et les autres animaux sauvages. • *The bacteria in raw meat is killed off during cooking.* Les bactéries présentes dans la viande crue sont éliminées à la cuisson.

kill off sth or **kill** sth **off**
1 éliminer • *The government had effectively killed off the local coal industry by allowing cheap imports.* Le gouvernement avait dans les faits éliminé l'industrie minière locale en autorisant des importations bon marché.

2 *surtout américain & australien, familier* finir • *There's hardly any wine left – let's kill off the bottle.* Il n'y a presque plus de vin ... autant finir la bouteille.

kill off sb or **kill** sb **off**
(personnage) faire mourir • *Conan Doyle got bored with Sherlock Holmes and decided to kill him off.* Conan Doyle en a eu assez de Sherlock Holmes et a décidé de le faire mourir.

kip down   kips, kipping, kipped

kip down (toujours + *adv/prép*)
britannique & australien, familier
dormir • (souvent + **on**) *Is it all right if we kip down on your floor tonight?* Ça va si nous dormons par terre chez toi ce soir?

kiss off   kisses, kissing, kissed

Kiss off! (toujours à l'impératif) *américain, argot*
Va te faire voir ailleurs! • *Why don't you tell him to kiss off?* Pourquoi ne lui dis-tu pas d'aller se faire voir ailleurs?
   kiss-off *n* [singulier] *américain, argot* • *He's the latest of her admirers to get the kiss-off.* C'est le dernier de ses admirateurs qu'elle plaque.
kiss off sb/sth or **kiss** sb/sth **off**
américain, familier
(personne) critiquer, (science) mépriser • *A lot of doctors don't give alternative therapies a chance – they just kiss them off.* Beaucoup de médecins ne donnent pas leur chance aux médecines parallèles: ils les méprisent tout simplement. • (souvent + **as**) *In her report she kissed the researchers off as careless and inexperienced.* Dans son rapport, elle a critiqué les chercheurs en les accusant de négligence et de manque d'expérience.

kiss up to   kisses, kissing, kissed

kiss up to sb *américain, familier*
lécher les bottes de • *I want the promotion but I'm not prepared to kiss up to Mike in order to get it.* Je veux la promotion mais je ne suis pas prête à lécher les bottes de Mike pour l'obtenir.

kit out   kits, kitting, kitted

kit out sb/sth or **kit** sb/sth **out**
équiper • (généralement au passif) *They were all kitted out in waterproof jackets and hiking boots.* Ils étaient tous équipés de vestes imperméables et de chaussures de marche.

kneel down   kneels, kneeling, knelt or kneeled

kneel down
s'agenouiller • *We knelt down to pray.* Nous nous sommes agenouillés pour prier.
be kneeling down (toujours à la forme progressive) être agenouillé • *She was kneeling down beside the bed.* Elle était agenouillée à côté du lit.

knit together   knits, knitting, knitted or knit

knit together (sth) or **knit** (sth) **together**
(os) se ressouder • *Broken bones take time to knit together.* Les os cassés mettent longtemps à se ressouder.

knock about/around   knocks, knocking, knocked

knock sb **about/around**
1 *familier* battre • *Her husband used to knock her about.* Son mari la battait.
2 *australien, familier* mettre sur les genoux • *A long-haul flight like that can really knock you around.* Un vol long comme celui-là peut vraiment vous laisser sur les genoux.
knock about/around (swh) *familier*
traîner • *I spent most of my time knocking about the house.* J'ai passé l'essentiel de mon temps à traîner dans la maison. • *So what have you been doing today – just knocking around?* Alors, qu'est-ce que tu as fait aujourd'hui? Juste traîné?
knock about/around sth or **knock** sth **about/around**
1 *britannique* (ballon) taper dans • *We knocked a ball about on the beach for half an hour.* Nous avons passé une demi-heure sur la plage à taper dans un ballon.
   knock-about *n* [C]*britannique, familier*
   échange de balles • *We usually have a knock-about before the match to warm up.* Nous échangeons généralement quelques balles avant le match pour nous échauffer.
2 *légèrement familier* (idées) échanger • *We knocked around a few ideas but we didn't make any firm decisions.* Nous avons échangé quelques idées mais nous n'avons pris aucune décision ferme.
knock about/around swh *familier*
se balader • *We spent the summer knocking about Europe.* Nous avons passé l'été à nous balader en Europe.
be knocking about/around (swh)
(toujours à la forme progressive) *familier*
traîner • *Isn't there a spanner knocking about here somewhere?* Est-ce qu'il y aurait une clé qui traînerait quelque part?

knock about/around together/with knocks, knocking, knocked

knock about/around together
knock about/around with sb
familier traîner (ensemble), traîner (avec) • *Dan's never really knocked around with girls his own age.* Dan n'a jamais vraiment traîné avec les filles de son âge. • *We used to knock around together at college.* On traînait toujours ensemble à l'université.

knock back knocks, knocking, knocked

knock sb back (sth) *britannique & australien, familier*
coûter une fortune à • *Nice watch you've got there – I bet that knocked you back a bit!* Tu as une jolie montre. Elle a dû te coûter une fortune! • *A car like that would knock you back a few thousand.* Une voiture comme celle-là doit déjà coûter quelques milliers de livres.

knock sb back *britannique & australien*
(surprise) secouer • *Jack's death really knocked her back.* La mort de Jack l'a vraiment secouée.

knock back sth or knock sth back *familier*
(alcool) descendre • *She was knocking back the champagne at Marty's last night.* Elle descendait du champagne l'autre soir chez Marty. • *I didn't realise how much Ted drinks – he can really knock it back.* Je ne m'étais pas rendu compte de la quantité d'alcool que Ted boit. Il a vraiment une bonne descente.

knock back sb/sth or knock sb/sth back *australien, familier*
(offre) rejeter • *He knocked back my offer of $2,000 for his car.* Il a rejeté l'offre de 2000 dollars que je lui ai faite pour sa voiture. • *I offered him $10,000 for it but he knocked me back.* Je lui en ai offert 10.000 dollars mais il a rejeté mon offre.

knock down knocks, knocking, knocked

knock down sb or knock sb down
1 (véhicule) renverser • (généralement au passif) *A nine-year-old boy was knocked down while crossing the road in Holbeach.* Un garçon de neuf ans a été renversé par une voiture alors qu'il traversait la route à Holbeach. • *She got knocked down by a motorbike.* Elle s'est fait renverser par une moto.

2 *surtout américain & australien* jeter à terre • *He punched his attacker in the face and knocked him down.* Il a donné un coup de poing en plein visage à son agresseur et l'a jeté à terre.

knock down sth or knock sth down
1 (mur) abattre, (bâtiment) démolir • *They've knocked down the old cinema and built a supermarket in its place.* Ils ont démoli le vieux cinéma et ont construit un supermarché à la place. • *We're going to knock down that old wall and build a new one.* On va abattre ce vieux mur et en construire un nouveau.

2 *américain* démonter • *The furniture is knocked down and shipped overseas.* Les meubles sont démontés et expédiés par bateau.

knockdown *adj* (toujours avant n) *surtout américain* démontable • *It's a knockdown table – we assembled it ourselves.* C'est une table démontable: nous l'avons montée nous-mêmes.

3 *américain, argot* se faire • *He sometimes knocks down $500 for a job.* Il se fait quelquefois 500 dollars pour un boulot.

4 *américain & australien, familier* (alcool) descendre • *He's been in the bar knocking down beers most of the evening.* Il a passé l'essentiel de la soirée au bar à descendre des bières.

knock down sb/sth or knock sth/sb down (sth)
(faire) baisser • *We got them to knock the price down because of the damage.* Nous leur avons fait baisser le prix à cause des dégâts. • *Can't you manage to knock him down a few pounds?* Tu ne peux pas le faire baisser de quelques livres? • (souvent + to) *She wanted £200 but I knocked her down to £175.* Elle voulait 200 livres mais je lui ai fait baisser son prix à 175.

knockdown *adj* (toujours avant n) *britannique & australien* (prix) sacrifié • *It said in the window 'cookers and microwaves at knockdown prices'.* Dans la vitrine, il était écrit: 'cuisinières et fours à micro-ondes à prix sacrifiés'.

knock off knocks, knocking, knocked

knock off (sth) *familier*

arrêter de travailler • *I don't knock off until six. Je n'arrête pas de travailler avant six heures.* • *What time do you knock off work? A quelle heure arrêtes-tu de travailler?* • *It was getting late so I thought I might knock off for the day.* Il était tard et je me suis dit que je ferais mieux de m'arrêter de travailler pour la journée.
Knock it off! (toujours à l'impératif) *familier*
Arrête! • *Oh knock it off Alex, I'm really not in the mood for your jokes.* Oh, arrête Alex, je ne suis pas du tout d'humeur à rire de tes plaisanteries.

knock off sth or **knock** sth **off** (sth) (francs, dollars, livres) faire un rabais de, (heure) gagner • *The manager knocked five pounds off because it was damaged.* Le gérant a fait un rabais de cinq livres parce qu'il était endommagé. • *If you go on the motorway it knocks an hour off your journey.* Si tu prends l'autoroute, tu gagnes une heure.

knock off sth or **knock** sth **off**
1 produire • *He could knock off a drawing in about five minutes.* Il pouvait produire un dessin en cinq minutes environ. • *She can knock off a novel in a couple of weeks.* Elle peut produire un roman en une quinzaine de jours.
2 argot (objet) piquer, (lieu) dévaliser • (parfois + **from**) *He's got a stack of computer equipment which he's knocked off from various shops.* Il a un tas de matériel informatique qu'il a piqué dans différents magasins. • *The local supermarket was knocked off by a gang of youths.* Le supermarché du coin a été dévalisé par une bande de jeunes.
knock-off *adj britannique, argot* volé • *Are you sure you're not receiving knock-off goods?* Etes-vous certain de ne pas recevoir de la marchandise volée?
3 *américain, familier* copier • *They knock off any brand name clothing and sell it at a third of the price.* Ils copient n'importe quel nom du prêt-à-porter et vendent trois fois moins cher.
knockoff *n* [C] *américain, familier* copie • *Is that Armani you're wearing or is it a knockoff?* C'est de l'Armani que tu portes ou c'est une copie?
4 *australien, familier* (repas) avaler, (verre) descendre • *I've seen Jim knock off a bottle of whisky in one night.* J'ai vu Jim descendre une bouteille de whisky en une nuit.

knock off sb or **knock** sb **off**
1 argot (personne) descendre • *She was causing too much trouble so he hired a hit man to knock her off.* Elle lui causait trop de problèmes et il a engagé un tueur à gages pour la descendre.
2 *américain, familier* (adversaire) écraser • *Albany knocked off Syracuse 14-7.* Albany a écrasé Syracuse 14 à 7.
3 *britannique & australien, argot* s'envoyer • *There wasn't much else to do besides drinking and knocking off each other's wives.* Il n'y avait pas grand-chose à faire à part boire et s'envoyer les femmes des autres.

knock out knocks, knocking, knocked

knock out sb or **knock** sb **out**
1 (coup) assommer, (somnifère) endormir, assommer • *Those sleeping tablets knocked me out for 15 hours.* Ces somnifères m'ont assommée pour 15 heures. • *He was knocked out by a punch in the first round.* Il a été assommé d'un coup de poing au premier round.
knockout *adj* (toujours avant n) (pilule) pour dormir • *The doctor gave me some knockout pills.* Le docteur m'a donné des pilules pour dormir.
knockout *n* [C] knockout • *He won the fight by a knockout in the tenth round.* il a gagné par knockout au dixième round. • (employé comme *adj*) *He finally delivered the knockout punch after one and a half rounds.* Il a finalement mis son adversaire knockout au bout d'un round et demi.
2 (adversaire) éliminer • *The former champions were knocked out during the third round.* Les tenants du titre ont été éliminés au troisième round. • (souvent + **of**) *Leeds United caused an upset by knocking Aston Villa out of the competition.* Leeds United a causé la surprise en éliminant Aston Villa du tournoi.
knockout *n* [C] *britannique & australien* éliminatoires • *The tournament was a straight knockout.* Le tournoi se composait d'éliminatoires. • (employé comme *adj*) *It's a knockout competition.* Ce sont des éliminatoires.

knock sb **out**
1 *familier* épousfoufler • *I've never been so impressed by a performance – it really*

knocked me out. Je n'ai jamais été aussi impressionnée par une représentation. Ça m'a vraiment époustouflée.

knockout *n* [C] *surtout américain, familier* une fille superbe • *Your sister's a real knockout!* Ta soeur est vraiment sensass!

2 *familier* abasourdir • *I had some news today that really knocked me out.* J'ai appris une nouvelle aujourd'hui qui m'a vraiment abasourdie.

3 *américain & australien, familier* éreinter • *All this walking has really knocked me out.* Marcher comme ça m'a vraiment éreintée. • (souvent pronominal) *I worked in the garden all day and really knocked myself out.* J'ai jardiné toute la journée et ça m'a complètement éreintée.

knock out sth or **knock** sth **out**

1 détruire • *Enemy aircraft have knocked out 25 tanks.* Les avions ennemis ont détruit 25 tanks.

2 *familier* produire rapidement • *I've knocked out a first draft of the report which we can amend at a later date.* J'ai rédigé rapidement une première ébauche du rapport que nous pourrons modifier plus tard.

knock out of knocks, knocking, knocked

knock sth **out of** sb
(qualité) étouffer • (généralement au passif) *Any creativity I had was soon knocked out of me at school.* Le peu d'esprit créatif que je pouvais avoir a vite été étouffé par l'école.

knock over knocks, knocking, knocked

knock over sb or **knock** sb **over**
(piéton) renverser • (généralement au passif) *She was knocked over and killed on her way to school.* Elle a été tuée en se faisant renverser par une voiture sur le chemin de l'école. • *He got knocked over by a taxi when he was running for the bus.* Il s'est fait renverser par un taxi en courant pour attraper son bus.

knock over sth/sb or **knock** sth/sb **over**
renverser, (à terre) faire tomber • *I knocked a bottle of wine over while I was reaching for a dish.* J'ai renversé une bouteille de vin en voulant prendre un plat. • *He banged into me so hard, he nearly knocked me over.* Il m'a percuté si violemment qu'il a failli me faire tomber.

knock over sth or **knock** sth **over**
américain & australien, argot dévaliser • *The bank was knocked over by a gang armed with sawn-off shotguns.* La banque a été dévalisée par une bande armée de fusils à canons sciés.

knock together knocks, knocking, knocked

knock together sth or **knock** sth **together** *britannique & australien* joindre • *The two cottages had been knocked together and an extension added at the side.* Les deux maisons avaient été jointes et une aile avait été ajoutée sur le côté.

knock together/up knocks, knocking, knocked

knock together/up sth or **knock** sth **together/up**
préparer en vitesse • *I could knock up a quick snack if you wanted.* Je peux préparer un petit casse-croûte en vitesse si tu veux.

knock up knocks, knocking, knocked

knock up sb or **knock** sb **up** *britannique, familier*
réveiller en frappant à la porte • *What time do you want me to knock you up?* A quelle heure veux-tu que je te réveille? • *The police came and knocked him up at three o'clock in the morning.* La police est venue et l'a réveillé en frappant chez lui à trois heures du matin.

knock up *britannique*
échanger des balles • *The players have a couple of minutes to knock up before the match starts.* Les joueurs ont quelques minutes pour échanger des balles avant le début du match.

knock-up *n* [C] *britannique* échange de balles • *Shall we have a quick knock-up before the game?* On échange quelques balles en vitesse avant le match?

knock sb **up** *surtout américain, argot*
mettre en cloque • *So who knocked her up?* Alors, qui l'a mise en cloque? • *You don't want to get knocked up by some guy you don't even know.* Il vaut mieux ne pas être mise en cloque par un type qu'on ne connait même pas.

know from knows, knowing, knew, known

know sth from sth
faire la différence entre • (généralement dans des phrases négatives) *Call yourself a computer expert? You don't know a mouse from a modem!* Tu te dis expert en informatique? Tu ne fais même pas la différence entre une souris et un modem!

know of knows, knowing, knew, known

know of sb/sth
avoir entendu parler de • *I know of her but I've never actually met her.* J'ai entendu parler d'elle mais je ne l'ai jamais rencontrée. • *The thing about this café is that it's hidden away in a back street so most people don't even know of its existence.* Le problème de ce café c'est qu'il est caché dans une petite rue et la plupart des gens n'en ont jamais entendu parler. • *'Is anybody else going to the concert?' 'Not that I know of.'* 'Est-ce que quelqu'un d'autre va au concert?' 'Pas à ma connaissance.'

knuckle down knuckles, knuckling, knuckled

knuckle down
mettre les bouchées doubles • *If we're going to meet this deadline, we're really going to have to knuckle down.* Si nous voulons finir à temps, il faut vraiment mettre les bouchées doubles. • (souvent + **to**) *I thought it was time to knuckle down to some serious studying.* J'ai pensé qu'il était temps de se mettre sérieusement à étudier.

knuckle in on knuckles, knuckling, knuckled

knuckle in on sth *australien, familier*
s'imposer • *Don't tell Doug what's going on or he'll try to knuckle in on the deal.* Ne mets pas Doug au courant ou il va essayer de s'imposer dans l'affaire.

knuckle under knuckles, knuckling, knuckled

knuckle under
se soumettre • *Did you really expect him to knuckle under and accept your terms without a fight?* Tu croyais vraiment qu'il allait se soumettre et accepter tes conditions sans discuter? • (souvent + **to**) *This government will not knuckle under to pressure from international organizations.* Ce gouvernement ne se soumettra pas à la pression des organisations internationales.

kowtow to kowtows, kowtowing, kowtowed

kowtow to sb
faire des courbettes à • *He wants promotion but he's not prepared to kowtow to people higher up in the company to get it.* Il veut une promotion mais il n'est pas prêt à faire des courbettes aux gens placés plus haut que lui dans l'entreprise pour l'obtenir.

L

labour/labor under   labours, labouring, laboured/labors, laboring, labored

labour under sth *britannique & australien*
labor under sth *américain & australien*
1 (désillusion, illusion, malentendu) être victime de • *He was labouring under the misapprehension that progress was being made.* Il s'imaginait qu'on progressait.
2 peiner sous • *The company is labouring under a debt of more than $4 million.* L'entreprise ploie sous une dette de plus de 4 millions de dollars.

lace into   laces, lacing, laced

lace into sb/sth *américain, familier*
débiner • *I know Sarah will lace into me for being late again.* Je sais que Sarah va me débiner parce que je suis encore en retard. • *He laced into everything they said.* il a débiné tout ce qu'ils ont dit.

lace up   laces, lacing, laced

lace up sth or **lace** sth **up**
lacer • *She laced her boots up tightly.* Elle a lacé ses bottes en serrant fort.
lace-up *adj* (toujours avant n) à lacets • *lace-up shoes* des chaussures à lacets
lace-ups *n* [pluriel] *surtout britannique & australien* chaussures à lacets, bottes à lacets • *I prefer lace-ups to slip-ons.* Je préfère les chaussures à lacets aux mocassins.

lace with   laces, lacing, laced

lace sth **with** sth
1 (alcool) mettre dans • (généralement au passif) *They gave him a glass of orange juice laced with vodka.* Ils lui ont donné un verre de jus d'orange additionné de vodka.
2 être plein de • (généralement au passif) *His speech was laced with irony.* Son discours était plein d'ironie. • *Her writing is laced with the melancholy that comes from an unhappy childhood.* Ce qu'elle écrit est plein de la mélancolie qui vient d'une enfance malheureuse.

ladle out   ladles, ladling, ladled

ladle out sth or **ladle** sth **out**
1 (soupe, ragoût) servir à la louche • *She was busy ladling out the soup into bowls.* Elle était en train de servir la soupe à la louche dans des bols.
2 (argent) prodiguer • *The company has been ladling out cash to arts organizations.* L'entreprise a prodigué de l'argent à des organisations artistiques. • *I wish Gary would stop ladling out advice when he doesn't understand the situation.* J'aimerais que Gary cesse de prodiguer ses conseils quand il ne comprend même pas la situation.

lag behind   lags, lagging, lagged

lag behind (sb)
accuser du retard • *Louis was so exhausted that he soon began to lag behind.* Louis était tellement fatigué qu'il se mit bientôt à traîner derrière. • *She's now lagging way behind and has no hope of winning the race.* Elle est maintenant très loin derrière et n'a plus aucune chance de gagner la course.
lag behind (sb/sth)
être à la traîne • *Sales figures confirmed that they still lagged behind their competitors.* Le chiffre de ventes confirmait qu'ils étaient toujours à la traîne derrière leurs concurrents.

land in   lands, landing, landed

land (sb) **in** sth
(se) mettre dans • (souvent + **with**) *Sam has landed in trouble with her teacher again.* Sam a des ennuis avec son prof une fois de plus. • *His work for the group landed him in prison for six months.* Son travail pour le groupe l'a envoyé en prison pour six mois.
land sb **in it** *familier*
mettre dans le pétrin • (souvent + **with**) *His letter of complaint really landed me in it with my boss.* Sa lettre de réclamation m'a vraiment causé des problèmes avec mon patron.

land on   lands, landing, landed

land on sb *américain, familier*
passer un savon à • (souvent + **for** + doing sth) *She landed on the boys for playing ball*

land up lands, landing, landed

land up (toujours + *adv/prép/adj*) *familier*
(lieu) atterrir dans, (situation) se retrouver dans • *Who knows where they may land up in the future.* Qui sait où ils pourront bien atterrir par la suite. • *If he carries on drinking like that, he'll land up penniless.* S'il continue à boire comme cela, il va finir sans un sou.

land up doing sth *familier*
finir par • *I always land up talking to really boring people at Teri's parties.* Je finis toujours par parler avec des gens vraiment ennuyeux aux soirées chez Teri.

land with lands, landing, landed

land sb **with** sth/sb *surtout britannique & australien, familier*
se retrouver avec • *Be careful that you don't get landed with a stolen car.* Fais attention de ne pas te retrouver avec une voiture volée. • *He invited his sister to stay and then landed me with her for a whole week.* Il a invité sa soeur à la maison et puis il m'a laissée me débrouiller avec elle toute une semaine.

lap up laps, lapping, lapped

lap up sth or **lap** sth **up**
1 (ambiance) savourer, (compliment) boire comme du petit lait • *We walked around the city and lapped up the atmosphere.* Nous avons marché dans la ville en savourant l'ambiance. • *Everyone clapped and cheered and you could see that he was lapping it up.* Tout le monde l'a applaudi et acclamé et on voyait bien qu'il était aux anges.
2 laper • *The cat was lapping up the last drops of milk from its bowl.* Le chat lapait les dernières gouttes de lait qui restaient dans son bol.

lapse into lapses, lapsing, lapsed

lapse into sth
1 (argot, habitude) se laisser aller à • *Herbert lapsed into silence for a while.* Herbert s'est tu un moment. • *When she's tired, she lapses into her regional dialect.* Quand elle est fatiguée, elle reprend son dialecte régional.
2 tomber dans • *The country has lapsed into economic crisis.* Le pays est tombé dans la crise économique.

lard with

be larded with sth (toujours au passif) *formel*
(références) être truffé de • *Her speech was larded with controversial statements.* Son discours était truffé de déclarations provocantes.

lark about/around larks, larking, larked

lark about/around *familier*
faire l'idiot • *We were all larking around, laughing and giggling.* Nous étions tous en train de faire les idiots, de rire et de glousser.

lash down lashes, lashing, lashed

lash down
(pluie) tomber à torrents • *For hours and hours the rain lashed down outside.* Pendant des heures et des heures, il a plu à torrents.

lash down sth or **lash** sth **down**
arrimer • *She securely lashed down the sheet of plastic that was covering the wood.* Elle a solidement arrimé la bâche de plastique qui recouvrait le bois.

lash into lashes, lashing, lashed

lash into sb/sth
descendre en flammes • *Jennie lashed into him for arriving over an hour late.* Il s'est fait descendre en flammes par Jennie parce qu'il était arrivé une heure en retard.

lash out lashes, lashing, lashed

lash out
1 (personne) s'en prendre violemment à, (réforme) attaquer violemment • (souvent + **at**) *She lashed out at Pedro for wasting so much of their money.* Elle s'en est prise violemment à Pedro, lui reprochant de gaspiller une grande part de leur argent. • (parfois + **against**) *In the article, Wilson lashed out against privatization.* Dans l'article, Wilson attaquait violemment la privatisation.
2 donner un coup • (souvent + **with**) *The horse lashed out with its hind leg.* Le cheval a donné une ruade à l'arrière.

lash out (sth) *australien, familier*
faire une folie et s'offrir • (souvent + **on**) *I lashed out $100 on a new dress.* J'ai fait une folie en dépensant 100 dollars pour une nouvelle robe. • *We usually live quite cheaply, but we do lash out occasionally.* En général, nous vivons sans trop dépenser mais nous faisons des folies de temps en temps.

last out lasts, lasting, lasting

last out (sth)
1 tenir • *He was so ill that no one expected him to last out the night.* Il était si malade que personne ne pensait qu'il allait passer la nuit. • *We can't last out much longer without fresh supplies.* Nous ne pouvons tenir plus longtemps sans nouvelles provisions.
2 *britannique & australien* durer • *If everyone continues to drink at this rate, the beer isn't going to last out the evening.* Si tout le monde continue de boire à ce rythme, la bière ne va pas faire toute la soirée.

latch on latches, latching, latching

latch on *britannique & australien, familier*
piger • (souvent + **to**) *It took her a long time to latch on to the fact that they were teasing her.* Elle a mis longtemps à piger qu'ils la taquinaient. • *Explain slowly and clearly or they'll never latch on.* Explique lentement et clairement ou ils ne pigeront jamais.

latch on to/onto latches, latching, latched

latch on to/onto sb
s'accrocher à • *She had latched onto a group of Toby's friends at the party.* Pendant la fête, elle s'était accrochée à un groupe d'amis de Toby.

latch on to/onto sth
1 (idée) s'emparer de • *They have latched on to tourism as a way of boosting the local economy.* Ils se sont emparés du tourisme comme d'un moyen de relancer l'économie locale. • *Fashion designers have latched onto the idea that women want to feel more feminine and so are now using lighter fabrics.* Les couturiers se sont emparés de l'idée que les femmes veulent se sentir plus féminines et ils utilisent maintenant des matériaux plus légers.
2 s'accrocher à • *The bacterium latches onto the stomach wall.* La bactérie s'accroche aux parois de l'estomac.

laugh off laughs, laughing, laughed

laugh off sth or **laugh** sth **off**
rejeter en riant • *Eleanor tried to laugh off their remarks but the sadness showed in her eyes.* Eleanor essaya de rire de leurs remarques mais la tristesse se lisait dans ses yeux.

launch into launches, launching, launched

launch into sth
(discours, histoire) se lancer dans • *He launched into his usual long speech about industry and the environment.* Il s'est lancé dans son discours habituel sur l'industrie et l'environnement.

lavish on/upon lavishes, lavishing, lavished

lavish sth **on/upon** sth/sb *légèrement formel*
(argent, attention) prodiguer à • *Huge sums of money were lavished on ambitious housing projects.* D'énormes sommes d'argent ont été investies dans des projets immobiliers ambitieux. • *She lavishes a lot of attention on her pet dog.* Elle prodigue beaucoup d'attention à son chien.

lay about lays, laying, laid

lay about sb *vieilli*
rouer de coups • (souvent + **with**) *She laid about him with her stick after she saw him breaking a window.* Elle l'a roué de coups de canne après l'avoir vu briser une fenêtre.

lay aside lays, laying, laid

lay aside sth or **lay** sth **aside**
1 (argent) mettre de côté • *She was trying to lay aside money to start her own business.* Elle essayait de mettre de l'argent de côté pour lancer sa propre entreprise.
2 (travail, idée) abandonner • *Ellen was so opposed to the plan that we decided to lay it aside for a while.* Ellen était tellement opposée au projet que nous avons décidé de l'abandonner provisoirement. • *He had laid aside all hopes of ever seeing them again.* Il avait abandonné tout espoir de les revoir un jour.

lay by lays, laying, laid

lay by sth or **lay** sth **by**
(argent) mettre de côté • *I'm trying to lay by some money for my trip to the States.* J'essaie de mettre de côté un peu d'argent pour mon voyage aux Etats-Unis.

lay down lays, laying, laid

lay down sth or **lay** sth **down**
1 établir • *The military authorities have laid down strict rules which must be followed.* Les autorités militaires ont établi des règles très strictes que chacun est tenu de suivre. • *New guidelines about dealing with patients have been laid down for doctors and nurses.* De nouvelles consignes sur la conduite à suivre avec les patients ont été établies pour les médecins et les infirmiers. • *She's always laying down the law about keeping the house tidy.* Elle est toujours en train de donner des ordres pour qu'on range la maison.
2 (armes) poser • *The mediators have persuaded both sides to lay down their arms.* Les médiateurs ont persuadé les deux côtés de poser les armes.
3 (vin) laisser reposer • *Should I lay this claret down, or can I drink it now?* Est-ce qu'il faut laisser ce bordeaux reposer ou puis-je le boire maintenant?

lay for lays, laying, laid

lay for sb *américain, familier*
guetter pour attaquer • *He was afraid the gang would be laying for him as he approached his house.* Il avait peur que la bande soit en train de le guetter à son retour.

lay in lays, laying, laid

lay in sth or **lay** sth **in**
faire des provisions de • *They were starting to lay in food for the winter.* Ils avaient commencé à faire des provisions de nourriture pour l'hiver.

lay into lays, laying, laid

lay into sb
frapper, critiquer violemment • *She laid into anyone who tried to oppose her ideas.* Elle critiqua violemment tous ceux qui essayèrent de s'opposer à ses idées. • *He knocked me to the ground and began laying into me with his feet.* Il m'a cloué au sol et a commencé à me frapper à coups de pied.

lay off lays, laying, laid

lay off sb or **lay** sb **off**
licencier • *Many factories have been forced to lay off workers over the summer period.* Beaucoup d'usines ont été forcées de licencier des ouvriers pour l'été. • *Jo was laid off seven weeks ago and she hasn't had any work since then.* Jo a été licenciée il y a sept semaines et elle n'a pas retravaillé depuis.
lay-off *n* [C] licenciement • *The recession has led to a large number of lay-offs in the building industry.* La récession a été la cause d'un grand nombre de licenciements dans l'industrie du bâtiment.

lay off (sb) *familier*
laisser tranquille • (souvent à l'impératif) *Look, just lay off, will you! Can't you see how upset he is?* Ecoute, laisse-le tranquille, d'accord? Tu ne vois pas qu'il est complètement bouleversé? • *I told them to lay off her but they just wouldn't listen.* Je leur ai dit de la laisser tranquille mais ils n'ont rien voulu entendre.

lay off sth/doing sth
familier arrêter (de) • *You'd better lay off alcohol while you're pregnant.* Tu ferais mieux d'arrêter l'alcool pendant ta grossesse. • *The doctor advised him to lay off eating and drinking excessively.* Le docteur lui a conseillé d'arrêter de manger et de boire trop.
lay-off *n* [C] *familier* période creuse • *The band has had a three-year lay-off between albums.* Le groupe a eu une période creuse de trois ans entre deux albums.

lay on lays, laying, laid

lay on sth or **lay** sth **on**
fournir • (souvent + for) *On Sunday lunchtimes he lays on sandwiches for all the club members.* Le dimanche midi, il fournit des sandwiches pour tous les membres du club. • *We'll be laying on a coach from the airport to the hotel for all the guests.* Nous fournirons un car qui conduira tous nos clients de l'aéroport à l'hôtel.

lay it on *familier*
en rajouter • *Did you hear him telling Kim all his problems? Apparently he really laid*

it on. Est-ce que vous l'avez entendu raconter tous ses problèmes à Kim? Apparemment, il en a vraiment rajouté. • *She laid it on a bit thick when she was telling Richard about her accident.* Elle en a un peu trop rajouté en racontant son accident à Richard.

lay sth on sb
1 *américain & australien, argot* mettre au parfum • *I hate to be the one to lay this on you, but your girlfriend has just left with another guy.* Ça ne me plaît pas de devoir te mettre au parfum mais ta copine vient de partir avec un autre mec.
2 imposer à • *Sorry to lay this on you Kate, but we need someone to work in Edinburgh next week.* Désolé de t'imposer ça, Kate, mais il faut que quelqu'un aille travailler à Edimbourg la semaine prochaine.

lay out lays, laying, laid

lay out sth or lay sth out
1 étaler, disposer • *He laid the map out on the floor.* Il a étalé la carte par terre. • *She was busy laying the food out on the table.* Elle était en train de disposer la nourriture sur la table.
2 dessiner, concevoir • (généralement au passif) *Most of Manhattan is laid out in a grid pattern.* La plus grande partie de Manhattan est conçue selon un modèle de quadrillage. • *The gardens were laid out in the early 19th century by Capability Brown.* Les jardins ont été dessinés au début du 19e siècle par Capability Brown.
layout *n* [C] (maison) agencement, (livre) mise en page, (article) présentation • *The thieves must have known the layout of the building.* Les voleurs devaient connaître l'agencement des lieux dans le bâtiment. • *Can you improve the layout of the document?* Est-ce que vous pouvez améliorer la présentation du document?
3 exposer • *He wrote a letter in which he laid out his financial proposal.* Il a rédigé une lettre dans laquelle il a exposé sa proposition financière.
4 *familier* dépenser • (souvent + **on**) *What's the point of laying out so much money on a dress that you'll only wear once?* A quoi bon flamber autant d'argent pour une robe que tu ne porteras qu'une fois? • *He was not prepared to lay out a penny unless she agreed to sign the contract.* Il n'était pas disposé à verser le moindre penny à moins qu'elle n'accepte de signer le contrat.

lay out sb or lay sb out
1 préparer • *When she had been laid out in her coffin, she looked no bigger than a child.* Quand elle a été installée dans son cercueil, elle n'était pas plus grosse qu'un enfant.
2 *familier* mettre KO • *Tyson was laid out for several minutes by a blow to the head.* Tyson a été mis KO pendant plusieurs minutes par un coup à la tête.

lay over lays, laying, laid

lay over
américain faire escale • (souvent + **in**) *We have to lay over in Los Angeles on our way to New Zealand.* Nous devons faire escale à Los Angeles en allant en Nouvelle-Zélande.
layover *n* [C] *américain* escale • (souvent + **in**) *We had layovers in New York and Rome.* Nous avons fait une escale à New York et une à Rome.

lay up lays, laying, laid

be laid up (toujours au passif) *familier* être alité • (souvent + **with**) *She's been laid up with flu for a week.* Elle est au lit avec de la fièvre depuis une semaine.
lay up sth or lay sth up
(ennuis) se préparer • *She's laying up trouble for herself by ignoring her health problems.* Elle se prépare des ennuis en ignorant ses problèmes de santé.
lay up (sth) or lay (sth) up
(bateau) laisser en rade • *We had to lay up in Portsmouth for repairs.* Nous avons dû rester en rade à Portsmouth pour faire des réparations. • *Fishermen are demanding compensation to lay up their boats.* Les pêcheurs exigent une compensation financière pour laisser leurs bateaux en rade.

laze about/around lazes, lazing, lazed

laze about/around
paresser • *They took a picnic and lazed around on the grass.* Ils ont emmené un picnic et ont paressé dans l'herbe. • *You can't laze about for the rest of your life – you'll have to get a job some time!* Tu ne peux pas paresser pour le restant de tes jours! Il faudra bien que tu te trouves un travail!

lead into leads, leading, led

lead into sth
mener à • *Tony's comment about air pollution led into a general discussion about the environment.* Le commentaire de Tony sur la pollution de l'air a mené à une discussion générale sur l'environnement.

lead off leads, leading, led

lead off (sth) or **lead** (sth) **off**
entamer • (souvent + **with**) *She led off the discussion with a progress report.* Elle a entamé la discussion avec un rapport sur l'évolution du projet. • (parfois + **by** + doing sth) *I'd like to lead off by thanking Ted Williams for all his support.* J'aimerais commencer par remercier Ted Williams pour son soutien.

lead-off *adj* (toujours avant n) *américain* premier • *The fire-department expert was the lead-off witness for the defence.* L'expert du service des pompiers a été le premier témoin de la défense.

lead off sth
communiquer avec • *The apartment consists of a living room, a kitchen, and a bedroom with a bathroom leading off it.* L'appartement est composé d'une salle de séjour, d'une cuisine et d'une chambre avec une salle de bains adjacente.

lead on leads, leading, led

lead on sb or **lead** sb **on**
1 influencer • *She didn't want to go through with it but the other girls led her on.* Elle ne voulait pas le faire mais les autres filles l'ont influencée.
2 mener en bateau • *She led him on and made him believe she loved him when she was only interested in his money.* Elle l'a mené en bateau et lui a fait croire qu'elle l'aimait alors qu'elle ne s'intéressait qu'à son argent.

lead on to/onto leads, leading, led

lead (sb) **on to/onto** sth (jamais au passif) *surtout britannique & australien*
mener à, (en encourageant) inciter à • *It is hoped that these discussions will lead on to an agreement between the two countries.* On espère que ces discussions mèneront à un accord entre les deux pays. • *The success of the charity dinner led him onto further fund-raising activities.* Le succès du dîner de bienfaisance l'a incité à organiser d'autres activités de collecte de fonds.

lead to leads, leading, led

lead to sth (jamais au passif)
mener à • *The disagreement between the union and management could lead to a strike.* Le désaccord entre le syndicat et la direction pourrait mener à la grève. • *Reducing speed limits should lead to fewer road deaths.* La réduction des limites de vitesse devrait mener à moins d'accidents mortels sur les routes.

lead up to leads, leading, led

lead up to sth
1 précéder • *Police are trying to discover where the boy had been in the hours which led up to his disappearance.* La police essaie de découvrir où se trouvait le garçon dans les heures qui ont précédé sa disparition. • *The pilot had no recollection of the events leading up to the crash.* Le pilote ne se souvenait pas des événements qui avaient précédé l'accident.

lead-up *n* [C] *britannique & australien* (d'un événement) veille • (généralement + **to**) *Both parties are campaigning hard in the lead-up to the election.* Les deux partis mènent une campagne très dure à la veille des élections.

2 en venir à • *I could tell he was leading up to a question about Marie by his constant references to divorce.* Je voyais bien qu'il allait en venir à poser une question sur Marie avec ses allusions constantes au divorce.

leaf through leafs, leafing, leafed

leaf through sth
feuilleter • *The waiting room was full of people leafing through magazines.* La salle d'attente était pleine de gens qui feuilletaient des magazines.

leak out leaks, leaking, leaked

leak out
(information) être divulgué • *Details of the controversial report had leaked out.* Il y avait eu des fuites sur certains détails du rapport contesté.

lean on leans, leaning, leant or leaned

lean on sb *familier*
faire pression sur • *He leant on me so hard that I agreed to do it.* Il a tellement fait pression sur moi que j'ai accepté de le faire. • (souvent + to do sth) *The US government was leaning on them to release their prisoners.* Le gouvernement américain faisait pression sur eux pour qu'ils libèrent leurs prisonniers.

lean on/upon leans, leaning, leant or leaned

lean on/upon sb/sth
(ami) compter sur, (expérience) s'appuyer sur • *It's good to have people you can lean on in a crisis.* C'est bon d'avoir des gens sur lesquels on peut compter en cas de crise. • *You'll have to lean on your previous teaching experience to do this job.* Il faudra vous appuyer sur votre expérience antérieure de l'enseignement pour faire ce travail.

lean towards/toward leans, leaning, leant or leaned

lean towards sth/doing sth *britannique, américain & australien*
lean toward sth/doing sth *américain*
pencher vers • *The country was leaning increasingly towards communism.* Le pays penchait de plus en plus vers le communisme. • *I'm leaning towards supporting the Democrats this time.* Cette fois, je penche en faveur des Démocrates.

lean upon
voir **lean on/upon**

leap at leaps, leaping, leapt or leaped

leap at sth
(occasion) sauter sur • *She leapt at the opportunity to live in Japan.* Elle a sauté sur l'occasion d'aller vivre au Japon.

leap on/upon leaps, leaping, leapt or leaped

leap on/upon sth
s'emparer de • *The clothes manufacturers who leapt on this trend made a lot of money.* Les fabricants de vêtements qui se sont emparés de cette mode ont gagné beaucoup d'argent. • *Landlords have leapt on the clause in the contract which prevents them from having to pay.* Les propriétaires se sont emparés de cette clause du contrat qui les dispense de payer.

leap out at leaps, leaping, leapt or leaped

leap out at sb
sauter aux yeux de • *As I turned the page, his photo leapt out at me.* Quand j'ai tourné la page, sa photo m'a sauté aux yeux.

leap upon
voir **leap on/upon**

leave aside leaves, leaving, left

leave aside sth or **leave** sth **aside**
laisser de côté • *Let's leave aside the matter of who's to blame for the moment.* Laissons de côté la question de savoir qui est à blâmer pour le moment. • *Leaving aside the question of cost, how many people do we need on the job?* Mise à part la question du coût, de combien de gens avons-nous besoin pour faire le travail?

leave behind leaves, leaving, left

leave behind sth/sb or **leave** sth/sb **behind**
laisser, (par accident) oublier • *We left in a hurry and I must have left my keys behind.* Nous sommes partis en vitesse et j'ai dû oublier mes clés. • *He was forced to flee the country, leaving behind his wife and son.* Il a été obligé de quitter le pays, en y laissant sa femme et son fils.

leave behind sth or **leave** sth **behind** (sb)
1 laisser derrière soi • *He used to drink heavily but he's left that behind him now.* Il buvait beaucoup mais ça est derrière lui à présent. • *She had built up quite a large social circle and was sorry to be leaving it all behind.* Elle s'était fait un large cercle de relations et elle était désolée de laisser tout ça derrière elle.
2 laisser derrière soi • *The army left, leaving a trail of destruction behind them.* L'armée est partie, ayant tout détruit sur son passage.

leave behind sb or **leave** sb **behind**
distancer • *Japan is leaving the rest of the world behind in technological developments.* Le Japon a distancé le reste

du monde en matière de progrès technologique.

leave off leaves, leaving, left

leave off (sth/doing sth)
(s') arrêter • *This film begins where the first one leaves off.* Ce film commence là où finit le premier. • *I've decided to leave off eating meat for a while.* J'ai décidé d'arrêter de manger de la viande pendant un moment.
Leave off! (toujours à l'impératif) *britannique & australien, familier*
Ça suffit! • *Leave off, would you! You've been nagging at me all day.* Arrête, d'accord? Tu m'as embêtée toute la journée!

leave out leaves, leaving, left

leave out sb/sth or **leave** sb/sth **out**

(collègue) exclure, (ingrédient) ne pas ajouter • *I'd rather invite everyone in the office than leave someone out.* Je préfère inviter tous les gens du bureau plutôt que d'exclure quelqu'un. • *I've left out the nuts in this recipe because Delia's allergic to them.* Je n'ai pas ajouté les noix dans cette recette parce que Delia y est allergique.

left out *adj* (toujours après v) exclu • *The older children went off to play upstairs and she felt left out.* Les enfants plus âgés allèrent jouer à l'étage et elle se sentit exclue.
Leave it out! (toujours à l'impératif)
1 *britannique, argot* Arrête! • *Leave it out, you two, somebody's going to get hurt!* Arrêtez, vous deux, il y en a un qui va se faire mal!
2 *britannique, argot* Arrête! • *Leave it out – she's not fifty-two!* Arrête! Elle n'a pas cinquante-deux ans!

leave over

be left over (toujours au passif)
1 rester • *There was £10 left over after we'd bought the present so we bought some flowers as well.* Il restait 10 livres après avoir acheté le cadeau, alors nous avons acheté aussi des fleurs. • *We had loads of food left over from the party.* Après la fête, il nous restait plein de nourriture.
leftovers *n* [pluriel] restes • *I was eating leftovers from the party for days afterwards.* Pendant des jours, j'ai mangé des restes de la fête.

leftover *adj* (toujours avant n) qui reste • *I made myself a sandwich with some of last night's leftover chicken.* Je me suis fait un sandwich avec des restes du poulet d'hier soir. • *If you have any leftover foreign currency, you can exchange it when you get back home.* S'il vous reste des devises étrangères, vous pouvez les échanger en rentrant chez vous.
2 dater de • *Sometimes there are snowbanks along the side of the roads, left over from winter.* Parfois, il y a des congères le long des routes qui restent de l'hiver.
leftover *n* [C] vestige • (généralement + **from**) *The powers of the monarchy are a leftover from a bygone age.* Les pouvoirs de la monarchie sont un vestige d'une époque révolue. • *He looks like a leftover from the 1960's with his long hair and open sandals.* Il a l'air d'un rescapé des années 60 avec ses cheveux longs et ses sandales découvertes.

leave to leaves, leaving, left

leave sb **to** sth *familier*
laisser quelqu'un faire quelque chose • *She told me what I had to do and then left me to it.* Elle m'a dit ce que je devais faire puis elle m'a laissé me débrouiller. • *I just want to tell you some news and then I'll leave you to your meal.* Je veux simplement vous annoncer une nouvelle et ensuite je vous laisserai finir votre repas.

lend out lends, lending, lent

lend out sth or **lend** sth **out**
prêter • *The bank lent out over $700 million last year.* La banque a prêté plus de 700 millions de dollars l'année dernière. • *The library has a very rare collection of books which can't be lent out.* La bibliothèque a une collection de livres très rares qui ne peuvent pas être empruntés.

lend to lends, lending, lent

lend itself **to** sth (toujours pronominal) *formel*
se prêter à • *The novel's complex, imaginative style does not lend itself to translation.* Le style complexe et imaginatif du roman ne se prête pas à la traduction. • *The current regulations are not strict enough and therefore lend themselves to abuse.* La réglementation

let down   lets, letting, let

let down sb or **let** sb **down**

1 laisser tomber • *I promised to go to the party with Jane, and I can't let her down.* J'ai promis d'aller à la fête avec Jane et je ne peux pas la laisser tomber. • *Many farmers feel the government has let them down badly in the negotiations.* Beaucoup de fermiers trouvent que le gouvernement les a laissé tomber complètement au cours des négociations. • (*britannique & australien*) *All her family had gone to university and she felt she would **let the side down** if she didn't go too.* Toute sa famille était allée à l'université et elle pensait qu'elle les décevrait si elle n'y allait pas à son tour.

letdown *n* [C] déception • (généralement au singulier) *The holiday was a real letdown – the hotel was dirty and it rained all week.* Les vacances étaient vraiment décevantes: l'hôtel était sale et il a plu toute la semaine.

2 (toujours + *adv/prép*) annoncer la mauvaise nouvelle • *He let her down gently, saying that she hadn't got the job but that he had been very impressed by her application.* Il lui annonça la mauvaise nouvelle en douceur, lui disant qu'elle n'avait pas obtenu le poste mais qu'il avait été très impressionné par sa candidature. • *Robert had really been looking forward to this trip, so I tried to let him down as lightly as I could.* Robert attendait ce voyage avec beaucoup d'impatience; c'est pourquoi je lui ai annoncé la mauvaise nouvelle avec autant de douceur que possible.

let down sb/sth or **let** sb/sth **down**
faire échouer • *The film has a good script but is let down by poor acting.* Le film est basé sur un bon scénario mais il échoue à cause de la pauvreté du jeu des acteurs. • *Becker said that he had lost the match because his forehand had let him down.* Becker a dit qu'il avait perdu le match à cause de la faiblesse de son coup droit.

let down sth or **let** sth **down**

1 *surtout britannique & australien* (pneu, ballon) dégonfler • *When he went back to his car, he found that someone had let his tyres down.* Quand il est retourné à sa voiture, il s'est rendu compte que quelqu'un avait dégonflé ses pneus.

2 rallonger • *That skirt is much too short for you. Why don't I let it down a bit?* Cette jupe est bien trop courte pour toi. Pourquoi est-ce que je ne la rallongerais pas?

let in   lets, letting, let

let in sb/sth or **let** sb/sth **in**
laisser entrer • *I knocked on the door and Michelle let me in.* J'ai frappé à la porte et Michelle m'a laissé entrer.

let in sth or **let** sth **in** (jamais au passif)
laisser entrer • *I need a new pair of shoes because these ones are letting in water.* J'ai besoin d'une nouvelle paire de chaussures parce que celles-ci prennent l'eau. • *He opened the window to let in some fresh air.* Il a ouvert la fenêtre pour laisser entrer un peu d'air frais.

inlet *n* [C] arrivée d'eau • *Remove the inlet from the washing machine and check that there are no obstructions.* Débranchez l'arrivée d'eau de la machine à laver et vérifiez que rien ne l'obstrue.

let in for   lets, letting, let

let sb **in for** sth *légèrement familier*
(activité) s'engager dans • (souvent pronominal) *Do you know how much work you're letting yourself in for by doing this exam?* Es-tu conscient de l'ampleur du travail dans lequel tu t'engages en passant cet examen? • *A lot of people agreed to take part in the project without knowing exactly what they had let themselves in for.* Beaucoup de gens ont accepté de prendre part au projet sans savoir exactement à quoi ils s'engageaient.

let in on   lets, letting, let

let sb **in on** sth *familier*
(secret) mettre au courant de, (action) faire participer à • *Debbie agreed to let me in on her plans.* Debbie a accepté de me mettre au courant de ses projets. • *Why don't we let Mick **in on the act**?* Pourquoi est-ce qu'on ne met pas Mick dans le coup?

let into   lets, letting, let

let sb/sth **into** sth
laisser entrer • *We were asked to show some identification before they would let us into*

the building. On nous a demandé une pièce d'identité avant de nous laisser entrer dans l'immeuble.

let sth **into** sth *britannique*
(dans un mur) encastrer • (généralement au passif) *A large safe had been let into the wall between the bookshelves.* Un gros coffre-fort avait été encastré dans le mur entre les étagères.

let sb **into** sth *britannique & australien*
(secret) dire • *Shall I let you into a secret? I've decided to give up work at the end of the year.* Est-ce que je peux te dire un secret? J'ai décidé d'arrêter de travailler à la fin de l'année.

let off lets, letting, let

let off sb or **let** sb **off**

ne pas punir • *I'll let you off this time, but I don't ever want to catch you stealing again.* Je laisse passer pour cette fois, mais que je ne vous reprenne jamais en train de voler. • (souvent + **with**) *She thought she would be sent to prison, but the judge let her off with a £1000 fine.* Elle pensait qu'elle devrait aller en prison mais le juge l'a laissée partir avec une amende de 1000 livres. • *The police only gave him a warning – he was let off lightly.* La police ne lui a donné qu'un avertissement. Il s'en est bien tiré.

let off sb **or let** sb **off** (sth)
dispenser de • *I'm letting you off your homework today because it's almost the end of term.* Je vous dispense de devoirs aujourd'hui parce que c'est presque la fin du trimestre. • *I've found someone else to work on Christmas Eve, so you've been let off the hook.* J'ai trouvé quelqu'un d'autre pour travailler le soir de Noël: vous êtes dispensée de corvée.

let off sth or **let** sth **off**
(bombe) faire exploser, (feu d'artifice) tirer • *A group of kids were letting off crackers in the street.* Un groupe d'enfants faisait exploser des pétards dans la rue. • *As the protestors came closer, the soldiers let off a round of machine-gun fire into the air.* Quand les manifestants s'approchèrent, les soldats tirèrent une rafale de mitrailleuse en l'air.

let off (sth) or **let** (sth) **off** *britannique & australien, argot*
péter • *There's an awful smell in here. Who's let off?* Ça sent franchement mauvais ici. Qui a pété?

let on lets, letting, let

let on *légèrement familier*
confier • *I think Dave knows more about this than he's letting on.* Je pense que Dave en sait plus sur cette affaire qu'il ne veut bien le dire. • (parfois + **to**) *She let on to a friend that she'd lied in court.* Elle a confié à une amie qu'elle avait menti au tribunal.

let out lets, letting, let

let out sb/sth or **let** sb/sth **out**

laisser sortir • *I stopped the car to let Susie out.* J'ai arrêté la voiture pour laisser sortir Susie. • (souvent + **of**) *Rosie lets her hamster out of its cage every night.* Rosie laisse sortir son hamster de sa cage tous les soirs. • *He was let out after serving just two years of his four-year prison sentence.* On l'a laissé sortir de prison après deux ans alors qu'il avait été condamné à quatre ans de prison.

let out sth or **let** sth **out**
1 (air) laisser échapper, (eau) évacuer • (souvent + **of**) *You need to let some air out of those tyres.* Il faut que vous dégonfliez un peu ces pneus.
outlet *n* [C] (eau) tuyau d'écoulement • *a waste water outlet* un tuyau d'écoulement des eaux usées

2 (jamais au passif) laisser échapper • *She let out a cry of delight when she opened the present.* Elle a laissé échapper un cri de joie quand elle a ouvert le cadeau. • *Gary let out a groan when I told him what he had to do.* Gary laissa échapper un grognement quand je lui ai dit ce qu'il devait faire.

3 exprimer, se débarrasser de • *Sports such as football and rugby provide a good opportunity for people to let out their aggression.* Les sports comme le football et le rugby sont un bon moyen pour les gens de se débarrasser de leur agressivité.
outlet *n* [C] exutoire • (généralement au singulier) *Writing provided him with an outlet for the frustration he was feeling.* L'écriture était pour lui un exutoire à la frustration qu'il ressentait.

4 (secret) révéler • *Wouldn't you know that Mary would let the secret out!* Tu ne te doutais pas que Mary vendrait la mèche!

5 *britannique & australien* louer • *Kate decided to let out her London flat while she was working in Boston.* Kate a décidé de louer son appartement de Londres pendant

qu'elle travaillait à Boston. • (souvent + to) *You could make some money by letting out your spare room to students.* Tu pourrais te faire un peu d'argent en louant ta chambre d'amis à des étudiants.

6 élargir • *I'm going to have to let this skirt out – I've put on so much weight recently.* Je vais devoir élargir cette jupe; j'ai tellement grossi ces derniers temps.

let out sb or **let** sb **out**

(corvée) dispenser de, (engagement) libérer • *Jan's got to look after the kids on Saturday evening, so that lets her out.* Jan doit s'occuper des enfants samedi soir, donc elle est dispensée. • (souvent + of) *They refused to let him out of his written contract.* Ils ont refusé de le libérer de son contrat.

let-out *n* [C] échappatoire, excuse • *I didn't want to go on the trip and John being ill was the perfect let-out.* Je ne voulais pas faire l'excursion et, John étant malade, j'avais une excuse parfaite.

let-out *adj* (toujours avant n)*britannique & australien* (clause) dérogatoire • *The contract has a let-out clause in case you change your mind.* Le contrat comporte une clause dérogatoire pour le cas où vous changeriez d'avis.

let out *américain*

(école, film) finir • *The movie let out at 9.00 and we all went for a pizza.* Le film a fini à 9 heures et nous sommes tous allés manger une pizza. • *When does school let out for Christmas?* Quand est-ce que l'école finit à Noël?

let up lets, letting, let

let up

1 *familier* s'arrêter • *Let's go for a walk once the rain lets up.* Allons nous promener quand il s'arrêtera de pleuvoir. • *This current fall in sales shows no sign of letting up.* La chute actuelle des ventes ne donne aucun signe de répit.

let-up *n* [C] *familier* répit, accalmie • (généralement au singulier) *The cold, windy weather will continue this week with no let-up in sight.* Le temps froid et venteux continuera cette semaine sans signe d'accalmie. • (souvent + **in**) *There has been no let-up in the recent wave of demonstrations and strikes.* Il n'y a eu aucun répit dans la vague récente de manifestations et de grèves.

2 *familier* arrêter • (généralement dans des phrases négatives) *Neil's been complaining about his job all evening – he just won't let up!* Neil s'est plaint de son travail toute la soirée: il ne pouvait pas s'arrêter! • (souvent + **on**) *Film companies are not letting up on their campaign against people who sell pirate videos.* Les maisons de production de films ne laissent aucun répit à ceux qui vendent des vidéos pirates.

level against levels, levelling, levelled (*américain & australien* aussi levels, leveling, leveled)

level sth **against** sb

(accusation) lancer, (critique) adresser • (généralement au passif) *Charges of corruption have been levelled against him.* Des accusations de corruption ont été lancées contre lui.

level at levels, levelling, levelled (*américain & australien* aussi levels, leveling, leveled)

level sth **at** sb/sth

braquer • *She was grabbed from behind and a pistol was levelled at her head.* Elle a été attrapée par derrière et un pistolet a été braqué contre sa tête.

level sth **at** sb

(accusation) lancer, (critique) adresser • (généralement au passif) *She decided to resign after a wave of criticism had been levelled at her.* Elle a décidé de démissionner après qu'une vague de critiques ait été lancée contre elle.

level off/out levels, levelling, levelled (*américain & australien* aussi levels, leveling, leveled)

level off/out

1 se stabiliser • *European exports have now levelled off after soaring during the 1980's.* Les exportations européennes se sont maintenant stabilisées après une forte progression dans les années 1980. • *House prices are finally levelling out after the steep falls of the past two years.* Les prix des maisons se sont finalement stabilisés après les chutes spectaculaires des deux dernières années.

2 se stabiliser • *The plane rose sharply before levelling off as it left the coast.* L'avion s'éleva brutalement avant de se stabiliser au moment où il s'éloignait de la côte.

level off/out sth or **level** sth **off/out**
aplanir • *Add six spoonfuls of sugar, levelling off each spoonful with a knife to ensure the precise amount.* Ajouter six cuillerées de sucre, en aplanissant bien chacune d'elles à l'aide d'un couteau pour obtenir la quantité exacte.

level with levels, levelling, levelled
(*américain & australien* aussi **levels, leveling, leveled**)

level with sb *familier*
dire la vérité • *I asked Carol to level with me and tell me exactly what was going on.* J'ai demandé à Carol de me dire la vérité et de me raconter exactement ce qui se passait.

lie about/around lies, lying, lay, lain

lie about/around *familier*
traîner • *I spent a week in Spain lying around on the beach.* J'ai passé une semaine en Espagne à fainéanter sur la plage. • *They lay about drinking wine and smoking cigarettes all day.* Ils traînaient toute la journée à boire du vin et à fumer des cigarettes.
lie about/around (swh)
traîner • (généralement à la forme progressive) *I wouldn't leave money lying around the house if I were you.* Je ne laisserais pas traîner de l'argent dans la maison si j'étais toi. • *Has anyone seen my keys lying about?* Est-ce que quelqu'un a vu traîner mes clés?

lie ahead lies, lying, lay, lain

lie ahead
(problème) s'annoncer • *He's under no illusions about the difficulties that lie ahead for the industry.* Il ne se fait aucune illusion sur les difficultés qui s'annoncent dans l'industrie.

lie around
voir **lie about/around**

lie back lies, lying, lay, lain

lie back
s'allonger • *She lay back in the dentist's chair and tried to relax.* Elle s'est allongée dans le fauteuil du dentiste et a essayé de se détendre.

lie before lies, lying, lay, lain

lie before sb *littéraire*
(problème) guetter • *Had I known the troubles that lay before me, I would not have been so cheerful.* Si j'avais eu connaissance des problèmes qui me guettaient, je n'aurais pas eu autant d'enthousiasme.

lie behind lies, lying, lay, lain

lie behind sth
se cacher derrière • *I wonder what lay behind her sudden decision not to go.* Je me demande ce qui se cachait derrière sa décision brutale de ne pas partir.

lie down lies, lying, lay, lain

lie down
s'allonger • *She lay down on her bed and cried.* Elle s'est allongée sur son lit et s'est mise à pleurer. • *I thought I might go upstairs and lie down for a while.* J'ai pensé que je pourrais monter m'allonger un moment.
lie-down. *n* [singulier] *familier* sieste • *Why don't you go upstairs and have a lie-down?* Pourquoi ne montes-tu pas t'allonger?
be lying down (toujours à la forme progressive)
être allongé • *You can do these exercises lying down.* Vous pouvez faire ces exercices en étant allongé. • *The dog was lying down in its basket, chewing a bone.* Le chien était allongé dans son panier, en train de ronger un os.

lie in lies, lying, lay, lain

lie in sth *britannique & australien*
résider dans • *His skill lies in his ability to communicate quite complex ideas.* Son talent réside dans sa capacité à communiquer des idées assez complexes. • *The play's interest lies in the questions it raises about sexuality.* L'intérêt de la pièce réside dans les questions qu'elle pose sur la sexualité.
lie in
faire la grasse matinée • *I like to lie in on the weekend.* J'aime faire la grasse matinée le week-end. • *I lay in till eleven o'clock this*

morning. J'ai fait la grasse matinée jusqu'à onze heures ce matin.

lie-in *n* [singulier] *britannique & australien, familier* grasse matinée • *I'm not working tomorrow so I can have a lie-in.* Comme je ne travaille pas demain je peux faire la grasse matinée.

lie up lies, lying, lay, lain

lie up *britannique*
(de la police, de l'armée) se cacher • *The escaped prisoners lay up in a barn for a few weeks until the search had been called off.* Les prisonniers évadés se sont cachés dans une grange pendant quelques semaines en attendant que les recherches soient abandonnées.

lie with lies, lying, lay, lain

lie with sb
1 (responsabilité, blâme, décision) appartenir à • *Responsibility for the whole disaster lies with the government.* La responsabilité du désastre tout entier appartient au gouvernement. • *In cases like this, the fault lies with the parents.* Dans des cas comme celui-ci, la faute incombe aux parents.
2 *vieilli* (Bible) connaître • *Jacob lay with Rachel.* Jacob connut Rachel.

lie with sb/sth
venir de • *The problem lies with the gun laws that allow such people to own firearms.* Le problème vient de la loi sur les armes qui permet à des gens de ce genre de posséder des armes à feu.

lift off lifts, lifting, lifted

lift off
(fusée, avion) décoller • *The space shuttle Atlantis is scheduled to lift off next Thursday.* La navette spatiale Atlantis doit décoller jeudi prochain.

lift-off *n* [singulier] mise à feu • *Twenty seconds to lift-off.* Vingt secondes avant la mise à feu.

light on/upon lights, lighting, lighted or lit

light on/upon sth *formel*
découvrir • *She lit upon a small wooden box hidden under the leaves.* Elle a découvert une petite boîte en bois cachée sous les feuilles. • *I lit on the solution entirely by accident.* J'ai découvert la solution complètement par hasard.

light out lights, lighting, lighted or lit

light out *américain, familier*
mettre les bouts • (souvent + **of**) *When he saw the police arriving, he lit out of there as fast as he could.* Quand il a vu la police arriver, il a mis les bouts aussi vite qu'il a pu. • (souvent + **for**) *When she was sixteen she left home and lit out for California.* A seize ans, elle est partie de chez elle et elle a mis les bouts pour la Californie.

light up lights, lighting, lighted or lit

light up sth or **light** sth **up**
1 éclairer • *We stood by the river and watched the fireworks light up the night sky.* Nous sommes restés au bord de la rivière et nous avons regardé le feu d'artifice éclairer le ciel noir. • *The church looks beautiful at night when it is lit up.* L'église est belle la nuit quand elle est éclairée.
2 égayer • *A series of brightly coloured paintings lit up the dark corridor.* Une série de tableaux aux couleurs vives égayait le couloir sombre.

light up (sth) or **light** (sth) **up**
1 (s') illuminer • (souvent + **with**) *His face lit up with pleasure as Helen walked into the room.* Son visage s'illumina quand Helen entra dans la pièce. • *A radiant smile lit up her face.* Un sourire radieux illumina son visage.
2 allumer • *The airport is a no-smoking area, and you can be fined $200 for lighting up.* Il est interdit de fumer dans l'aéroport et une amende de 200 dollars peut vous être infligée si vous allumez une cigarette. • *He made himself a coffee, lit up a cigarette, and settled down to watch TV.* Il se fit un café, alluma une cigarette et s'installa pour regarder la télé.

light up
s'allumer • *When you turn on the computer, the screen lights up and it's ready to use.* Quand vous allumez l'ordinateur, l'écran s'allume et il est prêt à l'emploi. • *An arrow lit up on the dashboard showing that the oil was low.* Une flèche s'alluma sur le tableau de bord signalant que le niveau d'huile était trop bas.

light upon
voir **light on/upon**

lighten up lightens, lightening, lightened

lighten up sth or **lighten** sth **up**
rendre plus vivant • *He needs a few jokes to lighten up his talk.* Quelques blagues rendraient son discours plus vivant.
Lighten up! (toujours à l'impératif) *familier*
Ne fais pas cette tête! • *Lighten up, would you! She didn't mean to break the vase.* Ne fais pas cette tête! Elle ne voulait pas le casser, ce vase.

liken to likens, likening, likened

liken sb/sth **to** sb/sth
comparer à • *The 18-year-old has been likened to a young Keanu Reeves.* Ce garçon de 18 ans a été comparé à un jeune Keanu Reeves. • *Critics have likened her narrative style to that of Virginia Woolf.* Les critiques ont comparé son style narratif à celui de Virginia Woolf.

limber up limbers, limbering, limbered

limber up
1 s'échauffer • *You should limber up for at least ten minutes before the race.* Vous devriez vous échauffer au moins dix minutes avant la course.
2 se préparer • (souvent + **for**) *Around the country, politicians are limbering up for the election.* Dans tout le pays, les politiciens se préparent pour les élections.

line up lines, lining, lined

line up (sb/sth) or **line** (sb/sth) **up**
aligner • *The soldiers lined their prisoners up against the wall.* Les soldats ont aligné leurs prisonniers contre le mur. • *The books were lined up neatly on the shelves.* Les livres étaient soigneusement alignés sur les étagères. • *A fight broke out behind me as we lined up to receive our food rations.* Une bagarre a éclaté derrière moi au moment où nous nous mettions en ligne pour recevoir nos rations de nourriture.
line-up *n* [C] *surtout américain & australien* (séance) identification de suspects, (ligne) rangée de suspects • *She spotted the man who had mugged her in the line-up.* Elle a identifié l'homme qui l'avait agressée dans la rangée de suspects.

line up sb/sth or **line** sb/sth **up**
prévoir, (en sport) sélectionner • *We've lined up a jazz band to play at the party.* Nous avons prévu un groupe de jazz à la soirée. • *Sampras is lined up against Becker in the next round.* Sampras a été sélectionné pour se battre contre Becker au prochain tour. • *Have you got anything lined up for the weekend?* As-tu quelque chose de prévu ce week-end?
line-up *n* [C] (de troupe, équipe) formation, (d'événements) programmation • (généralement au singulier) *Italy has selected a multi-national line-up for their team.* L'Italie a sélectionné une formation multi-nationale pour son équipe. • *The BBC has an impressive line-up of comedy and drama this autumn.* La BBC a programmé une série impressionnante de comédies et de dramatiques cet automne.
line up sth or **line** sth **up**
aligner • *The two parts won't fit together if they're not lined up properly.* Les deux morceaux ne tiendront pas ensemble s'ils ne sont pas alignés correctement.
line up (toujours + *adv/prép*)
se ranger • *Unions lined up with management in the fight to keep the factory open.* Les syndicats se sont rangés du côté de la direction dans leur lutte contre la fermeture de l'usine. • *Some of the president's advisers were lining up against him.* Certains conseillers du président s'étaient rangés contre lui.

link up links, linking, linked

link up (sth/sb) or **link** (sth/sb) **up**
(se) relier, (partenaire) créer des liens avec • *A network of ski lifts links up the three resorts.* Un réseau de remontées mécaniques relie les trois stations. • (souvent + **with**) *The government has encouraged British firms to link up with foreign partners.* Le gouvernement a encouragé les entreprises britanniques à créer des liens avec des partenaires étrangers. • (parfois + **to**) *You can use your phone line to link up to the office computer.* Vous pouvez utiliser votre ligne téléphonique pour vous relier à l'ordinateur du bureau.
link-up *n* [C] (TV) liaison • *The nine-year-old gave evidence to the court by a video link-up.* L'enfant de neuf ans a témoigné au tribunal par liaison vidéo.

link up

rejoindre • (généralement + **with**) *I travelled to Paris on my own and linked up with the rest of the group a week later.* J'ai fait le voyage pour Paris seule et j'ai rejoint le reste du groupe une semaine plus tard.

liquor up   liquors, liquoring, liquored

liquor up (sb) or **liquor** (sb) **up**
américain, familier
(se) saouler • *You'll find him in the bar, liquoring up.* Tu le trouveras au bar en train de se saouler. • *She was sure he'd try to liquor her up.* Elle était sûre qu'il avait essayé de la saouler.

listen in   listens, listening, listened

listen in
1 écouter • *Jo had picked up the extension phone and was listening in.* Jo avait décroché l'autre téléphone et elle écoutait en silence. • (souvent + **on**) *I was sure that someone was listening in on our conversation.* J'étais sûre que quelqu'un écoutait notre conversation. • (souvent + **to**) *The Secret Services are able to listen in to conversations on mobile phones by using a special device.* Les services secrets peuvent écouter des conversations sur téléphones portables en utilisant un appareil spécial.
2 écouter • *The programme is very popular and thousands of people listen in every week.* Le programme a beaucoup de succès et des milliers de gens l'écoutent chaque semaine. • (souvent + **to**) *I usually listen in to the 9 o'clock news as I'm driving to work.* En général, j'écoute les informations de 9 heures dans la voiture en allant travailler.

listen out for   listens, listening, listened

listen out for sth
tendre l'oreille pour entendre • *Would you listen out for the phone while I'm in the bath?* Est-ce que tu peux écouter si le téléphone sonne pendant que je suis dans mon bain?

listen up

Listen up! (toujours à l'impératif) *surtout américain, familier*
Ecoutez! • *Okay, everyone, listen up! This is your assignment for the weekend.* Bon, écoutez tous! Voici vos devoirs pour ce week-end.

litter with

be littered with sth (toujours au passif)
(erreurs) être truffé de, (papiers) être jonché de • *The book is littered with printing errors.* Le livre est truffé de fautes d'impression. • *Legal history is littered with cases of innocent people being found guilty.* L'histoire des institutions judiciaires est truffée de cas d'innocents déclarés coupables.

live by   lives, living, lived

live by sth
vivre selon • *These people have decided not to live by society's rules.* Ces gens ont décidé de ne pas vivre selon les règles de la société. • *I always try to live by what I believe in.* J'essaie toujours de vivre selon mes principes.

live down   lives, living, lived

live down sth or **live** sth **down**
(faire) oublier • *Such a bad reputation is hard to live down.* Une réputation aussi mauvaise est difficile à faire oublier. • (souvent dans des phrases négatives) *I'll never live it down if Richard refuses to go out with me.* Je n'arriverai jamais à oublier ma gêne si Richard refuse de sortir avec moi.

live for   lives, living, lived

live for sth/sb
vivre pour • *Andrea just lives for parties.* Andrea vit pour faire la fête. • *The couple live for each other.* Dans leur couple, ils vivent l'un pour l'autre.

live in   lives, living, lived

live in
vivre sur place • *The college is building a new accommodation block so that more students can live in.* L'université fait construire une nouvelle résidence pour que davantage d'étudiants puissent vivre sur place.

live-in *adj* (toujours avant n) à demeure • *We have a live-in nanny who looks after the children.* Nous avons une puéricultrice à demeure qui s'occupe des enfants.

live off lives, living, lived

live off sth/sb
(économies) vivre de, (parent) dépendre financièrement de • *I had to live off my savings while I was looking for a job.* Pendant que je cherchais du travail j'ai dû vivre de mes économies. • *She lives off her rich grandfather.* Elle dépend financièrement de son riche grand-père.

live off sth
se nourrir uniquement de • *I lived off curries and pizzas when I was a student.* Je me nourrissais uniquement de currys et de pizzas quand j'étais étudiant.

live on lives, living, lived

live on sth
1 vivre avec • *He and his family live on £70 a week.* Sa famille et lui vivent avec 70 livres par semaine. • *I had to take an evening job because we didn't have enough money to live on.* J'ai dû prendre un travail le soir parce que nous n'avions pas assez d'argent pour vivre.

2 se nourrir exclusivement de • *Martin lived on peanut butter sandwiches while we were staying in New York.* Martin ne mangeait que des sandwiches au beurre de cacahuètes quand nous habitions à New York.

live on
(tradition) survivre • *The memory of Pete will live on.* Le souvenir de Pete sera toujours vivant dans nos mémoires. • *That is one of the only traditions that still lives on.* C'est une des seules traditions qui ont survécu.

live out lives, living, lived

live out sth
1 vivre • (généralement + *adv/prép*) *It was sad that she had to live out her last years in a nursing home.* Quelle tristesse qu'elle ait dû vivre ses dernières années dans une maison de retraite. • *He lived out the final months of his life as a recluse.* Il a vécu les derniers mois de sa vie en reclus.

2 (rêve, ambition) réaliser • *We dressed up in glamorous costumes and lived out our fantasies for one night.* Nous avons revêtu des tenues fabuleuses et nous avons réalisé nos rêves le temps d'une nuit. • *He was trying to live out his own ambitions through his son.* Il essayait de réaliser ses ambitions personnelles à travers son fils.

live out *britannique & australien*
être externe, vivre en ville • *Most second-year students choose to live out.* La plupart des étudiants de deuxième année choisissent d'être externes.

live through lives, living, lived

live through sth
(événement) vivre, (épreuve) traverser • *My grandparents lived through two world wars.* Mes grands-parents ont vécu deux guerres mondiales. • *He had lived through a horrible ordeal with great courage.* Il avait traversé une terrible épreuve avec beaucoup de courage.

live together lives, living, lived

live together
vivre ensemble • *They lived together for two years before they got married.* Ils ont vécu ensemble pendant deux ans avant de se marier.

live up lives, living, lived

live it up *familier*
mener la grande vie • *He's living it up in the Bahamas for the next two weeks.* Il va mener la grande vie aux Bahamas les deux prochaines semaines.

live up to lives, living, lived

live up to sth
(attente) répondre à, (réputation) être à la hauteur de • *Did the trip live up to your expectations?* Est-ce que le voyage a répondu à votre attente? • *He's striving to live up to his reputation as a world-class athlete.* Il s'efforce d'être à la hauteur de sa réputation d'athlète de niveau international.

live with lives, living, lived

live with sb
vivre avec • *How long did you live with Will for?* Pendant combien de temps as-tu vécu avec Will?

live with sth
supporter • *For many years the population had lived with the threat of war.* Pendant de nombreuses années, la population a vécu dans la crainte de la guerre. • *The doctor said he couldn't give me anything for the pain – I've just got to live with it.* Le

docteur a dit qu'il ne pouvait rien me donner contre la douleur: je dois m'en accommoder.

liven up   livens, livening, livened

liven up (sth) or **liven** (sth) **up**
(s') animer, rendre plus attrayant • *The party livened up as soon as Bob arrived.* La fête s'est animée dès que Bob est arrivé. • *We're trying to think of ways in which we can liven up this book cover.* Nous essayons de trouver une façon de rendre la couverture de ce livre plus attrayante.

liven up (sb) or **liven** (sb) **up**
(faire) réagir, retrouver le moral, redonner le moral • *Take that gloomy look off your face and liven up!* Arrête de faire cette tête de trois pieds de long et réagis! • *Ted's jokes soon livened the kids up.* Les blagues de Ted ont vite redonné le moral aux enfants.

load down   loads, loading, loaded

load down sb or **load** sb **down**
1 surcharger • (généralement au passif + **with**) *I was loaded down with shopping so I thought I'd take a taxi home.* J'étais surchargé de sacs de commissions et j'ai décidé de rentrer chez moi en taxi.
2 surcharger • (généralement au passif + **with**) *It seemed to me that the staff were loaded down with work.* Il m'a semblé que le personnel était surchargé de travail.

load up   loads, loading, loaded

load up (sth) or **load** (sth) **up**
charger • *If you bring the car up to the door, we'll start loading up.* Si tu approches la voiture de la porte, nous pourrons commencer à charger. • *Could you load up the dishwasher for me?* Est-ce que tu veux bien remplir le lave-vaisselle à ma place?

loaf about/around   loafs, loafing, loafed

loaf about/around *familier*
traînasser • *He just loafs around all day, watching TV and reading comics.* Il traînasse toute la journée à regarder la télé et à lire des bandes dessinées.

loan out   loans, loaning, loaned

loan out sth or **loan** sth **out**
prêter • *The library loans out books, CDs, and videotapes.* La bibliothèque prête des livres, des CD et des cassettes vidéo.

lock away   locks, locking, locked

lock away sth or **lock** sth **away**
mettre sous clé • *He locks his gun away at night.* La nuit, il met son fusil sous clé. • *Her jewellery was locked away in a safe.* Ses bijoux étaient enfermés dans un coffre-fort.

lock away sb or **lock** sb **away**
(en prison) mettre sous les verrous, (en institution) enfermer • *Dangerous criminals need to be locked away from society.* Les criminels dangereux doivent être isolés et mis sous les verrous.

lock yourself **away** (toujours pronominal)
s'enfermer • *I'm going to have to lock myself away in the library to get this essay written.* Je vais m'enfermer en bibliothèque pour écrire cette dissertation.

lock in   locks, locking, locked

lock in sb or **lock** sb **in**
enfermer • *As a punishment she would take him up to his bedroom and lock him in.* Pour le punir, elle le menait à sa chambre et l'y enfermait à clé. • (parfois pronominal) *He ran up to the bathroom and locked himself in.* Il courut s'enfermer dans la salle de bains.

lock-in *n* [C] *britannique, familier* moment où un café continue à servir les clients après l'heure de fermeture • *Our local pub had a lock-in last Friday night.* Vendredi dernier, notre pub de quartier a continué à servir les clients après l'heure de fermeture.

lock onto   locks, locking, locked

lock onto sth
(cible) accrocher • *The missile locked onto the hot exhaust outlet from the aircraft.* Le missile a accroché le tuyau d'échappement brûlant de l'avion.

lock out   locks, locking, locked

lock out sb or **lock** sb **out**
1 enfermer dehors • *He broke into the house because his girlfriend had locked him out.* Il est entré dans la maison par effraction parce que sa petite amie l'avait enfermé dehors.
2 (travailleur) interdire l'accès du lieu de travail à • *Management has threatened to lock out the workforce if they do not accept the proposed changes.* La direction a menacé d'interdire l'accès de l'usine aux

travailleurs s'ils n'acceptaient pas les changements proposés.

lockout *n* [C/U] fermeture d'une entreprise décidée par la direction pour faire pression sur ses ouvriers • *A series of lockouts ended with the workers' acceptance of the new terms.* Une série de jours de fermeture a eu pour conséquence l'acceptation des nouvelles conditions par les ouvriers. • *The General Strike in Britain in 1926 was caused by the lockout of coal miners.* La grève générale de 1926 en Grande-Bretagne a été déclenchée par des jours de fermeture des mines imposées aux mineurs.

lock yourself **out** (toujours pronominal) laisser ses clés à l'intérieur • *I can't believe I've locked myself out again.* Ce n'est pas vrai que j'ai encore laissé mes clés à l'intérieur!

lock up locks, locking, locked

lock up (sth) or **lock** (sth) **up**
fermer • *Don't forget to lock up when you leave.* N'oublie pas de tout fermer en partant. • *It's my responsibility to lock up the shop at night.* C'est moi qui suis responsable de la fermeture du magasin le soir.

lock-up *adj* (toujours avant n) *britannique & australien* de location • *The drugs were found in a lock-up garage in East London.* La drogue a été découverte dans un garage de location dans le quartier est de Londres.

lock up sth or **lock** sth **up**
mettre sous clé • *It makes sense to lock up any valuables before you go away.* Il est bon de mettre sous clé tout objet de valeur quand vous partez.

lock up sb or **lock** sb **up**
mettre en prison, (en institution) enfermer • *At present, youths can only be locked up for crimes such as murder and rape.* De nos jours, les jeunes ne peuvent être mis en prison que pour des crimes tels que le meurtre et le viol. • *The man's mad – he should be locked up!* Cet homme est fou! On devrait le faire enfermer. • *After what she did to those children, they should lock her up and throw away the key.* Après ce qu'elle a fait à ces enfants, on devrait l'enfermer pour le restant de ses jours.

lockup *n* [C] *américain, familier* cellule • *A couple of drunks were brought in and thrown in the lockup.* Deux ivrognes ont été amenés et jetés en cellule.

be locked up (toujours au passif) (argent) être immobilisé • (souvent + **in**) *He's a wealthy man but most of his money is locked up in shares.* C'est un homme riche mais l'essentiel de sa fortune est immobilisé sous forme d'actions.

log in/into logs, logging, logged

log in
log into sth
entrer dans • *Log in using your own name and password.* Entrez dans le programme en utilisant votre nom et votre mot de passe.

log off logs, logging, logged

log off (sth)
sortir • *Could you all log off for five minutes, please?* Est-ce que vous pourriez tous sortir du système cinq minutes, s'il vous plaît? • *Log off the system and then shut down.* Sortez du système et fermez.

log on/onto logs, logging, logged

log on
log onto sth
entrer • *Anyone can log onto this computer.* N'importe qui peut entrer dans cet ordinateur.

log out logs, logging, logged

log out
sortir • (souvent + **of**) *There was a problem and everyone had to log out of the system.* Il y a eu un problème et tout le monde a dû sortir du système.

loll about/around lolls, lolling, lolled

loll about/around
paresser • (généralement + *adv/prép*) *I spent most of the weekend lolling about on the beach.* J'ai passé la plus grande partie du week-end à paresser sur la plage. • *Neil went out jogging while I lolled around at home.* Neil est sorti faire du jogging tandis que je paressais à la maison.

look after looks, looking, looked

look after sb/sth

(enfant) s'occuper de, (livre) prendre soin de • *Do you think you could look after the cat while we're away?* Est-ce que tu crois que tu pourrais t'occuper du chat pendant notre absence? • *If you look after your clothes, they last a lot longer.* Si tu prends soin de tes vêtements, ils dureront beaucoup plus longtemps. • (parfois pronominal) *Don't worry about Jenny, she can look after herself.* Ne t'en fais pas pour Jenny: elle se débrouille bien toute seule. • (employé comme *adj*) *I made sure that the animals were well looked after.* Je me suis assurée que les animaux étaient bien soignés.

look after sth
1 s'occuper de • *The transport department looks after roads and railways.* Le département des transports s'occupe des routes et des lignes de chemin de fer.
2 surveiller • *Could you look after my things while I go for a quick swim?* Est-ce que tu peux surveiller mes affaires pendant que je vais nager un peu?

look ahead looks, looking, looked

look ahead
envisager l'avenir • *Like any company, we've got to look ahead and plan for the future.* Comme toute entreprise, nous devons regarder vers l'avenir et faire des projets. • *We're trying to look ahead and see what our options are.* Nous essayons de considérer l'avenir pour voir quelles options nous sont offertes.

look around/round looks, looking, looked

look around/round (swh)
(musée, ville) visiter, (magasin) faire un tour dans • *I didn't have time to look round the shops.* Je n'ai pas eu le temps de faire un tour dans les magasins. • *It's such a beautiful city, it's a shame we didn't have more time to look around.* C'est une si belle ville; quel dommage que nous n'ayons pas eu plus de temps pour visiter.

look around/round
(travail) chercher • (généralement + **for**) *I've been looking around for a new job.* Je cherche un nouveau travail. • *Have you started looking round for a new apartment yet?* Avez-vous déjà commencé à chercher un nouvel appartement?

look at looks, looking, looked

look at sth
1 jeter un coup d'oeil à • *Would you mind looking at my report before I submit it?* Est-ce que vous pourriez jeter un coup d'oeil à mon bureau avant que je le soumette?
2 examiner • *We need to look carefully at the advantages and disadvantages of the new system.* Nous devons examiner soigneusement les avantages et les inconvénients du nouveau système. • *We are looking at all the options.* Nous examinons toutes les options.
3 regarder • *Did you ask the doctor to look at your knee?* Est-ce que tu as demandé au docteur de regarder ton genou? • *We'll have to get a plumber to look at the central heating.* Il faut que nous demandions à un plombier de venir jeter un coup d'oeil au chauffage central.
4 considérer, envisager • *I suppose if I'd been a mother, I might have looked at things differently.* Je suppose que si j'avais été mère, j'aurais envisagé les choses autrement. • *He's either being very foolish or very brave, depending on the way you look at it.* Soit il est complètement inconscient, soit il est très courageux; tout dépend de la façon dont on considère les choses.

not look at sth/sb (toujours dans des phrases négatives)
(offre) refuser de considérer, (en général) ignorer • *The people selling the house won't look at anything less than their asking price.* Les gens qui vendent la maison refusent de considérer toute offre inférieure au prix qu'ils demandent. • *She only likes men with blonde hair – she **wouldn't look twice at** you.* Elle n'aime que les blonds. Elle ne te jettera même pas un regard.

Look at sb/sth! (toujours à l'impératif) *familier*
Regarde! • *Your life doesn't come to an end just because you've got a baby. Look at Catrin and Simon!* Ta vie n'est pas finie parce que tu as un bébé. Regarde Catrin et Simon!

look back looks, looking, looked

look back
repenser à • *When I look back, I'm amazed that I coped so well after his death.* Avec le recul, je suis étonnée de m'en être si bien sortie après son décès. • (souvent + **on**) *It*

wasn't such a bad experience when I look back on it. Avec le recul, ce n'était pas une si mauvaise expérience.

look down on looks, looking, looked

look down on sb/sth
mépriser • *You shouldn't look down on him just because he left school at 16.* Tu ne devrais pas le juger avec mépris simplement parce qu'il a quitté l'école à 16 ans. • *She tends to look down on anything that is mass-produced.* Elle a tendance à mépriser tout ce qui est produit en série.

look for looks, looking, looked

look for sth/sb
chercher • *Have you seen my gloves? I've been looking for them all week.* Est-ce que vous avez vu mes gants? Je les ai cherchés toute la semaine. • *I was looking for Andy. Do you know where he is?* Je cherchais Andy. Vous savez où il est? • *How long have you been looking for a job?* Depuis combien de temps cherchez-vous un emploi?

look for sth
chercher • *Both governments are looking for a peaceful solution to the crisis.* Les deux gouvernements cherchent une solution pacifique à la crise.

look forward to looks, looking, looked

look forward to sth/doing sth
attendre avec impatience • *We're really looking forward to seeing Andy again.* Nous nous réjouissons de revoir Andy. • *I'm not looking forward to Christmas this year.* Je ne me réjouis pas à l'avance des fêtes de Noël, cette année.

look in looks, looking, looked

look in
aller voir • (souvent + **on**) *I thought I might look in on Sally when I'm in York.* J'ai pensé que je pourrais aller voir Sally quand je serai à York. • *Can you look in on the kids before you go to bed and make sure they're alright?* Est-ce que tu peux aller voir les enfants avant de te coucher et t'assurer que tout va bien?

look into looks, looking, looked

look into sth
examiner • *Police are reported to be looking into the case.* On rapporte que la police est en train d'examiner l'affaire. • *We're looking into the possibility of merging the two departments.* Nous examinons la possibilité de fusionner les deux départements.

look on looks, looking, looked

look on
1 observer • *Demonstrators tore down the statue as police calmly looked on.* Les manifestants ont abattu la statue sous l'oeil indifférent de la police. • (souvent + **in**) *The crowd looked on in disbelief as the player walked off the pitch.* Incrédule, la foule a regardé le joueur sortir du terrain.
onlooker n [C] observateur • *A crowd of curious onlookers gathered round to see what was happening.* Une foule d'observateurs curieux se sont rassemblés pour voir ce qu'il se passait.
2 *américain* suivre avec • (généralement + **with**) *Can you look on with Sam because we don't have enough books for everyone?* Est-ce que tu peux suivre avec Sam parce que nous n'avons pas assez de livres pour tout le monde? • *I don't have a copy of the music. Can I look on?* Je n'ai pas de partition. Je peux suivre avec toi?

look on/upon

look on/upon sth/sb
considérer • (généralement + **as**) *You shouldn't look upon this as a failure.* Tu ne devrais pas considérer ça comme un échec. • *We look on her as a daughter.* Nous la considérons comme notre fille. • *He wouldn't look kindly on anyone who attempted to interfere in the matter.* Il n'épargnerait personne qui essaierait d'intervenir sur ce sujet.

look out looks, looking, looked

look out sth or **look** sth **out** (jamais au passif) *britannique & australien*
chercher • *I'll look out the recipe and send it to you.* Je chercherai la recette et je te l'enverrai.
Look out! (toujours à l'impératif)
Attention! • *Look out, Russ, there's a car coming!* Attention, Russ, voilà une voiture!

lookout n [C] guetteur • *The lookout was standing on the corner while the two men broke into the store.* Le guetteur se tenait au coin de la rue pendant que les deux hommes cambriolaient le magasin.

lookout n [C] poste d'observation • *There's a lookout at the top of the cliff.* Il y a un poste d'observation en haut de la falaise.

look out for looks, looking, looked

look out for sb/sth

chercher • *Remember to look out for Anna – she said she'd be there.* N'oublie pas de regarder si Anna est là. Elle a dit qu'elle y serait. • *Can you look out for a present for Ed while you're out shopping?* Peux-tu chercher un cadeau pour Ed en faisant tes courses?

look out for sb

prendre soin de • *I come from a large family and we all look out for each other.* Je viens d'une grande famille et nous prenons soin les uns des autres. • (souvent pronominal) *Tom just looks out for himself.* Tom ne s'occupe que de lui. • *She certainly knows how to look out for number one.* Elle n'agit qu'en fonction de son propre intérêt.

look over looks, looking, looked

look over sth/sb or **look** sth/sb **over**

(rapport) jeter un coup d'oeil à, (personne) regarder de la tête aux pieds • *I had a few minutes before the meeting to look over what he'd written.* J'ai eu quelques minutes avant la réunion pour jeter un coup d'oeil à ce qu'il avait écrit. • *She looked the boy over and sent him to join the other children.* Elle a regardé le garçon de la tête aux pieds et l'a envoyé rejoindre les autres enfants.

look round

voir **look around/round**

look through looks, looking, looked

look through sth

1 (tiroir) fouiller dans, (dossier) consulter • *I've looked through her drawers but I can't find the letter.* J'ai fouillé dans ses tiroirs mais je ne trouve pas la lettre. • *Why don't you look through these files and see if the document's there?* Pourquoi ne consultez-vous pas ces dossiers pour voir si le document y est?

2 jeter un coup d'oeil à • *Could you look through these figures and see if I've made any obvious errors?* Peux-tu jeter un coup d'oeil à ces chiffres pour voir si je n'ai pas fait d'erreur grossière?

look through sb

ne pas regarder • *I said hello but she looked straight through me.* J'ai dit bonjour mais elle ne m'a pas regardé.

look to looks, looking, looked

look to sb to do sth

compter sur • *We're looking to you to advise us on how to proceed.* Nous comptons sur vous pour nous conseiller sur la manière de procéder.

look to for looks, looking, looked

look to sb **for** sth

compter sur pour • *They looked to the government for additional support.* Nous comptons sur le gouvernement pour un soutien supplémentaire.

look up looks, looking, looked

look up sth or **look** sth **up**

chercher • *Can you look up the French word for 'marrow'?* Est-ce que tu peux chercher l'équivalent français de 'marrow'? • *I'm not sure what his number is. You'll have to look it up in the telephone directory.* Je ne suis pas sûre de son numéro. Il faudra que vous le cherchiez dans l'annuaire.

look up

aller mieux • (généralement à la forme progressive) *Things are looking up now you've got your promotion.* Tout va mieux maintenant que tu as eu ta promotion. • *The housing market seems to be looking up at last.* Le marché de l'immobilier semble enfin aller mieux.

look up sb or **look** sb **up**

passer voir • *You'll have to look me up the next time you're in Los Angeles.* Il faut que vous passiez me voir la prochaine fois que vous venez à Los Angeles.

look up to looks, looking, looked

look up to sb

admirer • *Kate has always looked up to her father.* Kate a toujours admiré son père.

look upon

voir **look on/upon**

loom ahead loons, looming, loomed
loom ahead
se rapprocher dangereusement • *I've got my exams in June looming ahead.* Mes examens de juin se rapprochent dangereusement.

loom up looms, looming, loomed
loom up
surgir • (généralement + *adv/prép*) *A figure suddenly loomed up out of the darkness.* Une silhouette surgit soudain de l'obscurité. • *The mountains loom up against the skyline.* Les montagnes se découpent de manière inquiétante à l'horizon.

loose on/upon
be loosed on/upon sb/sth (toujours au passif) *littéraire*
déferler sur • *Anarchy would be loosed on our roads if we didn't have police to enforce the rules.* Ce serait le règne de l'anarchie si nous n'avions pas la police pour faire respecter la loi.

loosen up loosens, loosening, loosened
loosen up (sth) or loosen (sth) up
s'échauffer • *I like to do a few exercises to loosen up before I run.* J'aime faire quelques exercices d'échauffement avant de courir. • *We're just going to do a few stretches to loosen up those muscles.* Nous allons faire quelques étirements pour échauffer nos muscles.

loosen up *légèrement familier*
se décoincer, mettre à l'aise • *She loosened up after a couple of glasses of wine.* Elle se décoinça après deux verres de vins. • *We get the students to loosen up at the start of the course by making them talk about their families.* Nous mettons les étudiants à l'aise au début du cours en les faisant parler de leur famille.

lop off lops, lopping, lopped
lop off sth or lop sth off
1 couper • *We lopped off the biggest of the branches.* Nous avons coupé les plus grosses branches.

2 *familier* retrancher • *A fall in demand has lopped 12 cents off a barrel of oil.* Une chute de la demande a fait perdre 12 cents au baril de pétrole. • *She lopped three seconds off the world record for the 400 metres.* Elle a battu de trois secondes le record du monde du 400 mètres.

lord over lords, lording, lorded
lord it over sb *légèrement familier*
regarder de haut • *He likes to lord it over the more junior people in the office.* Il aime regarder de haut les plus jeunes du bureau.

lose out loses, losing, lost
lose out
être désavantagé • *The new tax means that married women will lose out.* Le nouvel impôt signifie que les femmes mariées seront désavantagées. • (souvent + **on**) *If you leave now, you'll lose out on the company pension scheme.* Si vous partez maintenant, vous y perdrez au niveau du plan de retraite de l'entreprise. • (souvent + **to**) *Children who cannot write correct English lose out to those who can.* Les enfants qui ne savent pas écrire dans un anglais correct sont désavantagés par rapport à ceux qui en sont capables.

lounge about/around lounges, lounging, lounged
lounge about/around (swh)
paresser • *Most days were spent lounging around the pool.* La plupart des journées étaient passées à paresser au bord de la piscine. • *I've just been lounging around in front of the television.* Je n'ai fait que traîner devant la télévision.

louse up louses, lousing, loused
louse up (sth) or louse (sth) up *surtout américain & australien, familier*
foirer • *She's taking her driving-test this afternoon, so let's hope she doesn't louse it up again.* Elle passe son permis de conduire cet après-midi; espérons qu'elle ne va pas foirer encore une fois.

luck into lucks, lucking, lucked
luck into sth *américain, familier*
avoir la veine d'obtenir • *We lucked into two tickets for the World Series.* Nous avons eu la chance d'obtenir deux billets pour les Championnats du Monde.

luck out lucks, lucking, lucked
luck out *américain, familier*
avoir de la veine • *We got the last two tickets – we really lucked out there.* C'étaient les deux derniers billets; nous avons vraiment eu de la veine.

lull into lulls, lulling, lulled

lull sb **into** sth/doing sth
pousser à • *Most exercise classes start gently, lulling you into thinking that you're fit.* La plupart des cours de gym commencent en douceur pour vous faire croire que vous êtes en pleine forme. • *The economic success of the last few years has lulled the government **into a false sense of security**.* Les succès économiques de ces quelques dernières années ont donné au gouvernement une trop grande confiance en soi.

lumber with lumbers, lumbering, lumbered

lumber sb **with** sth *britannique & australien, légèrement familier*
infliger la corvée de • (généralement au passif + **with**) *You don't want to get lumbered with the job of clearing up after the party.* Ça n'est agréable pour personne de se taper la corvée du nettoyage après la fête. • (parfois pronominal) *She's lumbered herself with too many responsibilities.* Elle se coltine trop de responsabilités.

lump together lumps, lumping, lumped

lump together sth/sb or **lump** sth/sb **together**
mettre dans le même panier, regrouper • (généralement au passif) *American and Canadian authors tend to be lumped together in the same category.* On a tendance à regrouper les écrivains américains et canadiens dans la même catégorie. • *Children of varying abilities are lumped together in one class.* Des enfants d'aptitudes différentes sont regroupés dans une même classe.

lust after lusts, lusting, lusted

lust after sb
désirer, convoiter • *She's been lusting after Adam for months.* Cela fait des mois qu'elle rêve de coucher avec Adam.

lust after sth *légèrement familier*
rêver de • *I'd been lusting after one of their silk shirts for ages and I finally bought one.* Cela faisait une éternité que je rêvais d'une de leurs chemises en soie et j'en ai enfin acheté une.

luxuriate in luxuriates, luxuriating, luxuriated

luxuriate in sth *formel*
savourer • *I buried my head in the sheets, luxuriating in their warmth and softness.* J'ai enfoui mon visage dans les draps, savourant leur douce chaleur. • *For a moment she said nothing, but luxuriated in their praise.* Pendant un moment elle n'a rien dit, savourant leurs louanges.

magic away magics, magicking, magicked

magic away sth or **magic** sth **away**
faire disparaître comme par magie • *A spot of make-up will magic away any shadows and imperfections.* Un soupçon de maquillage fera disparaître comme par magie tout cerne et toute imperfection.

major in majors, majoring, majored

major in sth *américain & australien*
faire des études de • *She majored in French at Middlebury.* Elle a fait des études de français à Middlebury.

make after makes, making, made

make after sb/sth (jamais au passif)
poursuivre • *We made after him in a van.* Nous l'avons poursuivi en camionnette.

make away with makes, making, made

make away with sth (jamais au passif)
s'enfuir avec • *Thieves raided the premises and made away with $10,000 in cash.* Les voleurs ont cambriolé les lieux et se sont enfuis avec 10.000 dollars en liquide.

make for makes, making, made

make for swh (jamais au passif)
se diriger vers • *He got up and made for the exit, looking fairly ill.* Il s'est levé et s'est dirigé vers la sortie, l'air assez malade.

make for sth (jamais au passif; jamais à la forme progressive)
produire, engendrer • *Poor service does not make for satisfied customers.* Un service de mauvaise qualité n'engendre pas des clients satisfaits. • *Ironically, food rationing made for a healthier population.* Paradoxalement, le rationnement alimentaire a été à l'origine d'une amélioration de la santé de la population. • *Reports of the trial make for gruesome reading.* Les rapports du procès sont horribles à lire.

make of makes, made

make of sth/sb (toujours dans des questions; jamais à la forme progressive)
penser de • *What do you make of this letter?* Qu'est-ce que tu penses de cette lettre? • *There seems to be a lot of conflict in their household. I'm not sure what to make of it all.* Il semble qu'il y ait beaucoup de conflits dans leur ménage. Je ne sais pas quoi penser de tout ça. • *She's a bit of a mystery – I've never known what to make of her.* Elle est un peu énigmatique. Je ne sais jamais quoi penser à son sujet.

make off makes, making, made

make off
s'enfuir • *The burglars made off as soon as the police arrived.* Les cambrioleurs se sont enfuis dès que la police est arrivée.

make off with makes, making, made

make off with sth (jamais au passif)
légèrement familier
se tirer avec • *Somebody broke into the shop and made off with several TVs and videos.* Quelqu'un a cambriolé le magasin et s'est tiré avec plusieurs téléviseurs et magnétoscopes.

make out makes, making, made

make out sth/sb or **make** sth/sb **out**

entrevoir, comprendre • *We could just make out a building through the trees.* Nous pouvions juste entrevoir un bâtiment entre les arbres. • *I listened but couldn't make out what they were saying.* J'ai écouté mais je n'arrivais pas à comprendre ce qu'ils disaient.

make out sth or **make** sth **out**

1 (jamais au passif) comprendre • (souvent + pronom interrogatif) *Nobody can make out what their motives were.* Personne n'arrive à comprendre quels étaient leurs motifs. • *Can you make out how they did it?* Est-ce que tu comprends comment ils ont fait?

2 (chèque, souscription, billet) rédiger • *The applications for shares were made out in different names.* Les souscriptions

make out sth

prétendre, faire comme si • (souvent + **that**) *He made out that he'd been living in Paris all year.* Il a prétendu qu'il avait vécu à Paris toute l'année. • *She made out as if they were really good friends when I happen to know she's only met him twice.* Elle a fait comme s'ils étaient très bons amis alors que je sais qu'elle ne l'a rencontré que deux fois.

make sb/sth **out to be** sth

décrire à tort comme • *British food isn't as bad as it's made out to be.* La cuisine britannique n'est pas aussi mauvaise qu'on le prétend. • *The book makes him out to be a complete crook.* Le livre le décrit à tort comme un escroc.

make out sb or **make** sb **out** (jamais au passif)

comprendre • *I thought James would be pleased to see us. I can't make him out at all.* Je croyais que James serait content de nous voir. Je ne le comprends pas du tout.

make out

1 *américain, familier* se débrouiller • (souvent dans des questions + **with**) *How is Don making out with his new school?* Comment est-ce que Don s'adapte à sa nouvelle école? • *She'll make out all right – don't worry about her.* Elle se débrouillera très bien, ne t'en fais pas.

2 *américain, familier* se peloter • *Those two were too busy making out to notice anyone else.* Ils étaient trop occupés à se peloter pour faire attention à qui que ce soit d'autre. • (souvent + **with**) *Sam was making out with Cindy in the back of the car.* Sam et Cindy se pelotaient à l'arrière de la voiture.

3 *américain & australien, familier* coucher • (souvent + **with**) *He's only interested in making out with her.* Elle ne l'intéresse que pour coucher.

make over makes, making, made

make over sth or **make** sth **over**

céder • (généralement + **to**) *He made over his fortune to his wife.* Il a cédé sa fortune à sa femme. • *Her family tried to stop her making her estate over to a conservation charity.* Sa famille a essayé de la dissuader de céder sa propriété à une organisation de protection des monuments historiques. • *Make the cheque over to D. Glennon.* Rédigez le chèque au nom de D. Glennon.

make over sb/sth or **make** sb/sth **over** *américain, familier*

(personne) changer l'apparence de, (maison, appartement) transformer • *Once they've bought the apartment they can make it over to suit themselves.* Une fois qu'ils auront acheté l'appartement ils pourront le transformer selon leurs goûts. • *The hair stylist wants to make Carla over.* Le coiffeur veut faire une nouvelle tête à Carla.

make-over *n* [C] transformation • *She was furious – he suggested she get a haircut and a make-over.* Elle était furieuse: il lui a suggéré de changer de coiffure et d'apparence.

make towards makes, making, made

make towards sth *surtout britannique & australien, légèrement formel*

se diriger vers • *He made towards the door but then stopped and turned to face me.* Il s'est dirigé vers la porte puis il s'est arrêté et s'est tourné vers moi.

make up makes, making, made

make up sth or **make** sth **up**

1 (excuse, histoire) inventer, (rapport) faire un faux • *I'd made up some story about having to go home to see my sick mother.* J'ai inventé une histoire disant que je devais aller voir ma mère malade. • *Can't you make up an excuse?* Tu ne peux pas inventer une excuse?

2 (histoire, jeu) inventer • *Sometimes I'll read her a story from a book and sometimes I'll make one up.* Quelquefois je lui lis une histoire dans un livre et quelquefois j'invente. • *We haven't fixed a programme for the concert. We'll just **make it up as we go along**.* Nous n'avons pas arrêté de programme pour le concert. Nous improviserons au fur et à mesure.

made-up *adj* faux • *We gave ourselves made-up names.* Nous nous sommes donnés de faux noms.

3 (temps) rattraper, (somme d'argent) compléter • *If I'm late for work, I'll just make up the time tomorrow.* Si j'arrive en retard au travail, je rattraperai demain. • *We are hoping to **make up time** on the*

return journey. Nous espérons gagner du temps au retour. • *I had £20 but needed £25, so my parents said they'd **make up the difference**.* Comme j'avais 20 livres et qu'il m'en fallait 25, mes parents ont dit qu'ils paieraient la différence.

make-up *n* [C] *américain* épreuve de rattrapage • *She was sick when we had the French test but she can take a make-up.* Elle était malade quand nous avons passé l'examen de français mais elle peut passer une épreuve de rattrapage. • (employé comme *adj*) *When's the make-up test?* Quand a lieu l'épreuve de rattrapage?

4 (sandwich) préparer, (lit) faire • *We made up twenty packets of sandwiches for the walkers.* Nous avons préparé vingt paquets de sandwiches pour les marcheurs. • *We made up a bed for her on the sofa.* Nous lui avons fait un lit sur le canapé.

make up sth
composer • *Women make up nearly 50% of medical school entrants.* Les femmes représentent presque 50% des étudiants à l'entrée en faculté de médecine. • *Muscle fibres are made up of two proteins.* Les fibres musculaires sont composées de deux protéines.

make-up *n* [U] composition • *Membership of the committee does not reflect the racial make-up of the city.* La représentation au sein du comité ne reflète pas la composition raciale de la ville.

make up
se réconcilier • *We argue a lot, but we always have fun making up!* Nous nous disputons beaucoup mais nous trouvons toujours amusant de nous réconcilier. • (souvent + with) *Have you made up with Daryl yet?* Est-ce que tu t'es réconcilié avec Daryl?

make up sb or **make** sb **up**
maquiller • (généralement au passif) *We are inviting three lucky winners to be made up by a leading make-up artist.* Nous invitons trois heureux gagnants à être maquillés par un maquilleur de talent. • *He was made up as an old man, with heavy lines on his face and a grey wig.* Il était grimé en vieil homme, avec des rides sur le visage et une perruque grise.

make-up *n* [U] maquillage • *It takes her ages to put on her make-up in the morning.* Il lui faut un temps infini pour se maquiller le matin. • *I forgot to take my make-up off before I went to bed.* J'ai oublié de me démaquiller avant de me coucher.

make up for makes, making, made

make up for sth

1 remplacer, rattraper • *This year's good harvest will make up for last year's bad one.* La bonne récolte de cette année rattrapera la mauvaise de l'an dernier. • *He seems to be making up for an empty childhood by surrounding himself with expensive possessions.* Il semble vouloir compenser une enfance démunie en s'entourant d'acquisitions onéreuses. • *I didn't travel much when I was younger, but I'm certainly making up for lost time now.* Je n'ai pas beaucoup voyagé quand j'étais plus jeune mais on peut dire que maintenant je rattrape le temps perdu.

2 se faire pardonner • *He bought me dinner to make up for being late the day before.* Il m'a invitée à dîner pour se faire pardonner son retard de la veille.

make up to makes, making, made

make it up to sb
se faire pardonner, marquer sa gratitude à • *I'm really sorry about the way I behaved last night – I'll make it up to you, I promise!* Je suis vraiment désolé pour ma conduite d'hier soir. J'essaierai de me faire pardonner, je te le promets! • *She's given me so much. I don't know how I'm ever going to make it up to her.* Elle m'a tellement apporté. Je ne sais pas comment je pourrais lui marquer ma gratitude.

make up to sb (jamais au passif)
lécher les bottes de • *Have you seen the disgusting way she makes up to the boss?* Tu as vu la façon écoeurante dont elle lèche les bottes de son patron?

map out maps, mapping, mapped

map out sth or **map** sth **out**
planifier • *By the age of fourteen he had his future mapped out before him.* A quatorze ans, son avenir était déjà tout tracé.

march on marches, marching, marched

march on swh
marcher sur • *Thousands of anti-war demonstrators have marched on the*

Pentagon. Des milliers de manifestants pacifistes ont marché sur le Pentagone. • *Armed rebels marched on the capital to seize power.* Des rebelles armés ont marché sur la capitale pour s'emparer du pouvoir.

mark down marks, marking, marked

mark down sth or **mark** sth **down**

1 noter • *He was marking down my responses to certain questions.* Il notait mes réponses à certaines questions.

2 baisser le prix de • *Women's shoes have all been marked down by 25% this week.* Les prix de toutes les chaussures pour femmes ont été baissés de 25% cette semaine. • (employé comme *adj*) *He runs a shop that sells marked-down designer clothes.* Il gère un magasin qui vend des vêtements dégriffés.

markdown *n* [C] rabais • *We're offering a 10% markdown on selected items.* Nous offrons un rabais de 10% sur certains articles.

mark sb **down as** sth

considérer comme • *I'd marked her down as a Labour Party supporter, but I was completely wrong.* Je la considérais comme une supporter du Parti Travailliste mais j'avais tout à fait tort. • *I must say I didn't have him marked down as a feminist.* Je dois dire que je ne le considérais pas comme un féministe.

mark down sb or **mark** sb **down**

retirer des points à • (souvent + **for**) *Do they mark you down for spelling errors?* Est-ce qu'ils retirent des points pour les fautes d'orthographe? • *Our team was marked down for going over the time limit.* Notre équipe a perdu des points parce que nous avons dépassé le temps autorisé.

mark off marks, marking, marked

mark off sth or **mark** sth **off**

1 délimiter • *The police had marked off the area where the body was found with white tape.* La police avait délimité avec du ruban adhésif blanc l'endroit où on avait découvert le corps.

2 (pour éliminer) barrer • *I like to make a list of all the jobs I've got to do and then mark them off as I do them.* J'aime bien faire une liste de toutes les choses que j'ai à faire et les barrer au fur et à mesure. • *When I was a child, I used to mark off the days to my birthday on the calendar.* Quand j'étais enfant, je barrais les jours avant mon anniversaire sur le calendrier.

mark off sb/sth or **mark** sb/sth **off**

distinguer • (généralement + **from**) *It's the intelligence of her insight that marks her off from other writers of this genre.* C'est la finesse de son intuition qui la distingue des autres écrivains du même genre.

mark out marks, marking, marked

mark out sth or **mark** sth **out**

dessiner • *He'd marked out a volleyball court on the beach with a stick.* Il avait tracé les limites d'un terrain de volleyball sur le sable avec un bâton.

mark out sb/sth or **mark** sb/sth **out**

(toujours + *adv/prép*) surtout britannique

distinguer • (parfois + **as**) *His ability to change his views according to the situation marked him out as a survivor in the world of politics.* Son aptitude à modifier ses opinions en fonction de la situation lui a forgé une place durable dans le monde de la politique. • (parfois + **from**) *It's her enthusiasm that marks her out from her colleagues.* C'est son enthousiasme qui la distingue de ses collègues.

mark out for marks, marking, marked

mark sb **out for** sth

désigner pour • (généralement au passif) *He was marked out for success at an early age.* Il était voué à la réussite dès sa prime jeunesse.

mark up marks, marking, marked

mark up sth or **mark** sth **up**

1 augmenter le prix de • *They buy these goods cheaply overseas and then mark them up to resell at home.* Ils achètent ces produits à bas prix à l'étranger puis ils en augmentent le prix quand ils les revendent dans leur pays.

mark-up *n* [C] majoration • *The mark-up on wine in restaurants is often as high as 70%.* La majoration sur le prix des vins dans les restaurants s'élève parfois jusqu'à 70%.

2 annoter, modifier • *As director, I usually spend the first couple of rehearsals marking up my copy of the play.* En tant que metteur en scène, je passe en général les deux premières répétitions à annoter mon exemplaire de la pièce.

marry above   marries, marrying, married

marry above yourself (toujours pronominal) *vieilli*
épouser une personne d'un rang social plus élevé • *She'd married above herself and we knew it would end badly.* Elle a épousé quelqu'un d'un rang social plus élevé et nous savions que cela finirait mal.

marry beneath   marries, marrying, married

marry beneath yourself (toujours pronominal) *vieilli*
épouser une personne d'un rang social inférieur • *Her uncle was afraid that by marrying Mr Watts she would be marrying beneath herself.* Son oncle s'inquiétait qu'en épousant Mr Watts elle n'épousât quelqu'un d'un rang inférieur.

marry into   marries, marrying, married

marry into sth
entrer dans une famille en épousant un membre de cette famille • *She married into a wealthy farming family.* Elle a épousé un homme appartenant à une riche famille de fermiers.

marry off   marries, marrying, married

marry off sb or **marry** sb **off**
marier • (souvent + **to**) *She was married off to the local doctor by the age of 16.* On l'a mariée au médecin local dès l'âge de seize ans.

marry out   marries, marrying, married

marry out *britannique, vieilli*
épouser une personne d'une autre religion • *There's a lot of disgrace attached to marrying out.* Se marier à quelqu'un d'une autre religion est considéré comme une disgrâce.

marry up   marries, marrying, married

marry up (sth) or **marry** (sth) **up**
correspondre • *I listened to the film in German whilst reading the English subtitles, but the two versions didn't seem to marry up.* J'ai écouté la version allemande du film tout en lisant les sous-titres anglais mais les deux ne semblaient pas correspondre.

mash up   mashes, mashing, mashed

mash up sth or **mash** sth **up**
1 écraser • *For his lunch, just mash up a banana with a fork and give him that.* Pour son déjeuner, écrase une banane avec une fourchette et donne-lui.
2 *américain, familier* aplatir • *Hurricane David tore through the state mashing up houses and cars as it went.* L'ouragan David a dévasté tout l'état, aplatissant maisons et voitures sur son passage.

match against   matches, matching, matched

match sb/sth **against** sb/sth
mettre en compétition • (généralement au passif) *France is matched against Ireland in next week's semi-final.* La France joue contre l'Irlande en demi-finale, la semaine prochaine.

match up   matches, matching, matched

match up
1 concorder • *They both described what had happened that night but their stories didn't quite match up.* Tous deux ont décrit ce qui s'était passé cette nuit-là mais leurs histoires ne concordaient pas.
2 égaler • (généralement + **to**) *Nothing that he wrote after this point ever quite matched up to his early work.* Rien de ce qu'il a écrit après cette date n'a égalé son oeuvre antérieure.

match up sb/sth or **match** sb/sth **up**
associer • (généralement + **with**) *They look at your interests and they try to match you up with someone suitable.* Ils considèrent vos centres d'intérêt et ils essaient de vous associer à quelqu'un de correspondant.

max out   maxes, maxing, maxed

max out (sth) or **max** (sth) **out** *surtout américain, familier*
épuiser • *We've maxed out all our credit cards.* Nous avons épuisé toutes nos cartes de crédit.

measure against   measures, measuring, measured

measure sb/sth **against** sb/sth
comparer à • *Our city's transport problems are minor when measured against capitals like London and New York.* Les problèmes

de transport de notre ville sont sans gravité si on les compare avec ceux de capitales telles que Londres ou New York. • (parfois pronominal) *Women have always been encouraged to measure themselves against other women physically.* Les femmes ont toujours été incitées à se comparer physiquement aux autres femmes.

measure off measures, measuring, measured

measure off sth or **measure** sth **off**
mesurer • *The assistant measured off a length of cloth that would be enough for both curtains.* Le vendeur a mesuré une longueur de tissu suffisante pour deux rideaux.

measure out measures, measuring, measured

measure out sth or **measure** sth **out**
mesurer • *Measure out 300 grams of flour and place in a bowl with the egg yolks.* Mesurer 300 grammes de farine et les mettre dans un bol avec les jaunes d'oeuf.

measure up measures, measuring, measured

measure up (sth) or **measure** (sth) **up**
prendre les mesures de • *They're measuring up for new carpets.* Ils prennent des mesures pour de nouvelles moquettes. • *We need new curtains for that window if you could measure it up some time.* Nous avons besoin de nouveaux rideaux pour cette fenêtre; si tu pouvais prendre les mesures un de ces jours.

measure up
être à la hauteur • (souvent dans des phrases négatives) *Production targets are high and managers who don't measure up, don't last.* Les objectifs de production sont ambitieux et les directeurs qui ne sont pas à la hauteur ne restent pas longtemps. • (souvent + **to**) *People started to realize how poorly their country measured up to the standards of the outside world.* Les gens ont commencé à se rendre compte à quel point leur pays était loin derrière le reste du monde.

meet up meets, meeting, met

meet up
1 (se) retrouver • *We quite often meet up after work and go for a drink.* Nous nous retrouvons souvent après le travail pour boire un verre. • (souvent + **with**) *I met up with a few friends and went for a meal.* J'ai retrouvé quelques amis et nous sommes allés au restaurant.

2 (se) rejoindre • (souvent + **with**) *This path meets up with the main road at the bridge.* Ce chemin rejoint la route principale au pont.

meet with meets, meeting, met

meet with sb *surtout américain*
rencontrer • *Brown has met with the senator several times in recent weeks to discuss the proposals.* Brown a rencontré le sénateur plusieurs fois au cours des dernières semaines pour discuter des propositions. • *Each student meets with an advisor at the beginning of the school year.* Chaque étudiant rencontre un conseiller au début de l'année scolaire.

meet with sth
1 *légèrement formel* rencontrer • *Both proposals have met with fierce opposition.* Les deux propositions ont rencontré une opposition farouche. • *Sadly, the campaign met with little success.* Malheureusement, la campagne n'a remporté que peu de succès. • *I trust the arrangements meet with your approval.* J'espère que ces arrangements reçoivent votre approbation.

2 *légèrement formel* (difficulté) rencontrer, (accident) avoir • *If you meet with any difficulties, just let the manager know.* Si vous rencontrez des difficultés, dites-le au directeur. • *It was on this day that he met with an accident that was to shape the rest of his life.* C'est ce jour-là qu'il a eu un accident qui allait influencer le reste de son existence.

mellow out mellows, mellowing, mellowed

mellow out (sb) or **mellow** (sb) **out**
américain, familier
relaxer • *I'm gonna go home, pour myself a martini, put on some music and mellow out.* Je vais rentrer chez moi, me verser un martini, mettre de la musique et me relaxer. • *Marriage seems to have mellowed him out.* Le mariage semble l'avoir rendu plus relax.

melt down
melts, melting, melted

melt down sth or **melt** sth **down**
fondre • *Stolen gold rings are often melted down to make new ones.* Les bagues en or volées sont souvent fondues pour en faire de nouvelles.

meltdown n [C/U] fusion du coeur du réacteur • *The inspectors feared a meltdown of Chernobyl proportions.* Les inspecteurs craignaient une fusion du coeur du réacteur aussi grave qu'à Tchernobyl.

merge in
merges, merging, merged

merge in
se fondre • (souvent + **with**) *The museum was designed to merge in with the architecture around it.* Le musée a été dessiné pour se fondre dans l'architecture ambiante.

merge into
merges, merging, merged

merge into sth
se fondre dans • *Her dark form merged into the night.* Sa forme sombre se fondait dans la nuit.

mess about/around
messes, messing, messed

mess about/around
1 *familier* s'amuser • *He spends his weekends messing about in his boat on the Thames.* Il passe ses week-ends à s'amuser sur son bateau sur la Tamise.
2 *familier* faire l'imbécile • *Daniel, will you stop messing around and tidy your room!* Daniel, arrête de faire l'imbécile et range ta chambre!

mess sb **about/around** *familier*
faire marcher • *I'm just tired of being messed around by men who don't know what they want.* J'en ai marre d'être traitée à la légère par des hommes qui ne savent pas ce qu'ils veulent. • *She's fed up with the guy she works for – he's messed her about so much.* Elle en a assez du mec pour qui elle travaille; il l'a tellement fait marcher.

mess about/around with
messes, messing, messed

mess about/around with sb *familier*
coucher avec • *That's what happens when you mess about with married men.* Voilà ce qui arrive quand on couche avec des hommes mariés.

mess about/around with sth *familier*
faire n'importe quoi • *I don't want him coming in here and messing around with our computers.* Je ne veux pas qu'il vienne ici et qu'il bidouille nos ordinateurs. • *Why would you want to mess around with hair as beautiful as yours?* Pourquoi vouloir faire n'importe quoi avec des cheveux aussi beaux que les tiens?

mess over
messes, messing, messed

mess over sb or **mess** sb **over** *américain, familier*
être injuste envers • *The college has messed her over on her scholarship and she may not come back.* L'université a été injuste envers elle en ce qui concerne sa bourse et il se peut qu'elle ne revienne pas.

mess up
messes, messing, messed

mess up (sth) or **mess** (sth) **up**
gâcher • *You don't want to mess up your career.* Il ne faut pas gâcher ta carrière. • *It's the politicians who always mess things up for ordinary people.* Ce sont toujours les responsables politiques qui compliquent la vie des gens ordinaires. • *He's really messed up this time, I don't know how we're going to sort this one out.* Il est vraiment dans un triste état cette fois, je ne sais pas si nous allons pouvoir y faire quelque chose.

mess up sth or **mess** sth **up**
mettre en désordre, salir • *I've got the kitchen looking perfect so don't go messing it up again.* J'ai fait en sorte que la cuisine soit impeccable, alors ne va pas tout resalir. • *The problem with wearing a hat is that it messes up your hair.* Le problème quand on porte un chapeau c'est que ça dérange la coiffure.

mess up sb or **mess** sb **up**
familier détruire • *Drugs can really mess you up.* La drogue peut vraiment détruire quelqu'un.

messed-up *adj familier* démoli • *The newspapers portrayed him as a messed-up junkie.* Les journaux le présentaient comme un junkie complètement démoli.

mess with
messes, messing, messed

mess with sb/sth *familier*
être impliqué avec, dans • *If you mess with drugs, you're asking for trouble.* Si tu

touches à la drogue tu vas au-devant des ennuis.

mess with sth
bricoler sans succès • *Phil's been messing with the TV and it's not working.* Phil a bricolé la télévision et elle ne marche plus.

mete out metes, meting, meted

mete out sth or **mete** sth **out** *formel*
infliger • (généralement au passif) *Women's groups were outraged at the 5-year jail sentence meted out to the man who had killed his wife.* Les mouvements féministes ont été scandalisés par la condamnation à cinq ans de prison infligée à l'homme qui avait tué sa femme.

militate against militates, militating, militated

militate against sth *formel*
compromettre • *The fall in consumer spending this month militates against economic recovery.* La chute des dépenses de consommation courante de ce mois compromet la reprise économique.

mill about/around mills, milling, milled

mill about/around (swh)
faire les cent pas • *A crowd of reporters were milling about the gates of the actor's Hollywood mansion.* Une foule de reporters faisait les cent pas devant les grilles de la riche demeure hollywoodienne de l'acteur. • *There was the usual group of fans milling around outside the theatre.* Les groupes de fans habituels faisaient les cent pas à l'extérieur du théâtre.

mind out

Mind out! (toujours à l'impératif) *britannique & australien*
Attention! • *Mind out, this plate's very hot!* Attention, cette assiette est très chaude!

minister to ministers, ministering, ministered

minister to sb/sth *formel*
administrer des soins à, s'occuper de • *The church has always played a major role in ministering to the poor and sick.* L'église a toujours joué un rôle essentiel dans l'administration de soins aux plus déshérités et aux malades. • *I spent the weekend in a five-star hotel and a crowd of hotel staff ministered to my every need.* J'ai passé le week-end dans un hôtel cinq étoiles et il y avait tout un personnel pour veiller au moindre de mes besoins.

minor in minors, minoring, minored

minor in sth *américain*
étudier en sous-dominante • *She majored in French and minored in history in college.* Elle a fait des études de français à l'université avec l'histoire comme matière secondaire.

miss out misses, missing, missed

miss out
passer à côté de • (souvent + **on**) *If you leave early for Christmas, you'll miss out on all the partying.* Si tu pars tôt avant Noël tu passeras à côté de toutes les fêtes. • *There are some real bargains to be had in the sale, so don't miss out.* Il y a de très bonnes affaires à faire avec les soldes, alors ne les laisse pas passer. • *We didn't have a TV at home when I was young, and I felt as though I missed out.* Quand j'étais petite nous n'avions pas la télé à la maison et j'avais l'impression de passer à côté de quelque chose.

miss out sb/sth or **miss** sb/sth **out** *britannique & australien*
oublier • *Could you look at this list of names and check that I haven't missed anyone out?* Peux-tu jeter un oeil à cette liste de noms et vérifier que je n'ai oublié personne. • *You've missed out an 'n' in 'Susannah'.* Tu as oublié un 'n' dans 'Susannah'.

mist over mists, misting, misted

mist over
se remplir de larmes • *Her eyes mist over as she starts to talk about her son.* Quand elle commence à parler de son fils, ses yeux se remplissent de larmes.

mist over/up mists, misting, misted

mist over/up
(pare-brise, fenêtre, lunettes) s'embuer • *You'll need to turn the car fan on to stop the windscreen misting over.* Il faut mettre la ventilation pour désembuer le pare-brise.

mix in mixes, mixing, mixed

mix in *américain, familier*
se mêler aux autres • *It's very hard to make friends if you're not willing to mix in.* C'est difficile de se faire des amis quand on ne veut pas se mêler aux autres.

mix up mixes, mixing, mixed

mix up sth/sb or **mix** sth/sb **up**
confondre • *Kim and Wendy were almost identical as children and I often used to mix them up.* Kim et Wendy étaient presque identiques quand elles étaient petites et je les confondais souvent. • *We both wear black wool coats and it's very easy to get them mixed up.* Nous avons toutes deux des manteaux noirs en laine et il est très facile de les confondre. • (souvent + **with**) *I was often mixed up with Tom at school beause we had the same surname.* On me confondait souvent avec Tom à l'école car nous avons le même nom de famille.

mix-up *n* [C] confusion • (souvent + **over**) *There's been a bit of a mix-up over the arrangements for the trip.* Il y a eu une certaine confusion concernant l'organisation du voyage.

mix up sth or **mix** sth **up**
1 mélanger • *I've just spent two hours sorting those papers so please don't mix them up.* Je viens de passer deux heures à trier ces papiers, alors, s'il-te-plaît, ne les dérange pas. • *We've got loads of photos but they're all mixed up together in a huge cardboard box.* Nous avons des tas de photos mais elles sont toutes mélangées dans une énorme boite en carton.
2 mélanger • *And the next thing you do is you put the chocolate, butter and egg in a bowl and mix them all up.* Ensuite, vous mettez le chocolat, le beurre et l'oeuf dans un bol et vous les mélangez.

mix it up
1 *américain, familier* se bagarrer • *Joe was seen mixing it up in a brawl after the game.* Joe a été vu en train de se mêler à une bagarre après le match. • (parfois + **with**) *The police were there to stop the strikers mixing it up with the workers.* La police était là pour empêcher les grévistes de se bagarrer avec ceux qui travaillaient.

mix-up *n* [C] *américain, familier* bagarre • *There was a mix-up between the police and demonstrators.* Il y a eu une bagarre entre la police et les manifestants.

2 *américain, familier* socialiser • (souvent + **with**) *I thought I'd better go to the department's party and mix it up with some of the others.* J'ai pensé que ce serait mieux que j'aille à la fête du département et que je socialise avec certaines personnes.

mix up sb or **mix** sb **up** *américain & australien, familier*
embrouiller • *It doesn't take much to mix her up!* Il ne faut pas grand-chose pour l'embrouiller! • *He had so much conflicting advice he was really mixed up by it all.* Il recevait tant d'avis contradictoires que cela l'embrouillait complètement.

mix up in

be mixed up in sth (toujours au passif) *familier*
se retrouver impliqué dans • *The film's main character is a writer who gets mixed up in the violent world of drug-dealing.* Le personnage principal du film est un écrivain qui se retrouve impliqué dans le monde violent de la drogue. • *You don't want to be mixed up in his dodgy business affairs.* Il vaut mieux éviter de se retrouver impliqué dans ses affaires douteuses.

mix up with

be mixed up with sb (toujours au passif)
fréquenter • *How did she get mixed up with such unpleasant people?* Comment est-ce qu'elle s'est mise à fréquenter des gens aussi désagréables?

mix with mixes, mixing, mixed

mix it with sb *surtout britannique, familier*
se mesurer à, se bagarrer avec • *Despite his age, he still has the ability to mix it with the younger tennis players.* Malgré son âge, il est encore capable de se mesurer à des joueurs de tennis plus jeunes.

mock up mocks, mocking, mocked

mock up sth or **mock** sth **up**
faire une maquette de • *They mocked up the newly designed car so that its shape could be studied in more detail.* Ils ont fait une maquette du nouveau modèle de voiture afin d'étudier sa forme plus en détail.

mock-up *n* [C] maquette • *New pilots are often trained in a mock-up of an aircraft.* Les nouveaux pilotes sont souvent entraînés dans un faux avion. • (employé comme *adj*) *A mock-up control room was created in order to test the effects of light on workers.* Une fausse salle de contrôle a été construite pour étudier les effets de la lumière sur les travailleurs.

model on/upon models, modelling, modelled (*américain* aussi **models, modeling, modeled**)

model sth **on/upon** sth
modeler sur • (généralement au passif) *The Sheldonian Theatre in Oxford is modelled on an idea of the classical theatre.* Le Sheldonian Theatre à Oxford a été construit selon une certaine conception du théâtre classique. • *She has proposed the introduction of a new education system modelled on the German system.* Elle a proposé l'introduction d'un nouveau système d'éducation modelé sur le système allemand.

model yourself **on/upon** sb (toujours pronominal)
prendre pour modèle • *As a young actor, he modelled himself on Jack Nicholson.* Quand il a commencé sa carrière d'acteur, il prenait Jack Nicholson comme modèle.

monkey about/around
monkeys, monkeying, monkeyed

monkey about/around *familier*
faire l'imbécile • *They were monkeying around in the kitchen and the younger boy banged his head against the cupboard.* Ils faisaient les imbéciles dans la cuisine et le plus jeune des garçons s'est cogné la tête contre le placard.

mooch about/around mooches, mooching, mooched

mooch about/around (swh) *surtout britannique & australien, familier*
traîner • *I spent my holidays reading and mooching about.* J'ai passé mes vacances à lire et à traîner. • *I mooched around second-hand bookshops.* J'ai traîné dans des librairies d'occasion.

moon about/around moons, mooning, mooned

moon about/around (swh) *familier*
traîner • *He spent the whole weekend just mooning about at home.* Il a passé tout le week-end à traîner chez lui.

moon over moons, mooning, mooned

moon over sb
rêver de • *He spent most of the summer mooning over some girl he'd met on the beach.* Il a passé presque tout l'été à rêver à une fille qu'il avait rencontrée sur la plage.

mop up mops, mopping, mopped

mop up (sth) or **mop** (sth) **up**
éponger • *I was just mopping up the milk that you spilt in the kitchen.* J'étais en train d'éponger le lait que tu as renversé dans la cuisine. • *Hundreds of villagers have been mopping up after last weekend's flood.* Des centaines de villageois passent leur temps à éponger depuis l'inondation de la semaine dernière.

mop up sth or **mop** sth **up**
1 (sauce) ramasser • *Leave the fish to cool and serve with French bread to mop up the juices.* Laisser refroidir le poisson et servir avec de la baguette pour ramasser la sauce.
2 (argent) engloutir • *Buying clothes for the kids usually mops up any spare money I have at the end of the month.* L'achat de vêtements pour les enfants engloutit généralement tout l'argent qu'il me reste à la fin du mois.
3 *familier* régler • *I've just got a few things to mop up before I leave the office tonight.* J'ai quelques affaires à régler avant de quitter le bureau ce soir. • *It was left to him to mop up the mess caused by the scandal.* C'est à lui qu'on a laissé la tâche de régler les problèmes causés par le scandale.

mop up sb or **mop** sb **up**
(ennemi) balayer, (zone) nettoyer • *Government soldiers are now mopping up rebel forces in the rural north.* L'armée gouvernementale est en train de nettoyer la zone rurale du nord des forces rebelles qui l'occupent. • (employé comme *adj*) *21 rebels fighters were killed in a mopping-up operation.* 21 soldats rebelles ont été tués au cours d'une opération de nettoyage.

mouth off mouths, mouthing, mouthed

mouth off *familier*
faire des discours pédants, râler • (souvent + **about**) *Tim was his usual tedious self, mouthing off about the middle-classes and how much he hates them.* Tim était aussi

pénible que d'habitude, râlant sur les bourgeois et déclarant à qui voulait l'entendre à quel point il les déteste. • *I had to sit there and listen to Michael mouthing off over lunch.* J'ai dû rester à table à écouter Michael faire ses discours pédants pendant tout le déjeuner.

move ahead moves, moving, moved

move ahead

1 avancer • *The judge's decision will allow the case to move ahead after two years of delays.* La décision du juge va permettre de faire avancer l'affaire qui traîne depuis deux ans. • *Reform should move ahead more quickly after the election.* La réforme devrait avancer plus rapidement après les élections.

2 démarrer, aller de l'avant • *The change in law means that cable TV companies can move ahead and offer phone services.* La réforme de la loi signifie que les compagnies de télévision par câble peuvent aller de l'avant et offrir des services téléphoniques. • (souvent + **with**) *We need his permission before we can move ahead with the project.* Nous avons besoin de sa permission pour démarrer le projet. • (parfois + **on**) *Despite safety concerns over the building, the company has decided to move ahead on construction.* En dépit des inquiétudes concernant la sécurité dans l'immeuble, l'entreprise a décidé d'en démarrer la construction.

move along moves, moving, moved

move sb **along**

(faire) circuler • *Police officers at the scene of the accident were asking passers-by to move along.* Sur les lieux de l'accident, des policiers demandaient aux passants de circuler.

move along

avancer • *It took a long time for the project to get going but things are really moving along now.* Il a fallu longtemps pour que le projet démarre mais ça avance bien, maintenant.

move away moves, moving, moved

move away

déménager • *The village's population has fallen sharply in the past ten years as young people have moved away.* La population du village a chuté au cours des dix dernières années car les jeunes partent vivre ailleurs.

move away from moves, moving, moved

move away from sth/doing sth

abandonner • *Campaigners are encouraging the government to move away from nuclear power and use alternative sources.* Les militants encouragent le gouvernement à abandonner l'énergie nucléaire et à utiliser d'autres ressources. • *A lot of young people in Britain are moving away from eating meat.* Beaucoup de jeunes en Grande-Bretagne ne mangent plus de viande.

move down moves, moving, moved

move down (sb) or **move** (sb) **down**
britannique & australien

descendre de niveau, descendre d'une classe • *If you failed your end-of-term exams you were moved down.* Si vous ratiez vos examens trimestriels vous descendiez au niveau inférieur. • *If he finds the work too difficult, he can always move down to a lower class.* S'il trouve le travail trop difficile, il peut descendre d'une classe.

move in on moves, moving, moved

move in on sb/sth

avancer sur • *There are reports that the police are moving in on the terrorists.* On rapporte que les filets de la police se resserrent sur les terroristes. • *Government troops have moved in on the rebel stronghold.* Les troupes gouvernementales avancent sur le fief rebelle.

move in on sth

s'implanter • *A large American corporation is planning to move in on the newly privatised British electricity industry.* Une importante société américaine prévoit de s'implanter dans le secteur nouvellement privatisé de l'électricité britannique.

move in together/with moves, moving, moved

move in together
move in with sb

emménager avec • *She's just moved in with her boyfriend.* Elle vient d'emménager avec son copain. • *Moving in together is a big step in a relationship.* Vivre ensemble est une étape importante dans une relation.

move in/into moves, moving, moved

move in
move into sth

1 emménager dans, emménager à • *They've made a lot of alterations to the house since they moved in.* Ils ont fait beaucoup de transformations dans leur maison depuis qu'ils ont emménagé. • *Some friends of mine have just moved into our street.* Des amis à moi viennent d'emménager dans notre rue.

2 se lancer dans • *In 1984, Renault moved into the executive car market.* En 1984, Renault s'est lancé sur le marché de la voiture de luxe. • *The drugs trade increased rapidly during the 1960s and London gangsters soon moved in.* Le trafic de drogue a augmenté rapidement durant les années soixante et les gangsters londoniens se sont vite lancés dans l'entreprise.

move in (sb) or move (sb) in
move (sb) into swh

(police, armée) intervenir • *The area is under rebel control and government troops are about to move in.* Le secteur est sous contrôle rebelle et les troupes gouvernementales sont prêtes à intervenir. • *Preparations are being made to move the army into the region.* Des préparatifs sont en cours pour faire intervenir l'armée dans la région.

move on moves, moving, moved

move on

1 partir • *I'd been in Paris long enough and thought it was time to move on.* J'avais passé suffisamment de temps à Paris et j'ai pensé qu'il était temps d'en partir.

2 passer à • *After three years working as a junior reporter, she was ready to move on.* Après trois ans comme apprentie reporter, elle était prête à passer à autre chose. • (souvent + **to**) *We're about to move on to the second stage of the project.* Nous sommes prêts à passer à la deuxième étape du projet.

3 progresser • *Fashion photography hasn't really moved on since the 1950s.* La photographie de mode n'a pas vraiment progressé depuis les années 50. • (souvent + **from**) *You can now phone abroad in seconds – things have really moved on from the days when you had to wait hours to be connected.* On peut maintenant téléphoner à l'étranger en quelques secondes. Les choses ont bien changé depuis l'époque où il fallait attendre des heures avant d'avoir la communication.

move on sb or move sb on

(policier, garde) faire circuler • *You can't spend the night in the station because the police will move you on.* Vous ne pouvez pas passer la nuit dans la gare parce que la police va vous faire circuler.

move out moves, moving, moved

move out

1 déménager • *She wants to move out and find a place on her own.* Elle veut déménager et trouver un logement pour elle seule.

2 se retirer • (souvent + **of**) *The company has decided to move out of the electronics business due to increased competition.* L'entreprise a décidé de se retirer du marché de l'électronique à cause de la concurrence accrue.

3 déboîter • *As I moved out to overtake the truck, I suddenly saw a car coming towards me at high speed.* Au moment où j'ai déboîté pour doubler le camion, j'ai soudain vu une voiture arriver vers moi à grande vitesse.

4 *américain, familier* se casser • *Let's move out guys – they're closing the bar.* Cassons-nous, les mecs, ils ferment le bar.

move out sb or move sb out

(police) déloger, (gouvernement) retirer, rapatrier • *The American government finally decided to move its troops out.* Le gouvernement américain a finalement décidé de retirer ses troupes.

move over moves, moving, moved

move over

1 se pousser • *If you move over a bit, Tess can sit next to me.* Si vous vous poussez un peu, Tess pourra s'asseoir près de moi. • *Tim moved over so that I could sit down.* Tim s'est poussé pour me permettre de m'asseoir.

2 laisser la place • *It's time she moved over and let someone else chair the committee.* Il est temps qu'elle laisse la place et que quelqu'un d'autre préside le comité. • *Our next guest is a 19-year-old with a wonderful* *voice and a great new record so move over, Madonna!* Notre invitée suivante a 19 ans, une voix magnifique et un nouveau disque absolument superbe: Madonna n'a qu'à bien se tenir!

3 (toujours + *adv/prép*) passer à • (souvent + **to**) *She began work as a radio journalist and then moved over to television.* Elle a commencé comme journaliste radio puis elle est passée à la télé.

4 (toujours + *adv/prép*) *surtout britannique & australien* passer à • (souvent + **from**) *We've recently moved over from oil to gas heating.* Nous venons de passer du chauffage au mazout au chauffage au gaz.

move towards moves, moving, moved

move towards sth/doing sth
faire un pas vers, être en passe de • *The government is moving further towards democracy.* Le gouvernement a fait un pas de plus vers la démocratie. • *The board of directors has moved towards accepting the demands of the union.* Le comité de direction est en passe d'accepter les revendications du syndicat.

move up moves, moving, moved

move up
britannique & australien se pousser • *Could you move up, Joe, so that Emily can sit down?* Tu peux te pousser, Joe, pour qu'Emily puisse s'asseoir?

move up (sb) or **move** (sb) **up**
1 promouvoir • (souvent + **to**) *James Webb has been moved up to editor.* James Webb a été promu rédacteur. • *She moved up last month to become deputy manager.* Elle a été promue directrice adjointe le mois dernier.
2 monter d'une classe • (souvent + **to**) *She was doing so well in class that she was moved up to the next grade.* Elle travaillait tellement bien qu'on l'a montée d'une classe.

mow down mows, mowing, mowed
(*pp* aussi **mown**)

mow down sb or **mow** sb **down**
faucher • (généralement au passif) *Forty people were mowed down when gunmen opened fire at the funeral.* Quarante personnes ont été fauchées quand des hommes armés ont ouvert le feu à l'enterrement. • *Hundreds of cyclists each year are mown down by careless drivers.* Chaque année, des centaines de cyclistes sont fauchés par des conducteurs imprudents.

muck about/around mucks, mucking, mucked

muck about/around *surtout britannique & australien, familier*
faire l'imbécile • *He was always in trouble for mucking about in class.* Il était toujours puni parce qu'il faisait l'imbécile en classe. • *I wasn't really working – I was just mucking around on the computer.* Je ne travaillais pas vraiment; je jouais avec mon ordinateur.

muck sb **about/around** *britannique & australien, familier*
faire marcher • *I'm fed up with them mucking us around and cancelling our arrangements.* J'en ai marre qu'ils nous fassent marcher et qu'ils annulent nos dispositions. • *That boyfriend of hers really mucks her around.* Son copain la fait vraiment marcher.

muck about/around with mucks, mucking, mucked

muck about/around with sth
britannique & australien, familier
bidouiller • *I wouldn't muck about with the engine if I were you – I'd take it to the garage.* Si j'étais toi, je ne bidouillerais pas le moteur; j'irais chez le garagiste. • *Tom's been mucking about with the video and I can't get it to work.* Tom a bidouillé le magnétoscope et je n'arrive pas à le mettre en marche.

muck in mucks, mucking, mucked

muck in
britannique & australien, familier mettre la main à la pâte • *If we all muck in, we can probably get the place cleaned up in a couple of hours.* Si nous mettons tous la main à la pâte, nous pouvons probablement nettoyer les lieux en deux heures. • *And although he's the boss, he's not afraid to muck in with the rest of us.* Et bien qu'il soit le patron, il n'hésite pas à mettre la main à la pâte.

muck out mucks, mucking, mucked

muck out (sth) or **muck** (sth) **out**
(écurie) nettoyer • *For a bit of extra money she helps muck out a friend's racing stables.* Pour se faire un peu d'argent elle nettoie l'écurie de course d'un ami.

muck up   mucks, mucking, mucked

muck up sth or **muck** sth **up**

1 *surtout britannique & australien, familier*
gâcher, se planter à • *I'm going to prepare for this interview because I really don't want to muck it up like the last one.* Je vais me préparer pour cet entretien parce que je ne veux pas me planter comme au précédent. • *I mucked up the whole exam.* Je me suis complètement planté à l'examen.

muck-up *n* [C] *britannique & australien, familier* gâchis • (généralement au singulier) *I made a real muck-up of my first driving test.* Je me suis vraiment planté la première fois que j'ai passé le permis de conduire.

2 *surtout britannique & australien, familier* chambouler • *The car's broken down so that's mucked up our plans for the weekend.* La voiture est en panne et ça a chamboulé nos projets pour le week-end. • *If I had a baby now, it would muck up my career.* Si j'avais un bébé maintenant, ça chamboulerait ma carrière.

3 *familier* cochonner • *I was going to wear my new beige jacket but I've gone and mucked it up.* J'allais mettre ma nouvelle veste beige mais je l'ai toute salie.

muck up *australien, familier*
faire des bêtises • *Pete was always mucking up at school and getting in trouble.* Pete faisait toujours des bêtises à l'école et il était toujours puni.

muck up sb or **muck** sb **up** *australien, familier*
se ficher de • *Jan's late again. She's always mucking me up.* Jan est encore en retard. Elle se fiche toujours de moi.

muddle along/on   muddles, muddling, muddled

muddle along/on
se laisser vivre • *I don't think he knows where his career is going – he just muddles along from day to day.* Je ne pense pas qu'il ait un plan de carrière. Il vit simplement au jour le jour.

muddle through   muddles, muddling, muddled

muddle through
se débrouiller • *Nothing really prepares you for looking after a small baby but somehow you muddle through.* Rien ne vous prépare vraiment à vous occuper d'un nouveau-né mais on se débrouille finalement. • *None of us has had any formal training but we've managed to muddle through.* Aucun d'entre nous n'a eu de formation réelle mais nous nous sommes débrouillés.

muddle up   muddles, muddling, muddled

muddle up sth or **muddle** sth **up**
déranger • *I arranged these cards alphabetically and she's gone and muddled them up.* J'ai rangé ces cartes par ordre alphabétique et elle les a dérangées. • *If you don't put pairs of socks together, they all get muddled up in the drawer.* Si tu ne plies pas tes paires de chaussettes ensemble elles se retrouvent toutes mélangées dans le tiroir.

muddle up sb/sth or **muddle** sb/sth **up**
confondre • (généralement au passif) *The two older brothers look very similar and I get them muddled up.* Les deux frères aînés se ressemblent beaucoup et je les confonds. • *You've muddled up the Italian word with the Spanish one.* Tu as confondu le mot italien avec le mot espagnol.

mug up   mugs, mugging, mugged

mug up (sth) or **mug** (sth) **up**
britannique, familier
potasser • *He has to mug up his history for an exam tomorrow.* Il faut qu'il potasse son histoire pour son examen de demain. • (souvent + **on**) *I'd better mug up on my French before the interview.* Je ferais bien de potasser mon français avant l'entretien.

mull over   mulls, mulling, mulled

mull over sth or **mull** sth **over**
retourner dans sa tête • *I need time to mull things over before I decide what to do.* J'ai besoin de réfléchir avant de prendre une décision. • *I left Johnny mulling over the menu and went to look for Cleve.* Je laissai Johnny réfléchir au menu et j'allai à la recherche de Cleve.

muscle in   muscles, muscling, muscled

muscle in
essayer de s'imposer • (souvent + **on**) *When other companies saw how well she was doing, they muscled in on the act.* Quand les autres entreprises ont vu comme elle

se débrouillait bien, elles ont essayé de s'imposer aussi.

muscle into muscles, muscling, muscled

muscle into sth
s'infiltrer, essayer de s'imposer • *Criminal gangs are muscling into the lucrative world of the car boot sale.* Des bandes de voleurs s'infiltrent dans le domaine lucratif de la brocante.

muscle out muscles, muscling, muscled

muscle out sb or **muscle** sb **out** *américain, familier*
repousser • *The electronics firm managed to muscle out several competitors to win the contract.* La société d'électronique a réussi à écarter plusieurs concurrents pour remporter le contrat. • *He was muscled out of the planning committee by local businessmen.* Il a été rejeté de la commission de planification par des hommes d'affaires locaux.

muss up musses, mussing, mussed

muss up sth or **muss** sth **up** *surtout américain, familier*
décoiffer, déranger • *She's worried the wind will muss up her hair.* Elle a peur que le vent la décoiffe.

muster in/into musters, mustering, mustered

muster in sb or **muster** sb **in** *américain, formel*
muster sb **into** sth *américain, formel*
enrôler dans • (généralement au passif) *He was mustered into the army last fall.* Il a été enrôlé dans l'armée l'automne dernier.

muster out musters, mustering, mustered

muster out sb or **muster** sb **out** *américain, formel*
libérer • (généralement au passif) *Now that the war is over, troops are being mustered out and sent home.* Maintenant que la guerre est finie, les soldats sont libérés et renvoyés chez eux.

muster up musters, mustering, mustered

muster up sth or **muster** sth **up**
(courage, énergie) rassembler • (souvent + to do sth) *She finally mustered up the courage to ask him for more money.* Elle a finalement pris son courage à deux mains et lui a demandé de l'argent. • *I'm trying to muster up the energy to go for a walk.* J'essaie de rassembler suffisamment d'énergie pour aller marcher.

N

naff off

Naff off! (toujours à l'impératif) *britannique, argot*
Fous le camp! • *Just tell those reporters to naff off!* Dites à ces journalistes de foutre le camp!

nail down nails, nailing, nailed

nail down sb or **nail** sb **down**
mettre au pied du mur • (souvent + **to**) *They've agreed to do it but we haven't managed to nail them down to a date yet.* Ils sont d'accord pour le faire mais nous n'avons pas encore réussi à leur faire dire une date. • *I don't know what his position is on this – I'm going to have to nail him down.* Je ne connais pas sa position là-dessus; je vais devoir lui tirer les vers du nez.

nail down sth or **nail** sth **down**
1 *américain* obtenir • *There is some doubt as to whether they will be able to nail down the financing for the project.* Il est encore douteux qu'ils réussissent à obtenir le financement du projet.
2 *américain* bien comprendre, définir • *It's difficult to nail down exactly what are the weaknesses of the system.* Il est dificile de mettre le doigt sur les faiblesses du système.

name after/for names, naming, named

name sb/sth **after** sb/sth *britannique, américain & australien*
name sb/sth **for** sb/sth *américain*
baptiser du même nom que • (généralement au passif) *Thomas was named after his grandfather.* Thomas porte le nom de son grand-père. • *The Brendon Byrne Arena was named for the former Governor of New Jersey.* Le stade Brendon Byrne porte le nom de l'ancien gouverneur du New Jersey.

narrow down narrows, narrowing, narrowed

narrow down sth or **narrow** sth **down**
(liste, choix, options) réduire • *The police department attempted to narrow down the list of suspects.* La police a essayé de réduire la liste des suspects. • (souvent + **to**) *The committee had narrowed the choices down to two.* Le comité a réduit le nombre de possibilités à deux.

nibble away at nibbles, nibbling, nibbled

nibble away at sth
grignoter • *Even when inflation is low, it nibbles away at people's savings.* Même quand l'inflation est basse, elle grignote les économies des gens.

nick off nicks, nicking, nicked

nick off *australien, familier*
se tailler • *See you later, we're nicking off to the pub.* A plus, on se taille au pub.
Nick off! (toujours à l'impératif) *australien, familier*
Va-t-en! • *Just nick off and leave us in peace!* Va-t-en et laisse-nous tranquille!

nick out nicks, nicking, nicked

nick out *australien, familier*
sortir • *Bill just nicked out for a second. He'll be back soon.* Bill est sorti en vitesse. Il n'en a pas pour longtemps.

nod off nods, nodding, nodded

nod off *familier*
s'assoupir • *I nodded off just before the end of the film.* Je me suis assoupie juste à la fin du film.

nose about/around noses, nosing, nosed

nose about/around (swh) *familier*
fouiner dans • *I don't like the idea of someone nosing around in my bedroom.* Je n'aime pas l'idée de quelqu'un en train de fouiner dans ma chambre. • *I was just nosing around his office.* J'étais juste en train de fouiner dans son bureau.

nose out noses, nosing, nosed

nose out sth or **nose** sth **out** *surtout britannique & australien*
découvrir • *She seems to have a gift for nosing out people's secrets.* Elle a l'air d'avoir un don pour découvrir les secrets des gens.

nose out sb or **nose** sb **out** *familier*
battre d'un cheveu • *He was nosed out of second place by a former colleague.* Il a été battu d'un cheveu pour la deuxième place par un ancien collègue.

notch up notches, notching, notched

notch up sth or **notch** sth **up**
(victoire, point) remporter • *She has recently notched up her third win at a major tennis tournament.* Elle a récemment remporté sa troisième victoire à un important tournoi de tennis.

note down notes, noting, noted

note down sth or **note** sth **down**
noter • *I noted down the telephone number of the agency.* J'ai noté le numéro de téléphone de l'agence. • *Did you note down the address?* Tu as noté l'adresse ?

number among numbers, numbering, numbered

number (sb/sth) **among** sth *formel*
faire partie de • *Reeves numbered among the intellectuals who were members of the group.* Reeves faisait partie des intellectuels qui étaient membres du groupe. • *The city numbers among the most active trading centres in the country.* La ville fait partie des centres d'affaires les plus dynamiques du pays.

nut out nuts, nutting, nutted

nut out sth or **nut** sth **out** *australien, familier*
piger • *It took all morning but I finally managed to nut it out.* Ça m'a pris la matinée mais j'ai finalement réussi à piger.

nuzzle up nuzzles, nuzzling, nuzzled

nuzzle up
se frotter le visage contre • (souvent + **against**) *He got into bed and nuzzled up against her.* Il se coucha et vint frotter son visage contre elle.

O

object to objects, objecting, objected

object to sth/sb/doing sth
s'opposer à • *What I object to is being spoken to as if I'm a complete idiot.* Ce que je déteste, c'est qu'on s'adresse à moi comme si j'étais une parfaite imbécile. • *Someone in the meeting objected to his use of the word 'girl' instead of 'woman'.* Quelqu'un à la réunion s'est opposé à son utilisation du mot 'fille' au lieu de 'femme'.

occur to occurs, occurring, occurred

occur to sb
venir à l'esprit de • (souvent + **that**) *It didn't occur to me that he might be offended.* Je n'ai pas réalisé qu'il était peut-être vexé. • (souvent + to do sth) *Did it ever occur to you to ask where she'd been?* As-tu jamais pensé à demander où elle était allée? • *The thought did occur to me.* L'idée m'est effectivement venue à l'esprit.

offend against offends, offending, offended

offend against sth *formel*
enfreindre • *The channel was banned on the grounds that it 'offended against good taste and decency'.* La chaîne a été interdite parce qu'elle 'était allée à l'encontre du bon goût et de la décence'.

offer up offers, offering, offered

offer up sth or **offer** sth **up**
offrir à Dieu • *Prayers of thanksgiving were offered up each morning.* Des prières d'action de grâce étaient offertes à Dieu chaque matin.

open into opens, opening, opened

open into sth
donner sur • *The door opened into a tiny hallway.* La porte donnait sur une petite entrée. • *Their bedroom opens into the bathroom.* Leur chambre communique avec la salle de bains.

open off opens, opening, opened

open off sth
communiquer avec • *The square opens off the main street of the town.* Le square donne sur la rue principale de la ville.

open onto opens, opening, opened

open onto sth
donner sur • *The kitchen opens onto a large breakfast room.* La cuisine donne sur une grande pièce réservée au petit déjeuner. • *The windows at the back open onto fields.* Les fenêtres de derrière donnent sur des champs.

open out opens, opening, opened

open out (sth) or **open** (sth) **out**
1 (se) déplier • *We need one of those sofas that opens out into a bed.* Il nous faut un de ces canapés qui s'ouvrent en lit. • *He opened the map out and studied it carefully.* Il a déplié une carte et l'a étudiée avec soin.
2 (s')élargir • *In the last three chapters of the book, the argument opens out to encompass the whole of Western literature.* Dans les trois derniers chapitres du livre, l'argumentation s'élargit pour couvrir l'ensemble de la littérature occidentale. • *The debate should be opened out into a general discussion on environmental policy.* Le débat devrait être élargi en discussion d'ensemble sur la politique de l'environnement.

open out
s'élargir • (souvent + **into**) *As you emerge from the wood, the path opens out into a wide track.* A la sortie du bois, le chemin s'élargit en une large piste. • *The long tunnel of overhanging branches opens out into a clearing.* Le long tunnel de branches en surplomb s'ouvre sur une clairière.

open up opens, opening, opened

open up (sth) or **open** (sth) **up**
1 ouvrir • *We've arranged for the caretaker to open up the building.* Nous avons demandé au gardien d'ouvrir le bâtiment. • *Open up – we know you're in there!* Ouvrez! Nous savons que vous êtes à l'intérieur!
2 s'ouvrir • *Cheaper air travel has opened up all kinds of new holiday destinations.* Des tarifs d'avion moins chers ont ouvert toutes sortes de nouvelles destinations de vacances. • (souvent + **to**) *Eastern European markets are opening up to*

Western investment. Les marchés d'Europe de l'Est s'ouvrent aux investisseurs occidentaux.

3 s'ouvrir • *This latest discovery opens up almost unlimited possibilities for research.* Cette dernière découverte ouvre des possibilités presque illimitées à la recherche. • *When you've got a qualification like that, so many career opportunities open up.* Un diplôme de ce genre ouvre la voie à tellement de carrières possibles.

4 ouvrir • *Several banks have recently opened up new branches in the city centre.* Plusieurs banques ont récemment ouvert de nouvelles succursales dans le centre ville. • *Fast food restaurants are opening up everywhere you look.* On ouvre des fast-foods dans tous les coins.

open up sth or **open** sth **up**

1 faire apparaître, faire découvrir • *The security council debate could open up sharp differences between the countries.* Le débat au conseil de sécurité pourrait faire apparaître des différences tangibles entre les pays. • *Getting to know Patrick opened up a whole new world for me.* Ma rencontre avec Patrick m'a fait découvrir un nouvel univers.

2 (écart) creuser • *Davis opened up a gap of ten points over the defending champion.* Davis s'est creusé un écart de dix points devant le tenant du titre. • *Latest surveys show the Labour Party opening up a clear lead in the opinion polls.* Les dernières enquêtes montrent que le Parti Travailliste s'est creusé un écart confortable dans les sondages d'opinion.

open up

1 s'ouvrir • (souvent + **to**) *I've never opened up to anyone like I do to you.* Je ne me suis jamais ouvert avec personne comme je le fais avec toi. • *He's quite a private person – it took quite a while for him to open up.* C'est quelqu'un d'assez discret; il lui a fallu un certain temps avant de s'ouvrir.

2 ouvrir le feu • *Enemy guns opened up as the planes flew in.* Les mitrailleuses ennemies ouvrirent le feu quand les avions arrivèrent. • (parfois + **on**) *A lone gunman opened up on the crowd.* Un tireur isolé a ouvert le feu sur la foule.

open up sb/sth or **open** sb/sth **up**

ouvrir • *When the doctors opened her up, they couldn't find anything wrong with her.* Quand les docteurs l'ont ouverte, ils n'ont rien trouvé d'anormal.

opt in/into opts, opting, opted

opt in *britannique & australien*
opt into sth *britannique & australien*
participer à, contribuer à • *I've decided to opt into the company's pension scheme.* J'ai décidé de contribuer au plan de retraite de l'entreprise. • *People were told about the research project and asked whether they wanted to opt in.* On a informé les gens du projet de recherche et on leur a demandé s'ils voulaient participer.

opt out opts, opting, opted

opt out
ne pas participer à, ne pas contribuer à • (souvent + **of**) *He's decided to opt out of the company's pension scheme.* Il a décidé de ne plus contribuer au plan de retraite de l'entreprise. • *Given the option of leaving government control, many schools have decided to opt out and become independent.* Ayant la possibilité de ne plus être sous contrôle de l'état, beaucoup d'écoles ont décidé d'y renoncer et de devenir indépendantes.

order about/around orders, ordering, ordered

order sb **about/around**
donner des ordres à • *You can't just come in here and start ordering people around.* Tu ne peux pas arriver comme ça et te mettre à donner des ordres à tout le monde.

order in orders, ordering, ordered

order in sth or **order** sth **in** *américain*
se faire livrer • *We stayed in last night, watched a video and ordered in a pizza.* Nous sommes restés à la maison à regarder une vidéo et nous nous sommes fait livrer une pizza.

order out orders, ordering, ordered

order out *américain*
se faire livrer • (généralement + **for**) *We ordered out for sandwiches and worked through lunch.* Nous nous sommes fait livrer des sandwiches et nous avons travaillé pendant l'heure du déjeuner.

own up owns, owning, owned

own up
avouer, confesser • (souvent + **to**) *Someone obviously broke the machine but no-one will own up to it.* Quelqu'un a manifestement cassé la machine, mais personne n'est disposé à l'avouer. • *Come on, own up! Who's been using my mug?* Allons, avouez! Qui a utilisé ma tasse?

P

pace off/out paces, pacing, paced

pace off/out sth or **pace** sth **off/out**
(jamais au passif)
mesurer en pas • *I was just pacing out the room to see where the bed would fit.* Je mesurais simplement la pièce pour voir où mettre le lit.

pack away packs, packing, packed

pack away sth or **pack** sth **away**
1 ranger • *Come on, James, pack away your toys now, please.* Allez, James, range tes jouets, maintenant. • *All her clothes and belongings had been packed away in trunks and boxes.* Tous ses vêtements et toutes ses affaires avaient été rangés dans des malles et des cartons.
2 *familier* engloutir • *For a small person, she can pack away an impressive amount of food.* Pour une petite femme, elle peut engloutir une quantité de nourriture impressionnante.

pack in packs, packing, packed

pack in sth or **pack** sth **in** *familier*
1 laisser tomber • *My job was really boring so I decided to pack it in.* Mon travail était tellement ennuyeux que j'ai décidé de le laisser tomber.
2 bien remplir son temps • *We were only there four days but we packed so much in.* Nous ne sommes restés que quatre jours mais ils ont été bien remplis.
Pack it in! (toujours à l'impératif) *britannique & australien, familier*
Ça suffit! • *Pack it in, you two! You've been arguing all morning.* Ça suffit, vous deux! Vous n'avez pas cessé de vous disputer de toute la matinée.
pack in sb or **pack** sb **in**
1 faire salle comble • (parfois + **at**) *The rock show 'Hot Stuff' is already packing them in at a London theatre.* Le spectacle rock 'Hot Stuff' fait déjà salle comble dans un théâtre de Londres.
2 *britannique, familier* laisser tomber • *They're not seeing each other any more – she's packed him in.* Ils ne se voient plus; elle l'a laissé tomber.

pack into packs, packing, packed

pack sth **into** sth
faire beaucoup de choses durant • *We packed a lot of sightseeing into our weekend in New York.* Nous avons vu beaucoup de choses durant notre week-end à New York.

pack off packs, packing, packed

pack off sb or **pack** sb **off** *familier*
envoyer • (généralement + **to**) *When they were eleven, the twins were packed off to boarding school.* A onze ans, les jumeaux ont été envoyés en pension. • *I packed him off to the doctor's.* Je l'ai envoyé chez le médecin.

pack out packs, packing, packed

pack out sth or **pack** sth **out** *britannique*
envahir • *100,000 football supporters packed out Wembley Stadium to see the game.* 100.000 supporters de football ont envahi le stade de Wembley pour voir le match.
packed out *adj* (toujours après v) bondé • *The cinema was absolutely packed out.* Le cinéma était absolument bondé.

pack up packs, packing, packed

pack up (sth) or **pack** (sth) **up**
ranger • *I just need a few minutes to pack up my equipment, and then we can leave.* J'ai besoin de quelques minutes pour ranger mon matériel et nous pourrons partir. • *I got to the market just as it was closing and everyone was packing up.* Je suis arrivé à la fin du marché quand tout le monde rangeait.
pack up
1 *britannique, familier* tomber en panne • *Our car's packed up again.* Notre voiture est encore tombée en panne.
2 *familier* arrêter de travailler • *I usually pack up early on Friday afternoons.* J'arrête généralement de travailler de bonne heure le vendredi après-midi.

pad down pads, padding, padded

pad down (toujours + *adv/prép*)
américain, familier
dormir • *You can pad down at our house tonight, if you like.* Tu peux dormir chez nous ce soir, si tu veux.

pad out pads, padding, padded

pad out sth or **pad** sth **out**
étoffer • (souvent + **with**) *If your essay is on the short side, you can always pad it out with a few quotations.* Si ta dissertation est un peu courte, tu peux l'étoffer de quelques citations.

page through pages, paging, paged

page through sth *américain*
feuilleter • *She watched the official page through her passport.* Elle regarda le fonctionnaire feuilleter les pages de son passeport.

pair off pairs, pairing, paired

pair off
se mettre en couple • *Two months into the course, everyone started pairing off.* Deux mois après le début du cours, tout le monde commença à se mettre en couple.

pair off with pairs, pairing, paired

pair sb **off with** sb
faire sortir avec • *I think she was trying to pair me off with her brother.* Je crois qu'elle essayait de me faire sortir avec son frère.

pair up pairs, pairing, paired

pair up
s'associer avec • (souvent + **with**) *We had to pair up with another person for a couple of the activities.* Nous avons dû nous associer avec une autre personne pour deux des activités.

pal around pals, palling, palled

pal around *américain, familier*
copiner • (souvent + **with**) *He had a glamorous life palling around with famous people.* Il a eu une vie brillante, où il fréquentait des gens célèbres.

pal up pals, palling, palled

pal up *britannique & australien, familier*
se lier avec • (généralement + **with**) *She's palled up with some people from work and they're going on holiday together.* Elle s'est liée avec des gens de son travail et ils partent en vacances ensemble.

palm off palms, palming, palmed

palm off sb or **palm** sb **off**
raconter des bobards • (généralement + **with**) *I feel I've just been palmed off with a series of excuses.* J'ai l'impression qu'on m'a embobiné avec tout un tas d'excuses.

palm off as palms, palming, palmed

palm sth **off as** sth
faire passer pour • *He was trying to palm it off as an original when it clearly wasn't.* Il essayait de le faire passer pour un original alors qu'il était évident que ça n'en était pas un.

palm off on/onto palms, palming, palmed

palm off sth/sb **on/onto** sb or **palm** sth/sb **off onto** sb
refourguer à • *So you've got a newer, better computer and you're trying to palm the old one off on me!* Alors, tu as un ordinateur plus récent et plus performant et tu essaies de me refourguer l'ancien! • *They're always palming their kids off onto other people.* Ils refourguent toujours leurs gosses aux autres.

pan out pans, panning, panned

pan out (toujours + *adv/prép*)
évoluer • *We'll have to see how things pan out.* Nous verrons comment les choses évoluent.

pander to panders, pandering, pandered

pander to sb/sth
(personne) céder à, (volonté) se plier à • *I'm not really interested in pandering to male fantasies.* Me conformer aux fantasmes masculins ne m'intéresse pas vraiment.

paper over papers, papering, papered

paper over sth
passer sous silence • *Respective governments have papered over many of the disagreements between the two countries.* Chacun des gouvernements a dissimulé bien des désaccords existant entre les deux pays. • *He accused Walker of 'trying to paper over the cracks in his party's policy'.* Il a accusé Walker d'essayer

de dissimuler les failles présentes dans la politique de son parti.

parcel out parcels, parcelling, parcelled (*américain* parceling, parceled)

parcel out sth or **parcel** sth **out**
partager • *The remaining profits were parcelled out to six outside companies.* Les bénéfices restants ont été partagés entre six entreprises extérieures.

parcel up parcels, parcelling, parcelled

parcel up sth or **parcel** sth **up**
britannique
emballer • *Parcel up those tins and we'll send them off tomorrow.* Emballe ces boîtes de conserve et nous les expédierons demain.

pare down pares, paring, pared

pare down sth or **pare** sth **down**
réduire • *A lot of companies have pared their staff down to a minimum.* Beaucoup d'entreprises ont réduit leur personnel au minimum.
pared-down *adj* (toujours avant n) abrégé • *It was a pared-down version of the play, lasting an hour and a half.* C'était une version abrégée de la pièce qui ne durait qu'une heure et demie.

parlay into parlays, parlaying, parlayed

parlay sth **into** sth *américain*
développer en • *He bought a hamburger stand which he later parlayed into the third largest food service business in the country.* Il a acheté un stand de hamburgers qu'il a développé par la suite jusqu'à en faire la troisième entreprise de restauration du pays.

part with parts, parting, parted

part with sth
se séparer de • *I was going to give away her old baby clothes but I couldn't bring myself to part with them.* J'allais donner ses anciens vêtements de bébé mais je n'ai pas eu le coeur de m'en séparer. • *You know how difficult it is getting Simon to part with his hard-earned cash.* Vous savez combien il est difficile de convaincre Simon de dépenser l'argent qu'il a si durement gagné.

partake of partakes, partaking, partook, partaken

partake of sth
1 *formel* évoquer • *Her fiction partakes of the vivid emotional world of a child.* Ses romans évoquent l'univers plein d'émotions fortes des enfants.
2 *formel* (verre) prendre, (plat) manger • *Would you care to partake of a little refreshment?* Désirez-vous prendre un petit rafraîchissement?

partition off partitions, partitioning, partitioned

partition off sth or **partition** sth **off**
séparer • (généralement au passif) *One part of the bedroom was partitioned off to form a study.* Une partie de la chambre a été cloisonnée pour en faire un bureau.

partner off/up partners, partnering, partnered

partner off/up (sb) or **partner** (sb) **off/up** *surtout britannique & australien* (faire) se mettre par deux • (parfois + **with**) *For most of the dances you had to partner off with someone.* Pour la plupart des danses, il fallait trouver un partenaire.

pass around/round passes, passing, passed

pass around/round sth or **pass** sth **around/round**
faire passer • *Take a copy for yourself and pass the rest around.* Prenez-en un exemplaire et faites passer. • *I thought it would be nice to have some chocolates to pass round.* J'ai pensé que ce serait une bonne idée d'avoir quelques chocolats à offrir.

pass as/for passes, passing, passed

pass as/for sb/sth (jamais au passif)
passer pour • *She's fifteen but she could easily pass for eighteen.* Elle a quinze ans mais on lui en donne facilement dix-huit. • *Their food is really good, especially if you think about **what passes for** food in most pubs.* Leur cuisine est vraiment bonne, surtout quand on pense à ce qu'on vous

sert en guise de nourriture dans la plupart des pubs.

pass away passes, passing, passed

pass away

1 mourir • *She passed away peacefully in her sleep.* Elle est morte paisiblement dans son sommeil. • *I've lived on my own since my husband passed away five years ago.* Je vis seule depuis la mort de mon mari il y a cinq ans.

2 *légèrement formel* être révolu • *The great age of coal mining in the region has long since passed away.* La grande époque des charbonnages est révolue depuis longtemps dans la région.

pass by passes, passing, passed

pass by (sb/swh)
(ami) croiser, (maison) passer devant • *He passes by our house on his way to work.* Il passe devant chez nous quand il se rend à son travail. • *I just happened to be passing by when it happened.* Je passais justement par là quand c'est arrivé.

pass by (swh) (jamais au passif) *britannique*
(ami) passer chez, (boutique) passer à • *I'll pass by the shop on my way home and buy a paper.* Je passerai à la boutique en rentrant et j'achèterai un journal. • *I told Helen that you'd pass by to collect the books.* J'ai dit à Helen que tu passerais prendre les livres.

pass by
(temps) passer • *Time seems to pass by so slowly when you're at school.* Le temps semble passer tellement lentement quand on est à l'école. • *As the weeks passed by, I began to give up hope of ever seeing him again.* Au fur et à mesure que les semaines passaient, j'ai commencé à perdre tout espoir de le revoir un jour.

pass sb by
(événement) ne pas faire attention à • *I was so busy studying for my exams that the election passed me by completely.* J'étais tellement occupée à réviser pour mes examens que je n'ai pas prêté attention aux élections. • *You mustn't let an opportunity like that pass you by.* Il ne faut pas laisser passer une telle occasion. • *I sometimes get the feeling that life is passing me by.* J'ai quelquefois l'impression de passer à côté de la vie.

pass down passes, passing, passed

pass down sth or **pass** sth **down**
transmettre • (généralement au passif; souvent + *from*) *Tales such as these were passed down from generation to generation.* Des contes comme ceux-ci étaient transmis de génération en génération. • *In the past, buttons were often kept and passed down from mother to daughter.* Autrefois, les boutons étaient souvent conservés et passés de mère en fille.

pass for

voir **pass as/for**

pass off passes, passing, passed

pass off (toujours + *adv/prép*) *britannique & australien*
se dérouler • *The demonstration passed off peacefully, although there were over 200,000 people present.* La manifestation s'est déroulée dans le calme bien qu'il y ait eu plus de 200.000 manifestants.

pass off as passes, passing, passed

pass off sth/sb **as** sth/sb or **pass** sth/sb **off as** sth/sb
faire passer pour • *She'd tried to pass the painting off as a Picasso.* Elle avait essayé de faire passer le tableau pour un Picasso. • (souvent pronominal) *He then went to the States where he tried to pass himself off as an aristocrat.* Ensuite, il est allé aux Etats-Unis où il a essayé de se faire passer pour un aristocrate.

pass on passes, passing, passed

pass on sth or **pass** sth **on**

1 faire passer • (souvent + *to*) *Did you pass on my message to Jeremy?* Est-ce que tu as passé mon message à Jeremy? • *They were in possession of vital information which they failed to pass on to the police.* Ils possédaient des informations essentielles qu'ils n'ont pas transmises à la police.

2 (livre) passer • (souvent + *to*) *Could you pass it on to Laura when you've finished reading it?* Est-ce que tu peux le passer à Laura quand tu auras fini de le lire?

3 transmettre • (souvent + *to*) *One of the pleasures of being a teacher is being able to pass on your knowledge of a subject.* Un des plaisirs de l'enseignement est de pouvoir transmettre vos connaissances sur un sujet particulier.

pass up

4 transmettre • (souvent + **to**) *It is thought that these cancer-causing genes can be passed on to the next generation.* On pense que les gènes responsables du cancer peuvent être transmis d'une génération à l'autre. • *In the past, people with diseases that could be passed on were often advised not to have children.* Autrefois, les gens souffrant de maladies transmissibles étaient dissuadés d'avoir des enfants.
5 transmettre • (souvent + **to**) *Scientists are worried that BSE can be passed on to humans.* Les chercheurs craignent que l'ESB puisse être transmise aux humains. • *The virus can be passed on through physical contact.* Le virus peut être transmis par contact physique.
6 (économie) faire profiter de, (augmentation) faire subir • (souvent + **to**) *The rise in the price of computer chips means that computer manufacturers will be passing on this increase to consumers.* La hausse du prix des puces informatiques signifie que les fabricants feront subir l'augmentation aux consommateurs.

pass on
décéder • *Did you hear that Mrs Thomas had passed on?* Avez-vous appris le décès de Mme Thomas?

pass on to passes, passing, passed

pass on to sth (jamais au passif)
britannique & australien
passer à • *Let's pass on to the next item on the agenda.* Passons au point suivant de l'ordre du jour.

pass out passes, passing, passed

pass out
1 s'évanouir • *It was so hot in the stadium that I thought I was going to pass out.* Il faisait si chaud sur le stade que j'ai cru que j'allais m'évanouir. • *He came back drunk from Gav's party and passed out on the sofa.* Il est revenu ivre de la fête chez Gav et il s'est écroulé, inconscient, sur le canapé.
2 *britannique & australien* obtenir son incorporation • *He was posted to Northern Ireland a month after he passed out.* Il a été affecté en Irlande du Nord un mois après son incorporation.
  passing-out *adj* (toujours avant n) *britannique & australien* de promotion • *The end of their six-month training course was marked by a passing-out parade.* La fin de leur formation de six mois a été célébrée par un défilé de promotion.

pass out sth or **pass** sth **out**
distribuer • *Could you pass those books out?* Est-ce que vous pouvez distribuer ces livres?

pass over passes, passing, passed

pass over sb or **pass** sb **over**
ne pas être choisi pour une promotion malgré son ancienneté • (généralement au passif) *Ms Williams claims that she was passed over because she was pregnant.* Ms Williams affirme qu'on a choisi de promouvoir quelqu'un de moins expérimenté à sa place parce qu'elle était enceinte. • (souvent + **for**) *He decided to retire at the age of 55 after being passed over for promotion.* Il a décidé de prendre sa retraite à l'âge de 55 ans après que quelqu'un de moins expérimenté ait obtenu une promotion qui devait lui revenir.

pass over sth or **pass** sth **over**
passer sous silence, ignorer • *The media has been accused of passing over some of the most disturbing details of the case.* Les médias ont été accusés de passer sous silence certains des détails les plus perturbants de l'affaire. • *Yes, well, we'll pass over that last comment.* Oui, bon, nous passerons sur cette dernière remarque.

pass round
voir **pass around/round**

pass to passes, passing, passed

pass to sb *légèrement formel*
revenir à • *On his aunt's death, all her property will pass to him.* A la mort de sa tante, tous ses biens lui reviendront. • *The presidency of the EU will pass to the Netherlands next year.* La présidence de l'Union Européenne reviendra l'année prochaine aux Pays-Bas.

pass up passes, passing, passed

pass up sth or **pass** sth **up**
laisser passer • (souvent + **to do sth**) *I can't believe she passed up the chance to go to Australia.* Je n'arrive pas à croire qu'elle a laissé passer l'occasion d'aller en Australie. • *It's a great opportunity – you'd be a fool to pass it up.* C'est une occasion extraordinaire; tu serais bien bête de la laisser passer.

patch together patches, patching, patched

patch together sth or **patch** sth **together**
1 bricoler • *We managed to patch together a last-minute deal after the original deal collapsed.* Nous avons réussi à bricoler un accord de dernière minute après l'échec de l'accord d'origine.
2 mettre sur pied • *After the civil war ended, a national army was patched together from three resistance groups.* A la fin de la guerre civile, on a mis sur pied une armée nationale en réunissant trois groupes de résistance.

patch up patches, patching, patched

patch up sth or **patch** sth **up**
1 (problème) régler, (relation) améliorer • *Apparently, they're trying to patch up their marriage.* Apparemment, ils essaient de régler leurs problèmes conjugaux. • *Has he managed to patch things up with Emma after their little fall-out?* A-t-il réussi à se réconcilier avec Emma après leur petit accrochage?
2 réparer • *I've patched up the hole in the shed roof with a piece of plastic.* J'ai réparé le trou dans le toit de la cabane avec un morceau de plastique.

patch up sb or **patch** sb **up** *légèrement familier*
donner les premiers soins à • *The hospital had no drugs or equipment, but the doctors did their best to patch up the injured.* L'hôpital n'avait ni médicament ni équipement mais les médecins ont fait de leur mieux pour soigner les blessés.

paw at paws, pawing, pawed

paw at sth
gratter à • *The dog was pawing at the door, trying to get back in.* Le chien grattait à la porte, essayant de rentrer.

paw at sb *familier*
tripoter • *The last thing you want is a group of drunken football-fans pawing at you.* Il vaut mieux ne pas se retrouver à se faire tripoter par un groupe de supporters de foot complètement ivres.

pay back pays, paying, paid

pay back sb/sth or **pay** sb/sth **back**
rembourser • *Pay me back another time. I don't need the money just now.* Rembourse-moi une autre fois. Je n'ai pas besoin de cet argent pour l'instant. • *Only borrow the money if you're sure you'll be able to pay it back.* N'emprunte l'argent que si tu es sûre de pouvoir rembourser.

pay back sb or **pay** sb **back**
rendre la monnaie de sa pièce à • (généralement + **for**) *I'm going to pay him back for all those things he said about me.* Je vais lui faire payer tout ce qu'il a dit sur moi.

pay for pays, paying, paid

pay for sth
payer pour • *He stopped me from getting that job and I'm going to make him pay for it.* Il m'a empêché d'obtenir cet emploi et je vais lui faire payer. • *I didn't bother having the car checked, a mistake for which I **paid dearly**.* Je n'ai pas pris la peine de faire réviser la voiture, erreur que j'ai payée cher.

pay in/into pays, paying, paid

pay in sth or **pay** sth **in**
pay sth **into** sth
(compte) mettre sur, (chèque) encaisser • *I still haven't paid that cheque in.* Je n'ai pas encore encaissé ce chèque. • *I've just got to pay some money into my account.* je dois seulement mettre un peu d'argent sur mon compte.

pay off pays, paying, paid

pay off sth or **pay** sth **off**
(prêt, emprunt immobilier) rembourser, (découvert) combler • *I'm planning to pay off my bank loan within five years.* Je prévois de rembourser mon prêt bancaire sur cinq ans. • *It makes sense to pay off your credit card balance every month.* Il est raisonnable de rembourser ses achats par carte de crédit chaque mois.

pay off
(efforts) payer • *I was pleased to hear about your job offer – all that hard work has obviously paid off.* J'ai reçu votre offre d'emploi avec plaisir; à l'évidence, tous mes efforts sont récompensés.

pay-off *n* [C] avantage • *The pay-off, as far as I'm concerned, is the freedom to use my time as I wish.* L'avantage, de mon point de vue, est que je suis libre d'organiser mon temps comme bon me semble.

pay off sb or **pay** sb **off**

1 verser de l'argent à • *The gang threatened to attack his business premises unless he paid them off.* Le gang a menacé d'attaquer ses bureaux s'il ne leur versait pas d'argent. • (parfois + to do sth) *There were rumours that key witnesses had been paid off to keep quiet.* Des rumeurs circulaient selon lesquelles des témoins d'importance capitale avaient été payés pour se taire.

pay-off *n* [C] versement d'argent • *He has been accused of making an illegal pay-off to the police to avoid prosecution.* Il a été accusé de verser des pots-de-vin à la police pour ne pas être poursuivi en justice.

2 licencier • *The city council has decided to pay off 50 of its employees and take on temporary staff instead.* La municipalité a décidé de licencier 50 de ses employés et de les remplacer par des intérimaires.

pay-off *n* [C] prime de licenciement • *She left her job as chief executive of the company with a £50,000 pay-off.* Elle a quitté son emploi de cadre supérieur de l'entreprise avec une prime de licenciement de 50.000 livres.

pay out pays, paying, paid

pay out (sth) or **pay** (sth) **out**

payer, verser • *I had to pay out £300 to get my car fixed.* J'ai dû payer 300 livres de réparations pour ma voiture. • *If the insurers pay out, we should get about £600 for it.* Si l'assurance paie, nous devrions recevoir environ 600 livres. • (parfois + **in**) *An additional £265 million has been paid out in unemployment benefits this year.* 265 millions de livres supplémentaires ont été dépensés en allocations de chômage cette année.

payout *n* [C] versement • *The winner of the lottery will receive a payout of £3 million.* Le gagnant de la loterie recevra un versement de 3 millions de livres. • *The earthquake cost insurers millions of dollars in payouts.* Le tremblement de terre a coûté des millions de dollars de versements compensatoires aux compagnies d'assurance.

pay out sth or **pay** sth **out**

relâcher • *I started the boat's engine while Alex paid out the rope.* J'ai mis le moteur du bateau en marche tandis qu'Alex relâchait la corde.

pay up pays, paying, paid

pay up *familier*

payer • *If he doesn't pay up, I'll throw him out. It's as simple as that.* S'il ne paie pas, je le mets à la porte. C'est aussi simple que ça. • (souvent à l'impératif) *That's fifty bucks you owe me. Come on, pay up!* Tu me dois 50 dollars. Allez, paie!

pay up sth or **pay** sth **up** *américain*

rembourser • *We've finally paid the mortgage up.* Nous avons enfin fini de payer la maison.

peal out peals, pealing, pealed

peal out

sonner à tout rompre • *It was 10 o'clock on a Sunday morning and the church bells were pealing out.* C'était un dimanche à dix heures du matin et les cloches de l'église sonnaient à tout rompre.

peel off peels, peeling, peeled

peel off sth or **peel** sth **off**

1 (vêtement) retirer • *She peeled off her swimsuit and started drying herself with a towel.* Elle a retiré son maillot de bain et s'est essuyée avec une serviette. • *He took off his thick coat and peeled off his gloves.* Il retira son gros manteau et se déganta.

2 compter • *He peeled off five £10 notes and handed them to me.* Il a compté cinq billets de 10 livres et me les a donnés.

peel off

se détacher • *One of the planes peeled off and circled around to the left.* Un des avions se détacha et contourna les autres vers la gauche.

peg away pegs, pegging, pegged

peg away *vieilli*

s'accrocher • (souvent + **at**) *Louise had been pegging away at her books and was looking very tired.* Louise avait planché longtemps sur ses livres et avait l'air très fatigué.

peg down pegs, pegging, pegged

peg down sth or **peg** sth **down**

(tente, filet) fixer • *Remember to peg your tent down well so the rain doesn't get in.* Souviens-toi de bien fixer ta tente pour que la pluie ne rentre pas.

peg out   pegs, pegging, pegged

peg out sth or **peg** sth **out**
britannique & australien étendre • *Have you pegged out the washing yet?* As-tu déjà étendu le linge?

peg out
1 *britannique & australien, vieilli, informel* casser sa pipe • *My uncle Jack pegged out at the age of 95.* Mon oncle Jack a cassé sa pipe à l'âge de 95 ans.
2 *britannique & australien, vieilli, informel* tomber en panne • *My car finally pegged out five miles from home.* Ma voiture est finalement tombée en panne à 8 km de chez moi.

pelt down   pelts, pelting, pelted

pelt down *familier*
tomber des cordes • *Take an umbrella with you – it's pelting down outside.* Prends un parapluie, il tombe des cordes. • (parfois + **with**) *It's been pelting down with rain all day.* Il est tombé des cordes toute la journée.

pen in

be penned in (toujours au passif)
être cloué • *I can't imagine myself penned in at home with small children.* Je ne m'imagine pas clouée à la maison avec de jeunes enfants.

pen in/up   pens, penning, penned

pen in/up sth/sb or **pen** sth/sb **in/up**
enfermer • (généralement au passif) *The rebel army was penned in on all sides by government troops.* L'armée rebelle était cernée de tous côtés par les troupes gouvernementales.

pencil in   pencils, pencilling, pencilled
(*américain & australien* aussi **penciling, penciled**)

pencil in sth/sb or **pencil** sth/sb **in**
inscrire provisoirement • (souvent + **for**) *I'll pencil in the meeting for next Friday and confirm it later.* J'inscris la réunion à vendredi prochain et je confirmerai plus tard. • *'Can you suggest someone who would speak at the conference?' 'Pencil in Barbara Glennon and I'll phone her to check.'* 'Peux-tu me suggérer quelqu'un qui interviendrait au congrès?' 'Inscris Barbara Glennon et je l'appellerai pour m'assurer qu'elle est d'accord.'

pension off   pensions, pensioning, pensioned

pension off sb or **pension** sb **off**
mettre à la retraite anticipée • *The company has decided to pension off all members of staff over the age of 55.* L'entreprise a décidé de mettre à la retraite anticipée tous ses employés de plus de 55 ans.

pep up   peps, pepping, pepped

pep up sth/sb or **pep** sth/sb **up** *légèrement familier*
(tenue) égayer, (personne) donner la pêche • *You can pep up a plain outfit with a bright scarf.* On peut égayer une tenue ordinaire avec un foulard de couleur vive. • *A good night's sleep will soon pep you up.* Une bonne nuit de sommeil te redonnera la pêche.

pepper with   peppers, peppering, peppered

pepper sth **with** sth
1 truffer de • (généralement au passif) *Her speeches are peppered with literary references.* Ses discours sont truffés de références littéraires.
2 parsemer de • (généralement au passif) *The southern coast is peppered with pretty villages and ports.* La côte sud est parsemée de jolis villages et de jolis ports.

pepper sb/sth **with** sth
(balles) truffer de • *They peppered him with gunshot before leaving him to die.* Ils l'ont truffé de balles avant de l'abandonner, mourant.

pepper sb **with** sth *américain*
assaillir de • *A crowd of reporters peppered the senator with questions as he left the building.* Une foule de reporters a assailli le sénateur de questions à sa sortie de l'immeuble.

perk up   perks, perking, perked

perk up (sb) or **perk** (sb) **up**
(faire) retrouver la forme • *I felt really tired when I woke up, but I'd perked up a bit by lunchtime.* J'étais très fatiguée au réveil mais j'avais un peu retrouvé la forme vers midi. • *A strong cup of coffee might perk you up.* Une tasse de café fort devrait te réveiller. • (parfois + **at**) *She perked up at*

the prospect of lunch. La perspective du déjeuner lui redonna du tonus.

perk up
(prix) remonter, (spectacle) devenir plus vivant • *Share prices on the stock exchange have perked up after last week's fall.* Les prix des actions en bourse ont remonté après la baisse de la semaine dernière. • *I thought the first hour of the film was a bit dull but it perked up in the second half.* J'ai trouvé la première heure du film un peu ennuyeuse mais la deuxième partie était plus vivante.

permit of permits, permitting, permitted

permit of sth (jamais au passif) *formel*
permettre • (généralement dans des phrases négatives) *This rule permits of no exceptions.* Cette règle n'admet aucune exception. • *He must have taken the money; the facts permit of no other interpretation.* Il a dû prendre l'argent; les faits n'autorisent aucune autre interprétation.

pertain to pertains, pertaining, pertained

pertain to sth *formel*
concerner • *The charges against him pertain to a series of illegal deals he made in 1992.* Les accusations portées contre lui concernent une série d'accords illégaux qu'il a signés en 1992. • *A reward has been offered for information pertaining to the incident.* Une récompense a été offerte pour toute information concernant l'accident.

peter out peters, petering, petered

peter out
1 (conflit) s'essouffler, (enthousiasme) retomber • *The fierce fighting in the capital has finally petered out.* Dans la capitale, les combats acharnés ont finalement cessé. • *Early enthusiasm for the project is now petering out as people realize how much work is involved.* L'enthousiasme initial pour le projet retombe maintenant que les gens se rendent compte du travail que cela demande.
2 s'arrêter • *The track petered out after three miles and we had to find our own way through the forest.* La piste s'est arrêtée au bout de cinq kilomètres et nous avons dû nous frayer un chemin nous-mêmes à travers la forêt.

phase in phases, phasing, phased

phase in sth or **phase** sth **in**
introduire • *The new tax will be phased in over five years.* Le nouvel impôt sera introduit sur cinq ans. • *The government is phasing in tougher safety standards for cars.* Le gouvernement est en train d'introduire des normes de sécurité plus strictes pour les automobiles.

phase out phases, phasing, phased

phase out sth or **phase** sth **out**
supprimer progressivement • *Sweden is planning to phase out its nuclear reactors by the year 2010.* La Suède prévoit de supprimer ses réacteurs nucléaires d'ici l'an 2010. • *Farm subsidies will be phased out over the next few years.* Les subventions agricoles vont être supprimées dans les quelques années à venir.

phone around/round phones, phoning, phoned

phone around/round (sb) (jamais au passif) *surtout britannique*
appeler plusieurs personnes par téléphone • *Why don't you phone around and see if any of your friends want to come?* Pourquoi est-ce que tu n'appelles pas tes amis pour voir si certains veulent venir? • *I'll phone around a few travel agents and see if I can get a cheaper ticket.* J'appellerai quelques agences de voyage pour voir si je peux trouver un billet moins cher.

phone in phones, phoning, phoned

phone in
1 *surtout britannique* téléphoner • *Listeners who want to speak to the Health Minister should phone in with their questions.* Les auditeurs qui souhaitent parler au Ministre de la Santé devraient téléphoner pour poser leurs questions. • *Over three hundred people phoned in to complain about the programme.* Plus de trois cents personnes ont téléphoné pour se plaindre du programme.

phone-in *n* [C] *surtout britannique*
émission avec appels d'auditeurs • *I always listen to the late-night phone-in on Radio 1.* J'écoute toujours l'émission nocturne de débats avec les auditeurs sur Radio 1. • (employé comme *adj*) *It's a radio phone-in show.* C'est une émission de radio avec appels d'auditeurs.

2 *surtout britannique* téléphoner à son lieu de travail • *You should phone in and tell Steve you're going to be late.* Tu devrais appeler à ton travail et dire à Steve que tu seras en retard. • *Anna's just **phoned in** sick.* Anna vient de téléphoner pour dire qu'elle était malade.

phone round

voir **phone around/round**

phone up   phones, phoning, phoned

phone up (sb) or **phone** (sb) **up**   *surtout britannique*

> téléphoner • *I hadn't spoken to you for ages so I thought I'd phone you up.* Cela fait une éternité que je ne t'avais pas parlé, alors j'ai décidé de t'appeler. • *Why don't you **phone up** and see if there are any tickets left for tonight?* Pourquoi est-ce que tu ne téléphones pas pour voir s'il reste des billets pour ce soir?

pick at   picks, picking, picked

pick at sth

1 grignoter • *Bec was picking at her food in a dejected way.* Bec grignotait d'un air abattu.
2 (croûte) arracher, (vêtement) tirer sur • *If you pick at that scab on your knee it will never heal.* Si tu arraches la croûte de ton genou, ça ne guérira jamais. • *She sat nervously in the dentist's waiting-room, picking at the sleeve of her jumper.* Elle était assise dans la salle d'attente du dentiste et tirait nerveusement sur la manche de son pull.

pick off   picks, picking, picked

pick off sb/sth or **pick** sb/sth **off**

1 abattre • *A gunman picked off the soldiers one by one as they ran for cover.* Un homme armé abattit les soldats un par un alors qu'ils couraient se mettre à couvert. • *Five ships were picked off by torpedo boats during the attack.* Cinq navires ont été coulés par des torpilleurs au cours de l'attaque.
2 sélectionner • *Several leading British scientists have been picked off by American universities.* Plusieurs scientifiques britanniques de renom ont été sélectionnés par des universités américaines. • *The Japanese-owned bank has the resources to be able to pick off foreign banks when they become available.* La banque japonaise a les moyens de racheter des banques étrangères quand elles sont à prendre.

pick on   picks, picking, picked

pick on sb

attaquer • *He was picked on at school because he was much smaller than the other kids.* On le harcelait à l'école parce qu'il était beaucoup plus petit que les autres enfants. • *I felt I was being picked on.* Je me suis sentie attaquée. • *(familier) Why don't you **pick on** someone your own size?* C'est facile de s'attaquer à plus faible que soi!

pick out   picks, picking, picked

pick out sth/sb or **pick** sth/sb **out**

1 choisir • *She picked out a pink shirt for me to try on.* Elle a choisi une chemise rose à me faire essayer. • *Over 200 people applied for the job and we had to pick out eight to interview.* Plus de 200 personnes se sont présentées pour le poste et nous avons dû en sélectionner huit pour l'entretien.
2 reconnaître • *A witness picked out the attacker from police photos.* Un témoin a reconnu l'agresseur parmi les photos de la police. • *See if you can pick out the drawing that Joe did.* Essaie de reconnaître le dessin de Joe.
3 entrevoir • *It was dark outside but I could just pick out the outline of the mountains.* Il faisait nuit dehors mais je pouvais juste entrevoir les montagnes qui se découpaient sur le ciel.
4 éclairer • *She walked onto the stage, picked out by a spotlight.* Elle s'avança sur la scène, éclairée par un projecteur.

pick out sth or **pick** sth **out**

retrouver • (souvent + **on**) *Sing the tune and Steve will pick it out on the guitar.* Chante la mélodie et Steve la retrouvera sur sa guitare. • *I can't play the piano like Kath, but I can just about pick out a tune.* Je ne joue pas du piano comme Kath mais je peux retrouver une mélodie.

be picked out *(toujours au passif) surtout britannique & australien*

(nom, lettre) être mis en valeur • (généralement + **in**) *The boat's name was picked out in bright gold letters.* Le nom du bateau était mis en valeur en lettres dorées brillantes.

pick over picks, picking, picked

pick over sth or **pick** sth **over**
1 choisir • *By the time I got to the sales, most of the clothes had already been picked over.* Quand je suis arrivée pour les soldes, la plupart des vêtements avaient déjà été achetés. • *Pick over the strawberries and throw out any mouldy ones.* Trie les fraises et jette celles qui sont pourries.
2 analyser • *For the past week, the press has been picking over the details of the murder.* Depuis la semaine dernière, la presse analyse les détails du meurtre. • *No one likes having their past picked over in public.* Personne n'aime voir son passé analysé en public.

pick through picks, picking, picked

pick through sth
fouiller • *He manages to survive by picking through other people's rubbish.* Il survit en faisant les poubelles des autres. • *A team of investigators picked through the wreckage of the plane, trying to discover the cause of the crash.* Une équipe d'enquêteurs a fouillé l'épave de l'avion, pour essayer de découvrir la cause de l'accident.

pick up picks, picking, picked

pick up sth/sb or **pick** sth/sb **up**

1 ramasser • *I bent over to pick up my pen which had fallen on the floor.* Je me suis penché pour ramasser mon stylo qui était tombé par terre. • *If she starts to cry, pick her up and give her a cuddle.* Si elle pleure, prends-la dans tes bras et fais-lui un câlin. • *She picked up the phone and dialled David's number.* Elle a décroché le téléphone et a composé le numéro de David.

2 aller chercher • *I'm just off to pick Stella up from the station.* Je vais chercher Stella à la gare. • *Could you pick up my dry cleaning while you're in town?* Est-ce que tu peux passer prendre mes affaires au pressing en allant en ville? • *Would you prefer to pick the tickets up or have them sent to you?* Vous préférez venir chercher les billets ou qu'on vous les envoie?

pick-up *n* [C] ramassage • *We arranged the pick-up for ten o'clock.* Nous passerons le prendre à dix heures. • (employé comme *adj*) *You can pay for your goods now and collect them later at the pick-up area.* Vous pouvez payer maintenant et passer prendre vos achats au point collecte.

pickup, **pick-up** *n* [C] *surtout américain* camionnette • *Jack's out in the pickup delivering potatoes to customers.* Jack est en train de livrer des pommes de terre aux clients avec sa camionnette. • (employé comme *adj*) *a pickup truck* une camionnette

pick up sth or **pick** sth **up**
1 prendre, acheter • *I picked up a leaflet on vitamin supplements while I was at the doctor's.* J'ai pris un dépliant sur les suppléments de vitamines chez le médecin. • *Should I pick up something for dinner while I'm in town?* Est-ce que j'achète quelque chose à dîner en ville?
2 trouver • *I picked up a half-price skirt in the sales.* J'ai trouvé une jupe en solde à moitié prix. • *You can pick up a decent camera for as little as $40.* Tu peux trouver un bon appareil-photo pour la somme modique de 40 dollars.
3 apprendre, acquérir • *I picked up quite a lot of Spanish during my six-month stay in Madrid.* J'ai fait beaucoup de progrès en espagnol pendant mon séjour de six mois à Madrid. • *There's no formal training for a job like this – you just **pick it up as you go along**.* Il n'y a pas de formation à proprement parler pour ce type de travail. On se forme simplement sur le tas.
4 (accent) attraper, (habitude) prendre • *Parents who smoke should discourage their children from picking up the habit.* Les parents qui fument devraient dissuader leurs enfants d'acquérir cette habitude. • *I picked up a Canadian accent while I was living in Toronto.* J'ai attrapé l'accent canadien quand j'habitais à Toronto.
5 (idée, conseil) trouver, (commérage) entendre • *Did you pick up any interesting gossip from Emilio?* Est-ce qu'Emilio t'a raconté des potins intéressants? • *You can pick up some really useful tips from cookery programmes.* On peut trouver des conseils vraiment utiles en suivant les émissions de cuisine.
6 (vote, soutien) recevoir • *Anthony Hopkins picked up the award for Best Actor.* Anthony Hopkins a remporté le prix du Meilleur Acteur. • *The ruling party has picked up 70% of the vote in the elections.* Le parti au pouvoir a reçu 70% des voix aux élections.

pick up

7 (facture, note) payer • (souvent + **for**) *If she loses the case, she'll have to pick up the bill for legal costs.* Si elle perd son procès, c'est elle qui devra payer les frais de justice. • *Taxpayers will be picking up the tab for an improved public transport network.* Ce sont les contribuables qui paieront la note de l'amélioration du réseau de transport en commun.
8 attraper • *Children pick up infections easily.* Les enfants attrapent facilement les maladies infectieuses. • *I picked up a bug while I was travelling in north Africa.* J'ai attrapé un virus en voyageant en Afrique du Nord.
9 capter • *Antennas around the top of the ship picked up the radar signals.* Des antennes disposées autour du toit du navire ont capté les signaux radar. • *You can pick up BBC Radio 4 in most of northern France.* On peut capter BBC Radio 4 dans presque tout le nord de la France.
10 (odeur) remarquer, (trace) trouver • *Police dogs picked up the scent of the two men from clothes they had left behind.* Les chiens policiers ont trouvé la trace des deux hommes grâce à des vêtements qu'ils avaient oubliés. • *I lost their trail by the stream but picked it up again shortly afterwards.* J'ai perdu leur trace près de la rivière mais je l'ai retrouvée un peu plus loin.
11 relever • *If there are any errors, the copy editor should pick them up.* S'il y a des erreurs, le relecteur devrait les relever.
12 *familier* empocher • *Top football players can expect to pick up around £200,000 a year.* Les footballeurs de haut niveau peuvent s'attendre à empocher autour de 200.000 livres par an.
13 *américain, familier* ranger • *I've told the kids to pick up their rooms.* J'ai dit aux enfants de ranger leur chambre.

pick up (sth) or **pick** (sth) **up**
(histoire, relation) reprendre • *He picked up the story at the point where Jill had been rushed to hospital.* Il a repris l'histoire au moment où Jill avait été emmenée d'urgence à l'hôpital. • *I hoped that when Peter came back from the States, we'd just pick up where we left off.* J'espérais que lorsque Peter reviendrait des Etats-Unis, nous reprendrions là où nous en étions restés.

pick up sb or **pick** sb **up**
1 *familier* draguer • *Do you often pick women up in bars?* Vous draguez souvent les femmes dans les bars?
pick-up *n* [C] *familier* drague • *I just thought he was being friendly – it never occurred to me that it was a pick-up.* Je croyais que son attitude était simplement amicale; il ne m'est jamais venu à l'esprit qu'il me draguait. • (employé comme *adj*) *This bar has the reputation of being a pick-up joint.* Ce bar est réputé pour être un lieu de drague.
2 prendre à bord de son véhicule • *We picked up a hitchhiker on our way to Manchester.* Nous avons pris un auto-stoppeur en allant à Manchester. • *A passing ship heard the distress call and picked up the crew.* Un bateau qui passait a entendu l'appel de détresse et a pris l'équipage à son bord.
3 arrêter, emmener • *The security police picked him up for questioning.* Les services de sécurité de la police l'ont emmené pour l'interroger. • *She was picked up by the police on suspicion of drug-dealing.* Elle a été arrêtée par la police parce qu'on la soupçonnait de trafic de drogue.

pick yourself **up** (toujours pronominal) se relever • *She picked herself up and carried on walking.* Elle s'est relevée et a poursuivi son chemin.

pick up
1 (affaires, commerce) reprendre, (économie) redémarrer • *Business is finally picking up after the recession.* Les affaires redémarrent enfin après la crise. • *In the past few months, house sales have started to pick up again.* Ces derniers mois, les ventes de maisons ont commencé à reprendre.
pick-up *n* [singulier] reprise • *There has been no sign of a pick-up in sales.* Il n'y a eu aucun signe de reprise dans le domaine des ventes. • *This year has seen a dramatic pick-up in the housing market.* Cette année, on a assisté à une reprise spectaculaire sur le marché de l'immobilier.
2 (vent) se lever • *The wind had picked up and it was looking rather stormy.* Le vent s'était levé et le temps étais à l'orage.

pick up sth
(vitesse) prendre • *The train picked up speed as it came out of the tunnel.* Le train a pris de la vitesse à la sortie du tunnel.
pickup *n* [U] *américain & australien* reprise • *He always complains when he drives my car that it doesn't have enough*

pickup. Il se plaint toujours quand il conduit ma voiture qu'elle n'a pas une bonne reprise.

pick up after <small>picks, picking, picked</small>

pick up after sb *familier*
ranger derrière • *Don't expect me to always pick up after you!* Ne t'imagine pas que je vais toujours ranger derrière toi!

pick up on <small>picks, picking, picked</small>

pick up on sth
1 remarquer • *Chris had picked up on the tension between Wendy and me.* Chris avait remarqué la tension entre Wendy et moi. • *The research group has picked up on the trend of women having children at an older age.* Le groupe de recherche a remarqué la tendance chez les femmes à avoir des enfants plus tard.
2 réagir à • *She was surprised that the press hadn't picked up on the story.* Elle était étonnée que la presse n'ait pas exploité l'histoire.
3 revenir sur • *I'd just like to pick up on a point that Sally made at the start of this meeting.* J'aimerais revenir sur une remarque que Sally a faite au début de la réunion.

pick sb **up on** sth *britannique & australien*
reprendre sur • *My Spanish teacher always picks me up on my pronunciation.* Mon professeur d'espagnol me reprend toujours sur ma prononciation. • *She picked him up on his sexist use of the word 'girl' instead of woman.* Elle le reprit sur son usage sexiste du mot 'fille' au lieu de femme.

piece together <small>pieces, piecing, pieced</small>

piece together sth or **piece** sth **together**
1 reconstituer • *Police are now trying to piece together a profile of the murderer.* La police essaie maintenant de reconstituer un portrait-robot du meurtrier. • *Clues from genes have helped us piece together the history of living things.* Des indices provenant des gènes nous ont aidés à reconstituer l'histoire des êtres vivants.
2 (re)constituer • (souvent + **from**) *The book has been pieced together from a number of interviews with Richards.* Le livre a été écrit à partir d'un certain nombre d'entretiens avec Richards. • *He pieced together the document from fragments found in the wastepaper bin.* Il a reconstitué le document à partir de morceaux trouvés dans la corbeille à papiers.

pig out <small>pigs, pigging, pigged</small>

pig out *familier*
se goinfrer • *Every once in a while I go to a restaurant and really pig out.* De temps en temps, je vais au restaurant et je me goinfre. • (souvent + **on**) *I pigged out on pizza and chocolate last night.* Je me suis goinfré de pizza et de chocolat, hier soir.
pig-out *n* [C] *familier* grande bouffe • *I'm still full after that pig-out at lunch.* J'ai du mal à digérer après la grande bouffe de ce midi.

pike out <small>pikes, piking, piked</small>

pike out *australien, familier*
se défiler • (souvent + **on**) *Carl piked out on the deal at the last minute.* Carl s'est défilé à la dernière minute.

pile in/into <small>piles, piling, piled</small>

pile in
pile into swh
s'entasser dans • *She opened the car door and four of us piled in.* Elle a ouvert la porte de la voiture et quatre d'entre nous se sont entassés à l'intérieur. • *It started to rain so we all piled into a nearby cafe.* Il s'est mis à pleuvoir et nous nous sommes entassés dans un café qui se trouvait à proximité.

pile on <small>piles, piling, piled</small>

pile on sth or **pile** sth **on**
1 *familier* insister lourdement sur • (généralement + **the**) *You've really been piling on the praise tonight, Roger!* Tu n'as pas cessé de me faire des compliments, ce soir, Roger! • *We're approaching the deadline so our manager has been piling on the pressure.* Nous nous approchons de la date limite et notre directeur a augmenté la pression. • (*britannique*) *He was **piling on the agony** about his childhood.* Il forçait sur le mélo en racontant ses malheurs d'enfance.
2 *surtout britannique & australien, familier* (poids) prendre • *I piled on ten pounds over Christmas.* J'ai pris cinq kilos à Noël. • *She's really **piled on the pounds** since I*

last saw her. Elle a vraiment pris du poids depuis la dernière fois que je l'ai vue.

pile out piles, piling, piled

pile out
sortir en se bousculant • *The train doors opened and a crowd of people piled out onto the platform.* Les portes du train s'ouvrirent et une foule de gens descendit en se bousculant sur le quai. • (souvent + **of**) *They were all piling out of a pub.* Ils sortaient tous d'un pub en se bousculant.

pile up piles, piling, piled

pile up (sth) or **pile** (sth) **up**
1 (s') empiler • *I hadn't done the dishes for a while and plates were starting to pile up in the sink.* Je n'avais pas fait la vaisselle depuis un moment et les assiettes commençaient à s'empiler dans l'évier. • *Just pile the books up and leave them on the table.* Mets les livres en pile et laisse-les sur la table.
2 (travail, factures, pertes) s'accumuler • *The bills are starting to pile up and I just can't pay them.* Les factures commencent à s'accumuler et je n'ai pas d'argent pour les payer. • *Both companies have piled up huge losses this year.* Les deux entreprises ont accumulé d'énormes pertes cette année.

pile up *surtout américain, familier*
se caramboler • *Two cars and seven trucks piled up in fog on the interstate.* Deux voitures et sept camions se sont carambolés dans le brouillard sur l'autoroute.

pile-up *n* [C] *légèrement familier*
carambolage • *Fifteen people were injured in a massive pile-up on the A1.* Quinze personnes ont été blessées dans un grave carambolage sur l'A1.

pin down pins, pinning, pinned

pin down sb or **pin** sb **down**
1 soutirer quelque chose à quelqu'un • (souvent + **to**) *Paul says he'll come and visit in the spring but I haven't managed to pin him down to a date yet.* Paul dit qu'il nous rendra visite au printemps mais je n'ai pas encore réussi à lui soutirer une date précise. • (parfois + **on**) *She refuses to be pinned down on how much her business lost in 1995.* Elle refuse de se laisser soutirer le montant exact des pertes de son entreprise pour 1995. • *I've been trying to get a decision from Stephanie but she's proving difficult to pin down.* J'ai essayé d'obtenir une décision de Stephanie mais il est difficile de lui soutirer quelque chose.
2 clouer au sol • *He pinned her down on the floor with her hands above her head.* Il la cloua au sol en lui maintenant les mains au-dessus de la tête.
3 coincer • (généralement au passif) *Government forces were pinned down by resistance fighters 30 miles north of the capital.* Les forces gouvernementales étaient coincées par des résistants à 30 miles au nord de la capitale.

pin down sth or **pin** sth **down**
1 définir, identifier • (souvent + pronom interrogatif) *Without proper research, it's hard to pin down what the long-term effects of this drug are.* Sans recherche sérieuse, il est difficile d'identifier les effets à long terme de ce médicament. • (souvent dans des phrases négatives) *David's certainly very charming, but I can't pin down the exact nature of his charm.* David est vraiment plein de charme mais je n'arrive pas à définir la nature exacte de son charme.
2 identifier • *Investigators are trying to pin down the cause of yesterday's fire.* Les enquêteurs essaient d'identifier la cause de l'incendie d'hier. • (parfois + pronom interrogatif) *There's obviously a gas leak but we can't pin down exactly where it's coming from.* Il y a une fuite de gaz, c'est certain, mais nous n'arrivons pas à en identifier la source.

pin on pins, pinning, pinned

pin sth **on** sb
faire porter la responsabilité de quelque chose à quelqu'un • *When the theft was discovered, he tried to pin the blame on one of his colleagues.* Quand le vol a été découvert, il a essayé d'en faire porter la responsabilité à un de ses collègues. • *I wasn't even in the office when the incident happened so she can't pin it on me.* Je n'étais même pas au bureau quand l'incident s'est produit, alors elle ne peut pas m'en faire porter la responsabilité.

pin up pins, pinning, pinned

pin up sth or **pin** sth **up**
(dessin, photo, affiche) accrocher • *She'd pinned up a photo of her boyfriend next to*

her bed. Elle avait accroché une photo de son petit ami à côté de son lit.

pin-up *n* [C] (poster de) pin-up • *The magazine contains a lot of pin-ups of semi-naked men.* Le magazine contient beaucoup de photos d'hommes à moitié nus. • *He's become the latest teenage pin-up.* Il est devenu le dernier sex-symbol adolescent. • (employé comme *adj*) *His last three girlfriends have all been pin-up girls.* Ses trois dernières copines ont toutes été des pin-ups de magazine.

pipe down pipes, piping, piped

pipe down *familier*
la mettre en veilleuse • (souvent à l'impératif) *Will you two pipe down, I'm trying to read!* Vous la mettez en veilleuse, vous deux? J'aimerais pouvoir lire!

pipe up pipes, piping, piped

pipe up (sth)
ouvrir la bouche • *Suddenly a voice from the back of the room piped up: 'Can I ask a question?'* Soudain, une voix au fond de la classe se fit entendre: 'Puis-je poser une question?' • (parfois + **with**) *I was amazed when Andrew piped up with the answer.* J'ai été très étonnée quand Andrew a ouvert la bouche pour répondre.

piss about/around pisses, pissing, pissed

piss about/around *britannique & australien, argot*
glander, faire le con • *He's not working – he's just pissing about on his computer.* Il ne travaille pas: il se contente de glander sur son ordinateur. • (parfois + **with**) *I wish he'd stop pissing around with my camera.* J'aimerais bien qu'il arrête de faire le con avec mon appareil-photo.

piss sb **about/around** *britannique & australien, argot*
se foutre de • *He's really been pissing me about – this is the third time he hasn't turned up.* Il se fout vraiment de moi; c'est la troisième fois qu'il ne vient pas.

piss away pisses, pissing, pissed

piss away sth or **piss** sth **away** *argot*
(argent) flamber, (chance) foutre en l'air • *He was given a lot of money by his uncle but he pissed it all away.* Il a reçu beaucoup d'argent de son oncle mais il a tout flambé. • *You've been given a chance to start again, so don't piss it away!* On vous a donné une nouvelle chance; ne la foutez pas en l'air!

piss down pisses, pissing, pissed

piss (it) down *britannique & australien, argot*
pleuvoir comme vache qui pisse • *We're going to get soaked – it's pissing down outside.* Nous allons être trempés; il pleut comme vache qui pisse. • *It's pissing it down out there.* Dehors, il pleut comme vache qui pisse.

piss off pisses, pissing, pissed

Piss off! (toujours à l'impératif) *argot*
Va te faire foutre! • *'Make us a cup of tea.' 'Piss off and make it yourself!'* 'Fais-moi une tasse de thé.' 'Fais-la toi-même et va te faire foutre!' • *I feel like telling him to piss off.* J'ai envie de lui dire d'aller se faire foutre.

piss off *britannique & australien, argot*
se casser • *Paul pissed off hours before the rest of us.* Paul s'est cassé plusieurs heures avant nous.

piss off sb or **piss** sb **off** *argot*
énerver • *He never does any work around the house and it's starting to piss me off.* Il ne fait jamais rien dans la maison et ça commence à m'énerver.

pissed off *adj argot* en colère • *She looked a bit pissed off when I told her I was going away for a few days.* Elle avait l'air en colère quand je lui ai dit que je partais quelques jours. • (parfois + **with**) *I'm really pissed off with work at the moment.* Mon travail me gonfle en ce moment.

pit against pits, pitting, pitted

pit sb/sth **against** sb/sth
opposer à • *It was a bitter civil war that pitted neighbour against neighbour.* C'était une bien triste guerre civile qui opposait les voisins entre eux. • *She watched as the men pitted their strength against each other.* Elle regardait les hommes qui mesuraient leurs forces.

pitch for pitches, pitching, pitched

pitch for sth
(emploi, affaire) se battre pour obtenir • *Firms are having to pitch for business in an international market.* Les entreprises

doivent se battre pour obtenir des contrats sur un marché international.

pitch in pitches, pitching, pitched
pitch in
1 *familier* mettre la main à la pâte • *If we all pitch in, we can get the kitchen cleared up in half an hour.* Si on s'y met tous, on peut ranger la cuisine en une demie-heure.
2 *familier* intervenir • *Meetings work best when everyone pitches in rather than one person talking all the time.* Les réunions fonctionnent mieux quand tout le monde intervient plutôt que d'avoir une personne qui monopolise la parole. • (parfois + **with**) *The newspapers have all pitched in with advice about what the government should do.* Les journaux sont tous intervenus pour conseiller le gouvernement sur ce qu'il devrait faire.

pitch into pitches, pitching, pitched
pitch into sb *surtout britannique & australien*
attaquer • *Halfway through the meeting he suddenly pitched into her and accused her of mismanagement.* Au beau milieu de la réunion, il l'a tout à coup attaquée et l'a accusée de mal faire son travail de direction.

plague with plagues, plaguing, plagued
plague sb **with** sth
harceler de • *Every time I meet her, she plagues me with questions about our family history.* A chaque fois que je la vois, elle me harcèle de questions sur l'histoire de notre famille.

plan ahead plans, planning, planned
plan ahead
faire des projets • *The new system allows schools to plan ahead.* Le nouveau système permet aux écoles de faire des projets. • *I'm not very good at planning ahead.* Je ne suis pas doué pour planifier à l'avance.

plan on plans, planning, planned
plan on doing sth
prévoir de • *Are you planning on staying long in Berlin?* Est-ce que vous comptez rester longtemps à Berlin? • *We'd planned on catching the early train.* Nous avions prévu de prendre le premier train.

plan on sb/sth doing sth
s'attendre à ce que quelqu'un/quelque chose fasse quelque chose • (généralement dans des phrases négatives) *I hadn't planned on the whole family coming to visit.* Je ne m'attendais pas à ce que toute la famille nous rende visite.

plan out plans, planning, planned
plan out sth or **plan** sth **out**
(dissertation) faire le plan de, (journée) faire le programme de • *It's a good idea to plan out your essay before you start writing.* C'est une bonne idée de faire le plan de votre dissertation avant de commencer à rédiger. • *I'm just planning out my day.* Je suis en train de faire mon programme pour la journée.

plant out plants, planting, planted
plant out sth or **plant** sth **out**
(plante) mettre en terre • *Plant out the geraniums in early June.* Mettez les géraniums en terre début juin.

play about/around plays, playing, played
play about/around
1 *familier* faire l'imbécile • *Come on, stop playing about and get on with your homework.* Allez, arrête de faire l'imbécile et fais tes devoirs. • (parfois + **with**) *You shouldn't play around with matches – didn't your mother ever tell you that?* On ne joue pas avec les allumettes: ta mère ne te l'a jamais dit?
2 *familier* être infidèle • (généralement + **with**) *Do you think he plays about with other women?* Tu crois qu'il couche avec d'autres femmes? • *If I ever caught him playing around, I'd divorce him.* Si je le prends à coucher avec d'autres, je divorce.

play about/around with plays, playing, played
play about/around with sth *familier*
(idées) réfléchir à, (styles) essayer • *We've been playing around with ideas for a new TV show.* Nous avons réfléchi à différentes idées pour une nouvelle émission télévisée. • *Why don't you play about with the different fonts on the computer and see which one you want to use?* Pourquoi est-ce que tu n'essaies pas les différentes

polices de caractères sur l'ordinateur pour choisir celle que tu veux.

play along plays, playing, played

play along
jouer le jeu de quelqu'un, entrer dans le jeu de quelqu'un • (souvent + with) *I wanted to find out more about their plans, so I played along with them for a while.* Comme je voulais savoir ce qu'ils avaient prévu de faire, je suis entrée dans leur jeu quelque temps. • *She knew that if she played along and cooperated, she wouldn't be harmed.* Elle savait que si elle jouait le jeu et coopérait, on ne lui ferait aucun mal.

play around
voir **play about/around**

play around with
voir **play about/around with**

play at plays, playing, played

play at sth
1 jouer à • *As kids we used to play at being doctors and nurses.* Quand nous étions enfants, nous jouions au docteur.
2 jouer à • *He just plays at being a writer.* Il joue à l'écrivain.

be playing at sth (toujours à la forme progressive; toujours dans des questions)
jouer à • *What do you think you're playing at?* A quoi tu joues? • *I don't know what she was playing at, running off like that.* Je me demande à quoi elle pouvait bien jouer, à s'enfuir comme ça.

play back plays, playing, played

play back sth or **play** sth **back**
(cassette) repasser • *When I played back our conversation, I realised I hadn't made myself clear.* Quand j'ai réécouté notre conversation, je me suis rendue compte que je ne m'étais pas fait comprendre. **playback** *n* [U] play-back • *New techniques give smooth playback of audio and video.* De nouvelles techniques audio et vidéo permettent un play-back fluide. • (employé comme *adj*) *Press the playback button.* Appuie sur le bouton de play-back.

play down plays, playing, played

play down sth or **play** sth **down**
minimiser • *Ministers played down the prospect of a spring election.* Les ministres ont minimisé la perspective d'élections au printemps. • *Military spokesmen tried to play down the seriousness of the incident.* Des porte-paroles militaires ont essayé de minimiser la gravité de l'incident.

play off plays, playing, played

play off
jouer la finale • *The final 16 teams will play off on Sunday.* Les 16 équipes restantes se rencontreront dimanche pour la finale. **play-off** *n* [C] match de finale • *Chelsea will meet Middlesbrough in a play-off at Stamford Bridge.* Chelsea rencontrera Middlesbrough à Stamford Bridge pour un match de finale. • (employé comme *adj*) *This Saturday sees a play-off match against Coventry.* Ce samedi, un match de finale contre Coventry aura lieu.

play off against plays, playing, played

play sb **off against** sb
monter contre • *If you get quotes from two different companies, you can sometimes play them off against each other.* Si vous avez des devis de deux entreprises différentes, vous pouvez parfois faire jouer la concurrence.

play on plays, playing, played

play on
1 *britannique & australien* continuer le jeu • (souvent à l'impératif) *Play on!* Le jeu continue! • *The Italian rolled over in the penalty area but the referee waved play on.* L'Italien a roulé dans la zone de penalty mais l'arbitre a fait signe de continuer le jeu.
2 continuer à jouer • *The band played on even as the boat was sinking, or so the story goes.* L'orchestre a continué à jouer alors que le bateau coulait; ou, du moins, c'est ce qu'on raconte.

play on/upon plays, playing, played

play on/upon sth
(préjugé) jouer sur, (charme) jouer de • *She knows that men find her attractive and she plays on it shamelessly to get what she wants.* Elle sait que les hommes la trouvent attirante et elle en joue sans scrupules pour obtenir ce qu'elle veut. • *I hate marketing strategies that play on people's fears and prejudices.* Je déteste les

stratégies de marketing qui jouent sur les peurs et les préjugés des gens.

play out plays, playing, played

be played out (toujours au passif)
se dérouler • (généralement + *adv/prép*) *In fact the whole crisis has been played out under the glare of international television cameras.* En fait, la crise tout entière s'est déroulée devant l'objectif des caméras des chaînes de télévision du monde entier.

play out or **play itself out** surtout américain
(événement) se passer • *The best thing to do is stand back and let the crisis play itself out.* La meilleure chose à faire est de ne pas intervenir et d'attendre que la crise se passe. • *The impact of the new trade agreement will take time to play out.* L'impact du nouvel accord commercial mettra du temps à se faire sentir.

play out sth or **play** sth **out**
1 (scène) jouer, (fantasme) réaliser • *This therapy enables people to play out violent fantasies in a safe environment.* Cette thérapie permet aux gens de réaliser leurs fantasmes de violence dans un environnement sans danger.
2 jouer jusqu'au bout • *They refused to play out the last three minutes after the floodlights failed.* Ils ont refusé de jouer les trois dernières minutes après que les projecteurs sont tombés en panne.

play up plays, playing, played

play (sb) **up** *britannique & australien, légèrement familier*
(estomac, genou) faire mal • (généralement à la forme progressive) *My stomach was playing up after all that fatty food.* J'ai mal à l'estomac après toute cette nourriture bien grasse. • *His knee's been playing him up again.* Il a de nouveau mal au genou.

play up
1 *britannique & australien, légèrement familier* faire des bêtises • *If the children start playing up, just send them out to the park.* Si les enfants commencent à faire des bêtises, envoyez-les jouer au parc.
2 *britannique & australien, légèrement familier* déconner • (généralement à la forme progressive) *My car's been playing up again.* Ma voiture déconne encore.

play up sth
mettre en valeur • *It's said that he plays up his working-class background in order to broaden his appeal.* On dit qu'il met en valeur ses origines ouvrières afin de plaire à davantage de gens.

play up to plays, playing, played

play up to sb
séduire • *She played up to her admirers with a mixture of charm and wit.* Elle a séduit ses admirateurs par un mélange de charme et d'esprit.

play up to sth
(image) cultiver • *She looks like the typical dumb blonde and it's an image that she plays up to.* Elle a le physique de la blonde écervelée classique et c'est une image qu'elle cultive.

play upon
voir **play on/upon**

play with plays, playing, played

play with sth
1 jouer avec • *Stop playing with your hair!* Arrête de jouer avec tes cheveux! • *She was just playing with her meal – she didn't eat a mouthful.* Elle jouait avec son assiette; elle n'a pas avalé une bouchée.
2 (idée) caresser vaguement • (généralement à la forme progressive) *We were playing with the idea of moving to Glasgow.* Nous caressions vaguement l'idée d'aller vivre à Glasgow.
3 (mots) jouer sur • *The advert plays with the company's name very cleverly.* La publicité joue avec esprit sur le nom de l'entreprise.

play with sb/sth
traiter à la légère • *He's not serious about her at all – he's just playing with her.* Il ne la prend pas du tout au sérieux. Il s'amuse, c'est tout.

play with yourself (toujours pronominal) *familier*
se masturber • *He spent hours playing with himself under the bedclothes.* Il a passé des heures à se masturber sous les draps.

plod along/on plods, plodding, plodded

plod along/on *légèrement familier*
avancer péniblement • *I keep plodding on and one day the job will be finished.* Je continue vaille que vaille et un jour le travail sera fini. • *Small children plodding along under the weight of bulging*

schoolbags are a familiar sight. Il est courant de voir de jeunes enfants avançant péniblement sous le poids de leurs gros cartables.

plod away plods, plodding, plodded

plod away *légèrement familier*
bosser • *I guess we'll just keep plodding away and see if it leads to anything.* Je suppose que nous continuerons simplement de bosser et nous verrons si cela mène à quelque chose.

plod on
voir **plod along/on**

plonk down plonks, plonking, plonked

plonk down sth/sb or **plonk** sth/sb **down** *surtout britannique & australien, familier*
poser brutalement • *Just plonk your bags down for the moment and we'll unpack later.* Pour l'instant, pose simplement tes sacs et nous déballerons tout à l'heure. • *She plonked an enormous bowl of pasta down in front of me.* Elle posa une énorme assiette de pâtes devant moi.

plonk yourself **down** (toujours pronominal) *surtout britannique & australien, familier*
s'affaler • *He just plonked himself down next to me on the sofa and started talking.* Il s'est affalé dans le canapé à côté de moi et s'est mis à me parler. • *Plonk yourself down wherever you can find a space.* Installe-toi, si tu trouves de la place.

plot out plots, plotting, plotted

plot out sth or **plot** sth **out**
fomenter • *I remember him plotting out his career at the age of fourteen.* Je me souviens de lui, fomentant son plan de carrière à l'âge de quatorze ans.

plough/plow back ploughs, ploughing, ploughed/plows, plowing, plowed

plough back sth or **plough** sth **back** *britannique, américain & australien*
plow back sth or **plow** sth **back** *américain*
réinvestir • (généralement + **into**) *All the company's profits are ploughed back into it.* Tous les bénéfices de l'entreprise sont réinvestis dans celle-ci.

plough/plow into ploughs, ploughing, ploughed/plows, plowing, plowed

plough into sth/sb *britannique, américain & australien*
plow into sth/sb *américain*
rentrer dans • *I couldn't stop in time and I ploughed straight into the car in front.* Je n'ai pas réussi à m'arrêter à temps et je suis rentré dans la voiture de devant. • *The train came off the rails and plowed into a nearby bank, killing 23 passengers.* Le train a déraillé et est rentré dans un talus à proximité, tuant 23 passagers.

plough/plow on ploughs, ploughing, ploughed/plows, plowing, plowed

plough on *britannique, américain & australien, légèrement familier*
plow on *américain, légèrement familier*
continuer vaille que vaille • *We could stop somewhere for a snack or we could just plough on till we reach Bruges.* On pourrait s'arrêter pour grignoter quelque part ou bien continuer vaille que vaille jusqu'à Bruges. • (souvent + **with**) *I'd better plough on with the cooking or this meal will never get done.* Je ferais mieux de continuer à préparer le repas ou ça ne sera jamais prêt.

plough/plow through ploughs, ploughing, ploughed/plows, plowing, plowed

plough through sth *britannique, américain & australien*
plow through sth *américain*
1 se taper, se farcir • *It took me weeks to plough through the first 500 pages.* J'ai mis des semaines à lire les 500 premières pages. • *Once I've ploughed through two whole courses I'm usually too full for a dessert.* Une fois que j'ai terminé les deux plats je n'ai généralement plus faim pour le dessert.
2 se frayer un chemin à travers • *The ship ploughed through the icy Arctic waters.* Le bateau avançait tant bien que mal au milieu des eaux glacées de l'Arctique. • *Somehow the ambulances managed to plow through the chaos.* Les ambulances réussirent finalement tant bien que mal à se frayer un chemin à travers le chaos.

3 passer à travers • *In another Navy aircraft crash, a jet ploughed through an aircraft hangar.* Au cours d'un autre accident d'avion de la Navy, un jet est passé à travers un hangar à avions.

plough/plow up ploughs, ploughing, ploughed/plows, plowing, plowed

plough up sth or **plough** sth **up** *britannique, américain & australien*
plow up sth or **plow** sth **up** *américain*
labourer • *Large areas of grazing land have been ploughed up for growing wheat.* De grandes surfaces de terre à pâturage ont été labourées pour faire pousser du blé.

pluck at plucks, plucking, plucked

pluck at sth
tirer sur • *She sat there in the meeting plucking nervously at her collar.* A la réunion, elle est restée assise là à tirer nerveusement sur son col.

plug away plugs, plugging, plugged

plug away *familier*
bosser • (souvent + **at**) *I seem to have been plugging away at this article for ages.* J'ai l'impression de bosser à cet article depuis des siècles.

plug in/into plugs, plugging, plugged

plug in sth or **plug** sth **in**
plug sth **into** sth
(fer à repasser) brancher, (prise) brancher à • *Could you plug the iron in for me?* Est-ce que tu peux me brancher le fer à repasser? • *You could plug the TV into the socket behind the radiator.* Tu pourrais brancher la télé à la prise qui est derrière le radiateur. • *I've wired up the stereo system but I haven't plugged the speakers in yet.* J'ai fait les branchements stéréo mais je n'ai pas encore relié les haut-parleurs.

plug into plugs, plugging, plugged

plug into sth
1 se brancher à • *So where does the microphone plug into the tape recorder?* Voyons, où le micro se branche-t-il au magnétophone? • *Does it need batteries or does it plug into the wall socket?* Il marche avec des piles ou il faut le brancher à la prise?

2 *américain, familier* se brancher sur • *With virtual reality, you can plug into any world that you want to.* Avec la réalité virtuelle, on peut se brancher sur n'importe quel univers.

plug on plugs, plugging, plugged

plug on *australien, familier*
bosser • (souvent + **with**) *I'm going to have to plug on with this essay – it's due in tomorrow.* Il va falloir que je bosse à ma dissertation; c'est pour demain.

plug up plugs, plugging, plugged

plug up sth or **plug** sth **up**
boucher • *You can always plug up the holes with cement.* Tu peux toujours boucher les trous avec du ciment.

plumb in plumbs, plumbing, plumbed

plumb in sth or **plumb** sth **in**
(toilettes, baignoire, machine à laver) brancher à l'arrivée d'eau • *We've had the dishwasher delivered but we're waiting to have it plumbed in.* On nous a livré le lave-vaisselle mais nous attendons qu'on vienne nous le brancher.

plump down plumps, plumping, plumped

plump down or **plump** yourself **down** *familier*
s'affaler • *She plumped herself down next to me on the sofa.* Elle s'est affalée près de moi sur le canapé.

plump sth **down**
poser brutalement • *She plumped her bags down next to her.* Elle a posé ses sacs à côté d'elle.

plump for plumps, plumping, plumped

plump for sth *familier*
se décider pour • *Which film did you plump for in the end?* Pour quel film vous êtes-vous décidés en fin de compte? • *I'm going to plump for the salmon in white wine sauce.* Je vais me laisser tenter par le saumon à la sauce au vin blanc.

plump up plumps, plumping, plumped

plump up sth or **plump** sth **up**
(coussin, oreiller) retaper • *She sat up while the nurse plumped up the pillows*

behind her. Elle s'est assise pendant que l'infirmière retapait les oreillers derrière elle. • *The treatment claims to plump up fine lines and give the skin a fresh, youthful look.* Le traitement est censé combler les rides superficielles et redonner à la peau une apparence jeune et fraîche.

plunge in plunges, plunging, plunged

plunge in
se lancer • *My approach in these situations is to plunge in and start talking.* Ma façon d'agir dans ce genre de situation est de me lancer et d'engager la discussion. • *He'd had no experience of teaching but he plunged in nonetheless.* Il n'avait aucune expérience de l'enseignement mais il s'est néanmoins lancé.

plunge into plunges, plunging, plunged

plunged sth into sth
plonger dans • *I plunged my hand into cold water to stop the burning.* J'ai plongé ma main dans l'eau froide pour faire cesser la sensation de brûlure. • *He plunged his hands into his pockets.* Il plongea les mains dans ses poches. • *If the peas are frozen, plunge them into boiling water for three minutes.* Si les petits pois sont congelés, plongez-les trois minutes dans l'eau bouillante.

plunge into sth
(activité) se plonger dans • *Two months before his exams he suddenly plunged into his studies.* Deux mois avant ses examens, il s'est soudain plongé dans ses études.

plunge (sb/sth) into sth
plonger dans • *Overnight the country seemed to plunge into recession.* Le pays semblait avoir plongé dans la crise économique du jour au lendemain. • *He was plunged into depression again when his lover of five years left him.* Il a sombré de nouveau dans la dépression quand l'homme qui était son amant depuis cinq ans l'a quitté.

plunk down plunks, plunking, plunked

plunk down sth or plunk sth down
américain, familier
(argent) allonger • (souvent + **for**) *He plunked down $225 for used tools and then opened his own business.* Il a allongé 225 dollars pour des outils d'occasion et s'est mis à son compte. • (souvent + **on**) *I'd just plunked $200 down on a new tape player.* Je venais de raquer 200 dollars pour un nouveau magnétophone.

plunk down sth/sb or plunk sth/sb down *américain, familier*
poser brutalement • *She plunked the kid down in the seat, and told her to stay there.* Elle a posé la gamine sur le siège et lui a dit de rester là. • *He plunked his books down and left the room.* Il a posé ses livres et a quitté la pièce.

plunk down or plunk yourself down *américain, familier*
s'affaler • *Flo plunked down, out of breath from all the dancing.* Flo s'est affalée, essoufflée d'avoir dansé autant.

ply with plies, plying, plied

ply sb with sth
1 resservir sans cesse • *I'm going to ply him with drink and then ask him what's going on.* Je vais le soûler et, ensuite, je lui demanderai ce qu'il se passe.
2 assaillir de • *She plied him with questions about his forthcoming film.* Elle l'a assailli de questions sur son prochain film.

point out points, pointing, pointed

point out sb/sth or point sb/sth out
faire remarquer, montrer du doigt • (souvent + **to**) *If you see her you must point her out to me.* Si tu l'aperçois, montre-la moi. • *I'd made one or two mistakes that she pointed out to me.* J'avais fait une ou deux erreurs qu'elle m'a fait remarquer.

point out sth or point sth out
faire remarquer • (souvent + **that**) *I pointed out that long term this would undoubtedly cost us more.* J'ai fait remarquer qu'à long terme cela nous coûterait certainement plus cher. • *He was careful to point out the possible disadvantages of the new system.* Il a eu la sagesse de mentionner les désavantages possibles du nouveau système. • (parfois + **to**) *I'd never noticed that about her till you pointed it out to me.* Cela ne m'avait jamais frappé chez elle jusqu'à ce que vous me le fassiez remarquer.

point to points, pointing, pointed

point to sth
mentionner • *She also pointed to the need for better training.* Elle a aussi mentionné la nécessité d'une meilleure formation.

point to/towards points, pointing, pointed

point to/towards sth
indiquer la probabilité de • *They don't know for certain but the evidence points to suicide.* Ils n'en sont pas certains mais les indices indiquent qu'il s'agirait d'un suicide. • *All the indicators are pointing towards a June election.* Tous les indicateurs évoquent la probabilité d'élections en juin.

point up points, pointing, pointed

point up sth or **point** sth **up** *formel*
souligner • *Both studies point up the disadvantages of the present system.* Les deux études soulignent les inconvénients du système actuel.

poke about/around pokes, poking, poked

poke about/around
1 *familier* farfouiller • *I was poking around in the cupboard, seeing what I could find.* Je farfouillais dans le placard pour voir ce que je pouvais trouver.
2 (toujours + *adv/prép*), *familier* fouiner • (souvent + **in**) *It serves him right for poking around in other people's affairs.* Ça lui apprendra à fouiner dans les affaires des autres.

poke around pokes, poking, poked

poke around (swh) *américain*
jeter un coup d'œil à • *I left her poking around some old book store.* Je l'ai laissée alors qu'elle jetait un coup d'œil dans une vieille librairie.

poke at pokes, poking, poked

poke at sth
(doigt) enfoncer dans, (plat) chipoter devant • *I drank some more wine and poked at my salmon.* Je bus encore un peu de vin et je chipotai devant mon saumon.

polish off polishes, polishing, polished

polish off sth or **polish** sth **off** *familier*
(plat) liquider, (travail) expédier • *He's just polished off a pizza and half a loaf of bread.* Il a liquidé une pizza et la moitié d'un pain. • *I polished off no fewer than three essays last week.* J'ai expédié pas moins de trois dissertations la semaine dernière.

polish off sb or **polish** sb **off** *surtout américain & australien, familier*
liquider • *He was accused of polishing off his former partner.* Il était accusé d'avoir liquidé son ancien partenaire.

polish up polishes, polishing, polished

polish up sth or **polish** sth **up**
1 parfaire • *I really must polish up my Italian before we go to Rome.* Je dois vraiment parfaire mon italien avant d'aller à Rome.
2 astiquer • *Those old silver candlesticks would be lovely if you polished them up.* Ces vieux chandeliers en argent seraient très beaux si tu les astiquais. • *The celebration is seen as an opportunity to polish up the city's image.* La cérémonie est une occasion pour la ville de parfaire son image.

ponce about/around ponces, poncing, ponced

ponce about/around
1 *britannique & australien, familier* faire la tapette • *He spent the seventies poncing about in skin-tight pink lycra.* Il a passé les années soixante-dix à faire la tapette en lycra rose hyper-moulant.
2 *britannique & australien, familier* faire l'imbécile • *Stop poncing around and help me sort this mess out, would you!* Arrête de faire l'imbécile et aide-moi à ranger ce bazar, s'il te plaît!

pony up ponies, ponying, ponied

pony up sth or **pony** sth **up** *américain, familier, vieilli*
allonger • *It's about time the US ponied up its share of the UN's operating budget.* Il est temps que les Etats-Unis allongent leur part du budget de fonctionnement des Nations Unies.

poop out poops, pooping, pooped

poop out
1 *américain, argot* (de fatigue) s'écrouler • *After thirty miles of cycling, I pooped out and needed a ride home.* Après trente kilomètres à vélo, je me suis écroulée et on a dû me ramener chez moi en voiture.
2 *américain, argot* se désister • (souvent + **on**) *She said she was coming. I hope she's not going to poop out on me at the last minute.* Elle a dit qu'elle viendrait. J'espère

qu'elle ne va pas me laisser tomber à la dernière minute.

pop in pops, popping, popped

pop in *familier*
entrer cinq minutes • (généralement + *adv/prép*) *If you're passing by, you should pop in for a chat some time.* Si tu passes devant la maison, entre cinq minutes pour bavarder, un de ces jours.

pop off pops, popping, popped

pop off
1 *familier, vieilli* casser sa pipe • *You're all just waiting till I pop off so you can get your hands on my money.* Vous attendez tous que je casse ma pipe pour pouvoir mettre la main sur mon argent.
2 (toujours + *adv/prép*), *familier* sortir cinq minutes • *She's just popped off to get a sandwich if you want to wait for her.* Elle est sortie cinq minutes pour aller chercher un sandwich, si vous voulez l'attendre.
3 *américain, familier* s'énerver • (souvent + **about**) *She's always popping off about her husband's relatives.* Elle est toujours en train de s'énerver sur la famille de son mari. • (parfois + **at**) *Don't keep popping off at me. It's not my fault that he's not here!* Ne t'énerve pas contre moi. Ce n'est pas de ma faute s'il n'est pas là.

pop out pops, popping, popped

pop out *familier*
sortir cinq minutes • (généralement + *adv/prép*) *I'm just popping out to get some milk.* Je sors cinq minutes pour acheter du lait.

pop up pops, popping, popped

pop up *légèrement familier*
apparaître • *He's one of those actors who pops up time and again on the television.* C'est un de ces acteurs qui passent sans arrêt à la télévision. • *A message just popped up on my screen saying 'fatal error'.* Un message vient d'apparaître sur mon écran disant 'grave erreur'.

pop-up *adj* (toujours avant n) en relief • *Alice was given a Winnie-the-Pooh pop-up book for her birthday.* Alice a reçu un livre en relief de Winnie l'Ourson pour son anniversaire.

pop-up *adj* (toujours avant n) (menu) déroulant • *Select the option you want from the pop-up menu.* Choisissez l'option qui vous intéresse sur le menu déroulant.

pore over pores, poring, pored

pore over sth
(lecture) se plonger dans, (document) examiner avec soin • *I left Jeremy poring over his notes for his first accountancy exam tomorrow.* J'ai laissé Jeremy se plonger dans ses notes pour son examen de comptabilité de demain.

pork out porks, porking, porked

pork out *américain, familier*
s'empiffrer • *We went home and porked out on pizza.* Nous sommes rentrés à la maison et nous nous sommes empiffrés de pizza.

portion out portions, portioning, portioned

portion out sth or **portion** sth **out**
partager • *They were all watching me to see that I portioned the cake out fairly.* Ils étaient tous à m'observer pour voir si je partageais le gâteau en parts égales.

post off posts, posting, posted

post off sth or **post** sth **off** *britannique & australien*
poster • *If I post it off now, it should reach you tomorrow.* Si je le poste maintenant, tu devrais l'avoir demain.

post up posts, posting, posted

post up sth or **post** sth **up**
afficher • *Company announcements are usually posted up on the notice-board.* Les annonces officielles de l'entreprise sont généralement affichées sur le tableau d'affichage.

pot up pots, potting, potted

pot up sth or **pot** sth **up**
empoter • *Take the geranium cuttings and pot them up in a mixture of peat and sand.* Prends les boutures de géranium et empote-les dans un mélange de tourbe et de sable.

potter about/around potters, pottering, pottered

potter about/around (swh) *britannique & australien*
bricoler • *She spent the afternoon pottering about in the garden.* Elle a passé l'après-midi à bricoler dans le jardin. • *Sunday is*

usually spent pottering around the house. Le dimanche se passe généralement à bricoler dans la maison.

pounce on/upon pounces, pouncing, pounced

pounce on/upon sth
1 (erreur) se jeter sur • *He knows that his critics are waiting to pounce on any slip that he makes.* Il sait que ses détracteurs attendent l'occasion de pouvoir se jeter sur la moindre erreur de sa part.
2 sauter sur • *I think if she were given the opportunity to work here, she'd pounce on it.* Je crois que si on lui offrait la possibilité de travailler ici, elle sauterait dessus.

pour down pours, pouring, poured

pour down
pleuvoir à verse • *Take an umbrella – it's pouring down.* Prends un parapluie; il pleut à verse. • *The rain's pouring down.* Il pleut à verse.

downpour n [C] averse • (généralement au singulier) *The streets were flooded after the downpour.* Après l'averse, les rues étaient inondées.

pour forth pours, pouring, poured

pour forth *formel*
se déverser • *Statistics poured forth from every specialist in the land.* Tous les spécialistes du pays fournirent des kilomètres de statistiques.

pour in/into pours, pouring, poured

pour in
pour into swh
(touristes) affluer, (lettres) arriver en grand nombre • *As soon as the gates opened, visitors started pouring in.* Dès que les portes s'ouvrirent, les visiteurs commencèrent à affluer. • *Letters have poured in congratulating us on our success.* Nous avons été inondés par les lettres de félicitations. • *Over 20,000 refugees have poured into the region.* Plus de 20.000 réfugiés ont afflué dans la région.

pour into pours, pouring, poured

pour sth **into** sth
investir • *He's poured so much money into the company.* Il a investi tellement d'argent dans l'entreprise.

pour out pours, pouring, poured

pour out sth or **pour** sth **out**
(boisson) verser, servir • *I'll wait till the tea's a little stronger before I pour it out.* Je vais attendre que le thé soit plus infusé avant de le servir.

pour out
(gens) sortir en masse, (foule) se déverser • (généralement + *adv/prép*) *The game had just finished and people were pouring out of the stadium.* Le match venait se terminer et les gens sortaient en masse du stade. • *The crowd poured out into the street.* La foule se déversa dans la rue.

pour out sth or **pour** sth **out**
(sentiments, idées) donner libre cours à • *She listened quietly while he poured out his troubles.* Elle l'écouta en silence donner libre cours à ses soucis. • *She really poured her heart out.* Elle a vraiment dit ce qu'elle avait sur le coeur.

outpouring n [C] (émotion) débordement, (colère) explosion • (généralement au singulier) *an outpouring of emotion* un débordement d'émotion • *She was taken aback by his sudden outpouring of grief.* Elle fut prise au dépourvu par ce débordement de chagrin subit.

outpouring n [C] confession • *It wasn't a speech so much as an outpouring.* Il s'agissait davantage d'une confession que d'un discours. • *These writings are clearly the outpourings of a deeply troubled man.* Ces écrits sont à l'évidence les confessions d'un homme extrêmement perturbé.

power up powers, powering, powered

power up (sth) or **power** (sth) **up**
américain
(ordinateur, moteur) (se) mettre en route • *Computers take a few seconds to power up, after they've been switched on.* Les ordinateurs mettent quelques secondes à se mettre en route après qu'ils ont été allumés. • *He powered the boat up and headed for the open sea.* Il a mis le bateau en route et s'est dirigé vers le large.

predispose to/towards predisposes, predisposing, predisposed

predispose sb **to/towards** sth *formel*
prédisposer à • *They've now discovered a gene that seems to predispose people to colon cancer.* On a maintenant découvert un gène

qui semble prédisposer les gens au cancer du colon.

predisposed to/towards *adj formel*
prédisposé à • *He's predisposed towards negotiation and favours a peaceful resolution to the problem.* Il est prédisposé à la négociation et est favorable à une résolution pacifique du problème.

preside over presides, presiding, presided

preside over sth
1 *formel* présider à • *He presided over some of the most far-reaching reforms his country has ever seen.* Il a présidé à certaines des réformes les plus radicales que le pays ait connues. • *Judge Langdale is to preside over the official enquiry into the case.* Le Juge Langdale présidera à l'enquête officielle sur l'affaire.
2 *formel* présider • *She presides over a business which has thrived even in the recession.* Elle préside une entreprise qui a été florissante même pendant la récession.

press ahead presses, pressing, pressed

press ahead
aller de l'avant • (généralement + **with**) *They're determined to press ahead with the new road despite opposition from environmental groups.* Ils sont décidés à aller de l'avant en ce qui concerne la nouvelle route en dépit de l'opposition des groupes de protection de l'environnement.

press for presses, pressing, pressed

press (sb) **for** sth
faire pression pour obtenir • *Workers continue to press for better working conditions.* Les travailleurs continuent de faire pression pour obtenir de meilleures conditions de travail. • *I'm being pressed for a decision on the matter.* On fait pression sur moi pour que je prenne une décision à ce sujet.

be pressed for sth (toujours au passif)
manquer de • *I'd like to talk, but I'm a bit pressed for time right now.* J'aimerais avoir une conversation mais je n'ai pas vraiment le temps tout de suite. • *Ask me another time when I'm not so pressed for cash.* Demande-moi ça une autre fois, quand j'aurai plus d'argent.

press forward presses, pressing, pressed

press forward
aller de l'avant • (souvent + **with**) *They seem determined to press forward with their programme of reform.* Ils semblent décidés à aller de l'avant en ce qui concerne le programme de réformes.

press into presses, pressing, pressed

press sb **into** sth/doing sth
contraindre à • *She was pressed into marriage by her parents.* Elle a été contrainte au mariage par ses parents. • *Don't be pressed into making a quick decision by the salesman.* Ne te laisse pas contraindre par le vendeur à prendre une décision hâtive.

press on presses, pressing, pressed

press on
poursuivre, continuer • (souvent + **with**) *They were determined to press on with the campaign despite the committee's objections.* Ils étaient décidés à poursuivre la campagne en dépit des objections du comité. • *It was pouring with rain but we pressed on towards the village.* Il pleuvait à verse mais nous avons continué en direction du village.

press on/upon presses, pressing, pressed

press sth **on/upon** sb
forcer à accepter • *All the children had sweets and presents pressed on them by the visitors.* Les visiteurs insistaient pour que tous les enfants acceptent les bonbons et les cadeaux qu'on leur offrait.

presume on/upon presumes, presuming, presumed

presume on/upon sth *formel*
(gentillesse) abuser de • *I shouldn't like to presume on your generosity.* Je ne voudrais pas abuser de votre générosité.

pretend to pretends, pretending, pretended

pretend to sth *formel*
prétendre avoir • (généralement dans des phrases négatives) *I don't pretend to any great skill as an orator.* Je ne prétends pas être un grand orateur.

prevail on/upon prevails, prevailing, prevailed

prevail on/upon sb to do sth *formel*
convaincre de • *He was eventually prevailed upon to accept the appointment.* On l'a finalement convaincu d'accepter la nomination.

prey on/upon preys, preying, preyed

prey on/upon sth
chasser • *Spiders prey on flies and other small insects.* Les araignées chassent les mouches et d'autres petits insectes.

prey on/upon sb
s'attaquer à • *He would attack at night, preying on lone women in their twenties and thirties.* Il attaquait la nuit, s'en prenant à des femmes seules d'une vingtaine ou d'une trentaine d'années. • *It's particularly contemptible that these sort of people prey on the elderly.* Le fait que ce genre de personnes s'attaquent à des personnes âgées est vraiment méprisable.

prick out pricks, pricking, pricked

prick out sth or **prick** sth **out**
(plante) repiquer • *In April, prick out the seedlings and pot them individually.* En avril, repiquez les plants et mettez-les dans des pots individuels.

pride on/upon prides, priding, prided

pride yourself **on/upon** sth/doing sth (toujours pronominal)
mettre un point d'honneur à • *I've always prided myself on being reasonably self-sufficient.* J'ai toujours mis un point d'honneur à être relativement indépendante. • *They pride themselves on the speed and reliability of their delivery service.* Ils se targuent d'assurer un service de livraison rapide et sûr.

print off prints, printing, printed

print off sth or **print** sth **off**
imprimer • *We printed off two hundred copies of the letter.* Nous avons imprimé deux cents exemplaires de la lettre.

print out prints, printing, printed

print out (sth) or **print** (sth) **out**
(s')imprimer • *I've just printed out the first draft of my essay.* Je viens d'imprimer la première version de ma dissertation. • (parfois + **in**) *The captions should have printed out in italics.* Les légendes auraient dû être imprimées en italiques.

printout n [C] copie • *Can you get me a printout of the latest sales figures?* Est-ce que tu peux m'obtenir une copie des derniers chiffres de vente?

prise/prize out prises, prising, prised/prizes, prizing, prized

prise sth **out** *britannique & australien*
prize sth **out** *britannique, américain & australien*
arracher à • (généralement + **of**) *She wasn't going to tell me – I really had to prize it out of her.* Elle ne voulait pas me le dire; j'ai vraiment dû le lui arracher.

proceed against proceeds, proceeding, proceeded

proceed against sb *formel*
engager des poursuites judiciaires contre • (parfois + **on**) *The Crown decided not to proceed against him on three charges of indecent assault.* Le ministère public a décidé de ne pas engager de poursuites judiciaires contre lui concernant trois accusations d'attentats à la pudeur.

proceed from proceeds, proceeding, proceeded

proceed from sth *formel*
provenir de • *These beliefs proceed from the conviction that all human life is sacred.* Ces croyances proviennent de la conviction que toute vie humaine est sacrée.

proceed with proceeds, proceeding, proceeded

proceed with sth *formel*
poursuivre • *Shall we proceed with the plan as agreed?* Poursuivons-nous notre projet comme convenu? • *You may proceed with your cross-examination now, Mr Brinkworth.* Vous pouvez poursuivre votre interrogatoire maintenant, Mr Brinkworth.

prod at prods, prodding, prodded

prod at sth
enfoncer dans, piquer dans • *She prodded at the fish with her fork a few times but didn't eat a mouthful.* Elle piqua plusieurs

fois dans son poisson avec sa fourchette mais elle ne mangea pas une bouchée.

profit by/from profits, profiting, profited

profit by/from sth/doing sth
tirer profit de • *I'm quite sure we could profit from her advice.* Je suis sûre que nous pourrions tirer profit de ses conseils. • *I profited enormously by working with her.* Travailler avec elle m'a été d'un grand profit.

pronounce on/upon
pronounces, pronouncing, pronounced

pronounce on/upon sth *formel*
se prononcer sur • *I'd rather not pronounce on a subject that I know so little about.* Je préfère ne pas me prononcer sur un sujet que je connais aussi peu.

prop up props, propping, propped

prop up sth or **prop** sth **up**
1 relever • *He fetched a few cushions to prop up her head.* Il alla chercher quelques coussins pour lui relever la tête. • (souvent + **with**) *We had to prop the bed up with some old books.* Nous avons dû relever le lit avec quelques vieux livres.
2 soutenir • *For years the whole industry was propped up by the government.* Pendant des années toute l'industrie a été soutenue par le gouvernement.

prop yourself **up** (toujours pronominal)
se redresser • *He groaned and propped himself up on his elbows.* Il grogna et se redressa sur ses coudes.

proportion to proportions, proportioning, proportioned

proportion sth **to** sth *formel*
ajuster à • (généralement au passif) *Your new salary has been proportioned to the cost of living.* Votre nouveau salaire a été ajusté en fonction du coût de la vie.

provide against provides, providing, provided

provide against sth *formel*
parer à • *Banks are being encouraged to provide against third world debt.* On encourage les banques à parer à la dette du Tiers-Monde. • *Beach owners do not have a legal obligation to provide against injury or drowning.* Les propriétaires de plages privées ne sont pas tenus légalement de se prémunir contre les risques d'accident ou de noyade.

provide for provides, providing, provided

provide for sb
subvenir aux besoins de • *He has a wife and two young children to provide for.* Il a une femme et deux jeunes enfants à charge.

provide for sth
1 *formel* tenir compte de • *We must provide for depreciation when calculating the costs.* Nous devons tenir compte de la dépréciation en calculant les coûts.
2 *formel* prévoir • *Current legislation provides for the detention of those suspected of terrorism.* La loi actuelle prévoit l'emprisonnement des personnes suspectées d'actes terroristes.

prowl about/around/round
prowls, prowling, prowled

prowl about/around/round (swh)
rôder • *At night in bed I would imagine him prowling around outside my house.* La nuit, dans mon lit, je l'imaginais en train de rôder autour de ma maison.

psych out psychs, psyching, psyched

psych out sb or **psych** sb **out** *familier*
faire perdre son assurance à • *The two athletes were trying to psych each other out before the race.* Les deux athlètes essayaient de se déstabiliser l'un l'autre avant la course.

psych up psychs, psyching, psyched

psych yourself **up** (toujours pronominal) *familier*
se préparer mentalement • *I have a couple of minutes on my own to psych myself up before I go on stage.* J' ai deux minutes seule avant mon entrée en scène pour me préparer mentalement.

psyched up *adj surtout américain, familier* mentalement prêt • *Davis was psyched up to go in and win the game.* David se sentait mentalement prêt à gagner le match.

puff away puffs, puffing, puffed

puff away *familier*
(cigarette) tirer sur • (généralement à la forme progressive) *She sat there, puffing*

away at her cigarette. Elle était assise là à tirer sur sa cigarette.

puff out puffs, puffing, puffed

puff out sth or **puff** sth **out**
(joue) gonfler • *He puffed out his cheeks and sat back in his chair.* Il gonfla les joues et se cala dans son fauteuil.

puff up puffs, puffing, puffed

puff up (sth) or **puff** (sth) **up**
(se) gonfler • *The soufflé should puff up and bake to a golden brown colour.* Le soufflé devrait gonfler et bien dorer à la cuisson.
puff up
enfler • *The medication had made her face puff up.* Le traitement avait enflé son visage.

puke up pukes, puking, puked

puke up (sth) or **puke** (sth) **up** (jamais au passif) *familier*
dégueuler • *He staggered into the kichen and puked up all over the floor.* Il est entré en titubant dans la cuisine et a dégueulé par terre.

pull ahead pulls, pulling, pulled

pull ahead
dépasser • *It was on the final lap that Marsh pulled ahead.* C'est pendant le dernier tour que Marsh prit la tête.

pull apart pulls, pulling, pulled

pull apart sb/sth or **pull** sb/sth **apart**
séparer • *They went for each other with their fists and had to be pulled apart.* Ils en sont venus aux poings et j'ai dû les séparer.
pull apart sth or **pull** sth **apart**
(livre) démolir • *The last essay I gave him he completely pulled apart.* Il a complètement démoli la dernière dissertation que je lui ai rendue.
pull sb **apart**
(moralement) abattre • *It just pulls me apart to see him treat her like this.* Cela me déprime de le voir la traiter comme ça.

pull at pulls, pulling, pulled

pull at sth
(vêtement) tirer sur • *My four-year-old son was pulling at my sleeve, wanting us to leave.* Mon fils de quatre ans tirait sur ma manche pour que nous partions.

pull away pulls, pulling, pulled

pull away
1 démarrer • *I just had time to leap on the bus before it pulled away.* J'ai juste eu le temps de sauter dans le bus avant qu'il démarre.
2 dépasser • (souvent + **from**) *With just a hundred meters to go, Black pulls away from the Italian and takes the lead.* A quelque cent mètres de l'arrivée, Black dépasse l'italien et prend la tête.
3 se reculer • *As he went to kiss her she pulled away.* Quand il se pencha pour l'embrasser elle se recula.
4 se détacher • (souvent + **from**) *The radiator has started to pull away from the wall.* Le radiateur commence à se desceller du mur.

pull back pulls, pulling, pulled

pull back sth or **pull** sth **back**
britannique
(point) regagner • *Two minutes after half-time, Paul Brinkworth pulled a goal back.* Deux minutes après la mi-temps, Paul Brinkworth a manqué un but.
pull back (sth) or **pull** (sth) **back**
se replier, forcer au repli • *Its troops have pulled back from the border.* Ses troupes se sont repliées de l'autre côté de la frontière.
pullback n [singulier] *américain* retrait • *The talks produced an immediate pullback of troops from both sides.* Les négociations ont conduit à un retrait immédiat des troupes des deux parties.
pull back
1 se dégager • *At the mention of Melissa she suddenly pulled back.* En entendant le nom de Melissa, elle se dégagea brusquement.
2 *surtout américain* se retirer • (souvent + **from**) *It is rumoured that the company intends to pull back from petrochemicals.* Il paraît que la société a l'intention de se retirer de la pétrochimie.

pull down pulls, pulling, pulled

pull down sth or **pull** sth **down**
démolir • *Most of the old buildings were pulled down to make room for the new shopping centre.* La plupart des vieux bâtiments ont été démolis pour faire de la place à un nouveau centre commercial.
• *Protesters took to the streets and pulled down a statue of the country's former leader.* Les manifestants sont descendus dans la

rue et ont fait tomber une statue de l'ancien chef d'état.

pull down sb or **pull** sb **down** *américain*
briser le moral de • *Her divorce really pulled her down.* Son divorce lui a vraiment brisé le moral.

pull down sth *américain, familier*
se faire • *Between them they must be pulling down about $100,000 a year.* A eux deux, ils doivent se faire environ 100.000 dollars par an.

pull for pulls, pulling, pulled

pull for sb *américain, familier*
encourager • (souvent + to do sth) *The fans were all there, pulling for their team to win.* Les supporters étaient tous là, encourageant leur équipe à gagner.

pull in pulls, pulling, pulled

pull in sb or **pull** sb **in**
1 *familier* emmener au poste • *The police pulled in dozens of protestors during the demonstration.* Pendant la manifestation, la police a emmené au poste une douzaine de manifestants.
2 attirer • *It's the longest-running show in the West End and it's still pulling in the crowds.* C'est le spectacle qui se trouve depuis le plus longtemps à l'affiche dans le West End et il attire encore les foules.

pull in sth or **pull** sth **in**
gagner • *The bank pulls in over £390 million in a year.* En une année, la banque fait plus de 390 millions de livres de chiffre d'affaires.

pull in/into pulls, pulling, pulled

pull in
pull into swh
1 arriver à • *The train pulling in on platform 6 – that should be hers.* Le train qui arrive au quai 6, ça doit être le sien.
2 s'arrêter • *Pull in behind this truck and I'll get out and walk the rest of the way.* Arrête-toi derrière ce camion pour me laisser descendre et je ferai le reste du chemin à pied. • *We pulled into the first garage that we came to.* Nous nous sommes arrêtés au premier garage que nous avons rencontré.

pull-in *n* [C] *britannique, familier*
restaurant de bord de route • *We stopped at a pull-in on the way here and had a bite to eat.* Nous nous sommes arrêtés dans un restaurant au bord de la route pour manger un morceau.

pull off pulls, pulling, pulled

pull off sth or **pull** sth **off**
réussir • *It's a clever plan and if he pulls it off he'll earn a lot of money.* C'est un projet astucieux et s'il réussit, il gagnera beaucoup d'argent. • *So you're going to Madrid all expenses paid. How did you pull that off?* Alors comme ça, tu vas à Madrid tous frais payés? Comment as-tu fait?

pull off (sth)
(voiture) bifurquer, (autoroute) quitter • *We pulled off the motorway at Reigate.* Nous avons quitté l'autoroute à Reigate.

pull off
démarrer • *I watched as the car pulled off and sped up the road.* J'ai regardé la voiture démarrer et s'éloigner en penant de la vitesse.

pull on pulls, pulling, pulled

pull on sth
(vêtement) enfiler • *I pulled on some jeans and ran downstairs to answer the door.* J'ai enfilé une paire de jeans et je suis descendue en courant pour ouvrir la porte.

pull out pulls, pulling, pulled

pull out
1 partir • *I got to the platform just as the train was pulling out.* Je suis arrivée sur le quai au moment où le train partait.
2 bifurquer, démarrer • *I was just waiting for a gap in the traffic so that I could pull out.* J'attendais que la circulation s'éclaircisse pour pouvoir démarrer.
3 déboîter • *He pulled out in front of me without even looking.* Il a déboîté devant moi sans regarder.

pull out (sth/sb) or **pull** (sb/sth) **out**
1 (se) retirer • (souvent + of) *After lengthy negotiations the company pulled out of the deal.* Après des négociations interminables, la société s'est retirée du marché. • *They've pulled all their athletes out of the competition.* Ils ont retiré tous leurs athlètes de la compétition.
2 se retirer, repousser • (souvent + of) *There was a rumour that they were about to pull out of the region.* On racontait qu'ils allaient se retirer de la région. • *If we pull our troops out now, we are admitting defeat.* Si nous retirons nos troupes maintenant, nous nous déclarons vaincus.

pull-out n [C] retrait • *The government has ordered an immediate pull-out of troops from the area.* Le gouvernement a ordonné le retrait immédiat des troupes occupant la région.

pull over   pulls, pulling, pulled

pull over
s'arrêter • *I was looking for somewhere to pull over so I could have a look at the map.* Je cherchais un endroit pour m'arrêter afin de pouvoir consulter la carte.

pull over sb/sth or **pull** sb/sth **over**
arrêter • *I was pulled over by the police and asked to show my driving licence.* J'ai été arrêté par la police et on m'a demandé mon permis de conduire.

pull through   pulls, pulling, pulled

pull (sb) **through** (sth)
s'en tirer, permettre de surmonter • *It was Glyn who pulled me through the bad times.* C'est Glyn qui m'a permis de surmonter les moments difficiles. • *They weren't the happiest days of our lives but somehow we pulled through.* Ça n'a pas été la période la plus heureuse de notre vie mais nous avons réussi à nous en tirer.

pull (sb) **through**
s'en tirer, tirer de là • *I was so ill, they didn't even know if I was going to pull through.* J'étais tellement malade qu'ils ne savaient même pas si j'allais m'en tirer. • *I felt confident that the doctors would pull him through.* J'étais sûre que les médecins le tireraient de là.

pull to   pulls, pulling, pulled

pull sth **to**
(porte) tirer • *Pull the door to, would you, it keeps banging.* Tire la porte, veux-tu, elle n'arrête pas de claquer.

pull together   pulls, pulling, pulled

pull yourself **together** (toujours pronominal)
se ressaisir • (souvent à l'impératif) *Pull yourself together, now. There's no point in crying.* Ressaisis-toi, maintenant. Rien ne sert de pleurer.

pull together
s'y mettre tous • *It's going to be a rush but if we all pull together I'm sure we can get the job finished on time.* Ça va être la course mais, si on s'y met tous, je suis sûr que nous pouvons terminer le travail dans les temps.

pull together sth or **pull** sth **together**
1 remettre sur pied • *A strong government would pull the country together.* Un gouvernement fort remettrait le pays sur pied.
2 (idées) mettre en forme, (faits) organiser • *Really the book was an attempt to pull together a lot of data that I'd collected over the years.* En fait, j'ai essayé avec ce livre de mettre en forme une somme d'informations que j'avais recueillies au fil des ans.

pull up   pulls, pulling, pulled

pull up
s'arrêter • *A car pulled up next to the church and two men got out.* Une voiture s'est arrêtée près de l'église et deux hommes en sont sortis.

pull up sth or **pull** sth **up**
(chaise) approcher • *Why don't you pull up a chair and join us?* Pourquoi n'approchez-vous pas une chaise pour vous joindre à nous?

pull sb **up**
réprimander • (souvent + **on**) *She pulled me up on my use of the term 'mankind' instead of 'humankind'.* Elle m'a réprimandé parce que je disais 'les hommes' au lieu de 'l'humanité'.

pump in/into   pumps, pumping, pumped

pump in sth or **pump** sth **in**
pump sth **into** sth
investir dans • *The government has pumped in billions of dollars over the last three years.* Le gouvernement a investi des milliards de dollars ces trois dernières années. • *New investors were being encouraged to pump capital into the company.* De nouveaux actionnaires ont été encouragés à investir des capitaux dans l'entreprise.

pump out   pumps, pumping, pumped

pump out (sth) or **pump** (sth) **out**
familier
déverser, (musique) diffuser • *Then there are the radio stations, pumping out nationalist songs and government propaganda.* Il y a aussi les stations de radio, diffusant des chants nationalistes

et de la propagande pro-gouvernementale. • *Dance music was pumping out from two loudspeakers.* De la musique dansante était diffusée par les hauts-parleurs.

pump up pumps, pumping, pumped

pump up sth or **pump** sth **up**
1 gonfler • *I must remember to pump up the tyres on my bike.* Je me dois pas oublier de gonfler les pneus de mon vélo.
2 *familier* (vente) faire grimper • *They slashed their prices in a desperate attempt to pump up sales.* Ils ont sacrifié les prix dans un effort désespéré de faire grimper les ventes.

pump up sb or **pump** sb **up** *américain, familier*
exciter • *The auctioneer worked hard at pumping up the crowd.* Le commissaire-priseur a fait son possible pour exciter le public.

punch in punches, punching, punched

punch in sth or **punch** sth **in**
(donnée) introduire, (numéro) composer • *As soon as the alarm sounded, I rushed downstairs and punched in the code.* Dès que l'alarme a sonné je suis descendue en courant et j'ai composé le code.

punch in *américain*
(en entrant) pointer • *What time did you punch in this morning?* A quelle heure as-tu pointé, ce matin?

punch out punches, punching, punched

punch out sth or **punch** sth **out** *surtout américain*
(donnée) introduire, (numéro) composer • *She picked up the telephone and punched out the number for the taxi.* Elle a décroché le téléphone et a composé le numéro d'appel du taxi.

punch out sb or **punch** sb **out** *américain, familier*
mettre KO • *He got into a fight and punched the guy out.* Il s'est battu et a mis le type KO.

punch-out *n* [C] *américain, familier*
bagarre • *The two boys had a real punch-out.* Les deux garçons se sont sérieusement bagarrés.

punch out *américain*
(en sortant) pointer • *I usually punch out around five o'clock.* Je pointe généralement en sortant vers cinq heures.

punch up punches, punching, punched

punch up sth or **punch** sth **up** *américain, familier*
arranger • *It's the same song but punched up with a new arrangement.* C'est la même chanson mais rendue plus intéressante grâce à un nouvel arrangement.

push about/around/round pushes, pushing, pushed

push sb **about/around/round**
manquer de respect à • *She wasn't going to let them push her about any more.* Elle était décidée à ne plus les laisser lui manquer de respect. • *I'm fed up of being pushed around.* J'en ai marre qu'on me manque de respect.

push ahead pushes, pushing, pushed

push ahead
persévérer • *We hit one or two problems but still decided to push ahead.* Nous avons rencontré un ou deux problèmes mais nous avons malgré tout décidé de persévérer. • (souvent + **with**) *The government intends to push ahead with plans to give more power to local government.* Le gouvernement a l'intention de persévérer dans ses projets d'attribution d'une plus grande autonomie aux autorités locales.

push around
voir **push about/around/round**

push aside pushes, pushing, pushed

push aside sth/sb or **push** sth/sb **aside**
(désaccord) oublier, (problème) ignorer, (personne) écarter • *We can't just push these problems aside – we have to deal with them.* Nous ne pouvons nous contenter d'ignorer ces problèmes: nous devons les résoudre. • *Annie felt that she was being pushed aside in favour of a younger member of staff.* Annie eut la sensation d'être écartée en faveur d'un employé plus jeune qu'elle.

push for pushes, pushing, pushed

push (sb) **for** sth
(changement) faire pression pour obtenir • *Local residents are pushing for the road to be made safer.* Les résidents du quartier font pression pour que la route soit rendue

plus sûre. • *The unions have been pushing management for wage increases.* Les syndicats font pression sur la direction pour obtenir une augmentation de salaire.

push forward pushes, pushing, pushed

push forward
persévérer • (souvent + **with**) *An additional grant enabled the team to push forward with research plans.* Une bourse supplémentaire a permis à l'équipe de persévérer dans ses projets de recherche.

push yourself **forward** (toujours pronominal)
se mettre en avant • *She always seemed to be pushing herself forward and not giving anyone else a chance.* Elle avait l'air de toujours se mettre en avant et de ne jamais donner leur chance aux autres.

push in pushes, pushing, pushed

push in
1 *britannique & australien, familier* passer devant tout le monde • *I think he thought I was trying to push in.* Je pense qu'il a cru que je voulais passer devant tout le monde. • *Stop pushing in!* Arrêtez de passer devant tout le monde!
2 s'imposer • *I wasn't pushing in – I genuinely thought I might be able to help out.* Je n'essayais pas de m'imposer; je pensais vraiment pouvoir donner un coup de main.

push off pushes, pushing, pushed

Push off! (toujours à l'impératif) *britannique & australien, familier* dégage! • *I was in such a bad mood, I just told him to push off.* J'étais de tellement mauvaise humeur que je lui ai dit de dégager.

push off *familier*
1 filer • *I'll push off now and collect the kids.* Maintenant, je file chercher les enfants.
2 (rivière) s'éloigner de la rive, (mer) s'éloigner du rivage • *We pushed off and drifted along the canal.* Nous nous sommes éloignés de la rive et nous nous sommes laissés glisser le long du canal.

push on pushes, pushing, pushed

push on
1 poursuivre son chemin • *We'll have to push on if we're going to get there before it gets dark.* Nous devons poursuivre notre chemin si nous voulons arriver avant la nuit.
2 persévérer • *Come on, let's push on. We still have a lot of this to get through.* Allons, de la persévérance. Nous avons encore beaucoup à faire. • (souvent + **with**) *They are pushing on with their campaign for improved childcare facilities.* Ils poursuivent leur campagne pour l'amélioration des modes de garde d'enfants.

push out pushes, pushing, pushed

push out sb or **push** sb **out**
forcer à partir • (souvent + **of**) *She felt she'd been pushed out of the job.* Elle avait le sentiment qu'on l'avait forcée à renoncer à son poste.

push over pushes, pushing, pushed

push over sb/sth or **push** sb/sth **over**
faire tomber • *One of the big kids pushed him over.* Un des grands l'a fait tomber.

push round
voir **push about/around/round**

push through pushes, pushing, pushed

push through sth or **push** sth **through** (sth)
faire passer • *The president is trying to push through various tax reforms.* Le président essaie de faire passer différentes réformes fiscales. • *We're trying to push this deal through as quickly as possible.* Nous essayons de faire en sorte que ce marché soit conclu aussi vite que possible.

push to pushes, pushing, pushed

push sth **to**
(porte) pousser • *Can you push the door to? – I can feel a draft.* Est-ce que tu veux bien pousser la porte? Je sens un courant d'air.

push towards pushes, pushing, pushed

push (sb) **towards** sth/doing sth
essayer de faire, pousser à faire • *New employment laws are expected to push more women towards voting Labour.* De nouvelles lois sur l'emploi devraient pousser plus de femmes à voter pour les Travaillistes. • *Three of the countries in the*

European Union are pushing towards a single currency. Trois des pays de l'Union Européenne agissent en faveur de la monnaie unique.

push up puts, pushing, pushed

push up sth or **push** sth **up**
faire grimper, augmenter • *Increases in indirect taxes will push inflation up.* Des augmentations au niveau des impôts indirects vont faire grimper l'inflation.

put about puts, putting, put

put about sth or **put** sth **about**
britannique & australien
(bruit) faire courir • *Rumours have been put about that the princess is thinking of getting remarried.* On a fait courir le bruit que la princesse songe à se remarier. • *Government sources have **put it about that** the opposition is planning to raise taxes if they win the election.* Le gouvernement a fait courir le bruit que l'opposition prévoit d'augmenter les impôts s'ils gagnent les élections.

put about
(bateau) virer de bord • *The wind was getting much stronger so we decided to put about and return to port.* Comme le vent soufflait beaucoup plus fort, nous avons décidé de virer de bord et de retourner au port.

put it about *britannique, argot*
coucher avec tout le monde • (généralement à la forme progressive) *She's been putting it about a bit recently, hasn't she?* Elle a couché un peu avec tout le monde ces derniers temps, non?

put across puts, putting, put

put across sth or **put** sth **across**
(message) faire passer • *The government needs to put across the message that the economy is starting to recover.* Le gouvernement doit faire passer le message que l'économie est en train de redémarrer. • *Good teachers are the ones who are able to put things across well.* Les bons profs sont ceux qui arrivent à bien faire passer les choses.

put yourself **across** (toujours pronominal)
se faire comprendre • *I don't think I managed to put myself across very well in that interview.* Je ne crois pas avoir réussi à très bien me faire comprendre au cours de cet entretien.

put around/round puts, putting, put

put around/round sth or **put** sth **around/round**
(bruit) faire courir • *Rumours have been put around that the company is going to be bought by an American firm.* Le bruit court que la société va être rachetée par une firme américaine. • *Who's been **putting it around that** I'm going out with Chris?* Qui a fait courir le bruit que je sortais avec Chris?

put aside puts, putting, put

put aside sth or **put** sth **aside**
1 (argent) mettre de côté • *She puts aside £100 a month for clothes.* Elle met de côté 100 livres par mois pour s'acheter des vêtements.
2 (problème) ignorer, (désaccord) oublier • *The opposition parties have finally put aside their differences and formed an alliance.* Les partis d'opposition ont finalement mis leurs différences de côté et formé une alliance. • *Putting aside practical difficulties, I think the proposal sounds really promising.* Mis à part les problèmes pratiques, je pense que la proposition semble vraiment prometteuse.
3 mettre de côté, garder • *Pour half of the milk into the mixture and put the rest aside for the sauce.* Verser la moitié du lait dans le mélange et garder le reste pour la sauce.

put at puts, putting, put

put sth **at** sth
estimer à • *Initial estimates put the cost of the earthquake damage at $17 million.* Les premières estimations évaluent les dégâts du tremblement de terre à 17 millions de dollars. • *The death toll was unofficially put at 2,200.* Le nombre des victimes a été officieusement estimé à 2.200.

put away puts, putting, put

put away sth or **put** sth **away**

1 ranger • *I'll wash and dry the dishes, if you put them away.* Je vais laver et essuyer la vaisselle, si tu ranges. • *She folded up the towels and put them away in the cupboard.* Elle a plié les serviettes et les a rangées dans le placard.

2 (argent) mettre de côté • *I try to put a little away every month.* J'essaie de mettre un peu d'argent de côté chaque mois.

3 *familier* (nourriture) avaler, (boisson) descendre • *I can't believe how much Alex put away at lunch!* Je n'en reviens pas de tout ce qu'Alex a pu avaler au déjeuner! • *Sam and I put away a whole bottle of whisky last night.* Sam et moi, nous avons descendu toute une bouteille de whisky, hier soir.

4 *familier* (but) marquer • *The third goal was put away by Williams.* Le troisième but a été marqué par Williams.

5 *américain, familier* faire piquer, abattre • *The dog's injuries were so terrible it had to be put away.* Les blessures du chien étaient si horribles qu'il a fallu le faire piquer.

put away sb or **put** sb **away**

1 *familier* (voleur) mettre sous les verrous, (malade mental) enfermer • (généralement au passif) *He was put away for five years for armed robbery.* Il a été mis à l'ombre cinq ans pour vol à main armée. • *They were charged with murder but there wasn't enough evidence to put them away.* Ils ont été accusés de meurtre mais on a manqué de preuves pour les mettre sous les verrous. • *In the past, people who suffered from schizophrenia were often put away.* Autrefois, les gens qui souffraient de schizophrénie étaient souvent enfermés.

2 *américain, argot* (ennemi) descendre • *The robber who put away the bank manager has been caught.* Le voleur qui a descendu le directeur de la banque a été pris.

put back puts, putting, put

put back sth or **put** sth **back**

1 (objet) remettre en place • *You will put the books back when you've finished with them, won't you?* Tu remettras les livres en place quand tu auras fini, d'accord? • *Joey, put that back, there's a good boy.* Joey, range ça; c'est bien.

2 reporter • *That meeting has had to be put back till December 8th.* Cette réunion a dû être reportée au 8 décembre.

3 retarder • *This latest problem might put back our finishing date by a whole month.* Ce nouveau problème pourrait bien retarder notre date limite d'un mois.

4 (montre) retarder • *We'll be landing in about five minutes – I'd better put my watch back.* Nous atterrissons dans cinq minutes environ; je ferais bien de retarder ma montre.

5 *familier* (alcool) descendre • *He can put back nine or ten beers on a good night.* Un soir de grande forme, il peut descendre neuf à dix bières.

put before puts, putting, put

put sth **before** sb

1 faire passer avant • *I'd never put my work before my family.* Jamais je ne ferais passer mon travail avant ma famille.

2 (fait) exposer à, (idée) soumettre à • *We've got to put our proposal before the committee.* Nous devons soumettre notre proposition au comité.

put behind puts, putting, put

put sth **behind** sb

laisser derrière • *Like any divorce, it was a painful business, but I've put all that behind me now.* Comme tout divorce, ça a été une épreuve douloureuse mais c'est du passé, maintenant.

put by puts, putting, put

put by sth or **put** sth **by**

(argent) mettre de côté • *If you put a little by every week, it soon adds up.* Si tu mets un peu de côté chaque semaine, tu auras vite un petit magot.

put down puts, putting, put

put down sb/sth or **put** sb/sth **down**

poser • *I'll just put my bag down – it's rather heavy.* Je pose d'abord mon sac; il est lourd! • *'Put me down, daddy!'* 'Pose-moi, Papa!' • *Put that knife down – you're making me nervous.* Posez ce couteau; cela me rend nerveuse.

put down sb or **put** sb **down**

1 dévaloriser • *Why do you have to put me down in front of everyone like that?* Pourquoi cherches-tu à me dévaloriser comme ça devant tout le monde? • (parfois pronominal) *You put yourself down too much.* Tu te dévalorises trop.

put-down *n* [C] remarque désobligeante • (généralement au singulier) *That was a bit of a put-down, wasn't it, referring to Julia as 'that girl who types Derek's letters'?* C'était plutôt désobligeant, n'est-ce pas, de faire référence à Julia en disant 'cette fille qui tape le courrier de Derek'?

2 (nom) inscrire • (souvent + **for**) *You have to put a child down for nursery almost as soon as they're born.* Il faut inscrire les enfants à la crèche pratiquement dès leur naissance. • (parfois + **to do sth**) *I've put myself down to do French classes next term.* Je me suis inscrite à un cours de français, le trimestre prochain. • (parfois + **as**) *He'd put me down as next of kin so I was the first to be informed of his death.* Il m'avait désignée comme étant sa plus proche parente, c'est pourquoi j'ai été la première informée de sa mort.

3 *britannique & australien, vieilli* déposer • *Ask the driver to put you down outside the church.* Demande au chauffeur de te déposer devant l'église.

put down sth or **put** sth **down**

1 raccrocher • *It was only after I'd put the phone down that I realised what I'd said.* Ce n'est qu'après avoir raccroché que je me suis rendu compte de ce que j'avais dit. • (parfois + **on**) *He put the phone down on me in the middle of what I was saying.* Il m'a raccroché au nez sans me laisser finir ce que j'étais en train de dire.

2 (argent) verser • *Have you got enough money to put a deposit down on a house?* As-tu assez d'argent pour le versement initial dans l'achat d'une maison?

3 (animal) piquer • *Eventually the poor cat was in such pain that we had to have her put down.* En fin de compte, la pauvre chatte souffrait tellement que nous avons dû la faire piquer.

4 mettre sur papier • *If anyone wants to go to the seminar on Friday afternoon, could they put their name down on this list, please?* Si vous voulez assister au séminaire vendredi après-midi, pouvez-vous inscrire votre nom sur cette liste, s'il vous plaît? • *There are feelings you can't talk about and sometimes it helps to put it all down on paper.* Il y a des sentiments dont il est difficile de parler et, parfois, cela aide de mettre tout ça sur papier.

5 (rébellion) écraser • *Tanks had been brought in to put down the last popular uprising.* On avait fait venir des tanks pour écraser le dernier soulèvement populaire.

put sb **down**

coucher • *I usually put Harry down for a nap in the afternoon.* En général, je couche Harry l'après-midi pour qu'il fasse la sieste.

put down (sth) or **put** (sth) **down**

(faire) atterrir • *I ran out of fuel and had to put down in the middle of a field.* Je suis tombé en panne de carburant et j'ai dû atterrir au milieu d'un champ.

put down as puts, putting, put

put sb **down as** sth

prendre pour • *I suppose I'd taken one look at his appearance and put him down as the artistic type.* Je suppose que je n'avais fait que jeter un coup d'oeil à son apparence et je l'avais pris pour quelqu'un de plus ou moins artiste.

put down to puts, putting, put

put sth **down to** sth

attribuer à • *She did seem quiet at the time but I put it down to the problems she was having at work.* Elle n'était pas bavarde à ce moment-là mais j'avais attribué cela à ses problèmes professionnels. • *And that lack of confidence I'd always put down to his strange upbringing.* Et j'avais toujours attribué son manque de confiance en lui à la façon inhabituelle dont il avait été élevé.

put forth puts, putting, put

put forth sth or **put** sth **forth**

1 *formel* (idée) émettre, (projet) soumettre • *In her thesis, she completely rejects the ideas put forth by Chomsky.* Dans sa thèse, elle rejette complètement les idées émises par Chomsky. • *They have put forth a plan for improving public services.* Ils ont soumis un projet pour améliorer la qualité des services publics.

2 *formel* (feuille) donner • *The plant resembles a small log which puts forth leaves when watered.* La plante ressemble à une petite bûche qui donne des feuilles quand on l'arrose.

3 *surtout américain* (effort) fournir • *The team put forth an inspired effort to win the championship.* L'équipe a fourni un effort remarquable pour gagner le championnat.

put forward puts, putting, put

put forward sth or **put** sth **forward**

1 (idée) émettre, (projet) proposer • *A number of theories have been put forward* *about the possible causes of cancer.* Un certain nombre de théories ont été émises sur les causes possibles du cancer. • (parfois + **for**) *The US has put forward a five-point plan for peace in the Middle East.* Les Etats-Unis ont proposé un projet en cinq points en faveur de la paix au Moyen-Orient.

2 (date) avancer • *They decided that they would have to put forward some of the events.* Ils ont décidé que la date de certains événements devrait être avancée.

3 (montre) avancer • *London is five hours ahead of New York, so you'll need to put your watch forward.* A Londres, il est cinq heures plus tard qu'à New York. Il faudra donc que tu avances ta montre.

put forward sb/sth or **put** sb/sth **forward**

(nom) avancer • (parfois + **for**) *Barry Taylor's name has been put forward for the post of chairman.* Le nom de Barry Taylor a été avancé pour le poste de président. • (parfois + **as**) *Helen Wilson has been put forward as a possible candidate for the position.* Helen Wilson a été suggérée comme candidate possible pour le poste.

put in puts, putting, put

put in sth or **put** sth **in**

1 (demande) faire • *David's put in a request to be transferred to the Boston office.* David a fait une demande pour être muté au bureau de Boston. • *A French firm has put in a bid of $4 million.* Une entreprise française a fait une offre de 4 millions de dollars.

2 installer • *I've just had a new kitchen put in.* Je viens de faire installer une nouvelle cuisine. • *We're having some problems with the wiring system that was put in last week.* Nous avons des problèmes avec l'installation électrique qui a été faite la semaine dernière.

put in sth

(la parole) couper • *'But I don't think she's the right person for the job', she put in.* 'Mais je ne crois pas qu'elle soit la personne adéquate pour ce poste', coupa-t-elle.

put in for puts, putting, put

put in for sth

se présenter à • *Richard's finally put in for his driving test.* Richard s'est finalement inscrit pour passer son permis de conduire.

put in/into puts, putting, put

put in sth or **put** sth **in**
put sth **into** sth/doing sth

(temps) investir dans • *We've all put a lot of effort into this project and we want it to succeed.* Nous avons tous investi beaucoup d'énergie dans ce projet et nous voulons que ce soit un succès. • *Jean put a lot of work into finishing her book.* Jean a beaucoup travaillé pour terminer son livre. • *Many charities rely on volunteers who put in hours of unpaid work.* Beaucoup d'organisations caritatives dépendent de volontaires qui acceptent de faire des heures de travail bénévole.

put in sth or **put** sth **in**
put sth **into** sth

(argent) investir • *Investors need to put in a minimum of $2,000.* Les actionnaires doivent investir un minimum de 2.000 dollars. • *Additional resources must be put into the health service.* Des moyens supplémentaires doivent être investis dans le secteur de la santé.

put in sb or **put** sb **in**
put sb **into** sth

élire, nommer • (généralement au passif) *The Republicans were put in again, but with a smaller majority.* Les Républicains ont été réélus mais à une plus faible majorité. • *Within a year of being put into office, he was charged with corruption.* Un an après son entrée en fonction, il a été accusé de corruption.

put sb **in/into** sth

(en pension, en prison) mettre • *She was charged with driving while drunk and put in prison for 18 months.* Elle a été accusée de conduite en état d'ivresse et condamnée à 18 mois de prison. • *They put both their children into boarding school from the age of eleven.* Ils ont mis leurs deux enfants en pension à partir de l'âge de onze ans. • *My mother can't cope on her own any more, and so I've decided to put her in a nursing home.* Ma mère n'est plus capable de se débrouiller seule et j'ai donc décidé de la mettre en maison de retraite.

put in
put into sth

(bateau) faire escale • *If the wind gets any stronger, we should put in.* Si le vent devient plus violent, nous devrons faire escale.

put off puts, putting, put

put off sth/doing sth or **put** sth **off**

(tâche) remettre à plus tard • (souvent + **until**) *They had decided to put the wedding off until her brother came home from abroad.* Ils avaient décidé de reporter leur mariage jusqu'à ce que son frère revienne de l'étranger. • *I've put off talking to him about this for far too long.* J'ai suffisamment reculé le moment d'avoir une conversation avec lui à ce sujet.

put off sb or **put** sb **off**
1 (invité) décommander • *We can't keep putting them off, they'll think we don't like them.* Nous ne pouvons pas continuer à les décommander ou ils vont penser que nous ne les aimons pas.
2 *britannique & australien* (autobus) déposer • *There's a bus which'll put you off at the end of our street.* Il y a un bus qui te déposera au bout de notre rue.

put off sb or **put** sb **off** (sb/sth/doing sth)

dégoûter de, dissuader de • *A lot of young people are put off joining because the members all seem so old.* Beaucoup de jeunes sont dissuadés d'adhérer parce que les membres ont tous l'air si vieux. • *What put me off him was the way he only talked about himself.* Ce qui m'a déplu chez lui, c'était la façon dont il ne parlait que de lui. • *I can't watch this any more, it's putting me off my food.* Je ne peux plus regarder ça, ça me coupe l'appétit.

off-putting *adj* rébarbatif • *Even those who agree with most of what he says may find his style a little off-putting.* Même ceux qui sont d'accord avec presque tout ce qu'il dit peuvent trouver son style un peu rébarbatif.

put-off *n* [C] chose repoussante • *The beach was beautiful but the polluted sea was a real put-off.* La plage était belle mais la mer polluée était vraiment repoussante.

put off sb or **put** sb **off** (sth)

déconcentrer • *Please just be quiet, you're putting me off.* Tais-toi, tu me déconcentres. • *The thought that she would be arriving later that day had put him off his work.* L'idée qu'elle arriverait plus tard dans la journée l'avait empêché de se concentrer sur son travail.

off-putting *adj* gênant • *It's very off-putting having someone looking over your shoulder while you're writing.* C'est très gênant d'avoir quelqu'un qui regarde au-dessus de ton épaule quand tu écris.

put on puts, putting, put

put on sth or **put** sth **on**

1 (vêtement) mettre • *Put your coat on if you're going outside, it's cold.* Mets ton manteau si tu sors, il fait froid. • *She put on her glasses and stared intently at the photograph.* Elle a chaussé ses lunettes et a observé attentivement la photo.

2 (crème) mettre • *Is there a mirror somewhere? I need to put my make-up on.* Est-ce qu'il y a un miroir, ici? Il faut que je me maquille.

3 (lumière, feu) allumer • *Put the light on, would you?* Est-ce que tu veux bien allumer la lumière? • *What time do you want me to put the oven on?* A quelle heure veux-tu que j'allume le four?

4 (voix) prendre • *I don't think he's really upset – he's just putting it on.* Je ne pense pas qu'il soit vraiment fâché; il fait semblant. • *Anthea often puts on a funny voice when she answers the phone.* Anthea prend souvent une voix bizarre quand elle répond au téléphone.

put-on *n* [C] *américain, familier* chiqué • *She's not really angry – it's just a put-on.* Elle n'est pas vraiment fâchée; c'est du chiqué.

5 (spectacle) monter, (concours) organiser • *They were putting on a concert to raise money for the new church roof.* Ils organisaient un concert pour ramasser de l'argent pour le nouveau toit de l'église.

6 mettre à cuire • *Can you put the potatoes on while I make a salad?* Peux-tu mettre les pommes de terre à cuire pendant que je fais la salade?

7 (CD, cassette) passer • *Why don't you put your new CD on?* Pourquoi ne passes-tu pas ton nouveau CD? • *I'll put on a video for the kids to watch.* Je vais passer une cassette pour les enfants.

8 (jamais au passif) (poids) prendre • *Have you seen Trevor recently, I think he's really putting weight on.* Est-ce que tu as vu Trevor récemment? Je trouve qu'il a vraiment grossi. • *She put on over ten pounds in just 2 months.* Elle a pris cinq kilos en seulement deux mois.

9 (service) mettre en place, (cours) proposer • *They've put on a late-night bus service for students.* Ils ont mis en place un service de bus de nuit pour les étudiants. • *They're putting on a new computing course at the regional college.* Ils proposent un nouveau cours d'informatique à l'université régionale.

put on sb or **put** sb **on** (sth)
(au téléphone) passer • *Can you put Wendy on?* Est-ce que tu peux me passer Wendy? • *When she felt herself beginning to cry, she put Laurie on the phone.* Quand elle a senti qu'elle allait pleurer, elle a passé le téléphone à Laurie.

put sb **on** sth
1 (bus, train) mettre à • *I put her on the 9:30 train so she should have arrived by now.* Je l'ai mise au train de 9 heures 30: elle devrait donc être arrivée, maintenant.
2 (poste) affecter à, (commission) nommer à • *Tracey's really exhausted since they put her on the night shift.* Tracey est vraiment fatiguée depuis qu'ils l'ont mise dans l'équipe de nuit. • *Alex and I have been put on the planning committee.* Alex et moi, nous avons été nommés à la commission de planification.
3 (régime) mettre à • *They've put me on a low-fat diet.* Ils m'ont mis au régime sans matières grasses.

put sth **on** sth
1 miser sur • *Can you put £5 on Mr. Bigwig in the last race for me?* Peux-tu miser pour moi £5 sur Mr Bigwig dans la dernière course?
2 augmenter de • *They're putting another ten pence on cigarettes.* Ils augmentent encore les cigarettes de dix pence.

put sb **on** (jamais au passif) *américain, familier*
faire marcher • *You didn't believe him did you? He was just putting you on.* Tu ne l'as pas cru n'est-ce pas? Il te faisait marcher.
put-on *n* [C] *américain, familier* blague • *Is this one of your put-ons, Matt, or has she really been fired?* Est-ce une de tes blagues, Matt, ou a-t-elle vraiment été renvoyée?

put on to/onto puts, putting, put

put sb **on to/onto** sth
indiquer à • *Andy and Fiona put us onto a really good garage in Hammersmith.* Andy et Fiona nous ont indiqué un très bon garage à Hammersmith.

put out puts, putting, put

put out sth or **put** sth **out**
1 (lumière) éteindre • *I'm rather tired – shall we put the light out?* Je suis assez fatiguée: on éteint la lumière? • *Could you put that torch out?* Est-ce que tu peux éteindre cette lampe de poche?

2 (feu, cigarette) éteindre • *You'd better put your cigarette out before Terry sees it.* Tu ferais bien d'éteindre ta cigarette avant que Terry ne la voie. • *Ben grabbed the fire extinguisher and put the fire out.* Ben a attrapé l'extincteur et éteint le feu.

3 sortir • *Did you put clean towels out for the guests?* Est-ce que tu as sorti les serviettes propres pour les invités? • *I thought I'd put out some food for people to have with their drinks.* J'ai pensé sortir quelque chose à manger pour accompagner les boissons.
4 (déclaration) prononcer, communiquer, (mise en garde) émettre, (communiqué de presse) diffuser • *Earlier in the day the palace had put out a statement denying the rumour.* Plus tôt ce jour-là, le palais avait communiqué une déclaration pour couper court à la rumeur. • *Police have put out a warning to people living in the area.* La police a diffusé une mise en garde aux gens vivant dans la région.
5 sortir • *I must remember to put the rubbish out on Wednesday night in time for the collection.* Il faut que je me rappelle de sortir la poubelle à temps mercredi soir pour qu'elle soit ramassée. • *Did you put the cat out last night?* As-tu sorti le chat, hier soir?
6 (objet) commercialiser, (livre) publier • *The sort of books that they put out are never likely to be best-sellers.* Le genre de livres qu'ils publient ont peu de chances de devenir des succès de librairie.
7 (émission) diffuser • *Most of the films that they put out on the movie channel you wouldn't even want to watch.* La plupart des films qu'ils diffusent sur la chaîne de cinéma sont complètement nuls.
8 (dos) (se) faire mal à, (épaule) (se) démettre • *Careful how you lift those boxes or you'll put your back out.* Fais attention quand tu soulèves ces boîtes sinon tu vas te faire mal au dos.

put out sb or **put** sb **out**
1 déranger, donner plus de travail à • (généralement dans des phrases

négatives) *If we could bring Sam that would be great but I don't want to put you out at all.* Si nous pouvions amener Sam, ça serait très bien mais je ne veux pas vous déranger. • (parfois pronominal) *It has to be said of Matthew that he doesn't put himself out for anyone.* Il faut bien dire que Matthew ne s'embête pour personne.

2 endormir • *I think I'd rather they put me out for the whole procedure.* Je crois que je préférerais qu'on m'endorme le temps de l'intervention.

be put out (toujours au passif)
être fâché • *He seemed a bit put out at not having been included in the plans.* Il avait l'air un peu dépité de n'avoir pas été inclus dans le projet.

put out
1 (en mer) prendre le large • *We waited for the storm to die down and then put out to sea.* Nous avons attendu que l'orage passe et nous avons pris le large.

2 *américain, argot* coucher • *He expects a woman to put out if he so much as buys her a drink.* Il s'attend à ce qu'une femme accepte de coucher sous prétexte qu'il lui offre un verre.

put over puts, putting, put

put over sth or **put** sth **over**
(idée) faire passer, (point de vue) faire comprendre • *Did you feel that you managed to put over your point of view?* Est-ce que tu crois avoir réussi à faire comprendre ton point de vue?

put round

voir **put around/round**

put through puts, putting, put

put sth/sb **through** sth
(test) soumettre à • *We put all new models of car through a rigorous series of tests.* Nous soumettons tous les nouveaux modèles de voitures à une série de tests rigoureux.

put sb **through** sth
1 (épreuve) soumettre à • *Doctors are reluctant to put her through the ordeal of another operation.* Les docteurs hésitent à lui faire subir l'épreuve d'une nouvelle opération. • *New recruits are put through a gruelling six-month training programme.* Les nouvelles recrues sont soumises à un programme d'entraînement de six mois exténuant.

2 (études) payer • *You'll need to save a lot of money if you want to put both your daughters through college.* Il te faudra économiser beaucoup d'argent si tu veux payer des études à tes deux filles. • (parfois pronominal) *He worked in a bank four days a week to put himself through law school.* Il a travaillé dans une banque quatre jours par semaine pour se payer ses études de droit.

put through sb or **put** sb **through**
passer • *Hold the line, I'm just putting you through.* Ne quittez pas, je vous mets en ligne. • (souvent + **to**) *Can you put me through to customer services, please?* Est-ce que vous pouvez me passer le service clientèle, s'il vous plaît?

put through sth or **put** sth **through**
(loi) faire passer • *In March, the government put through a law to make strikes illegal.* En mars, le gouvernement a fait passer une loi abolissant le droit de grève.

put to puts, putting, put

put sth **to** sb
1 (idée, projet) soumettre à • *The peace plan was first put to the Prime Minister last week.* Le projet de paix a d'abord été présenté au Premier Ministre la semaine dernière. • *We will be putting the latest offer to the negotiating committee.* Nous soumettrons la dernière offre au comité chargé des négociations.

2 (question) soumettre, (opinion) avancer • *Do you have any questions that you would like to put to the senator?* Est-ce qu'il y a des questions que vous aimeriez poser au sénateur? • *She put it to the defendant that he was not telling the truth.* Elle a déclaré à l'accusé qu'il ne disait pas la vérité.

put sb **to** sth
(temps, argent) faire perdre quelque chose à quelqu'un • *Are you sure you can pick me up from the party? I don't want to put you to any trouble.* Es-tu sûr de pouvoir venir me chercher à la soirée? Je ne veux pas te déranger. • *Losing your passport on holiday can put you to a good deal of inconvenience.* Perdre son passeport en vacances peut être la cause de nombreuses tracasseries.

put together puts, putting, put

put together sth or **put** sth **together**
1 (meuble, tricot) assembler, monter • *Sally helped me put my futon together.* Sally m'a

aidé à assembler mon futon. • *I've knitted the entire sweater – I've just got to put the thing together now.* J'ai fini de tricoter mon pull. Maintenant, il me reste à l'assembler.

2 élaborer • *We've put together a proposal which we want to put before the committee.* Nous avons élaboré une proposition que nous voulons soumettre à la commission.

3 (équipe) mettre sur pied • *A team is being put together to carry out investigatory work.* On est en train de mettre sur pied une équipe pour mener le travail d'investigation.

put towards puts, putting, put

put sth towards sth
(argent) utiliser pour acheter • *My mother gave me some money which I'm going to put towards a new coat.* Ma mère m'a donné de l'argent que je vais utiliser pour m'acheter un nouveau manteau.

put under puts, putting, put

put sb under *américain*
endormir • *You won't be put under until the operation is about to start.* Vous ne serez pas endormi avant que l'opération ne puisse commencer.

put up puts, putting, put

put up sth or put sth up
1 (mur, immeuble) construire, (statue) élever • *Most of the old buildings were pulled down so that blocks of apartments could be put up.* La plupart des vieux bâtiments ont été démolis pour que des complexes d'appartements puissent être construits. • *They're putting up a statue in town in his honour.* Ils élèvent une statue en son honneur en ville.

2 (annonce) afficher, (poster) mettre au mur, (affiche) poser • *They put staff notices up on the board near reception.* Ils affichent les annonces concernant le personnel sur le tableau près de la réception. • *This room looks very bare – I might put up one or two posters.* Cette pièce a l'air vraiment nue. Je vais peut-être mettre un ou deux posters au mur.

3 (étagère, placard) installer • *I might ask Guy to put some shelves up in the lounge.* Je vais peut-être demander à Guy d'installer une ou deux étagères dans le salon.

4 (tente) monter, (parapluie) ouvrir • *Are you any good at putting tents up?* Tu sais monter une tente? • *I'll just put my umbrella up.* Je vais ouvrir mon parapluie.

5 *britannique & australien* (prix, loyer) augmenter • *They're going to put up the price of petrol.* Le prix de l'essence va augmenter. • *Our landlord has just put our rent up.* Notre propriétaire vient d'augmenter notre loyer.

6 (suggestion) faire, (argument) développer • *It was Bob Taylor who originally put up the idea of the exhibition.* Au départ, c'est Bob Taylor qui a suggéré l'idée d'une exposition.

put up sth
1 (résistance) opposer • *We'd heard that they were against the plan but in fact they put up very little resistance.* Nous avions entendu dire qu'ils étaient contre le projet mais en fait ils ont opposé très peu de résistance. • *I'm not going to make it easy for them – I intend to put up a fight.* Je ne vais pas leur rendre la tâche facile. J'ai l'intention de me battre.

2 (argent) fournir • *The money for the hospital was put up by an anonymous donor.* L'argent pour l'hôpital a été fourni par un donateur anonyme.

put up sb or put sb up
1 héberger • (souvent + **for**) *If you need somewhere to stay, we can certainly put you up for the night.* Si tu cherches un endroit où dormir, nous pouvons t'héberger pour la nuit sans problème. • *She asked if we knew anyone who could put her up over the summer.* Elle a demandé si nous connaissions quelqu'un qui pourrait l'héberger durant l'été.

2 (candidat) présenter, (président) proposer comme • *They've put up a new candidate – Bill Cronshaw, I think his name is.* Ils ont présenté un nouveau candidat; un certain Bill Cronshaw, je crois.

put up (toujours + *adv/prép*) *surtout britannique, vieilli*
rester • *We could always put up at a cheap hotel for the night.* Nous pourrions toujours passer la nuit dans un hôtel bon marché.

put up to puts, putting, put

put sb up to sth
pousser à • *I'm sure Ben wouldn't have thought of this on his own – someone must have put him up to it.* Je suis sûre que Ben

put up with puts, putting, put

put up with sb/sth

(désagrément) supporter • *He's not easy to live with – I think Jo puts up with a lot.* Il n'est pas facile à vivre. Je trouve que Jo a beaucoup de patience. • *I can put up with a house being untidy but I don't like it to be dirty.* Je peux supporter une maison en désordre mais je n'aime pas quand c'est sale. • *He's impossible! How do you put up with him?* Il est impossible! Comment fais-tu pour le supporter?

put upon puts, putting, put

put upon sb *britannique & australien*
abuser de la bonne volonté de • *I know you've got a lot of work to do – I really don't want to put upon you.* Je sais que tu as beaucoup de travail. Je ne veux pas abuser de ta bonne volonté.
put-upon *adj* qu'on fait marcher. • *Really she's doing two people's work at once and I think she's beginning to feel put-upon.* Dans les faits, elle fait le travail de deux personnes et je crois qu'elle commence à trouver qu'elle se fait avoir. • *Stewarts plays the part of the put-upon wife.* Stewarts joue le rôle de la femme qu'on fait marcher.

putt along putts, putting, putted

putt along *américain, vieilli*
(moto, bateau) avancer lentement • *They were putting along through the streets looking for a restaurant.* Ils avançaient lentement le long des rues à la recherche d'un restaurant.

putter about/around putters, puttering, puttered

putter about/around (swh) *américain*
bricoler • *We didn't go anywhere – we just puttered around the boat all day.* Nous ne sommes allés nulle part, nous avons simplement passé la journée à bricoler sur le bateau.

putz around putzes, putzing, putzed

putz around *américain, argot*
traîner • *He never seems to do anything except putz around.* Il a toujours l'air de ne rien faire à part traîner.

puzzle out puzzles, puzzling, puzzled

puzzle out sth or **puzzle** sth **out**
résoudre, élucider • *The whole thing is a mystery to me, I'll leave you to puzzle out an explanation.* Tout ça me semble mystérieux; je vous laisse le soin de trouver une explication. • *I've thought long and hard about this problem, but I really can't puzzle it out.* J'ai longuement réfléchi à ce problème, sans parvenir à le résoudre.

Q

quarrel with quarrels, quarrelling, quarrelled (*américain & australien* aussi quarrels, quarreling, quarreled)

quarrel with sth
(idée, décision) contester • *I'm not quarrelling with the idea that good childcare should be available to all who need it.* Je ne conteste pas l'idée selon laquelle un service de garde d'enfants de qualité devrait exister pour tous ceux qui en ont besoin.

queue up queues, queueing/queuing, queued

queue up *britannique & australien*
faire la queue • (souvent + to do sth) *We queued up to get tickets for the concert.* Nous avons fait la queue pour avoir des billets pour le concert.

queue up to do sth *britannique & australien, légèrement familier*
se battre pour • *Some of the world's most respected musicians were queueing up to play with him.* Des musiciens parmi les plus respectés du monde se battaient pour jouer avec lui.

quiet/quieten down quiets, quieting, quieted/quietens, quietening, quietened

quiet down (sb/sth) or **quiet** (sb/sth) *américain*
quieten down (sb/sth) or **quieten** (sb/sth) **down** *britannique*
(se) calmer • *Come on, quieten down now please everyone.* Allez, calmez-vous, s'il vous plaît. • *The speaker attempted to quiet down the audience.* L'orateur a essayé de calmer l'assistance.

quit on quits, quitting, quit/quitted

quit on sb
1 *américain & australien, familier* laisser tomber • *One of my staff has quit on me without any warning.* Un de mes employés m'a laissé tomber sans prévenir. • *He's the sort of guy who'll quit on you just when you need him most.* C'est le genre de type qui te laissera tomber quand tu auras le plus besoin de lui.
2 *américain, familier* abandonner • *If the motorcycle quits on him in Montana, he's in real trouble.* Si la moto l'abandonne dans le Montana, il est mal parti.

R

rabbit on rabbits, rabbiting, rabbited

rabbit on *britannique, familier*
jacasser • (généralement + **about**) *He's always rabbiting on about his stamp collection.* Il est toujours en train de nous rabattre les oreilles avec sa collection de timbres.

rack off

Rack off! (toujours à l'impératif) *australien, argot*
(importun) se casser • *Rack off you idiot!* Casse-toi imbécile!

rack up racks, racking, racked

rack up sth or **rack** sth **up**
1 *familier* décrocher (prix, récompense) • *They had racked up losses of about one million dollars.* Ils avaient subi une perte d'environ un million de dollars.
2 *américain, familier* bousiller • *He swerved off the road and racked up the car.* Il est sorti de la route et a bousillé la voiture.

raffle off raffles, raffling, raffled

raffle off sth or **raffle** sth **off**
mettre en tombola • *They were raffling off some theatre tickets to raise money for the local hospice.* Ils mettaient des entrées pour le théâtre en tombola pour collecter de l'argent pour l'hospice local.

rail against/at rails, railing, railed

rail against/at sb/sth *formel*
s'insurger contre • *The hero of the book rails at the injustices of the world but does nothing about them.* Le héros du livre s'insurge contre les injustices du monde mais il ne fait rien pour y remédier.

rain down rains, raining, rained

rain down (sth) or **rain** (sth) **down**
littéraire
pleuvoir • (souvent + **on**) *Bombs rained down on the besieged city.* Les bombes pleuvaient sur la ville assiégée. • *Her attacker rained down blows on her.* Son agresseur l'a rouée de coups.

rain off/out

be rained off (toujours au passif) *britannique & australien*
be rained out (toujours au passif) *américain*
être annulé(e) à cause de la pluie • *Most of the day's matches at Wimbledon were rained off.* A Wimbledon, la plupart des matchs de la journée ont été annulés à cause de la pluie. • *Last night's baseball game was rained out.* Le match de base-ball d'hier soir a été annulé à cause de la pluie.

rake in rakes, raking, raked

rake in sth or **rake** sth **in** *familier*
ramasser (grosse somme d'argent) • *Tanya will rake in around $21,000 for three TV appearances.* Tanya empochera environ $21,000 pour trois apparitions à la télévision. • *He's really raking it in.* Il ramasse le fric à la pelle.

rake off rakes, raking, raked

rake off sb or **rake** sb **off**
australien, familier arnaquer • *It's difficult in a tourist area like this to find a restaurant where they won't try to rake you off.* Dans une région touristique comme celle-ci, il est difficile de trouver un restaurant où l'on n'essaie pas de vous arnaquer.
rake-off n [C] *australien, familier* arnaque • *Did you really pay $120 for that shirt? What a rake-off!* Tu as vraiment payé cette chemise 120 dollars? Quelle arnaque!

rake over rakes, raking, raked

rake over sth or **rake** sth **over** *familier*
ressasser • *I don't want to rake over all the old arguments with you.* Je ne tiens pas à ressasser nos vieux griefs. • *If she keeps raking over the past, she'll remain very bitter.* Si elle continue à ressasser le passé, elle en restera très aigrie.

rake up rakes, raking, raked

rake up sth or **rake** sth **up**
1 *familier* (vieilles histoires) remuer • *Newspapers are always raking up old scandals which are better forgotten.* Les journaux ramènent toujours à la surface

de vieux scandales qu'il vaudrait mieux oublier.

2 *familier* ramasser • *How much money did you manage to rake up?* Combien as-tu réussi à ramasser?

rally around/round rallies, rallying, rallied

rally around/round (sb)
apporter son soutien à • *His friends all rallied round when his wife died.* Quand sa femme est morte, tous ses amis sont venus lui apporter leur soutien. • *If one of the family has a crisis, we all rally around them.* Si un membre de la famille a un problème, nous l'aidons tous.

rally around/round sth/sb
soutenir (cause, qn) • *During the crisis they rallied around their leader.* Pendant la crise ils ont soutenu leur leader.

ramble on rambles, rambling, rambled

ramble on
discourir • (souvent + **about**) *Sarah gets very bored listening to her grandparents rambling on about old times.* Sarah s'ennuie beaucoup à écouter ses grands-parents radoter à propos du bon vieux temps.

range against ranges, ranging, ranged

range against sb/sth
s'opposer à • (généralement au passif) *Most of the state Democratic Party were ranged against the President.* La plupart des Démocrates se sont opposés au Président. • *Ranged against the new law are politicians from all the different parties.* Des personnalités politiques de tous les partis sont opposées à la nouvelle loi.

rank among ranks, ranked

rank (sth) **among** sth (jamais à la forme progressive)
être classé(e) parmi • *California's universities rank among the best in the country.* Les universités californiennes sont classées parmi les meilleures au niveau national. • *Where fitness is concerned, the British are ranked among the worst in Europe.* Pour ce qui est de la forme physique, les Britanniques arrivent en queue au niveau européen.

rap out raps, rapping, rapped

rap out sth or **rap** sth **out**
(ordre, question) lancer • *The sergeant rapped out an order to the waiting soldiers.* Le sergent lança un ordre aux soldats sur le qui-vive.

rat on rats, ratting, ratted

rat on sb *familier*
moucharder • *Prisoners are encouraged to rat on each other.* On encourage les prisonniers à se dénoncer les uns les autres.

rat on sth *britannique, familier*
revenir sur • *The government have ratted on their promises to the poor.* Le gouvernement n'a pas tenu les promesses qu'il avait faites aux pauvres.

rat through rats, ratting, ratted

rat through sth *australien, familier*
farfouiller, fureter • *I came into the office to find him ratting through my papers.* En entrant dans le bureau, je l'ai trouvé en train de farfouiller dans mes papiers.

ration out rations, rationing, rationed

ration out sth or **ration** sth **out**
rationner • *Supplies of food were low and we had to ration out the little that was left.* Les réserves de nourriture étaient basses et nous avons dû rationner le peu qui restait.

rattle around rattles, rattling, rattled

rattle around (swh) *légèrement familier*
être perdu (dans un grand bâtiment) • (souvent + **in**) *There are just the two of them now rattling around in this enormous house.* Il n'y a plus qu'eux deux, perdus dans cette maison immense.

rattle off rattles, rattling, rattled

rattle off sth or **rattle** sth **off**
réciter d'une seule traite • *She can rattle off the names of all the team's players.* Elle peut réciter d'une seule traite les noms de tous les joueurs de l'équipe.

rattle on rattles, rattling, rattled

rattle on *familier*
jacasser • (souvent + **about**) *I had to listen to Ian's mother rattling on about the*

neighbours for half the evening. J'ai dû écouter les bavardages de la mère d'Ian sur les voisins pendant la moitié de la soirée.

rattle through rattles, rattling, rattled

rattle through sth *familier*
(à la hâte) expédier • *She rattled through her speech as if she were in a hurry to leave.* Elle a expédié son discours comme si elle était pressée de partir.

rave up raves, raving, raved

rave it up
britannique, vieilli faire la bringue • *They were raving it up at the office party last night.* Ils ont fait une sacrée bringue à la fête du bureau hier soir.
rave-up n [C] *britannique* bringue • *Judging by the noise, they're having another one of their rave-ups next door.* A en juger par le bruit, ils sont encore en train de faire la bringue à côté.

reach down reaches, reaching, reached

reach down sth or **reach** sth **down**
surtout britannique
(en levant les bras) attraper • *Could you reach those books down for me, Mike?* Mike, est-ce que tu peux m'attraper ces livres?

reach out reaches, reaching, reached

reach out (sth) or **reach** (sth) **out**
étendre le bras • (souvent + to do sth) *She reached out to grab him but it was too late.* Elle étendit le bras pour l'empoigner, mais il était trop tard. • *He reached out a hand to stroke the cat.* Il étendit la main pour caresser le chat.

reach out for reaches, reaching, reached

reach out for sth
s'évertuer à • *The whole nation is reaching out for change.* La nation entière s'évertue au changement.

reach out to reaches, reaching, reached

reach out to sb
1 aider • *The rich have to reach out to the poor.* Les riches doivent aider les pauvres.
2 (assistance) faire appel à • *But I reached out to you and you just weren't there.* Mais j'ai fait appel à vous et vous n'étiez pas là pour m'aider.

read back reads, reading, read

read back sth or **read** sth **back**
relire • *When I read back what I'd written, I understood why he'd been offended.* Quand j'ai relu ce que j'avais écrit j'ai compris pourquoi il s'était senti offensé.

read into reads, reading, read

read sth **into** sth
voir quelque chose derrière • *It would be stupid to read too much into anything she says.* Il serait idiot d'accorder trop d'importance à tout ce qu'elle dit. • *It's a very ambiguous statement – you can read what you want into it.* C'est une déclaration très ambiguë, on peut l'interpréter comme on veut.

read off reads, reading, read

read off sth or **read** sth **off**
(pression, chiffre) relever • *The pressure is then read off electronically.* La pression est ensuite relevée électroniquement.

read out reads, reading, read

read out sth or **read** sth **out**

1 lire à haute voix • *He read out the names of the winners.* Il a lu le nom des vainqueurs à haute voix. • *Read out the numbers and I'll key them in.* Lis-moi les nombres et je les taperai.

2 *surtout américain* afficher • *The data collected by the detector are being read out now.* Les données relevées par les détecteurs sont maintenant affichées.
read-out n [C] affichage • *The plane's computer read-out was inaccurate.* Les données affichées par l'ordinateur de bord de l'avion étaient inexactes.

read over/through reads, reading, read

read over/through sth or **read** sth **over/through**
lire qch en entier • *I read over my essay to check for errors.* Je relus ma dissertation jusqu'au bout pour voir s'il n'y avait pas d'erreurs. • *She hadn't even made the effort to read my report through before the meeting.* Elle n'avait même pas lu mon rapport en entier avant la réunion.

read up on reads, reading, read

read up on sth
étudier à fond • *He was told to read up on world affairs before the interview.* On lui a dit de se documenter sur l'actualité mondiale avant l'entretien.

rear up rears, rearing, reared

rear up
se cabrer • *There was a gunshot and the horse reared up.* Il y eut un coup de feu et le cheval se cabra.

reason out reasons, reasoning, reasoned

reason out sth or **reason** sth **out**
comprendre après réflexion • *She had reasoned out that doing this work would provide good training for the future.* Après mûre réflexion, elle avait estimé que ce travail serait une bonne formation pour l'avenir. • *At first I didn't understand her motivation and it took me a while to reason it out.* Au départ je ne comprenais pas ses raisons, mais en réfléchissant elles ont fini par m'apparaître.

reason with reasons, reasoning, reasoned

reason with sb
raisonner/faire entendre raison à • *I've tried reasoning with him but he just won't listen.* J'ai essayé de le raisonner mais il ne veut pas écouter. • *The police pleaded and reasoned with the man to come down from the roof top.* La police a essayé de persuader l'homme de descendre du toit.

rebound on/upon rebounds, rebounding, rebounded

rebound on/upon sb
se retourner contre • *Her jealous behaviour can only rebound on her in the future.* Sa jalousie finira par se retourner contre elle.

reckon in reckons, reckoning, reckoned

reckon in sth or **reckon** sth **in** *surtout britannique*
compter • *When you reckon in all your overtime, then your total pay is very good.* Si tu comptes toutes tes heures supplémentaires, ton salaire global est très bon.

reckon on reckons, reckoning, reckoned

reckon on sth/doing sth
compter sur • *We're reckoning on about two hundred people for dinner.* Nous comptons sur environ deux cents personnes pour le dîner. • *He is reckoning on your continued support.* Il compte sur votre soutien. • *They reckoned on beating their enemy.* Ils comptaient vaincre l'ennemi.

reckon up reckons, reckoning, reckoned

reckon up sth or **reckon** sth **up** *surtout britannique, vieilli*
calculer • *I'll just reckon up how much you owe me.* Je vais calculer ce que vous me devez.

reckon with reckons, reckoning, reckoned

reckon with sb/sth
compter avec • *The rescue flight had to reckon with strong winds.* L'équipe de secours aéroportée a dû compter avec des vents violents. • *If he harms her, he'll have me to reckon with.* S'il lui fait du mal il aura affaire à moi. • *When they realised she was a force to be reckoned with, they threw her off the land.* Quand ils se sont rendu compte qu'ils auraient fort à faire avec elle, ils l'ont chassée.

not reckon with sb/sth (toujours dans des phrases négatives)
compter sans • *We had not reckoned with an enemy as formidable as Zeldon.* Nous avions compté sans un ennemi aussi redoutable que Zeldon.

reckon without reckons, reckoning, reckoned

reckon without sth
ne pas tenir compte de • *We had expected an easy two-hour drive but had reckoned without the rain.* Nous nous attendions à deux heures de trajet mais c'était compter sans la pluie.

reduce to reduces, reducing, reduced

reduce sb **to** sth
1 réduire qn à qch • *His classmates' jeers reduced him to tears.* Les railleries de ses camarades de classe l'ont fait fondre en

larmes. • *The shock had reduced us all to silence.* Le choc nous avait tous réduits au silence.

2 réduire qn à faire qch • (généralement au passif) *The whole family were reduced to poverty.* Toute la famille fut réduite à la misère.

reduce sb **to** doing sth

réduire qn à faire qch • (généralement au passif) *I'm now reduced to travelling on buses.* J'en suis maintenant réduit à voyager en autobus. • *I'd run out of cigarettes and was reduced to smoking the butts left in the ashtrays.* Je n'avais plus de cigarettes et j'en étais réduit à fumer les mégots qui restaient dans les cendriers.

reduce sth **to** sth

1 réduire qch en qch • *Constant bombing has reduced the city to ruins.* D'incessants bombardements avaient réduit la ville en ruines. • *The inside of the building was reduced to ashes.* L'intérieur du bâtiment a été réduit en cendres.

2 réduire qch à qch • *He was able to reduce the problem to three simple questions.* Il a réussi à réduire le problème à trois questions simples.

3 réduire qch à qch • *Clouds of burning oil reduced the sun to a feeble orange circle.* Les nuages de fumée réduisaient le soleil à un cercle orangé à peine visible.

reek of reeks, reeked

reek of sth (jamais à la forme progressive) puer • *The whole affair reeks of hypocrisy.* Toute l'affaire pue l'hypocrisie.

reel in reels, reeling, reeled

reel in sth or **reel** sth **in**

ramener à l'aide d'un moulinet • *The boy slowly reeled in the fish.* Le garçon ramena doucement le poisson vers lui avec son moulinet. • *Reel in the line when the fish bites.* Ramène ta ligne avec le moulinet quand ça mord.

reel in sb or **reel** sb **in** *familier*

attirer • *She's a high achiever and has reeled in some very big clients.* Elle est très performante, elle a décroché des contrats avec de très gros clients. • *Channel 4 are hoping the film will reel the viewers in.* Channel 4 espère que le film attirera les spectateurs.

reel off reels, reeling, reeled

reel off sth or **reel** sth **off**

1 *familier* réciter d'une traite • *She amazed everyone by reeling off the names of all the American Presidents.* Elle a époustouflé tout le monde en récitant d'une traite les noms de tous les présidents des Etats-Unis. • *They reeled off a list of all the places they hoped to visit.* Ils ont débité la liste de tous les endroits qu'ils souhaitaient visiter.

2 *américain, familier* remporter • *The Wildcats reeled off 14 consecutive points and won.* Les Wildcats ont marqué 14 points d'affilée et l'ont emporté.

reel out reels, reeling, reeled

reel out sth or **reel** sth **out**

dérouler • *The fireman reeled out the hoses to put out the fire.* Le pompier a déroulé les lances d'incendie.

refer to refers, referring, referred

refer to sb/sth

1 faire référence à • *In his autobiography he repeatedly refers to his unhappy school days.* Dans son autobiographie il fait souvent référence aux mauvais souvenirs qu'il a de l'école. • (souvent + **as**) *He always referred to his father as 'the old man'.* Il parlait toujours de son père en disant 'le vieux'.

2 se rapporter à • *The figures below refer to UK sales alone.* Les chiffres ci-dessous se rapportent aux ventes dans le Royaume Uni uniquement.

refer to sth

consulter • *Refer to the users' guide.* Consultez le manuel de l'utilisateur. • *She spoke for an hour without once referring to her notes.* Elle a parlé pendant une heure sans consulter ses notes une seule fois.

refer sb/sth **to** sb/sth

envoyer qn chez/à • *Her doctor wants to refer her to a specialist.* Son médecin veut l'envoyer consulter un spécialiste. • *They are hoping their case will be referred to the European Court.* Ils espèrent que leur dossier sera déféré à la Cour Européenne de Justice.

reflect on/upon reflects, reflecting, reflected

reflect on/upon sth *légèrement formel*

réfléchir sur • *Anyone who reflects upon the nature of human existence may come to the same conclusion.* Quiconque réfléchit à la nature de l'existence pourrait bien arriver à la même conclusion. • *Reflecting on the sales department's performance this year, he singled out Andrew West for special praise.* Quand il a fait référence aux résultats du service des ventes pour l'année, il a félicité tout particulièrement Andrew West.

reflect on/upon sb/sth

affecter l'image de • *The whole affair reflects badly on the government.* Toute cette affaire est mauvaise pour l'image du gouvernement.

regale with regales, regaling, regaled

regale sb **with** sth *formel*

(histoires) régaler de • *Adrian regaled us all with stories about his trip to Amsterdam.* Adrian nous a régalés avec les histoires qui leur sont arrivées à Amsterdam.

rein in reins, reining, reined

rein in sb/sth or **rein** sb/sth **in**

(qn) retenir, (qch) contenir • *Consumers have reacted to the slow growth in income by reining in their spending.* Les consommateurs ont réagi à la progression lente des salaires en freinant leurs dépenses.

rein in sth or **rein** sth **in**

ralentir, maîtriser • *She reined in her pony and dismounted to open the gate.* Elle ramena son poney au pas et en descendit pour aller ouvrir la porte.

rejoice in rejoices, rejoicing, rejoiced

rejoice in sth *formel*

se réjouir de • *We all rejoice in your success and wish you every happiness in the future.* Nous nous réjouissons tous de votre succès et vous souhaitons beaucoup de bonheur.

relate to relates, relating, related

relate to sb

1 comprendre • *Many parents find it hard to relate to their teenage children.* De nombreux parents ont du mal à comprendre leurs enfants à l'adolescence.

2 concerner • *What I'm interested in is how these proposals relate to me personally.* Ce qui m'intéresse, c'est en quoi ces propositions me concernent.

relate to sth

1 se rapporter à • *Documents relating to the case were stolen from the defence lawyer's car.* Des documents en rapport avec l'affaire ont été volés dans la voiture de l'avocat de la défense. • *Chapter nine relates to the effects of inflation on consumers.* Le chapitre neuf traite des effets de l'inflation sur les consommateurs.

2 apprécier • *The culture that he describes is so different from mine that I sometimes find it difficult to relate to.* La culture qu'il décrit est si différente que je la trouve difficile à apprécier.

relieve of relieves, relieving, relieved

relieve sb **of** sth

1 *formel* soulager qn de qch • *I was glad to be relieved of the responsibility for making that decision.* J'étais heureux d'être soulagé de cette responsabilité.

2 *formel* (poste, commandement) relever de • *The general was relieved of his command.* Le général a été relevé de ses fonctions.

3 *humoristique* (sac) débarrasser de • *Let me relieve you of your bag.* Laisse-moi te débarrasser de ton sac.

rely on/upon relies, relying, relied

rely on/upon sth/sb

1 (qn) compter sur, (qch) dépendre de • *This organization relies entirely on voluntary donations.* Cette organisation dépend entièrement des contributions bénévoles. • (souvent + to do sth) *We'll rely on you to keep the conversation going.* Nous comptons sur vous pour entretenir la conversation. • (souvent + **for**) *They rely on Mick's income for basics like food.* Ils dépendent du salaire de Mick pour la nourriture.

2 compter sur • *I need someone I can rely on.* J'ai besoin de quelqu'un sur qui je puisse compter. • *You can't rely on the weather at this time of year.* On ne peut pas se fier au temps à cette époque de l'année. • (souvent + to do sth) *Can I rely on you to get here on time?* Est-ce que je peux compter sur toi pour être à l'heure?

remember to remembers, remembered

remember sb **to** sb (jamais à la forme progressive)

rappeler qn au bon souvenir de qn • *Remember me to your parents when you see them next.* Rappelez-moi au bon

remind of reminds, reminded

remind sb **of** sb/sth (jamais à la forme progressive)

rappeler qn/qch à qn • *Something in his face really reminded me of an old boyfriend of mine.* Son visage me rappelait un de mes anciens petits amis. • *Doesn't the countryside round here remind you of Holland?* La campagne alentour ne vous rappelle-t-elle pas la Hollande? • *She reminds me of a teacher I used to have.* Elle me rappelle une de mes anciennes profs.

render down renders, rendering, rendered

render down sth or **render** sth **down** *britannique*

(graisse) faire fondre • (généralement au passif) *The fat is rendered down and then used as a base for cosmetics.* On fait fondre la graisse et on l'utilise ensuite comme base pour des produits de beauté.

render into renders, rendering, rendered

render sth **into** sth *formel*

traduire en • *The letter had been rendered into French by an inexpert translator.* La lettre avait été traduite en français par un traducteur maladroit.

renege on reneges, reneging, reneged

renege on sth *formel*

revenir sur • *By increasing taxes, the government has reneged on the promises it made.* En augmentant les impôts, le gouvernement a manqué aux promesses qu'il avait faites.

rent out rents, renting, rented

rent out sth or **rent** sth **out**

louer • *They rent out one floor of their house.* Ils louent un étage de leur maison. • (souvent + **to**) *She rents out boats to tourists during the summer season.* Elle loue des bateaux aux touristes pendant l'été.

souvenir de vos parents la prochaine fois que vous les verrez.

repair to repairs, repairing, repaired

repair to swh *vieilli*

se retirer dans • *Shall we repair to the drawing room for coffee?* Retirons-nous au salon pour le café.

report back reports, reporting, reported

report back

faire un rapport • (souvent + **on**) *I've been asked to report back on what goes on at the meeting.* On m'a demandé de faire un rapport sur la réunion.

report to reports, reporting, reported

report to sb

devoir rendre compte à • *As head of the sales team, she reports only to the managing director.* En tant que chef des ventes, le directeur est son seul supérieur hiérarchique.

reside in resides, resided

reside in sb/sth (jamais à la forme progressive) *formel*

résider dans • *The power ultimately resides in the army that put this government into office.* En dernière instance, c'est l'armée qui a mis ce gouvernement en place qui détient le pouvoir.

resign to resigns, resigning, resigned

resign yourself **to** sth (toujours pronominal)

se résigner à • *Eventually you just resign yourself to being single.* On finit par se résigner au fait d'être célibataire. • *He's definitely coming over to stay so I'll just have to resign myself to it.* Il vient vraiment s'installer. Je n'ai plus qu'à me résigner.

resolve into resolves, resolving, resolved

resolve (sth) **into** sth

résoudre en • *The mixture gradually resolves into two separate compounds.* On peut résoudre graduellement le mélange en deux composants distincts.

resolve itself **into** sth (toujours pronominal)

se transformer en • *As you watch it, this mass of coloured dots resolves itself into a definite shape.* Sous vos yeux, cette masse de points de couleur va se transformer en une forme particulière.

resonate with
resonates, resonating, resonated

resonate with sth *formel*
vibrer de • *This building, standing in the oldest quarter of the town, resonates with historic significance.* Ce bâtiment, situé dans le plus vieux quartier de la ville, est plein de résonances du passé.

resort to
resorts, resorting, resorted

resort to sth/doing sth
recourir à • *I had to resort to threats to get my money back.* J'ai dû recourir à la menace pour récupérer mon argent. • *I've got to find some way of raising money without resorting to selling the house.* Il faut que je trouve un moyen d'obtenir de l'argent sans avoir à vendre la maison.

rest on/upon
rests, resting, rested

rest on/upon sth
être basé sur • *The prosecution's case rests almost entirely on the evidence of a convicted criminal.* L'accusation est presque entièrement basée sur le témoignage d'un repris de justice. • *Christianity rests on the belief that Jesus was the son of God.* Le christianisme est basé sur la croyance que Jésus était le fils de Dieu.

rest on/upon sb/sth
s'arrêter sur • *His eyes rested on a short, slim, pretty woman.* Son regard s'arrêta sur une petite femme mince et jolie.

rest up
rests, resting, rested

rest up
1 *surtout britannique & australien, vieilli* se reposer • *The doctor had said she should rest up for a while.* Le docteur lui avait recommandé de se reposer pendant quelque temps.
2 *surtout américain & australien* se reposer • *You'd better go home and rest up before the game this afternoon.* Vous feriez mieux de rentrer chez vous pour vous reposer avant le match de cet après-midi.

rest upon
voir **rest on/upon**

rest with
rest, rested

rest with sb (jamais à la forme progressive)
(décision) revenir à • *The final decision rests with the patient.* La décision finale revient au malade.

result in
results, resulting, resulted

result in sth
avoir pour conséquence • *Last year in the Philippines, earthquakes and tidal waves resulted in the deaths of more than 6000 people.* L'an dernier, aux Philippines, les tremblements de terre et les raz-de-marée ont provoqué la mort de plus de 6000 personnes.

rev up
revs, revving, revved

rev up sth or **rev** sth **up**
faire monter le régime de • *He revved up the engine and drove off.* Il fit rugir son moteur et démarra.

revved-up *adj* (toujours avant n) *surtout américain* gonflé • *He's put a new revved-up engine in the used car he bought.* Il a installé un nouveau moteur plus puissant sur la voiture d'occasion qu'il a achetée.

rev up (sb/sth) or **rev** (sb/sth) **up** *surtout américain & australien*
(vente) démarrer, (personne) s'activer, stimuler • *Both teams are revving up for the championships.* Les deux équipes sont en train de s'activer pour les championnats. • *They hope the new musical will rev up ticket sales for the summer season.* Ils espèrent que la nouvelle comédie musicale stimulera la vente des billets pour l'été.

revved-up *adj* (toujours avant n) *surtout américain & australien* gonflé à bloc • *The Americans are facing competition from revved-up European airlines.* Les Américains subissent la concurrence de compagnies aériennes européennes dynamiques.

revel in
revels, revelling, revelled
(*américain & australien* aussi **revels, reveling, reveled**)

revel in sth
se délecter de • *He seems to revel in the attention of the mass media.* Il a l'air de se délecter de l'attention que lui portent les médias. • *She revelled in her new found*

freedom. Elle se délectait de sa liberté nouvellement retrouvée.

revenge on revenge, revenging, revenged

revenge yourself on sb *formel*
be revenged on sb *formel*
se venger de • *This only increased his desire to be revenged on the murderous duke.* Cela ne fit qu'augmenter son désir de se venger du duc assassin.

revert to reverts, reverting, reverted

revert to sth/doing sth
1 en revenir à • *Why does the conversation have to revert to money all the time?* Pourquoi est-ce que la conversation doit tout le temps en revenir à l'argent? • *We reverted to talking about babies again.* Nous en sommes revenus encore une fois à parler de bébés.
2 revenir (à) • *Only one of the former prisoners reverted to criminal behaviour.* Un seul des anciens prisonniers a replongé dans la délinquance. • *The last two summers have been very hot but this year the British weather has reverted to type.* Les deux derniers étés ont été très chauds mais, cette année, le temps en Grande-Bretagne a repris ses bonnes vieilles habitudes.

revert to sb
revenir à • *When I die, the house will revert to you.* Quand je mourrai la maison te reviendra.

revolve around/round revolves, revolving, revolved

revolve around/round sth/sb
tourner autour de • *The conversation revolved mainly round the problems of childcare.* La conversation tournait essentiellement autour des problèmes d'éducation des enfants. • *Her life revolves around her husband and six children.* Sa vie est centrée sur son mari et ses six enfants. • *The trouble with John is that he thinks the world revolves around him.* Le problème avec John, c'est qu'il se prend pour le centre de l'univers.

rid of rids, ridding, rid or ridded, rid

rid sth/sb **of** sth
débarrasser de • *The new government promised to rid the country of corruption.* Le nouveau gouvernement a promis de débarrasser le pays de la corruption.
• (souvent pronominal) *Recently he's been trying to rid himself of his playboy image.* Récemment, il a essayé de se débarrasser de son image de playboy.

riddle with riddles, riddling, riddled

riddle sb/sth **with** sth
cribler de • (généralement au passif) *The car was damaged by fire and riddled with bullets.* La voiture avait été endommagée par le feu et criblée de balles. • *He wore an old jacket riddled with holes.* Il portait une vieille veste criblée de trous.

be riddled with sth (toujours au passif)
être plein de • *These poor animals are riddled with disease.* Ces pauvres animaux sont ravagés par la maladie. • *The old regime was riddled with corruption.* L'ancien régime était rongé par la corruption.

ride on rides, riding, rode, ridden

ride on sth
être en jeu • *There was $600,000 riding on the outcome of the deal.* Il y avait 600.000 dollars en jeu dans cette affaire. • *Thousands of jobs may ride on these seemingly unimportant decisions.* Derrière ces décisions apparemment sans importance, des milliers d'emplois sont en jeu.

ride out rides, riding, rode, ridden

ride out sth or **ride** sth **out**
(difficulté) surmonter, (crise économique) survivre à • *Many companies did not manage to ride out the recession.* Beaucoup d'entreprises n'ont pas survécu à la crise. • *The government seem confident that they'll ride out the storm.* Le gouvernement semble convaincu qu'il pourra surmonter la crise.

ride up rides, riding, rode, ridden

ride up
remonter • *That kind of dress always seems to ride up at the back.* Ce genre de robe donne toujours l'impression de remonter derrière.

riffle through riffles, riffling, riffled

riffle through sth *surtout américain, familier*
feuilleter • *He riffled through his notes trying to find the information she wanted.*

Il feuilleta ses notes à la recherche de l'information qu'elle désirait.

rifle through rifles, rifling, rifled

rifle through sth
fouiller dans • *Thieves had rifled through their luggage, but had taken nothing.* Des voleurs avaient fouillé dans leurs bagages mais n'avaient rien pris.

rig out rigs, rigging, rigged

rig out sb or **rig** sb **out** *vieilli, informel*
accoutrer • (généralement au passif) *I don't know where she was going but she was rigged out in the most amazing silver suit.* Je ne sais pas où elle allait mais elle était accoutrée d'un costume argenté tout à fait surprenant.

rig-out *n* [C] *britannique, vieilli, informel*
accoutrement • *Patrick himself was in the most extraordinary rig-out.* Même Patrick était accoutré de la façon la plus extraordinaire.

rig up rigs, rigging, rigged

rig up sth or **rig** sth **up** *familier*
installer • *Johnny had managed to rig up a cooker in the corner of the barn.* Johnny avait réussi à installer une cuisinière dans un coin de la grange.

ring back rings, ringing, rang, rung

ring (sb) **back** (jamais au passif) *surtout britannique & australien*

(par téléphone) rappeler • *Brendan rang while you were out and asked if you'd ring him back.* Brendan a téléphoné quand tu n'étais pas là et il a demandé si tu pouvais le rappeler. • *I'm rather busy now, Alistair – could you ring back later?* Je suis très occupé pour l'instant, Alistair – est-ce que vous pouvez me rappeler plus tard?

ring in rings, ringing, rang, rung

ring in *britannique & australien*
appeler • *Linda rang in to say that she'd be late this morning.* Linda a appelé pour dire qu'elle arriverait en retard ce matin. • *Daniel just rang in sick.* Daniel vient juste d'appeler pour dire qu'il était malade.

ring off rings, ringing, rang, rung

ring off *britannique & australien*
raccrocher • *I only thought to tell her about Stan after she'd rung off.* C'est seulement après qu'elle eut raccroché que j'ai pensé que j'aurais dû lui parler de Stan.

ring out rings, ringing, rang, rung

ring out
retentir • *Three shots suddenly rang out.* Trois coups de feu retentirent soudain. • *The cathedral bells rang out across the square.* Les cloches de la cathédrale retentirent sur la place.

ring round rings, ringing, rang, rung

ring round (sb) (jamais au passif) *britannique & australien*
appeler • *I thought I'd ring round a few airlines and get the cheapest flight.* J'ai pensé appeler quelques compagnies aériennes pour trouver le vol le moins cher. • *I'll ring round and see if anyone can babysit on Saturday.* Je donnerai quelques coups de fil pour voir si quelqu'un veut bien faire du baby-sitting samedi.

ring up rings, ringing, rang, rung

ring up (sb) or **ring** (sb) **up** *surtout britannique & australien*

appeler • *Ring him up and ask him what he's doing tonight.* Appelle-le et demande-lui ce qu'il fait ce soir. • *Whenever I ring up it's always Bill who answers.* A chaque fois que j'appelle, c'est toujours Bill qui répond.

ring up sth or **ring** sth **up**
enregistrer • *The sales assistant rang up $48 when the price tag said $38.* Le vendeur a enregistré 48 dollars alors que, sur l'étiquette, c'était 38.

ring up sth *américain, familier*
enregistrer • *The Yankees rang up five runs in the third inning.* Les Yankees ont enregistré cinq points au troisième tour de batte.

rinse out rinses, rinsing, rinsed

rinse out sth or **rinse** sth **out**
1 rincer • *You haven't rinsed this sweater out properly.* Tu n'as pas rincé ce pull correctement.
2 (tasse, verre) rincer • *I'll just rinse these glasses out and leave them to dry.* Je vais juste rincer ces verres et les laisser sécher.

rip into rips, ripping, ripped

rip into sb/sth *familier*
(par des critiques) descendre • *His latest novel has really been ripped into by the critics.* Son dernier roman a vraiment été descendu par la critique. • (parfois + **for**) *John's mother ripped into him for using her car without telling her.* John s'est fait descendre en flammes par sa mère pour avoir utilisé sa voiture sans son autorisation.

rip off rips, ripping, ripped

rip off sb or **rip** sb **off**
familier arnaquer • *Taxi drivers love foreigners because they know they can rip them off.* Les chauffeurs de taxis adorent les étrangers parce qu'ils savent qu'ils peuvent les arnaquer. • *There's always that feeling when you're in an expensive restaurant that you're being ripped off.* Dans un restaurant cher on a toujours l'impression de se faire arnaquer.
rip-off *n* [C] *familier* arnaque • *Twenty dollars for a pizza is a rip-off whichever way you look at it.* Vingt dollars pour une pizza, on a beau dire, c'est de l'arnaque.
rip off sb/sth or **rip** sb/sth **off**
familier (personne) plagier, (objet) contrefaire • *As a singer he has nothing at all he can call his own – he just rips off Michael Jackson.* Comme chanteur il n'a rien qui lui soit vraiment personnel – il se contente de plagier Michael Jackson.
rip-off *n* [C] *familier* contrefaçon • *Genuine Hard Rock T-shirts sell for about £25. The rip-off costs £6.* Les vrais tee-shirts Hard Rock se vendent environ 25 livres. Les contrefaçons sont à 6 livres.
rip off sth or **rip** sth **off**
1 (vêtement) arracher • *He turns to face the camera and smiles that smile that makes you want to rip his shirt off.* Il se tourne vers la caméra et a ce sourire à vous donner envie de lui arracher sa chemise.
2 voler • *He rips stuff off from supermarkets all the time.* Il vole toujours des marchandises dans les supermarchés.

rip through rips, ripping, ripped

rip through sth
(bombe) détruire, (balle) traverser, (ouragan) dévaster • *The bomb ripped through the building, leaving eleven people dead.* La bombe a détruit l'immeuble et a fait onze morts. • *This is nothing compared to the hurricane which ripped through the Caribbean last month.* Ce n'est rien comparé à l'ouragan qui a dévasté les Caraïbes le mois dernier.

rip up rips, ripping, ripped

rip up sth or **rip** sth **up**
1 (papier, tissu) déchirer (en morceaux) • *He ripped up all her letters and photos.* Il a déchiré toutes ses lettres et toutes ses photos. • *I'd better rip it up and start again.* Je ferais mieux de tout déchirer et de recommencer.
2 arracher • *We ripped up the carpets and laid a new wooden floor.* Nous avons arraché les moquettes et installé un nouveau plancher.

rise above rises, rising, rose, risen

rise above sth
1 surmonter • *He has taken a lot of criticism in the press recently but miraculously has risen above it.* La presse l'a beaucoup critiqué récemment mais miraculeusement il a surmonté tout ça. • *As a politician, you have to rise above personal considerations and think about what's best for people generally.* En tant que politicien, vous devez vous élever au-dessus des considérations d'ordre personnel et penser à l'intérêt collectif.
2 surpasser • *The writing has an intelligence and humour which means that it rises above the level of most romantic fiction.* L'oeuvre a une intelligence et un humour qui surpassent ce que l'on trouve dans la plupart des romans.

rise up rises, rising, rose, risen

rise up
1 se soulever • (souvent + **against**) *He called on the people to rise up against their oppressors.* Il appela la population à se soulever contre l'oppresseur.
2 (toujours + *adv/prép*), *littéraire* s'élever • *Snow-capped mountains rise up in the distance.* Des montagnes aux sommets enneigés s'élèvent au loin.

rock up rocks, rocking, rocked

rock up *australien, familier*
se pointer • *Andy rocked up two hours late and extremely drunk.* Andy se pointa deux heures en retard et dans un état d'ébriété

extrême. • (souvent + **to**) *She rocked up to the party dressed in tight leather trousers.* Elle s'est pointée à la soirée en pantalon de cuir moulant.

roll about/around rolls, rolling, rolled

roll about/around *familier*
se tordre de rire • *Jim told us a funny story and he had us rolling about.* Jim nous a raconté une histoire drôle qui nous a fait nous tordre de rire. • *We spent the whole journey rolling around laughing.* Nous nous sommes tordus de rire pendant tout le voyage.

roll around/round rolls, rolling, rolled

roll around/round *familier*
revenir • *By the time the weekend rolls round, I can't wait to get away from the office.* Quand le week-end arrive, j'ai hâte de m'échapper du bureau. • *When the next election rolls around the Democrats will be in a stronger position.* Aux prochaines élections, les Démocrates seront dans une position plus forte.

roll back rolls, rolling, rolled

roll back sth or **roll** sth **back**
1 réduire • *What is needed is a new economic policy that will roll back state ownership of resources.* Ce qu'il nous faut, c'est une politique économique qui diminue la propriété d'état en matière de ressources. **roll-back** *n* [singulier] recul • *the roll-back of communism* le recul du communisme
2 *américain* (prix, coût) faire tomber • *The steel industry rolled back prices last month.* L'industrie sidérurgique a fait tomber les prix le mois dernier.
roll back
se replier • *The attacking troops rolled back.* L'attaquant s'est replié.

roll in rolls, rolling, rolled

roll in
1 (argent) rentrer, (factures) s'accumuler • (généralement à la forme progressive) *He only set up the business last year and the money's already rolling in.* Il n'a monté son affaire que l'an dernier et l'argent rentre déjà. • *The bills were rolling in and we wondered how we could ever pay them.* Les factures s'accumulaient et nous nous demandions comment nous pourrions les payer.
2 (nuages) s'accumuler, (brouillard) s'intensifier • *The sky darkened as the clouds rolled in.* Comme les nuages s'accumulaient, le ciel s'assombrit.

roll in/into rolls, rolling, rolled

roll in
roll into swh
1 (tanks) s'avancer • *People fled the city as the enemy tanks rolled in.* Les gens fuirent la ville à l'approche des tanks de l'armée ennemie. • *Armoured vehicles rolled into the town square.* Des véhicules blindés s'avancèrent sur la place.
2 *familier* se pointer • (généralement + adv/prép) *Toby had been drinking and rolled in at three in the morning.* Toby avait bu et était rentré à trois heures du matin. • *He rolled into work at 11.00 in the morning without a word of explanation.* Il s'est pointé au travail à 11 heures du matin sans un mot d'explication.

roll on rolls, rolling, rolled

roll on
(temps) passer, (guerre) continuer • *The years rolled on and the children grew up and left home.* Les années passèrent et les enfants grandirent et quittèrent la maison. • *The war rolls on with more and more casualties.* La guerre continue, faisant de plus en plus de victimes.
Roll on sth! *britannique, familier*
vivement...! • *Roll on the weekend!* Vivement le week-end!

roll out rolls, rolling, rolled

roll out sth or **roll** sth **out**
1 étaler • *Roll out the pastry and place it in the bottom of a pie dish.* Etalez la pâte et disposez-la dans un moule à tarte.
2 dérouler • *The boys rolled out the ground sheet for the tent and laid it on the grass.* Les garçons ont déroulé le tapis de sol de la tente et l'ont étalé sur l'herbe.
3 *surtout américain* lancer • *Cosmetic companies roll out new make-up colors every few months.* Les maisons de cosmétiques lancent de nouvelles couleurs de maquillage tous les deux ou trois mois. **roll-out** *n* [singulier] lancement • *the official roll-out of their new computer*

software le lancement officiel de leur nouveau logiciel informatique

roll out sb or **roll** sb **out** *surtout américain, familier*

sortir • *They rolled out their best speakers for the fundraiser last night.* Ils avaient sorti leurs meilleurs intervenants pour la collecte, hier soir.

roll over rolls, rolling, rolled

roll (sb/sth) **over**

(personne) se tourner de l'autre côté, (corps, objet) retourner • *She yawned, rolled over and went back to sleep.* Elle bâilla, se tourna de l'autre côté et se rendormit. • *They rolled over the body to see who it was.* Ils retournèrent le corps pour voir qui c'était.

roll over sth or **roll** sth **over**

1 réinvestir • *When their savings bond matures, they'll roll it over for a new one.* Quand leur bon d'épargne arrivera à maturité, ils réinvestiront dans un nouveau.

2 *surtout américain & australien* reconduire • *The banks agreed that debts from my father's estate could be rolled over.* Les banques ont accepté de reconduire les dettes de mon père.

roll-over *n* [singulier] *surtout américain* reconduction • *At issue is a roll-over of 15 million dollars of debt.* L'enjeu est la reconduction d'une dette de 15 millions de dollars.

3 *britannique* reconduire • *If nobody wins, they just roll over the prize money to the next week.* Si personne ne gagne, la somme à gagner est reconduite la semaine suivante.

roll-over *n* [C] *britannique* report de la mise • *This week it's a roll-over – you can win £20 million.* Cette semaine, il y a aussi la mise de la semaine dernière – il y a 20 millions de livres à gagner. • (employé comme *adj*) *It's a roll-over week.* Cette semaine, il y a aussi la mise de la semaine dernière.

roll round

voir **roll around/round**

roll up rolls, rolling, rolled

roll up sth or **roll** sth **up**

1 (tapis) rouler, (corde) enrouler • *Could you roll up that string for me?* Est-ce que tu peux m'enrouler cette ficelle? • *She rolled up her sleeping bag as soon as she got up.* Aussitôt levée, elle a roulé son sac de couchage.

roll-up *n* [C] cigarette roulée • *She's smoking roll-ups these days.* Elle fume des cigarettes roulées en ce moment.

2 remonter • *He rolled up his trousers and waded into the water.* Il a remonté ses jambes de pantalon et est entré dans l'eau.

roll up

débarquer • *Crowds rolled up to see the stars arriving at the charity ball.* Des foules de gens débarquèrent pour assister à l'arrivée des stars au bal de bienfaisance. • *By the time you rolled up in your drunken state, the party was almost finished.* Quand tu as débarqué complètement ivre, la fête était presque finie.

Roll up! (toujours à l'impératif) *britannique*

Approchez! • *Roll up, roll up! See the famous headless chicken.* Approchez, approchez! Venez voir le célèbre poulet sans tête!

romp through romps, romping, romped

romp through sth *surtout britannique, familier*

(examen) réussir les doigts dans le nez • *Rory romped through his exams.* Rory a réussi ses examens haut la main.

root about/around roots, rooting, rooted

root about/around (sth)

fouiller, fouiller à la recherche de qch • *Bears often root around the garbage cans looking for food.* Les ours fouillent souvent les poubelles à la recherche de nourriture. • *She was rooting around in her drawer for a red pencil.* Elle fouillait dans son tiroir à la recherche d'un crayon rouge.

root for roots, rooting, rooted

root for sb *familier*

(en criant) encourager, (dans épreuve) soutenir • *Good luck! We're all rooting for you.* Bonne chance! Nous sommes tous avec toi. • *The fans were out in large numbers to root for their team.* Les fans étaient venus en grand nombre pour encourager leur équipe.

root in

be rooted in sth (toujours au passif)
être basé sur, être causé par • *Children's education should be rooted in their own culture and heritage.* L'éducation des enfants devrait être ancrée dans leur culture et leur histoire propres. • *His prejudices are all rooted in ignorance.* Ses préjugés sont tous basés sur son ignorance.

root out roots, rooting, rooted

root out sth/sb or **root** sth/sb **out**
1 déloger • *It is our aim to root out corruption.* Nous avons pour but de supprimer la corruption.
2 *familier* dénicher • *He rooted out an old pair of shorts to lend me.* Il a déniché un vieux short qu'il m'a prêté.

root up roots, rooting, rooted

root up sth or **root** sth **up**
déraciner • *He's spent all afternoon rooting up last year's spinach plants.* Il a passé tout l'après-midi à arracher les plants d'épinard de l'an dernier.

rope in/into ropes, roping, roped

rope in sb or **rope** sb **in**
rope sb **into** sth/doing sth
familier (volontaire) embaucher, persuader de faire • *We needed a few people to help with the food, so we roped John's Dad in.* Nous avions besoin de quelques personnes pour nous aider à préparer le repas, alors nous avons embauché le père de John. • *She's been roped into giving a presentation at the conference.* On l'a persuadée de présenter quelque chose au congrès.

rope off ropes, roping, roped

rope off sth or **rope** sth **off**
interdire l'accès au moyen d'une corde • (généralement au passif) *Several parts of the museum had been roped off because of the fire damage.* A cause des risques d'incendie, des cordes interdisaient l'accès à plusieurs parties du musée.

rough out roughs, roughing, roughed

rough out sth or **rough** sth **out**
ébaucher • *I've roughed out a little play for the children to perform.* J'ai écrit l'ébauche d'une petite pièce de théâtre que les enfants pourront jouer. • *She began her painting by roughing out the mountains in the background.* Elle a commencé son tableau en ébauchant les montagnes à l'arrière-plan.

rough up roughs, roughing, roughed

rough up sb or **rough** sb **up** *familier*
tabasser • *They didn't kill him, they just roughed him up a bit as a warning.* Ils ne l'ont pas tué, ils l'ont simplement quelque peu tabassé pour le mettre en garde.

rough in rough, roughing, roughed

rough in sth or **rough** sth **in**
esquisser • *If you look closely you can see where she roughed in a few trees next to the lake.* Si vous regardez attentivement, vous verrez qu'elle a esquissé quelques arbres près du lac.

round down rounds, rounding, rounded

round down sth or **round** sth **down**
arrondir au chiffre inférieur • (souvent + **to**) *They rounded it down to 30,000.* Ils ont arrondi à 30.000.

round off rounds, rounding, rounded

round off sth or **round** sth **off**
1 conclure • *To round off the lesson we had a quiz on the new words we'd learnt.* Pour conclure la leçon nous avons été interrogés sur les mots nouveaux que nous avions appris. • (souvent + **with**) *We rounded the meal off nicely with some coffee and mints.* Nous avons terminé le repas agréablement avec un café et des bonbons à la menthe.
2 arrondir • *He used a special machine to round off the corners of the old table.* Il a utilisé une machine spéciale pour arrondir les coins de la vieille table.
3 arrondir • *The total had been rounded off to make the calculations easier.* Le total avait été arrondi pour faciliter les calculs.

round on/upon rounds, rounding, rounded

round on/upon sb
se tourner contre • *Potter rounded upon the journalists with a stream of abusive comments.* Potter se tourna contre les journalistes et les arrosa de propos insultants. • *I saw her suddenly round on him, kicking and scratching furiously at*

him. Je la vis se tourner soudain contre lui, lui donnant des coups de pieds et le griffant furieusement.

round out rounds, rounding, rounded

round out sth or **round** sth **out**
compléter • *He bought a pair of porcelain plates to round out the collection.* Il a acheté une paire d'assiettes en porcelaine pour compléter sa collection.

round up rounds, rounding, rounded

round up sb/sth or **round** sb/sth **up**
rassembler • *We watched as the dogs rounded up the sheep.* Nous regardions les chiens rassembler les moutons. • *I asked Mum to round up the kids while I got our things together.* J'ai demandé à Maman d'appeler les enfants pendant que je rassemblais nos affaires.

round-up *n* [C] rafle • (généralement + **of**) *The president ordered the round-up and imprisonment of all opposition politicians.* Le président ordonna la rafle et l'emprisonnement de tous les opposants politiques.

round up sth or **round** sth **up**
arrondir au chiffre supérieur • (souvent + **to**) *It's £19.50 but we'll round that up to £20.00* Cela fait 19.50 livres mais nous allons arrondir à 20.

round upon

voir **round on/upon**

rout out rout, routing, routed

rout out sb/sth or **rout** sb/sth **out**
déloger • (souvent + **of**) *His wife had to rout him out of bed.* Sa femme a dû le sortir du lit.

rub along rubs, rubbing, rubbed

rub along *britannique, vieilli, informel*
s'entendre bien • (souvent + **together**) *They seem to rub along together okay even though the flat is very small.* Ils ont l'air de bien s'entendre même si l'appartement est très petit.

rub down rubs, rubbing, rubbed

rub down sb/sth or **rub** sb/sth **down**
(avec chiffon) frictionner, (avec papier de verre) poncer • *Rub down the window frames before you paint them.* Ponce les fenêtres avant de les peindre. • *Is it okay if I use this towel to rub the dog down?* Ça va si j'utilise cette serviette pour frictionner le chien?

rubdown *n* [C] *britannique* (personne) friction, (table) coup de torchon • (généralement au singulier) *Just let me give the table a quick rubdown.* Attendez que je donne un petit coup de torchon sur la table.

rub down sb or **rub** sb **down**
masser • *The coach rubbed him down after the long race.* L'entraîneur le massa après la longue course.

rubdown *n* [C] massage • (généralement au singulier) *She went for a rubdown after the game.* Elle se fit masser après le match.

rub in rubs, rubbing, rubbed

rub sth **in** *familier*
en rajouter • *Look, I know it was stupid of me but there's no need to keep rubbing it in.* Ecoute, je sais que c'était idiot de ma part mais ce n'est pas la peine d'en rajouter.

rub in/into rubs, rubbing, rubbed

rub in sth or **rub** sth **in**
rub sth **into** sth
1 faire pénétrer • *She gently rubbed the ointment in.* Elle fit pénétrer doucement la pommade.
2 incorporer • *Rub in the fat and then slowly start to add the water.* Incorporer la matière grasse puis commencer à ajouter l'eau lentement.

rub off rubs, rubbing, rubbed

rub off
déteindre • (généralement + **on**) *None of his parents' kindness and honesty seems to have rubbed off on him.* Ni la gentillesse ni l'honnêteté de ses parents ne semblent avoir déteint sur lui.

rub out rubs, rubbing, rubbed

rub out sth or **rub** sth **out**
effacer • *It's in pencil so you can rub it out if you need to.* C'est écrit au crayon pour que tu puisses l'effacer si nécessaire.

rub out sb or **rub** sb **out** *américain & australien, argot*
liquider • *Her husband had been rubbed out by the Mafia.* Son mari avait été liquidé par la mafia.

rub up against rubs, rubbing, rubbed

rub up against sb
se frotter contre • *He remembered how she had rubbed up against him at the party.* Il se souvenait de la manière dont elle s'était frottée contre lui à la soirée.

ruck up rucks, rucking, rucked

ruck up (sth) or **ruck** (sth) **up** *britannique*
se chiffonner • (généralement au passif) *Maria's dress was all rucked up at the back.* La robe de Maria était toute chiffonnée derrière.

ruffle up ruffles, ruffling, ruffled

ruffle up sth or **ruffle** sth **up**
(plumes, poil) hérisser, (cheveux) ébouriffer, (tissu) froisser • *Sensing danger, the bird ruffles up its feathers.* Flairant un danger, l'oiseau hérisse ses plumes.

rule off rules, ruling, ruled

rule off (sth) or **rule** (sth) **off** *britannique & australien*
tirer un trait sous • *She ruled off a space for the picture.* D'un trait, elle a délimité un espace pour le dessin. • *Rule off under the last piece of work.* Tirez un trait quand vous avez fini votre travail.

rule out rules, ruling, ruled

rule out sb/sth or **rule** sb/sth **out**
exclure • *I'm afraid we can't rule out the possibility that she may have the disease.* J'ai peur qu'il soit impossible d'exclure la possibilité qu'elle ait attrapé la maladie. • *The police had not ruled him out as a suspect.* La police ne l'avait pas exclu de la liste des suspects.

rule out sth or **rule** sth **out**
exclure • *The recent wave of terrorism has ruled out any chance of peace talks.* La dernière vague de terrorisme a écarté toute chance de négociations. • *Dad's leg injury rules out a skiing holiday this year.* Papa s'étant blessé à la jambe, les sports d'hiver sont exclus pour cette année.

rumble on rumbles, rumbling, rumbled

rumble on
continuer • *The scandal over his will had been rumbling on for years.* Le scandale autour de son testament durait depuis des années.

run across runs, running, ran, run

run across sb
tomber sur • *I ran across an ex-boyfriend of mine in town the other day.* Cet après-midi, en ville, je suis tombée sur un de mes anciens petits amis.

run after runs, running, ran, run

run after sb/sth
courir après • *I ran after him with a pile of papers that he'd left behind.* J'ai couru après lui avec une pile de papiers qu'il avait oubliée.

run after sth
courir après • *She'd spent her whole life running after fame and fortune.* Elle avait passé toute sa vie à courir après la gloire et l'argent.

run after sb
courir après • *He's always running after unsuitable women.* Il court toujours après des femmes qui ne sont pas faites pour lui.

run along runs, running, ran, run

Run along! (toujours à l'impératif) *vieilli*
sauvez-vous • *Run along now children, I've got work to do.* Maintenant, sauvez-vous les enfants, j'ai du travail.

run around with runs, running, ran, run

run around with sb *vieilli, familier*
fréquenter • *I'm not sure I like the gang he's running around with.* Je n'aime pas beaucoup la bande qu'il fréquente.

run around/round runs, running, ran, run

run around/round *familier*
courir • (souvent + doing sth) *All week I've been running around getting things ready for this party we're having.* J'ai couru toute la semaine à tout préparer pour la fête que nous avons organisée.

run around/round after runs, running, ran, run

run around/round after sb *familier*
servir • *I seem to spend most of my time running around after the kids.* J'ai

l'impression de passer la plupart de mon temps à servir les enfants.

run away runs, running, ran, run

run away

1 s'enfuir • *He turned and ran away as fast as he could.* Il a fait demi-tour et s'est enfui à toutes jambes.

2 se sauver • *I was so unhappy at school, I even thought of running away.* J'étais tellement malheureuse à l'école que j'ai même pensé à faire une fugue. • (souvent + **from**) *When she was thirteen she ran away from home.* A l'âge de treize ans, elle s'est sauvée de chez elle.

runaway *n* [C] (enfant) fugueur, (adulte) fugitif • *Police recaptured the runaway.* La police a rattrapé le fugitif. • *a hostel for runaways* un foyer pour fugueurs

3 fuir • (généralement + from) *You're never going to solve problems by running away from them.* Tu ne résoudras jamais les problèmes en les fuyant.

4 *familier* se sauver • *I might need you in a moment, David, so don't run away.* Je vais peut-être avoir besoin de toi dans un instant, David, ne te sauve pas.

run away with runs, running, ran, run

run away with sb

1 s'enfuir avec • *She ran away with him when she was just seventeen.* Elle s'est enfuie avec lui quand elle n'avait que dix-sept ans.

2 [émotion, imagination, enthousiasme] emporter • *It's important when you're making a speech not to let your emotions run away with you.* Il est important quand on fait un discours de ne pas se laisser emporter par ses émotions. • *Sometimes my imagination runs away with me and I convince myself they're having an affair.* Parfois, je me laisse emporter par mon imagination et je finis par me convaincre qu'ils ont une liaison.

run away with sth

1 *surtout américain* se sauver avec • *His partner ran away with all the money they had worked so hard to make.* Son partenaire s'est sauvé avec tout l'argent qu'ils avaient si durement gagné.

2 *familier* emporter haut la main • *Once again Steve Jachim runs away with the title.* Une fois de plus Steve Jachim emporte le titre haut la main.

3 *surtout américain* être le clou du spectacle • *The audience loved them – their double act ran away with the show!* Le public les a adorés; leur numéro en duo a été le clou du spectacle!

run by runs, running, ran, run

run sth **by** sb *familier*

(encore) répéter, (idée) soumettre • *If you've got a moment I'd like to run a few ideas by you.* Si tu as un moment, j'aimerais te soumettre quelques idées. • *Could you run those names by me again?* Est-ce que vous pourriez me répéter ces noms?

run down runs, running, ran, run

run down sb or **run** sb **down**

renverser • (généralement au passif) *He was run down as he was crossing the road* Il s'est fait renverser alors qu'il traversait la route.

run down sb/sth or **run** sb/sth **down**

1 *familier* descendre • (souvent pronominal) *You shouldn't run yourself down like that!* Tu ne devrais pas te rabaisser comme ça! • *Whatever the government do, the press is going to run them down.* Quoi que fasse le gouvernement, la presse va le descendre.

2 *familier* dénicher • *After five or six phone calls I managed to run him down at an address in Rome.* Après cinq ou six coups de fil, j'ai réussi à le dénicher à une adresse à Rome.

run down sth or **run** sth **down**

1 *britannique & australien* (entreprise) réduire l'activité de • *He had decided to run the business down.* Il a décidé de réduire l'activité de l'entreprise.

rundown *n* [C] *britannique* • (généralement au singulier) *They're protesting at the proposed rundown of the Youth Training Scheme.* Ils protestent contre la proposition de réduction du Plan de Formation des Jeunes.

2 *américain & australien* épuiser • *Shops are starting to run down their stocks.* Dans les magasins, les stocks commencent à s'épuiser.

run down (sth) or **run** (sth) **down**

(pile) s'user, (horloge) retarder • *It doesn't work so well because the batteries are running down.* Ça ne fonctionne plus très bien parce que les piles sont usées. • *If you leave your car lights on you'll run the batteries down.* Si tu laisses tes phares allumés tu vas décharger ta batterie.

run down sth
lire • *Just running down the list of candidates here, I can exclude four of them straight away.* Rien qu'en parcourant la liste des candidats je peux déjà en éliminer quatre.

run for runs, running, ran, run

run for sth *surtout américain*
(élection) se présenter à • *He ran for Governor of the state four years ago.* Il s'est présenté comme Gouverneur de l'état il y a quatre ans.

run for it *familier*
sauve-toi! • *There's someone coming. Run for it!* Quelqu'un arrive. Sauve-toi!

run in runs, running, ran, run

run in sb or **run** sb **in** *familier*
épingler • (généralement au passif) *The leader of the gang was run in last summer.* Le chef de bande s'est fait épingler l'été dernier.

run in sth or **run** sth **in** *britannique & australien*
(voiture) roder • *I'm still running the car in so I tend to drive fairly slowly.* Comme la voiture est encore en rodage, je conduis plutôt lentement.

run into runs, running, ran, run

run into sb
tomber sur • *I ran into an old neighbour of mine at the garage this afternoon.* Cet après-midi, au garage, je suis tombé sur un de mes anciens voisins.

run into sth
1 rentrer dans • *I couldn't stop in time and ran into the car in front.* Je n'ai pas pu m'arrêter à temps et je suis rentré dans la voiture de devant.
2 atteindre • *Production costs often run into hundreds of thousands of pounds.* Les coûts de production atteignent souvent plusieurs centaines de milliers de livres. • *Independent sources say the civilian death toll runs into hundreds.* Des sources indépendantes affirment qu'il y a plusieurs centaines de morts parmi les civils.
3 (difficulté) se heurter à • *Both companies have since run into financial difficulties.* Depuis, les deux entreprises se sont heurtées à des difficultés financières. • *We'd probably run into legal problems if we advertised for a woman.* Si nous précisons que nous voulons une femme, nous allons êtres confrontés à des problèmes juridiques.

run off runs, running, ran, run

run off
1 partir en courant • *We would throw stones at the window and then run off.* Nous jetions des cailloux dans la fenêtre et nous partions en courant.
2 *familier* partir • *Her husband ran off and left her with three small children to bring up.* Son mari est parti et il l'a laissée avec trois jeunes enfants à élever. • *She ran off to Canada and never came back again.* Elle est partie au Canada et n'est jamais revenue.
3 *familier* partir • *You're not going to run off and leave me to do this on my own are you?* Tu ne vas pas partir et me laisser faire ça toute seule, quand même?

run sb/sth **off** (sth)
chasser • *We had to run the cows off the field before we could play football.* Nous avons dû chasser les vaches du pré pour pouvoir jouer au football. • *If anyone comes sneaking around the buildings, they'll soon be run off.* Si quelqu'un vient traîner autour des bâtiments, il sera vite chassé.

run (sth) **off** sth
(faire) fonctionner avec • *It runs off batteries.* Ça fonctionne avec des piles.

run off sth or **run** sth **off**
1 imprimer • *I'll run off a few copies of the article and circulate it.* Je vais faire quelques copies de l'article et le faire circuler.
2 écrire en vitesse • *She can run off a poem on any subject you like in a few minutes.* Elle est capable d'écrire un poème sur n'importe quel sujet en quelques minutes.

run off with runs, running, ran, run

run off with sb
partir avec • *Her first husband ran off with his secretary.* Son premier mari est parti avec sa secrétaire.

run off with sth
partir avec • *He ran off with half the company's funds.* Il est parti avec la moitié des fonds de l'entreprise. • *Someone's run off with my pen.* Quelqu'un a pris mon stylo.

run on runs, running, ran, run

run on
1 se prolonger • (généralement + adv/prép) *I don't want this meeting to run on too long.* Je ne veux pas que cette réunion dure trop longtemps. • *The talk ran on till after 3 o'clock.* L'entretien s'est prolongé jusqu'après 3 heures.
2 *américain* n'en pas finir de parler • (généralement + **about**) *She ran on at great length about her operation.* Elle n'en finissait pas de parler en détail de son opération.

run (sth) on sth
(faire) fonctionner à • *The first car ran on alcohol.* La première voiture fonctionnait à l'alcool.

run out runs, running, ran, run

run out
1 ne plus avoir de • *Could you get some more milk? We're about to run out.* Peux-tu aller chercher plus de lait? Nous allons en manquer. • (souvent + **of**) *We've run out of paper for the photocopier.* Nous n'avons plus de papier pour la photocopieuse. • (*britannique*) *I'm going to finish work in a moment as I'm rapidly **running out of steam**.* Je vais bientôt m'arrêter de travailler parce que je n'ai plus beaucoup d'énergie.
2 s'épuiser • *We had to come home because our money ran out.* Nous avons dû rentrer à la maison parce que nous n'avions plus d'argent. • *He'd better apply for that job soon – time's running out.* Il ferait bien de se présenter pour le poste bientôt – le temps passe. • *I'm afraid my patience with him is about to run out.* J'ai bien peur d'être à bout de patience en ce qui le concerne.
3 arriver à expiration • *My contract runs out in September and I don't know whether to renew it.* Mon contrat arrive à expiration en septembre et je ne sais pas si je vais le renouveler. • *Did you know that your passport runs out next year?* Savais-tu que ton passeport arrive à expiration l'année prochaine?

run out on runs, running, ran, run

run out on sb
laisser tomber • *Her husband ran out on her when the kids were very young.* Son mari l'a laissée tomber quand les enfants étaient encore très jeunes.

run over runs, running, ran, run

run over sb/sth or **run** sb/sth **over**
écraser • (généralement au passif) *He was run over and killed.* Il s'est fait écraser et a été tué.

run over sth
1 lire rapidement, revoir • *We'd better run over what we're going to say as our introduction.* Nous ferions bien de revoir ce que nous allons dire en introduction.
2 récapituler • *I'll just run over the main points of the article.* Je vais récapituler les points essentiels de l'article.

run over
1 déborder • *I turned the taps off because the bath was almost running over.* J'ai fermé les robinets parce que la baignoire était sur le point de déborder.
2 se prolonger • *I don't want this meeting to run over so I'll be brief.* Comme je ne veux pas que la réunion se prolonge, je serai bref.

run round
voir **run around/round**

run round after
voir **run around/round after**

run through runs, running, ran, run

run through sth
1 (scène) repasser • *We had to stay behind at the end of the rehearsal to run through a couple of scenes.* Nous avons dû rester à la fin de la répétition pour repasser quelques scènes.

run-through n [C] répétition générale • *We'll certainly need time for a run-through before the concert.* Nous aurons certainement besoin de temps pour une répétition générale avant le concert.

2 récapituler • *I'll just run through what I've written with you and see if you've anything to add.* Je vais te lire rapidement ce que j'ai écrit pour voir si tu as quelque chose à ajouter. • *He ran through a list of names but I didn't recognize any of them.* Il a lu rapidement une liste de noms mais je n'en ai reconnu aucun.
3 épuiser • *In just under six months he'd run through all the money his father had left to him.* En moins de six mois il avait épuisé tout l'argent que son père lui avait laissé.

4 être présent dans • *The theme of the domineering mother-figure runs through all of his work.* Le thème de la figure maternelle dominante se retrouve dans toute son oeuvre. • *Sadly, racism runs right through society.* Hélas, le racisme traverse toutes les couches de la société.

run through sb
parcourir • *As the actor said the line, a shiver ran through the audience.* Au moment où l'acteur a déclamé le vers, un frisson a parcouru le public.

run sb **through** *littéraire*
transpercer • *He lunged forward and ran him through with his sword.* Il a plongé en avant et l'a transpercé de son épée.

run to runs, running, ran, run

run to sb
courir vers • *I'm thirty-one – I can't keep running to my parents every time something goes wrong.* J'ai trente-et-un an. Je ne peux pas continuer à courir vers mes parents à chaque fois que quelque chose va mal.

run to sth
1 (jamais à la forme progressive) faire dans • *A document like this can run to twenty or thirty pages.* Un document comme celui-là peut faire dans les vingt ou trente pages. • *A meal with wine might run to £60 a head.* Un repas accompagné de vin peut aller chercher dans les £60 par personne.
2 *britannique & australien* pouvoir s'offrir • (généralement dans des phrases négatives) *He earns a decent wage but it certainly doesn't run to two houses.* Il gagne bien sa vie mais il ne peut certainement pas s'offrir deux maisons. • *I bought a cooker but I couldn't run to new kitchen units too.* J'ai acheté une cuisinière mais je ne pouvais pas m'offrir aussi les éléments de cuisine.

3 aller jusqu'à • *I should imagine that your musical taste doesn't run to opera.* J'imagine que tes goûts musicaux ne vont pas jusqu'à l'opéra.

run up runs, running, ran, run

run up
courir vers • *I ran up behind him and slapped him on the back.* J'ai couru vers lui et l'ai tapé dans le dos. • (souvent + **to**) *She ran up to me and put this package in my hands.* Elle a couru vers moi et m'a mis ce paquet entre les mains.

run up sth or **run** sth **up**
1 (déficit) accumuler • *We ran up the most enormous bill in the first restaurant we went to.* Dans le premier restaurant où nous sommes allés, on nous a présenté une facture des plus élevées. • *He ran up a lot of debts while he was unemployed.* Il a accumulé beaucoup de dettes quand il était au chômage.
2 coudre rapidement • *She can run up a dress in a couple of hours on her sewing machine.* Elle peut coudre une robe en deux heures avec sa machine.
3 hisser • (généralement au passif) *The British flag was run up on the roof.* Le drapeau britannique était hissé sur le toit.
4 (valeur) faire monter • *Heavy buying ran the price of stocks up higher than expected.* Un achat en grande quantité a fait monter la valeur des stocks de façon inattendue.

run up against runs, running, ran, run

run up against sth
se heurter à • *The community scheme has run up against local opposition.* Le plan social s'est heurté à l'opposition locale.

S

sack out sacks, sacking, sacked

sack out *américain, familier*
se pieuter • *It's late – I'm going to sack out.* Il est tard, je vais me pieuter.

saddle up saddles, saddling, saddled

saddle up (sth) or **saddle** (sth) **up**
(cheval) seller • *We saddled up and set off down the path.* Nous avons sellé les chevaux et avons descendu le sentier. • *I asked him to saddle up the pony.* Je lui ai demandé de seller le poney.

saddle with saddles, saddling, saddled

saddle sb **with** sth
(corvée) mettre sur les bras de, (problème) mettre sur le dos de • *I've been saddled with the task of sorting out all the books in the library.* On m'a chargé de ranger tous les livres de la bibliothèque. • (souvent pronominal) *The company has saddled itself with a lot of debt.* La société s'est mise beaucoup de dettes sur le dos.

safeguard against safeguards, safeguarding, safeguarded

safeguard against sth
se prémunir contre • *To safeguard against theft, please deposit your money and jewellery in the hotel safe.* Pour vous prémunir contre le vol, vous êtes priés de déposer votre argent et vos bijoux dans le coffre de l'hôtel.

sail through sails, sailing, sailed

sail through (sth)
(examen) réussir haut la main, (course) gagner haut la main • *Rachel sailed through all her exams with top marks.* Rachel a réussi tous ses examens haut la main, avec d'excellentes notes.

sally forth/out sallies, sallying, sallied

sally forth/out *littéraire*
se mettre en route • *The villagers sallied forth, armed with knives and guns to defend their land.* Les villageois se mirent en route, armés de couteaux et de fusils pour défendre leur terre. • *Jemima sallied out in spite of the weather.* Jemima se mit en route en dépit du temps.

salt away salts, salting, salted

salt away sth or **salt** sth **away** *familier*
(argent) mettre à gauche • *People say that he's salted away millions of dollars in a Swiss bank account.* On raconte qu'il a mis à gauche des millions de dollars sur un compte en banque en Suisse.

sand down sands, sanding, sanded

sand down sth or **sand** sth **down**
passer au papier de verre • *I sanded down the door before repainting it.* J'ai passé la porte au papier de verre avant de la repeindre.

sandwich between

be sandwiched between sb/sth
(toujours au passif) *familier*
être coincé entre • *Kim was sandwiched between her brothers in the back of the car.* Kim était coincée entre ses frères à l'arrière de la voiture. • *The small church was sandwiched between two tall buildings.* La petite église était coincée entre deux grands immeubles.

save on saves, saving, saved

save (sth) **on** sth
(électricité) faire des économies de, (nourriture) économiser sur • *He used to go to bed very early to save on his electricity bills.* Il allait se coucher très tôt pour faire des économies d'électricité. • *To save money on bus fares, she went everywhere by bike.* Pour faire des économies de bus, elle allait partout en vélo.

save up saves, saving, saved

save up (sth) or **save** (sth) **up**

faire des économies • *If you want a new bike, you'd better start saving up.* Si tu veux un nouveau vélo, tu ferais bien de commencer à faire des économies. • *It took me ages to save up enough money to buy a new car.* Il m'a fallu un temps infini pour économiser assez d'argent pour acheter une nouvelle voiture. • (souvent + **for**) *Daniel's saving up for a computer with CD-ROM.* Daniel fait des économies pour s'acheter un ordinateur équipé d'un CD-ROM.

save up sth or **save** sth **up**
(points) collecter • *Once you've saved up 50 tokens, the supermarket will give you £5 off your shopping.* Quand vous avez collecté 50 coupons, le supermarché vous fait une réduction de £5 sur vos achats.

scale down/back scales, scaling, scaled

scale down sth or **scale** sth **down**
britannique, américain & australien
scale back sth or **scale** sth **back**
américain
(projet, budget) réduire, (production) ralentir • *Since the end of the Cold War, most European countries have scaled down their armed forces.* Depuis la fin de la guerre froide, la plupart des pays européens réduisent leurs forces armées. • *The sports center is scaling back children's programs because it is short of money.* Le centre sportif est en train de réduire ses programmes pour les enfants parce qu'il n'y a pas assez d'argent.

scaled-down, scaled-back *adj* (toujours avant *n*) *américain* réduit • *a scaled-down model of the building* un modèle réduit de l'immeuble
scaling-down, scaling-back *n* [singulier] *américain* ralentissement • *There will be a scaling-down of production over the next 18 months.* Il y aura un ralentissement de la production durant les 18 prochains mois.

scare away/off scares, scaring, scared

scare away/off sb/sth or **scare** sb/sth **away/off**
faire s'enfuir • *She managed to scare off her attacker by screaming loudly.* Elle a réussi à faire s'enfuir son agresseur en criant fort. • *He ran out into the garden clapping his hands to scare the birds away.* Il a couru dans le jardin en tapant dans ses mains pour effrayer les oiseaux.

scare away/off sb or **scare** sb **away/off**
effrayer • *The firm's current problems have scared away potential investors.* Les problèmes actuels de l'entreprise ont effrayé les investisseurs potentiels. • *Many travellers have been scared off by the airline's latest fare increases.* Beaucoup de voyageurs ont été effrayés par les récentes augmentations des compagnies aériennes.

scare up scares, scaring, scared

scare up sb/sth or **scare** sb/sth **up**
américain, familier
dégoter • *Can you scare up a few volunteers to sell tickets for the concert?* Est-ce que tu peux dégoter quelques volontaires pour vendre des billets pour le concert? • *He's hoping to scare up some money and join us on our next trip.* Il espère dégoter quelque argent et se joindre à nous lors de notre prochain voyage.

scarf down/up scarfs, scarfing, scarfed

scarf down/up sth or **scarf** sth **down/up**
américain, argot
(plat) bouffer, (boisson) descendre • *We scarfed down a few beers and left.* Nous avons descendu quelques bières et nous sommes partis. • *Who scarfed up all the sandwiches?* Qui est-ce qui a bouffé tous les sandwiches?

scoop out scoops, scooping, scooped

scoop out sth or **scoop** sth **out**
creuser, (fruit) évider • *Cut the tomato in half and scoop out the seeds with a spoon.* Couper la tomate en deux et évider les pépins avec une cuillère.

scoop up scoops, scooping, scooped

scoop up sth/sb or scoop sth/sb **up**
(enfant) prendre dans ses bras, (terre) pelleter, (eau) recueillir • *I scooped up my belongings into my handbag.* J'ai rassemblé mes affaires dans mon sac à main. • *She scooped up the children and ran back into the house.* Elle a pris les enfants dans ses bras et est rentrée chez elle en courant. • *He found a bucket and scooped up some water.* Il a trouvé un seau et a recueilli de l'eau.

scoop up sth or **scoop** sth **up** *familier*
(prix, voix) ramasser • *The film scooped up three awards at the Cannes film festival.* Le

film a décroché trois prix au festival de Cannes. • *The Republicans are expected to scoop up votes in the southern states.* On s'attend à ce que les républicains ramassent des voix dans les états du Sud.

scoot over scoots, scooting, scooted

scoot over *américain, familier*
se décaler d'un siège • *If you scoot over, Jon can sit down too.* Si tu décales d'un siège, Jon pourra aussi s'asseoir.

scope out scopes, scoping, scoped

scope out sb/sth or **scope** sb/sth **out**
américain, familier
(personne) jauger, (possibilité) examiner • *She scoped out the men standing near the bar.* Elle jaugea les hommes qui se tenaient près du bar. • *I need to scope out all the possibilities before I make a decision.* Il faut que j'examine toutes les possibilités avant de prendre une décision.

score off scores, scoring, scored

score off sth or **score** sth **off** *britannique & australien*
barrer • *Score off the names on the list as I read them out.* Barre les noms sur la liste au fur et à mesure que je les lis.

score off sb *britannique & australien*
faire passer pour un imbécile • *She tried to score off him by quoting from an American journal which she knew he hadn't read.* Elle a essayé de le faire passer pour un imbécile en citant un journal américain dont elle savait qu'il ne l'avait pas lu.

score out scores, scoring, scored

score out sth or **score** sth **out**
britannique & australien
barrer • *He scored out Michael Brown's name and wrote in Ruth Hardy's instead.* Il a barré le nom de Michael Brown et a écrit celui de Ruth Hardy à la place.

scout about/around/round
scouts, scouting, scouted

scout about/around/round (swh)
explorer • *Go and scout around and see if you can find some matches.* Va voir si tu peux trouver des allumettes. • (souvent + **for**) *We scouted about Edinburgh for a suitable house to rent.* Nous avons exploré Édimbourgh à la recherche d'une maison convenable à louer.

scout out scouts, scouting, scouted

scout out sth or **scout** sth **out**
rechercher • *She works for a rental agency, scouting out new properties.* Elle travaille dans une agence de location pour laquelle elle recherche de nouvelles propriétés.

scout round
voir **scout about/around/round**

scout up scouts, scouting, scouted

scout up sb/sth or **scout** sb/sth **up**
américain
essayer de dénicher • *You'd better scout up someone to take Bob's place on the team.* Vous feriez bien d'essayer de dénicher quelqu'un pour remplacer Bob dans l'équipe.

scrabble about/around/round scrabbles, scrabbling, scrabbled

scrabble about/around/round
1 fouiller • (souvent + **in**) *She scrabbled around in her bag, trying to find her keys.* Elle a fouillé dans son sac, à la recherche de ses clés. • (souvent + **for**) *He was on the floor scrabbling round for his glasses.* Il était par terre à chercher partout ses lunettes.
2 essayer de trouver • (souvent + **for**) *He scrabbled around for a suitable excuse.* Il essaya rapidement de trouver une excuse valable.

scrape along scrapes, scraping, scraped

scrape along
survivre • (souvent + **on**) *After he lost his job, his family had to scrape along on £95 a week.* Après qu'il a perdu son emploi, sa famille a dû survivre avec £95 par semaine.

scrape by scrape, scraping, scraped

scrape by
1 survivre • (souvent + **on**) *She has to scrape by on what she earns as a cleaner.* Elle doit vivre avec son salaire de femme de ménage. • *He earns just enough money as a*

writer to scrape by. Il gagne juste assez comme écrivain pour survivre.
2 *surtout américain* réussir de justesse • *He scraped by with a C.* Il a réussi de justesse en obtenant un C.

scrape in/into scrapes, scraping, scraped

scrape in *britannique & australien*
scrape into sth *britannique & australien*
(université) réussir à entrer de justesse, (emploi) réussir à obtenir de justesse • *She scraped into college with very poor grades.* Elle a réussi à entrer de justesse à l'université avec des notes très faibles. • *In the election, the Labour candidate scraped in by only seven votes.* Aux élections, le candidat travailliste a réussi à se faire élire par sept voix de différence.

scrape through scrapes, scraping, scraped

scrape through (sth)
(examen) réussir de justesse • *I managed to scrape through my English exam even though I hadn't done much work.* J'ai réussi de justesse à mon examen d'anglais bien que je n'avais pas beaucoup travaillé. • *It looked as if Becker might lose the match but he scraped through in the final set.* On aurait pu croire que Becker allait perdre le match, mais il a réussi à s'en tirer au dernier set.

scrape together scrapes, scraping, scraped

scrape together sth/sb or **scrape** sth/sb **together**
(argent) réussir à trouver • *I've finally scraped together the $250 I need for the trip.* J'ai finalement réussi à trouver les 250 dollars dont j'avais besoin pour le voyage. • *Do you think we can scrape together a team for the game on Saturday?* Est-ce que tu crois que nous pouvons réussir à former une équipe pour le jeu de dimanche?

scream out screams, screaming, screamed

scream out sth or **scream** sth **out**
crier • *He screamed out 'Stop!' and ran into the street.* 'Stop!' cria-t-il en courant dans la rue.

screen off screens, screening, screened

screen off sth or **screen** sth **off**
(pièce) diviser • *We can screen off part of the living room and use it as an office.* Nous pouvons diviser la salle de séjour et y faire un bureau. • (parfois + **from**) *The sleeping area is screened off from the living area.* La chambre à coucher est séparée du séjour par une cloison amovible.

screen out screens, screening, screened

screen out sb or **screen** sb **out**
(candidat) écarter • *Applicants over the age of 55 were screened out.* Les candidats âgés de plus de 55 ans ont été écartés.
screen out sth or **screen** sth **out**
(lumière) filtrer • *She drew the curtains to screen out the sunlight.* Elle tira les rideaux pour filtrer les rayons du soleil. • *The ozone layer screens out the sun's ultraviolet rays.* La couche d'ozone filtre le rayonnement ulraviolet du soleil.

screw about/around screws, screwing, screwed

screw sb **about/around** *argot*
se foutre de • *I wish Paul would stop screwing me around and decide what he wants!* J'aimerais que Paul arrête de se foutre de moi et qu'il sache ce qu'il veut!

screw around screws, screwing, screwed

screw around *tabou*
coucher avec tout le monde • *She threatened to divorce him when she found out he'd been screwing around.* Elle l'a menacé de divorce quand elle a découvert qu'il couchait avec d'autres.

screw down screws, screwing, screwed

screw down sth or **screw** sth **down**
visser, revisser • *You should screw down any loose floorboards.* Tu devrais visser les planches de parquet branlantes. • *Make sure the top is screwed down well before you put the bottle away.* Assure-toi que le couvercle est bien revissé avant de ranger la bouteille.

screw out of screws, screwing, screwed

screw sth out of sb *familier*
extorquer à • *She managed to screw an extra £1,500 a year out of her company.* Elle a réussi à extorquer £1.500 supplémentaires par an à son entreprise. • *It took the police several hours to screw a confession out of him.* Il a fallu plusieurs heures à la police pour lui arracher des aveux.

screw sb out of sth *familier*
extorquer • *He screwed me out of my share of the profits.* Il m'a extorqué ma part des bénéfices.

screw over screws, screwing, screwed

screw over sb or **screw sb over** *américain, argot*
arnaquer • *The company screwed him over by not paying him all the money they owed him.* La société l'a arnaqué en ne lui payant pas tout l'argent qu'ils lui devaient.

screw up screws, screwing, screwed

screw up sth or **screw sth up**
1 chiffonner • *He screwed up the letter and threw it in the bin.* Il a chiffonné la lettre et l'a jetée à la poubelle.
2 (yeux) plisser, faire une grimace • *She screwed up her eyes because the light was so bright.* Elle plissa les yeux à cause de la lumière très vive. • *He screwed up his face in disgust at the terrible smell.* Il a fait une grimace de dégoût en sentant la terrible odeur.

screw up (sth) or **screw (sth) up** *familier*
merder, foutre en l'air • *If you screw up again, you'll be in trouble!* Si tu merdes encore, tu vas avoir des problèmes! • *I really screwed up my exams last year.* J'ai vraiment cafouillé à mes examens, l'année dernière. • *Drugs like heroin and cocaine can really screw your body up.* Les drogues comme l'héroïne et la cocaïne peuvent vraiment foutre le corps en l'air.

screw-up *n* [C] *familier* cafouillage • *There's been a real screw-up with our tickets.* Il y a eu tout un cafouillage avec nos tickets.

screw-up *n* [C] *américain, argot* branque • *Jim? No way! I'm not having that screw-up working on this project.* Jim? pas question! Je ne veux pas de ce branque pour travailler sur ce projet.

screw up sb or **screw sb up** *familier*
perturber • *Her parents have screwed her up emotionally.* Ses parents ont vraiment perturbé son équilibre. • *It really screwed him up when his wife left him.* Cela l'a vraiment perturbé quand sa femme l'a quitté.

screwed-up *adj familier* perturbé • *She's a lonely, screwed-up woman.* C'est une femme seule, paumée.

scribble down scribbles, scribbling, scribbled

scribble down sth or **scribble sth down**
griffonner • *I scribbled down his address in the back of my diary.* J'ai griffonné son adresse au dos de mon agenda.

scrounge around scrounges, scrounging, scrounged

scrounge around *américain & australien, familier*
chercher • (souvent + **for**) *They were scrounging around for wood to light a fire on the beach.* Ils cherchaient du bois pour allumer un feu sur la plage. • (parfois + **in**) *Look what I found while I was scrounging around in the attic.* Regarde ce que j'ai trouvé en fouinant dans le grenier.

scrounge up scrounges, scrounging, scrounged

scrounge up sth/sb or **scrounge sth/sb up** *américain & australien, familier*
réussir à trouver • *They haven't scrounged up enough money for their vacation yet.* Ils n'ont pas encore réussi à trouver assez d'argent pour leurs vacances.

scrub out scrubs, scrubbing, scrubbed

scrub out sth or **scrub sth out**
récurer • *The bath is filthy – you'll have to scrub it out before you use it.* La baignoire est dégoûtante. Il faudra que tu la récures avant de t'en servir.

scrub up scrubs, scrubbing, scrubbed

scrub up
se désinfecter les mains • *The surgeon only had a few minutes to scrub up before his next operation.* Le chirurgien n'avait que

quelques minutes pour se désinfecter les mains avant l'opération suivante.

scrunch up scrunches, scrunching, scrunched

scrunch up sth or **scrunch** sth **up**
1 chiffonner • *He read the note quickly and then scrunched it up.* Il a lu le mot rapidement et l'a chiffonné.
2 *familier* faire une grimace, (nez, yeux) plisser • *She scrunched up her nose as the smell became stronger.* Elle plissa le nez quand l'odeur se fit plus forte.

scrunch up *américain, familier*
se tasser • *Everyone scrunched up close to the stage to hear the band.* Tout le monde s'est tassé contre la scène pour écouter le groupe.

seal off seals, sealing, sealed

seal off sth or **seal** sth **off**
(quartier) boucler, (bâtiment) interdire l'entrée de • *Police immediately sealed off the streets around the hotel as they searched for the bomb.* La police a immédiatement bouclé les rues autour de l'hôtel tandis qu'ils cherchaient la bombe.

seal up seals, sealing, sealed

seal up sth or **seal** sth **up**
fermer • *He sealed the parcel up with sticky tape.* Il a fermé le paquet avec du ruban adhésif. • *The dirt and noise were so bad that we had to seal up the windows.* La poussière et le bruit étaient tels que nous avons dû fermer les fenêtres.

search out searches, searching, searched

search out sb/sth or **search** sb/sth **out**
rechercher • *While I was in Australia, I searched out my cousin who I hadn't seen for 20 years.* Quand j'étais en Australie, j'ai recherché mon cousin que je n'avais pas vu depuis vingt ans.

secure against secures, securing, secured

secure sth **against** sth/sb
1 protéger contre • *A wall was built around the village to secure it against attack.* Un mur a été construit autour du village pour le protéger contre toute attaque éventuelle.
• *We need to secure the building against intruders.* Nous devons protéger le bâtiment contre les intrus.
2 (prêt) garantir • (généralement au passif) *The house was worth £62,000 and a loan of £30,000 was secured against it.* La maison valait £62 000 et elle servait de garantie à un prêt de £30 000. • *The company has secured its bank loans against its hotel business.* La société a garanti ses emprunts bancaires sur ses affaires hôtelières.

see about sees, seeing, saw, seen

see about sth
s'occuper de • *It's getting late – I'd better see about dinner.* Il est tard. Je ferais bien de m'occuper du dîner. • *You should see about getting your hair cut.* Tu devrais t'occuper de te faire couper les cheveux.

see in sees, seeing, saw, seen

see sth **in** sb/sth
trouver à • *I can't understand what you see in Susan.* Je ne vois pas ce que tu trouves à Susan. • *You can see a strong sense of morality in his writing.* On peut noter une très haute moralité dans ce qu'il écrit.

see in/into sees, seeing, saw, seen

see in sb or **see** sb **in**
see sb **into** sth
accompagner • *Mr Wilson is expecting you in his office. I'll see you in.* Mr Wilson vous attend dans son bureau. Suivez-moi. • *I saw Helen into her house and then I took the bus home.* J'ai raccompagné Helen chez elle et je suis rentrée chez moi en bus.

see off sees, seeing, saw, seen

see off sb or **see** sb **off**
1 venir dire au revoir • *My parents came to the airport to see me off.* Mes parents sont venus me dire au revoir à l'aéroport.
2 (importun) chasser • *If anyone tries to come in here, the dogs will soon see them off.* Si quelqu'un essaie de venir ici, les chiens le chasseront bien vite.

see off sb/sth or **see** sb/sth **off**
britannique & australien, familier
triompher de • *Germany saw off their opponents with a goal in the last minute.* L'Allemagne a triomphé de ses adversaires grâce à un but de dernière minute. • *The*

president has seen off several challenges to his leadership this year. Le président a triomphé de plusieurs tentatives de mise en question de son poste, cette année.

see out *sees, seeing, saw, seen*

see out sb or **see** sb **out**
accompagner jusqu'à la porte • *My secretary will see you out.* Ma secrétaire va vous accompagner jusqu'à la porte. • (souvent pronominal) *Don't worry. I can see myself out.* Ne bouge pas, je connais le chemin.

see out sth or **see** sth **out**
1 aller jusqu'au bout • *She's determined to see out her three-year contract even though she dislikes her work.* Elle est déterminée à aller jusqu'au bout de son contrat de trois ans bien qu'elle n'aime pas son travail. • *The industry needs more investment if it's going to see out the recession.* L'industrie a besoin de plus d'investissements si elle veut sortir de la crise.
2 durer • *We've got just enough food to see the week out.* Nous avons juste assez de nourriture pour durer la semaine.

see over *sees, seeing, saw, seen*

see over sth *britannique & australien*
voir • *Some people are coming to see over our house tomorrow.* Il y a des gens qui viennent voir la maison, demain.

see through *sees, seeing, saw, seen*

see through sb/sth
(traître) voir clair dans le jeu de, (mensonge) percer • *He told me he was incredibly rich and owned a Ferrari, but I saw through him at once.* Il m'a dit qu'il était incroyablement riche et qu'il possédait une Ferrari, mais j'ai vu clair dans son jeu tout de suite. • *She was so convincing that I didn't see through her lies until it was too late.* Elle était tellement convaincante que je n'ai percé ses mensonges que trop tard.

see sb **through** (sth)
aider à surmonter • *He was a prisoner of war for five years, but his courage saw him through.* Il a été prisonnier de guerre pendant cinq ans, mais son courage l'a aidé à surmonter l'épreuve. • *My brother's lent me £200 to see me through the next few weeks.* Mon frère m'a prêté £200 pour m'aider à passer les quelques semaines à venir.

see sth **through**
aller jusqu'au bout de • *The course would take me three years to complete, but I was determined to see it through.* Le cours allait me prendre trois ans, mais j'étais déterminée à aller jusqu'au bout.

see to *sees, seeing, saw, seen*

see to sth/sb
s'occuper de • *The cats need feeding twice a day, but Paula's seeing to that.* Les chats ont besoin d'être nourris deux fois par jour mais Paula s'en occupe. • *Would you like any help or are you being seen to?* Avez-vous besoin d'aide ou est-ce qu'on s'occupe de vous? • *Please see to it that no one enters without identification.* S'il vous plaît, assurez-vous que personne n'entre sans badge d'identification.

seek out *seeks, seeking, sought*

seek out sb/sth or **seek** sb/sth **out**
rechercher • *She tried to seek out her real mother when she discovered she was adopted.* Elle a essayé de rechercher sa vraie mère quand elle avait été adoptée. • *Many shoppers are now seeking out environmentally-friendly products.* Beaucoup de consommateurs recherchent maintenant des produits écologiques.

seize on/upon *seizes, seizing, seized*

seize on/upon sth
(idée) sauter sur • *Her story was seized upon by the press.* La presse s'est emparée de son histoire. • *You should seize on every new opportunity to improve your qualifications.* Vous devriez sauter sur chaque nouvelle occasion d'améliorer vos compétences.

seize up *seizes, seizing, seized*

seize up
(dos, serrure) se bloquer, (machine) tomber en panne • *His right leg suddenly seized up during the race.* Sa jambe droite s'est soudain bloquée pendant la course. • *I couldn't get my suitcase open because the lock had completely seized up.* Je n'arrivais

pas à ouvrir ma valise parce que la serrure s'était complètement bloquée.

seize upon
voir **seize on/upon**

sell off sells, selling, sold

sell off sth or **sell** sth **off**
1 mettre en vente • *The company announced that it would be selling off its hotel business.* La société a annoncé qu'elle mettait en vente sa branche hôtelière.
   sell-off *n* [C] vente • *The sell-off of the electricity industry has raised millions of pounds for the government.* La vente de l'industrie de l'électricité a rapporté des millions de livres au gouvernement.
2 vendre à bas prix • *The shop is selling off damaged books at bargain prices.* La boutique vend des livres endommagés à bas prix.

sell on sells, selling, sold

sell sb **on** sth *familier*
   (idée) emballer • (généralement au passif) *She's really sold on the idea of going abroad to study.* Elle est vraiment emballée par l'idée de faire des études à l'étranger.

sell on sth or **sell** sth **on** *surtout britannique*
   revendre • *Are you going to keep your shares or sell them on?* Est-ce que tu vas garder tes actions ou les revendre? • (souvent + **to**) *The company buys electricity from the central generator and then sells it on to customers.* La société achète de l'électricité au générateur central et la revend aux clients.

sell out sells, selling, sold

sell out

1 tout vendre • (souvent + **of**) *Book stores had sold out of the new edition within a few hours.* Les librairies avaient vendu tous les exemplaires de la nouvelle édition en quelques heures. • *I went to the local shop to get some milk but they'd sold out.* Je suis allé au magasin du coin pour acheter du lait mais ils n'en avaient plus.

2 (collection) se vendre entièrement • *The first issue of the magazine sold out in two days.* Le premier numéro du magazine s'est vendu en deux jours.

3 afficher complet • *Her concerts always sell out months in advance.* Ses concerts affichent complet des mois à l'avance. • *The Cup Final was sold out weeks ago.* La finale du championnat affichait déjà complet il y a plusieurs semaines.
   sell-out *n* [C] à guichets fermés • *Over 200,000 people watched the game which was a complete sell-out.* Plus de 200.000 personnes ont regardé le match qui s'est déroulé à guichets fermés. • (employé comme *adj*) *The group had a sell-out tour of the US.* Le groupe a fait une tournée américaine à guichets fermés.

4 vendre • (souvent + **to**) *They decided to sell out to their competitors.* Ils ont décidé de se faire acheter par leurs concurrents.

5 *familier* se vendre • *She thinks that actors who've gone to Hollywood to make films have sold out.* Elle pense que les acteurs qui vont à Hollywood pour faire des films sont des vendus.
   sell-out *n* [C] *familier* • *Some writers turn to popular fiction to make money but he regards it as a sell-out.* Il y a des écrivains qui s'orientent vers le roman populaire pour faire de l'argent mais il considère ça comme une trahison.

sell out sb or **sell** sb **out** *familier*
   (à l'ennemi) vendre • *French farmers feel they've been sold out by their government in the negotiations.* Les agriculteurs français ont le sentiment d'avoir été vendus par leur gouvernement au cours des négociations.
   sell-out *n* [C] *familier* trahison • *Both sides see the peace agreement as a sell-out.* Le traité de paix est vu des deux côtés comme une trahison.

sell up sells, selling, sold

sell up (sth) or **sell** (sth) **up** *britannique & australien*
   tout vendre • *He decided to sell up and retire to the south of France.* Il a décidé de tout vendre et de prendre sa retraite dans le sud de la France. • *She left the country after selling up most of her assets.* Elle a quitté le pays après avoir vendu la plus grande partie de ses biens.

send away for sends, sending, sent

send away for sth
   (brochure) écrire pour se faire envoyer • *If you collect three tokens, you can send away for a free watch.* Quand vous avez trois

coupons, vous pouvez les envoyer pour recevoir en échange une montre gratuite.

send back sends, sending, sent

send back sth or **send** sth **back**
renvoyer • *The trousers were the wrong size, so I sent them straight back.* Le pantalon n'était pas de la bonne taille, alors je l'ai renvoyé immédiatement.

send down sends, sending, sent

send down sb or **send** sb **down**
1 *britannique, familier* envoyer en tôle • (généralement au passif) *He was sent down for armed robbery.* Il a été envoyé en tôle pour vol à main armée. • (souvent + **for**) *She was sent down for three years.* Elle a été condamnée à trois ans de tôle.
2 *britannique* renvoyer • (généralement au passif) *He was sent down after failing his second year exams.* Il a été renvoyé après avoir raté ses examens de deuxième année. • (souvent + **from**) *She was sent down from Oxford for taking drugs.* Elle a été renvoyée d'Oxford parce qu'elle se droguait.

send for sends, sending, sent

send for sb
demander de venir • *Do you think we should send for the doctor?* Crois-tu qu'il soit nécessaire de demander au docteur de venir? • *I was really worried when my boss sent for me.* J'étais très inquiète quand mon patron m'a demandé de venir le voir.

send in sends, sending, sent

send in sb or **send** sb **in**
(police, armée) envoyer • *Peace-keeping troops were sent in as the situation got worse.* Quand la situation s'est aggravée, on a envoyé des troupes pour essayer de maintenir la paix. • *We are sending in a medical team to deal with the latest epidemic.* Nous envoyons une équipe médicale qui sera chargée de s'occuper de la dernière épidémie.

send in sth or **send** sth **in**
envoyer • *Viewers were asked to send in photographs of their pets.* Les téléspectateurs ont été invités à envoyer des photos de leurs animaux domestiques. • *Please send in completed forms before January 31st.* Vous êtes priés d'envoyer les formulaires dûment complétés avant le 31 janvier.

send in for sends, sending, sent

send in for sth
(brochure) écrire pour recevoir • *I've sent in for a full illustrated brochure.* J'ai écrit pour recevoir une brochure illustrée détaillée.

send off sends, sending, sent

send off sth or **send** sth **off**
envoyer par la poste • *Have you sent off your application form yet?* Avez-vous déjà envoyé votre dossier d'inscription?

send off sb or **send** sb **off** *britannique & australien*
faire sortir • (souvent + **for**) *He was sent off for swearing at the referee.* On l'a fait sortir parce qu'il avait insulté l'arbitre.

sending-off *n* [C] *britannique & australien* exclusion • *He has contacted the Football Association about his sending-off in last week's game.* Il a contacté l'Association de Football au sujet de son exclusion du match de la semaine dernière.

send off for sends, sending, sent

send off for sth
demander à se faire envoyer • *I've sent off for some brochures.* J'ai demandé à me faire envoyer quelques brochures.

send on sends, sending, sent

send on sth or **send** sth **on**
envoyer, faire suivre • (souvent + **to**) *I thought Jill would be interested in the article and so I've sent it on to her.* J'ai pensé que Jill serait intéressée par l'article et je lui ai envoyé. • *I've asked the new owners to send on my mail.* J'ai demandé aux nouveaux propriétaires de me faire suivre mon courrier.

send out sends, sending, sent

send out sth or **send** sth **out**
1 envoyer • *How many invitations are you sending out?* Combien d'invitations envoies-tu? • *Electricity bills are sent out every three months.* Les factures d'électricité sont envoyées tous les trois mois.
2 (signal) envoyer, (lumière, son) émettre • *The torch sends out a powerful beam of light.* La lampe de poche émet un rayon lumineux puissant. • *The ship's crew sent out a distress call.* L'équipage du navire a envoyé un signal de détresse.

3 (racine, pousse) donner • *This plant sends out long roots and so it needs to be planted in deep soil.* Cette plante donne de longues racines et, par conséquent, il faut l'enfouir profondément.

send out for sends, sending, sent

send out for sth
(demander à) se faire livrer • *Do you want to send out for a pizza?* Tu veux qu'on se fasse livrer une pizza?

send up sends, sending, sent

send up sb/sth or **send** sb/sth **up**
familier
(prof) imiter, (comportement) tourner en ridicule • *He loves sending up some of the more serious teachers.* Il adore imiter certains des profs les plus sérieux. • *The book sends up the British obsession with class.* Le livre tourne en ridicule l'obsession britannique pour les classes sociales.
send-up n [C] *familier* parodie • *The programme is a hilarious send-up of the James Bond films.* L'émission est une parodie hilarante des films de James Bond.

send up sb or **send** sb **up** *américain, familier*
mettre en prison • (généralement au passif + **for**) *He was sent up for 3 years.* Il a pris trois ans.

separate off separates, separating, separated

separate off sth or **separate** sth **off**
isoler • *The infected cattle were separated off from the rest of the herd.* Le bétail infecté a été isolé du reste du troupeau.

separate out separates, separating, separated

separate out sb/sth or **separate** sb/sth **out**
diviser • (souvent + **into**) *The children were separated out into three small groups.* Les enfants ont été divisés en trois petits groupes. • *A machine is used to separate the seeds out according to size and type.* On se sert d'une machine pour trier les graines en fonction de leur taille et de leur nature.

separate out sth or **separate** sth **out**
isoler • *A chemical process separates out and purifies the gold.* Un procédé chimique isole et purifie l'or.

serve as/for serves, serving, served

serve as/for sth
servir de • *The hut had wooden benches along the walls which served as beds.* La cabane avait des bancs en bois le long des murs qui servaient de lits. • *My umbrella will serve for a weapon, should the occasion arise.* Mon parapluie me servira d'arme s'il le faut.

serve on serves, serving, served

serve sth **on** sb
to send or give a legal document to a person or organization, demanding that they go to a court of law, or that they obey an order • *Finally he served a writ on Slater, claiming damages for alleged loss of royalties.* Finalement, il a assigné Slater en justice demandant des dommages et intérêts pour perte présumée de droits d'auteur.

serve out serves, serving, served

serve out sth
(apprentissage) terminer, (peine de prison) servir • *She served out almost all of the 13-year sentence.* Elle a servi la presque totalité de ses 13 ans de prison. • *He served out his apprenticeship before moving to a different firm.* Il a terminé son apprentissage avant d'aller travailler dans une autre entreprise.

serve out sth or **serve** sth **out**
britannique & australien
(repas) servir • *Can you carve the meat while I serve out the vegetables?* Peux-tu découper la viande pendant que je sers les légumes?

serve up serves, serving, served

serve up sth or **serve** sth **up**
1 servir • *I'm just about to serve up the food if anyone's interested.* Je vais servir à manger si cela vous dit. • *It's no worse than the sort of food that's served up in any self-service canteen.* Ce n'est pas pire que le genre de nourriture que l'on sert dans les cantines self-service.
2 proposer • *The new channel serves up a mixture of movies, pop music and chat shows.* La nouvelle chaîne propose un mélange de films, de pop music et de débats télévisés avec des invités.

set about sets, setting, set

set about sth/doing sth
entreprendre de • *I got home and immediately set about cleaning the house.* Je suis rentré chez moi et j'ai aussitôt entrepris de nettoyer la maison.

set about sth
s'y prendre • *I think they're setting about the problem the wrong way.* Je pense qu'ils abordent le problème à l'envers. • *I need to find a job but I don't know how to set about the task.* Il faut que je trouve un travail mais je ne sais pas comment m'y prendre.

set about sb *littéraire*
attaquer • (souvent + **with**) *They dragged him into an alley and set about him with their fists.* Ils l'ont traîné dans une allée et l'ont roué de coups.

set against sets, setting, set

be set against sth/doing sth (toujours au passif)
(projet) être contre, (faire) refuser de • *French public opinion is set against war.* L'opinion publique française est contre la guerre. • *Why is Martin so set against signing the contract?* Pourquoi Martin se refuse-t-il avec tant de vigueur à signer le contrat? • *She's **dead set against** going to college.* Elle refuse catégoriquement d'aller à l'université.

be set against sth (toujours au passif)
avoir pour toile de fond • *It's the story of young love, set against the background of growing fascism.* C'est une histoire d'amour entre deux jeunes gens, avec en toile de fond la montée du fascisme. • *The film is set against the backdrop of the American civil war.* Le film a pour toile de fond la guerre civile aux Etats-Unis.

set sth **against** sth
1 examiner en tenant compte de • *The advantages of the scheme are few when set against the disadvantages.* Les avantages du système sont peu nombreux si on tient compte des désavantages.
2 faire ressortir sur • (généralement au passif) *There's a striking picture of her on the wall, her blond hair set against a plain black background.* Il y a une remarquable photo d'elle au mur, avec ses cheveux blonds qui ressortent sur un simple fond noir.

set sb **against** sb
monter contre • *This is a war that has set neighbour against neighbour.* C'est une guerre qui a monté chacun contre son voisin.

set ahead sets, setting, set

set sth **ahead** *américain*
(montre) avancer d'une heure • *When do we set the clocks ahead? Is it in March?* Quand est-ce qu'on avance les horloges d'une heure? En mars? • *Did you remember to set your watch ahead this morning?* Tu n'as pas oublié d'avancer ta montre d'une heure ce matin?

set apart sets, setting, set

set apart sb/sth or **set** sb/sth **apart**
distinguer • (généralement + **from**) *It's their intelligence that sets them apart from other rock-bands.* C'est leur intelligence qui les distingue des autres groupes de rock.

set apart sth or **set** sth **apart**
(temps) réserver • *I like to set apart a couple of hours each week to write my journal.* J'aime réserver environ deux heures chaque semaine pour écrire mon journal.

set aside sets, setting, set

set aside sth or **set** sth **aside**
1 (temps) réserver • (souvent + to do sth) *I set aside half an hour every evening to hear Erika read.* Je réserve une demi-heure chaque soir pour faire lire Erika. • (souvent + **for**) *He had some money in an account that he'd set aside for his kids.* Il avait de l'argent sur un compte qu'il avait mis de côté pour ses enfants.
2 (différence) mettre de côté • *In times of war people tend to set aside political differences.* En temps de guerre, les gens ont tendance à mettre de côté leurs différences politiques.
3 (jugement) casser, (condamnation) annuler • *His conviction was set aside by the court of appeal.* Sa condamnation a été annulée par la cour d'appel.

set back sets, setting, set

set back sb/sth or **set** sb/sth **back**
(projet) retarder, (personne) faire prendre du retard à, (date) reculer • *A war would inevitably set back the process of reform.* Une guerre retarderait inévitablement le processus de réforme. • *We've had a couple of staff leave so that's set us back a few months.* Deux ou trois employés sont partis et, par conséquent, cela nous fait prendre

quelques mois de retard. • *The completion date for the project has been set back by a few weeks.* La date finale pour le projet a été reculée de quelques semaines.

setback *n* [C] revers • *We've suffered a number of setbacks since the start of the project.* Nous avons subi un certain nombre de revers depuis le début du projet. • *The knee injury is the latest in a series of setbacks for the 23-year old player.* Sa blessure au genou est le dernier d'une série de revers pour le joueur de 23 ans.

set sb **back** (sth) *familier*

coûter une fortune à • *One of these machines, new, would set you back a thousand pounds.* Une de ces machines, neuve, te coûterait une petite fortune, un millier de livres. • *That car of yours looks as if it set you back, Ted.* Cette voiture a l'air de t'avoir coûté une fortune, Ted.

be set back (toujours au passif)

(maison) être en retrait • (souvent + **from**) *Emma's house is set back from the road so you can't see it as you approach.* La maison d'Emma est en retrait par rapport à la route, ce qui fait qu'on ne la voit pas tout de suite en arrivant.

set back sth or **set** sth **back** *américain & australien*

retarder d'une heure • *You set the clocks back in the fall when the days get shorter.* On retarde les horloges d'une heure en automne quand les jours raccourcissent.

set down sets, setting, set

set down sth or **set** sth **down**

1 mettre par écrit • *I've got various complaints so I thought I'd set them all down in a letter.* Comme j'ai plusieurs réclamations à faire, j'ai pensé les mettre par écrit dans une lettre. • *Sometimes it helps to set down your thoughts in writing.* Cela aide parfois d'exprimer ses pensées par écrit.

2 stipuler • *It was proposed that passengers' rights be set down in a charter.* On a proposé que les droits des passagers soient stipulés dans une charte. • *They have asked the board to reconsider the rules set down for the contest.* Ils ont demandé au comité directeur de revoir les règles fixées pour le concours.

set down sb or **set** sb **down** *britannique & australien*

déposer • *Ask the taxi-driver to set you down on the corner of Mill Road and Stockwell Street.* Demande au chauffeur de taxi de te déposer au coin de Mill Road et de Stockwell Street.

set down (sth) or **set** (sth) **down**

(faire) atterrir • *We set down on a strip of land to the west of the city.* Nous avons atterri sur une bande de terrain à l'ouest de la ville. • *The pilot set the plane down at the edge of the airfield.* Le pilote a fait atterrir l'avion au bord du terrain d'aviation.

set forth sets, setting, set

set forth sth *formel*

(idée, opinion) exprimer, (fait) énoncer • *He set forth his views in various critical works.* Il a exprimé ses idées dans différents ouvrages critiques.

set forth *littéraire*

se mettre en route • *We set forth at daybreak, our packs strapped to our backs.* Nous nous sommes mis en route au petit jour, sacs au dos.

set in sets, setting, set

set in

s'installer • *This rain looks as if it has set in for the rest of the day.* On dirait que la pluie n'a pas l'intention de s'arrêter de la journée. • *It was when I realised how many people I was speaking to that the panic set in.* C'est quand j'ai réalisé à combien de personnes je m'adressais que la panique s'est installée.

set off sets, setting, set

set off

partir • *What time are you setting off tomorrow morning?* A quelle heure partez-vous, demain matin? • (souvent + **for**) *I'm just about to set off for the station.* Je vais partir pour la gare dans un instant.

set off sth or **set** sth **off**

1 (bombe) faire exploser, (feu d'artifice) faire éclater, (alarme) déclencher • *Terrorists set off a bomb in the city centre, killing two people.* Les terroristes ont fait éclater une bombe dans le centre-ville, tuant deux personnes. • *The smoke had set off the fire alarm.* La fumée avait déclenché l'alarme anti-incendie.

2 déclencher • *The minister's comments have set off a flurry of debate.* Les commentaires du ministre ont déclenché toute une série de débats. • *The shootings set off a wave of*

rioting in the inner cities. Les fusillades ont déclenché une vague de révolte dans les quartiers défavorisés.

3 mettre en valeur • *I thought I'd wear the white dress to set off my suntan.* J'ai pensé que je mettrais ma robe blanche pour faire ressortir mon bronzage. • *That red scarf would set off your beige jacket beautifully.* Ce foulard rouge mettrait joliment en valeur ta veste beige.

set sb **off** (doing sth) *légèrement familier* (pleurs, fou rire) déclencher • *Amanda started crying and of course that set me off.* Amanda s'est mise à pleurer et, évidemment, je m'y suis mise aussi. • *Every time I think about you on that bike it sets me off laughing.* A chaque fois que je te revois sur ce vélo, ça me fait éclater de rire. • *I didn't mention Darren – I thought it might set Julia off again.* Je n'ai pas parlé de Darren; j'ai eu peur que cela ne déclenche une réaction de la part de Julia.

set off against sets, setting, set

set sth **(off) against** sth
(dépense) déduire de • *You can set your heating expenses off against tax.* Tu peux déduire tes frais de chauffage de tes impôts.

set on/upon sets, setting, set

set (sth/sb) **on/upon** sb
attaquer, lâcher sur • *He was set upon by a mob as he left the club.* Il s'est fait attaquer par un gang en sortant du club. • *She'd threatened to set the dog on him if he came any closer.* Elle avait menacé de lâcher le chien sur lui s'il avançait encore.

set out sets, setting, set

set out

1 se mettre en route • *It was quite sunny when we set out.* Le soleil brillait quand nous nous sommes mis en route. • *They said they'd set out at about 7 o'clock, so they should be here soon.* Ils ont dit qu'ils partiraient vers sept heures, ils devraient donc être bientôt ici.

2 entreprendre • (souvent + **with**) *She'd set out with the aim of becoming the youngest ever winner of the championship.* Elle avait entrepris de devenir la plus jeune gagnante du championnat. • (souvent + to do sth) *Like so many young people before them, they set out to change the world.* Comme bien des jeunes gens avant eux, ils ont décidé de changer le monde.

outset *n* [singulier] début • *We knew from the outset that it wasn't going to be easy.* Nous savions depuis le début que ça n'allait pas être facile.

set out sth or **set** sth **out**
stipuler • *Your contract will set out the terms of your employment.* Votre contrat stipulera les conditions de votre embauche. • (souvent au passif + **in**) *His plans for the coming year are set out in this document.* Ses projets pour l'année à venir sont décrits dans ce document.

set to sets, setting, set

set to

1 *vieilli* s'y mettre • *If we all set to we should be able to finish the job this afternoon.* Si nous nous y mettons tous, nous devrions pouvoir finir ce travail cet après-midi.

2 *vieilli* en venir aux mains • *The boys suddenly set to with fists and feet.* Les deux garçons se mirent soudain à échanger coups de poing et coups de pied.

set-to *n* [C] *familier* explication • (généralement au singulier) *We had a bit of a set-to with the neighbours about their playing loud music at all hours.* Nous avons eu une petite explication avec les voisins parce qu'ils passent de la musique à plein volume à n'importe quelle heure.

set up sets, setting, set

set up sth or **set** sth **up**

1 (entreprise) monter • *At the age of 29 he set up a commercial property business.* A l'âge de 29 ans, il a monté une agence d'immeubles de commerce. • *A committee has been set up to investigate the problem.* Un comité a été formé pour examiner le problème.

set-up *n* [C] infrastructure • (généralement au singulier) *It's important that clients see that you have a professional set-up.* Il est important que les clients voient que votre infrastructure est tout à fait professionnelle.

2 organiser • *Could we set up a meeting for some time next week?* Est-ce que nous pourrions organiser une réunion un jour de la semaine prochaine? • *A fund has been set up for the victims of the earthquake.* Une caisse de secours a été créée pour les victimes du tremblement de terre.

set-up *n* [C] *légèrement familier* organisation • (généralement au singulier) *It took me a while to get used to the set-up in my new job.* Il m'a fallu un moment pour m'habituer au fonctionnement de mon nouveau poste.

set up sb *or* **set** sb **up**

1 tendre un piège à • *Jensen has always maintained that he was set up.* Jensen a toujours maintenu qu'on lui avait tendu un piège. • *I set him up – I didn't tell him that Isobel would be there.* Je lui ai tendu un piège: je ne lui ai pas dit qu'Isobel serait là.

set-up *n* [C] coup monté • *Drugs were found in her luggage but she claimed that it was all a big set-up.* De la drogue a été trouvée dans ses bagages mais elle affirme qu'il s'agissait d'un énorme coup monté.

2 établir • (souvent + **with**) *Her father set her up with a catering company when she left college.* Son père l'a établie comme traiteur quand elle a quitté l'université. • *An inheritance like that should really set you up for life.* Un héritage tel que celui-là devrait vraiment te permettre de vivre confortablement jusqu'à la fin de tes jours.

set up *or* **set** yourself **up**

s'établir • (généralement + **as**) *I hear John's set up as a freelance journalist.* J'ai entendu dire que John s'est établi comme journaliste free-lance. • *I think you should set yourself up as an interior designer.* Je trouve que tu devrais t'établir comme décorateur d'intérieur. • *He used to work for us but he's since set up on his own.* Il travaillait pour nous mais depuis il s'est établi à son compte.

set up (sth) *or* **set** (sth) **up**

installer • *I need one or two people to help me set up the stand.* J'ai besoin d'une ou deux personnes pour m'aider à installer le stand. • *We only had a couple of hours to set up before the exhibition opened up.* Nous n'avons eu que deux ou trois heures pour tout installer avant que l'exposition n'ouvre ses portes.

set-up *n* [C] installation • (généralement au singulier) *In an efficient set-up, the same computer could perform all these different tasks.* Grâce à une installation économique, le même ordinateur pouvait accomplir toute cette variété de tâches.

set sb **up**

(sommeil, petit déjeuner) mettre en forme • *A good breakfast sets you up for the day.* Un bon petit déjeuner vous met en forme pour la journée.

set upon

voir **set on/upon**.

settle down settles, settling, settled

settle down

1 se ranger • *Eventually I'd like to settle down and have a family, but not yet.* Un jour, j'aimerais me ranger et avoir une famille, mais pas maintenant. • *When he meets the right person he'll settle down, you'll see.* Quand il rencontrera la personne qu'il lui faut, il se rangera, vous verrez.

2 s'habituer • *It took him a while to get used to his new school but I think he's settled down now.* Il lui a fallu un certain temps pour s'habituer à sa nouvelle école mais je pense qu'il s'y est fait maintenant. • *Has she settled down in her new job?* Est-ce qu'elle s'est habituée à son nouveau poste?

settle (sb) **down**

(se) calmer • *The kids were so excited that it took me over an hour to settle them down again.* Les enfants étaient tellement énervés qu'il m'a fallu plus d'une heure pour les calmer. • *Come on children, stop chatting and settle down, please!* Allez, les enfants, arrêtez de bavarder et calmez-vous, s'il vous plaît! • *The office was pretty hectic before Christmas but things seem to have settled down now.* Le bureau était en effervescence avant Noël mais les choses semblent s'être calmées, maintenant.

settle for settles, settling, settled

settle for sth

se contenter de • *It looks like she'll probably have to settle for second place.* Il semble qu'elle devra probablement se contenter de la seconde place. • *They've demanded a 10% pay rise and they're not going to settle for anything less.* Ils ont réclamé une augmentation de salaire de 10% et ils ne se contenteront pas de moins.

settle in/into settles, settling, settled

settle in (sb) *or* **settle** (sb) **in**
settle (sb) **into** sth

(maison) s'installer, (travail, école) se sentir à l'aise • *When we've settled in, you'll have to come round for dinner.* Quand nous serons installés, il faudra que vous veniez dîner. • *How's your new place? Are you settling in okay?* Comment trouvez-vous votre nouvelle maison? Vous commencez à vous y sentir chez vous? • *It always takes a while to get settled into a new job.* Il faut toujours un certain temps avant de se sentir à l'aise dans un nouveau travail.

settle on settles, settling, settled

settle sth **on** sb *formel*
donner • *A small sum of money was settled on each grandchild when their grandmother died.* Une petite somme d'argent a été donnée en héritage à chaque petit-enfant à la mort de leur grand-mère.

settle on/upon settles, settling, settled

settle on/upon sth
décider de • *Have they settled on a name for the baby yet?* Est-ce qu'ils ont déjà choisi un nom pour le bébé? • *We still haven't settled on a place to meet.* Nous n'avons pas encore décidé où nous allions nous retrouver.

settle up settles, settling, settled

settle up
régler • (souvent + **with**) *I still haven't settled up with you for those tickets you bought.* Je ne t'ai pas encore réglé pour ces billets que tu as achetés. • *You pay for this now and we'll settle up later.* Tu paies ça maintenant et nous règlerons le reste plus tard.

settle upon

voir **settle on/upon**.

sew up sews, sewing, sewed, sewn or sewed

sew up sth or **sew** sth **up**
1 coudre, recoudre • *Ask her if she'll sew up the hole in your jeans.* Demande-lui si elle veut bien recoudre le trou de ton jean.
2 *légèrement familier* (marché) conclure • (généralement au passif) *He was hoping to get the deal sewn up on Friday and fly back from Hong Kong on Saturday.* Il espérait conclure le marché vendredi et reprendre l'avion depuis Hong Kong samedi.
3 s'assurer la victoire, s'assurer le contrôle de • (généralement au passif) *The Democrats appear to have this election sewn up.* On dirait que, pour les Démocrates, la victoire aux élections est dans la poche. • *Between them, the two companies would seem to have the market all sewn up.* On pourrait croire qu'à elles deux, ces sociétés contrôleraient l'ensemble du marché.

shack up shacks, shacking, shacked

shack up (toujours + *adv/prép*) *surtout américain, familier*
dormir • *As itinerant workers, they shacked up in rented rooms and company dorms.* Etant travailleurs itinérants, ils dormaient dans des chambres de location ou dans des foyers d'entreprise. • *Western tourists in Tibet shack up at the Everest Hotel.* Les touristes occidentaux au Tibet vont dormir à l'Hôtel Everest.

shack up together/with shacks, shacking, shacked

shack up together *familier*
shack up with sb *familier*
vivre avec • *I suppose we could always shack up together.* Je suppose qu'on pourrait vivre ensemble. • *I heard he'd shacked up with some woman in the village.* J'ai entendu dire qu'il vit avec une femme du village.

shade in shades, shading, shaded

shade in sth or **shade** sth **in**
ombrer • *She shaded in the background to make the figures stand out more.* Elle a ombré le fond pour faire ressortir davantage les silhouettes.

shake down shakes, shaking, shook, shaken

shake down
1 s'organiser • *Give them a month or two to shake down and they'll be a pretty effective team.* Donnez-leur un mois ou deux pour s'organiser et ils formeront une équipe efficace. • (souvent + **into**) *He reported that the unit had shaken down into an efficient, functioning organization.* Il a rapporté que l'unité était devenue une organisation efficace et opérationnelle.
shakedown *n* [C] rodage • (généralement au singulier) *After the shakedown of the new management team, the company took*

a lead in world markets. Lorsque la nouvelle équipe de gestionnaires fut bien rodée, la société a commencé à dominer les marchés mondiaux.

2 (toujours + *adv/prép*) britannique, vieilli dormir • *In the summer he would shake down in a doorway or under the arch of a bridge.* En été, il dormait sous un porche ou sous un pont.

shake down sb or **shake** sb **down** *américain, familier* racketter • *Together they would shake down neighborhood stores, demanding protection money.* Ensemble, ils rackettaient les commerçants du voisinage, exigeant de l'argent en échange de leur protection.

shakedown *n* [C] *américain, familier* racket • *He'd been expecting some sort of shakedown from the mob.* Il s'attendait à quelque racket de la part du gang.

shake down sb/sth or **shake** sb/sth **down** *américain & australien, familier* fouiller • *Troops have been brought into the region to man checkpoints and shake down suspicious characters.* Des troupes ont été amenées dans la région pour organiser des postes de contrôle et fouiller les individus suspects. • *We can't shake down the whole building, only the suspect's apartment.* Nous ne pouvons pas fouiller tout l'immeuble, seulement l'appartement du suspect.

shakedown *n* [C] *américain & australien, familier* fouille • *Two policemen gave his place a real shakedown.* Deux policiers ont effectué une fouille en règle dans son appartement.

shake off shakes, shaking, shook, shaken

shake off sth or **shake** sth **off**
(rhume, mari) se débarrasser de • *I've had this cough for weeks and I just can't seem to shake it off.* Cela fait des semaines que je traîne cette toux et je n'arrive pas à m'en débarrasser. • *The actor was quoted as having said that he wanted to shake off his bad-guy image.* On rapporte que l'acteur a exprimé la volonté de se débarrasser de son image de méchant.

shake off sb or **shake** sb **off**
(poursuivant) semer • *I turned into a back street to try to shake him off.* J'ai tourné dans une petite rue pour essayer de le semer.

shake out shakes, shaking, shook, shaken

shake out sth or **shake** sth **out**
secouer • *She took the dress out of the bag and shook it out.* Elle a sorti la robe du sac et l'a secouée.

shake up shakes, shaking, shook, shaken

shake up sth or **shake** sth **up**
1 mélanger • *You just put oil, vinegar and lemon juice in a jar, shake them up and you've got an instant salad-dressing.* Tu mets de l'huile, du vinaigre et du jus de citron dans un bocal, tu mélanges et tu as un assaisonnement tout prêt pour la salade.

2 restructurer • *A Japanese-trained manager was brought in to shake up the organization.* Un manager formé au Japon a été envoyé pour restructurer l'organisation. • *The government has shaken up the capital markets too.* Le gouvernement a également réorganisé les marchés financiers.

shake-up *n* [C] restructuration • *In the recent shake-up at Acme Communications, five senior managers lost their jobs.* Au cours de la récente restructuration à Acme Communications, cinq managers chevronnés ont perdu leur emploi.

shake up sb or **shake** sb **up**
1 secouer • *She was quite shaken up by the accident.* Elle a été assez secouée par l'accident.

2 secouer • *There are a lot of lazy, complacent people round here and they need shaking up.* Il y a beaucoup de gens suffisants et paresseux ici et ils ont besoin d'être secoués.

shape up shapes, shaping, shaped

shape up
1 (toujours + *adv/prép*), *légèrement familier* (projet) être en bonne voie, (sportif) progresser • *I was watching Dom playing squash at lunch – he's shaping up nicely.* Je regardais Dom jouer au squash ce midi; il progresse pas mal. • *Overall, I think the project's shaping up quite well.* Finalement, je crois que le projet est en bonne voie.

2 *légèrement familier* s'améliorer • *If she doesn't shape up, she'll have to go.* Si elle ne s'améliore pas, il lui faudra partir. • *(américain & australien) It's a question*

of shape up or ship out. Si les choses ne s'améliorent pas, c'est la porte.

share out shares, sharing, shared

share out sth or **share** sth **out**
partager • *We're trying to make sure that the work is shared out equally.* Nous essayons de nous assurer que le travail est partagé de manière égale. • (souvent + **among**) *Profits are shared out among the members of the group.* Les bénéfices sont partagés entre les membres du groupe. • (souvent + **between**) *The jobs were shared out between the two departments.* Les emplois ont été répartis entre les deux départements.

sharpen up sharpens, sharpening, sharpened

sharpen up (sb/sth) or **sharpen** (sb/sth) **up**
améliorer • *I need to sharpen up my game before I take Mark on at tennis.* Il faut que j'améliore mon jeu avant d'attaquer Marc au tennis. • *He's taking a course in public speaking so that should sharpen him up.* Il suit un cours sur la prise de parole en public et cela devrait lui permettre de s'améliorer. • *We're not the leaders in the field but we're certainly sharpening up.* Nous ne sommes pas au premier rang dans ce domaine mais nous nous améliorons certainement.

shave off shaves, shaving, shaved

shave sth **off** sth
retirer à • *She managed to shave 0.29 seconds off the previous record.* Elle a réussi à réduire le record précédent de 0.29 seconde.

shell out shells, shelling, shelled

shell out (sth) or **shell** (sth) **out** *familier*
débourser • (souvent + **for**) *Having shelled out fifty pounds for the tickets, I wasn't going to miss it.* Après avoir déboursé cinquante livres pour les billets, je n'allais certainement pas le rater.

shift for shifts, shifting, shifted

shift for yourself (toujours pronominal) *vieilli, informel*
se débrouiller tout seul • *Well, if I'm away for a few days he'll just have to shift for himself.* Et bien, si je suis absente quelques jours, il n'aura qu'à se débrouiller tout seul.

shin/shinny down shins, shinning, shinned/shinnies, shinnying, shinnied

shin down sth *britannique, américain & australien*
shinny down sth *américain*
descendre le long de • *I caught him shinning down a drainpipe at the back of the house.* Je l'ai surpris en train de descendre le long d'une gouttière derrière la maison.

shin/shinny up shins, shinning, shinned/shinnies, shinnying, shinnied

shin up sth *britannique, américain & australien*
shinny up sth *américain*
grimper le long de • *He could shin up a tree faster than any kid I knew.* Il pouvait grimper à un arbre plus vite que n'importe quel autre enfant de ma connaissance.

shine out shines, shining, shone

shine out
1 briller • *The lights of the chapel shone out through the misty gloom.* Les lumières de la chapelle brillaient à travers l'obscurité et la brume.
2 être remarquable • *It's a strong cast but one or two actors in particular shine out.* C'est une distribution de choix mais il y a un ou deux acteurs en particulier qui sont remarquables.

shine through shines, shining, shone

shine through (sth)
rayonner à travers • *And it's this sense of humour that shines through everything he writes.* Et c'est ce sens de l'humour qui ressort dans tout ce qu'il écrit. • *She has an intelligence that somehow shines through no matter what role she's playing.* Son intelligence rayonne quel que soit son rôle.

shinny up

voir **shin/shinny up**

ship off — ships, shipping, shipped

ship off sb/sth or **ship** sb/sth **off**
envoyer par bateau • (généralement + **to**) *In those days British convicts were often shipped off to Australia.* A l'époque, les prisonniers britanniques étaient souvent envoyés par bateau en Australie.

ship off sb or **ship** sb **off** *familier*
envoyer • *When she told her parents she was pregnant, they shipped her off to live with her older brother.* Quand elle a dit à ses parents qu'elle était enceinte, ils l'ont envoyée vivre avec son frère aîné.

ship out — ships, shipping, shipped

ship out sth/sb or **ship** sth/sb **out**
envoyer par bateau • *We shipped the books out on Thursday.* Nous avons envoyé les livres par bateau jeudi.

ship out
partir • *Ok, we're ready to ship out.* D'accord, nous sommes prêts à partir.

shoot down — shoots, shooting, shot

shoot down sb/sth or **shoot** sb/sth **down**
1 (avion) abattre • *They shot down two enemy planes during the raid.* Ils ont abattu deux avions ennemis pendant le raid. • *He was shot down over enemy territory.* Il a été abattu alors qu'il survolait le territoire ennemi.
2 *familier* (idée) descendre • *Any suggestions that I made in the meeting were shot down.* Toutes les suggestions que j'ai faites à la réunion ont été descendues.

shoot down sb or **shoot** sb **down**
tuer, blesser par balle • *Five protesters were shot down by police during the anti-government demonstration.* Cinq manifestants ont été tués par la police au cours de la manifestation anti-gouvernementale.

shoot for — shoots, shooting, shot

shoot for sth *surtout américain, familier*
viser • *He's shooting for a contract with a major record company.* Il vise un contrat avec une grande maison de disques.

shoot off — shoots, shooting, shot

shoot off *britannique & australien, familier*
se sauver • *I'm going to have to shoot off – my train leaves in ten minutes.* Il va falloir que je me sauve: mon train part dans dix minutes.

shoot through — shoots, shooting, shot

shoot through
australien, familier s'esquiver • *He went to collect the money from them but they'd shot through.* Il alla chercher l'argent mais ils s'étaient esquivés.

shoot through with

be shot through with sth (toujours au passif)
être imprégné de • *The lyrics of many of her songs are shot through with bitterness.* Les paroles de beaucoup de ses chansons sont pleines d'amertume.

shoot up — shoots, shooting, shot

shoot up
1 augmenter rapidement • *The number of university students in Britain has shot up in the past few years.* Le nombre d'étudiants en Grande-Bretagne a augmenté rapidement ces dernières années. • *House prices in the area have shot up recently.* Le prix des maisons dans la région a beaucoup augmenté récemment. • (parfois + **to**) *In July the temperature shoots up to 35 degrees.* En juillet, la température monte jusqu'à 35 degrés.
2 (enfant) pousser • *Karl has really shot up since I last saw him.* Karl a vraiment poussé depuis la dernière fois que je l'ai vu.
3 *argot* (à l'héroïne) se shooter • *I saw a guy shooting up in the square.* J'ai vu un type se shooter sur la place.

shoot up sth or **shoot** sth **up**
(immeuble) détruire, (personne) blesser • *Shells and machine-gun fire had shot up the city's schools and main hospital.* Des obus et des tirs à la mitrailleuse avaient détruit les écoles de la ville et l'hôpital principal. • *He came home from the war with both his legs badly shot up.* Il est revenu de la guerre grièvement blessé aux deux jambes.

shop around — shops, shopping, shopped

shop around
se renseigner pour trouver le meilleur rapport qualité-prix • (parfois + **for**) *I*

shopped around for my computer and ended up paying $200 less than David. Je me suis renseignée dans différents magasins avant d'acheter mon ordinateur et j'ai fini par payer $200 de moins que David. • *Mortgage-hunters should shop around for the best deal on interest rates.* Les gens qui cherchent à faire un emprunt immobilier devraient se renseigner pour trouver le taux d'intérêt le plus avantageux.

shore up shores, shoring, shored

shore up sth or **shore** sth **up**
1 (système) renforcer, (organisation, accord) améliorer • *Millions of dollars have been spent trying to shore up the company.* Des millions de dollars ont été dépensés pour essayer de faire progresser la société. • *The government is relying on military power to shore up the fragile political system in the country.* Le gouvernement compte sur le pouvoir militaire pour renforcer le système politique dans l'ensemble du pays.
2 (mur) étayer • *A sagging wall was shored up with pieces of timber.* Un mur affaissé a été étayé avec des poutres en bois.

shout down shouts, shouting, shouted

shout down sb or **shout** sb **down**
crier pour faire taire • *One of the speakers was shouted down when she tried to discuss the issue of abortion.* Des cris de protestation ont empêché une des oratrices de s'exprimer quand elle a essayé d'intervenir sur la question de l'avortement.

shout out shouts, shouting, shouted

shout out (sth) or **shout** (sth) **out**
crier • *I turned round in surprise as someone in the crowd shouted out my name.* Je me suis retourné, surpris que quelqu'un dans la foule crie mon nom. • *She saw the police car approaching and shouted out to warn him.* Elle a vu la voiture de police arriver et elle a crié pour l'en avertir.

shove off

Shove off! (toujours à l'impératif) *familier*
tire-toi! • *Just shove off, will you!* Tire-toi, d'accord?
shove off *familier*
se tirer • *I have to shove off – I'll see you later.* Il faut que je me tire. A plus tard.

show around/round shows, showing, showed, shown

show sb **around/round** (swh)
faire visiter • *Let me know when you're coming to Boston and I'll show you around.* Dites-le moi si vous venez à Boston et je vous ferai visiter. • *Ellie showed me around her new apartment with its beautiful roof terrace.* Ellie m'a fait visiter son nouvel appartement avec son beau toit en terrasse.

show in/into shows, showing, showed, shown

show in sb or **show** sb **in**
show sb **into** swh
(invité) faire entrer • *I was shown into a small dingy office.* On m'a fait entrer dans un petit bureau minable. • *Would you show the next candidate in, please?* Pouvez-vous faire entrer le candidat suivant, s'il vous plaît?

show off shows, showing, showed, shown

show off
faire l'intéressant • *He was the kind of kid who was always showing off to his classmates.* C'était le genre d'enfant qui cherchait toujours à parader devant ses camarades de classe. • *You're just showing off.* Tu veux faire l'intéressant, c'est tout.

show-off *n* [C] *légèrement familier*
fanfaron • *Peter ordered his dinner in Turkish, the show-off.* Peter, ce fanfaron, a commandé son repas en turc. • *Nobody likes a show-off, Andrew.* Personne n'aime les fanfarons, Andrew.

show off sb/sth or **show** sb/sth **off** (jamais au passif)
faire admirer • *Chris was there, showing off his new sports car to everyone.* Chris était là, faisant admirer à tout le monde sa nouvelle voiture de sport. • *Sarah invited us round to dinner to show off her Italian boyfriend.* Sarah nous a invités à dîner pour nous faire admirer son petit ami italien.

show off sth or **show** sth **off** (jamais au passif)
mettre en valeur • *The dark blue velvet of her dress showed off her blonde hair beautifully.* Le velours bleu foncé de sa robe mettait joliment en valeur ses cheveux

blonds. • *White shows off a tan.* Le blanc met le bronzage en valeur.

show out shows, showing, showed, shown

show out sb or **show** sb **out**
accompagner à la porte • *My secretary will show you out.* Ma secrétaire va vous raccompagner. • (souvent + **of**) *Could you show Mr Taylor out of the building?* Pourriez-vous accompagner Mr Taylor jusqu'à la sortie?

show over shows, showing, showed, shown

show sb **over** swh *britannique & australien*
faire visiter • *A police officer showed the detectives over the murder scene.* Un officier de police a montré le lieu du crime aux inspecteurs.

show round
voir **show around/round**

show through shows, showing, showed, shown

show through
transparaître • *She smiles for the camera but somehow her sadness shows through.* Elle sourit à la caméra mais sa tristesse transparaît.

show up shows, showing, showed, shown

show up
1 *familier* arriver, venir • (généralement + adv/prép) *He was supposed to be there at 8 o'clock and he didn't show up till ten.* Il était censé être là à 8 heures, mais il n'est pas arrivé avant dix heures. • *She didn't show up for the meeting, I noticed.* J'ai remarqué qu'elle n'est pas venue à la réunion. • *Do I have to make an appointment to see the doctor or do I just show up at the surgery?* Dois-je prendre un rendez-vous pour voir le docteur ou est-ce que je viens simplement comme ça au cabinet médical?
2 se voir • *If there had been an abnormality, it would have shown up in the tests.* S'il y avait eu une anomalie, ça se serait vu au moment des analyses.

show up sth or **show** sth **up**
mettre en évidence • *A cream-coloured carpet would only show up the dirt.* Une moquette de couleur crème ne ferait que mettre la saleté en évidence. • *What this case has shown up is the inadequacies of the legal system.* Ce que cette affaire a mis en évidence, ce sont les failles du système juridique.

show up sb or **show** sb **up** *légèrement familier*
faire honte à • *I didn't want my parents there, showing me up in front of all my friends.* Je ne voulais pas que mes parents viennent; ils me rendaient ridicule devant tous mes amis.

shrink from shrinks, shrinking, shrank, shrunk (*américain & australien prét* aussi **shrunk**, *américain & australien pp* aussi **shrunken**)

shrink from sth/doing sth
(responsabilité) fuir devant, (faire) craindre de • (souvent dans des phrases négatives) *He's not one to shrink from responsibilities.* Il n'est pas du genre à fuir devant les responsabilités. • *She does not shrink from expressing controversial opinions.* Elle ne craint pas d'exprimer des opinions se prêtant à la polémique.

shrivel up shrivels, shrivelling, shrivelled (*américain & australien* aussi **shriveling, shriveled**)

shrivel up
(feuille) se dessécher • *Left too long in the sun, the leaves had all shrivelled up.* Laissées trop longtemps au soleil, les feuilles s'étaient toutes desséchées.

shrug off shrugs, shrugging, shrugged

shrug off sth or **shrug** sth **off**
ignorer • *She has an amazing capacity to shrug off criticism.* Elle a une étonnante capacité à ignorer la critique. • *Mr Li shrugged off allegations that he had acted unfairly.* Mr Li ignora les accusations de comportement malhonnête.

shuck off shucks, shucking, shucked

shuck off sth or **shuck** sth **off**
1 *américain, familier* retirer • *She shucked off her clothes and dumped them on the floor.* Elle retira ses vêtements et les jeta par terre.
2 *américain, familier* se débarrasser de • *He shucked off his left-wing beliefs years ago.* Il

s'est débarrassé de ses idées de gauche il y a des années.

shut away shuts, shutting, shut

shut away sb/sth or **shut** sb/sth **away**
enfermer • *In the past, people with mental illnesses were often shut away.* Autrefois, les gens souffrant de maladies mentales étaient souvent enfermés.

shut yourself **away** (toujours pronominal)
s'isoler • (souvent + **from**) *If I want to do any serious studying I have to shut myself away from the kids.* Si je veux étudier avec un minimum de sérieux, je dois m'isoler des enfants.

shut down shuts, shutting, shut

shut down (sth) or **shut** (sth) **down**

1 (usine) fermer • *Both chemicals factories were shut down for safety reasons.* Les deux usines de produits chimiques ont été fermées pour raisons de sécurité. • *Three thousand people will lose their jobs if the car manufacturer shuts down.* Trois mille personnes perdront leur emploi si l'usine de voitures ferme.

shutdown *n* [C] fermeture • *An electrical fire forced the shutdown of the company's nuclear power plant.* Un incendie d'origine électrique a rendu nécessaire la fermeture de la centrale nucléaire.

2 (s')éteindre • *The crew shut down the aircraft's right-hand engine when a fire broke out.* L'équipage a éteint le moteur droit de l'avion quand un incendie s'est déclaré. • *The computer system shuts down automatically at 8 pm.* Le réseau informatique s'éteint automatiquement à 8 heures du soir.

shutdown *n* [C] arrêt • *The reasons for the engine shutdown have not yet become clear.* Les raisons de l'arrêt du moteur ne sont pas encore claires.

shut in shuts, shutting, shut

shut sb/sth **in** (sth)
enfermer • *The cats had to be shut in the house all weekend while we were away.* En notre absence, nous avons dû enfermer les chats dans la maison tout le week-end. • *The kids hate being shut in all day.* Les enfants détestent être enfermés dans la maison toute la journée.

shut yourself **in** (sth) (toujours pronominal)
s'enfermer • *She shut herself in her bedroom and refused to talk to anyone.* Elle s'est enfermée dans sa chambre et a refusé de parler à qui que ce soit.

shut off shuts, shutting, shut

shut off (sth) or **shut** (sth) **off**
(machine) s'arrêter • *The engine shuts off automatically when the desired speed is reached.* Le moteur s'arrête automatiquement quand la vitesse désirée est atteinte. • *The test site was ordered to shut off its equipment for three days.* Le site d'expérimentation a été obligé d'arrêter ses machines pendant trois jours. • (employé comme *adj*) *The system has an automatic shut-off valve.* Le système est pourvu d'un dispositif d'arrêt automatique.

shut off sth or **shut** sth **off**

1 (alimentation) couper • *Gas supplies were shut off for four hours while the leak was repaired.* L'alimentation en gaz a été coupée pendant quatre heures tandis que la fuite était réparée.

2 (vue) boucher • *A row of tall fir trees shut off the view of the street in front.* Devant, une rangée de sapins bouche la vue sur la rue.

shut yourself **off** (toujours pronominal)
prendre ses distances • (généralement + **from**) *Since her row with her mother she's more or less shut herself off from the rest of the family.* Depuis sa dispute avec sa mère, elle a plus ou moins pris ses distances avec le reste de sa famille.

shut off from

be shut off from sth (toujours au passif)
être séparé de • *The town's wealthy people live in large houses, shut off from the outside world by high fences.* Les gens riches de la ville vivent dans de grandes maisons, séparés du monde extérieur par de hautes clôtures.

shut out shuts, shutting, shut

shut out sth or **shut** sth **out**

1 (bruit) empêcher d'entendre, (lumière) empêcher d'entrer • *Could you close the curtains and shut out some light?* Est-ce que tu peux fermer les rideaux pour filtrer un peu la lumière? • *These windows shut out most of the traffic noise.* Ces fenêtres

isolent presque entièrement du bruit de la circulation.
2 refouler • *You've got to deal with these feelings – you can't just shut them out.* Il faut regarder ces sentiments en face. On ne peut pas les refouler comme ça. • *There are memories so painful that you have to shut them out.* Il y a des souvenirs tellement douloureux qu'il est préférable de les refouler.

shut out sb or **shut** sb **out**
1 exclure • (souvent + **of**) *A lot of women feel that they have been shut out of higher-paid jobs.* Beaucoup de femmes ont le sentiment d'avoir été exclues des postes les mieux payés. • *I try to get him to tell me how he feels but he just shuts me out.* J'essaie de le convaincre de m'expliquer ce qu'il ressent mais il me rejette.
2 *américain* empêcher de marquer • *The Orioles' pitcher shut the Red Sox out in a 7-0 victory.* Le lanceur d'Orioles a empêché le Red Sox de marquer et a permis un score victorieux de 7 à 0.

shutout n [C] *américain* victoire absolue • *The game was a shutout, 3-0, to the Toronto Rangers.* Le match s'est terminé par la victoire absolue des Toronto Rangers avec un score de 3 à 0.

shut out sb/sth or **shut** sb/sth **out**
empêcher d'entrer • *I'd just shut the dog out because I was cleaning the kichen floor.* Je viens de mettre le chien dehors parce que je nettoie le sol de la cuisine.

shut up   shuts, shutting, shut

shut (sb) **up**
se taire, faire taire • (souvent à l'impératif) (*familier*) *Just shut up and get on with your work!* Tais-toi et travaille! • *Once he starts talking it's impossible to shut him up.* Une fois qu'il commence à parler, il est impossible de le faire taire. • *In the end I gave him some money just to shut him up.* Finalement, je lui ai donné de l'argent pour le faire taire.

shut up sb/sth or **shut** sb/sth **up**
enfermer • (généralement + **in**) *He was shut up in a lunatic asylum for the first twenty years of his life.* Il a été enfermé dans un asile d'aliénés pendant les vingt premières années de sa vie. • *How would you like to be shut up in a tiny cage with no light and no room to move?* Ça te plairait d'être enfermé dans une petite cage, sans lumière et sans espace pour bouger?

shut up sth or **shut** sth **up** *britannique & australien*
(magasin) fermer • *Most of the shops were shut up for the winter.* La plupart des magasins étaient fermés pour l'hiver. • *Basically, the business wasn't making money any more and I thought it was time we shut up shop.* En fait, l'affaire ne rapportait plus d'argent et j'ai pensé qu'il était temps de fermer boutique.

shy away from   shies, shying, shied

shy away from sth/doing sth
(activité) se tenir à l'écart de • *He tends to shy away from anything that involves public speaking.* Il a tendance à se tenir à l'écart de tout ce qui oblige à parler en public.

sic on   sics, siccing, sicced

sic sb/sth **on** sb *américain*
(chien) lancer sur • *They sic their dog on anyone who approaches the house.* Ils lancent leur chien sur quiconque approche de la maison. • *He's going to sic the police on us if we don't move our operation on.* Il va lancer la police à nos trousses si nous ne poursuivons pas l'opération.

sick up   sicks, sicking, sicked

sick up sth or **sick** sth **up** *britannique, familier*
rendre • *Fifi had sicked up a load of milk all over my black silk shirt.* Fifi avait rendu plein de lait sur ma chemise en soie noire.

side against   sides, siding, sided

side against sb
prendre parti contre • *I felt that they were siding against me in the meeting this morning.* J'ai senti qu'ils prenaient parti contre moi ce matin à la réunion.

side with   sides, siding, sided

side with sb
soutenir • *If ever there was any sort of argument, she'd always side with my father.* Si, pour une raison ou une autre, il y avait une dispute, elle soutenait toujours mon père.

sidle up   sidles, sidling, sidled

sidle up
s'approcher discrètement • (généralement + **to**) *I saw him sidle up to her and whisper*

something in her ear. Je l'ai vu s'approcher d'elle discrètement pour lui murmurer quelque chose dans l'oreille.

sift out sifts, sifting, sifted

sift out sth or **sift** sth **out**
séparer • *We've looked through all the applications and sifted out the best.* Nous avons examiné toutes les candidatures et nous avons sélectionné les meilleures. • (souvent + **from**) *It's difficult to sift out the good stuff from the bad.* Il est difficile de séparer le bon grain de l'ivraie.

sift through sifts, sifting, sifted

sift through sth
examiner • *We had to sift through hundreds of files before we found the relevant information.* Nous avons dû consulter des centaines de dossiers avant de trouver la bonne information. • *I was sifting through a pile of photographs and I came across one of Dave.* Je regardais une série de photos et je suis tombée sur une de Dave.

sign away signs, signing, signed

sign away sth or **sign** sth **away**
renoncer officiellement à • *He had signed away his rights to publish the research.* Il avait renoncé officiellement à ses droits de publier la recherche.

sign for signs, signing, signed

sign for sth
1 accuser réception de • *Could someone sign for this parcel?* Est-ce que quelqu'un peut accuser réception de ce colis?
2 *britannique* signer un contrat avec • *The 21-year-old goalkeeper has signed for Chelsea on a month's trial.* Le gardien de but de 21 ans a signé un contrat d'un mois à l'essai avec Chelsea.

sign in signs, signing, signed

sign in (sb) or **sign** (sb) **in**
signer le registre, inscrire • *Visitors please sign in at reception.* Les visiteurs sont priés de signer le registre à la réception. • *I'd better sign you in since you're no longer a member.* Il vaut mieux que je t'inscrive puisque tu n'es plus membre.

sign off signs, signing, signed

sign off (sth)
1 terminer • *It's getting late so I'd better sign off now. Lots of love, Bec xxx* Il est tard et je ferais bien de m'arrêter là. Grosses bises, Bec. • *She signed off her show by wishing all her listeners a happy new year.* Elle a terminé l'émission en souhaitant une bonne année à tous ses auditeurs.
2 *britannique* arrêter de pointer au chômage • *I signed off at the end of November when I got that building job.* J'ai arrêté de pointer au chômage fin novembre quand j'ai trouvé cet emploi dans le bâtiment. • *Investigations into fraudulent claims led to 65,000 people signing off the dole.* Des enquêtes sur les candidatures frauduleuses ont contraint 65.000 personnes à se rayer des listes des demandeurs d'emploi.

sign off *américain, familier*
partir • (généralement + *adv/prép*) *I'm signing off early today – I'll see you tomorrow.* Je pars de bonne heure aujourd'hui. A demain.

sign off sb or **sign** sb **off** *britannique*
faire un certificat d'arrêt de travail • *She was signed off by her doctor for a month.* Le docteur lui a fait un certificat d'arrêt de travail pour un mois.

sign off on signs, signing, signed

sign off on sth *américain*
(budget) signer • *The director hasn't signed off on the budget proposal yet.* Le directeur n'a pas encore signé la proposition de budget.

sign on signs, signing, signed

sign on
1 (dans agence) s'inscrire, (employé) signer un contrat • (souvent + **with**) *She's signed on with a temp agency.* Elle s'est inscrite dans une agence d'intérim.
2 *britannique* s'inscrire au chômage, (régulièrement) pointer au chômage • *You can sign on at your nearest Job Centre.* Vous pouvez vous inscrire à l'agence pour l'emploi la plus proche de chez vous.
3 *américain* s'engager • *I've signed on to help at the school fair.* Je me suis engagé à aider à la fête de l'école.
4 *américain* faire l'ouverture des programmes • *He signs on each morning with exactly the same phrase.* Il fait l'ouverture des programmes chaque matin avec la même phrase. • *What time does the station sign on?* A quelle heure la station commence-t-elle ses programmes?

sign on sb or sign sb on *américain & australien*
engager • *We've signed on three new instructors.* Nous avons engagé trois nouveaux instructeurs.

sign out signs, signing, signed

sign out sth or sign sth out
faire enregistrer pour emprunter • *You'll need to sign those books out.* Vous devez faire enregistrer ces livres pour pouvoir les emprunter.

sign out (sb) or sign (sb) out
signer un registre avant de partir • *Don't forget to sign out before you leave.* N'oublie pas de signer le registre avant de partir. • *Could you sign our guests out?* Est-ce que vous pouvez inscrire au registre le départ de nos invités?

sign over signs, signing, signed

sign over sth or sign sth over
(droit) renoncer à • (généralement + to) *Two years before her death she signed her property over to her two children.* Deux ans avant sa mort, elle a renoncé à ses biens en faveur de ses deux enfants.

sign up signs, signing, signed

sign up
1 s'inscrire • (souvent + to do sth) *I've signed up to do scuba diving.* Je me suis inscrite pour faire de la plongée sous-marine. • (souvent + for) *She's signed up for a couple of night classes at the local college.* Elle s'est inscrite à deux ou trois cours du soir à l'université locale.
2 s'inscrire • *He's signed up with an agency who are fairly confident that they'll find him some work.* Il s'est inscrit dans une agence qui pense avec assurance pouvoir lui trouver du travail.

sign up sb or sign sb up
engager • (généralement au passif) *She's been signed up by a modelling agency.* Elle a été engagée par une agence de mannequins.

sign with signs, signing, signed

sign with sth
1 signer un contrat avec • *In this year he signed with Columbia Records and released his first recording.* Cette année il a signé un contrat avec Columbia Records et il a sorti son premier disque.
2 *surtout américain* signer un contrat avec • *Rogers signed with a Montreal team and left the US.* Rogers a signé un contrat avec une équipe de Montréal et a quitté les Etats-Unis.

silt up silts, silting, silted

silt up (sth) or silt (sth) up
(sable) s'ensabler, (terre) s'envaser • *A new port had to be built when the river silted up.* On a dû construire un nouveau port quand la rivière s'est ensablée.

simmer down simmers, simmering, simmered

simmer down
se calmer • (généralement à l'impératif) *Simmer down, kids! Come on, now, get on with your work.* Calmez-vous les enfants! Allez, maintenant, reprenez votre travail.

sing along sings, singing, sang, sung
(*américain prét aussi* sung)

sing along
accompagner en chantant • (souvent + with) *She was singing along with the car radio.* Elle chantait ce qui passait sur son autoradio.

singalong *n* [C] moment passé à chanter en choeur • *After dinner, we all had a good singalong around the piano.* Après le dîner, nous avons chanté en choeur autour du piano. • (employé comme *adj*) *Abba had a talent for writing great singalong pop songs.* Abba avait le don pour écrire des super chansons populaires qui pouvaient se reprendre en choeur.

sing out sings, singing, sang, sung
(*américain prét aussi* sung)

sing out (sth) or sing (sth) out
s'écrier • *'Is that you, Charles?' sang out a woman's voice from the garden.* 'C'est toi, Charles?' s'écria une voix de femme dans le jardin. • *I'll be downstairs, so just sing out if you want anything.* Je suis en bas; appelle si tu veux quelque chose.

sing out
s'égosiller • *The choir sang out across the courtyard.* Le choeur s'égosillait dans la cour.

sing up sings, singing, sang, sung
(*américain prét aussi* **sung**)

sing up
chanter plus fort • *Sing up a bit Ashley, I can hardly hear you.* Chante plus fort, Ashley, je t'entends à peine.

single out singles, singling, singled

single out sb/sth or **single** sb/sth **out**
(critique) prendre pour cible, (compliment) faire l'objet de • (souvent + **for**) *The report singled out three government ministers for criticism.* Le rapport a pris pour cible de ses critiques trois ministres du gouvernement. • (parfois + **as**) *His company was singled out as the most successful small business in the region.* Sa société a été mentionnée comme étant la petite entreprise la plus prospère de la région.

sink in sinks, sinking, sank, sunk

sink in
(fait) produire un effet, (idée) faire son chemin • *It was a few minutes before the news finally sank in.* Il s'est passé quelques minutes avant que la nouvelle ne produise un effet. • (parfois + **that**) *It still hasn't really sunk in that I'm never going to see her again.* Je n'ai pas encore réalisé que je ne la reverrai plus jamais.

sink into sinks, sinking, sank, sunk

sink into sth
sombrer dans • *As the months went by, he sank into a deep depression.* De mois en mois, il a sombré dans une grave dépression. • *Over the past six months, the company has sunk deeper into debt.* Au cours des six derniers mois, la société a encore accumulé des dettes.

sink sth **into** sth
investir dans • *When the firm went bankrupt, he lost all of the $200,000 he had sunk into it.* Quand la firme a fait faillite, il a perdu la totalité des $200.000 qu'il avait investis. • *The government has sunk millions of dollars into such schemes.* Le gouvernement a investi des millions de dollars dans de tels projets.

siphon away
voir **siphon/syphon away/off**

siphon/syphon away/off
siphons, siphoning, siphoned/syphons, syphoning, syphoned

siphon away/off sth or **siphon** sth **away/off** *britannique, américain & australien*

syphon away/off sth or **syphon** sth **away/off** *britannique & australien*
(affaire, voix) récupérer • *The new out-of-town supermarket has siphoned off business from the town centre.* Le nouveau supermarché à l'extérieur de la ville a récupéré des clients des magasins du centre-ville. • *If she stands for election, she could siphon off votes that would otherwise go to the Republican candidate.* Si elle se présente aux élections, elle pourrait bien récupérer des voix qui seraient allées au candidat Républicain.

siphon/syphon off
siphons, siphoning, siphoned/syphons, syphoning, syphoned

siphon off sth or **siphon** sth **off** *britannique, américain & australien*

syphon off sth or **syphon** sb/sth **off** *britannique & australien*
(argent) détourner • *It was later discovered that he had siphoned off 400 million from the company pension fund.* On a découvert plus tard qu'il avait détourné 400 millions de la caisse de retraite de l'entreprise.

sit about/around sits, sitting, sat

sit about/around (swh)
rester à ne rien faire • (souvent + doing sth) *We sat around most of the afternoon drinking coffee and chatting.* Nous sommes restés presque tout l'après-midi à boire du café et à bavarder. • *It's no good sitting around the house all day doing nothing.* Cela ne réussit à personne de rester toute la journée chez soi à ne rien faire.

sit back sits, sitting, sat

sit back
1 s'asseoir confortablement • *You sit back and relax – you've been working all day.* Assieds-toi confortablement et détends-toi; tu as travaillé toute la journée.
2 rester assis • *You can't just sit back and wait for job offers to come to you.* On ne peut pas rester assis à attendre de recevoir des offres d'emploi.

sit by sits, sitting, sat

sit by
rester assis • *We can't sit by and watch the country slide further into civil war.* On ne peut pas rester assis à regarder le pays s'enfoncer encore plus dans la guerre civile.

sit down sits, sitting, sat

sit down
1 s'asseoir • *Would you like to sit down?* Voulez-vous vous asseoir? • *I sat down on the sofa next to Barbara.* Je me suis assise sur le canapé à côté de Barbara. • *It was after 9 o'clock when we finally sat down to dinner.* Il était neuf heures passées quand nous nous sommes enfin mis à table.

sit-down *n* [C] moment de repos assis • *I'd like to go somewhere where I can have a sit-down.* J'aimerais aller quelque part où je puisse m'asseoir un peu.

sit-down *n* [C] sit-in • *Over 100 students staged a sit-down over a ban on smoking in the college.* Plus de 100 étudiants ont organisé un sit-in pour protester contre l'interdiction de fumer à l'université. • (employé comme *adj*) *Workers are threatening to hold a sit-down strike to protest about proposed job losses.* Les ouvriers menacent de faire une grève sur le tas et d'organiser un sit-in pour protester contre une proposition de suppression d'emplois.

sit-down *adj* (toujours avant n) repas à table • *After the wedding ceremony there was the usual sit-down meal.* Après la cérémonie du mariage, il y a eu l'habituel repas.

2 prendre le temps de discuter • (souvent + **with**) *You've got to sit down with your boyfriend and get to the bottom of what it is that's upsetting you.* Vous devez prendre le temps de discuter avec votre petit ami et analyser à fond ce qui vous préoccupe. • (parfois + **together**) *Management and staff have got to sit down together and reach a compromise.* La direction et le personnel doivent prendre le temps de discuter ensemble et arriver à un compromis.

be sitting down (toujours à la forme progressive)
être assis • *And these exercises are perfect for the office or the car because you can do them while you're sitting down.* Et ces exercices sont parfaits pour le bureau ou la voiture parce que vous pouvez les faire assis.

sit sb **down**
(faire) asseoir • *I helped her onto the train and sat her down on a seat by the window.* Je l'ai aidée à monter dans le train et l'ai assise à une place près de la fenêtre. • *I sat him down to tell him the bad news.* Je l'ai fait asseoir pour lui annoncer la mauvaise nouvelle.

sit yourself **down** (toujours pronominal) *légèrement familier*
s'asseoir • (souvent à l'impératif) *Sit yourself down and I'll make a nice pot of tea.* Assieds-toi et je vais te préparer un bon thé. • *He sat himself down near the fire and warmed his hands.* Il s'est assis près du feu et s'est réchauffé les mains.

sit for sits, sitting, sat

sit for sb/sth
(peintre) poser pour • *Elizabeth Siddal sat for many of the Pre-Raphaelite painters.* Elizabeth Siddal a posé pour beaucoup de peintres pré-raphaélites. • *In the past ten years he's sat for over 50 portraits.* Au cours des dix dernières années, il a posé pour plus de 50 portraits.

sit for sb *surtout américain*
faire du baby-sitting pour • *The kids really love it when Terry sits for them.* Les enfants aiment vraiment beaucoup quand Terry les garde. • *She doesn't sit for the Walkers anymore – the children were too difficult.* Elle ne fait plus de baby-sitting pour les Walkers: les enfants étaient trop difficiles.

sit in sits, sitting, sat

sit in
1 assister à • (généralement + **on**) *Two observers from the United Nations sat in on the meeting.* Deux observateurs des Nations Unies ont assisté à la réunion. • *You could sit in on a class to see if it was the type of thing that would interest you.* Vous pourriez assister à un cours pour voir si c'est le genre de choses qui vous intéresse.

2 faire un sitting • *The factory was occupied by demonstrators sitting in as a protest against the arms trade.* L'usine a été occupée par des manifestants qui ont fait un sitting de protestation contre les ventes d'armes.

sit-in *n* [C] sit-in • *Campaigners staged a sit-in outside the British embassy.* Les manifestants ont organisé un sit-in devant l'ambassade de Grande-Bretagne.

sit in for sits, sitting, sat

sit in for sb
(absent) remplacer • *The minister has attended all the talks except one when his deputy sat in for him.* Le ministre a assisté à toutes les négociations sauf une pour laquelle son adjoint l'a remplacé.

sit on sits, sitting, sat

sit on sth
1 (comité, conseil) faire partie de • *She sat on the company's board for five years.* Elle a fait partie du comité d'entreprise pendant cinq ans. • *He sits on a number of committees.* Il fait partie de plusieurs comités.
2 *familier* faire traîner • *I still haven't had a reply from the council – they've been sitting on my letter for weeks.* Je n'ai toujours pas de réponse de la municipalité; cela fait des semaines qu'ils négligent de répondre à ma lettre.
3 garder confidentiel • *The government will presumably sit on the report until the police finish their investigation.* Le gouvernement va probablement garder le rapport confidentiel jusqu'à ce que la police ait fini son enquête.

be sitting on sth (toujours à la forme progressive)
posséder • *The house alone is probably worth £500,000 – she must be sitting on a fortune.* La maison à elle seule vaut probablement £500.000. Elle doit posséder une fortune. • *When he finally took the paintings to be valued, he found that he'd been **sitting on a goldmine**.* Quand il a finalement fait évaluer les tableaux, il a découvert qu'il était en possession d'une véritable mine d'or.

sit out sits, sitting, sat

sit out sth or **sit** sth **out** (jamais au passif)
1 ne pas participer à • *Monica Seles had to sit out the doubles competition because of a broken wrist.* Monica Seles n'a pas pu participer au championnat de double dames parce qu'elle s'est cassé le poignet. • *I've been dancing for over an hour so I thought I might sit the next one out.* J'ai dansé pendant plus d'une heure. Je crois que je vais laisser passer la prochaine.

2 subir • *The government is prepared to sit out the strike rather than agree to union demands.* Le gouvernement est prêt à subir la grève plutôt que de céder aux exigences du syndicat.

sit over sits, sitting, sat

sit over sth
(repas) rester longtemps à table, (verre) rester longtemps à boire • *We sat over dinner that night, talking for a long time.* Nous sommes restés longtemps à table à bavarder, ce soir-là.

sit through sits, sitting, sat

sit through sth
(discours) subir jusqu'au bout • *We had to sit through two hours of speeches before dinner was finally served.* Nous avons dû subir jusqu'au bout deux heures de discours avant que le dîner soit finalement servi.

sit up sits, sitting, sat

sit up
1 se redresser • *He thought he heard a noise and sat up in alarm.* Il a cru entendre un bruit et il s'est redressé, inquiet. • *She sat up and switched on the bedside light.* Elle s'est redressée et a allumé la lampe de chevet.

sit-up *n* [C] abdominaux • *I do 50 sit-ups every morning to keep my stomach trim.* Je fais cinquante abdominaux tous les matins pour garder le ventre plat.

2 se redresser • *Stop slouching now – sit up straight.* Arrête de faire le dos rond: redresse-toi.
3 veiller • (souvent + doing sth) *We sat up half the night just talking.* Nous avons veillé la moitié de la nuit à parler. • *I won't be home till late so don't sit up for me.* Je ne rentrerai que très tard, ne m'attends pas.
4 prêter une oreille attentive à • *His lectures really made people **sit up and think**.* Ses cours magistraux secouaient vraiment les gens et les faisaient réfléchir. • *That was the record that made me **sit up and take notice** of Oasis.* C'est le disque qui m'a fait m'intéresser à Oasis.

be sitting up (toujours à la forme progressive)
être assis • *When we went to see her yesterday she was sitting up, reading a book.* Quand nous sommes allés la voir hier, elle était assise et lisait un livre.

size up sizes, sizing, sized

size up sb/sth or **size** sb/sth **up**
évaluer • *It's one of those stores where the sales assistants size you up as you walk through the door.* C'est un de ces magasins où les vendeurs vous regardent de la tête aux pieds quand vous passez la porte. • *I'm still trying to size up the situation.* Je suis encore en train d'essayer d'évaluer la situation.

skate around/over/round skates, skating, skated

skate around/over/round sth
essayer d'éviter • *I noticed that he skated round the issue of redundancies.* J'ai remarqué qu'il essayait d'éluder le problème des licenciements.

sketch in sketches, sketching, sketched

sketch in sth or **sketch** sth **in**
1 donner plus d'information sur • *I'll start by outlining the proposal and then sketch in a few more details later.* Je vais d'abord dresser les grandes lignes de la proposition et je donnerai davantage de détails plus tard.
2 esquisser • *When you look closely at the painting you can just make out where he started to sketch in a few trees.* Quand on regarde le tableau de plus près, on peut voir où il a commencé à esquisser quelques arbres.

sketch out sketches, sketching, sketched

sketch out sth or **sketch** sth **out**
1 ébaucher • *He sketched out his ideas in an essay and sent it to various publishers.* Il a ébauché ses idées dans un essai et l'a envoyé à différents éditeurs. • *The guide sketched out a plan of the week's activities.* Le guide a donné les grandes lignes d'un programme d'activités pour la semaine.
2 esquisser • *He sketched out a few designs for us to look at.* Il a esquissé quelques dessins qu'il nous a montrés.

skim off skims, skimming, skimmed

skim off sth or **skim** sth **off**
prélever une part de • (parfois + **from**) *Hains is accused of skimming off money from government grants.* Hains est accusé d'avoir prélevé de l'argent des subventions de l'état.

skim over/through skims, skimming, skimmed

skim over/through sth
lire en diagonale • *I didn't have much time so I just skimmed through the article.* Je n'avais pas beaucoup de temps et j'ai juste lu l'article en diagonale.

skimp on skimps, skimping, skimped

skimp on sth
économiser sur • *A lot of old people skimp on food and heating so that they can pay their bills.* Beaucoup de gens économisent sur la nourriture et le chauffage pour pouvoir payer leurs factures. • *We've got plenty of cheese so don't skimp on it.* Il nous reste plein de fromage alors ce n'est pas la peine de faire des économies.

skin up skins, skinning, skinned

skin up *britannique, argot*
rouler un joint • *You're not skinning up again, are you?* Tu ne te roules pas encore un joint?

skip off/out skips, skipping, skipped

skip off/out *américain & australien, familier*
se tailler • *They skipped out after the meal without paying the bill.* Ils se sont taillés après le repas sans payer la note. • (parfois + **with**) *Someone has skipped off with the book I left on the table.* Quelqu'un s'est taillé en piquant le livre que j'avais laissé sur la table!

skip out on skips, skipping, skipped

skip out on sb *américain & australien, familier*
laisser tomber brutalement • *Her husband skipped out on her when the kids were small.* Son mari l'a laissée tomber quand les enfants étaient petits.

skirt around/round skirts, skirting, skirted

skirt around/round sth
1 contourner • *I skirted round the side of the building and got in via a back entrance.* J'ai fait le tour de l'immeuble et je suis entrée par une porte de derrière.

2 éluder • *I felt that he skirted around the most important issues.* J'ai pensé qu'il éludait les problèmes les plus importants.

skive off skives, skiving, skived

skive off (sth) *britannique, familier*
ne pas aller travailler • *Where's Martin? Is he skiving off again?* Où est Martin? Il vient pas travailler, une fois de plus? • *Why does everyone just assume that I was skiving off work?* Pourquoi est-ce que tout le monde pense que je ne voulais pas venir travailler?

slack off slacks, slacking, slacked

slack off
relâcher l'effort • *I think we all slack off a bit towards the end of the week.* Je crois que nous relâchons tous un peu l'effort en fin de semaine.

slacken off slackens, slackening, slackened

slacken off
ralentir, (offre) baisser • *We expect demand to slacken off in the new year.* Nous nous attendons à ce que la demande baisse au début de l'année prochaine. • *I'm waiting for the rain to slacken off before I venture outside.* J'attends que la pluie diminue avant de m'aventurer dehors.

slag off slags, slagging, slagged

slag off sb/sth or **slag** sb/sth **off**
britannique, familier
(en critiquant) descendre • *He's always slagging her off behind her back.* Il est toujours en train de casser du sucre sur son dos. • *People seem all too eager to slag off British movies.* On dirait que les gens sont toujours prêts quand il s'agit de descendre les films britanniques.

slam down slams, slamming, slammed

slam down sth or **slam** sth **down**
poser violemment • *I guessed he was pretty angry because he slammed the phone down.* Je suppose qu'il était plutôt en colère puisqu'il a raccroché brusquement.

slap around slaps, slapping, slapped

slap sb **around** *familier*
battre • *Her first husband used to slap her around.* Son premier mari la battait.

slap down slaps, slapping, slapped

slap down sb or **slap** sb **down**
rabrouer • *I tried to give my opinion about the plans but was immediately slapped down.* J'ai essayé de donner mon avis sur les projets mais on m'a immédiatement rabroué.

slap on slaps, slapping, slapped

slap on sth or **slap** sth **on** *familier*
tartiner • *It won't take five minutes to slap on a bit of make-up and brush my hair.* J'en ai pour moins de cinq minutes pour me mettre un peu de maquillage et me coiffer. • *I just had time to slap a piece of cheese on some bread and eat it.* J'ai juste eu le temps d'écraser un bout de fromage sur du pain et de l'avaler.

slap sth **on** sth
coller, flanquer • *A duty of 8.5 % has been slapped on wine imports.* Une taxe de 8,5% a été brusquement collée sur les vins importés. • *They slapped an injunction on the press preventing publication of the report.* Ils ont subitement enjoint la presse de ne pas publier le rapport.

slave away slaves, slaving, slaved

slave away
travailler sans arrêt • (souvent + **at**) *I've been slaving away at the the housework all morning.* Je n'ai pas arrêté de faire du ménage toute la matinée. • *(humoristique) I don't know, you two are off having fun and here's me, slaving away over a hot stove!* Je ne sais pas mais vous êtes dehors tous les deux à vous amuser pendant que moi, je suis là à cuisiner pendant des heures.

slaver over slavers, slavering, slavered

slaver over sb/sth *familier*
(personne) regarder lourdement, (plat) saliver devant • *Nigel, of course, was slavering over some blonde at the bar.* Evidemment, Nigel était en train de baver devant une blonde qui était au bar.

sleep about/around sleeps, sleeping, slept

sleep about/around *familier*
coucher avec tout le monde • *He used to sleep around a lot at college.* Il couchait avec tout le monde à la fac. • *I don't know*

if it's very wise to sleep around these days. Je ne sais pas s'il est très raisonnable de coucher avec n'importe qui par les temps qui courent.

sleep in sleeps, sleeping, slept

sleep in
faire la grasse matinée • *I like to sleep in on Saturdays.* J'aime faire la grasse matinée le samedi.

sleep off sleeps, sleeping, slept

sleep off sth or **sleep** sth **off**
(mal de tête) dormir pour faire passer • *He's probably still in bed, sleeping off his hangover.* Il est probablement encore au lit à cuver son vin.

sleep on sleeps, sleeping, slept

sleep on sth
(décision) attendre le lendemain pour prendre, (problème) attendre le lendemain pour régler • *Let's not make any hasty decisions, let's sleep on it.* Ne prenons pas de décisions hâtives; la nuit porte conseil.

sleep out sleeps, sleeping, slept

sleep out
dormir à la belle étoile • *I'd like to sleep out tonight, under the stars.* J'aimerais dormir à la belle étoile, ce soir.

sleep over sleeps, sleeping, slept

sleep over *familier*
dormir • *If you don't want to drive home tonight, you're welcome to sleep over.* Si tu ne veux pas rentrer chez toi en voiture ce soir, tu peux dormir ici sans problème.
sleep-over *n* [C] *surtout américain* invitation à passer la nuit • *Tyler was invited to a sleep-over at her friend's house.* Tyler a été invitée à passer la nuit chez son amie.

sleep through sleeps, sleeping, slept

sleep through sth
(bruit) dormir malgré • *I didn't even hear the alarm go off – I just slept straight through it.* Je n'ai même pas entendu l'alarme sonner. J'ai continué à dormir, tout simplement. • *Don't worry about Jim – he can sleep through anything.* Ne t'en fais pas pour Jim. Quand il dort, rien ne peut le réveiller.

sleep together sleeps, sleeping, slept

sleep together *familier*
coucher ensemble • *We started sleeping together a couple of weeks after we met.* Nous avons commencé à coucher ensemble deux semaines après notre rencontre. • *Do you think they sleep together?* Crois-tu qu'ils couchent ensemble?

sleep with sleeps, sleeping, slept

sleep with sb *familier*
coucher avec • *He found out that she'd been sleeping with his best friend.* Il a découvert qu'elle avait couché avec son meilleur ami.

slice off slices, slicing, sliced

slice off sth or **slice** sth **off** (sth)
couper • *She sliced off a piece of the sausage and handed it to me.* Elle a coupé un morceau de saucisson et me l'a tendu.

slice up slices, slicing, sliced

slice up sth or **slice** sth **up**
1 *britannique & australien* couper en tranches • *Slice up the vegetables and fry them.* Coupe les légumes en petits morceaux et fais-les frire.
2 diviser • *The woods around the farm house had been sliced up into quarter acre plots of land.* Les bois qui entourent la ferme ont été divisés en parcelles de dix ares.

slick up slicks, slicking, slicked

slick up sb/sth or **slick** sb/sth **up** *américain*
(apparence) soigner, (intérieur) arranger • *What are you all slicked up for? Are you going out?* Pourquoi est-ce que tu es sur ton trente et un? Tu sors? • *I need to slick up the apartment before having anyone over.* Il faut que j'arrange l'appartement avant de recevoir des gens.

slim down slims, slimming, slimmed

slim down
mincir • *He's really slimmed down over the last few months.* Il a vraiment minci ces derniers mois.
slim down (sth) or **slim** (sth) **down**
réduire • *Obviously, one way to make a saving is to slim down the workforce.*

Evidemment, une façon de faire des économies est de réduire les effectifs. • (employé comme *adj*) *The new slimmed-down organization is far more efficient.* La nouvelle organisation, à effectifs réduits, est beaucoup plus efficace.

slip away slips, slipping, slipped

slip away

1 laisser passer • *Just one goal ahead, they're determined not to let victory slip away.* Avec juste un but d'avance, ils sont décidés à ne pas laisser passer la victoire.

2 passer vite • *As the months slipped away I began to forget what he looked like.* Au fur et à mesure que les mois passssaient, je commençais à oublier à quoi il ressemblait.

slip by slips, slipping, slipped

slip by

1 passer vite • *The months slipped by and still there was no news of him.* Les mois passaient et il n'y avait toujours pas de nouvelles de lui.

2 laisser s'échapper • *You mustn't let an opportunity like that slip by.* Tu ne dois pas laisser passer une occasion comme celle-là.

slip down slips, slipping, slipped

slip down (sth) (toujours + *adv/prép*) *légèrement familier*
bien descendre • *This Bordeaux is delicious – it slips down the throat very easily.* Ce Bordeaux est délicieux; il descend très bien.

slip in slips, slipping, slipped

slip in sth or **slip** sth **in**
glisser en passant • *Did you notice the way she managed to slip in a reference to her famous brother?* Avez-vous remarqué comment elle a réussi à faire référence en passant à son célèbre frère? • *I usually slip in one or two jokes during a talk just to liven things up a bit.* Je glisse toujours une ou deux blagues dans un discours simplement pour rendre les choses un peu plus vivantes.

slip into slips, slipping, slipped

slip into sth

1 enfiler, passer • *Would you wait for me while I go and slip into something cooler?* Tu peux m'attendre le temps que j'enfile quelque chose de moins chaud? • *I'll just slip into something more comfortable.* Je vais passer quelque chose de plus confortable.

2 tomber dans • *The figures suggest that the economy is in danger of slipping into recession.* Les chiffres suggèrent que l'économie risque de sombrer dans la récession. • *I was afraid that if he started drinking he might slip into his old habits.* J'avais peur que, s'il commençait à boire, il retombe dans ses vieilles habitudes.

slip off slips, slipping, slipped

slip off
partir discrètement • *She just slipped off without telling us.* Elle est partie sans rien dire. • (parfois + **to**) *I can't find Alan – do you think he's slipped off to the pub?* Je ne vois Alan nulle part: tu crois qu'il est parti discrètement au pub?

slip off sth or **slip** sth **off**
enlever • *She slipped off her bathrobe and stepped into the shower.* Elle enleva son peignoir de bain et entra dans la douche.

slip on slips, slipping, slipped

slip on sth or **slip** sth **on**
enfiler • *She slipped on her shoes and ran out to meet him.* Elle enfila ses chaussures et courut à sa rencontre.
slip-on *adj* (toujours avant n) sans lacets • *slip-on shoes* des chaussures sans lacets
slip-ons *n* [pluriel] chaussures sans lacets • *What sort of shoes are you looking for: slip-ons or lace-ups?* Quel genre de chaussures cherches-tu: avec ou sans lacets?

slip out slips, slipping, slipped

slip out
légèrement familier échapper • *I really didn't mean to tell her that Ellen was pregnant – it just slipped out.* Je ne voulais vraiment pas lui dire qu'Ellen était enceinte; ça m'a échappé.

slip up slips, slipping, slipped

slip up *familier*
se tromper • *These figures don't make sense – have we slipped up somewhere?* Ces chiffres n'ont aucun sens; nous nous sommes trompés quelque part?
slip-up *n* [C] *familier* bourde • *I want this job done properly. We can't afford any more*

slip-ups. Je veux que ce travail soit bien fait. Nous ne pouvons plus nous permettre d'autres bourdes.

slob about/around slobs, slobbing, slobbed

slob about/around *britannique, familier*
traîner • *We didn't do much really – we just slobbed around in front of the TV.* Nous n'avons pas fait grand-chose; simplement traîner devant la télévision.

slobber over slobbers, slobbering, slobbered

slobber over sb *familier*
baver devant • *All the men were slobbering over Amanda's sister, who happens to be very blond and very pretty.* Tous les hommes bavaient devant la soeur d'Amanda, qui est très blonde et très jolie.

slog away slogs, slogging, slogged

slog away *familier*
travailler comme un fou • (généralement + **at**) *If she's got a job to do, she'll just slog away at it until it's finished.* Si elle a un travail à faire, elle travaille comme une folle jusqu'à ce que ce soit fait.

slop about/around slops, slopping, slopped

slop about/around (swh) *britannique & australien, familier*
traîner • *Jeans are all right for slopping around the house but I wouldn't wear them for work.* Les jeans sont bien pour traîner à la maison mais je n'en porterais pas au travail.

slop out slops, slopping, slopped

slop out (sth) *britannique*
(pot de chambre) vider • *Inmates of the prison still have to slop out their chamber-pots every morning.* Les détenus de la prison doivent encore vider leur pot de chambre chaque matin.
slopping-out *n* [U] *britannique* corvée des tinettes • *Slopping-out is the part of the prison routine that prisoners most object to.* La routine à laquelle les prisonniers font le plus objection, c'est la corvée des tinettes.

slope off slopes, sloping, sloped

slope off *britannique & australien*
s'éclipser • (souvent + **to**) *They must have sloped off to the bar while we weren't looking.* Ils ont dû s'éclipser en direction du bar quand nous regardions ailleurs.

slot in/into slots, slotting, slotted

slot in sb/sth or **slot** sb/sth **in**
slot sb/sth **into** sth
trouver une place • *Doctor Sewards is busy this morning but she might be able to slot you in around one o'clock.* Le Docteur Sewards est occupée ce matin, mais elle pourra peut-être vous faire passer vers une heure.

slouch about/around slouches, slouching, slouched

slouch about/around (swh)
traîner • *There were the usual gang of youths slouching around the town square.* Il y avait la bande de jeunes habituelle en train de traîner près de la place.

slough off sloughs, sloughing, sloughed

slough off sth or **slough** sth **off** *formel*
1 se débarrasser de • *In recent years the magazine has been trying to slough off its old-fashioned image.* Ces dernières années, le magazine a essayé de se débarrasser de son image vieux jeu.
2 (serpent) perdre (sa peau) • *The old skin is sloughed off as the new skin grows.* L'ancienne peau est perdue au fur et à mesure que la nouvelle pousse.

slow down slows, slowing, slowed

slow down
ralentir • *I think my body's telling me that I've got to slow down a little.* Je crois que mon organisme est en train de me dire de ralentir un peu.
slow down (sb/sth) or **slow** (sb/sth) **down**
ralentir • *Slow down, you two, I can't keep up with you.* Ralentissez, vous deux; je n'arrive pas à vous suivre. • *I was carrying some heavy bags so that slowed me down.* Je portais des sacs lourds et cela me ralentissait. • *It seems likely that the economy will slow down over the next twelve months.* Il paraît probable que l'économie va ralentir au cours des douze prochains mois.

slowdown *n* [C] ralentissement • (généralement au singulier) *Even the Prime Minister acknowledged that the slowdown in the economy had been sharper than expected.* Même le Premier Ministre a reconnu que le ralentissement de l'économie a été plus prononcé que prévu.

slow up slows, slowing, slowed

slow up (sth/sb) or **slow** (sth/sb) **up**
(faire) ralentir • *The car slowed up at the traffic lights.* La voiture a ralenti aux feux. • *If we have to get their approval every time we do something, it slows things up.* Si nous devons obtenir leur accord à chaque fois que nous faisons quelque chose, cela ralentit tout.

slug out slugs, slugging, slugged

slug it out
1 *familier* se tabasser • *I can't understand why people pay to watch two sweaty men slugging it out in a ring.* Je ne comprends pas pourquoi les gens payent pour regarder deux hommes en sueur se tabasser sur un ring.
2 *familier* se battre • *If a couple can't settle these matters between them, they'll slug it out in the courts.* Si un couple ne parvient pas à régler ces problèmes entre eux, ils se battent au tribunal. • *Either the two companies merge now or they slug it out in the market and one goes bust later.* Soit les deux entreprises fusionnent maintenant, soit elles se battent pour s'approprier le marché et l'une d'entre elles fera faillite plus tard.

sluice down/out sluices, sluicing, sluiced

sluice down/out sth or **sluice** sth **down/out** *britannique & australien*
nettoyer à grande eau • *We had to sluice out the garage to get rid of the smell of petrol.* Nous avons dû nettoyer le garage à grande eau pour faire disparaître l'odeur d'essence.

smack of smacks, smacking, smacked

smack of sth
(désespoir, hypocrisie) sentir • *The whole thing smacks of hypocrisy.* Tout ça sent l'hypocrisie. • *To me, the statement smacks of desperation.* Pour moi, la déclaration sent le désespoir.

smarten up smartens, smartening, smartened

smarten up (sb/sth) or **smarten** (sb/sth) **up**
arranger • *You'll have to smarten up a bit for your interview.* Il faudra être un peu plus présentable le jour de l'entretien. • (souvent pronominal) *I'll just have a wash and smarten myself up.* Je vais me laver et me rendre un peu plus présentable. • *They've really smartened the town centre up since I was last there.* Ils ont vraiment bien arrangé le centre-ville depuis ma dernière visite.

smarten up *américain & australien*
se réveiller • *I know I'm going to have to smarten up to keep up with the class.* Je sais qu'il va falloir que je me réveille pour suivre le cours.

smash down smashes, smashing, smashed

smash down sth or **smash** sth **down**
défoncer • *When I wouldn't let him in he threatened to smash the door down.* Quand je n'ai pas voulu le laisser entrer, il a menacé de défoncer la porte.

smash in smashes, smashing, smashed

smash in sth or **smash** sth **in**
défoncer • *The windows of the car had been smashed in.* Les vitres de la voiture avaient été brisées. • (*familier*) *Right now I'd like to smash his face/head in.* J'ai envie de lui péter la gueule.

smash up smashes, smashing, smashed

smash up sth or **smash** sth **up**
défoncer • *A load of football fans had come in and smashed the place up.* Un groupe de supporters de football étaient entrés et avaient tout cassé.

smash-up *n* [C] *légèrement familier* accident grave • *There was a terrible smash-up on the motorway this morning.* Il y a eu un terrible accident sur l'autoroute ce matin.

smell of smells, smelling, smelled
(*britannique and australien prét & pp aussi* **smelt**)

smell of sth
sentir • *You smell of garlic.* Tu sens l'ail. • *His breath smelled of alcohol.* Son haleine

sentait l'alcool. • *When Graham's been to stay, the whole house smells of cigarettes.* Après chaque séjour de Graham, toute la maison sent la cigarette.

smell out smells, smelling, smelled
(*britannique and australien prét & pp aussi* smelt)

smell out sth or **smell** sth **out**
flairer • *I bet your dog could smell those rabbits out.* Je suis sûr que ton chien pourrait trouver la trace de ces lapins.

smell out/up smells, smelling, smelled (*britannique and australien prét & pp aussi* smelt)

smell out sth or **smell** sth **out** *britannique & australien, familier*
smell up sth or **smell** sth **up** *américain, familier*
laisser une odeur • *That curry you had last night has smelt the whole place out.* Ce curry que tu as mangé hier soir a laissé une odeur dans toute la maison.

smile on smiles, smiling, smiled

smile on sth
sourire de • *Americans had tended to smile on the misdemeanours of their presidents.* Les Américains avaient tendance à sourire des écarts de conduite de leurs présidents.

smoke out smokes, smoking, smoked

smoke out sb/sth or **smoke** sb/sth **out**
enfumer • *If any are left in the forest, they're usually smoked out.* S'il en reste dans la forêt, ils sont en général forcés d'en sortir à cause de la fumée.

smoke out sb or **smoke** sb **out**
détecter • *The Finance Minister has announced a tougher approach to smoking out tax dodgers.* Le Ministre des finances a annoncé des mesures plus strictes pour détecter les fraudeurs fiscaux.

smooth away smooths, smoothing, smoothed

smooth away sth or **smooth** sth **away**
(difficulté) aplanir, (problème) régler • *I always had my mother there to smooth away any little problems.* Ma mère était toujours là pour régler tous les petits problèmes.

smooth down smooths, smoothing, smoothed

smooth down sth or **smooth** sth **down**
lisser • *He straightened his tie and smoothed down his hair.* Il a rectifié sa cravate et lissé ses cheveux.

smooth out smooths, smoothing, smoothed

smooth out sth or **smooth** sth **out**
1 aplatir • *I was just trying to smooth out the creases in your shirt.* J'essayais simplement de défroisser ta chemise.
2 faciliter • *We're looking for ways to smooth things out during this transition period.* Nous cherchons des façons de faciliter les choses durant la période de transition.

smooth over smooths, smoothing, smoothed

smooth over sth or **smooth** sth **over**
(désaccord, problème) atténuer • *Would you like me to smooth things over between you and Nick?* Est-ce que tu veux que j'arrange les choses entre toi et Nick? • *He was keen to smooth over the argument and continue with the negotiations.* Il était d'accord pour aplanir le différend et poursuivre les négociations.

smother in/with smothers, smothering, smothered

smother sth/sb **in/with** sth
couvrir de • *Two of my aged aunts were there to greet me so I was smothered with kisses.* Deux de mes vieilles tantes étaient là pour m'accueillir et je fus couvert de baisers. • *She'd helped herself to a huge slice of chocolate cake and smothered it in cream.* Elle avait pris une énorme part de gâteau au chocolat et l'avait couverte de crème.

snack on/off snacks, snacking, snacked

snack on sth *britannique & australien*
snack off sth *américain*
manger • *If you eat three meals a day, you're less likely to snack on cakes and biscuits.* Quand on fait trois repas par jour, on risque moins de manger des gâteaux et des biscuits entre les repas. • *We snacked off milk and cookies when we got home.* Nous avons bu du lait et mangé des cookies en rentrant à la maison.

snap out of snaps, snapping, snapped

snap out of sth *familier*
en sortir • *He's been suffering from depression since his wife died and he just can't snap out of it.* Il fait de la dépression depuis la mort de sa femme et il n'arrive pas à en sortir.

snap to snaps, snapping, snapped

Snap to it! (toujours à l'impératif) *américain & australien, familier*
plus vite que ça! • *I want this place cleaned up by this evening so snap to it!* Je veux que cet endroit soit nettoyé d'ici ce soir alors, plus vite que ça!

snap up snaps, snapping, snapped

snap up sth or **snap** sth **up** *légèrement familier*
sauter sur • *It was half-price in the sales so I snapped it up.* C'était en solde à moitié prix alors j'ai sauté dessus. • *The rights to the story have been snapped up by a Sunday newspaper.* Un journal dominical s'est emparé des droits de publication.

snap up sb or **snap** sb **up** *familier*
s'approprier • *The association is concerned that the richer football clubs will snap up all the best players.* L'association craint que les clubs de football les plus riches s'approprient les meilleurs joueurs.

snarl up snarls, snarling, snarled

snarl up
familier être bloqué • *It only takes one accident for the whole road to snarl up.* Il suffit d'un accident pour que toute la rue soit bloquée.

snarl-up *n* [C] *familier* embouteillage • *There was a huge snarl-up on the road going into town.* Il y avait un énorme embouteillage sur la route en direction de la ville.

snarled up *adj familier* bloqué • *Traffic is snarled up in both directions.* La circulation est bloquée dans les deux sens.

snatch at snatches, snatching, snatched

snatch at sth *britannique & australien*
(occasion) sauter sur • *Naturally I snatched at the chance of a promotion.* Naturellement, j'ai sauté sur une possibilité d'avancement. • *You have to snatch at happiness when you can.* Il faut sauter sur les moments de bonheur quand ils se présentent.

sneak up sneaks, sneaking, sneaked (*américain and australien prét & pp* aussi **snuck**)

sneak up
s'approcher sans bruit • *He sneaked up from behind and surprised her.* Il s'est approché sans bruit derrière elle et l'a fait sursauter. • (souvent + **on**) *Don't sneak up on me like that – you really scared me!* Ne t'approche pas comme ça sans bruit: tu m'as vraiment fait peur.

sniff at sniffs, sniffing, sniffed

sniff at sth
1 *familier* mépriser • *A lot of people still sniff at comics and think them a juvenile habit.* Beaucoup de gens méprisent encore la bande dessinée et la considèrent comme une pratique juvénile. • *Still, a free weekend in Amsterdam is an offer **not to be sniffed at**.* Malgré tout, un week-end gratuit à Amsterdam est une occasion à saisir.

2 *familier* se montrer intéressé • *A number of big computer firms are sniffing at our new software.* Un certain nombre de grosses firmes d'informatique sont fortement intéressées par notre nouveau logiciel.

sniff out sniffs, sniffing, sniffed

sniff out sth or **sniff** sth **out**
flairer la trace de • *Customs officers used dogs to sniff out the drugs which were hidden in the truck.* Les douaniers se sont servi de chiens pour trouver la drogue qui était cachée dans le camion.

sniff out sth/sb or **sniff** sth/sb **out**
familier découvrir • *He's been trying to sniff out what we've been doing.* Il essaie de découvrir ce que nous sommes en train de faire. • *She goes round the big fashion shows, sniffing out talent for a modelling agency.* Elle fait les grands défilés de mode pour découvrir des nouveaux talents pour une agence de mannequins.

snow in/up

be snowed in/up (toujours au passif)
être bloqué par la neige • *We were snowed in for five days in January.* Nous avons été bloqués par la neige pendant cinq jours en janvier. • *The airport was snowed up and*

all flights had been diverted to Edinburgh. L'aéroport était bloqué par la neige et tous les vols avaient été détournés sur Edimbourg.

snow under

be snowed under (toujours au passif) *familier*
(travail) être submergé de • (souvent + **with**) *I couldn't finish the report on time because I was snowed under with work.* Je n'ai pas pu finir le rapport à temps parce que j'étais submergée de travail. • *You look snowed under. Would you like some help?* Tu as l'air submergé de travail. Tu veux que je t'aide?

snow up
voir **snow in/up**

snuff out snuffs, snuffing, snuffed

snuff out sth or **snuff** sth **out**
1 éteindre • *One by one, she snuffed out the candles.* Elle a éteint les bougies une à une.
2 *familier* (espoir) anéantir • *Italy's third goal snuffed out any hopes England had of winning the game.* Le troisième but de l'Italie a anéanti tout espoir de l'Angleterre de remporter le match. • *Both rebellions were snuffed out as quickly as they started.* Les deux révoltes ont été anéanties aussi vite qu'elles avaient commencé.

snuff out sb or **snuff** sb **out** *américain & australien, argot*
éliminer • (généralement au passif) *He was snuffed out in the first five minutes of the movie.* Il a été éliminé dans les cinq premières minutes du film.

snuggle down snuggles, snuggling, snuggled

snuggle down
se blottir confortablement • *I turned off the light and snuggled down under the covers.* J'ai éteint la lumière et me suis blottie confortablement sous les couvertures.

snuggle up snuggles, snuggling, snuggled

snuggle up
se blottir • (généralement + *adv/prép*) *She snuggled up on the sofa with a magazine and a cup of tea.* Elle s'est blottie confortablement dans le canapé avec un magazine et une tasse de thé. • (souvent +

to) *He snuggled up to her during the film and put his arm round her.* Il s'est blotti contre elle pendant le film et il a passé son bras autour de ses épaules.

soak up soaks, soaking, soaked

soak up sth or **soak** sth **up**
1 absorber • *Fry the aubergines until they soak up all the oil.* Faire frire les aubergines jusqu'à ce qu'elles aient absorbé toute l'huile. • *The dry ground quickly soaked up the rain.* Le sol desséché a rapidement absorbé la pluie.
2 (ambiance) s'imprégner de, (soleil) faire le plein de • *We arrived early at the pop festival to soak up the atmosphere.* Nous sommes arrivés tôt au festival pop pour nous imprégner de l'ambiance. • *I spent two weeks in Greece soaking up the sun.* J'ai passé deux semaines en Grèce à faire le plein de soleil.
3 *familier* (argent) bouffer • *The repairs on our house soaked up all our savings.* Les réparations de notre maison ont bouffé toutes nos économies. • *The festival has been criticized for soaking up too much public money.* Le festival a été critiqué parce qu'il pompe trop sur les fonds publics.

sober up sobers, sobering, sobered

sober up (sb) or **sober** (sb) **up**
dessoûler • *I went for a walk to try to sober up.* Je suis allée marcher pour essayer de se dessoûler. • *Here, have a black coffee – that should sober you up.* Tiens, bois un café noir; ça devrait te dessoûler.

sober up
se calmer • *He's sobered up a good deal since his wild teenage days.* Il s'est beaucoup calmé depuis le temps effréné de son adolescence.

sock away socks, socking, socked

sock away sth or **sock** sth **away**
américain & australien, familier
mettre à gauche • *He's socked away hundreds of dollars in a savings account.* Il a mis des centaines de dollars à gauche sur un compte-épargne.

sock in socks, socking, socked

sock in sth/sb or **sock** sth/sb **in**
américain
(aéroport) paralyser, (personne) bloquer • (généralement au passif) *Boston was*

socked in with fog and the plane had to land at Hartford. Boston était paralysé à cause du brouillard et l'avion a dû atterrir à Hartford.

sock to socks, socking, socked

sock it to sb
1 *familier* assommer • *Go on, sock it to him!* Vas-y, assomme-le!
2 *familier* interpeller • *It's a powerful advertisement that really socks it to the public.* C'est une publicité forte qui interpelle vraiment le public.

sod off

Sod off! (toujours à l'impératif) *britannique & australien, argot* va te faire foutre! • *"All right, gorgeous?" "Oh, sod off!"* 'Ça va, beauté?' 'Va te faire foutre!' • *Next time he says something like that, tell him to sod off.* La prochaine fois qu'il te dit quelque chose comme ça, dis-lui d'aller se faire foutre.

soften up softens, softening, softened

soften up sb or **soften** sb **up** *familier* amadouer • *She tried to soften him up with a nice meal before asking him for the job.* Elle a essayé de l'amadouer avec un repas agréable avant de lui demander le poste.

soldier on soldiers, soldiering, soldiered

soldier on
poursuivre courageusement • *She had a cold and a high temperature but she knew she had to soldier on.* Elle avait un rhume et une forte fièvre, mais elle savait qu'il lui fallait continuer vaille que vaille. • (parfois + **with**) *He soldiered on with his job, long after he should have retired.* Il a poursuivi courageusement son travail, longtemps après l'âge de la retraite.

sort out sorts, sorting, sorted

sort out sth or **sort** sth **out**

1 régler • *Initially we had some problems with our computer system but they've been sorted out now.* Au début, nous avons eu des problèmes avec le réseau informatique, mais ils sont maintenant réglés. • *She spent several days sorting out disagreements among the staff.* Elle a passé plusieurs jours à régler des différends au sein du personnel.

2 trier, classer • *My first task was to sort out a pile of papers.* Ma première tâche a été de classer une pile de papiers.
sort-out *n* [singulier]*britannique, familier* rangement • *This cupboard needs a really good sort-out.* Ce placard a vraiment besoin d'un bon rangement.
3 séparer • *Sort out the books you want and put them on the table.* Choisis les livres que tu veux et mets-les sur la table. • (parfois + **from**) *You'll need to sort out the whites from the rest of the washing.* Il faudra que tu sépares les blancs du reste du linge à laver.
4 décider • (généralement + pronom interrogatif) *We need to sort out what we're doing about accommodation.* Il faut que nous décidions ce que nous allons faire en ce qui concerne le logement.

sort yourself **out** (toujours pronominal) *britannique & australien, familier*
faire le point • *He needs a bit of time to sort himself out before he even thinks about working.* Il a besoin d'un peu de temps pour faire le point avant de penser à travailler. • *Just give me five minutes to sort myself out and I'll be with you.* Donnez-moi cinq minutes pour me préparer et je suis à vous.

sort out sb or **sort** sb **out** *britannique, argot*
faire une tête au carré à • *Do that again, mate, and I'll sort you out!* Si jamais tu recommences, mon pote, je te fais une tête au carré!

sound off sounds, sounding, sounded

sound off *familier*
râler • (généralement + **about**) *He's always sounding off about the way this place is run.* Il est toujours en train de râler sur la façon dont les choses sont gérées ici.

sound out sounds, sounding, sounded

sound out sb/sth or **sound** sb/sth **out**
(opinion) sonder • (souvent + **about**) *I sounded her out about working for us but she wasn't interested.* Je l'ai sondée pour voir si elle travaillerait avec nous mais ça ne l'intéressait pas. • *We need to sound out his views on the project before we go ahead.* Il faut que nous le sondions sur ce qu'il pense du projet avant de commencer.

soup up soups, souping, souped

soup up sth or **soup** sth **up**
familier gonfler • *Circuit boards can be used to soup up existing machines.* Les tableaux de commande peuvent être utilisés pour gonfler des machines existantes.

souped-up *adj* (toujours avant n) *familier* gonflé • *He patrols the nightclubs on a souped-up scooter.* Il fait la tournée des boîtes de nuit sur un scooter gonflé.

space out spaces, spacing, spaced

space out sth or **space** sth **out**
espacer • *The plants need to be spaced out evenly in the border.* Il faut laisser des intervalles réguliers entre les plantes dans la bordure. • *The best way to take the tablets is to space them out throughout the day.* La meilleure façon de prendre les médicaments est d'espacer les prises tout au long de la journée.

space out *américain, familier*
planer • *The way he spaces out makes me think he's on drugs.* La façon dont il plane me fait penser qu'il se drogue.

spaced-out *adj américain, familier* dans les vapes • *I usually feel a bit spaced-out after a long flight.* Je me sens généralement un peu dans les vapes après un long vol.

spark off sparks, sparking, sparked

spark off sth or **spark** sth **off**
(bagarre) déclencher, (violence) susciter • *The riot sparked off violence in the rest of the city.* L'insurrection a déclenché des actes de violence dans le reste de la ville. • *A series of TV programmes sparked off a lot of interest in the subject.* Une série de programmes télévisés a suscité un grand intérêt sur la question.

speak out speaks, speaking, spoke, spoken

speak out
s'exprimer • (souvent + **against**) *He lost his job after he spoke out against his employers.* Il a perdu son travail après s'être exprimé contre ses employeurs. • *The Environment Secretary has spoken out in defence of the new policies.* Le Secrétaire d'Etat à l'Environnement s'est prononcé en faveur de la nouvelle ligne politique.

outspoken *adj* franc • *She is an outspoken critic of the government.* Elle critique ouvertement le gouvernement. • *He's quite outspoken in his views.* Il exprime clairement ses opinions.

speak up speaks, speaking, spoke, spoken

speak up
1 s'exprimer • (généralement + **for**) *She has often spoken up for the rights of working mothers.* Elle s'est souvent exprimée en faveur des droits des mères qui travaillent.
2 parler plus fort • (souvent à l'impératif) *Speak up, Gemma, I can't hear what you're saying.* Parle plus fort, Gemma, je n'entends pas ce que tu dis.

speed up speeds, speeding, speeded or sped

speed up (sth) or **speed** (sth) **up**
accélérer • *You can speed up the application process by faxing us your form.* Vous pouvez accélérer la procédure de candidature en nous faxant votre dossier. • *One of the effects of the drug is to make your heart rate speed up.* Un des effets du médicament est d'accélérer votre rythme cardiaque.

spell out spells, spelling, spelled or spelt

spell out sth or **spell** sth **out**
1 expliquer clairement • *The document clearly spells out the correct procedure for dealing with complaints.* Le document explique clairement la procédure correcte pour traiter les réclamations. • (souvent + pronom interrogatif) *She never spelt out what the contract involved.* Elle n'a jamais expliqué clairement les implications du contrat.
2 épeler • *We live on Lynton Road. Would you like me to spell that out for you?* Nous habitons Lynton Road. Voulez-vous que j'épèle?

spew up spews, spewing, spewed

spew up (sth) or **spew** (sth) **up** *surtout britannique & australien, argot*
dégueuler • *I was spewing up all night after eating that curry.* J'ai dégueulé toute la nuit après ce curry.

spice up spices, spicing, spiced

spice up sth or **spice** sth **up**
pimenter • (parfois + **with**) *He'd spiced up his speech with a few rude jokes.* Il avait pimenté son discours de quelques blagues osées. • *There was an article in the paper about spicing up your sex life.* Il y avait un article dans le journal expliquant comment ajouter un peu de piment à sa vie sexuelle.

spill out spills, spilling, spilt or spilled

spill out
1 s'écouler, se répandre • (souvent + **of**) *400,000 gallons of oil have spilled out of the pipeline.* 400.000 gallons de pétrole se sont écoulés du pipeline. • *My suitcase had burst open while it was being unloaded and the contents spilt out.* Ma valise s'est ouverte quand on l'a déchargée et le contenu s'est répandu sur le sol.
2 se répandre • (souvent + **of**) *The wedding guests spilled out of the church onto the pavement.* Les invités au mariage sont sortis de l'église et se sont dispensés sur le trottoir. • (parfois + **onto**) *He got to the pub just as everyone was spilling out onto the street.* Il est arrivé au pub quand tout le monde en sortait.

spill out (sth) or **spill** (sth) **out**
donner libre cours à • *He listened quietly as she spilled out all her anger and despair.* Il l'écoutait tranquillement déverser sa rage et son désespoir.

spill over spills, spilling, spilt or spilled

spill over (sth)
déborder • *That soup's going to spill over if you're not careful.* Cette soupe va déborder si tu ne fais pas attention.

spill over
(géographiquement) se propager, (minorité) gagner • (généralement + **into**) *There was a growing concern that the war might spill over into the country's southern republic.* On avait de plus en plus peur que la guerre se propage dans la république du sud du pays. • (parfois + **to**) *The hostilities could spill over to minority groups in Britain.* Les hostilités pourraient gagner des groupes minoritaires en Grande-Bretagne.

spillover *n* [singulier] retombée • *What we don't want to see is a spillover of the war.* Ce que nous ne voulons pas voir, c'est une généralisation du conflit. • (employé comme *adj*) *The bad weather in February and March could have a spillover effect on farmers in April.* Le mauvais temps en février et en mars pourrait avoir des retombées négatives pour les fermiers en avril.

spin off spins, spinning, spun

spin off sth or **spin** sth **off**
1 encourager l'essor de • *The American space program spun off a lot of new computer technology.* Le programme spatial américain a encouragé l'essor de beaucoup de nouvelles technologies informatiques.
   spin-off *n* [C] retombée favorable • *The development of the country's air transport system has had useful spin-offs for other service industries.* Le développement du réseau aérien du pays a eu des répercussions utiles dans d'autres industries de services. • (employé comme *adj*) *One of the spin-off benefits from tourism in the region has been the creation of 200 jobs.* Une des retombées favorables du tourisme dans la région a été la création de 200 emplois.
2 créer • *The company was spun off from the Asda superstore group last year.* L'entreprise est née du groupe de supermarchés Asda l'année dernière. • *The bank is planning to spin off its investment-management division.* La banque prévoit de faire une entreprise séparée de son secteur investissement-management.
   spin-off *n* [C] entreprise issue d'une autre • *The research firm is a spin-off from a big drugs company.* La société de recherche est une branche indépendante issue d'une grosse entreprise pharmaceutique. • (employé comme *adj*) *Two senior managers will run the new spin-off company.* Deux directeurs chevronnés s'occuperont de la nouvelle entreprise.
3 suite • *The show attracts 15 million viewers a week and has spun off two other TV comedies.* L'émission attire 15 millions de spectateurs par semaine et a donné suite à deux autres comédies télévisées.
   spin-off *n* [C] suite • *He has been offered a part on the new 'Star Trek' spin-off.* On lui a offert un rôle dans la nouvelle série de 'Star Trek'. • (employé comme *adj*) *The show is so popular that a spin-off TV series*

has been planned. L'émission a tellement de succès qu'une nouvelle série télé a été prévue.

spin out spins, spinning, spun

spin out sth or **spin** sth **out**
faire durer • *There's probably about three days work left so I'm trying to spin it out.* Il ne reste probablement que trois jours de travail, alors, j'essaie de faire durer.

spirit away spirits, spiriting, spirited

spirit away sb/sth or **spirit** sb/sth **away**
faire disparaître • *He was spirited away by four police officers in the middle of the night.* Il a été enlevé par quatre policiers au milieu de la nuit.

spit out spits, spitting, spat (*américain prét & pp aussi* spit)

spit out sth or **spit** sth **out**
1 cracher • *I took a bite of the melon and then spat out the seeds.* J'ai pris une bouchée de melon et j'ai craché les pépins.
2 s'écrier • *He spat the word out like a bullet.* il lâcha le mot comme on tire une balle. • *'Don't touch me!' she spat out, turning to face him.* 'Ne me touche pas!' s'écria-t-elle en se tournant pour lui faire face.

Spit it out! (toujours à l'impératif) *familier*
accouche! • *Come on, spit it out! What are you trying to say?* Allez, accouche! Qu'est-ce que tu veux dire?

spit up spits, spitting, spat or spit

spit up (sth) or **spit** (sth) **up** *américain & australien, familier*
régurgiter • *I was worried about the baby because she'd been spitting up her milk.* Je m'inquiétais parce que le bébé avait régurgité son lait.

splash down splashes, splashing, splashed

splash down
amerrir • *They splashed down in the Pacific Ocean.* Ils ont amerri dans l'Océan Pacifique.

splashdown *n* [C] amerrissage • *The splashdown on July 19 marked the end of the series of Apollo flights.* L'amerrissage du 19 juillet a marqué la fin de la série de vols Apollo.

splash out splashes, splashing, splashed

splash out *familier*
faire des folies • (souvent + **on**) *The wedding was cheaper than we expected so we splashed out on a honeymoon in the Caribbean.* Le mariage a coûté moins cher que prévu, alors nous nous sommes offert la folie d'une lune de miel aux Caraïbes. • *I hadn't been to a restaurant for ages so I decided to splash out.* Je n'étais pas allé au restaurant depuis des siècles, alors j'ai décidé de faire des folies.

split off splits, splitting, split

split off (sth) or **split** (sth) **off**
se détacher de, se séparer de • *Small pieces of rock split off as she touched the cave walls.* Des petits morceaux de roche se détachèrent quand elle toucha les parois de la grotte. • *The company has announced plans to split off its chemicals division.* L'entreprise a annoncé son projet de se séparer de sa branche produits chimiques.

split off
faire scission • (souvent + **from**) *The Renaissance Party is the latest group to split off from the ruling party.* Le Parti de la Renaissance est le dernier groupe a avoir fait scission du parti au pouvoir. • *Several disillusioned members split off to form a new party.* Plusieurs membres désillusionnés ont fait scission pour fonder un nouveau parti.

split on splits, splitting, split

split on sb *britannique & australien, familier*
moucharder sur • *Don't split on me, will you?* Ne moucharde pas sur moi, d'accord?

split up splits, splitting, split

split up (sth) or **split** (sth) **up**
se diviser • (souvent + **into**) *The class was too big so we split up into two smaller groups.* La classe était trop grande, alors nous nous sommes divisés en deux groupes plus petits. • *The railway network was split up in preparation for privatization.* Le réseau ferroviaire a été démembré en vue de sa privatisation.

split up

se séparer • *My parents split up when I was seven.* Mes parents se sont séparés quand j'avais sept ans. • (parfois + **with**) *She'd just split up with her boyfriend and was feeling a bit low.* Elle venait de rompre avec son petit ami et elle n'avait pas vraiment le moral.

spoil for

be spoiling for sth (toujours à la forme progressive)

chercher • *Coming home drunk like that was just spoiling for trouble, wasn't it?* Rentrer chez soi ivre à ce point, c'est chercher les ennuis, non? • *You're spoiling for a fight, you are, speaking to me like that!* Tu cherches la bagarre, pas vrai, à me parler comme ça!

sponge down sponges, sponging, sponged

sponge down sth or **sponge** sth **down**

éponger • *That stain should disappear if you sponge it down with a little detergent.* Cette tache devrait disparaître si tu l'éponges avec un peu de détergent.

sponge off/on sponges, sponging, sponged

sponge off/on sb *familier*

(de l'argent) taper • *He's always sponging off his mates.* Il est toujours en train de taper ses copains. • *She was going on about people sponging on the state.* Elle critiquait les gens qui vivent aux crochets de l'état.

spoon out spoons, spooning, spooned

spoon out sth or **spoon** sth **out**

servir • *Do you want to help yourselves to potato or shall I just spoon it out?* Vous voulez vous servir en pommes de terre ou est-ce que je vous sers?

spout off spouts, spouting, spouted

spout off *familier*

jacasser • *She doesn't know anything about football, so I don't know why she was spouting off like that.* Elle ne connaît rien au football, alors je me demande pourquoi elle jacassait comme ça.

sprawl out sprawls, sprawling, sprawled

sprawl out

s'étaler • *He sprawled out on the sofa next to me.* Il s'est étalé sur le canapé à côté de moi.

spread out spreads, spreading, spread

spread out

1 se disperser • *We spread out and began to search through the woods.* Nous nous sommes dispersés et nous avons commencé à chercher dans les bois. • *If you spread out more, you won't get in each other's way.* Si vous occupez mieux l'espace, vous ne serez pas dans les jambes les uns des autres.

2 (jamais à la forme progressive) s'étendre • *The city centre is quite small but the suburbs spread out for miles.* Le centre-ville est assez petit mais les banlieues s'étendent sur des kilomètres.

be spread out (toujours au passif)

1 être disséminé • (généralement + *adv/prép*) *Most of Canada's population is spread out along its border with the United States.* La plus grande partie de la population du Canada est disséminée le long de sa frontière avec les Etats-Unis. • *Our offices are spread out over a very wide area.* Nos bureaux sont disséminés sur un très vaste territoire.

2 (toujours + *adv/prép*) s'étendre • *We stood at the top of the hill and gazed at the valley spread out below us.* Nous nous sommes arrêtés au sommet de la colline et nous avons admiré la vallée qui s'étendait à nos pieds.

spread out (sth) or **spread** (sth) **out**

se répandre, étaler • (souvent + **over**) *The oil spread out over the surface of the water.* Le pétrole se répandit à la surface de l'eau. • *He spread the straw out so that it covered the stable floor.* Il a étalé la paille pour couvrir le sol de l'écurie.

spread out sth or **spread** sth **out**

1 (carte) déplier, (serviette) étaler • *He spread the map out and showed me where the village was situated.* Il a déplié la carte et m'a montré où le village était situé. • (souvent + **on**) *She spread out her towel on the sand and lay down.* Elle a étalé sa serviette sur le sable et s'est allongée.

2 étaler • *She spread out her photos on the table so that everyone could see them.* Elle a

étalé ses photos sur la table pour que tout le monde puisse les voir.
3 (doigts) écarter, (bras, jambes) étendre • *He pushed back his chair and spread out his legs.* Il a reculé sa chaise et a étendu les jambes.
4 étaler dans le temps • (généralement + **over**) *The job losses will be spread out over the next year.* Les suppressions d'emplois seront étalées sur l'année prochaine. • *You can spread the payments out over a period of time if you prefer.* Vous pouvez étaler les paiements dans le temps si vous le désirez.

spread over spreads, spreading, spread

spread sth **over** sth
étaler dans le temps • *I've spread the loan repayments over two years.* J'ai étalé le remboursement de l'emprunt sur deux ans. • *The museum has been promised a £2 million grant which will be spread over ten years.* Le musée a reçu la promesse d'une allocation de £2 millions qui sera étalée sur dix ans.

spring back springs, springing, sprang, sprung (*américain & australien prét* aussi **sprung**)

spring back
se remettre en place • *As she brushed her hair, her curls sprang back into place.* Tandis qu'elle se brossait les cheveux, ses boucles se remettaient en place. • *If the cake is cooked properly, it will spring back when you press it with your finger.* Si le gâteau est bien cuit, il reprendra sa forme initiale après une pression du doigt.

spring for springs, springing, sprang, sprung (*américain & australien prét* aussi **sprung**)

spring for sth *américain, familier*
payer • *Let me spring for the drinks.* Laissez-moi payer les boissons.

spring from springs, springing, sprang, sprung (*américain & australien prét* aussi **sprung**)

spring from sth
résulter de • *His desperate need to be liked springs from a deep sense of insecurity.* Son besoin désespéré d'être aimé vient de son profond sentiment d'insécurité.

spring from swh (toujours dans des questions) *familier*
sortir de • *Where did you spring from? I didn't hear anyone come in.* D'où tu sors? Je ne t'ai pas entendu entrer. • *Where have all these posters sprung from?* D'où sortent toutes ces affiches?

spring on springs, springing, sprang, sprung (*américain & australien prét* aussi **sprung**)

spring sth **on** sb
surprendre qn avec qch • *I hope he's not going to spring any unpleasant surprises on us in the meeting.* J'espère qu'il ne va pas nous suprendre avec de mauvaises nouvelles pendant la réunion.

spring up springs, springing, sprang, sprung (*américain & australien prét* aussi **sprung**)

spring up
apparaître • *Thousands of new businesses have sprung up in the past few years.* Des milliers de nouvelles entreprises sont apparues au cours des quelques dernières années. • *New, open markets have sprung up on the outskirts of the city.* De nouveaux marchés en plein air sont apparus à la périphérie de la ville.

sprout up sprouts, sprouting, sprouted

sprout up
apparaître • *New office buildings seem to be sprouting up all over the city.* De nouveaux bureaux semblent apparaître dans toute la ville.

spruce up spruces, sprucing, spruced

spruce up sb/sth or **spruce** sb/sth **up**
arranger • (souvent pronominal) *I'd just like to spruce myself up a bit before we go out.* J'aimerais bien m'arranger un peu avant de sortir. • *They've spent thousands of pounds sprucing up the town centre.* Ils ont dépensé des milliers de livres à rénover le centre-ville.

spur on spurs, spurring, spurred

spur on sb or **spur** sb **on**
encourager • *Spurred on by the crowd, Coventry scored two goals in the first 30 minutes.* Encouragé par la foule, Coventry a marqué deux buts au cours des 30 premières minutes. • (parfois + **to**) *One*

success should spur him on to even greater achievements. Un succès devrait l'encourager à des réussites encore plus éclatantes. • (parfois + **to do sth**) *You lose a bit of weight and it spurs you on to lose even more.* Quand on perd un peu de poids, cela vous encourage à en perdre encore davantage.

spurt out spurts, spurting, spurted

spurt out
jaillir • *The blood spurted out.* Le sang jaillit. • (souvent + **of**) *Water was spurting out of a pipe.* De l'eau jaillissait du tuyau.

spy on/upon spies, spying, spied

spy on/upon sb/sth
espionner • *I think my neighbours have been spying on me.* Je crois que mes voisins m'espionnent. • *He was arrested for spying on American air bases.* Il a été arrêté parce qu'il espionnait des bases aériennes américaines.

square away squares, squaring, squared

square away (sth) or **square** (sth) **away** *américain*
régler • *She'll join us after she's squared away the arrangements for tomorrow's meeting.* Elle nous rejoindra quand elle aura réglé les détails pour la réunion de demain. • *I can't leave until I've squared away here.* Je ne peux pas partir tant que je n'ai pas tout réglé ici.

square off squares, squaring, squared

square off *américain*
s'affronter • *Sampras and Becker will square off next Saturday in the final.* Sampras et Becker s'affronteront samedi prochain pour la finale. • (parfois + **against**) *The police squared off against a crowd armed with bricks and bottles.* La police s'est heurtée à une foule armée de briques et de bouteilles.

square up squares, squaring, squared

square up
1 *britannique & australien* se préparer à s'affronter • (souvent + **to**) *A group of police officers and a crowd of youths were squaring up to each other.* Un groupe de policiers et une foule de jeunes se préparaient à l'affrontement. • (souvent + **for**) *Europe and the United States squared up for another dispute over trade restrictions.* L'Europe et les Etats-Unis se sont préparés pour une nouvelle confrontation sur les restrictions commerciales.
2 *familier* régler des dettes • *Do you want to square up now?* Tu veux que nous réglions nos dettes maintenant? • (souvent + **with**) *If you pay for the meal, I'll square up with you later.* Si tu paies le repas, je te rembourserai plus tard.

square up to squares, squaring, squared

square up to sth *britannique & australien, familier*
faire face à • *He needs to square up to his responsibilities.* Il doit faire face à ses responsabilités. • *The first thing the new government must do is to square up to its economic problems.* La première chose que le gouvernement doit faire, c'est faire face aux problèmes économiques.

square with squares, squaring, squared

square (sth) **with** sth
cadrer avec • (généralement dans des phrases négatives) *The problem is that her story doesn't square with the evidence.* Le problème c'est que son histoire ne cadre pas avec les preuves. • *These recent revelations don't quite square with the image of him that's promoted in the press.* Ces révélations récentes ne cadrent pas vraiment avec l'image de lui qui est véhiculée par la presse. • *I don't think I could spend that much money on a piece of clothing – I couldn't **square it with my conscience**.* Je ne pense pas que je pourrais dépenser autant d'argent pour un vêtement. Cela me poserait des problèmes de conscience.

square sth **with** sb *familier*
voir avec • *If I take a day off I'll usually square it with my boss first.* Si je prends un jour de congé, en général, je vois ça d'abord avec mon patron.

squash in/into squashes, squashing, squashed

squash in (sb) or **squash** (sb) **in**
squash (sb) **into** sth
faire une place à quelqu'un dans quelque chose • *If we all move up a bit, Polly can squash in.* Si nous nous poussons tous un

peu, il y aura de la place pour Polly. • *Four of us squashed into the back seat of the car.* Quatre d'entre nous se sont entassés à l'arrière de la voiture. • *We can probably squash you in at the back.* Nous pouvons sans doute te faire de la place à l'arrière.

squash up squashes, squashing, squashed

squash up

se serrer • *If we all squash up, there'll be room for Christine.* Si nous nous serrons tous, il y aura de la place pour Christine.

squeak by squeaks, squeaking, squeaked

squeak by *américain, familier*

s'en tirer • (parfois + **with**) *Canada barely squeaked by with a 4-3 victory over Sweden.* Le Canada s'en est tiré de justesse avec une victoire par 4 à 3 contre la Suède.

squeal on squeals, squealing, squealed

squeal on sb *argot*

balancer • *Someone must have squealed on McGraw because the police arrested him that morning.* Quelqu'un a dû balancer McGraw parce que la police l'a arrêté ce matin.

squeeze in/into squeezes, squeezing, squeezed

squeeze in sth/sb or squeeze sth/sb in
squeeze sth/sb into sth

(course) avoir le temps de faire, (client) avoir le temps de voir • *I think we can squeeze in a quick drink before we go.* Je pense que nous avons le temps pour un petit verre avant de partir. • *I was hoping the doctor might be able to squeeze me in this morning.* J'espérais que le docteur aurait le temps de me voir ce matin. • *You seemed to squeeze a lot of sightseeing into your trip.* Il semble que vous avez eu le temps de visiter beaucoup de choses durant votre voyage.

squeeze out squeezes, squeezing, squeezed

squeeze out sth/sb or squeeze sth/sb out

exclure • *The new ten-subject curriculum in schools means that subjects like art and Latin will be squeezed out.* Le nouveau programme des écoles en dix sujets signifie que des sujets comme l'art et le latin seront exclus. • (souvent + **of**) *By lowering its prices, the airline hopes to squeeze smaller firms out of the market.* En baissant ses prix, la compagnie aérienne espère exclure de plus petites sociétés du marché.

squeeze out of squeezes, squeezing, squeezed

squeeze sth out of sb

(information) arracher à • *The museum directors have managed to squeeze an extra £200,000 a year out of the arts council.* Les directeurs de musées ont réussi à obtenir £200.000 supplémentaires par an de la commission aux Beaux-Arts. • *After several hours of questioning, the police finally squeezed a confession out of him.* Après plusieurs heures d'interrogatoire, la police lui a finalement arraché des aveux.

squirrel away squirrels, squirrelling, squirrelled (*américain & australien* aussi squirreling, squirreled)

squirrel away sth or squirrel sth away *surtout américain*

(argent) mettre de côté • *He's busy squirreling money away for his retirement.* Il met activement de l'argent de côté pour sa retraite. • *She'd squirreled away the chocolates to eat later.* Elle avait mis les chocolats de côté pour les manger plus tard.

stack up stacks, stacking, stacked

stack up sth or stack sth up

empiler • *If you stack the dishes up by the sink, I'll do them later.* Si tu empiles les assiettes près de l'évier, je les laverai plus tard. • *She stacked up a pile of logs by the garage wall.* Elle a empilé un tas de bûches contre le mur du garage.

stack up (sth) or stack (sth) up *surtout américain*

(s') accumuler • *Every time you fly, you stack up points for free flights.* A chaque voyage en avion, vous accumulez des points pour des vols gratuits. • *More and more problems are stacking up for the event organizers.* Les problèmes s'accumulent de plus en plus pour les organisateurs de l'événement.

stack up

1 (aéroport) survoler en attendant l'autorisation d'atterrir • *Storms were* *causing the planes to stack up over Kennedy airport.* À cause des orages, les avions survolaient l'aéroport JF Kennedy en attendant l'autorisation d'atterrir.

2 (toujours + *adv/prép*) *américain & australien, familier* être aussi bien • (généralement + **against**) *Our new car doesn't stack up against our old one.* Notre nouvelle voiture n'est pas aussi bien que l'ancienne.

stake on stakes, staking, staked

stake sth **on** sth/doing sth
(argent) risquer, (réputation) mettre en jeu • *The president has staked his reputation on persuading his party to support the bill.* Le président a mis en jeu sa réputation en persuadant son parti de soutenir le projet de loi. • *They'll never agree to compromise over this issue. I'd stake my life on it.* Ils n'accepteront jamais de faire de compromis sur ce point. J'en mettrais ma tête à couper.

stake out stakes, staking, staked

stake out sth or **stake** sth **out**
1 délimiter • *Many of the early settlers were involved in disputes as they staked out their territory.* Bien des pionniers se sont disputés quand ils ont délimité leur territoire. • *We arrived early at the concert and staked out a place at the front.* Nous sommes arrivés de bonne heure au concert et nous nous sommes faits une place à l'avant.

2 faire connaître clairement • *Both parties are currently staking out their positions on the issue.* Les deux partis font actuellement connaître leurs positions sur le sujet.

3 *surtout américain & australien* mettre sous surveillance • *The police have staked out the apartment where the two terrorists are hiding.* La police a mis sous surveillance l'appartement où se cachent les deux terroristes.

stakeout *n* [C] *surtout américain & australien* surveillance • *The incident occurred while police were on a stakeout of the suspect's house.* L'incident a eu lieu alors que la police surveillait la maison du suspect.

stake to stakes, staking, staked

stake sb **to** sth *américain*
donner • *Her father staked her to a loan so she could buy the house.* Son père lui a fait un prêt pour qu'elle puisse acheter la maison.

stall off stalls, stalling, stalled

stall off sb or **stall** sb **off** *américain & australien*
retenir • *The thief broke into the office while his accomplice stalled off the security guard.* Le voleur est entré dans le bureau par effraction pendant que son complice occupait le vigile.

stamp on stamps, stamping, stamped

stamp on sth
rejeter • *The ruling party has stamped on all attempts at opposition.* Le parti au pouvoir a rejeté toutes les tentatives de l'opposition.

stamp out stamps, stamping, stamped

stamp out sth or **stamp** sth **out**
éliminer • *The government has brought in new laws to stamp out child prostitution.* Le gouvernement a introduit de nouvelles lois pour éliminer la prostitution enfantine. • *A new campaign has been launched to stamp out malaria in the region.* Une nouvelle campagne a été lancée pour éradiquer la malaria de la région.

stand about/around/round stands, standing, stood

stand about/around/round
rester • *We stood about in the cold for half an hour before we were allowed in.* Nous sommes restés dans le froid une demi-heure avant de pouvoir entrer. • (souvent + doing sth) *After the lecture, we stood around chatting and drinking coffee.* Après le cours nous sommes restés à bavarder et à boire du café.

stand aside stands, standing, stood

stand aside
1 laisser la place • *It's time he stood aside and let his son take over the company.* Il est temps qu'il laisse la place et qu'il laisse son fils s'occuper de la société.

2 rester en dehors • *If there is a war in the region, the neighbouring countries cannot afford to stand aside.* S'il y a une guerre dans la région, les pays voisins ne peuvent pas se permettre de rester en dehors.

stand back stands, standing, stood

stand back

1 reculer • *Stand well back while we light the fire.* Recule-toi bien pendant que nous allumons le feu. • (parfois + **from**) *I stood back from the painting so I could see all the details.* Je me suis reculée du tableau pour pouvoir en voir tous les détails.

2 prendre du recul • *We need to stand back and analyse where our research is going wrong.* Nous devons prendre du recul et analyser ce qui ne fonctionne pas dans notre recherche. • *Being unemployed gave me the chance to stand back and think about my life.* Etre sans emploi m'a donné l'occasion de prendre du recul et de réfléchir à ma vie.

stand by stands, standing, stood

stand by

1 se tenir prêt • *Police in riot gear were standing by in case the demonstration got out of control.* Des policiers en tenue anti-insurrectionnelle se tenaient prêts pour le cas où la manifestation deviendrait incontrôlable. • (parfois + **for**) *The pilot told the cabin crew to stand by for takeoff.* Le pilote a dit à l'équipage de se tenir prêt au décollage.

standby *n* [C/U] solution de secours • *Board games are a good standby to keep the children amused if the weather is bad.* Les jeux de société sont une bonne activité de secours pour occuper les enfants quand il fait mauvais. • *It is not yet known if there are any casualties, but hospitals in the area are on standby.* On ne sait pas encore s'il y a des victimes, mais les hôpitaux de la région se tiennent prêts. • (employé comme *adj*) *We have two standby generators in case of a power cut.* Nous avons deux générateurs de secours en cas de panne d'électricité.

standby *n* [C] (avion) billet en stand-by, (spectacle) billet sans réservation • *I got a standby and flew to New York for only $80.* J'ai obtenu un billet en stand-by et je suis allée à New York pour $80 seulement. • (employé comme *adj*) *Standby tickets are available on the day of the performance from 6pm.* Des billets sans réservation sont disponibles le jour du spectacle à partir de six heures.

2 rester passif • *How long can the world stand by and watch these atrocities?* Combien de temps le monde peut-il rester passif à observer ces atrocités? • *We cannot stand idly by while the environment is being destroyed.* Nous ne pouvons pas rester passifs pendant qu'on détruit l'environnement.

bystander *n* [C] passant • *Many innocent bystanders were injured in the explosion.* Beaucoup de passants innocents ont été blessés au moment de l'explosion.

stand by sb

aider • *She has vowed to stand by her husband who has just been jailed for assault.* Elle a fait la promesse solennelle d'aider son mari qui vient d'être emprisonné pour agression. • *He promised to stand by her if she decided to have the baby.* Il a promis de l'aider si elle décidait d'avoir un enfant.

stand by sth

(engagement) s'en tenir à • *They are standing by their agreement to lower prices.* Ils s'en tiennent à leur accord sur des prix inférieurs. • *I stand by what I said earlier: patients need to be told about the risks associated with the drug.* Je m'en tiens à ce que j'ai dit plus tôt: les patients ont besoin de connaître les risques associés à ce médicament.

stand down stands, standing, stood

stand down

1 *britannique & australien* démissionner • *The Conservative MP announced that he would be standing down at the next election.* Le député conservateur a annoncé qu'il démissionnerait à la prochaine élection. • (parfois + **as**) *She has decided to stand down as festival director.* Elle a décidé de démissionner de son poste de directrice du festival.

2 quitter la barre • *The judge told the witness to stand down after she had been cross-examined.* Le juge a dit au témoin de quitter la barre après son interrogatoire.

stand for stands, standing, stood

stand for sth

1 (jamais à la forme progressive) vouloir dire • *UFO stands for unidentified flying object.* UFO veut dire unidentified flying object (objet volant non identifié). • *The initials TH stand for Trinity House.* Les initiales TH veulent dire Trinity House.

2 soutenir, représenter • *The party stands for low taxes and the private ownership of industries.* Le parti est favorable aux impôts faibles et à la propriété privée des entreprises. • *The United States is often thought to stand for freedom of speech.* Les Etats-Unis sont souvent considérés comme représentant la liberté d'expression.

3 accepter • (généralement dans des phrases négatives) *I won't stand for this kind of behaviour in my house!* Je n'accepterai pas ce genre de conduite chez moi!

4 *britannique & australien* (maire) se présenter comme, (parlement) se présenter à • *He stood for mayor in the 1995 local elections.* Il s'est présenté comme maire aux élections municipales de 1995. • *She's decided to stand for Parliament in the next election.* Elle a décidé de se présenter au Parlement aux prochaines élections.

stand in stands, standing, stood

stand in

surtout *britannique & australien* remplacer • (souvent + **for**) *The Foreign Secretary will be standing in for the Prime Minister at the funeral.* Le Secrétaire d'Etat aux Affaires Etrangères remplacera le Premier Ministre à l'enterrement. • *I can't come to the meeting, but one of my colleagues will be able to stand in.* Je ne peux pas venir à la réunion mais une de mes collègues pourra me remplacer.

stand-in *n* [C] remplaçant • (parfois + **for**) *He was a regular stand-in for Terry Wogan before he was given his own chat show.* Il remplaçait régulièrement Terry Wogan avant qu'on lui confie sa propre émission de débats.

stand off stands, standing, stood

stand off sb (jamais au passif)

américain repousser • *They armed themselves with clubs and knives to stand off any intruders.* Ils se sont armés de matraques et de couteaux pour repousser d'éventuels envahisseurs.

standoff *n* [C] surtout *américain & australien* impasse • *Many people feared the standoff between demonstrators and the police could turn violent.* Beaucoup de gens ont craint que l'impasse entre les manifestants et la police ne tourne à la violence. • *The two countries have been locked in a diplomatic standoff.* Les deux pays sont coincés dans une impasse diplomatique.

stand out stands, standing, stood

stand out

1 se distinguer • (parfois + **among**) *Two books stand out among the dozens recently published on the Royal Family.* Deux livres se distinguent des dizaines d'ouvrages récemment publiés sur la famille royale. • (parfois + **from**) *We had a lot of good applicants for the job, but one stood out from the rest.* Nous avons eu beaucoup de bons candidats pour le poste mais l'un d'eux se distinguait de l'ensemble.

outstanding *adj* remarquable • *She is a truly outstanding athlete.* C'est vraiment une athlète remarquable. • *He won an Oscar for his outstanding performance as a man dying of AIDS.* Il a gagné un oscar pour sa prestation remarquable dans le rôle d'un malade mourant du sida.

standout *n* [C] *américain* merveille • *Ann Stamford, as the detective investigating the murder, is a standout in a fine cast.* Ann Stamford, en détective chargée du meurtre, est une merveille au milieu d'une excellente distribution. • *While all the desserts are good, the apple pie is the clear standout.* Si tous les desserts sont bons, la tarte aux pommes est vraiment ce qu'il y a de meilleur.

2 se distinguer • *Children are often anxious not to stand out.* Les enfants font souvent très attention à ne pas se faire remarquer. • (parfois + **against**) *The gold lettering stands out against the black background.* Les lettres dorées ressortent sur le fond noir. • *He likes to stand out from the crowd.* Il aime bien se distinguer des autres.

stand out against stands, standing, stood

stand out against sth surtout *britannique & australien*

s'élever contre • *He was one of the few politicians who stood out against the war.* Il a été l'un des quelques politiciens à s'élever contre la guerre.

stand over stands, standing, stood

stand over sb

se tenir derrière • *His mother stood over him while he finished his homework.* Sa mère se tenait derrière lui tandis qu'il terminait ses devoirs.

stand round
voir **stand about/around/round**

stand up stands, standing, stood

stand up

1 se lever • *I stood up to greet her.* Je me suis levée pour la saluer.
stand-up *adj* (toujours avant n) comique • *The film stars Robin Williams, one of America's best stand-up comedians.* Robin Williams, l'un des meilleurs comiques américains, joue dans le film. • *She won an award for stand-up comedy at the Edinburgh Festival.* Elle a gagné une récompense pour un spectacle comique en solo au festival d'Édimbourg.

2 (théorie) résister, (idée) tenir debout • (souvent + **to**) *This theory may not stand up to close investigation.* Cette théorie ne résistera peut-être pas à un examen serré. • *Do you think the evidence against him will stand up in court?* Croyez-vous que les preuves retenues contre lui seront validées par le tribunal?

stand up sb or **stand** sb **up** *familier*
poser un lapin à • *I waited for an hour outside the cinema before I realised I'd been stood up.* J'ai attendu une heure devant le cinéma avant de comprendre qu'on m'avait posé un lapin. • *There's nothing worse than being stood up.* Il n'y a rien de pire que de se faire poser un lapin.

stand up for stands, standing, stood

stand up for sth/sb
(principe, droit) défendre • *She always stands up for what she believes in.* Elle défend toujours ses convictions. • *The Prime Minister has promised to stand up for British interests abroad.* Le Premier Ministre a promis de défendre les intérêts britanniques à l'étranger. • (souvent pronominal) *You've got to stand up for yourself if you want people to respect you.* Il faut savoir se défendre si l'on veut être respecté par les autres.

stand up to stands, standing, stood

stand up to sb
s'opposer à • *He was not afraid to stand up to his superiors if they had a difference of opinion.* Il n'avait pas peur de s'opposer à ses supérieurs s'ils pensaient différemment. • *She has been criticized for failing to stand up to the powerful right-wing of the party.* Elle a été critiquée pour ne s'être pas opposée à la puissante aile droite du parti.

stand up to sth
résister à • *We need a carpet that will stand up to everyday use.* Nous avons besoin d'un tapis qui résistera à l'usure quotidienne. • *This type of plant stands up to the most severe winter weather.* Ce type de plante résiste aux hivers les plus rigoureux.

stare down/out stares, staring, stared

stare down sb or **stare** sb **down** *américain*
stare out sb or **stare** sb **out** *britannique & australien*
faire baisser les yeux à • *Callahan stared him out and he lowered his head in embarrassment.* Callahan le regarda dans les yeux et, gêné, il baissa la tête.

start off starts, starting, started

start off (sth) or **start** (sth) **off**
commencer • (souvent + **with**) *She started off the meeting with a report on the sales conference.* Elle a commencé le meeting par un rapport sur la réunion avec les représentants. • *I'm going to start off by saying thank you all for coming here this evening.* Je vais commencer en vous remerciant tous d'être venus ici ce soir.

start off (toujours + *adv/prép*)

1 commencer • (souvent + **as**) *He started off as a door-to-door salesman and look where he is now.* Il a commencé en faisant du porte à porte et regarde où il est maintenant. • *It started off as a bit of joke but then people started taking it seriously.* Cela a commencé un peu comme une blague mais les gens se sont mis à prendre l'affaire au sérieux.

2 se mettre en route • (généralement + *adv/prép*) *We started off down the road and I suddenly remembered that we'd forgotten Michael's book.* Nous nous sommes mis en route et, en bas de la rue, je me suis soudain rappelé que nous avions oublié le livre de Michael.

start sb **off**

1 faire commencer • (souvent + **on**) *I'll start her off on some fairly basic stuff and see how she gets on.* Je vais la faire commencer avec

des choses assez simples et je verrai comment elle se débrouille.

2 (pleurer, rire) faire • *I could see Paul trying not to laugh and of course that started me off.* Je voyais Paul qui se retenait de rire et, bien sûr, cela m'a fait éclater de rire. • (souvent + doing sth) *I didn't want to start her off crying again.* Je ne voulais pas la faire pleurer à nouveau.

start on starts, starting, started

start on sth
commencer • *I'm just about to start on the cleaning.* Je vais commencer le nettoyage. • *Shall we start on the wine or wait till Colin gets here?* On commence à servir le vin ou on attend que Colin arrive?

start on sb
s'en prendre à • *She went on and on to Andrew about how badly he'd behaved and then she started on Stewart.* Elle a fait tout un discours à Andrew sur sa mauvaise conduite puis elle s'en est prise à Stewart.

start on at starts, starting, started

start on at sb
s'en prendre à • *She started on at him about the way that he's always looking at other women.* Elle s'en est prise à lui sur la façon dont il est toujours à regarder les autres femmes.

start out starts, starting, started

start out
commencer • (souvent + as) *He started out as a teacher and only began writing in his thirties.* Il a commencé comme enseignant et ne s'est mis à écrire qu'après trente ans. • *What started out as a part-time job became a full-time occupation.* Ce qui n'était au début qu'un travail à temps partiel devint un emploi à temps plein.

start out to do sth
avoir l'intention de • *We didn't start out to build our own house – it just happened that way.* nous n'avions pas l'intention de construire notre propre maison; ça s'est simplement présenté comme ça.

start over starts, starting, started

start over *américain*
recommencer • *This is full of errors – I'm going to have to start over.* C'est plein d'erreurs: je vais devoir recommencer.

start up starts, starting, started

start up (sth) or **start** (sth) **up**
1 (entreprise) être créé, créer • *Many small businesses started up in the 1980's to cater to this growing market.* Beaucoup de petites entreprises ont été créées dans les années 1980 pour satisfaire ce marché en pleine expansion. • *We ought to start up a drama group.* Nous devrions créer un club de théâtre. • *We're starting up a number of projects early next year.* Nous allons commencer un certain nombre de projets au début de l'année prochaine.

start-up *adj* (toujours avant n) (programme) d'aide à la création d'entreprises • *He founded the company with a start-up loan of $20,000 from the bank.* Il a fondé la société avec un prêt bancaire d'aide à la création d'entreprises de $20.000.

start-up *n* [C] démarrage • (généralement au singulier) *After its successful start-up, the company immediately began looking for ways to expand.* Après son démarrage réussi, l'entreprise s'est mise aussitôt à chercher des possibilités d'expansion.

2 démarrer • *The car wouldn't start up this morning.* La voiture ne voulait pas démarrer, ce matin. • *He looked in his mirror and started up the engine.* Il a regardé dans son rétroviseur et a démarré le moteur.

3 (son) retentir, faire retentir, (activité) commencer • *The music had started up again.* La musique avait recommencé.

start up
1 sursauter • *When he saw me, he started up and looked highly embarrassed.* Quand il m'a vu, il a sursauté et a eu l'air très gêné.

2 (toujours + adv/prép) démarrer • (généralement + in) *He started up in business at the age of twenty-five.* Il a démarré dans les affaires à l'âge de vingt-cinq ans.

starve for

be starving for sth (toujours à la forme progressive) *américain*
avoir très envie de • *I'd been on my own all week and was starving for conversation.* J'avais été seul tout le week-end et j'avais très envie de parler à quelqu'un.

be starved for sth (toujours au passif) *américain & australien*
être en mal de • *I feel I've been starved for affection all these years.* Je me rends

compte que j'ai été en mal d'affection durant toutes ces années.

starve into stroves, starving, starved

starve sb into sth
couper les vivres pour contraindre à • *Basically, they were starved into submission by the government* En fait, le gouvernement leur coupait les vivres pour les contraindre à la soumission.

starve of starves, starving, starved

starve sb of sth *britannique & australien*
priver de • (généralement au passif) *I feel I've been starved of your company.* J'ai l'impression d'avoir été privée de votre compagnie.

starve out starves, starving, starved

starve out sb or **starve sb out**
(ennemi) affamer • *Crops have been burned to starve out the rebels.* Les récoltes ont été brûlées pour affamer les rebelles.

stash away stashes, stashing, stashed

stash away sth or **stash sth away**
légèrement familier
mettre à gauche • *He's got plenty of money stashed away in foreign bank accounts.* Il a plein d'argent à gauche sur des comptes en banque à l'étranger.

stave off staves, staving, staved

stave off sth or **stave sth off**
empêcher • *Here, have a sandwich – that should stave off the hunger.* Tiens, prends un sandwich; ça devrait tromper ta faim. • *They tried desperately to raise cash to stave off bankruptcy.* Ils ont essayé désespérément de trouver de l'argent pour éviter la faillite.

stay ahead stays, staying, stayed

stay ahead
garder la première place • (souvent + **of**) *We are always looking for new ways to stay ahead of our competitors.* Nous sommes toujours à l'affût de nouvelles façons de continuer à devancer nos concurrents.

stay away stays, staying, stayed

stay away
ne plus venir • (souvent + **from**) *People are staying away from the beaches because of the oil pollution.* Les gens ne viennent plus sur les plages à cause de la pollution par le pétrole. • *He had been warned to stay away.* On l'avait prévenu de ne plus venir.

stay away from stays, staying, stayed

stay away from sth
éviter • *I think he should stay away from drugs of any sort.* Je pense qu'il devrait éviter les drogues de toutes sortes.

stay behind stays, staying, stayed

stay behind
rester • *I stayed behind to ask the teacher a couple of questions.* Je suis restée pour poser quelques questions au professeur.

stay down stays, staying, stayed

stay down
rester dans l'estomac • *I've been feeding him dry toast because it's the only thing that stays down.* Je le nourris de tranches de pain grillées parce que c'est la seule chose qu'il arrive à garder.

stay in stays, staying, stayed

stay in
rester à la maison • *I think I'm going to stay in tonight and have a quiet one.* Je crois que je vais rester à la maison et passer une soirée tranquille.

stay off stays, staying, stayed

stay off (sth) *britannique & australien*
ne pas aller travailler • *If I feel like this tomorrow I'll stay off.* Si je me sens comme ça demain je n'irai pas travailler.
stay off sth
(cigarettes, alcool) éviter • *I think I'm going to stay off the drink for a couple of weeks.* Je crois que je vais m'abstenir de boire pendant une ou deux semaines.

stay on stays, staying, stayed

stay on
1 rester • *Susie flew back on the Monday but I stayed on for a couple of days.* Susie a repris l'avion le lundi mais je suis restée quelques jours de plus. • *They stayed on after India became independent.* Ils sont restés après l'indépendance de l'Inde.
2 *britannique & australien* poursuivre ses études • *You can leave school at sixteen or*

stay on and take the exams that are required for university. Vous pouvez quitter l'école à seize ans ou poursuivre vos études et passer les examens requis pour l'entrée à l'université.

3 continuer de travailler • *She had intended to retire, but her boss persuaded her to stay on for another year.* Elle avait l'intention de prendre sa retraite mais son patron l'a persuadée de continuer de travailler un an de plus.

stay out stays, staying, stayed

stay out

1 (toute la nuit) ne pas rentrer, (tard) rentrer • *I've got to be up early in the morning so I don't want to stay out too late.* Je dois me lever tôt demain, alors je ne veux pas rentrer trop tard.

2 continuer la grève • *The miners are prepared to stay out until their demands are met.* Les mineurs sont prêts à continuer la grève jusqu'à ce que leurs revendications soient satisfaites.

stay out of stays, staying, stayed

stay out of sth

rester en dehors de • *It's really for Julia and Mark to sort out – I'd stay out of it if I were you.* C'est vraiment à Julia et à Mark de régler ça. Je ne m'en mêlerais pas si j'étais vous.

stay over stays, staying, stayed

stay over

rester pour la nuit • *We've got an extra room so you can stay over any time.* Nous avons une chambre en plus et tu peux dormir ici quand tu veux.

stay up stays, staying, stayed

stay up

veiller • *Rosie was allowed to stay up till eleven o'clock.* Rosie a eu la permission de veiller jusqu'à onze heures du soir. • (souvent + to do sth) *We stayed up late to watch the Olympics on television.* Nous avons veillé tard pour regarder les Jeux Olympiques à la télévision.

steady on

Steady on! (toujours à l'impératif) *britannique & australien*
Un peu de retenue! • *Steady on, Mike! That's rather strong language to use in the presence of ladies!* Un peu de retenue, Mike! C'est un peu osé comme façon de s'exprimer devant des dames!

steal away steals, stealing, stole, stolen

steal away

s'éclipser • *I waited till nobody was looking and stole away.* J'ai attendu que personne ne regarde et je me suis éclipsée.

steal over steals, stealing, stole, stolen

steal over sb *littéraire*
envahir • *I was tired, but a dreamy contentment stole over me.* J'étais fatiguée mais une douce sensation de bien-être m'envahit.

steal up steals, stealing, stole, stolen

steal up (toujours + *adv/prép*)
s'approcher sans bruit • (souvent + **on**) *She stole up on him when he wasn't looking.* Elle s'est approchée de lui sans bruit alors qu'il ne regardait pas.

steam up steams, steaming, steamed

steam up (sth) or **steam** (sth) **up**
s'embuer • *The bathroom mirror steamed up when I ran the hot water.* Le miroir de la salle de bains s'est embué quand j'ai fait couler l'eau chaude.

steep in

be steeped in sth (toujours au passif)
(histoire, tradition) être imprégné de • *The city of York is steeped in Roman history.* La ville de York est imprégnée d'histoire romaine. • *Italian cuisine is steeped in tradition.* La cuisine italienne est imprégnée par la tradition.

stem from stems, stemming, stemmed

stem from sth
provenir de • *Most of her problems stem from the difficult childhood she had.* La plupart de ses problèmes viennent de son enfance difficile.

step aside steps, stepping, stepped

step aside
céder la place • *I think they're hoping that he'll step aside so that a younger man can take over.* Je crois qu'ils espèrent qu'il

cèdera la place pour permettre à quelqu'un de plus jeune que lui de le remplacer.

step back steps, stepping, stepped

step back
prendre du recul • (souvent + **from**) *I think he should step back from the whole situation and think things over.* Je crois qu'il devrait prendre du recul par rapport à la situation et réfléchir à tout ça.

step down steps, stepping, stepped

step down
démissionner • (souvent + **as**) *Richardson is to step down as chairman of the company.* Richardson va démissionner de son poste de président de la société. • (souvent + **from**) *He has agreed to step down from his post as club manager.* Il a accepté de démissionner de son poste de président du club.

step down sth or **step** sth **down**
réduire progressivement, ralentir progressivement • (généralement au passif) *Production of this model of car is being stepped down.* La production de ce modèle de voiture est progressivement réduite.

step forward steps, stepping, stepped

step forward
se proposer • (souvent + **to do sth**) *One by one, survivors have been stepping forward to talk about the tragedy.* Un par un les survivants se sont proposés pour parler de la tragédie.

step in steps, stepping, stepped

step in
intervenir • *I try not to step in and sort out the kids' arguments but sometimes I just have to.* J'essaie de ne pas intervenir pour régler les disputes des enfants mais quelquefois j'y suis bien obligé. • (souvent + **to do sth**) *A Japanese bank stepped in to provide financial support for the project.* Une banque japonaise est intervenue pour fournir un soutien financier au projet.

step on

step on it! (toujours à l'impératif) *familier*
se grouiller • *Step on it, would you Les, we're already late.* Grouille-toi, s'il te plaît Les, nous sommes déjà en retard.

step out steps, stepping, stepped

step out
1 sortir • *Beth just stepped out for a few minutes – I'll get her to call you back.* Beth vient de sortir un instant. Je lui dirai de vous rappeler.
2 *britannique & australien, vieilli* activer le pas • *If we step out we'll be able to catch up with the others.* Si nous activons le pas, nous pourrons rattraper les autres.

step out on steps, stepping, stepped

step out on sb *américain, familier*
tromper • *I don't know why she puts up with him, he's always stepping out on her.* Je ne sais pas pourquoi elle le supporte, il la trompe sans arrêt.

step up steps, stepping, stepped

step up sth or **step** sth **up**
multiplier • *Security at the airport has been stepped up since the bomb scare.* Les mesures de sécurité à l'aéroport ont été multipliées depuis l'alerte à la bombe. • *The police have stepped up their efforts to try to recover the stolen items.* La police a multiplié ses efforts pour essayer de retrouver les objets volés.

stick around sticks, sticking, stuck

stick around *familier*
rester • *I'll stick around here a bit longer and see if Simon turns up.* Je vais rester ici un peu plus longtemps pour voir si Simon vient. • *I didn't know what he wanted but I wasn't going to stick around to find out.* Je ne savais pas ce qu'il voulait mais je n'avais pas envie de rester pour le savoir.

stick at sticks, sticking, stuck

stick at sth
persévérer dans • *If you're going to learn to play a musical instrument you really have to stick at it.* Si vous voulez apprendre à jouer d'un instrument, vous devez vraiment persévérer. • *She never stuck at one job for more than a couple of months.* Elle n'a jamais été capable de rester plus de deux mois à faire le même travail.

stick by sticks, sticking, stuck

stick by sb
soutenir • *I'll stick by you whatever happens.* Je te soutiendrai quoi qu'il

arrive. • *He's my husband and I'll **stick by him** through thick and thin.* C'est mon mari et je le soutiendrai quoi qu'il arrive.

stick by sth
s'en tenir à • *The government intends to **stick by** its planned cuts, despite criticisms.* Le gouvernement a l'intention de s'en tenir aux restrictions budgétaires prévues, malgré les critiques. • *I'll **stick by** what I said.* Je m'en tiendrai à ce que j'ai dit.

stick down sticks, sticking, stuck

stick down sth or **stick** sth **down**

1 coller • *The cover on that book was coming off so I **stuck** it **down**.* La couverture de ce livre ne tenait plus, alors je l'ai recollée.

2 mettre • *Could you **stick** my name **down** on the list?* Pouvez-vous mettre mon nom sur la liste? • *I was bored of filling in forms so I just **stuck** anything **down**.* J'en avais marre de remplir des formulaires, alors j'ai mis n'importe quoi.

stick on

be stuck on sth (toujours au passif)
familier
vouloir à tout prix • *Tony didn't want a traditional wedding but Sharon was **stuck on** the idea.* Tony ne voulait pas un mariage traditionnel mais Sharon ne voulait pas en démordre.

be stuck on sb (toujours au passif)
américain & australien, familier
en pincer pour • *She's really **stuck on** some guy in the office.* Elle en pince pour un type du bureau.

stick out sticks, sticking, stuck

stick out

1 dépasser • *She'd be so pretty if her teeth didn't **stick out**.* Elle serait tellement mignonne si ses dents ne dépassaient pas. • (souvent + **of**) *A bright, spotted handkerchief was **sticking out of** his jacket pocket.* Un mouchoir vif à pois dépassait de la poche de sa veste. • (souvent + **from**) *I could see Bill's legs **sticking out from** underneath the car.* Je voyais les jambes de Bill qui dépassaient de dessous la voiture.

2 se voir • *She's new to the job and it really **sticks out**.* Elle débute à ce poste et cela se voit vraiment. • *She really hates Will and it **sticks out a mile**.* Elle déteste vraiment Will et ça se voit comme le nez au milieu de la figure. • *Andy and I dressed up for the party but we **stuck out like a sore thumb**.* Andy et moi nous étions habillés pour la fête mais nous détonnions sur le reste des invités.

stick out sth or **stick** sth **out**

1 faire ressortir • *She **sticks** her bottom **out** when she walks.* Elle marche en faisant ressortir son derrière. • *This little kid **stuck** his tongue **out** at me.* Ce petit garçon m'a tiré la langue.

2 supporter • *I'm not sure if I can **stick** this job **out** for much longer.* Je ne suis pas certaine de pouvoir supporter ce travail beaucoup plus longtemps. • *It's a tough course but if you can **stick it out**, the qualification is well worth having.* C'est un cours difficile mais si tu tiens le coup, le diplôme en vaut la peine.

stick out for sticks, sticking, stuck

stick out for sth *britannique & australien*
exiger • *The unions have said that they are going to **stick out for** a 10% pay rise.* Les syndicats ont dit qu'ils exigeraient une augmentation de 10% des salaires.

stick to sticks, sticking, stuck

stick to sth
s'en tenir à • *I'm **sticking to** my original plan.* Je m'en tiens à mon projet de départ. • *The others were all drinking champagne but I **stuck to** orange juice.* Les autres buvaient tous du champagne mais je m'en suis tenu au jus d'orange. • *Could you **stick to** the point please?* Pourriez-vous vous en tenir au sujet, s'il vous plaît?

stick it to sb *américain, familier*
le faire sentir à • *They really **stick it to** you when they realise you're a foreigner.* Ils vous le font vraiment sentir quand ils comprennent que vous êtes étranger.

stick together sticks, sticking, stuck

stick together *familier*
être solidaire • *No family can **stick together** under the strain of so many pressures.* Aucune famille ne peut rester solidaire, soumise à tant de pression. • *We women have to **stick together**.* Nous, les femmes, devons être solidaires.

stick up sticks, sticking, stuck

stick up
dépasser • *I can't go out with my hair **sticking up** like this.* Je ne peux pas sortir

avec les cheveux hérissés comme ça. • *You see that branch sticking up out of the water?* Tu vois cette branche qui sort de l'eau?

stick up sb/sth or **stick** sb/sth **up**
américain & australien, familier
attaquer à main armée • *Those guys who stuck up the drugstore were on the news last night.* Les types qui ont attaqué le drugstore ont été mentionnés aux informations hier soir.

stick-up *n* [C] *américain & australien, familier* attaque à main armée • *There was a stick-up at the post office last week.* Il y a eu une attaque à main armée à la poste, la semaine dernière.

stick up for sticks, sticking, stuck

stick up for sb *familier*
défendre • *Why do you always feel you have to stick up for him?* Pourquoi te sens-tu toujours obligée de le défendre? • (souvent pronominal) *She certainly knows how to stick up for herself.* Elle sait très bien se défendre.

stick up for sth *familier*
(droits) défendre • *You've got to stick up for your rights.* Il faut défendre ses droits.

stick with sticks, sticking, stuck

stick with sth *familier*
s'en tenir à • *I think we'd better stick with our original plan.* Je pense que nous ferions mieux de nous en tenir à notre idée de départ.

stick with sb *familier*
1 rester avec • (généralement à l'impératif) *Stick with me and you won't get lost.* Reste avec moi et tu ne te perdras pas.
2 rester dans la mémoire de • *One piece of advice she gave me has stuck with me ever since.* Un conseil qu'elle m'a donné m'est resté en mémoire.

stick with it *familier*
persévérer • *I know it's hard but stick with it and you'll get there in the end.* Je sais que c'est difficile mais persévère et tu y arriveras.

sting for stings, stinging, stung

sting sb **for** sth
1 *familier* assommer de • *I could go overdrawn but the bank would sting me for charges.* Je pourrais me mettre à découvert mais la banque m'assommerait d'agios.
2 *britannique & australien, familier* taper de • *I'm going to have to sting you for a couple of quid.* Je vais devoir te taper de quelques livres.

stink out/up stinks, stinking, stank, stunk

stink out sth or **stink** sth **out**
britannique & australien, familier
stink up sth or **stink** sth **up** *américain, familier*
empester • *I'd better get my running shoes out of here before they stink the place out.* Je ferais bien de sortir mes chaussures de jogging d'ici avant qu'elles n'empestent la pièce.

stir in/into stirs, stirring, stirred

stir in sth or **stir** sth **in**
stir sth **into** sth
incorporer • *Remove the sauce from the heat and stir in the cream.* Retirer la sauce du feu et y incorporer la crème. • *Gently stir the egg yolks into the mixture and leave to cool.* Incorporer doucement les jaunes d'oeufs dans le mélange et laisser refroidir.

stir up stirs, stirring, stirred

stir up sth or **stir** sth **up**
1 provoquer • *I think she just likes stirring up trouble.* Je crois qu'elle aime simplement provoquer les problèmes. • *He was accused of stirring up racial tensions.* Il a été accusé de provoquer des conflits raciaux. • *She's trying to stir things up between you because she's jealous of your relationship.* Elle essaie d'envenimer les choses entre vous parce qu'elle est jalouse de votre relation.
2 rappeler • *Going back to South Africa had stirred up some painful memories for him.* Retourner en Afrique du Sud lui avait rappelé des souvenirs douloureux.
3 (poussière) soulever, (sable) faire voler • *Our feet had stirred up a cloud of dust.* Nos pas avaient soulevé un nuage de poussière.

stir up sb or **stir** sb **up**
inciter à la révolte • *He was regarded by the government as someone who might stir up the underclass.* Il était considéré par le gouvernement comme quelqu'un susceptible d'inciter les plus défavorisés à la révolte.

stitch up stitches, stitching, stitched
stitch up sth or **stitch** sth **up**
1 recoudre • *It took ten minutes for the nurse to stitch up my finger.* L'infirmière a mis dix minutes pour recoudre mon doigt.
2 (affaire) conclure • (généralement au passif) *I reckon we'll get the deal stitched up by lunch time.* Je pense que l'affaire sera conclue à midi.

stitch up sb or **stitch** sb **up** *britannique, familier*
1 monter un coup contre • *He claims he was stitched up by the police.* Il affirme que la police a monté un coup contre lui.
stitch-up n [C] *britannique, familier* coup monté • (généralement au singulier) *He still maintains that he's innocent and that the whole affair was a stitch-up.* Il maintient qu'il est innocent et que l'affaire n'est qu'un coup monté.
2 avoir • (généralement au passif) *You shouldn't have paid fifty quid for that, mate – you've been stitched up.* Tu n'aurais jamais dû payer cinquante livres pour ça, mon garçon. Tu t'es fait avoir.

stock up stocks, stocking, stocked
stock up
faire provision de • (souvent + **on**) *We'd better stock up on food for the holidays.* Nous ferions bien de faire provision de nourriture pour les vacances. • (souvent + **with**) *I usually stock up with alcohol in the duty-free shop at the airport.* Je fais généralement provision d'alcool à au magasin hors-taxe à l'aéroport.

stoke up stokes, stoking, stoked
stoke up sth or **stoke** sth **up**
1 (feu) alimenter • *I'll just stoke up the fire and get this room a bit warmer.* Je vais alimenter le feu pour réchauffer un peu la pièce.
2 (hostilité) nourrir • *He's been accused of stoking up old hostilities between the nations.* On l'a accusé de nourrir d'anciennes rancunes entre les nations.

stoop to stoops, stooping, stooped
stoop to sth/doing sth
s'abaisser à • (généralement dans des phrases négatives) *I'm a desperate woman but I wouldn't stoop to blackmail.* Je suis dans une situation désespérée mais je ne m'abaisserais pas à faire du chantage. • *No reputable company would stoop to selling the names of their clients to other companies.* Aucune entreprise respectable ne vendrait le nom de ses clients à d'autres sociétés.

stop around/round stops, stopping, stopped
stop around/round *américain*
passer • *Why don't you stop around sometime?* Pourquoi est-ce que tu ne passes pas un jour?

stop back stops, stopping, stopped
stop back *américain*
repasser • *I'll stop back later when you have a little more time.* Je repasserai plus tard quand tu auras un peu plus de temps.

stop behind stops, stopping, stopped
stop behind
rester • *I stopped behind after the class to ask the teacher one or two things.* Je suis restée après le cours pour demander deux ou trois choses au professeur.

stop by stops, stopping, stopped
stop by (swh)
passer • *I thought I might stop by on my way home as I haven't seen you for ages.* J'ai pensé que je passerai peut-être en rentrant chez moi comme je ne t'ai pas vu depuis des siècles. • *I've got to stop by the bank.* Il faut que je passe à la banque.

stop in stops, stopping, stopped
stop in
1 *familier* passer • (souvent + **at**) *I stopped in at Justin's on the way home and returned his video.* Je suis passée chez Justin en rentrant pour lui rendre sa cassette. • *I thought I'd stop in and say hello as I was passing your house.* Comme je passais devant chez toi, j'ai pensé m'arrêter pour dire bonjour.
2 *britannique, familier* rester chez soi • *I'm going to stop in tonight and write a couple of letters.* Je vais rester chez moi ce soir et écrire quelques lettres.

stop off stops, stopping, stopped
stop off
s'arrêter • (souvent + **in**) *We could stop off in Paris for a couple of days before heading south.* Nous pourrions nous arrêter à Paris pendant deux ou trois jours avant de descendre vers le sud. • (souvent + **at**) *I'll*

stop off at the supermarket on the way home and get some wine. Je m'arrêterai au supermarché en rentrant et j'achèterai du vin.

stop out stops, stopping, stopped

stop out *britannique & australien, familier*
découcher • *If you're going to stop out will you let me know?* Si tu découches, tu me préviendras?

stop over stops, stopping, stopped

stop over
1 faire une étape, faire une escale • *We stopped over in Los Angeles for two nights on the way to New Zealand.* Nous avons fait une escale de deux jours à Los Angeles en allant en Nouvelle Zélande.
  stopover *n* [C] étape, (avion) escale • *Our tickets to Australia included a two-night stopover in Singapore.* Nos billets pour l'Australie comprenaient une étape de deux jours à Singapour.
2 *britannique, familier* rester pour dormir • *Why don't you come round for dinner one night and you can stop over?* Pourquoi ne venez-vous pas dîner et dormir chez nous un de ces jours?

stop over swh *américain*
passer • *I stopped over Annie's house this afternoon.* Je suis passé chez Annie cet après-midi. • *Jen's stopping over later.* Jen va passer plus tard.

stop round
voir **stop around/round**

stop up stops, stopping, stopped

stop up *britannique, familier*
se coucher tard • (généralement + to do sth) *I stopped up to watch the late film.* Je me suis couchée tard parce que je voulais regarder le film de fin de soirée.

stop up sth or **stop** sth **up**
boucher • *We found a mouse hole and stopped it up with plaster.* Nous avons trouvé un trou de souris et nous l'avons bouché avec du plâtre.

store away stores, storing, stored

store away sth or **store** sth **away**
ranger • *Because it's summer all my sweaters are stored away at the back of the wardrobe.* Comme c'est l'été, tous mes pulls sont rangés au fond de ma garde-robe.

store up stores, storing, stored

store up sth or **store** sth **up**
1 faire provision de • *These small rodents store up nuts for the winter.* Ces petits rongeurs font provision de noisettes pour l'hiver.
2 mémoriser • *I listen in to their conversations and store it all up to tell you later.* J'écoute leurs conversations et je mémorise tout pour te le raconter plus tard.

store up sth
(ennuis) accumuler • (généralement + **for**) *If you don't deal with the matter now, you're just storing up trouble for the future.* Si tu ne règles pas le problème maintenant, les ennuis ne vont faire que s'accumuler.

stow away stows, stowing, stowed

stow away
voyager clandestinement • *She stowed away on a freighter bound for Hong Kong.* Elle a voyagé clandestinement sur un avion de fret en direction de Hong Kong.
  stowaway *n* [C] passager clandestin • *Checks revealed a stowaway on board.* Un passager clandestin a été découvert à bord après un contrôle.

stow away sth or **stow** sth **away**
ranger • (souvent + **in**) *The camping equipment had been stowed away in the loft.* Le matériel de camping avait été rangé au grenier.

straighten out straightens, straightening, straightened

straighten out (sth) or **straighten** (sth) **out**
devenir droit, remettre droit • *The road straightens out after a mile or so.* La route redevient droite après deux ou trois kilomètres. • *I'm trying to straighten out some of these tent pegs.* J'essaie de redresser quelques-uns de ces piquets de tente.

straighten out sth or **straighten** sth **out**
régler • *There are a few matters I need to straighten out with you before we start.* Il y a quelques questions qu'il me faut régler avec vous avant que nous ne commencions.

straighten out sb or **straighten** sb **out**
familier
faire marcher droit • *And you really think a year in the army's going to straighten him out?* Et tu penses vraiment qu'un an à

l'armée va le remettre sur le droit chemin? • (souvent pronominal) *He'd better straighten himself out if he wants a job.* Il ferait bien de réviser sa conduite s'il veut du travail.

straighten up straightens, straightening, straightened

straighten up
se redresser • *Something went click in my back and when I tried to straighten up it was agony.* Quelque chose s'est bloqué dans mon dos et quand j'ai essayé de me redresser j'ai ressenti une douleur terrible.

straighten up sth or **straighten** sth **up**
ranger • *Could you just straighten up the lounge before people start arriving?* Est-ce que tu peux ranger le salon avant que les gens n'arrivent?

strap in/into straps, strapping, strapped

strap in sb or **strap** sb **in**
strap sb **into** sth
attacher • *The kids need strapping into their seats in the back.* Les enfants doivent être attachés dans leur siège à l'arrière. • (parfois pronominal) *He lowered himself into the cockpit and strapped himself in.* Il est descendu dans le cockpit et a attaché sa ceinture.

strap up straps, strapping, strapped

strap up sth or **strap** sth **up** *britannique & australien*
bander • *He played the second set with his ankle strapped up.* Il a joué le deuxième set avec la cheville bandée.

stretch away stretches, stretching, stretched

stretch away (toujours + *adv/prép*)
s'étendre • *Fields of golden corn stretch away as far as the eye can see.* Des champs de maïs doré s'étendent à perte de vue.

stretch out stretches, stretching, stretched

stretch out
s'allonger • *He stretched out on the sofa in front of the TV.* Il s'est allongé sur le canapé devant la télé.

stretch out sth or **stretch** sth **out**
tendre • *She stretched out a hand and lifted the glass to her lips.* Elle a tendu la main et a porté le verre à ses lèvres.

stretch out
s'étendre • *On either side of us, fields stretch out for miles.* Autour de nous, des champs s'étendent sur des kilomètres.

strike back strikes, striking, struck

strike back
riposter • (parfois + **at**) *The courts are now more sympathetic to women who strike back at violent husbands.* Les tribunaux sont maintenant plus compréhensifs envers les femmes qui ripostent contre un mari violent.

strike down strikes, striking, struck

strike down sb or **strike** sb **down**
1 (maladie) terrasser • (généralement au passif) *My training was going really well till I was struck down with flu.* Ma formation se passait très bien jusqu'à ce que je sois terrassé par la grippe.
2 abattre • (généralement au passif) *He died in '63, struck down by an assassin's bullet.* Il est mort en 63, abattu par un projectile.

strike down sth or **strike** sth **down**
américain
(loi, texte de loi) abroger, (condamnation) annuler • *The law restricting abortion was struck down in the Supreme Court last month.* La loi limitant le droit à l'avortement a été abrogée par la Cour Suprême le mois dernier.

strike off

be struck off (toujours au passif)
britannique & australien
être radié • (souvent + **for**) *In 1989 he was struck off for professional misconduct.* Il a été radié en 1989 pour faute professionnelle.

strike on

be struck on sb/sth (toujours au passif)
britannique, familier
adorer • *She seems very struck on this new man.* Elle a vraiment l'air d'adorer son nouveau copain. • (souvent dans des phrases négatives) *I'm not that struck on*

Indian food. Je n'aime pas tant que ça la cuisine indienne.

strike on/upon strikes, striking, struck

strike on/upon sth

(idée) avoir • *He struck on the idea while he was working as a researcher in the States.* L'idée lui est venue pendant qu'il travaillait comme chercheur aux Etats-Unis.

strike out strikes, striking, struck

strike out

1 (toujours + *adv/prép*) se lancer • *As a company they've never been afraid to strike out in new directions.* En tant qu'entreprise, ils n'ont jamais eu peur de se lancer dans des directions nouvelles. • *She'd worked for her father for over ten years and thought it was time to strike out on her own.* Elle avait travaillé pour son père pendant plus de dix ans et elle se dit qu'il était temps de se lancer toute seule.

2 frapper • *I lost control and struck out.* J'ai perdu mon sang-froid et j'ai frappé.

3 *américain, familier* rater son coup • *I really struck out with her – I didn't even get to kiss her goodnight.* J'ai vraiment raté mon coup avec elle. Je n'ai même pas réussi à l'embrasser pour lui dire au revoir.

4 partir • *We struck out across the fields towards the village.* Nous sommes partis à travers champs en direction du village.

strike out sth or **strike** sth **out**

(toujours + *adv/prép*) barrer • *The word had been struck out and another word written over it.* Le mot avait été barré et un autre avait été écrit par-dessus.

strike up strikes, striking, struck

strike up sth

entamer • (souvent + **with**) *I struck up a conversation with the guy who works behind the bar.* J'ai entamé une conversation avec le type qui travaille derrière le bar. • *He met her in '65 and struck up a friendship that was to last many years.* Il l'a rencontrée en 65 et a noué avec elle une amitié qui allait durer plusieurs années.

strike up (sth)

entamer • *Then a regimental band with bagpipes struck up the national anthem.* Ensuite, un ensemble militaire de joueurs de cornemuse a commencé à jouer l'hymne national. • *A jazz band struck up and people started to dance.* Un groupe de jazz s'est mis à jouer et les gens ont commencé à danser.

strike upon

voir **strike on/upon**

string along strings, stringing, strung

string along sb or **string** sb **along**

familier

mener en bateau • *He strung her along for years, saying he'd marry her when he'd divorced his wife.* Il l'a menée en bateau pendant des années, lui disant qu'il l'épouserait quand sa femme et lui auraient divorcé. • *He's never going to give you that money he owes you – he's just stringing you along.* Il ne te rendra jamais l'argent qu'il te doit. Il te mène en bateau.

string along *familier*

accompagner • (souvent + **with**) *I didn't have any other plans so I thought I'd string along with them.* Je n'avais rien de prévu, alors j'ai décidé de les accompagner. • *If you're going into town later, is it okay if I string along?* Si tu vas en ville tout à l'heure, je peux t'accompagner?

string out string, stringing, strung

be strung out (toujours au passif)

être échelonné • (généralement + **along**) *Armed guards were strung out along the five-mile border.* Des gardes armés étaient déployés sur les huit kilomètres de frontière.

string out sth or **string** sth **out** *familier*

faire durer • *It's in the lawyer's interest to string out the case because he'll earn more fees.* C'est dans l'intérêt de l'avocat de faire durer une affaire parce qu'il percevra plus d'honoraires.

string together strings, stringing, strung

string together sth or **string** sth **together**

aligner • *I managed to string a few words together in Greek.* J'ai réussi à aligner quelques mots en grec. • *He'd drunk so much he could hardly string two sentences together.* Il avait tellement bu qu'il était incapable d'aligner deux phrases.

string up strings, stringing, strung

string up sth or **string** sth **up**
accrocher • *We put tables and chairs in the garden and strung up coloured lights in the trees.* Nous avons mis des tables et des chaises dans le jardin et nous avons accroché des lumières de couleur dans les arbres.

string up sb or **string** sb **up** *familier*
pendre • *If you want my opinion, I think he should be strung up from the nearest lamp post.* Si vous voulez savoir, je pense qu'on devrait le pendre haut et court.

strip away strips, stripping, stripped

strip away sth or **strip** sth **away**
1 supprimer • *Strip away the jargon and you'll see that the competition is just an attempt to sell you something.* Supprimez le jargon et vous verrez que le concours n'est qu'une tentative de vous vendre quelque chose.
2 se débarrasser de • *Workers' rights have been systematically stripped away by the government.* Les droits des travailleurs ont été systématiquement supprimés par le gouvernement.

strip down strips, stripping, stripped

strip down sth or **strip** sth **down**
démonter • *He specializes in stripping down motorbikes and rebuilding them.* Sa spécialité, c'est de démonter des motos et de les remonter.

strip of strips, stripping, stripped

strip sb **of** sth
dépouiller de • (généralement au passif) *He was stripped of his gold medal after it was discovered he had taken drugs before the race.* On lui a repris sa médaille d'or après qu'on a découvert qu'il s'était dopé avant la course. • *Her native country stripped her of her citizenship after she fled in 1975.* Son pays d'origine lui a retiré sa nationalité après qu'elle a pris la fuite en 1975.

strip off strips, stripping, stripped

strip off (sth) or **strip** (sth) **off**
(vêtement) retirer, (entièrement) se déshabiller • *She stripped off and stepped into the shower.* Elle s'est déshabillée et est entrée dans la douche. • *It was so hot that he stripped off his shirt.* Il faisait si chaud qu'il a retiré sa chemise.

struggle on struggles, struggling, struggled

struggle on
se débrouiller • *It's hard bringing up kids on your own when you've very little money, but she struggles on.* C'est difficile d'élever des enfants toute seule quand on a très peu d'argent mais elle se débrouille.

stub out stubs, stubbing, stubbed

stub out sth or **stub** sth **out**
(cigarette) écraser • *He stubbed out his cigar in the ashtray and stood up to leave.* Il a écrasé son cigare dans le cendrier et s'est levé pour partir.

stuff up stuffs, stuffing, stuffed

stuff up (sth) or **stuff** (sth) **up** *australien, argot*
merder • *I really stuffed that exam up.* J'ai vraiment merdé à l'examen. • *We're giving you another chance so don't stuff up this time.* Nous vous donnons une deuxième chance, alors ne merdez pas cette fois.
stuff-up n [C] *australien, argot* merdier • *Oh no, what a stuff-up!* Oh, non! Qu'est-ce que c'est que ce merdier?

stumble across/on/upon stumbles, stumbling, stumbled

stumble across/on/upon sth/sb
tomber sur • *Customs officers stumbled across heroin worth £5 million while doing a routine check.* Les douaniers sont tombés sur 5 millions de livres d'héroïne en faisant une inspection de routine. • *Scientists believe they might have stumbled upon a cure for the disease.* Les chercheurs pensent avoir découvert un moyen de soigner la maladie.

stump up stumps, stumping, stumped

stump up (sth) or **stump** (sth) **up**
britannique, familier
débourser • *Shareholders are being forced to stump up another £50 million in order to finish the project.* Les actionnaires sont forcés de débourser 50 millions de livres supplémentaires pour mener le projet à terme. • *Maggie didn't have the money for*

her ticket so I had to stump up again. Maggie n'avait pas l'argent pour son billet et j'ai donc dû débourser encore une fois.

subject to subjects, subjecting, subjected

subject sb/sth **to** sth
faire subir à • (généralement au passif) *While he was in prison, he was subjected to frequent beatings.* Quand il était en prison, il était souvent battu. • *The report has been subjected to detailed analysis.* Le rapport a été soumis à une analyse détaillée.

subscribe to subscribes, subscribing, subscribed

subscribe to sth *formel*
(opinion) partager • *I certainly don't subscribe to the view that women are necessarily more moral than men.* Je ne partage certainement pas l'opinion selon laquelle les femmes sont nécessairement plus morales que les hommes. • *Like many right-wing politicians, he subscribes to the view that the welfare state should be abolished.* Comme beaucoup de politiciens de droite, il est d'avis que le système de protection sociale géré par l'état devrait être aboli.

succeed in succeeds, succeeding, succeeded

succeed in sth/doing sth
réussir à • *She succeeded in getting herself elected as mayor.* Elle a réussi à se faire élire maire. • *He's finally succeeded in his ambition to learn how to fly.* Il a finalement réussi à réaliser son ambition d'apprendre à voler.

suck in/into sucks, sucking, sucked

suck in sb or **suck** sb **in**
suck sb **into** sth
entraîner dans • (généralement au passif) *The government does not want to be sucked into another messy and expensive war.* Le gouvernement ne veut pas être entraîné dans une nouvelle guerre sale et coûteuse. • *A lot of teenagers don't want to get involved with gangs, but they find themselves getting sucked in.* Beaucoup d'adolescents ne veulent pas faire partie d'une bande mais ils se font entraîner.

suck off sucks, sucking, sucked

suck off sb or **suck** sb **off** *tabou*
(homme) tailler une pipe à, (femme) sucer la chatte à • *He was watching a video of some woman sucking a guy off.* Il regardait un film vidéo où une femme taillait une pipe à un homme.

suck up to sucks, sucking, sucked

suck up to sb *familier*
lécher les bottes de • *At school she was always sucking up to the teachers.* A l'école, elle était toujours en train de lécher les bottes des profs.

sucker in/into suckers, suckering, suckered

sucker sb **in** *américain, familier*
sucker sb **into** sth/doing sth *américain, familier*
embobiner • *We were suckered into doing the work for free.* On nous a roulés pour nous faire travailler gratuitement. • *Don't get suckered in by the guy.* Ne te fais pas entuber par ce mec.

suit up suits, suiting, suited

suit up *américain*
revêtir • *The virtual reality viewer has to suit up in a headset and electronic glove.* Le spectateur de réalité virtuelle doit revêtir un casque et enfiler un gant électronique.

sum up sums, summing, summed

sum up (sth/sb) or **sum** (sth/sb) **up**
résumer • *The purpose of a conclusion is to sum up the main points of the essay.* L'objectif d'une conclusion est de résumer les points importants de la dissertation. • *To sum up, we need to increase sales by 12% next year if the company is to stay in profit.* En résumé, nous avons besoin d'augmenter les ventes de 12% l'année prochaine si la société veut continuer à faire du profit. • *He's a small man with a big ego – that about sums him up, doesn't it?* C'est un petit homme avec une très haute opinion de lui-même. Voilà qui résume bien le personnage, pas vrai?

sum up sb/sth or **sum** sb/sth **up**
1 refléter • *For me, her paintings sum up the restless spirit of America.* A mon avis, sa peinture reflète bien l'esprit en perpétuel mouvement de l'Amérique.

2 juger • *He tends to sum people up according to what books they read.* Il a tendance à juger les gens en fonction des livres qu'ils lisent. • *I think she summed up the situation pretty quickly.* Je crois qu'elle a jugé la situation un peu vite.

sum up

résumer • *The jury returned a 'not guilty' verdict after the judge summed up in the defendant's favour.* Le juri a déclaré l'accusé non coupable après le résumé du juge en sa faveur.

summing-up *n* [C] résumé • (généralement au singulier) *In his summing-up, the judge described the defendant as arrogant.* Dans son résumé, le juge a décrit l'accusé comme étant arrogant.

summon up summons, summoning, summoned

summon up sth or **summon** sth **up**

1 (courage, énergie) trouver • *It took her six weeks to summon up the courage to report the incident to the police.* Il lui a fallu six semaines pour trouver le courage de signaler l'incident à la police. • *I was so tired I couldn't summon up the energy to get out of bed.* J'étais si fatigué que je n'avais même pas l'énergie de me lever.

2 (souvenir) faire ressurgir • *The smell of cut grass summons up images of hot summer afternoons.* L'odeur de l'herbe coupée fait ressurgir des images de chauds après-midis d'été.

surge up surges, surging, surged

surge up *littéraire*

(émotion) envahir • *She smiled at him and an overwhelming feeling of love surged up within him.* Elle lui a souri et un sentiment d'amour bouleversant l'a envahi.

suss out susses, sussing, sussed

suss out sb/sth or **suss** sb/sth **out**
surtout britannique & australien, familier

piger • *She's quite strange. I haven't been able to suss her out at all.* Elle est assez bizarre. Je ne suis pas arrivée du tout à la cerner. • *I couldn't work out how to programme my video recorder, but Kate soon sussed it out.* Je n'arrivais pas à comprendre comment programmer mon magnétoscope mais Kate a vite pigé.

• (parfois + pronom interrogatif) *Have you sussed out if there are any good bars near here?* Avez-vous réussi à savoir s'il y a de bons bars par ici?

swallow up swallows, swallowing, swallowed

swallow up sth or **swallow** sth **up**

1 engloutir • *Defence spending swallows up 30% of the country's wealth.* Les dépenses en armement engloutissent 30% des revenus du pays. • (souvent au passif + **in**) *It's a very expensive project to run: £10 million is swallowed up in administration costs alone.* C'est un projet très cher à gérer: 10 millions de livres sont engloutis rien que pour couvrir les dépenses administratives.

2 absorber • *Specialist publishers are increasingly being swallowed up by large publishing groups.* Les éditeurs spécialisés sont de plus en plus souvent absorbés par de grands groupes d'édition.

3 noyer • (généralement au passif + **in**) *Beyond the light of the fire, everything was swallowed up in the darkness.* Au-delà de l'espace éclairé par le feu, tout était noyé dans l'obscurité.

swarm with swarms, swarming, swarmed

swarm with sb/sth

grouiller de • (généralement à la forme progressive) *St Mark's Square in Venice is always swarming with tourists in the summer.* La place St-Marc à Venise grouille toujours de touristes en été.

swear by swears, swore, sworn

swear by sth (jamais à la forme progressive)

ne jurer que par • *Have you tried their new moisturizer? Polly swears by it.* Tu as essayé le nouvel hydratant? Polly ne jure que par lui. • (souvent + **for**) *My mother swears by garlic for keeping colds away.* Pour se protéger contre le rhume, ma mère ne jure que par l'ail.

swear in swears, swearing, swore, sworn

swear in sb or **swear** sb **in**

faire prêter serment à • (souvent au passif + **as**) *She was sworn in as a member of the jury.* On lui a fait prêter serment comme membre du jury.

swearing-in *n* [singulier] investiture • *The formal swearing-in of the new US Ambassador to Moscow will take place this afternoon.* L'investiture officielle du nouvel ambassadeur américain à Moscou aura lieu cet après-midi. • (employé comme *adj*) *After the swearing-in ceremony, she made a speech outside the presidential palace.* Après la cérémonie d'investiture, elle a fait un discours devant le palais présidentiel.

swear off swears, swearing, swore, sworn

swear off sth
(drogue, alcool) arrêter • *She swore off alcohol and cigarettes after her heart attack last year.* Elle a arrêté l'alcool et les cigarettes après sa crise cardiaque l'année dernière.

sweat out sweats, sweating, sweated

sweat it out *familier*
1 s'armer de patience • *I don't get my exam results till the end of June, so I just have to sweat it out till then.* Je ne recevrai pas mes résultats d'examen avant fin juin, alors je dois m'armer de patience jusque là.
2 s'entraîner dur • *Pete sweats it out in the gym for an hour every day after work.* Pete s'entraîne au gymnase une heure par jour après le travail.

sweat out sth or **sweat** sth **out**
1 (rhume, fièvre) rester au chaud pour se débarrasser de • *I was ill with flu last week, so I went to bed and just sweated it out.* J'ai eu la grippe la semaine dernière, alors je me suis couchée et je suis restée au chaud pour m'en débarrasser.
2 éliminer • *I eat a lot of garlic but I sweat it out when I go running.* Je mange beaucoup d'ail mais je l'élimine quand je vais courir.

sweat out of sweats, sweating, sweated

sweat sth **out of** sb
tirer de • *The police finally sweated a confession out of him.* La police lui a finalement soutiré des aveux.

sweat over sweats, sweating, sweated

sweat over sth *familier*
en baver sur • *I really sweated over that essay.* J'en ai vraiment bavé sur cette dissertation.

sweep along sweeps, sweeping, swept

sweep along
(passion) emporter • (généralement au passif) *I was swept along by David's enthusiasm for the project.* Je me suis laissé emporter par l'enthousiasme de David pour le projet. • *Both parties have been swept along on the tide of political change in the country.* Les deux partis ont été emportés par la vague de changement politique qui a traversé le pays.

sweep aside sweeps, sweeping, swept

sweep aside sth or **sweep** sth **aside**
(objection) écarter • *I tried to argue that the scheme was expensive and badly planned but my objections were swept aside.* J'ai essayé d'arguer du fait que le projet était cher et mal organisé, mais mes objections ont été écartées.

sweep aside sb or **sweep** sb **aside**
(adversaire) repousser • *England swept aside Holland 4-1 in the European Championship.* L'Angleterre a évincé la Hollande par 4 à 1 au championnat d'Europe. • *Government troops were swept aside by the advancing rebel forces.* Les troupes gouvernementales ont été repoussées par les forces rebelles en marche.

sweep away sweeps, sweeping, swept

sweep away sth or **sweep** sth **away**
éliminer • *Trade restrictions will be swept away under the new law.* Les restrictions sur le commerce seront éliminées par la nouvelle loi.

sweep away sb or **sweep** sb **away**
(passion) emporter • (généralement au passif) *He was swept away by an overwhelming feeling of optimism.* Il se sentit emporté par un irrésistible optimisme. • *It was the first time that she had been in love and she was **swept away on a tide of passion**.* C'était la première fois qu'elle était amoureuse et elle était emportée par la passion.

sweep out sweeps, sweeping, swept

sweep out sth or **sweep** sth **out**
balayer • *I've been sweeping out the attic – it was so dusty.* J'ai balayé le grenier; c'était tellement poussiéreux.

sweep up sweeps, sweeping, swept

sweep up (sth) or **sweep** (sth) **up**
balayer • *We spent an hour sweeping up after the party.* Nous avons passé une heure à balayer après la fête. • *I'd better sweep that glass up before someone cuts themselves.* Je ferais mieux de balayer ce verre avant que quelqu'un ne se coupe.

sweep up sth or **sweep** sth **up**
1 *familier* (voix, prix) rafler • *$5 billion is swept up each year by lucky lottery winners.* 5 milliards de dollars sont raflés chaque année par d'heureux gagnants à la loterie. • *In last month's elections, the socialists swept up 60% of the vote.* Aux élections du mois dernier, les socialistes ont raflé 60% des voix.
2 emporter • (généralement au passif) *He was swept up by the general enthusiasm for the war.* Il s'est senti emporté par l'enthousiasme général en faveur de la guerre.

swell up swells, swelling, swelled, swollen/swelled

swell up
1 enfler • *He had a really bad toothache and the left-hand side of his face had swollen up.* Il avait vraiment mal aux dents et le côté gauche de son visage avait enflé. • *My feet always swell up when I'm on a plane.* Mes pieds enflent toujours quand je suis en avion.
2 (fierté) monter • *She felt a sense of pride swell up inside her as Jonathan went up to accept the award.* Elle sentit monter la fierté en elle quand Jonathan est allé recevoir son prix.

swerve from swerves, swerving, swerved

swerve from sth *formel*
(objectif, principe) détourner de • (généralement dans des phrases négatives) *He had wanted to be a doctor from a very young age and nothing had made him swerve from that intention.* Il avait voulu être médecin depuis sa plus tendre enfance et rien ne l'avait détourné de cette intention.

swill down swills, swilling, swilled

swill down sth or **swill** sth **down**
familier
descendre • *He's probably in some bar with his mates swilling down beer.* Il est probablement dans un bar en train de descendre de la bière avec ses potes.

swing around/round swings, swinging, swung

swing around/round
1 faire volte-face • *She heard a voice behind her and swung round in surprise.* Elle entendit une voix derrière elle et, surprise, fit volte-face.
2 virer de bord • (généralement + **to**) *The government has swung around to the view that education needs more funding.* Le gouvernement s'est rallié à l'opinion que l'éducation devrait être subventionnée.

swing at swings, swinging, swung

swing at sb
frapper • (parfois + **with**) *One of the gang swung at him with an iron bar and he felt a violent pain in his stomach.* Un des individus de la bande le frappa avec une barre de fer et il ressentit une douleur violente dans l'estomac.

swing at sth
essayer de frapper • *I swung at the ball but missed it completely.* J'ai essayé de frapper la balle mais je l'ai complètement ratée.

swing by swings, swinging, swung

swing by swh *américain & australien, familier*
faire un saut • *She's asked me to swing by the grocery store for some milk.* Elle m'a demandé de faire un saut à l'épicerie pour acheter du lait.

swing round
voir **swing around/round**

switch around/round switches, switching, switched

switch around/round sth or **switch** sth **around/round**
changer de place • *You've switched the furniture around in here.* Vous avez changé les meubles de place, ici.

switch off switches, switching, switched

switch off (sth) or **switch** (sth) **off**
(lumière, radio) éteindre, (moteur) arrêter • *Could you switch that light off?* Est-ce que tu peux éteindre cette lumière ? • *The heating switches off automatically at 9 pm.*

switch on

Le chauffage s'éteint automatiquement à 9 heures. • *Don't forget to switch off before you leave.* N'oublie pas d'éteindre avant de partir.

switch off

penser à autre chose • *When he starts going on about his emotional problems I just switch off.* Quand il commence à s'étendre sur ses problèmes affectifs, j'arrête de l'écouter et je pense à autre chose. • *Most people in stressful jobs find it difficult to switch off when they come home.* La plupart des gens qui ont un travail stressant ont du mal à penser à autre chose une fois rentrés chez eux.

switch on switches, switching, switched

switch on (sth) or **switch** (sth) **on**

(lumière, radio) allumer • *He switched on the bedside lamp and sat up.* Il a allumé la lampe de chevet et s'est assis. • *The heating switches on automatically at 6 am.* Le chauffage se met en route automatiquement à 6 heures du matin. • *Could you switch the TV on?* Tu peux allumer la télé?

switch over switches, switching, switched

switch over

1 changer • (généralement + **to**) *We've switched over to low fat milk.* Nous sommes passés au lait écrémé. • *They're switching over to a new computer system.* Ils passent à un nouveau système informatique.

switch-over *n* [singulier] passage • (souvent + **to**) *The switch-over to the new system is unlikely to start for three years.* Le passage au nouveau système ne se fera probablement pas avant trois ans.

2 changer de chaîne, changer de station • (souvent + **to**) *I'll switch over to the news after this.* Je mettrai les informations après ça.

switch round

voir **switch around/round**

swivel around/round swivels, swivelling, swivelled (*américain & australien* aussi **swivels, swiveling, swiveled**)

swivel around/round

se retourner • *She swivelled around to see who had walked into the office.* Elle s'est retournée pour voir qui venait d'entrer dans le bureau.

swot up swots, swotting, swotted

swot up (sth) or **swot** (sth) **up**

britannique & australien, familier
potasser • (souvent + **on**) *He'll need to swot up on his maths if he's going to pass.* Il a bien besoin de potasser ses maths s'il veut être reçu. • *I'm swotting up my geometry theorems.* Je potasse mes théorèmes de géométrie.

syphon off

voir **siphon/syphon away/off** or **siphon/syphon off**

T

tack on/onto tacks, tacking, tacked

tack on sth or **tack** sth **on**
tack sth **onto** sth
ajouter après coup • *The film is basically the same as the book but with a happy ending tacked on.* Le film est dans l'ensemble identique au livre, mais avec un heureux dénouement ajouté après coup.

tag along tags, tagging, tagged

tag along *légèrement familier*
suivre • (souvent + **with**) *Every time we went out he'd tag along with us and it was starting to annoy me.* A chaque fois que nous sortions, il nous suivait et cela commençait à m'énerver. • *If you're going to town, do you mind if I tag along?* Si tu vas en ville, je peux venir avec toi?

tag on/onto tags, tagging, tagged

tag on sth or **tag** sth **on**
tag sth **onto** sth
ajouter • *He mentioned the change in some remarks tagged onto the main interview.* Il a mentionné les changements sur certaines remarques ajoutées à l'entretien principal.

tail away/off tails, tailing, tailed

tail away/off
(voix) devenir inaudible • *'I couldn't imagine life without him and I just, er,' her voice tailed off.* Je ne pouvais pas imaginer la vie sans lui et je…' Elle se tut.

tail back tails, tailing, tailed

tail back *britannique*
(circulation) être bloqué • *The traffic is tailing back as far as the motorway exit.* La circulation est bloquée à partir de la sortie de l'autoroute.
tailback *n* [C] *britannique* embouteillage • *a two-mile tailback on the M25* un embouteillage de trois kilomètres sur la M25.

tail off tails, tailing, tailed

tail off
diminuer • *Profits tailed off towards the end of the year.* Les bénéfices ont diminué vers la fin de l'année. • *Initially there was a lot of interest in the case but it's begun to tail off.* Au départ, l'affaire a suscité beaucoup d'intérêt mais cela a commencé à diminuer.

take aback takes, taking, took, taken

take sb **aback**
interloquer • (généralement au passif) *I was a little taken aback at the directness of the question.* J'étais un peu interloquée par l'aspect direct de la question. • *I was taken aback to discover that the insurance company had rejected my claim.* J'ai été surpris d'apprendre que la compagnie d'assurances avait rejeté ma réclamation.

take after takes, took, taken

take after sb (jamais à la forme progressive)
1 ressembler à • *Peter's very tall – he takes after his father.* Peter est très grand; il ressemble à son père. • *Erika takes after her mother with her bad temper.* Erika a le même mauvais caractère que sa mère.
2 *américain, familier* suivre • *He took after me but I managed to escape.* Il m'a suivi mais j'ai réussi à m'échapper.

take against takes, taking, took, taken

take against sb *britannique*
prendre en grippe • *I think she took against me because I got the promotion she wanted.* Je pense qu'elle m'a prise en grippe parce que j'ai obtenu la promotion qu'elle visait.

take along takes, taking, took, taken

take along sb/sth or **take** sb/sth **along**
(personne) emmener, (objet) emporter • *Are you taking anyone along to Gavin's party?* Tu emmènes quelqu'un à la fête chez Gavin? • *We'd better take along a couple of bottles of wine.* Nous ferions bien d'emporter une ou deux bouteilles de vin.

take apart takes, taking, took, taken

take apart sth or **take** sth **apart**
démonter • *He spent the afternoon taking his bike apart and cleaning each bit.* Il a

passé l'après-midi à démonter son vélo et à en nettoyer chaque partie.

take apart sb or **take** sb **apart**
légèrement familier
1 (adversaire) anéantir • *He took the English defence apart, scoring three goals in the first half.* Il a anéanti la défense anglaise, marquant trois buts dans la première mi-temps.
2 *surtout américain* (personne) démolir • *If I see you around here again, I'll take you apart.* Si je te revois ici, je te démolis.

take apart sb/sth or **take** sb/sth **apart**
attaquer • *She was taken apart by the opposition for her part in the political scandal.* Elle a été attaquée par l'opposition pour avoir été impliquée dans le scandale politique.

take around/round takes, taking, took, taken

take around/round sb or **take** sb **around/round** (swh)
faire visiter • *Haven't you ever been to my office before? Let me take you around.* Tu n'es jamais venu dans mon bureau? Je vais te faire visiter. • *She took us round the house, showing us the different rooms.* Elle nous a fait visiter la maison et nous a montré chaque pièce.

take aside takes, taking, took, taken

take aside sb or **take** sb **aside**
prendre à part • *She took him aside after the meeting and asked him why he'd been late.* Elle l'a pris à part après la réunion et lui a demandé pourquoi il était arrivé en retard.

take away takes, taking, took, taken

take away sth or **take** sth **away**
1 emporter • *A waiter came to take our plates away.* Un serveur a emporté nos assiettes.
2 retirer • *The new law will take away the right of workers to strike.* La nouvelle loi supprimera le droit de grève pour les travailleurs. • (souvent + **from**) *The report claims that large supermarkets are taking business away from small shops.* Le rapport affirme que les grandes surfaces font perdre leur clientèle aux petits commerces.
3 enlever • *It really takes my appetite away if someone smokes during a meal.* Ça me coupe vraiment l'appétit quand quelqu'un fume pendant un repas.
4 ôter • (généralement + **from**) *What do you get if you take two away from four?* Quatre moins deux, ça fait combien?
5 (souvenir, impression) garder, (message) tirer • *The impression I took away from the conference was that it had been rather badly organized.* L'impression que j'ai gardée de la conférence est que cela avait été assez mal organisé. • *So what message are you supposed to take away at the end of the film?* Alors, quel message est-on censé tirer du film?
6 *britannique & australien* emporter • *I'd like a hamburger and chips to take away, please.* Je voudrais un hamburger-frites à emporter, s'il vous plaît.

takeaway n [C] *britannique & australien*
repas à emporter, restaurant offrant un service de plats à emporter • *I thought we might call at the Chinese takeaway on the way back.* J'ai pensé qu'on pourrait s'arrêter au restaurant chinois et acheter quelque chose à emporter en rentrant. • *Do you fancy a takeaway?* Tu veux qu'on commande un repas à emporter?

Take it away! (toujours à l'impératif)
familier
Que la musique commence!, Place à la chanson! • *We've got a great jazz trio playing for you tonight. So take it away, Steve and the boys!* Nous avons avec nous, ce soir, un grand trio de jazz. Steve et ses musiciens, à vous!

take away sb or **take** sb **away**
1 emmener • *Two men with guns came to her house and took her away.* Deux hommes armés sont venus chez elle et l'ont emmenée. • *He has been taken away by the police for questioning.* Il a été emmené par la police pour interrogatoire.
2 tenir éloigné de • (généralement + **from**) *Her job takes her away from home a lot.* A cause de son travail, elle n'est pas souvent chez elle. • *The problem with hobbies is that they take you away from your studies.* Le problème des hobbies, c'est qu'ils vous distraient de vos études.
3 emmener • *I'm taking Tina away for a weekend in the country.* J'emmène Tina en week-end à la campagne.

take away from takes, taking, took, taken

take away from sth
retirer quelque chose à • *I don't tend to analyse films too deeply – it takes away from*

take in

the enjoyment. J'ai tendance à ne pas trop analyser les films en profondeur; ça retire quelque chose au plaisir qu'ils procurent.

take back   takes, taking, took, taken
take back sth or **take** sth **back**

1 rendre • *I've got to take my library books back before January 25th.* Je dois rendre mes livres à la bibliothèque avant le 25 janvier. • *I might take this coat back and get a larger size.* Je vais peut-être rendre ce manteau et en prendre un plus grand.

2 reprendre • *They won't take back anything that looks as if it's been worn.* Ils ne reprendront pas quelque chose qui a l'air d'avoir été porté.

3 reprendre possession de, reprendre le contrôle de • *The army's task is to take back the land that was lost in the war three years ago.* La tâche de l'armée est de reprendre possession du territoire qui avait été perdu pendant la guerre il y a trois ans.

4 retirer • *I take back everything I said about George – he's been really nice to me recently.* Je retire tout ce que j'ai dit sur George. Il a été très gentil avec moi ces derniers temps. • *I know I said he was arrogant and unfriendly but I take it all back now.* Je sais que j'ai dit qu'il était arrogant et antipathique mais je retire tout ça, maintenant.

take back sb or **take** sb **back**

1 ramener loin dans le temps • (souvent + to) *That piece of music takes me back to my childhood.* Ce morceau de musique me rappelle mon enfance. • *Seeing those photos of my sister's wedding really took me back.* Voir ces photos du mariage de ma soeur me ramène vraiment loin en arrière.

2 reprendre • *She's asked her husband to take her back.* Elle a demandé à son mari de bien vouloir la reprendre avec lui. • *The strike ended once the company agreed to take back the 50 workers it had fired.* La grève s'est terminée quand l'entreprise a accepté de reprendre les 50 employés qu'elle avait licenciés.

take down   takes, taking, took, taken
take down sth or **take** sth **down**

1 (affiche) retirer du mur, (cadre, rideau) décrocher • *Her bedroom used to be full of Oasis posters but she's taken them all down now.* Sa chambre était pleine de posters d'Oasis mais elle les a retirés, maintenant. • *The living room curtains need to be taken down tomorrow for cleaning.* Demain, il faut décrocher les rideaux du living pour les laver.

2 démonter • *We'll take the tent down after we've had lunch.* Nous démonterons la tente après le déjeuner. • *When are the builders coming to take the scaffolding down?* Quand est-ce que les ouvriers viennent démonter l'échafaudage?

3 noter • *The police officer took my name and address down and said that he would contact me shortly.* Le policier a noté mon nom et mon adresse et a dit qu'il me contacterait bientôt. • *Did you take down that number?* Tu as noté ce numéro?

4 (pantalon) baisser • *He took down his trousers and showed me his scars.* Il a baissé son pantalon et m'a montré ses cicatrices.

take in   takes, taking, took, taken
take in sb or **take** sb **in**

1 héberger • *Several families in the village have taken in refugee children.* Plusieurs familles du village ont pris chez elles des petits réfugiés. • *You could earn some extra money by taking in foreign students.* Vous pourriez gagner un peu d'argent supplémentaire en hébergeant des étudiants étrangers.

2 (école, hôpital) admettre • *The university is planning to take in 15% more students next year.* L'université prévoit d'admettre 15% d'étudiants supplémentaires l'année prochaine. • *We will be able to take in more patients once the new wing of the hospital is built.* Nous pourrons admettre davantage de patients quand la nouvelle aile de l'hôpital sera construite.

intake *n* [C] nombre d'admissions, nombre de nouveaux adhérents • *The college has an annual intake of about 6,000 students.* L'université admet chaque année 6.000 étudiants.

3 emmener au poste • *She's been taken in for questioning by the police.* Elle a été emmenée au poste pour être interrogée par la police.

4 duper • (généralement au passif) *I can't believe she was taken in by him.* Je n'arrive pas à croire qu'elle s'est laissée duper par lui.

take in sth or **take** sth **in**

1 contempler • *We took a cable car to the top of the mountain and took in the magnificent views.* Nous avons pris un téléphérique

jusqu'au sommet de la montagne et nous avons contemplé la vue splendide.
2 assimiler le sens de, assimiler l'importance de, comprendre • *She had to read the letter twice before she could take the news in.* Elle a dû lire la lettre deux fois avant de pouvoir assimiler la nouvelle. • *It was quite an interesting lecture but there was just too much to take in.* C'était un cours intéressant mais il y avait trop de choses à assimiler.
3 *surtout américain* (film) aller voir, (musée) visiter • *I thought we might get something to eat and then take in a movie.* J'ai pensé qu'on pourrait manger quelque chose et aller voir un film ensuite. • *We took in a couple of galleries while we were in New York.* Nous avons visité quelques musées d'art lors de notre séjour à New York.
4 comprendre • *The three-week cruise will take in the islands of Corfu and Crete.* La croisière de trois semaines comprendra la visite de Corfu et de la Crète. • *Her work takes in a wide range of subjects from motherhood to madness.* Son oeuvre aborde une grande variété de sujets, de la maternité à la folie.
5 apporter à réparer • *I took my car in to have the exhaust repaired.* J'ai amené ma voiture chez le garagiste pour faire réparer le tuyau d'échappement.
6 (linge) blanchir à domicile, (couture) faire de la couture à domicile • *After her husband died, she supported herself by taking in washing.* Après la mort de son mari, elle a gagné sa vie en blanchissant du linge à domicile.
7 (eau, air, nourriture) absorber • *Plants take in water through their roots.* Les plantes absorbent l'eau par leurs racines. • *He sat down quickly and took in several large gulps of air.* Il s'est assis prestement et a inspiré plusieurs grosses bouffées d'air.
intake *n* [singulier] absorption • *Increasing your intake of vitamin C can help to prevent colds.* Augmenter votre dose de vitamine C peut aider à prévenir les rhumes.
8 (eau) prendre • *A rock tore a hole in the side of the boat and we began to take in water.* Un rocher a fait un trou dans le flanc du bateau et nous avons commencé à prendre l'eau.
9 *surtout américain* (argent) rapporter • *The movie took in about $50 million in ticket sales.* Le film a rapporté environ 50 millions de dollars en nombre d'entrées. • *How much did you take in at the school fair?* Combien avez-vous ramassé à la fête de l'école?
10 (jupe) reprendre • *Since she's lost weight she's had to take a lot of her clothes in.* Depuis qu'elle a maigri, elle a dû faire reprendre beaucoup de ses vêtements.

take off takes, taking, took, taken
take off sth or **take** sth **off**

1 retirer • *She took off her clothes and stepped into the shower.* Elle a retiré ses vêtements et est entrée dans la douche. • *Aren't you going to take your glasses off to go swimming?* Tu ne retires pas tes lunettes pour aller dans l'eau? • *I always take my make-up off before I go to bed.* Je me démaquille toujours avant de me coucher.

2 prendre congé • *I'm taking Friday off to get one or two things done around the house.* Je prends mon vendredi pour faire deux ou trois choses dans la maison. • *He needs to take some time off and get some rest.* Il a besoin de prendre des vacances et de se reposer.

take off

1 (avion) décoller, (oiseau, insecte) s'envoler • *I like watching planes take off.* J'aime regarder décoller les avions. • *A puffin will take off and land many times during feeding.* Un macareux s'envole et se pose maintes fois tout en nourrissant ses petits.

take-off *n* [C/U] décollage • *The majority of crashes happen on take-off or landing.* La majorité des accidents a lieu au décollage ou à l'atterrissage.
2 (carrière) décoller • *Her career as a jazz singer had just begun to take off.* Sa carrière de chanteuse de jazz venait tout juste de décoller. • *The market for home fax machines really seems to have taken off.* Le marché du fax à domicile semble vraiment avoir décollé.
3 *légèrement familier* partir • *I can't just take off without saying goodbye.* Je ne peux pas partir sans dire au revoir.
take off sth or **take** sth **off** (sth)
retirer, déduire • *They took another £10 off the sale price because of the damage.* Ils ont déduit 10 livres du prix de solde parce que c'était endommagé. • *Take half a mark off*

for every spelling mistake. Retirez un demi-point pour chaque faute d'orthographe.

take off sb/sth or **take** sb/sth **off**

1 *légèrement familier* imiter • *She's really good at taking people off.* Elle est vraiment douée pour imiter les gens.

take-off n [C] *légèrement familier* imitation • (généralement + **of**) *He does a really good take-off of Paul.* Il imite très bien Paul.

2 *américain, argot* (magasin) piller • *They were just young kids who took off the liquor store.* Ceux qui ont pillé le magasin de vins n'étaient que des gamins.

take sb **off** sth

1 destituer de • *Both police officers involved have been taken off the case.* Les deux policiers impliqués ont été écartés de l'affaire. • *I might have to take him off the editing if his work doesn't improve.* Je risque de devoir lui retirer la rédaction si son travail ne s'améliore pas.

2 (traitement) obliger d'arrêter, (aliment) obliger d'arrêter de manger • *He's been taken off the medication.* On lui a ordonné d'arrêter de prendre ces médicaments.

take off sb or **take** sb **off**

emmener • (souvent + **to**) *He was taken off to prison.* Il a été emmené en prison.

take yourself **off** *familier*

aller • (généralement + **to**) *I think you should take yourself off to the doctor's.* Je crois que tu devrais aller chez le médecin. • *She left her job and took herself off to Tunisia.* Elle a quitté son travail et est partie en Tunisie.

take on takes, taking, took, taken

take on sb or **take** sb **on**

1 embaucher • *We usually take on extra staff over Christmas.* En général, nous embauchons du personnel supplémentaire à Noël. • *They only took her on because she's the manager's niece.* Ils ne l'ont embauchée que parce qu'elle est la nièce de la directrice.

2 (sport) jouer contre, (opposant) se battre contre • *I might take you on at tennis some time.* Je pourrais bien jouer contre toi au tennis un de ces jours. • *The government took on the unions and won.* Le gouvernement s'est battu contre les syndicats et l'a emporté.

take on sth or **take** sth **on**

1 (travail) accepter, (problème) prendre en charge • *She's just taken on too much work.* Elle a accepté trop de travail. • *When I took this job on I didn't expect it to take all this time.* Quand j'ai accepté ce travail, je ne pensais pas que cela prendrait tant de temps. • *I can't take on his problems as well as my own.* Je ne peux pas prendre en charge ses problèmes et les miens.

2 prendre • *The plane has two scheduled stops to take on passengers and fuel.* L'avion fait deux escales pour prendre des passagers et faire le plein.

take on sth

prendre • *Her voice took on a troubled tone.* Sa voix a pris un ton inquiet. • *Words take on new meanings all the time.* Les mots prennent un sens nouveau sans arrêt.

take out takes, taking, took, taken

take out sth or **take** sth **out**

1 enlever, sortir • *I was having problems with my wisdom teeth so the dentist took them out.* J'avais des problèmes avec mes dents de sagesse, alors le dentiste me les a enlevées. • (souvent + **of**) *She took a clean handkerchief out of her pocket.* Elle a sorti un mouchoir propre de sa poche.

2 emprunter • *How many books did you take out last time you were here?* Combien de livres avez-vous empruntés la dernière fois que vous êtes venu ici?

3 retirer • *I took £50 out to spend over the weekend.* J'ai retiré 50 livres pour le week-end.

4 (assurance) prendre, (injonction) lancer • *Chris and I took out a life insurance policy when we got our mortgage.* Chris et moi avons pris une assurance-vie quand nous avons fait l'emprunt pour acheter la maison. • *She decided to take out an injunction against him.* Elle a décidé de lancer une injonction contre lui.

take out sb or **take** sb **out**

inviter à sortir, emmener • (souvent + **to**) *We took the kids out to the zoo on Saturday.* Samedi, nous avons emmené les enfants au zoo. • (souvent + **for**) *The boss usually takes us out for a meal at Christmas.* En général, le patron nous invite au restaurant à Noël.

take out sb/sth or **take** sb/sth **out**

familier

(personne) descendre, (bâtiment) détruire • *He had been ordered to take the sniper out.* On lui avait ordonné de descendre le tireur embusqué. • *All large military targets must be taken out.* Toutes les cibles militaires d'importance doivent être anéanties.

take out of *takes, taking, took, taken*

take sth **out of** sb *familier*
épuiser • *Driving those sort of distances really **takes it out of** you.* Conduire aussi longtemps m'épuise complètement. • *Her job is very demanding and I think it takes a lot out of her.* Elle a un travail très difficile et je pense que cela la fatigue beaucoup.

take sb **out of** themselves *britannique & australien*
changer les idées à • *The great thing about music is the way it takes you out of yourself.* Ce qui est bien avec la musique, c'est que cela change les idées.

take out on *takes, taking, took, taken*

take out sth **on** sb or **take** sth **out on** sb
(frustration) passer sur quelqu'un • *I know you've had a bad day, but there's no need to take it out on me!* Je sais que tu as passé une mauvaise journée, mais ce n'est pas une raison pour t'en prendre à moi! • *He tends to take out his frustration on the kids and it's just not fair.* Il a tendance à passer sa frustration sur les enfants et c'est complètement injuste!

take over *takes, taking, took, taken*

take over (sth) or **take** (sth) **over**

prendre la suite de • (souvent + **from**) *Who'll be taking over from Cynthia when she retires?* Qui va prendre la suite de Cynthia quand elle aura pris sa retraite? • (souvent + **as**) *He took over as manager two years ago.* Il a pris la direction il y a deux ans. • *Colin Lamb has taken over responsibility for the new project.* Colin Lamb a pris en charge la responsabilité du projet. • *If I've looked after the kids all day, Steve will take over when he gets home.* Si je me suis occupée des enfants pendant la journée, c'est Steve qui prend le relais en rentrant à la maison.

take over sth or **take** sth **over**
1 (entreprise) reprendre • *The company he works for was recently taken over.* L'entreprise pour laquelle il travaille a été reprise récemment. • *British Airways has taken over two smaller airlines.* British Airways a repris deux compagnies aériennes plus petites.

takeover *n* [C] rachat • *They were involved in a takeover last year.* Ils ont opéré un rachat d'entreprise l'année dernière. • *a takeover bid* une offre publique d'achat (OPA)

2 prendre le contrôle de • *In January 1986, the government was taken over by a guerrilla army.* En janvier 1986, une armée rebelle a pris le contrôle du gouvernement.

takeover *n* [C] prise de pouvoir • (souvent + **of**) *She went into exile after the communist takeover of Romania.* Elle est partie en exil après la prise de pouvoir communiste en Roumanie.

3 (logement) reprendre • *I took over Jenny's flat when she went to Sweden.* J'ai repris l'appartement de Jenny quand elle est allée en Suède. • *The premises have been taken over by a specialist retailer.* Les lieux ont été repris par un détaillant spécialisé.

take over
l'emporter sur • (généralement + **from**) *France has taken over from Spain as Europe's favourite holiday destination.* La France a dépassé l'Espagne comme destination favorite pour les vacances. • *A 21-year-old sprinter has taken over from Graf as Germany's top sportswoman.* Une sprinter de 21 ans l'a emporté sur Graf comme sportive allemande numéro un.

take round
voir **take around/round**

take through *takes, taking, took, taken*

take sb **through** sth
montrer quelque chose à quelqu'un • *I'll take you through a couple of routines on the computer and then you can try yourselves.* Je vais vous montrer deux ou trois sous-programmes sur l'ordinateur et ensuite vous pourrez essayer vous-mêmes.

take to *takes, taking, took, taken*

take to sb/sth
se mettre à apprécier • *I really took to him – I thought he was lovely.* Je me suis vraiment mise à l'apprécier. Je l'ai trouvé adorable. • *I tried cycling to work for a while but I didn't take to it.* J'ai essayé d'aller travailler en vélo mais ça ne m'a pas plu.

take to sth/doing sth
se mettre à • *I've taken to wearing jeans for work.* Je me suis mise à porter des jeans pour aller travailler. • *In his depressed state*

he took to drink. Parce qu'il était dépressif, il s'est mis à boire.

take to swh
se réfugier dans • *The refugees took to the hills for safety.* Les réfugiés ont fui vers les collines pour s'y cacher. • *Every time she has the slightest headache, she takes to her bed.* A chaque fois qu'elle a le moindre mal de tête, elle se met au lit.

take up takes, taking, took, taken

take up sth or **take** sth **up**

1 se mettre à • *He's taken up golf in his spare time.* Il s'est mis à jouer au golf durant son temps libre. • *Have you ever thought of taking up acting?* Est-ce que vous avez déjà pensé à faire du théâtre?

2 (espace, temps) prendre, (effort) demander • *This desk takes up too much room.* Ce bureau prend trop de place. • *I'll be quick, I don't want to take up too much of your time.* Je serai bref, je ne veux pas trop monopoliser votre temps. • (souvent au passif + **with**) *His day was completely taken up with meetings.* Sa journée était entièrement prise par des réunions.

3 (moquette) retirer • *We're going to take up these carpets and lay some different ones.* Nous allons retirer ces moquettes et en poser des nouvelles.

4 *littéraire* prendre • *Charlotte took up her pen and began to write.* Charlotte a pris son stylo et s'est mise à écrire.

5 discuter, prendre en main • *A leading law firm took up his case.* Un bureau d'avocats renommé a pris l'affaire en main. • (souvent + **with**) *I can't give you an answer, you'll have to take the matter up with your supervisor.* Je ne peux pas vous répondre, il faut que vous discutiez du problème avec votre directeur.

6 (offre) accepter, (défi) relever • *I think I'll take up Ann's offer to babysit.* Je crois que je vais accepter l'offre d'Ann de faire du babysitting. • *I'm not sure I'm ready to take up the challenge of motherhood just yet.* Je ne suis pas certaine d'être déjà prête à relever le défi de la maternité.

7 (position) prendre • *As the crowd grew, riot police took up their positions.* Comme la foule grossissait, la police anti-émeute prit position.

8 poursuivre • *Ian took up the story where Sue had left off.* Ian poursuivit l'histoire à partir de l'endroit où Sue s'était arrêtée.

9 (jupe, pantalon) raccourcir • *Her dress was too long for me so I had to take it up a couple of inches.* Sa robe était trop longue pour moi, alors j'ai dû la raccourcir de plusieurs centimètres.

take up on takes, taking, took, taken

take sb **up on** sth

1 (invitation) accepter quelque chose de quelqu'un • *Could I take you up on that offer of a lift, Rob?* Est-ce que je peux accepter ton offre de me ramener en voiture, Rob? • *He's offered me a free ticket, but I'm not sure whether to take him up on it.* Il m'a offert un billet gratuit mais je ne suis pas sûre d'accepter.

2 reprendre sur • *I should have taken her up on her comment but it didn't seem worth the trouble.* J'aurais dû la reprendre sur son commentaire mais ça ne m'a pas semblé en valoir la peine.

take up with takes, taking, took, taken

take up with sb
se mettre à fréquenter • *She was worried because her son had taken up with some older boys from across the street.* Elle était inquiète parce que son fils s'était mis à fréquenter des garçons plus âgés qui habitaient en face de chez eux. • *When Angela left, he took up with a girl from the hospital.* Quand Angela est partie, il s'est mis à fréquenter une fille qui travaille à l'hôpital.

be taken up with sth (toujours au passif) être absorbé par • *She's completely taken up with moving house at the moment.* Elle est complètement absorbée par son déménagement en ce moment.

take upon takes, taking, took, taken

take sth **upon** yourself
prendre sur soi de • (généralement + to do sth) *Craig took it upon himself to cancel my appointment, which didn't exactly please me.* Craig a pris sur lui d'annuler mon rendez-vous et cela ne m'a pas vraiment plu.

talk around/round talks, talking, talked

talk sb **around/round** *britannique & australien*
convaincre • *Annie's not convinced about the idea but I think I can talk her round.*

Annie n'est pas convaincue que ce soit une bonne idée mais je crois que je peux la faire changer d'avis. • (parfois + **to** + doing sth) *Do you think you can talk them round to lending us some money?* Crois-tu que tu puisses les convaincre de nous prêter de l'argent?

talk around/round sth
(sujet) tourner autour de • *I just felt that he'd talked round the subject and hadn't really said anything of importance.* J'ai eu l'impression qu'il avait tourné autour du sujet et qu'il n'avait rien dit de vraiment important.

talk at talks, talking, talked

talk at sb
parler à qn sans l'écouter • *Charles is someone who doesn't talk to you, he talks at you.* Charles ne parle pas vraiment avec les gens, il monopolise la parole.

talk back talks, talking, talked

talk back
répondre • (généralement + **to**) *He knew better than to talk back to his father.* Il savait qu'il n'avait pas intérêt à répondre à son père.
backtalk *n* [U] *américain* insolence • *That's enough of your backtalk, Tommy!* Assez d'insolence, Tommy!

talk down talks, talking, talked

talk down sth or **talk** sth **down**
dénigrer • *He began his presentation by talking down the initiatives of a rival company.* Il a commencé sa présentation en dénigrant les initiatives d'une entreprise rivale.

talk down sb or **talk** sb **down**
1 radioguider pour l'atterrissage • *The weather conditions were so bad that he had to be talked down by someone on the ground.* Les conditions atmosphériques étaient si mauvaises qu'on a dû le radioguider à l'atterrissage.
2 persuader de descendre • *The policeman talked the girl down after she had been on the roof for two hours.* Le policier a persuadé la fille de descendre après deux heures passées sur le toit.
3 empêcher de parler • *I tried to explain, but he just talked me down.* J'ai essayé d'expliquer mais il m'a empêché de parler.

talk down to talks, talking, talked

talk down to sb
parler avec condescendance à • *He was always talking down to us like we were idiots.* Il nous parlait toujours avec condescendance, comme s'il avait affaire à des imbéciles.

talk into talks, talking, talked

talk sb **into** sth/doing sth
persuader de • *I've managed to talk him into buying a new bed.* J'ai réussi à le persuader d'acheter un nouveau lit. • *I don't know if he's very keen on the idea but I think I can talk him into it.* Je ne sais pas si cela l'emballe tellement, mais je crois que je peux le persuader.

talk out talks, talking, talked

talk out sth or **talk** sth **out**
discuter de • *They'd set up a therapy group where people could talk out their problems.* Ils avaient organisé un groupe de thérapie pour que les gens puissent discuter de leurs problèmes.
talk yourself **out** (toujours pronominal)
dire tout ce qu'on a à dire • *My parents lectured me until they had talked themselves out.* Mes parents m'ont fait la leçon jusqu'à ce qu'ils aient dit tout ce qu'ils avaient à dire.

talk out of talks, talking, talked

talk sb **out of** sth/doing sth
dissuader de • *It was a crazy idea and we both tried to talk him out of it.* C'était une idée folle et nous avons tous deux essayé de l'en dissuader. • *So, has Roger talked you out of buying a second-hand car?* Alors, est-ce que Roger t'a dissuadé d'acheter une voiture d'occasion?

talk over talks, talking, talked

talk over sth or **talk** sth **over**
discuter de • (souvent + **with**) *I'd like to talk things over with my wife first.* J'aimerais en discuter d'abord avec ma femme. • *I'll talk it over with Marty and see what he thinks.* J'en parlerai à Marty et je verrai ce qu'il en pense.

talk round
voir **talk around/round**

talk through talks, talking, talked

talk through sth or **talk** sth **through**

parler en détail de • *Let's talk things through before we do anything.* Parlons-en en détail avant de faire quoi que ce soit. • (souvent + **with**) *I'll talk it through with him and let you know.* J'en parlerai en détail avec lui et je vous tiendrai au courant.

talk sb **through** sth
expliquer • *If you call this number, someone will talk you through the procedure.* Si vous appelez ce numéro, quelqu'un vous expliquera la procédure à suivre. • *Talk the students through the notes as you write them on the blackboard.* Expliquez vos notes aux étudiants au fur et à mesure que vous les inscrivez au tableau.

talk up talks, talking, talked

talk up sth/sb or **talk** sth/sb **up** *surtout américain*
vanter les mérites de • *Whatever the product you're presenting, you've got to talk it up a bit.* Quel que soit le produit que vous présentez, vous devez en vanter un peu les mérites.

tamp down tamps, tamping, tamped

tamp down sth or **tamp** sth **down**
(terre) tasser • *We filled in the hole and tamped down the earth around the base of the post.* Nous avons rempli le trou et tassé la terre autour de la base du poteau.

tamper with tampers, tampering, tampered

tamper with sth
trafiquer • *The lock on my drawer had been tampered with and some of my papers were missing.* La serrure de mon tiroir avait été forcée et certains de mes papiers manquaient.

tangle up in

be tangled up in sth (toujours au passif)
(corde, branche) être pris dans • *The kite got tangled up in the branches of a tree.* Le cerf-volant s'est pris dans les branches d'un arbre.

tangle with tangles, tangling, tangled

tangle with sb *surtout américain & australien*
se fâcher avec • *I wouldn't tangle with him if I were you – he's a big guy.* Je ne me fâcherais pas avec lui si j'étais toi: il est costaud.

tank up tanks, tanking, tanked

tank up
1 *américain, familier* faire le plein • *We'd better tank up before we get on the thruway.* Nous ferions bien de faire le plein avant de prendre l'autoroute.

2 *américain, familier* se bourrer à • (souvent + **on**) *We'd spent all evening tanking up on scotch.* Nous avions passé toute la soirée à nous bourrer au whisky.

tanked up *adj* (toujours après v) *familier*
bourré • *He was already tanked up when he arrived at the party.* Il était déjà bourré quand il est arrivé à la soirée.

tap for taps, tapping, tapped

tap sb **for** sth
1 *familier* (argent) obtenir quelque chose de quelqu'un • *I might be able to tap my father for a loan.* J'arriverai peut-être à obtenir un prêt de mon père.

2 *américain, familier* sélectionner pour • (généralement au passif) *He's been tapped for a top management job by his company.* Il a été sélectionné pour un poste de direction de haut niveau par son entreprise.

tap into taps, tapping, tapped

tap into sth
exploiter • *They're hoping to tap into the very rich market for books on CD-ROM.* Ils espèrent s'introduire sur le marché très florissant des livres sur CD-ROM. • *There's a vast store of information on the database, just waiting to be tapped into.* Il y a une vaste réserve d'informations sur la base de données qui attendent qu'on s'en serve.

tap out taps, tapping, tapped

tap out sth or **tap** sth **out**
taper • *He tapped out the rhythm on the table.* Il a pianoté le rythme sur la table.

tape up tapes, taping, taped

tape up sth or **tape** sth **up**
1 scotcher • *I've taped up the box so the lid won't come off.* J'ai scotché la boîte pour que le couvercle ne s'ouvre pas.

2 *américain & australien* bander • *He came back onto the field with his ankle taped up.*

Il est revenu sur le terrain la cheville bandée.

taper off tapers, tapering, tapered

taper off
diminuer • *By September the burst in spending seemed to be tapering off.* A partir de septembre, la reprise des dépenses semblait diminuer.

tart up tarts, tarting, tarted

tart up sth or **tart** sth **up** *britannique & australien, familier*
arranger sans goût • *They've tarted up a lot of those old buildings down near the canal.* Ils ont maquillé la façade d'un certain nombre de ces immeubles près du canal. • *It's really just a potato salad tarted up.* Ce n'est qu'une salade de pommes de terre avec des fioritures.

tart yourself **up** (toujours pronominal) *britannique & australien, familier*
se pomponner • *You don't need to tart yourself up for me, love.* Tu n'as pas besoin de te pomponner pour moi, ma chérie.

tax with taxes, taxing, taxed

tax sb **with** sth *formel*
accuser de • *I taxed him with this offence, hoping that he might express some regret for his misconduct.* Je l'ai accusé de cette infraction, en espérant qu'il montrerait quelque regret pour son inconduite.

team up teams, teaming, teamed

team up
faire équipe • (généralement + **with**) *I teamed up with Brendan for the doubles tournament.* J'ai fait équipe avec Brendan pour le tournoi de double.

tear apart tears, tearing, tore, torn

tear apart sth or **tear** sth **apart**
1 mettre en pièces • *A dog can tear a rabbit apart in seconds.* Un chien peut mettre un lapin en pièces en quelques secondes.
2 détruire • *The blast had torn the building apart.* L'explosion avait détruit le bâtiment.
3 (parti, pays, famille) diviser • *Ethnic rivalries threaten to tear this country apart.* Les rivalités ethniques risquent de diviser ce pays. • (souvent pronominal) *He left, depressed at the way that the party was tearing itself apart.* Il partit, déprimé par la façon dont le parti était en train de se diviser.

tear sb **apart**
fendre le coeur de • *I know that I'll never live with my kids and it tears me apart.* Je sais que je ne vivrai jamais avec mes enfants et cela me fend le coeur.

tear at tears, tearing, tore, torn

tear at sth
(cheveux) tirer, (tissu) déchirer • *They rolled on the floor, tearing at each other's hair and clothes.* Elles roulèrent au sol, se tirant les cheveux et déchirant leurs vêtements.

tear away tears, tearing, tore, torn

tear sb **away**
arracher à • (généralement + **from**) *I'll bring Gene with me, if I can tear him away from the television.* Je viendrai avec Gene, si je peux l'arracher à la télévision. • (souvent pronominal) *If you could tear yourself away from your studies, it would be great to see you.* Si tu pouvais t'arracher à tes études, cela me ferait plaisir de te voir.

tear away sth or **tear** sth **away**
arracher • (généralement au passif) *The front of the building had been torn away in the blast.* La façade de l'immeuble avait été arrachée par l'explosion.

tear down tears, tearing, tore, torn

tear down sth or **tear** sth **down**
(immeuble) abattre • *They're going to tear down the old hospital and build a block of offices.* Ils vont abattre le vieil hôpital et construire des bureaux. • *The statue had been torn down in the revolution.* La statue avait été abattue pendant la révolution.

tear into tears, tearing, tore, torn

tear into sb/sth *familier*
attaquer • *She tore into me, accusing me of trying to destroy her career.* Elle m'a attaqué, m'accusant d'avoir essayé de détruire sa carrière.

tear off tears, tearing, tore, torn

tear off sth or **tear** sth **off**
retirer à la hâte • *He tore off his clothes and jumped into the water.* Il a vite retiré ses vêtements et a sauté dans l'eau.

tear off *familier*
partir en vitesse • (généralement + *adv/prép*) *He tore off down the road in his*

car. Il a descendu la route à toute allure dans sa voiture.

tear up tears, tearing, tore, torn

tear up sth or **tear** sth **up**

1 déchirer • *If he sends me any letters I just tear them up and throw them away.* S'il m'écrit, je déchirerai ses lettres et je les jetterai. • *We had to tear up a sheet to make bandages.* Nous avons dû déchirer un drap pour faire des bandages.

2 détruire • *Acres of parkland are being torn up to make way for new developments.* Des hectares de parc sont détruits pour faire place à de nouveaux bâtiments.

3 (contrat) dénoncer, (accord) rompre • *Talks are on the verge of collapse with the rebels threatening to tear up the only agreement reached so far.* Les pourparlers sont sur le point d'échouer parce que les rebelles menacent de réduire à néant le seul accord auquel on soit parvenu à ce jour.

tease out teases, teasing, teased

tease out sth or **tease** sth **out**

1 (sens) démêler • *After the speech, reporters tried to tease out precisely what she meant.* Après son discours, les journalistes ont essayé de démêler précisément ce qu'elle avait voulu dire.

2 démêler avec les doigts • *I teased out the tangled knots in Rosie's hair.* Avec mes doigts, j'ai démêlé les noeuds dans les cheveux de Rosie.

tee off tees, teeing, teed

tee off

1 (golf) commencer à jouer • *Ballesteros admitted to feeling nervous before teeing off.* Ballesteros a reconnu qu'il se sentait nerveux avant de commencer à jouer.

2 *américain, familier* démarrer • *The exhibition is all ready and due to tee off in September.* L'exposition est entièrement préparée et doit démarrer en septembre. • (parfois + **with**) *The new edition of the paper teed off with an editorial on crime.* La nouvelle édition du journal a démarré avec un éditorial sur la criminalité.

tee off sb or **tee** sb **off** *américain, familier*

énerver • *It really tees me off when she doesn't listen to me.* Cela m'énerve vraiment quand elle ne m'écoute pas.

teed off *adj* (toujours après v) énervé • *They were fairly teed off with all the delays at the airport.* Ils étaient plutôt énervés à l'aéroport avec tous les retards.

tee off on tees, teeing, teed

tee off on sb/sth *américain, familier*

(personne) se mettre en colère après, (chose) se mettre en colère à cause de • *Their teacher teed off on the sloppy work they'd handed in.* Leur prof s'est mis en colère à cause du travail bâclé qu'ils avaient rendu.

teem down teems, teeming, teemed

teem down

tomber des cordes • *It's been teeming down all day.* Il a plu des cordes toute la journée.

teem with teems, teeming, teemed

teem with sth/sb

grouiller de • (généralement à la forme progressive) *The town centre is usually teeming with tourists on a Saturday.* En général, le centre-ville grouille de touristes le samedi.

tell against tells, telling, told

tell against sb/sth *britannique & australien, formel*

jouer contre • *It's a reputation that might tell against him if he ever decides to change jobs.* C'est le genre de réputation qui peut jouer contre lui s'il décide de changer de travail.

tell apart tells, telling, told

tell sb/sth **apart**

(l'un de l'autre) distinguer • *When they were small, the twins looked so alike that I just couldn't tell them apart.* Quand ils étaient petits, les jumeaux se ressemblaient tellement que je n'arrivais pas à les distinguer l'un de l'autre. • (parfois + **from**) *It's impossible to tell a forged £10 note apart from a real one.* Il est impossible de faire la différence entre un faux billet de 10 livres et un vrai.

tell from tells, telling, told

tell sth/sb **from** sth/sb

(l'un de l'autre) distinguer • *The two brothers looked so similar, I couldn't tell one from the other.* Les deux frères se ressemblaient tellement, je ne pouvais pas les distinguer l'un de l'autre. • *I've always had a problem with telling my left from my right.* J'ai toujours eu du mal à distinguer ma gauche de ma droite.

tell off tells, telling, told

tell off sb or **tell** sb **off**

gronder, réprimander • *She told him off for not doing his homework.* Elle l'a grondé parce qu'il n'avait pas fait ses devoirs. • *You always get told off in Mr Warren's lesson.* On se fait toujours réprimander au cours de Mr Warren.

telling-off n [C] *britannique & australien* réprimande • *The nurse gave me a good telling-off.* L'infirmière m'a réprimandé. • (souvent + **from**) *She got a telling-off from her teacher for forgetting her book.* Elle s'est fait réprimander par son prof parce qu'elle avait oublié son livre.

tell on tells, telling, told

tell on sb

1 affecter • *He'd been three months in the job and the strain was beginning to tell on him.* Cela faisait trois mois qu'il faisait ce métier et la fatigue commençait à l'affecter.
2 *familier* dénoncer • *I'll tell on you if you copy my homework again.* Si tu recopies encore une fois mes devoirs, je te dénonce. • *I'm telling on you!* Je vais le dire à la maîtresse!

tend to tends, tending, tended

tend to sb/sth

s'occuper de • *Surgeons in six operating rooms tended to the injured.* Des chirurgiens s'occupaient des blessés dans six blocs opératoires différents. • *Would you mind waiting? I'm tending to another customer at the moment.* Cela ne vous dérange-t-il pas d'attendre? Je m'occupe d'un autre client pour l'instant.

tend towards tends, tending, tended

tend towards sth

1 pencher vers • *Her taste in clothes tends towards the theatrical.* Ses goûts vestimentaires tendent vers le théâtral.
2 pencher vers • *I tend towards the first of those two options.* Je penche pour la première de ces deux options.

tense up tenses, tensing, tensed

tense up

se tendre • *I could feel myself tense up as he touched my neck.* J'ai senti que je me tendais quand il a touché mon cou.

tensed up *adj* (toujours après v) tendu • *You're all tensed up – I can feel it in your shoulders.* Tu es trop tendu; je le sens dans tes épaules.

test out tests, testing, tested

test out sth or **test** sth **out**

expérimenter • *The new procedures are being tested out in three different hospitals.* Les nouvelles procédures sont expérimentées dans trois hôpitaux différents.

thaw out thaws, thawing, thawed

thaw out (sth) or **thaw** (sth) **out**

décongeler • *I can't start cooking until the chicken has thawed out.* Je ne peux pas commencer à cuisiner tant que le poulet n'a pas décongelé. • *You're supposed to thaw food out completely before you use it.* Vous êtes censé faire décongeler complètement la nourriture avant de l'utiliser.

thaw out *légèrement familier*

se réchauffer • *Why don't you sit by the fire and thaw out a bit?* Pourquoi ne t'assieds-tu pas près du feu pour te réchauffer un peu?

thin down thins, thinning, thinned

thin down sth or **thin** sth **down**

éclaircir • *If the soup is too thick, thin it down a bit with some water or vegetable stock.* Si la soupe est trop épaisse, éclaircis-la un peu avec de l'eau ou un bouillon de légumes.

thin down *familier*

maigrir • *He's thinned down a lot since I last saw him.* Il a beaucoup maigri depuis la dernière fois que je l'ai vu.

thin out thins, thinning, thinned

thin out

diminuer • *The crowds thin out as you travel further south.* Quand on va plus au sud, le nombre de gens commence à diminuer. • *As the land sloped down to the river, the trees began to thin out.* A l'endroit où le terrain descend vers la rivière, les arbres commençaient à se faire plus rares.

thin out sth or thin sth out
éclaircir • *I thinned out the strawberry plants in early spring.* J'ai éclairci les fraisiers au début du printemps. • *Thin out some of the larger clusters of apples so there is less weight on the branches.* Eclaircis les plus gros groupes de pommes pour que les branches aient moins de poids à porter.

think ahead thinks, thinking, thought

think ahead
réfléchir à l'avenir • *Just concentrate on what you're doing now and try not to think too far ahead.* Concentre-toi sur ce que tu fais en ce moment et essaie de ne pas trop réfléchir à l'avenir. • (parfois + **to**) *I'm already thinking ahead to what I'll do when my exams are over.* Je réfléchis déjà à ce que je vais faire quand mes examens seront finis.

think back thinks, thinking, thought

think back (toujours + *adv/prép*)
se reporter en arrière • (souvent + **to**) *I thought back to the time when I was living in Montpellier.* J'ai repensé à l'époque où j'habitais à Montpellier. • (parfois + **on**) *When I think back on what I did, I feel pretty stupid.* Quand je repense à ce que j'ai fait, je me sens plutôt bête.

think out/through thinks, thinking, thought

think out/through sth or think sth out/through
bien réfléchir à • *He obviously hadn't thought it out properly.* Il est évident qu'il n'y avait pas réfléchi sérieusement. • *It sounds like a good idea but we need to spend some time thinking it through.* Ça a l'air d'être une bonne idée, mais nous avons besoin de temps pour bien y réfléchir.

think over thinks, thinking, thought

think over sth or think sth over
réfléchir à • *She said she'd think it over and give me an answer next week.* Elle a dit qu'elle y réfléchirait et qu'elle me donnerait une réponse la semaine prochaine. • *I need to think the matter over carefully.* J'ai besoin d'y réfléchir sérieusement.

think through
voir **think out/through**

think up thinks, thinking, thought

think up sth or think sth up
(idée) avoir, (excuse) trouver, (plan) inventer • *I really don't want to go tonight and I'm trying to think up an excuse.* Je n'ai vraiment pas envie d'y aller ce soir et j'essaie de trouver une excuse. • *It's one of those competitions where you have to think up a slogan for a product.* C'est un de ces concours où il faut trouver un slogan pour un produit.

thirst for thirsts, thirsting, thirsted

thirst for sth *littéraire*
(aventure) avoir soif de • *She thirsted for adventure and excitement.* Elle avait soif d'aventure et de sensations fortes.

thrash out thrashes, thrashing, thrashed

thrash out sth or thrash sth out
(problème) résoudre, (accord) élaborer, (décision) aboutir à • *Talks are continuing between the two sides to thrash out a final agreement.* Les pourparlers continuent entre les deux camps pour élaborer un accord final. • *Over the next few weeks, the president's advisers will be thrashing out some new policies.* Dans les semaines à venir, les conseillers du président vont élaborer de nouvelles lignes politiques.

thrive on thrives, thriving, thrived
(*américain prét* aussi **throve**, *pp* also **thriven**)

thrive on sth
(stress) aimer travailler dans, (pression) aimer travailler sous • *He was an exceptional leader who thrived on pressure.* C'était un leader exceptionnel qui aimait travailler sous la pression. • *Don't worry about Kate – she thrives on hard work.* Ne t'inquiète pas pour Kate; elle aime travailler dur.

throttle back/down throttles, throttling, throttled

throttle back/down (sth) or throttle (sth) back/down
ralentir • *The pilot throttled back as he came in to land.* Le pilote a ralenti au moment de l'atterrissage.

throw at throws, throwing, threw, thrown

throw yourself **at** sb (toujours pronominal) *familier*
se jeter à la tête de • *She basically threw herself at him – it was quite embarrassing to witness.* Elle s'est carrément jetée sur lui. C'était assez gênant pour les personnes présentes. • *Women just seem to throw themselves at him.* Les femmes semblent se jeter carrément sur lui.

throw away throws, throwing, threw, thrown

throw away sth or **throw** sth **away**

1 jeter • *I'm going to throw away those magazines if you've finished reading them.* Je vais jeter ces magazines si tu as fini de les lire. • *These potatoes are past their best – I'd better throw them away.* Ces pommes de terre ne sont plus très bonnes. Je ferais mieux de les jeter.

throwaway *adj* (toujours avant n) (article) jetable, (société) de consommation • *We were given some wine in a throwaway plastic bottle.* On nous a donné du vin dans une bouteille de plastique jetable. • *We're living in a throwaway society.* Nous vivons dans une société de consommation.

2 gâcher • *You've spent years doing that training, and now you're going to throw it all away.* Tu as passé des années à suivre cette formation et, maintenant, tu vas tout gâcher. • *England had a chance to take the lead in the second half and they just threw it away.* L'Angleterre avait une chance de prendre la tête durant la deuxième mi-temps et ils ont tout gâché.

throw back on

be thrown back on sth/sb (toujours au passif) *formel*
être forcé de dépendre de • *He was thrown back on his family during his illness.* Il a été forcé de dépendre de sa famille pendant sa maladie.

throw down throws, throwing, threw, thrown

throw down sth or **throw** sth **down**
(armes) jeter • *More than 100 soldiers threw down their guns and surrendered.* Plus de 100 soldats ont jeté les armes et se sont rendus.

throw in throws, throwing, threw, thrown

throw in sth or **throw** sth **in**

1 offrir en cadeau • *We booked our trip 10 months in advance so they threw the insurance in for free.* Nous avons réservé notre voyage dix mois à l'avance et ils nous ont offert l'assurance en cadeau.

2 (remarque) lancer • *He threw in some comment about women being awful drivers.* Il a lancé une remarque sur la maladresse des femmes au volant.

throw in/into throws, throwing, threw, thrown

throw sb **in/into** swh
(prison) jeter en • *Some of the protestors were thrown in jail.* Certains manifestants ont été jetés en prison. • *The authorities had threatened to throw him into prison if he didn't cancel the demonstration.* Les autorités avaient menacé de le jeter en prison s'il n'annulait pas la manifestation.

throw into throws, throwing, threw, thrown

throw sth/sb **into** sth
jeter dans • *Their lives had been thrown into turmoil by the war.* La guerre les avait jetés dans le désarroi.

throw yourself **into** sth (toujours pronominal)
se jeter tout entier dans • *She's really thrown herself into this new job of hers.* Elle s'est vraiment jetée tout entière dans son nouveau travail.

throw off throws, throwing, threw, thrown

throw off sth or **throw** sth **off**

1 (vêtement) retirer rapidement • *We threw off our clothes and ran into the sea.* Nous avons retiré rapidement nos vêtements et nous avons couru nous jeter dans l'eau.

2 *familier* (maladie) se débarrasser de • *I just can't seem to throw off this cold.* Je n'arrive pas à me débarrasser de mon rhume.

3 produire • *The lamp throws off a certain amount of heat as well as light.* En plus de la lumière, la lampe produit une certaine quantité de chaleur.

4 se débarrasser de • *Finally, they could throw off the yoke of communism and join the rest of Europe.* Enfin, ils pouvaient

briser le joug du communisme et s'unir au reste de l'Europe. • *It's an unfortunate image and one that he's never quite managed to throw off.* C'est une image malheureuse dont il n'a jamais vraiment réussi à se débarrasser.

throw on throws, throwing, threw, thrown

throw on sth or **throw** sth **on**
(vêtement) passer en vitesse • *I'll just throw on a jacket and then I'll be with you.* Je passe une veste en vitesse et j'arrive.

throw out throws, throwing, threw, thrown

throw out sth or **throw** sth **out**
1 jeter • *If you don't want these books any more, I'll throw them out.* Si tu ne veux plus de ces livres, je vais les jeter. • *I threw those trousers out years ago.* J'ai jeté ce pantalon il y a des années.
2 (projet de loi, proposition) rejeter • *There was a storm of protest about the bill and Parliament threw it out.* Il y a eu une vague de protestation contre le projet de loi et le parlement l'a rejeté. • *The case got thrown out by the courts on the grounds of lack of evidence.* L'affaire a été rejetée par les tribunaux pour manque de preuves.
3 (fumée) rejeter, (lumière, chaleur) diffuser • *I hate it when you get behind some great lorry that's throwing out clouds of black smoke.* Je déteste me retrouver derrière un gros camion qui rejette des nuages de fumée noire.

throw out sb or **throw** sb **out**
mettre à la porte • (souvent + of) *She was thrown out of college in the second year for not attending lectures.* Elle a été mise à la porte de l'université en deuxième année parce qu'elle n'assistait pas aux cours. • *His parents told him that if he started taking drugs again they'd throw him out.* Ses parents lui ont dit que s'il recommençait à se droguer, ils le mettraient à la porte.

throw over throws, throwing, threw, thrown

throw over sb or **throw** sb **over** *vieilli*
laisser tomber • *I heard he'd been thrown over for a younger man.* J'ai entendu dire qu'on l'a laissé tomber pour un homme plus jeune.

throw together throws, throwing, threw, thrown

throw together sth or **throw** sth **together**
préparer à la hâte • *I hope the food's all right – I just threw it together.* J'espère que le repas est correct; j'ai tout préparé en vitesse.

be thrown together (toujours au passif) se retrouver ensemble • *We were thrown together by chance at a conference.* Nous nous sommes retrouvés ensemble par hasard à un congrès.

throw up throws, throwing, threw, thrown

throw up (sth) or **throw** (sth) **up** (jamais au passif) *familier*
vomir • *She'd spent half the night with her head down the toilet throwing up.* Elle avait passé la moitié de la nuit à vomir, la tête dans la cuvette des toilettes. • *I managed a slice of toast but threw it up ten minutes later.* J'ai réussi à avaler une tranche de toast mais je l'ai vomie dix minutes plus tard.

throw up sth or **throw** sth **up**
1 (problème, question) soulever, (idée) lancer • *I thought it was a good meeting – it threw up a lot of interesting ideas.* J'ai trouvé que c'était une bonne réunion; des idées intéressantes ont été lancées. • *The report has thrown up some worrying questions about the safety of air travel.* Le rapport a soulevé des questions intéressantes sur la sécurité des voyages aériens.
2 (bras, main) lever • (parfois + in) *He threw up his hands in amazement.* Il a levé les mains en signe de stupéfaction.
3 (travail) laisser tomber • *He's thrown up his job and gone off travelling.* Il a laissé tomber son travail et est parti en voyage.
4 (poussière) soulever, (eau) projeter • *Thick clouds of dust were being thrown up by passing vehicles.* Les véhicules, en passant, soulevaient de gros nuages de poussière.

thrust on/upon thrusts, thrusting, thrust

thrust sth **on/upon** sb
imposer à • (généralement au passif) *He felt as if fatherhood had been thrust on him.* Il ressentait la paternité comme quelque chose qu'on lui aurait imposé.

thumb through thumbs, thumbing, thumbed

thumb through sth
feuilleter • *I thumbed through the report on my way in to work on the train.* J'ai feuilleté le rapport dans le train en me rendant au travail.

tick away ticks, ticking, ticked

tick away (sth)
fonctionner • (généralement à la forme progressive) *At night all I can hear is the sound of the clock ticking away above my bed.* La nuit, tout ce que j'entends, c'est le tic-tac de l'horloge au-dessus de mon lit. • *Can you hear the clock ticking away the minutes?* Est-ce que tu entends le mécanisme de l'horloge?

tick away/by ticks, ticking, ticked

tick away/by
(temps) passer • *With the final seconds ticking away, Chelsea scored a goal.* Dans les dernières secondes de jeu, Chelsea a marqué un but. • *The seconds ticked by and still she said nothing.* Les minutes passaient et elle ne disait toujours rien.

tick off ticks, ticking, ticked

tick off sth or **tick** sth **off**
(nom, article) cocher • *I tend to tick off each item on the list as I do it.* Généralement, je coche chaque article de la liste au fur et à mesure. • *And you've already paid me so I'll tick your name off.* Et comme vous m'avez déjà payé, je cocherai votre nom.

tick off sb or **tick** sb **off**
1 *britannique & australien* faire une remarque à • (souvent + **for** + doing sth) *I had to tick him off for being late again.* J'ai dû lui faire remarquer qu'il était encore en retard. • *I got ticked off for not going to the meeting.* On m'a fait une remarque parce que je n'étais pas allée à la réunion.
ticking off n [C] *britannique & australien* remarque • (souvent + **for**) *She gave me a ticking off for leaving dirty dishes in the sink.* Elle m'a fait remarquer que j'avais laissé des assiettes sales dans l'évier. • *I got a real ticking off from Susan when I got in.* Je me suis fait passer un sacré savon par Susan quand je suis arrivé.
2 *américain, familier* taper sur les nerfs • *It really ticks me off the way these guys keep breaking their promises.* Ça me tape vraiment sur les nerfs la façon dont ces types ne tiennent jamais leurs promesses.
ticked off adj (toujours après v) *américain, familier* en colère • (souvent + **at**) *I guess she was ticked off at Pete because he was late.* Je suppose qu'elle était en colère après Pete parce qu'il était en retard.

tick over ticks, ticking, ticked

tick over
1 *britannique & australien* (moteur) tourner • (généralement à la forme progressive) *I left the car with the engine ticking over.* J'ai laissé tourner le moteur.
2 *britannique & australien* (entreprise, système) tourner au ralenti • (généralement à la forme progressive) *For some months the financial markets have been just ticking over.* Depuis quelques mois, les marchés financiers tournent au ralenti. • *Isobel will keep things ticking over in the office till I get back.* Isobel fera tourner le service jusqu'à mon retour.

tide over tides, tiding, tided

tide sb **over** (sth) (jamais au passif)
dépanner • *Could you lend me £20 to tide me over till the weekend?* Pourrais-tu me prêter 20 livres pour me dépanner jusqu'à ce week-end? • *I got some money in January which should tide me over the next couple of months.* J'ai reçu de l'argent en janvier qui devrait me dépanner pour quelques mois.

tidy away tidies, tidying, tidied

tidy away sth or **tidy** sth **away**
britannique & australien
ranger • *I usually get the kids to tidy their toys away before they go to bed.* En général, je demande aux enfants de ranger leurs jouets avant d'aller se coucher. • *I just need to tidy a few things away in the kitchen.* Je n'ai qu'à ranger deux ou trois choses dans la cuisine.

tidy out tidies, tidying, tidied

tidy out sth or **tidy** sth **out** *britannique & australien*
mettre de l'ordre dans • *I think it's time I tidied out that cupboard.* Je crois qu'il est temps que je mette de l'ordre dans ce placard. • *I was just tidying out the spare*

room. Je mettais de l'ordre dans la chambre d'amis.

tidy up tidies, tidying, tidied

tidy up (sth) or **tidy** (sth) **up** *surtout britannique & australien*
ranger • *I'd better tidy up before our guests come.* Il faut que je range avant l'arrivée de nos invités. • *You can watch television when you've tidied up your room.* Tu pourras regarder la télévision quand tu auras rangé ta chambre.

tidy-up *n* [C] *britannique & australien, familier* rangement • (généralement au singulier) *I'm just having a quick tidy-up in the lounge.* Je suis en train de ranger le salon en vitesse.

tidy up sb or **tidy** sb **up** *britannique & australien*
faire un brin de toilette, se recoiffer • (souvent pronominal) *Give me five minutes to tidy myself up a bit and I'll join you in the bar.* Laisse-moi cinq minutes pour faire un brin de toilette et je te rejoins au bar.

tidy up sth or **tidy** sth **up** *britannique & australien*
arranger • *The article is basically well written – it just needs tidying up a bit.* L'article est plutôt bien écrit. Il faut juste l'arranger un peu.

tie back ties, tying, tied

tie back sth or **tie** sth **back**
(cheveux) attacher • *I usually tie my hair back for work.* En général, quand je vais travailler, j'attache mes cheveux.

tie down ties, tying, tied

tie down sth/sb or **tie** sth/sb **down**
(objet) fixer, (personne) ligoter • (parfois + **to**) *They tied him down to the bed so he couldn't escape.* Ils l'ont ligoté au lit pour qu'il ne s'échappe pas. • *We loaded a ladder onto the roof of the van and tied it down with a length of rope.* Nous avons mis une échelle sur le toit de la camionnette et nous l'avons fixée avec de la corde.

tie sb **down**
coincer • *He doesn't want to be tied down by a relationship.* Il ne veut pas se retrouver coincé à cause d'une relation amoureuse.

tie down sb or **tie** sb **down**
immobiliser • *Half the army was tied down defending the north of the country from invaders.* La moitié de l'armée était immobilisée à défendre le nord du pays contre les envahisseurs.

tie in ties, tying, tied

tie in
rejoindre, être en rapport avec • (généralement + **with**) *I don't understand how that statement ties in with the rest of his argument.* Je ne vois pas le rapport entre cette déclaration et le reste de son exposé. • *Michael's point about staffing numbers ties in with what you were just saying.* La remarque de Michael sur les effectifs rejoint ce que vous disiez à l'instant.

tie in with ties, tying, tied

tie in with sth
avoir lieu en même temps que • *There are a series of interviews planned to tie in with his latest novel.* Il y a une série d'entretiens qui sont prévus en même temps que la parution de son dernier roman.

tie up ties, tying, tied

tie up sb/sth or **tie** sb/sth **up**
attacher • *The security guard was left tied up in a cupboard.* Le vigile a été laissé ligoté dans un placard. • *I tied the dog up while I went into the shop.* J'ai attaché le chien pendant que j'étais dans la boutique.

be tied up (toujours au passif) *familier*
1 être pris • *I'm a bit tied up at the moment, could you call back tomorrow?* Je suis assez pris pour l'instant, est-ce que vous pouvez rappeler demain? • *I'm afraid she's tied up in a meeting at the moment.* Je crains qu'elle ne soit prise par une réunion en ce moment.
2 (argent) être bloqué • (généralement + **in**) *He has plenty of money but most of it is tied up in property.* Il a plein d'argent mais presque tout est bloqué dans des propriétés foncières.

tie up sth or **tie** sth **up**
1 lier • *I found a bundle of letters tied up with red ribbon at the back of her drawer.* J'ai trouvé un paquet de lettres lié avec un ruban rouge au fond de son tiroir.
2 (lacet) faire • *I bent over to tie up my shoelaces.* Je me suis baissé pour faire mes lacets.
3 monopoliser • *He's had the printer tied up for the last half hour, printing out his*

reports. Cela fait une demi-heure qu'il monopolise l'imprimante avec ses rapports.

4 *américain & australien* (route) bloquer • *The airport was tied up for 45 minutes, waiting for the Presidential plane to take off.* L'aéroport a été bloqué pendant 45 minutes, le temps que l'avion du président décolle.

tie-up *n* [C] *américain* embouteillage • *She was stuck in a tie-up on the interstate on her way home.* En rentrant chez elle, elle a été coincée dans un embouteillage sur l'autoroute.

tie up
amarrer • *We tied up alongside the harbour wall.* Nous avons amarré le long du mur du port.

tie up with

be tied up with sth (toujours au passif) être lié à • *I suspect that the physical symptoms are all tied up with her mental state.* Je suppose que ses symptômes physiques sont liés à son état mental.

tighten up tightens, tightening, tightened

tighten up sth or **tighten** sth **up**
(vis, écrou, lanière) resserrer • *The mechanic went around tightening up any screws which had worked loose.* Le mécanicien a resserré toutes les vis qui s'étaient dévissées.

tighten up (sth) or **tighten** (sth) **up**
1 (législation) renforcer • *New UK legislation is planned to tighten up the rules on mailshots.* La nouvelle législation britannique a pour objectif de renforcer la règlementation en matière de publipostage. • (parfois + *on*) *The government is tightening up on safety standards.* Le gouvernement est en train de renforcer les normes de sécurité.

2 (se) contracter • *And this next exercise will really tighten up those tummy muscles.* Et cet exercice resserrera vraiment vos muscles abdominaux. • *My right calf tightened up during the last mile and was starting to get painful.* Mon mollet droit s'est contracté durant le dernier kilomètre et cela commençait à me faire mal.

tighten up
se renforcer • *Chelsea's defence have really tightened up under their new manager.* La défense de Chelsea s'est vraiment renforcée depuis l'arrivée du nouveau manager.

tinker about/around tinkers, tinkering, tinkered

tinker about/around
bricoler • (souvent + *adv/prép*) *I was just tinkering about in the garage.* J'étais juste en train de bricoler dans le garage.

tinker with tinkers, tinkering, tinkered

tinker with sth
bricoler • *Every time I see Chris, he's tinkering with his car.* Chaque fois que je vois Chris, il est en train de bricoler sa voiture. • *Yeats was constantly tinkering with his poems, especially his earlier ones.* Yeats révisait constamment ses poèmes, surtout les premiers.

tip off tips, tipping, tipped

tip off sb or **tip** sb **off**
prévenir • (souvent + *about*) *The prison governor had been tipped off about a possible escape plan.* Le directeur de la prison avait été prévenu d'un possible plan d'évasion. • *Someone must have tipped off the burglars that the house would be empty.* Quelqu'un doit avoir prévenu les cambrioleurs que la maison serait vide.

tip-off *n* [C] information • *Acting on a tip-off, the police raided the house and found £500,000 worth of heroin.* Agissant sur la base d'un tuyau, la police a perquisitionné la maison et trouvé pour 500.000 livres sterling d'héroïne.

tip over tips, tipping, tipped

tip over (sth) or **tip** (sth) **over**
(se) renverser • *As I stood up I tipped my cup of coffee over.* En me levant, j'ai renversé ma tasse de café.

tip up tips, tipping, tipped

tip up
basculer • *We put three heavy suitcases on the trolley and it tipped up.* Nous avons mis trois lourdes valises sur le chariot et il a basculé.

tip up sth or **tip** sth **up**
renverser • *He tipped up the wheelbarrow and the sand poured into a heap on the ground.* Il a renversé la brouette et le sable s'est déversé en tas sur le sol.

tire of tires, tiring, tired

tire of sth/doing sth
se lasser de • *I wouldn't worry about the video games – he'll soon tire of them.* Je ne me ferais pas de soucis à cause de ces jeux vidéo, il s'en lassera bientôt. • *I love all of Cary Grant's films and I never tire of watching them.* J'adore tous les films de Gary Grant et je ne me lasse pas de les regarder.

tire out tires, tiring, tired

tire out sb or **tire** sb **out**
épuiser • *The twelve-hour journey had tired me out.* Les douze heures de voyage m'avaient épuisé. • (parfois pronominal) *You'll tire yourself out working so hard.* Tu vas t'épuiser à travailler tant.

tired out adj épuisé • *I think I'm going to go to bed – I'm absolutely tired out.* Je crois que je vais aller me coucher. Je suis complètement épuisé.

toddle off toddles, toddling, toddled

toddle off britannique & australien, familier
y aller • *It's getting late so I'm going to toddle off now.* Il est tard, je vais y aller.

tog out/up togs, togging, togged

tog out/up sb or **tog** sb **out/up**
britannique & australien, familier
se mettre en tenue, s'habiller • (souvent pronominal) *It was snowing outside, so I togged myself out in a thick jacket and boots.* Comme il neigeait, je me suis équipée d'une veste chaude et d'une paire de bottes. • *Tony was all togged up in his new linen suit.* Tony était sur son trente et un, dans son nouveau costume en lin.

toil away toils, toiling, toiled

toil away
travailler sans répit • (souvent à la forme progressive) *I've been toiling away in the kitchen all afternoon.* J'ai travaillé dans la cuisine tout l'après-midi sans m'arrêter. • (souvent + **at**) *He's been toiling away at the same paper for what seems like months.* Il peine sur le même article depuis ce qui me semble être des mois.

tone down tones, toning, toned

tone down sth or **tone** sth **down**
1 édulcorer • *Certain parts of the show have been toned down to make it suitable for a family audience.* Certaines parties du spectacle ont été édulcorées pour le mettre à la portée des familles.

toned-down adj édulcoré • *The film is a toned-down version of the original play.* Le film est une version édulcorée de la pièce d'origine.

2 atténuer • *He's had to tone down his flamboyant image since becoming a politician.* Il a dû atténuer son image exubérante depuis son entrée sur la scène politique.

3 atténuer • *You can tone down bright lipstick with a touch of face powder.* On peut atténuer un rouge à lèvres vif avec une touche de poudre de riz.

tone in tones, toning, toned

tone in britannique & australien
s'harmoniser • (souvent + **with**) *I'm looking for some curtains which will tone in with my new carpet.* Je cherche des rideaux qui s'harmonisent avec ma nouvelle moquette.

tone up tones, toning, toned

tone up (sth) or **tone** (sth) **up**
tonifier, affermir • *Now this is a really good exercise for toning up those stomach muscles.* Voici un très bon exercice pour tonifier les abdominaux. • *I don't want to lose weight, I just want to tone up.* Je ne veux pas perdre de poids, je veux simplement m'affermir.

tool up tools, tooling, tooled

tool up (sth) or **tool** (sth) **up**
(s') équiper • *The company has spent over $1 billion tooling up its 15 factories.* La société a dépensé plus d'un milliard de dollars à équiper ses 15 usines. • (souvent + **for**) *Even for a small company, the costs of tooling up for production can be huge.* Même pour une petite entreprise, l'équipement en outils de production peut représenter un coût énorme.

top off tops, topping, topped

top off sth or **top** sth **off**
compléter • *It had been such a nice evening and I thought a walk down by the lake would top it off nicely.* La soirée avait été tellement agréable que j'ai pensé qu'une promenade au bord du lac la complèterait parfaitement.

top out tops, topping, topped

top out *américain*
atteindre son maximum • (généralement + **at**) *The hot weather continued yesterday with the temperature in New York topping out at 37 degrees C.* La canicule a continué hier avec à New York une température maximale de 37 degrés Celsius.

top up tops, topping, topped

top up sth or **top** sth **up**
(verre) remplir à nouveau • *You've almost finished your drink. Let me top up your glass.* Tu as presque fini ton verre. Laisse-moi te resservir. • (parfois + **with**) *To make lemonade, mix together some lemon juice and sugar, then top it up with water.* Pour faire de la limonade, mélangez du jus de citron et du sucre, puis ajoutez de l'eau.

top up sb or **top** sb **up**
resservir • *Can I top you up while I've got the wine in my hand?* Puis-je vous resservir tant que j'ai la bouteille ?
top-up *n* [C] complément • *Can I give you a top-up?* Je peux vous en remettre un peu ?

topple over topples, toppling, toppled

topple over
(personne) tomber, (objet) basculer, (pile) s'effondrer • *Those books look as if they're going to topple over any minute.* Ces livres donnent l'impression qu'ils sont prêts à s'effondrer d'un instant à l'autre.

toss about/around tosses, tossing, tossed

toss about/around sth or **toss** sth **about/around**
(idée) retourner • *We haven't decided on our next project yet – we're just tossing some ideas around.* Nous n'avons pas encore décidé en quoi consisterait notre prochain projet. Nous lançons simplement quelques idées en l'air.

toss back/down tosses, tossing, tossed

toss back/down sth or **toss** sth **back/down**
avaler • *He tossed back a couple of glasses of whisky and left.* Il a avalé deux verres de whisky et est parti.

toss for tosses, tossing, tossed

toss (sb) **for** sth
tirer à pile ou face • *Who's going to bat first? Let's toss for it.* Qui est le premier à être le batteur ? Tirons à pile ou face. • *We'll each have a T-shirt and I'll toss you for the hat.* Nous aurons un tee-shirt chacun et on tire le chapeau à pile ou face.

toss off tosses, tossing, tossed

toss off sth or **toss** sth **off**
(lettre, dissertation, article) expédier • *I don't suppose it's very well written because I tossed it off in half an hour.* Je suppose que ce n'est pas très bien écrit mais je l'ai expédié en une demi-heure.
toss off *britannique & australien, tabou*
se branler • *Is that your idea of a sex-life – you toss off over porn mags?* C'est ça, ta vie sexuelle ? Te branler en regardant des magazines porno ?

toss up tosses, tossing, tossed

toss up
tirer à pile ou face • (souvent + **to do** sth) *Let's toss up to see which team will go first.* Tirons à pile ou face pour voir quelle équipe partira en premier.
toss-up *n* [singulier] pile ou face • (souvent + **between**) *I wouldn't like to say who'll get the job. It's a toss-up between Simon and Harry.* J'aurais du mal à dire qui aura le poste. Ça va se jouer à pile ou face entre Simon et Harry.

tot up tots, totting, totted

tot up sth or **tot** sth **up** *surtout britannique & australien, familier*
faire le total de • *Let's tot up our scores to find out who's won.* Comptons nos points pour voir qui a gagné. • *Could you tot up what I owe you and I'll write a cheque?* Peux-tu faire le total de ce que je te dois et je te ferai un chèque.

total up totals, totalling, totalled
(*américain & australien* also **totals, totaling, totaled**)

total up sth or **total** sth **up**
faire le total de • *We totalled up the money we had each earned and then shared it among the three of us.* Nous avons compté combien d'argent nous avions gagné et nous avons partagé entre nous trois.

total up to   totals, totalling, totalled
(américain & australien aussi totals, totaling, totaled)

total up to sth
s'élever à • *The charity is well-supported, with annual contributions totalling up to $100 million a year.* L'organisation caritative est bien alimentée, grâce à des contributions annuelles s'élevant à 100 millions de dollars par an.

tote up   totes, toting, toted

tote up sth or **tote** sth **up** *américain*
faire le total de • *The company has toted up over $40 million in contracts in the past year.* La société a réalisé au total pour plus de 40 millions de dollars en contrats depuis un an.

touch down   touches, touching, touched

touch down
atterrir • *We touched down in Shannon airport.* Nous avons atterri à l'aéroport de Shannon. • *The plane finally touched down at Heathrow after a ten hour delay.* L'avion a finalement atterri à Heathrow avec dix heures de retard.

touchdown n [C/U] atterrissage • *One of the plane's tyres burst on touchdown.* Un des pneus de l'avion a éclaté à l'atterrissage.

touch for   touches, touching, touched

touch sb **for** sth *familier*
taper de • *He touched me for ten dollars yesterday.* Il m'a tapé de dix dollars hier.

touch off   touches, touching, touched

touch off sth
déclencher • *Cancellation of the elections touched off a wave of bombings, shootings and riots.* L'annulation des élections a déclenché une vague de bombardements, d'assassinats et d'émeutes.

touch on/upon   touches, touching, touched

touch on/upon sth
(sujet) effleurer • *I'm only going to touch on the topic at this point but I shall be talking about it in more detail later.* Je ne ferai qu'effleurer le sujet pour l'instant mais j'en parlerai plus en détail plus tard.

touch up   touches, touching, touched

touch up sth or **touch** sth **up**
retoucher • *I'm just going to go and touch up my make-up.* Je vais aller faire une retouche rapide à mon maquillage. • *The paintwork needs touching up in places.* La peinture a besoin de retouches à certains endroits.

touch up sb or **touch** sb **up** *britannique, familier*
tripoter • *She was touched up on the train by some revolting old man.* Elle a été tripotée par un vieux dégoûtant dans le train.

touch upon
voir **touch on/upon**

toughen up   toughens, toughening, toughened

toughen up (sb) or **toughen** (sb) **up**
s'endurcir • *His father thought that a spell in the army would toughen him up.* Son père pensait qu'un court séjour à l'armée l'endurcirait. • *He'll toughen up once he gets to school.* Il s'endurcira quand il ira à l'école.

toughen up sth or **toughen** sth **up**
renforcer • *The government want to toughen up existing drug laws.* Le gouvernement veut renforcer la législation actuelle sur l'usage de drogues.

tout around/round   touts, touting, touted

tout around/round sth or **tout** sth **around/round** (sth)
essayer de vendre • *Leeming has recently completed a book which he is currently touting around American publishers.* Leeming a terminé récemment un livre qu'il essaie de vendre aux maisons d'édition américaines.

tout for   touts, touting, touted

tout for sth
racoler • *There were hundreds of taxis at the airport, all touting for business.* Il y avait des centaines de taxis à l'aéroport, essayant tous de racoler les clients.

tout round
voir **tout around/round**

tower above/over towers, towering, towered

tower above/over sb/sth
1 dominer • *He's only 12 but he towers over his older brother.* Il n'a que onze ans mais il domine son frère aîné. • *Canary Wharf towers above the Dockland area of London.* Canary Wharf domine le quartier des docks de Londres.
2 dominer • *One computer manufacturer towers above all the rest.* Un fabricant d'ordinateurs domine tous les autres.

toy with toys, toying, toyed

toy with sth
1 (idée) penser vaguement à • (généralement à la forme progressive) *Dom and I are toying with the idea of going to Mexico this year.* Dom et moi avons vaguement pensé à aller au Mexique cette année.
2 jouer avec • *She sat quietly for a moment, toying with her glasses.* Elle est restée assise en silence pendant un moment à jouer avec ses lunettes.

trace out traces, tracing, traced

trace out sth or **trace** sth **out**
tracer • *You can trace out shapes by steering the marker pen around the paper.* Vous pouvez tracer des formes en suivant le contour du papier avec votre marqueur.

track down tracks, tracking, tracked

track down sb/sth or **track** sb/sth **down**
retrouver • *I'm trying to track down one of my old school friends.* J'essaie de retrouver un de mes anciens camarades de classe. • *They've finally managed to track down that book I wanted.* Ils ont finalement retrouvé le livre que je cherchais.

trade down trades, trading, traded

trade down
revendre pour acheter moins cher • (parfois + **to**) *They plan to trade down to a smaller house when they retire.* Ils pensent revendre pour acheter une plus petite maison quand ils prendront leur retraite.

trade in trades, trading, traded

trade in sth or **trade** sth **in**
faire reprendre • (généralement + **for**) *He recently traded in his jeep for a new Mercedes.* On lui a récemment repris sa jeep contre l'achat d'une nouvelle Mercedes.

trade-in *n* [C] *américain & australien* reprise • *Will you use your old car as a trade-in?* Est-ce qu'ils reprennent votre ancienne voiture? • (employé comme *adj*) (*américain & australien*) *We got a good trade-in price for our old television.* Nous avons eu une offre de reprise intéressante pour notre vieille télévision.

trade off trades, trading, traded

trade off sth or **trade** sth **off**
accepter en contrepartie • (souvent + **against**) *Buying in the sales often means trading off lower prices against restricted choice.* Acheter au moment des soldes signifie souvent acheter moins cher mais avoir moins de choix en contrepartie.

trade-off *n* [C] compromis • (souvent + **for**) *For some car owners, lack of space is an acceptable trade-off for a sporty design.* Pour certains propriétaires de voiture, le manque d'espace est un compromis acceptable en échange d'une ligne sport.

trade on/upon trades, trading, traded

trade on/upon sth
(situation) exploiter, (atout) se servir de • *People are always trading on her generosity.* Les gens sont toujours en train d'exploiter sa générosité. • *Most good-looking people trade on their attractiveness to some extent.* La plupart des gens beaux se servent de leurs atouts physiques dans une certaine mesure.

trade up trades, trading, traded

trade up
revendre pour acheter plus cher • (souvent + **to**) *House owners are rushing to trade up to larger homes before prices rise again.* Les propriétaires se pressent d'acheter de plus grandes maisons avant que les prix n'augmentent encore.

trade upon

voir **trade on/upon**

traffic in traffics, trafficking, trafficked

traffic in sth
trafiquer • *Both men were charged with trafficking in illegal drugs.* Les deux

hommes ont été accusés de trafic de drogue.

trail away/off trails, trailing, trailed

trail away/off
(voix) se taire • *He could see she was upset and his voice trailed away uncertainly.* Il vit qu'elle était bouleversée et sa voix devint hésitante, puis il se tut. • *'Without you, I ...' she trailed off and wiped a tear from her eye.* 'Sans vous, je...' elle se tut et essuya une larme.

train on/upon trains, training, trained

train sth **on/upon** sb/sth
diriger contre • *Anti-aircraft guns were trained on the jets flying overhead.* Les armes antiaériennes étaient dirigées contre les avions à réaction qui volaient juste au-dessus.

train up trains, training, trained

train up sb or **train** sb **up**
(à un métier) former • *More doctors and nurses need to be trained up to meet the growing demand.* Il faut former davantage de médecins et d'infirmiers pour répondre à la demande croissante. • *Volunteers are trained up to deal with all kinds of emergencies.* Des volontaires sont formés pour répondre à toutes sortes de cas d'urgence.

train upon

voir **train on/upon**

traipse around/round traipses, traipsing, traipsed

traipse around/round (swh) *familier*
traîner • *I've been traipsing around town for hours looking for a present for her.* J'ai traîné dans les magasins pendant des heures à lui chercher un cadeau.

treat to treats, treating, treated

treat sb **to** sth
offrir quelque chose à quelqu'un • *He's got so few clothes – I thought I'd treat him to a new sweater.* Il a tellement peu de vêtements que j'ai pensé lui offrir un nouveau pull. • (souvent pronominal) *I'm going to treat myself to a new pair of sandals.* Je vais m'offrir une nouvelle paire de sandales.

trick out

be tricked out (toujours au passif; toujours + *adv/prép*) *littéraire*
être décoré, être attifé • *The hall was tricked out with war memorabilia.* L'entrée était décorée de souvenirs de guerre.

trick out of tricks, tricking, tricked

trick sb **out of** sth
déposséder • *He was tricked out of his inheritance by his brother.* Il a été dépossédé de sa part d'héritage par son frère.

trifle with trifles, trifling, trifled

trifle with sb/sth
traiter à la légère • (souvent dans des phrases négatives) *Sally Palmer is not a woman to be trifled with.* Sally Palmer n'est pas le genre de femme qu'on traite à la légère.

trigger off triggers, triggering, triggered

trigger off sth or **trigger** sth **off**
déclencher • *The latest bomb is likely to trigger off more violent demonstrations in the capital.* La dernière bombe va sûrement déclencher davantage de manifestations violentes dans la capitale.

trip over trips, tripping, tripped

trip over (sth)
trébucher • *I kept tripping over tree roots as we walked through the forest.* Je n'arrêtais pas de trébucher contre des racines d'arbres en traversant la forêt. • *She tripped over and sprained her ankle.* Elle a trébuché et s'est tordu la cheville.

trip up trips, tripping, tripped

trip up (sb) or **trip** (sb) **up**
1 (faire) trébucher • *I stumbled out of bed and tripped up on the edge of the carpet.* J'ai sauté hors du lit et j'ai trébuché sur le bord du tapis. • *She stuck her foot out and tripped him up as he was walking past.* Elle a tendu le pied et l'a fait trébucher au moment où il passait.

2 se tromper, induire en erreur • *Questions like that seem designed to trip you up.* Les questions de ce genre semblent faites pour vous induire en erreur. • (parfois + **on**) *I tripped up on the last question.* Je me suis trompée à la dernière question.

triumph over triumphs, triumphing, triumphed

triumph over sth/sb
triompher de • *This is the story of a man who triumphs over a series of disasters.* C'est l'histoire d'un homme qui surmonte une série de désastres. • *I believe that ultimately, good will triumph over evil.* Je crois qu'au bout du compte, le bien triomphera du mal.

trot off trots, trotting, trotted

trot off *familier*
aller • (souvent + **to**) *I'm just trotting off to the shops if you want anything.* Je vais faire des courses si tu as besoin de quelque chose.

trot out trots, trotting, trotted

trot out sth or **trot** sth **out** *familier*
(excuse) ressortir • *She always trots out the same old excuses.* Elle ressort toujours les mêmes excuses habituelles. • *You trot out that argument whenever I try to discuss this matter with you.* Tu ressors cet argument à chaque fois que j'essaie de discuter de ce sujet avec toi.

true up trues, trueing or truing, trued

true up sth or **true** sth **up** *américain*
(planche) aplanir, (mur) redresser • *True up the boards before you lay the new flooring.* Aplanis les planches avant de poser le nouveau revêtement de sol.

truss up trusses, trussing, trussed

truss up sb/sth or **truss** sb/sth **up**
(animal) brider, (personne) ligoter • *The girls were trussed up and left in a cellar.* Les filles ont été ligotées et abandonnées dans une cave.

trust in trusts, trusting, trusted

trust in sth/sb *formel*
avoir confiance en • *Trust in God.* Croyez en Dieu.

trust to trusts, trusting, trusted

trust to sth
(chance) compter sur • *There's no guarantee we'll win – we'll just have to trust to luck.* Nous n'avons aucune assurance de gagner. Nous nous fierons à notre bonne étoile.

try back tries, trying, tried

try (sb) **back** (jamais au passif) *américain, familier*
rappeler • *Your sister called when you were out – she says she'll try back later.* Ta sœur a appelé quand tu n'étais pas là. Elle a dit qu'elle rappellerait.

try for tries, trying, tried

try for sth
(emploi) essayer d'obtenir • *Aren't you going to try for that job in the sales department?* Est-ce que tu vas essayer d'obtenir ce poste au service des ventes? • *Apparently they'd been trying for a baby for over two years.* Apparemment, cela faisait plus de deux ans qu'ils essayaient de faire un enfant.

try on tries, trying, tried

try on sth or **try** sth **on**
(vêtement) essayer • *I must have tried on everything in the shop, but nothing looked right on me.* Je crois que j'ai essayé tous les vêtements du magasin mais rien ne m'allait. • *Why don't you try on those yellow trousers?* Pourquoi n'essaies-tu pas ce pantalon jaune?

try it on *britannique & australien, familier*
(personne) tester • *The kids often try it on with a new babysitter.* Quand ils ont une nouvelle babysitter, les enfants ont souvent tendance à la tester.

try out tries, trying, tried

try out sth or **try** sth **out**
essayer • *They're trying out a new security system at the bank.* Ils sont en train d'essayer un nouveau système de sécurité à la banque. • *We're going to try out a new restaurant tonight.* Nous allons essayer un nouveau restaurant ce soir. • (souvent + **on**) *I've got a new recipe that I'm going to try out on you.* J'ai une nouvelle recette que je vais te faire essayer.

try out *américain & australien*
faire un essai • (généralement + **for**) *Luke's trying out for the college football team.* Luke

essaie d'entrer dans l'équipe de football de l'université. • *She once tried out for the lead role in a television series.* Elle a fait un essai, il y a longtemps, pour le rôle principal dans une série télévisée.

tryout *n* [C] *américain & australien* essai • *They're holding tryouts tonight for the school cheerleaders.* Ils font passer des essais ce soir pour l'équipe de cheerleaders de l'école.

tuck away tucks, tucking, tucked

tuck away sth or **tuck** sth **away**
1 enfouir • (généralement + **in**) *She gave him a £10 note which he tucked away in his inside pocket.* Elle lui a donné un billet de 10 livres qu'il a enfoui dans sa poche intérieure. • *He kept her letter tucked away in a desk drawer.* Il a gardé sa lettre, enfouie dans un tiroir de son bureau.
2 *familier* avaler • *He usually tucks away a large meal a few hours before starting a race.* En général, il avale un repas copieux quelques heures avant le début d'une course.

be tucked away (toujours au passif; toujours + *adv/prép*)
être caché • *The tiny laboratory was tucked away in the Suffolk countryside.* Le minuscule laboratoire était situé à la campagne, dans un coin perdu du Suffolk. • *We had a small kitchenette which was tucked away behind a folding screen.* Nous avions une toute petite cuisine, camouflée derrière un paravent.

tuck in tucks, tucking, tucked

tuck in sth or **tuck** sth **in**
(vêtement) rentrer, (drap) border • *The nice thing about this shirt is that you can tuck it in or wear it out.* Ce qui est bien avec cette chemise, c'est qu'on peut la porter rentrée ou à l'extérieur.

tuck in *familier*
(repas) attaquer • (généralement à l'impératif) *The food's on the table so tuck in before it gets cold.* Le repas est servi, alors attaquez avant que ça ne refroidisse.

tuck in/up tucks, tucking, tucked

tuck in/up sb or **tuck** sb **in/up**
border • *Tom usually likes his Dad to tuck him in.* En général, Tom aime que son père vienne le border.

tuck into tucks, tucking, tucked

tuck into sth *familier*
(repas) entamer • *I was just about to tuck into an enormous pizza when you rang.* J'allais attaquer une énorme pizza quand tu as sonné.

tuck up tucks, tucking, tucked

tuck up sth or **tuck** sth **up**
replier • *She sat in an armchair by the window, her legs tucked up underneath her.* Elle était assise dans un fauteuil près de la fenêtre, les jambes repliées sous elle.

tucker out tuckers, tuckering, tuckered

tucker out sb or **tucker** sb **out**
américain, familier
(de fatigue) épuiser • *She was tuckered out by the time she got home from work.* En rentrant chez elle après le travail, elle était épuisée.

tug at tugs, tugging, tugged

tug at sth
(manche) tirer sur • *Joe was tugging at my sleeve.* Joe me tirait par la manche.

tumble down tumbles, tumbling, tumbled

tumble down
s'écrouler • *It looks as if the whole building could come tumbling down at any moment.* On dirait que l'immeuble est prêt à s'écrouler à tout moment.

tumbledown *adj* (toujours avant n) délabré • *There was a tumbledown shed at the bottom of the garden.* Il y avait une cabane délabrée au fond du jardin.

tumble over tumbles, tumbling, tumbled

tumble over
tomber • *He lost his balance and tumbled over.* Il a perdu l'équilibre et est tombé.

tune in tunes, tuning, tuned

tune in
(radio) écouter, (télévision) regarder • *Don't forget to tune in next week for*

another exciting episode! Et n'oubliez pas de vous joindre à nous, la semaine prochaine, pour un nouvel épisode tout aussi passionnant! • (souvent + **to**) *67 million people tune in to late night television.* 67 millions de personnes regardent la télévision tard le soir.

tune in sth *américain*
(radio) écouter, (télévision) regarder • *Did you tune in the ballgame last night?* Est-ce que tu as regardé le match hier soir?

be tuned in (toujours au passif)
être à l'écoute de • (généralement + **to**) *She just doesn't seem to be tuned in to her students' needs.* Elle ne semble pas être à l'écoute des besoins de ses étudiants.

tune into tunes, tuning, tuned

tune into sth
(radio) écouter, (télévision) regarder • *Younger Cubans tend to tune into the American televison networks.* Les jeunes Cubains ont tendance à regarder les chaînes de télévision américaines.

tune out tunes, tuning, tuned

tune out sb/sth or **tune** sb/sth **out** *américain, familier*
ne pas écouter, ne pas prêter attention à • *He could tune Karen out and still look like he was listening to her every word.* Il pouvait ne pas écouter Karen et donner malgré tout l'impression qu'il était suspendu à ses lèvres. • *You want to relax and tune out distractions from the TV or telephone.* Vous devez vous détendre et ne pas vous laisser distraire par la télévision ou le téléphone.

tune up tunes, tuning, tuned

tune up (sth) or **tune** (sth) **up**
(instrument) accorder • *The orchestra were just tuning up as we arrived.* Les musiciens de l'orchestre étaient en train d'accorder leurs instruments quand nous sommes arrivés.

tune up sth or **tune** sth **up**
(moteur) régler • *They charge up to £500 to tune up a Porsche.* Régler le moteur d'une Porsche peut coûter jusqu'à cinq cents livres.

tune-up *n* [C] réglage • *Your engine needs a tune-up.* Votre moteur a besoin d'un réglage.

turf out turfs, turfing, turfed

turf out sb or **turf** sb **out** *surtout britannique & australien, familier*
virer • (souvent + **of**) *He was turfed out of the club for fighting.* Il a été viré du club parce qu'il s'était battu.

turf out sth or **turf** sth **out** *britannique & australien, familier*
virer • *I turfed out a load of old shoes last week.* J'ai viré tout un tas de vieilles chaussures, la semaine dernière.

turn against turns, turning, turned

turn (sb) **against** sth/sb
s'opposer à, monter contre • *Public opinion has turned against the war after six years of fighting.* L'opinion publique s'est déclarée hostile à la guerre après six ans de combat. • *The girl's natural father claims that her step-father is turning her against him.* Le père naturel de la fillette affirme que son beau-père la monte contre lui.

turn around/round turns, turning, turned

turn around/round sth or **turn** sth **around/round**

1 (entreprise) redresser la situation de, (plan) redresser, (système) réviser • *A new director has been brought in to turn the company round.* Un nouveau directeur a été appelé pour redresser la situation de l'entreprise. • *The opposition party is promising to turn round the economy in six months if they are elected.* S'il est élu, le parti de l'opposition promet de redresser la situation économique en six mois.

turnaround *n* [C] redressement • *Forecasts of an economic turnaround were challenged yesterday.* Les prédictions en faveur d'un redressement de l'économie ont été contredites, hier.

2 changer le sens de • *Whenever I say something he always manages to turn it round and make it sound stupid.* A chaque fois que je dis quelque chose, il s'arrange pour en changer le sens et faire en sorte que j'aie l'air de dire des idioties.

turn around/round (sb/sth) or **turn** (sb/sth) **around/round**
se retourner, faire se retourner, retourner • *Someone called her name and she turned around.* Quelqu'un l'a appelée et elle s'est retournée. • *He'd turned all her*

turn in

photographs round to face the wall. Il avait retourné toutes les photos d'elle vers le mur.

turn away turns, turning, turned

turn away sb or **turn** sb **away**
1 refuser l'entrée à • *The camp was already full and many of the refugees had been turned away.* Le camp était déjà plein et bon nombre de réfugiés s'étaient vu refuser l'entrée. • *Well-qualified students are being turned away because there just aren't the places.* Des étudiants avec les qualifications adéquates ont été refusés parce qu'il n'y a tout simplement pas de place pour eux.
2 envoyer promener • *He's my son after all, I can't just turn him away.* C'est mon fils après tout. Je ne peux pas l'envoyer promener.

turn away from turns, turning, turned

turn (sb) **away from** sth
(se) désintéresser de • *More and more young people are turning away from the church.* De plus en plus de jeunes gens tournent le dos à l'église. • *The reforms have tended to turn voters away from communist control.* Les réformes ont eu pour effet de détourner les électeurs du contrôle communiste.

turn back turns, turning, turned

turn back sth or **turn** sth **back**
(page) plier, (drap) rabattre • *She'd turned the sheet back neatly over the blanket, like they do in hotels.* Elle avait rabattu le drap avec soin sur la couverture, comme on fait dans les hôtels.

turn back (sb) or **turn** (sb) **back**
retourner, renvoyer • *We ran out of money halfway across America and had to turn back.* Nous sommes tombés à court d'argent à mi-parcours au beau milieu de l'Amérique et nous avons dû rebrousser chemin. • *Boatloads of refugees are being turned back before they reach the port.* Des bateaux entiers de réfugiés sont renvoyés avant même d'arriver au port.

turn back
revenir en arrière • (généralement dans des phrases négatives) *Once we've committed ourselves to this, there's no turning back.* Une fois que nous nous serons engagés, il ne sera pas possible de faire marche arrière.

turn down turns, turning, turned

turn down sb/sth or **turn** sb/sth **down**

refuser • *He was offered the job but he turned it down because it involved too much travelling.* On lui a offert un travail mais il l'a refusé parce que cela impliquait trop de déplacements. • *Look, I'm offering you a free meal – you're surely not going to turn me down?* Enfin, je t'offre un repas; tu ne vas quand même pas refuser mon invitation?

turn down sth or **turn** sth **down**
(télévision, radio, four) baisser • *Could you turn the radio down a little?* Tu peux baisser un peu la radio? • *Bring to the boil, then turn down the heat and simmer for 20 minutes.* Porter à ébullition, baisser la température et laisser mijoter vingt minutes.

turn in turns, turning, turned

turn in sth or **turn** sth **in**
1 remettre • (souvent + to) *Hundreds of guns were turned in to the police after a national gun amnesty was declared.* Des centaines d'armes ont été remises entre les mains de la police après la déclaration nationale d'amnistie pour les détenteurs d'armes à feu.
2 *surtout américain* rendre • *She's worried she won't be able to turn in her project on time.* Elle a peur de ne pas pouvoir rendre son projet à temps.

turn in sb or **turn** sb **in**
(autrui) dénoncer, (soi-même) se rendre • (souvent pronominal) *After six months on the run, he turned himself in.* Après six mois de fuite, il s'est rendu à la police. • (parfois + to) *She turned her husband in to the police the day after the accident.* Elle a dénoncé son mari à la police le lendemain de l'accident.

turn in *familier*
se coucher • *I'm going to turn in now – goodnight everyone.* Je vais me coucher; bonne nuit, tout le monde.

turn in sth
(résultat) donner, (bénéfice) faire • *Both companies turn in pre-tax profits of over 5.5 million annually.* Les deux sociétés font un bénéfice hors taxe de plus de 5.5 millions par an. • *He turned in a stunning performance as Hamlet at the National last year.* Il a donné une représentation

turn into turns, turning, turned

turn (sth/sb) **into** sth/sb
(se) transformer • *There are fears that this minor conflict could turn into a full-scale war.* On craint que ce conflit apparemment sans gravité ne se transforme en guerre ouverte. • *They're going to turn the old warehouse into a nightclub.* Ils vont transformer le vieux hangar en boîte de nuit. • *Did you think I'd turned into a raging feminist overnight?* Tu as cru que j'étais devenue une féministe acharnée en l'espace d'une nuit?

turn off turns, turning, turned

turn off sth or **turn** sth **off**
(eau, électricité, gaz) couper, (lumière) éteindre • *Make sure you turn off all the lights before you leave.* Assure-toi d'avoir éteint toutes les lampes avant de partir. • *We turned the water off at the mains when the pipes burst.* Quand les canalisations ont éclaté, nous avons coupé l'arrivée d'eau. • *Can you turn the TV off before you go to bed?* Tu peux éteindre la télé quand tu iras te coucher?

turn off (sth)
tourner, (autoroute) quitter • *You need to turn off at the next exit.* Vous devez sortir à la prochaine. • *We turned off the motorway and drove to a nearby garage.* Nous avons quitté l'autoroute et roulé jusqu'au prochain garage.
turn-off *n* [C] embranchement • *I think there's a turn-off about half a mile up this road.* Je crois qu'il y a un embranchement à moins d'un kilomètre d'ici.

turn off sb or **turn** sb **off**
dégoûter • *A lot of women say that explicit pornography actually turns them off.* Beaucoup de femmes disent que la pornographie pure leur coupe tout appétit sexuel.
turn-off *n* [C] *familier* tue-l'amour • *Hairy backs really are the ultimate turn-off.* Les dos poilus sont un tue-l'amour absolu.

turn off sb or **turn** sb **off** (sth)
désintéresser • *Bad teaching can turn children off poetry for life.* Un mauvais enseignement peut désintéresser les enfants de la poésie pour toujours. • *The title of the lecture was enough to turn most people off.* Le titre de la conférence suffisait à rebuter la plupart des gens.
turn-off *n* [C] *familier* quelque chose qui inspire le dégoût • *Just the appearance of the food is a turn-off for a lot of people.* Rien que l'aspect de la nourriture en dégoûte plus d'un.

turn on turns, turning, turned

turn on sth or **turn** sth **on**

1 (eau, électricité) brancher, (lumière, radio) allumer, (gaz) ouvrir • *Could you turn on the radio so we can listen to the news?* Tu peux allumer la radio pour qu'on écoute les informations? • *She shut the curtains and turned the lights on.* Elle a fermé les rideaux et éteint les lumières. • *The oven's not working – have you turned the gas on yet?* Le four ne marche pas; est-ce que tu as ouvert le gaz?

2 (charme) user de • *You really upset me and now you want me to be nice to you – I can't just turn it on like that.* Tu me contraries et ensuite, tu veux que je sois gentil avec toi: je n'ai pas de sentiments comme ça, sur commande. • *When he thought I might be interested he really started to turn on the charm.* Quand il a pensé que j'étais peut-être intéressée, il a commencé son numéro de charme.

turn on sb or **turn** sb **on**

1 exciter • *Aftershave really turns me on.* Je trouve l'odeur d'un après-rasage très excitante.
turn-on *n* [C] *familier* excitant sexuel • *I find leather a real turn-on.* Je trouve le cuir très sexy.

2 intéresser • *So what is it about science fiction that turns you on?* Alors, qu'est-ce qui vous intéresse dans la science-fiction? • *You like doing crosswords? – oh, well, whatever turns you on.* Tu aimes faire des mots croisés? Enfin, chacun ses goûts.

turn on to turns, turning, turned

turn sb **on to** sth/sb
faire s'intéresser à • *It was an ex-boyfriend of mine who turned me on to jazz.* C'est un ancien petit ami qui m'a fait m'intéresser au jazz.

turn on/upon turns, turning, turned

turn on/upon sth
dépendre de • (souvent + pronom interrogatif) *The next election will turn on how people feel about the present economic*

situation. Les prochaines élections dépendront des sentiments des gens par rapport à la situation économique actuelle.

turn on/upon sb

s'en prendre à • *I tried to help her stand up but she turned on me, shouting 'Get off, you bitch!'.* J'ai voulu l'aider à se relever mais elle s'en est prise à moi en criant: 'lâchez-moi, espèce de garce!'.

turn out turns, turning, turned

turn out

1 se dérouler, se révéler • (souvent + *adv/prép*) *That dress I made turned out really well.* Cette robe que j'ai faite est vraiment réussie. • *My trip to London didn't turn out quite as planned.* Mon voyage à Londres ne s'est pas déroulé comme prévu. • (parfois + to be sth) *Her granddaughter has turned out to be very musical.* Sa petite-fille est très douée pour la musique. • (parfois + that) *It turned out that they'd been having an affair the whole time.* Il s'avéra qu'ils avaient eu une liaison pendant tout ce temps.

2 venir • (souvent + to do sth) *Thousands of people turned out to welcome the England team home.* Des milliers de gens sont venus souhaiter la bienvenue à l'équipe d'Angleterre.

turn-out *n* [C] nombre de participants • (généralement au singulier) *There was a good turn-out for the match last Saturday.* Beaucoup de gens sont venus voir le match, samedi dernier.

turn out sth or **turn** sth **out**

1 produire • *American film studios turn out hundreds of films each year.* Les studios de cinéma américains produisent des centaines de films chaque année.

2 éteindre • *He turned out the light and went to sleep.* Il a éteint la lumière et s'est endormi.

3 (tiroir) retourner, (contenu) renverser • *He opened the bag and turned the contents out onto the kitchen table.* Il a ouvert le sac et en a renversé le contenu sur la table de la cuisine. • *I've turned out all the cupboards and drawers but I just can't find those photos.* J'ai retourné tous les placards et tous les tiroirs mais je ne parviens pas à mettre la main sur ces photos.

turn out sb or **turn** sb **out**

mettre à la porte • (généralement + **of**) *He was turned out of his flat because he couldn't pay the rent.* Il a été mis à la porte de son appartement parce qu'il ne pouvait pas payer le loyer.

turn over turns, turning, turned

turn over (sb/sth) or **turn** (sb/sth) **over**

(se) tourner • *Surely you're not going to just turn over and go to sleep?* Tu ne vas quand même pas te retourner et dormir? • *Turn the postcard over and read what it says on the back.* Tourne la carte postale et lis ce qui est écrit au dos.

turn over sb or **turn** sb **over**

(criminel) livrer • (généralement + **to**) *A convicted terrorist was eventually turned over to the police, twelve hours after he had taken refuge in the Swiss Embassy.* Un terroriste a finalement été livré à la police douze heures après avoir cherché asile à l'ambassade de Suisse.

turn over sth or **turn** sth **over**

1 remettre, passer la responsabilité de • (généralement + **to**) *All documents are to be turned over to the court.* Tous les documents doivent être remis à la cour. • *He had intended to turn the business over to his son when he retired.* Il avait l'intention de passer la succession de l'affaire à son fils quand il prendrait sa retraite.

2 convertir • (généralement + **to**) *Grants are being offered to farmers who agree to turn over their land to woodland and forests.* Des subsides sont offerts aux agriculteurs qui acceptent de convertir leurs terres en bois et en forêts.

3 faire un chiffre d'affaires de • *The company expects to turn over £11 million this year.* La société espère faire un chiffre d'affaires de 11 millions de livres cette année.

turnover *n* [singulier] chiffre d'affaires • *Green & Butler have an annual turnover of about £80 million.* Green & Butler ont un chiffre d'affaires annuel de 80 millions de livres.

4 *britannique & australien, familier* mettre à sac • *Their flat was turned over while they were away.* Leur appartement a été mis à sac pendant leur absence.

turn over (sth) or **turn** (sth) **over**

1 (page) tourner • *If you turn the page over you can see a diagram which explains this.* Si vous tournez la page, vous verrez un diagramme qui l'explique. • *Have you finished reading this page? Can I turn over now?* As-tu fini de lire cette page? Je peux tourner, maintenant?

2 *britannique* changer de chaîne • *Do you mind if I turn over – there's a travel programme I want to watch on the other side.* Ça t'ennuie si je change? Il y a une émission sur les voyages que je voudrais regarder sur l'autre chaîne.
3 démarrer • *She turned the engine over and let it run for a few seconds.* Elle a démarré le moteur et l'a laissé tourner pendant quelques secondes. • *I've tried everything but I can't even get it to turn over.* J'ai tout essayé mais je n'arrive même pas à le faire démarrer.

turn round
voir **turn around/round**

turn to   turns, turning, turned
turn to sb
se tourner vers • *I didn't want to burden him with my problems, but I had no-one else to turn to.* Je ne voulais pas l'ennuyer avec mes problèmes mais je n'avais personne vers qui me tourner. • *During the oil crisis, poorer countries turned to the richer ones for economic aid.* Pendant la crise du pétrole, certains pays pauvres se sont tournés vers les pays riches pour demander une aide économique.
turn to sth
(délinquance) tomber dans, (se droguer, boire) se mettre à • *She turned to drugs after the break-up of her fifteen-year marriage.* Elle s'est mise à se droguer au moment de sa rupture après quinze ans de mariage. • *In desperation, some young people are turning to crime.* Poussés par le désespoir, certains jeunes tombent dans la délinquance.
turn (sth) **to** sth
se tourner vers • *I would now like to turn to an issue which concerns us all – racism.* J'aimerais maintenant me tourner vers un problème qui nous concerne tous: le racisme. • *In the mid-eighties she began to turn her attention to the visual arts.* Vers le milieu des années quatre-vingts, elle s'est mise à tourner son attention vers les arts visuels.

turn up   turns, turning, turned
turn up sth or **turn** sth **up**
1 (télévision, radio) mettre plus fort, (four) augmenter la température de • *Can you turn up the television a little – I can hardly hear it.* Tu peux mettre la télévision un peu plus fort? J'entends à peine. • *Turn the oven up to 200 degrees.* Régler la température du four à 200 degrés.
2 trouver • *Police have failed to turn up any new evidence about the murder.* La police n'a pas réussi à trouver de nouvelles preuves concernant le meurtre.
3 (pantalon) raccourcir • *My legs are so short I've had to take up every pair of trousers I've ever bought.* Mes jambes sont tellement courtes que j'ai toujours dû reprendre les pantalons que j'achetais.
turn-up *n* [C] *britannique* revers • *He won't wear trousers with turn-ups.* Il refuse de porter des pantalons à revers.
turn up
1 arriver • *Alex turned up late, as usual.* Alex est arrivé en retard, comme d'habitude. • *You can just turn up and buy a ticket on the door.* Il est possible de se présenter à l'entrée et d'acheter un billet à ce moment-là.
2 réapparaître, apparaître • *Did your glasses ever turn up?* Est-ce que tes lunettes ont réapparu? • *The children eventually turned up safe and well.* Les enfants ont finalement réapparu sains et saufs.
3 (occasion) se présenter • *This job turned up just when I needed it.* Ce travail s'est présenté juste au moment où j'en avais besoin. • *You won't be out of work long. Something will turn up, you'll see.* Tu ne seras pas sans travail pendant bien longtemps, tu vas trouver quelque chose, tu verras.

turn upon
voir **turn on/upon**

type in/into   types, typing, typed
type in sth or **type** sth **in**
type sth **into** sth
taper • *He typed in the licence plate number and her personal details flashed on the screen.* Il a tapé le numéro d'immatriculation de la voiture et ses coordonnées sont apparues sur l'écran. • *Responses to the questionnaire are typed directly into a computer.* Les réponses au questionnaire sont directement introduites dans un ordinateur.

type out/up   types, typing, typed
type out/up sth or **type** sth **out/up**
(lettre) taper • *I drafted a letter and Aileen typed it out for me.* J'ai rédigé une lettre au brouillon et Aileen me l'a tapée. • *She's typed up all her notes on the computer to make them easier to read.* Elle a tapé toutes ses notes sur l'ordinateur pour qu'elles soient plus faciles à lire.

U

urge on urges, urging, urged

urge on sb or **urge** sb **on**

encourager • *The crowd was cheering and urging her on.* La foule criait pour l'encourager. • *Urged on by his coach, he finished the race in record time.* Encouragé par son entraîneur, il a terminé la course en un temps record.

urge on/upon urges, urging, urged

urge sth **on/upon** sb

exhorter à, pousser à • *Diplomats urged the peace treaty upon the two sides.* Des diplomates ont poussé les deux parties au traité de paix.

use up uses, using, used

use up sth or **use** sth **up**

utiliser, épuiser • *Don't use up all the milk – we need some for breakfast.* N'utilise pas tout le lait; il nous en faut pour le petit déjeuner. • *The earth's resources are being used up at an alarming rate.* Les ressources terrestres sont en train de s'épuiser à une vitesse inquiétante.

usher in ushers, ushering, ushered

usher in sth *formel*

introduire • *A charity match ushers in the start of the new football season.* Un match au profit d'une oeuvre de bienfaisance ouvre la nouvelle saison de football. • *The war ushered in a period of shortages and deprivation.* La guerre a été à l'origine d'une période de pénuries et de privations.

V

vamp up   vamps, vamping, vamped

vamp up sth or **vamp** sth **up** *familier*
mettre au goût du jour • *It's basically the same musical but they've vamped it up with some new songs.* C'est en fait la même comédie musicale mais ils l'ont mise au goût du jour avec quelques chansons nouvelles.

vamp it up *familier*
jouer les vamps • *She decided to vamp it up in a tight black dress and high heels.* Elle décida de jouer les vamps dans une robe noire moulante et des hauts talons.

veer off   veers, veering, veered

veer off
tourner brusquement • *The track we had been following veered off into the forest.* Le chemin que nous suivions tournait brusquement pour s'enfoncer dans la forêt. • *His life has veered off in a new and entirely unexpected direction.* De façon complètement inattendue, sa vie avait soudain pris une nouvelle direction.

veg out   vegges, vegging, vegged

veg out *familier*
glander • *After work I just veg out in front of the television.* Après le travail, je glande devant la télé.

venture forth   ventures, venturing, ventured

venture forth *formel*
se risquer dehors • *Once the rain stops, I thought we might venture forth.* Quand la pluie aura cessé, j'ai pensé que nous pourrions nous risquer dehors.

venture on/upon   ventures, venturing, ventured

venture on/upon sth *formel*
se risquer à • *The wind was so strong that when we did finally venture on a walk, we were nearly swept away.* Le vent était si fort que, lorsque nous nous sommes finalement risqués à faire une promenade, nous avons failli être emportés.

verge on/upon   verges, verging, verged

verge on/upon sth
friser, frôler • *It was a performance which, for me at least, verged on brilliance.* C'était une interprétation qui, pour moi du moins, frôlait la perfection. • *His interest in comic art verges on the obsessional.* Son intérêt pour l'art comique frise l'obession.

vest in   vests, vesting, vested

vest sth **in** sb *formel*
conférer à • (généralement au passif) *Real political power is vested in the presidency, not in the cabinet, as claimed.* Le vrai pouvoir politique est conféré à la présidence, pas au cabinet, comme on le prétend.

vie for   vies, vying, vied

vie for sth
rivaliser pour obtenir • (souvent à la forme progressive) *It's difficult when all three kids are constantly vying for your attention.* C'est difficile quand les trois enfants sont constamment en train de rivaliser pour obtenir votre attention. • *More than 30 different military groups are vying for power and control of the region.* Plus de trente groupes militaires différents rivalisent pour obtenir le pouvoir et contrôler la région.

vie with   vies, vying, vied

vie with sb/sth
rivaliser avec • (souvent + **for**) *Sports activities vie with music for time in the school day.* Les activités sportives et la musique rivalisent pour trouver leur place dans une journée de cours. • (souvent + **to** do sth) *City firms vied with each other to hire the brightest young staff.* Des entreprises de la ville rivalisaient entre elles pour recruter les jeunes les plus brillants.

visit on/upon   visits, visiting, visited

visit sth **on/upon** sb/sth *formel*
infliger à • (généralement au passif) *Death and destruction are daily visited on civilians*

caught in the war. La mort et la destruction sont infligées chaque jour aux civils pris dans la guerre.

visit with visits, visiting, visited

visit with sb
1 *américain* rendre visite à • *I hope there'll be time to visit with you both if I stop by tomorrow.* J'espère que j'aurai le temps de vous rendre visite à tous les deux si je passe demain.
2 *américain* dormir chez • *My parents are visiting with us this weekend.* Mes parents dorment chez nous ce week-end.

vote down votes, voting, voted

vote down sth or **vote** sth **down** *surtout américain*
(proposition, motion) rejeter • *I wanted to introduce stricter membership rules, but my proposal was voted down.* Je voulais introduire des conditions d'adhésion plus strictes mais ma proposition a été rejetée.

vote in votes, voting, voted

vote in sb or **vote** sb **in**
élire • (souvent + **as**) *She was voted in as party leader.* Elle a été élue chef du parti. • *The electorate chose to vote in a radical government.* Les électeurs ont élu un gouvernement radical.

vote on votes, voting, voted

vote on sth
(proposition, motion) mettre au vote • *Delegates will vote on strike action tomorrow.* Demain, des délégués voteront pour décider d'une action de grève.

vote out votes, voting, voted

vote out sb or **vote** sb **out**
ne pas réélire • *Most of the more radical representatives were voted out at the last election.* La plupart des représentants les plus radicaux ont perdu leur siège aux dernières élections.

vote through votes, voting, voted

vote through sth or **vote** sth **through**
(loi, projet) adopter • *The reforms were voted through with a narrow majority.* Les réformes ont été adoptées à une faible majorité.

vouch for vouches, vouching, vouched

vouch for sb
recommander • *I can vouch for Angela Black – I've worked with her in the past and she's good.* Je vous recommande Angela Black. J'ai travaillé avec elle dans le passé et elle est compétente.

vouch for sth
garantir, recommander • *I can give you a copy of the report but I can't vouch for its accuracy.* Je peux vous donner une copie du rapport mais je ne peux garantir son exactitude. • *I don't know what the cheesecake is like but I can certainly vouch for the lemon tart.* Je ne sais pas comment est le gâteau au fromage mais je peux vous recommander la tarte au citron.

wade in wades, wading, waded

wade in

passer à l'action • (souvent + **with**) *When the crowd started throwing stones, the police waded in with tear gas.* Quand la foule a commencé à jeter des pierres, la police a répliqué avec du gaz lacrymogène. • (parfois + to do sth) *The large banks waded in to avert an economic crisis.* Les grandes banques sont passées à l'action pour éviter une crise économique.

wade into wades, wading, waded

wade into sth

se lancer dans • *She has waded into one controversy after another.* Elle s'est lancée dans une série de controverses.

wade through wades, wading, waded

wade through sth

peiner sur • *We had to wade through pages of legal language before we found what we wanted.* Nous avons dû peiner sur des pages et des pages de jargon juridique avant de trouver ce que nous cherchions.

waffle on waffles, waffling, waffled

waffle on *surtout britannique & australien, familier*

parler pour ne rien dire, remplir des pages pour ne rien dire • (souvent + **about**) *She waffled on about the public's right to information.* Elle a parlé sans jamais rien dire d'intéressant sur le droit du public à l'information.

wait about/around waits, waiting, waited

wait about/around

attendre • *I had to wait around for ages till someone could see me.* J'ai dû attendre un temps infini avant qu'on puisse me recevoir.

wait behind waits, waiting, waited

wait behind

rester • *The teacher made us wait behind after school.* Le professeur nous a fait rester après la classe.

wait in waits, waiting, waited

wait in *britannique & australien*

attendre à la maison • (souvent + **for**) *I had to wait in all day for the plumber.* J'ai dû attendre le plombier toute la journée.

wait on waits, waiting, waited

wait on sb/sth

1 *surtout américain* servir • *The guests were waited on by a highly trained team of young staff.* Les invités ont été servis par un personnel jeune et très bien formé. • *She **waited on tables** to earn money while she was at college.* Quand elle était étudiante, pour se faire de l'argent, elle était serveuse.
2 *américain* attendre • *I'm not waiting on Rachel any longer – I'm going home.* Je n'attends plus Rachel; je rentre chez moi.

wait on sb *américain*

(client) s'occuper de • *He's got a job waiting on customers in a large department store.* Il s'occupe des clients dans un grand magasin.

wait on/upon waits, waiting, waited

wait on/upon sb

servir • *I'd like a maid to wait on me.* J'aimerais avoir une bonne pour me servir. • *Greg **waited on me hand and foot** while I was pregnant.* Greg était aux petits soins pour moi quand j'étais enceinte.

wait on/upon sth

attendre • *The England team must wait on the outcome of Saturday's match between Germany and Brazil.* L'équipe d'Angleterre doit attendre le résultat du match de samedi entre l'Allemagne et le Brésil.

wait out waits, waiting, waited

wait out sth or **wait** sth **out** (jamais au passif)

attendre • *There will be a long period of negotiation, but we're willing to wait it out.* Il y aura une longue période de négociation mais nous sommes disposés à attendre.

wait up waits, waiting, waited

wait up
attendre • (souvent + **for**) *I'll be home late, so don't wait up for me.* Je rentrerai tard, ne m'attends pas.
Wait up! (toujours à l'impératif) *surtout américain*
attendre • *Hey, Lennie, wait up! I need to talk to you.* Hé, Lennie, attends! Il faut que je te parle.

wait upon
voir **wait on/upon**

wake up wakes, waking, woke, woken (*américain prét & pp aussi* waked)

wake up (sb) or **wake** (sb) **up**

1 (se) réveiller • *I woke up with a dreadful headache.* Je me suis réveillée avec un mal de tête terrible. • *Stewart woke me up with his coughing.* Stewart m'a réveillée en toussant.

2 réagir, faire réagir • *Companies need to wake up and take notice of the public's increasing concern with the environment.* Les entreprises doivent réagir et prendre en compte l'inquiétude croissante du public en matière d'environnement.
Wake up! (toujours à l'impératif) *familier*
se réveiller • *Wake up, Susan! I've already explained all that.* Réveille-toi, Susan! J'ai déjà expliqué tout ça.

wake up to wakes, waking, woke, woken (*américain prét & pp aussi* waked)

wake up to sth
(fait) se rendre compte • *She's going to have to wake up to the fact that she needs to do some work if she wants to pass her exams.* Il va falloir qu'elle se rende compte qu'elle doit travailler un peu si elle veut réussir ses examens.

walk away walks, walking, walked

walk away
laisser tomber • (généralement + **from**) *You can't walk away from a five-year relationship just because you're having a few problems.* Tu ne peux pas laisser tomber une relation de cinq ans juste parce que tu as quelques difficultés.

walk away with walks, walking, walked

walk away with sth *familier*
emporter haut la main • *He walked away with all three gold medals.* Il a emporté haut la main les trois médailles d'or. • *A strong New Zealand team walked away with the match.* Une équipe de Nouvelle-Zélande en pleine forme a gagné le match haut la main.

walk in on walks, walking, walked

walk in on sb
ouvrir la porte de • *She walked in on me as I was getting undressed.* Elle a ouvert la porte au moment où j'étais en train de me déshabiller.

walk into walks, walking, walked

walk into sth
trouver sans difficulté • *She walked straight into a well-paid job after leaving university.* A la fin de ses études universitaires, elle a trouvé un emploi bien payé sans difficulté.

walk off walks, walking, walked

walk off (sth)
partir • *She threatened to walk off the film set if she didn't get any more money.* Elle a menacé de quitter le plateau si elle n'obtenait pas un plus gros cachet. • *Some of the workers wanted to walk off in protest at factory conditions.* Certains ouvriers voulaient partir en signe de protestation contre les conditions de travail dans l'usine.
walk off sth or **walk** sth **off** (jamais au passif)
(mal de tête) marcher pour faire passer • *I went to the beach to walk off my headache.* Je suis allée marcher sur la plage pour faire passer mon mal de tête. • *Let's go and walk off our lunch.* Allons faire un peu de marche pour faire passer le déjeuner.

walk off with walks, walking, walked

walk off with sth
1 *familier* (victoire) remporter haut la main • *He walked off with the most sought-after title in tennis.* Il a remporté haut la main le titre le plus envié des joueurs de tennis.
2 *familier* emporter • *I left my purse on the table and someone must have walked off*

with it. J'ai laissé mon porte-monnaie sur la table et quelqu'un a dû l'emporter. • *Did you walk off with my pen?* C'est toi qui m'as pris mon stylo ?

walk out walks, walking, walked

walk out

1 partir avant la fin • *She was so disgusted by some of the language in the film that she walked out.* Elle était tellement dégoûtée du langage employé dans le film qu'elle est partie avant la fin. • (souvent + *of*) *Some of the delegates walked out of the hall during her speech.* Certains délégués sont sortis de la salle pendant son discours.

2 se mettre en grève • *Staff walked out after further job losses were announced.* Le personnel s'est mis en grève quand on a annoncé davantage de suppressions de postes.

walk-out *n* [C] grève • *Factory workers staged a walk-out to protest about rates of pay.* Des ouvriers de l'usine ont organisé une grève pour protester contre le niveau des salaires.

3 (conjoint) quitter • (souvent + *on*) *She walked out on her boyfriend after three years of abuse.* Elle a quitté son petit ami après trois ans de mauvais traitements. • *I brought up my children on my own after my husband walked out.* J'ai élevé mes enfants toute seule après que mon mari m'a abandonnée.

walk through walks, walking, walked

walk sb **through** sth *américain*
expliquer • *She walked me through the six-page document.* Elle a lu avec moi les six pages du document. • *He'll walk you through the procedure.* Il va vous expliquer la procédure.

wall off walls, walling, walled

wall off sth or **wall** sth **off**
construire un mur autour de • (généralement au passif) *The offices were walled off and patrolled by security guards.* On a construit un mur autour des bureaux et on les a fait surveiller par des vigiles.

wall up walls, walling, walled

wall up sth or **wall** sth **up**
(fenêtre, porte) murer • (généralement au passif) *Some of the windows in the front of the house had been walled up.* Certaines fenêtres sur le devant de la maison avaient été murées.

wallow in wallows, wallowing, wallowed

wallow in sth
se complaire dans • *After a few weeks of wallowing in misery, I decided to look for a job.* Après quelques semaines à me complaire dans mon malheur, j'ai décidé de chercher un travail. • *It doesn't do you any good to wallow in self-pity.* Cela ne mène à rien de s'apitoyer sur son propre sort sans rien faire.

waltz off with waltzes, waltzing, waltzed

waltz off with sth *familier*
partir avec • *David's just waltzed off with the only copy of the report.* David vient de partir avec l'unique copie du rapport.

wander off wanders, wandering, wandered

wander off
s'en aller sans prévenir • *Small children tend to wander off if you don't watch them all the time.* Les jeunes enfants ont tendance à s'en aller sans prévenir si on ne les surveille pas de très près.

want for wants, wanting, wanted

want for (toujours dans des phrases négatives) *formel*
manquer de • *As a child, I wanted for nothing.* Quand j'étais enfant, je n'ai manqué de rien. • *I made sure that they should never want for anything.* J'ai fait en sorte qu'ils ne manquent jamais de rien.

want in wants, wanting, wanted

want in

1 *familier* vouloir participer • *We've started an athletics club and a lot of local schools want in.* Nous avons créé un club d'athlétisme et beaucoup d'écoles du coin veulent participer. • (parfois + *on*) *When his business became successful, a lot of his friends wanted in on it.* Quand son entreprise est devenue prospère, bon nombre de ses amis ont voulu participer.

2 *américain, familier* vouloir entrer • *The cat wants in. Can you open the door?* Le chat veut entrer ; tu peux lui ouvrir la porte ?

want out *wants, wanting, wanted*

want out
1 *familier* vouloir se retirer de • (souvent + *of*) *I want out of this deal before I lose all my money.* Je veux me retirer de cette affaire avant de perdre tout mon argent.
2 *américain, familier* vouloir sortir • (souvent + *of*) *I want out of here – the noise and the smoke are really getting to me.* Je veux sortir d'ici; je ne supporte plus tout ce bruit et cette fumée.

ward off *wards, warding, warded*

ward off sth or **ward** sth **off**
(maladie) se prémunir contre, (malédiction) se protéger de • *I eat an orange every day to ward off colds.* Je mange une orange chaque jour pour me protéger des rhumes. • *She was given a magic charm to ward off evil spirits.* On lui a donné une amulette pour la protéger des esprits maléfiques.

warm over *warms, warming, warmed*

warm over sth or **warm** sth **over**
1 *américain* réchauffer • *There's some food left from last night which I can warm over for lunch.* Il y a encore des restes d'hier soir que je peux réchauffer pour le déjeuner.
2 *américain* (idée) resservir • *Voters are bored with politicians warming over old policies.* Les électeurs en ont assez des politiciens qui leur resservent les mêmes vieilles idées.

warmed-over *adj* (toujours avant n) *américain* qui a déjà servi • *His dissertation doesn't contain anything original, just warmed-over theories.* Sa thèse ne contient rien d'original, juste des théories éculées.

warm to *warms, warming, warmed*

warm to sth
commencer à s'enthousiasmer pour • *She didn't want to move at first but I think she's warming to the idea.* Au départ, elle ne voulait pas déménager mais je crois que l'idée commence à lui plaire.

warm to sb
commencer à apprécier • *Tom's so friendly that you can't help warming to him.* Tom est tellement amical qu'on finit par l'apprécier.

warm up *warms, warming, warmed*

warm up (sth/sb) or **warm** (sth/sb) **up**
(se) réchauffer • *The room warms up fairly quickly once the heating is turned on.* La pièce se réchauffe assez vite une fois que le chauffage est allumé. • *Increased emissions of carbon dioxide are causing the Earth to warm up.* L'augmentation des émissions de gaz carbonique est responsable du réchauffement de l'atmosphère. • *A hot cup of tea will soon warm you up.* Une tasse de thé bien chaude aura vite fait de te réchauffer.

warm up (sth) or **warm** (sth) **up**
1 s'échauffer • *You're less likely to injure yourself if you warm up before playing a sport.* Vous risquez moins de vous blesser si vous vous échauffez avant de pratiquer un sport. • *I usually jog around the room to warm my leg muscles up.* En général je cours autour de la pièce pour m'échauffer les muscles des jambes.
warm-up *n* [C] échauffement • *Stretching exercises form part of the warm-up.* Les étirements font partie de l'échauffement. • (employé comme *adj*) *I like to do a few warm-up exercises before playing squash.* J'aime faire quelques échauffements avant de jouer au squash.
2 (faire) chauffer • *In cold weather, I usually warm up the engine before I set off for work.* Par temps froid, je fais généralement chauffer le moteur avant de partir au travail. • *The computer takes a couple of seconds to warm up.* Il faut quelques secondes à l'ordinateur pour chauffer.

warm up sth or **warm** sth **up**
réchauffer • *I'll warm up the rest of yesterday's soup for lunch.* Je vais réchauffer le reste de la soupe d'hier pour le déjeuner.

warm up sb or **warm** sb **up**
(salle) chauffer • *He warmed the audience up by telling a few jokes.* Il a chauffé la salle en racontant quelques blagues.
warm-up *n* [C] (de spectacle) première partie • *They booked a comedian for the studio audience warm-up.* Ils ont engagé un comique pour chauffer le studio. • (employé comme *adj*) *Who was the warm-up act?* Qui a fait la première partie?

warm up
1 s'échauffer, se mettre en condition • *She usually warms up in her dressing room by singing a couple of Beatles' songs.* D'habitude, elle s'échauffe dans sa loge en

chantant une ou deux chansons des Beatles. • (souvent + **for**) *He warmed up for the title fight by beating Alex Brodie in two rounds in Los Angeles.* Il s'est mis en condition pour le combat pour le titre en battant Alex Brodie en deux rounds à Los Angeles.

warm-up *n* [C] échauffement, mise en condition • (souvent + **for**) *They're treating today's game as a warm-up for the cup final.* Ils considèrent le match d'aujourd'hui comme une mise en condition avant la finale. • (employé comme *adj*) *Seles has decided not to compete in a warm-up match in Washington before the US Open.* Seles a décidé de ne pas participer à un match de mise en condition à Washington avant l'Open américain.

2 s'échauffer, s'animer • *We got to the party just as things were warming up.* Nous sommes arrivés à la soirée au moment où les choses commençaient à s'animer.

warm up to warms, warming, warmed

warm up to sb/sth *surtout américain* (personne) commencer à apprécier, (idée, situation) commencer à s'enthousiasmer pour • *By the end of the trip, Joey and I had finally warmed up to each other.* Vers la fin du voyage, Joey et moi avions finalement commencé à nous apprécier. • *I think she's warming up to the idea of moving in with us.* Je crois que l'idée d'emménager chez nous commence à lui plaire.

warn away warns, warning, warned

warn away sb/sth or **warn** sb/sth **away** tenir éloigné • (souvent + **from**) *Flashing lights are used to warn ships away from the rocks.* Des lumières clignotantes sont utilisées pour éloigner les navires des rochers.

warn off warns, warning, warned

warn off sb or **warn** sb **off** (sth) dissuader, déconseiller, éloigner • *If you don't like violence, the title of the film is probably enough to warn you off.* Quand on n'aime pas la violence, le titre du film est probablement suffisamment dissuasif.
• *Signs have been put up around the conservation area to warn off tourists.* Des panneaux ont été installés autour du site protégé pour éloigner les touristes.

wash away washes, washing, washed

wash away sth or **wash** sth **away** (pluie, inondation) emporter • *Whole villages were washed away in the floods.* Des villages entiers ont été emportés par l'inondation. • *Heavy rain had washed away most of the soil.* La pluie diluvienne avait emporté presque toute la terre.

wash down washes, washing, washed

wash down sth or **wash** sth **down**
1 (repas) arroser, (désagréable) faire passer, (cachet) avaler • *She took a gulp of milk to wash the pills down.* Elle a pris une gorgée de lait pour avaler les cachets. • (souvent + **with**) *I had a large plate of cheese sandwiches washed down with a glass of cold beer.* J'ai mangé une grande assiette de sandwiches au fromage arrosée d'un verre de bière fraîche.
2 (sol, mur) lessiver • *The hospital floors are washed down with antiseptic every morning.* Les sols de l'hôpital sont lessivés avec de l'antiseptique tous les matins.

wash out washes, washing, washed

wash out sth or **wash** sth **out**
1 nettoyer • *Wash the pan out with detergent.* Nettoie la poêle avec un produit détergent.
2 laver • *He washed his socks out in the hotel sink.* Il lava ses chaussettes dans le lavabo de l'hôtel.
3 annuler en raison de la pluie • *Heavy rain washed out the first day's play in New Zealand.* Les fortes pluies ont entraîné l'annulation de la première journée de jeu en Nouvelle-Zélande.

wash-out *n* [C] annulation • (généralement au singulier) *Thunderstorms forced a wash-out in the second day of the tournament.* Des orages ont entraîné l'annulation du deuxième jour du tournoi.

wash out (sth) or **wash** (sth) **out** (tache) partir au lavage, (couleur) passer • *I've used a dark brown hair dye which washes out after two weeks.* J'ai utilisé une couleur brun foncé pour les cheveux qui part au bout de deux semaines de shampoing. • *Red wine stains are hard to wash out.* Les taches de vin rouge sont difficiles à faire partir au lavage.

wash out *américain, familier*
laisser tomber, échouer • *It was a tough training program but she was determined not to wash out.* C'était un programme de formation ardu mais elle était décidée à ne pas laisser tomber. • *He was a big football star in college, but he washed out in the professional game.* C'était une star du football à l'université mais il a échoué au niveau professionnel.

wash-out *n* [C] échec, bide • *Scarcely anyone came to the festival – it was a complete wash-out.* Presque personne n'est venu au festival. C'était un bide complet.

wash over washes, washing, washed

wash over sb
(émotion) envahir • *A sense of despair washed over him.* Un sentiment de désespoir l'envahit.

wash up washes, washing, washed

wash up (sth) or **wash** (sth) **up**
britannique & australien
laver • *I like listening to the radio when I'm washing up.* J'aime écouter la radio quand je fais la vaisselle. • *I'd better wash up the dishes before I go.* Il vaut mieux que je fasse la vaisselle avant de partir.

washing-up *n* [U] vaisselle • *Have you done the washing-up yet?* Est-ce que tu as déjà fait la vaisselle? • *There was a pile of washing-up in the sink.* Il y avait une pile de vaisselle sale dans l'évier. • (employé comme *adj*) *We've run out of washing-up liquid.* Nous n'avons plus de liquide pour la vaisselle.

wash up *américain*
se laver le visage et les mains • *Go and wash up, kids, your dinner's ready.* Allez vous débarbouiller et vous laver les mains, les enfants, le dîner est prêt. • *I went into the rest room to wash up.* Je suis allée aux toilettes pour me laver le visage et les mains.

wash up sth or **wash** sth **up**
(sur le rivage) rejeter • *His body was washed up on a remote beach.* Son corps avait été rejeté sur une plage éloignée.

waste away wastes, wasting, wasted

waste away
dépérir • *It's terrible to watch someone you love waste away like that.* C'est terrible de voir quelqu'un qu'on aime dépérir comme ça.

watch out

Watch out! (toujours à l'impératif)
Attention! • *Watch out – there's a car coming!* Attention, une voiture!

watch out for watches, watching, watched

watch out for sth
faire attention à • *Drivers were told to watch out for black ice on the road.* Les conducteurs ont été sommés de faire attention au verglas sur la route. • *Vegetarians should watch out for animal fat in biscuits.* Les végétariens doivent regarder s'il n'y a pas de graisse animale dans les biscuits.

watch out for sb/sth
faire attention de ne pas rater • *Watch out for his latest movie which comes out next month.* Faites attention de ne pas rater son prochain film dont la sortie est prévue le mois prochain. • *Tony Pritchard should be running in this race so watch out for him.* Tony Pritchard devrait courir cette course, alors faites attention de ne pas le rater.

watch over watches, watching, watched

watch over sb/sth
1 surveiller • *The princes' bodyguard was by the pool, watching over them as they played.* Le garde du corps des princes les surveillait au bord de la piscine tandis qu'ils jouaient.

2 surveiller • *Observers were sent from several countries to watch over the elections.* Des observateurs de plusieurs pays avaient été envoyés pour surveiller les élections.

water down waters, watering, watered

water down sth or **water** sth **down**
1 couper avec de l'eau • *I suspect they water down the beer in that pub.* Je les soupçonne de couper la bière avec de l'eau, dans ce pub. • *She'll drink a little white wine if it's been watered down.* Elle acceptera de boire un peu de vin blanc s'il est coupé avec de l'eau.

2 (idée, opinion) nuancer • *The party has been criticized for watering down its more radical policies.* Le parti a été critiqué pour

avoir rendu inoffensif ses idées politiques les plus radicales. • *The bill has been watered down in response to pressure by farmers.* La proposition de loi a été nuancée en réponse aux pressions des agriculteurs.

watered-down *adj* (version) édulcoré • *The new law is a watered-down version of what the judges recommended.* La nouvelle loi est une version édulcorée de ce que les juges avaient recommandé.

wave aside waves, waving, waved

wave aside sth or **wave** sth **aside**
écarter • *The referee waved aside Liverpool's protests and awarded a free kick to Arsenal.* L'arbitre a rejeté les protestations de Liverpool et a accordé un coup franc à Arsenal. • *Her objections to the plan were quickly waved aside by the committee.* Ses objections au projet ont été rapidement écartées par le comité.

wave down waves, waving, waved

wave down sth/sb or **wave** sth/sb **down**
faire signe d'arrêter • *I waved down the first car that came along.* J'ai fait signe de s'arrêter à la première voiture qui est passée.

wave off waves, waving, waved

wave off sb or **wave** sb **off**
dire au revoir à • *We went to the station to wave him off.* Nous sommes allés à la gare pour lui dire au revoir.

wave on waves, waving, waved

wave on sb or **wave** sb **on**
faire signe d'avancer • *Police officers at the scene of the accident were waving other drivers on.* Des policiers sur les lieux de l'accident faisaient signe d'avancer aux autres véhicules.

wean off weans, weaning, weaned

wean sb **off** sth
(se) déshabituer de • *I'm trying to wean myself off sugary food generally.* J'essaie de perdre l'habitude de manger des choses sucrées.

wean on

be weaned on sb/sth (toujours au passif)
(s') être nourri de • *This is a generation that has been weaned on techno music.* C'est une génération qui a été nourrie de musique techno. • *Modern classical music can be very difficult for people weaned on a diet of Mozart and Beethoven.* La musique classique moderne peut sembler très difficile pour des gens nourris de Mozart et de Beethoven.

wear down wears, wearing, wore, worn

wear down (sth) or **wear** (sth) **down**
(rocher) user, (pneu) devenir lisse • *Wind and water have worn down the rocks.* Le vent et l'eau ont usé les rochers. • *Your back tyre has worn right down – it needs replacing.* Ton pneu arrière est lisse, il faut le changer.

wear down sb or **wear** sb **down**
(personne) épuiser, (armée) affaiblir • *The stress at work and all the extra travelling is starting to wear him down.* Le stress lié à son travail et tous ces déplacements supplémentaires commencent à l'épuiser. • *Extra troops were brought in to help the army wear down the guerillas.* Des renforts ont été envoyés pour aider l'armée à affaiblir les guerilleros.

wear in wears, wearing, wore, worn

wear in sth or **wear** sth **in** *britannique & australien*
(chaussure) briser • *Make sure you wear in your walking boots properly before the trip.* Prends soin de bien briser tes chaussures de marche avant l'excursion.

wear off wears, wearing, wore, worn

wear off
(anesthésique, effet de l'alcool) se dissiper • *The anaesthetic wears off after a couple of hours.* L'anesthésique se dissipe au bout de quelques heures. • *There was an initial excitement but it's started to wear off.* Au début, c'était excitant mais l'intérêt initial a commencé à se dissiper. • *He used to spend all day playing with his computer games, but **the novelty soon wore off**.* Avant, il passait la journée à jouer à ses jeux informatiques mais l'attrait du neuf est vite passé.

wear on wears, wearing, wore, worn

wear on
passer • *She became less confident about completing the course as the week wore on.*

Au fur et à mesure que la semaine avançait, elle a commencé à être moins sûre de finir le cours. • *As the harsh winter wore on, supplies of coal became scarce.* Alors que l'hiver rigoureux se prolongeait, les réserves de charbon commençaient à s'épuiser.

wear out wears, wearing, wore, worn

wear out (sth) or **wear** (sth) **out**
(s') user • *I've already worn out two pairs of shoes this year.* J'ai déjà usé deux paires de chaussures cette année. • *The brake discs on the car have worn out and need to be replaced.* Les disques des freins de la voiture sont usés et il faut les faire remplacer.
worn-out *adj* usé • *It's dangerous to drive around with worn-out tyres.* C'est dangereux de conduire avec des pneus lisses.
wear out sb or **wear** sb **out**
épuiser • *Looking after six small children is enough to wear anyone out.* S'occuper de six jeunes enfants suffirait à épuiser n'importe qui.
worn out *adj* épuisé • *I was completely worn out by the end of term.* J'étais complètement épuisé à la fin du semestre.

weasel out of weasels, weaseling, weaseled

weasel out of sth *surtout américain, familier*
se défiler • *They'd promised to pay us for the work, but they tried to weasel out of it.* Ils avaient promis de nous payer pour le travail mais ensuite ils ont essayé de se défiler.

wed to

be wedded to sth (toujours au passif)
être attaché à • *The party is still wedded to the idea of high taxation.* Le parti est encore attaché à l'idée d'une imposition élevée.

weed out weeds, weeding, weeded

weed out sb/sth or **weed** sb/sth **out**
éliminer • *The first round of interviews will weed out the weakest applicants.* La première série d'entretiens éliminera les candidats les plus faibles. • *A simple computer program can easily weed out any duplicate records.* Un simple programme informatique peut facilement éliminer toute information en double.

weigh against weighs, weighing, weighed

weigh sth **against** sth
1 mettre en balance avec • *Economic benefits have to be carefully weighed against the possible damage to the environment.* Les bénéfices économiques doivent être mis soigneusement en balance avec les dégâts possibles à l'environnement.
2 mettre en balance avec • *Our school has a limited budget, so requests for books have to be weighed against the need for more teachers.* Notre école a un budget limité et les demandes d'achat de livres doivent être mises en balance avec les besoins en enseignants.
weigh against sth/sb *formel*
rendre peu probable • *Political unrest weighed against their chances of achieving a lasting peace.* L'agitation politique diminuait les chances de parvenir à une paix durable.

weigh down weighs, weighing, weighed

weigh down sb or **weigh** sb **down**
1 surcharger de • (généralement au passif + **with***) You don't want to be weighed down with extra luggage.* Il vaut mieux ne pas être surchargée d'un excédent de bagages.
2 accabler • (généralement au passif + **by***) I thought she looked older somehow, weighed down by all her responsibilities.* J'ai trouvé qu'elle faisait plus vieille maintenant, accablée par toutes ses responsabilités.

weigh in weighs, weighing, weighed

weigh in
1 intervenir • (souvent + **with**) *Several leading architects weighed in with attacks on the design for the new art gallery.* Plusieurs architectes de renom sont intervenus pour critiquer avec véhémence la conception du nouveau musée.
2 (avant le match, la course) peser • (souvent + **at**) *The new rider weighs in at just over 150 pounds.* Le nouveau cavalier pèse juste un peu plus de 67 kilos. • *He weighed in five kilograms heavier than his opponent.* Il pesait cinq kilos de plus que son adversaire.

weigh-in n [C] pesage • *At the official weigh-in, Tyson promised to regain his title.* Au moment du pesage officiel, Tyson a promis de reprendre son titre.

weigh on/upon weighs, weighing, weighed

weigh on/upon sb/sth
(problème) tracasser, (responsabilité) peser sur • *His failure to help his brother weighed on his mind.* Son incapacité à aider son frère continuait de le tracasser. • *I know I treated him badly and it weighs on my conscience.* Je sais que je l'ai maltraité et cela me pèse sur la conscience. • *He's having a few problems at work and I think they're weighing heavily on him.* Il a quelques problèmes professionnels et je crois que cela le tracasse beaucoup.

weigh out weighs, weighing, weighed

weigh out sth or **weigh** sth **out**
peser • *I weighed out all the ingredients for the cake.* J'ai pesé tous les ingrédients pour le gâteau.

weigh up weighs, weighing, weighed

weigh up sth or **weigh** sth **up**
(avantage) soupeser • *I'm weighing up the options before I make a firm decision.* Je soupèse les différentes options avant de prendre une décision ferme. • (souvent + **against**) *You have to weigh up the pleasures of living in the country against the convenience of living in a town.* Il faut que tu mettes en balance le plaisir de vivre à la campagne avec le côté pratique de la vie en ville.

weigh up sb or **weigh** sb **up**
jauger • *I could tell she was weighing me up as we spoke.* Je voyais bien qu'elle était en train de me jauger au fil de la conversation.

weigh upon
voir **weigh on/upon**

welch/welsh on welches, welching, welched/welshes, welshing, welshed

welch/welsh on sth *familier*
se défiler • *They'd agreed to pay half the costs, but they welched on the deal at the last minute.* Ils avaient accepté de payer la moitié des dépenses mais ils se sont défilés à la dernière minute.

well up wells, welling, welled

well up
1 (larmes) monter, (eau) jaillir de terre • *I felt tears welling up in my eyes.* J'ai senti que les larmes me montaient aux yeux. • *He planned to build his house close to where the spring welled up.* Il a prévu de construire sa maison près de l'endroit où la source jaillit.
2 (émotion) monter • (souvent + **inside**) *As I walked through the forest, a feeling of great joy welled up inside me.* Alors que je marchais dans la forêt, un sentiment de joie intense monta en moi.

welsh on
voir **welch/welsh on**

whale into whales, whaling, whaled

whale into sb *américain, familier*
tabasser • *She whaled into him, her fists flying.* Elle lui a assené une volée de coups de poing.

wheel around/round wheels, wheeling, wheeled

wheel around/round *littéraire*
se retourner brusquement • *She wheeled around to face her opponent.* Elle s'est retournée brusquement pour faire face à son adversaire.

wheel out wheels, wheeling, wheeled

wheel out sth/sb or **wheel** sth/sb **out**
surtout britannique & australien, familier
(cliché, personne) ressortir • *You hear them wheeling out the same tired old clichés every time they speak.* Ils ressortent les mêmes clichés éculés à chaque fois qu'ils ouvrent la bouche. • *Year after year they wheel out the same old celebrities to entertain us.* Chaque année, en guise de divertissement, ils nous ressortent les mêmes vieilles célébrités.

wheel round
voir **wheel around/round**

while/wile away *whiles, whiling, whiled/wiles, wiling, wiled*

while/wile away sth or **while/wile** sth **away** (jamais au passif)
(jour, heure) meubler • *I whiled away the days playing cards and reading.* J'ai tué le temps en jouant aux cartes et en lisant. • *She sat in the library, whiling away the hours before the meeting.* Elle s'est assise dans la bibliothèque pour tuer le temps avant la réunion.

whip out *whips, whipping, whipped*

whip out sth or **whip** sth **out**
sortir brusquement • *He whipped out a knife.* Brusquement, il a sorti un couteau.

whip through *whips, whipping, whipped*

whip through sth *légèrement familier*
(corvée) expédier • *She whipped through the ironing in a matter of minutes.* Elle a expédié le repassage en quelques minutes.

whip up *whips, whipping, whipped*

whip up sth or **whip** sth **up**
1 (oeuf) battre, (crème) fouetter • *I'll whip up some cream to go with the strawberries.* Je vais faire un peu de crème fouettée pour accompagner les fraises.
2 *familier* préparer en vitesse • *Within minutes he had whipped up a plate of spaghetti.* En quelques minutes, il avait préparé un plat de spaghetti.
3 (poussière, eau) soulever • *Waves grew to gigantic heights, whipped up by the wind.* Des vagues montèrent jusqu'à des hauteurs vertigineuses, soulevées par le vent.

whip up sth
provoquer • *He accused the media of whipping up hysteria.* Il a accusé les médias de provoquer l'hystérie du public. • *See if you can whip up a bit of enthusiasm for Sunday's coach trip.* Vois si tu peux soulever un peu d'enthousiasme pour le voyage en car de dimanche. • *Both candidates are trying desperately to whip up some support.* Les deux candidats essaient désespérément d'obtenir un minimum de soutien.

whip up sb or **whip** sb **up**
(émotion) provoquer • *She had whipped up the audience into a frenzy of excitement.* Elle avait mis la foule en délire. • *He whipped up the crowd with a highly controversial opening speech.* Il a secoué la foule avec un discours d'introduction hautement polémique.

whittle away *whittles, whittling, whittled*

whittle away sth or **whittle** sth **away**
diminuer • *Her authority has been whittled away by quarrels within the group.* Son autorité a été minée du fait des querelles internes au sein du groupe.

whittle away at *whittles, whittling, whittled*

whittle away at sth
réduire • *They have introduced new laws to whittle away at the power of the trade unions.* Ils ont introduit de nouvelles lois pour réduire le pouvoir des syndicats.

whittle down *whittles, whittling, whittled*

whittle down sth/sb or **whittle** sth/sb **down**
réduire • (souvent + **to**) *We had eighty applicants for the job, but we've whittled them down to six.* Nous avions quatre-vingts candidats pour l'emploi mais nous les avons réduits à six.

whoop up *whoops, whooping, whooped*

whoop it up *familier*
faire la foire • *It sounded like they were whooping it up next door.* On aurait dit qu'ils étaient en train de faire la foire à côté.

wile away
voir **while/wile away**

wimp out *wimps, wimping, wimped*

wimp out *familier*
se dégonfler • *I was going to do a parachute jump but I wimped out at the last moment.* J'allais sauter en parachute mais je me suis dégonflée au dernier moment. • (souvent + **of**) *He was supposed to be meeting my parents but he wimped out of it.* Il devait rencontrer mes parents mais il s'est dégonflé.

win around/over/round wins, winning, won

win around/over/round sb or **win** sb **around/over/round**
faire changer d'avis • *My mother didn't want me to marry Dave, but he won her around eventually.* Ma mère ne voulait pas que j'épouse Dave, mais il a fini par la faire changer d'avis. • *He wasn't very keen on the idea to begin with but I managed to win him over in the end.* L'idée ne l'enthousiasmait pas beaucoup au départ mais j'ai réussi à le faire changer d'avis en fin de compte.

win out wins, winning, won

win out
l'emporter • *In the movies true love always wins out in the end.* Dans les films, le véritable amour finit toujours par l'emporter. • (souvent + **over**) *Unfortunately rage won out over common sense and I punched him on the nose.* Malheureusement, la colère l'a emporté sur le bon sens et je lui ai donné un coup de poing sur le nez.

win over
voir **win around/over/round**

win round
voir **win around/over/round**

win through wins, winning, won

win through
l'emporter • *Most people are confident that the parents of the victims will win through in the end.* La plupart des gens pensent que les parents des victimes finiront par l'emporter.

wind down winds, winding, wound

wind down (sth) or **wind** (sth) **down**
(affaire) ralentir, (organisation) réduire ses activités, mettre fin à • *We had to wind down our Manchester office.* Nous avons dû réduire les activités de notre bureau de Manchester. • *The market is usually busy all day but things start to wind down at about 5 o'clock.* Le marché est généralement actif toute la journée mais les choses commencent à ralentir vers 5 heures du soir.

wind down
1 décompresser • *I like to wind down with a cup of tea and a hot bath when I get home from work.* J'aime décompresser en buvant une tasse de thé et en prenant un bain bien chaud quand je rentre du travail.
2 (horloge, montre) s'arrêter • *My watch had wound down so I didn't know what time it was.* Ma montre s'était arrêtée et je ne savais pas quelle heure il était.

wind on winds, winding, wound

wind on sth or **wind** sth **on** *britannique & australien*
(pellicule) dérouler, (cassette) avancer • *Wind the tape on to the song I like.* Avance la cassette jusqu'à la chanson que j'aime.

wind up winds, winding, wound

wind up (toujours + *adv/prép/adj*) *légèrement familier*
se retrouver • *If he carries on like this, he's going to wind up in prison.* S'il continue comme ça, il va se retrouver en prison. • *He'll wind up bankrupt if he's not careful.* Il va finir par faire faillite s'il ne fait pas attention.

wind up doing sth *légèrement familier*
finir par • *I wound up having to start the course from the beginning again.* J'ai fini par devoir recommencer le cours à zéro une fois de plus.

wind up (sth) or **wind** (sth) **up**
terminer • *We started to wind up the interview.* Nous avons entrepris de conclure l'entretien. • *You need to wind up now, we've only got five minutes.* Il faut que tu termines, maintenant; il ne nous reste que cinq minutes.

wind up sth or **wind** sth **up**
1 (société) liquider • *Lawyers were called in to wind up the company.* Des avocats ont été appelés pour liquider la société. • *Rising prices have forced us to wind up our affairs in Germany.* La montée des prix nous a forcés à liquider nos affaires en Allemagne.
2 (mécanisme) remonter • *I forgot to wind my watch up and it's stopped.* J'ai oublié de remonter ma montre et elle s'est arrêtée. • *It's a clockwork mouse – you wind it up and let it go.* C'est une souris mécanique: tu la remontes et tu la lâches.

wind-up *adj* (toujours avant n) à remonter • *I've still got some old wind-up toys from* *my childhood.* J'ai encore quelques vieux jouets mécaniques de quand j'étais enfant.

wind up sb or **wind** sb **up**

1 *britannique, familier* faire marcher • *He said I'd missed the train, but he was just winding me up.* Il m'a dit que j'avais raté le train mais il me faisait marcher.

wind-up *n* [C] *britannique, familier* canular • (généralement au singulier) *Are you being serious now or is this a wind-up?* Tu es sérieux ou c'est un canular?

2 *britannique & australien, familier* taper sur les nerfs • *It really winds me up when he says that teachers have an easy life.* Ça me tape vraiment sur les nerfs quand il dit que les enseignants ont la vie facile. • *That guy really winds me up.* Ce type me tape vraiment sur les nerfs.

winkle out winkles, winkling, winkled

winkle out sb/sth or **winkle** sb/sth **out**
(personne, objet) dénicher, (vérité) soutirer • (souvent + **of**) *I managed to winkle the truth out of him eventually.* J'ai finalement réussi à lui soutirer la vérité.

wipe down wipes, wiping, wiped

wipe down sth or **wipe** sth **down**
(sol, table) nettoyer • *Every evening they wiped the tables down before the restaurant closed.* Tous les soirs avant la fermeture du restaurant, ils nettoyaient les tables.

wipe off wipes, wiping, wiped

wipe off sth or **wipe** sth **off** (sth) *britannique & australien*
(action, prix) réduire • *The news has wiped nearly a third off the value of the company's shares.* La nouvelle a fait perdre un tiers de leur valeur aux actions de la société.

wipe out wipes, wiping, wiped

wipe out sth or **wipe** sth **out**

1 (village) détruire complètement, (dette) liquider • *Two whole villages were wiped out in the flood.* Deux villages entiers ont été complètement détruits par l'inondation. • *The bank agreed to wipe out their debts.* La banque a accepté de remettre leurs dettes.

2 (mémoire, disque dur) effacer • *A sudden power cut wiped out my hard disk.* Une panne de courant inattendue a effacé mon disque dur.

3 nettoyer • *Bowls like these I tend to wipe out with a clean cloth.* En général, je nettoie ce genre de bols avec un torchon propre.

wipe out sb or **wipe** sb **out**

1 *familier* battre à plate couture • *He was wiped out in the first round of the Davis Cup.* Il a été battu à plate couture dès le premier match de qualification de la Coupe Davis.

2 *surtout américain & australien, familier* (personne) lessiver • *The long plane journey had wiped her out.* Le long voyage en avion l'avait lessivée.

wiped-out *adj* (toujours après v) *familier* lessivé • *I'm always completely wiped-out by the end of the week.* Je suis toujours complètement lessivée à la fin de la semaine.

3 *américain & australien, familier* partir dans le décor • *I was going too fast and I wiped out on the bend.* J'allais trop vite et je suis parti dans le décor en prenant mon virage.

wipe up wipes, wiping, wiped

wipe up sth or **wipe** sth **up**
essuyer • *Can you wipe up that mess on the kitchen floor?* Tu peux essuyer ce que tu as fait tomber sur le sol de la cuisine?

wipe up (sth) or **wipe** (sth) **up** *britannique & australien*
(vaisselle) essuyer • *If you wash, I'll wipe up.* Si tu laves, j'essuie. • *Could you wipe up the dishes?* Tu peux essuyer la vaisselle?

wire up wires, wiring, wired

wire up sth/sb or **wire** sth/sb **up**
(par électricité) relier • *The area is wired up with instruments which detect the slightest movement in the earth's crust.* La région est contrôlée par des instruments qui détectent le moindre mouvement de l'écorce terrestre. • (souvent + **to**) *They wired him up to a machine which measures brain activity.* Ils l'ont relié à une machine qui mesure l'activité cérébrale.

wise up wises, wising, wised

wise up *surtout américain, familier*
se mettre à piger • (souvent + **to**) *It's about time some employers wised up to the fact that staff who are happy work more efficiently.* Il est temps que certains employeurs se mettent à piger qu'un personnel heureux travaille avec davantage d'efficacité. • *Those who think*

that it's a harmless recreational drug should wise up. Ceux qui pensent que ce n'est qu'une drogue inoffensive qu'on peut prendre pour s'amuser devraient ouvrir les yeux.

wise sb **up** *américain, familier*
mettre au courant • (généralement + **about**) *You'd better wise him up about how things work in this department.* Vous feriez bien de le mettre au courant de la façon dont les choses se passent dans ce service.

wish away wishes, wishing, wished

wish away sth or **wish** sth **away**
souhaiter que quelque chose n'existe pas • *You can't just wish the problem away, you're going to have to do something about it.* Vous ne pouvez pas vous contenter de souhaiter que le problème n'existe pas, il va falloir que vous fassiez quelque chose.

wish on/upon wishes, wishing, wished

wouldn't wish sth **on/upon** sb
ne pas souhaiter à • *I don't really like Bernard, but I wouldn't wish a situation like that on anyone.* Je n'aime pas vraiment Bernard mais je ne souhaiterais ce genre de situation à personne. • *I wouldn't wish this illness on my worst enemy.* Je ne souhaiterais pas cette maladie à mon pire ennemi.

wolf down wolfs, wolfing, wolfed

wolf down sth or **wolf** sth **down**
familier
engloutir • *I gave her a plate of soup and she wolfed it down.* Je lui ai donné une assiette de soupe et elle l'a engloutie.

work against works, working, worked

work against sb/sth
jouer contre • *Our image as a militant group has tended to work against us.* Notre image de groupe activiste a eu tendance à jouer contre nous. • *Inexperience can work against someone who's looking for a job.* Le manque d'expérience peut jouer contre quelqu'un à la recherche d'un emploi.

work around/round works, working, worked

work around/round sth
(problème) contourner • *They knew how to work around the import restrictions.* Ils savaient comment contourner les restrictions à l'importation. • *I need to take the car into the garage some time today, but I'll work round it somehow.* Il faut que j'amène la voiture au garage à un moment de la journée mais je m'arrangerai.

work at works, working, worked

work at sth/doing sth
travailler pour améliorer • *You have to work at a marriage.* Un mariage, il faut en prendre soin. • *She needs to work at increasing her typing speed.* Il faut qu'elle travaille pour augmenter sa vitesse de frappe.

work in works, working, worked

work in sth or **work** sth **in**
1 faire pénétrer • *Smear wax onto the leather and work it in with your fingers.* Etalez de la cire sur le cuir et faites pénétrer avec les doigts.
2 (critique) glisser • *He worked in several criticisms of the government in his report.* Il a glissé plusieurs critiques du gouvernement dans son rapport.

work into works, working, worked

work sth **into** sth
1 faire pénétrer, incorporer • *Work the remaining flour into the dough.* Incorporer le reste de la farine à la pâte.
2 glisser • *Would it be possible to work a couple of meetings into your schedule?* Est-ce qu'il serait possible de glisser une ou deux réunions dans votre emploi du temps?

work yourself into sth (toujours pronominal)
(rage) se mettre en • *By the time we got back she had worked herself into a rage.* Quand nous sommes rentrés, elle était folle de rage.

work off works, working, worked

work off sth or **work** sth **off**
1 (agressivité, colère) se débarrasser de • *A game of tennis will help me work off my anger.* Un match de tennis m'aidera à me débarrasser de ma colère.
2 (excès alimentaire) éliminer • *If you eat the occasional chocolate bar you can soon work it off in the gym.* Si vous mangez une barre de chocolat de temps en temps, vous pouvez l'éliminer rapidement au club de gym.

3 (dette) travailler pour rembourser • *She took an evening job so that she could work off the loan as quickly as possible.* Elle s'est mise à travailler le soir de manière à rembourser son emprunt le plus vite possible.

work off sth
(secteur) fonctionner sur, (électricité) fonctionner à • *The security system works off hidden sensors.* Le système de sécurité fonctionne à partir de détecteurs dissimulés.

work on/upon works, working, worked

work on/upon sth
1 travailler à, réparer • *She's based in the lab, working full-time on a cure for AIDS.* Elle travaille au laboratoire à temps plein, sur un remède contre le sida. • *Pete loves working on old cars.* Pete adore réparer des vieilles voitures.
2 (style) travailler • *His dancing technique is good, but he needs to work on his fitness.* Sa technique de danse est bonne mais il faut qu'il améliore sa forme physique.
3 se baser sur • *We're working on the assumption that a third of the people we've invited won't come.* Nous nous basons sur l'idée qu'un tiers des personnes invitées ne viendront pas.

work on/upon sb
essayer de faire changer d'avis, essayer de convaincre • *Hannah's not very keen on the idea of a cycling holiday, but I'm working on her.* Hannah n'est pas vraiment emballée par les vacances à vélo, mais j'essaie de la faire changer d'avis. • (souvent + to do sth) *I'm working on my father to get him to take me to the airport.* J'essaie de convaincre mon père de m'emmener à l'aéroport.

work out works, working, worked

work out sth or **work** sth **out**

1 calculer • *Can you work out the total cost of the trip?* Est-ce que vous pouvez calculer le coût total du voyage?

2 surtout britannique & australien comprendre • (souvent + pronom interrogatif) *We couldn't work out why they looked so guilty.* Nous ne comprenions pas pourquoi ils avaient l'air si coupable.

• (souvent + **that**) *Eventually I worked out that the parcel had been sent to Paris by mistake.* J'ai fini par comprendre que le colis avait été envoyé à Paris par erreur.

3 (moyen) trouver, (plan) concevoir • (souvent + pronom interrogatif) *We need to work out how we can fix it to the wall.* Il faut que nous trouvions un moyen de le fixer au mur. • *Negotiators are trying to work out a peace settlement.* Des négociateurs essaient d'arriver à un accord de paix.

4 faire un préavis • *He has a three month notice period to work out.* Il doit faire trois mois de préavis.

work sb **out** *britannique & australien*
comprendre • *Sometimes she seems friendly and sometimes she won't speak to me. I just can't work her out.* A certains moments elle a l'air amical et à d'autres elle ne me parle même pas. Je ne la comprends pas du tout.

work out (toujours + *adv/prép*)
1 (résultat) équivaloir à, (coût) s'élever à • (souvent + **at**) *The cost of a minibus works out at £7 per person.* Le coût d'un minibus s'élève à £7 par personne. • (souvent + **to**) *That works out to a 5.5% price decrease.* Cela équivaut à une baisse de prix de 5,5%. • *Buying a new radio worked out cheaper than repairing the old one.* Cela revenait moins cher d'acheter une nouvelle radio que de faire réparer la vieille.

2 être un succès • (généralement + *adv/prép*) *The arrangement worked out rather badly for Leo.* Pour Leo, l'arrangement n'a pas été un succès. • *I got married later that year but it didn't work out.* Je me suis mariée à la fin de cette année-là mais ça n'a pas été un succès.

3 faire de l'exercice • *I work out in the gym twice a week.* Je m'entraîne au gymnase deux fois par semaine.

workout *n* [C] exercice • *This 40-minute workout is designed to tone up your leg muscles.* Cet exercice de 40 minutes est conçu pour fortifier les muscles des jambes.

work itself **out** (toujours pronominal)
se régler de soi-même • *Problems like these usually work themselves out – you'll see.* Ce genre de problèmes se règlent en général d'eux-mêmes, tu verras.

work over works, working, worked

work over sb or **work** sb **over** *argot*

tabasser • *Do you want me to get some of the boys to work him over?* Vous voulez que j'envoie quelques-uns des gars pour qu'ils lui fassent une tête au carré?

work round
voir **work around/round**

work through works, working, worked

work through sth or **work** sth **through**
(problème) assumer • *Psychoanalysis has helped her work through years of trauma.* La psychanalyse l'a aidée à assumer des années de traumatisme.

work through (sth)
(résultat) se faire sentir • *It will take time for the effect of tax cuts to work through.* Il faudra du temps pour que l'effet de la baisse des impôts se fasse sentir. • *Hospital staff will be affected as budget changes work through the healthcare system.* Le personnel hospitalier sera affecté quand les réformes budgétaires se feront sentir dans le secteur de la santé.

work through
travailler sans interruption • *I often start at 7.30 and work through until midnight.* Je commence souvent à 7h30 et je travaille sans interruption jusqu'à minuit.

work towards works, working, worked

work towards sth
travailler en vue de • *Both sides are working towards a comprehensive peace settlement.* Les deux côtés travaillent à un traité de paix détaillé. • *I'm working towards a teaching qualification.* Je travaille pour obtenir un diplôme d'enseignant.

work up works, working, worked

work up sth or **work** sth **up**
1 développer • *I can't work up much enthusiasm for this trip.* Je n'arrive pas à éprouver beaucoup d'enthousiasme pour ce voyage. • *With the wind behind us we managed to work up some speed.* Avec le vent dans le dos, nous avons réussi à prendre un peu de vitesse. • *Rub the shampoo in until you have worked up a good lather.* Shampouinez jusqu'à ce que vous obteniez une mousse abondante. • *Let's go for a walk to work up an appetite.* Allons nous promener pour nous ouvrir l'appétit.
2 rédiger • *The commission has promised to work up proposals by the end of the year.* La commission a promis de rédiger des propositions pour la fin de l'année. • (souvent + **into**) *I'm hoping to work these notes up into a longer article.* J'espère utiliser ces notes pour rédiger un article plus long.
3 développer • *I'm hoping to work up the language teaching side of our business.* J'espère développer le secteur enseignement des langues de notre entreprise.

work sb **up**
énerver • (souvent pronominal; souvent + **about**) *He'd worked himself up about the interview until he was in quite a state.* Il s'est énervé à s'en rendre malade à cause de l'entretien. • (souvent + **into**) *She worked the crowd up into a frenzy.* Elle a rendu la foule hystérique.

worked up *adj* (toujours après v) énervé • *It's really not important – there's no need to get so worked up about it.* Ce n'est vraiment pas important; ce n'est pas la peine de s'énerver comme ça.

work yourself **up** (toujours pronominal) se mettre en condition • (généralement + **to**) *I've been dreading this meeting, but now I've worked myself up to it I just want to get it over with.* Je me suis fait un sang d'encre pour cette réunion, mais maintenant que je m'y suis préparé, j'ai hâte d'en avoir fini.

work up to works, working, worked

work up to sth
1 passer à • *I started by practising for 10 minutes each morning and gradually worked up to an hour a day.* J'ai commencé par m'exercer 10 minutes chaque matin et, progressivement, je suis passée à une heure par jour.
2 se préparer à • *He'd wanted to ask her out and he'd been working up to it all week.* Il voulait l'inviter à sortir et il s'y était préparé toute la semaine.

work upon
voir **work on/upon**

worm out of worms, worming, wormed

worm sth **out of** sb *familier*

(information) soutirer à • *He wasn't going to tell me but I managed to worm it out of him.* Il ne voulait pas me le dire mais j'ai réussi à lui tirer les vers du nez.

wrap up wraps, wrapping, wrapped

wrap up sth or **wrap** sth **up**

1 envelopper, emballer • *I haven't wrapped up her Christmas present yet.* Je n'ai pas encore emballé son cadeau de Noël. • *Make sure you wrap that glass up carefully before you pack it.* Fais attention de bien emballer ce verre avant de l'empaqueter.

2 conclure • *The two sides hope to wrap up an agreement by next month.* Les deux parties espèrent conclure un accord d'ici le mois prochain. • *King hit two home runs to wrap up the game for his team.* King a marqué deux points et a conclu le match en faveur de son équipe.

wrap-up *adj* (toujours avant n) *américain* en guise de conclusion • *The author was asked a simple wrap-up question at the end of the TV interview.* A la fin de l'entretien, une simple question a été posée à l'auteur en guise de conclusion.

wrap-up *n* [C] *américain* conclusion • *We'll be back later tonight with the postgame wrap-up.* Nous nous retrouverons ce soir pour le commentaire final sur le match.

wrap up (sb) or **wrap** (sb) **up**
(s')emmitoufler • *Make sure you wrap up well – it's cold outside.* Emmitoufle-toi bien: il fait froid dehors. • *Wrap him up in a blanket and give him a hot drink.* Emmitoufle-le dans une couverture et donne-lui une boisson chaude.

be wrapped up in sth (toujours au passif)
être absorbé par • *She's so wrapped up in her work that she hardly spends any time with her kids.* Elle est tellement absorbée par son travail qu'elle ne passe presque pas de temps avec ses enfants.

wrestle with wrestles, wrestling, wrestled

wrestle with sth

1 (problème) être en butte à, (décision) débattre • *This government is wrestling with difficult economic problems.* Ce gouvernement est en butte à de difficiles problèmes économiques. • *I've wrestled with the decision for weeks and I still don't know what to do.* J'hésite sur la décision à prendre depuis des semaines et je ne sais toujours pas quoi faire.

2 essayer de maintenir, essayer de contrôler • *She wrestled with the steering wheel as the car plunged out of control.* Elle a essayé de garder le contrôle du volant quand la voiture est sortie de la route.

wriggle out of wriggles, wriggling, wriggled

wriggle out of sth *familier*
se défiler devant • *He said he'd babysit for us last week and now he's trying to wriggle out of it.* La semaine dernière, il a dit qu'il ferait du babysitting pour nous et maintenant, il essaie de se défiler.

wring out wrings, wringing, wrung

wring out sth or **wring** sth **out**
(vêtement) essorer • *She wrung out her swimming costume and hung it up to dry.* Elle a essoré son maillot de bain et l'a mis à sécher.

wring out of wrings, wringing, wrung

wring sth **out of** sb
(argent, aveu) soutirer • *It took several hours to wring a confession out of her.* Il a fallu plusieurs heures pour lui arracher des aveux. • *They have wrung £40 million out of their accountants in compensation.* Ils ont réussi à obtenir 40 millions de livres d'indemnisation de leurs comptables.

write away writes, writing, wrote, written

write away
écrire • (souvent + **for**) *I've written away for details.* J'ai écrit pour demander des détails.

write down writes, writing, wrote, written

write down sth or **write** sth **down**

noter • *I wrote down his phone number on a scrap of paper.* J'ai noté son numéro de téléphone sur un morceau de papier. • *He told me his address but I forgot to write it down.* Il m'a donné son adresse mais j'ai oublié de la noter.

write in writes, writing, wrote, written

write in
écrire • *The presenter invited students to write in with ideas for raising money.* Le présentateur a invité les étudiants à écrire pour suggérer des moyens de trouver de l'argent.

write in sth or **write** sth **in**
inscrire • *Could you write in your name and age please?* Pouvez-vous inscrire votre nom et votre âge, s'il vous plaît?

write in sb/sth or **write** sb/sth **in**
américain
inscrire • *Many voters wrote her name in on the ballot.* Beaucoup d'électeurs ont inscrit son nom sur leur bulletin.

write-in *adj* (toujours avant n) par inscription du nom d'un candidat hors liste • *They've organized a write-in campaign in support of their candidate.* Ils ont demandé aux électeurs d'inscrire le nom de leur candidat sur le bulletin de vote.

write in/into writes, writing, wrote, written

write in sth/sb or **write** sth/sb **in**
write sth/sb **into** sth
ajouter • *I wrote in the part of the mad bishop just to add a little humour.* J'ai ajouté le rôle de l'évêque fou pour introduire un peu plus d'humour. • *The love scene was written into the script at the request of the film studio.* La scène d'amour a ajoutée au script à la demande du studio de cinéma.

write into writes, writing, wrote, written

write sth **into** sth
(dans un contrat) stipuler • *She's obliged to produce a certain number of novels a year because it's written into her contract.* Elle est tenue de produire un certain nombre de romans par an parce que c'est stipulé dans son contrat.

write off writes, writing, wrote, written

write off sth or **write** sth **off**
1 (dette) annuler, (investissement) considérer comme perdu • *The World Bank is being urged to write off debts from developing countries.* On demande instamment à la Banque Mondiale l'annulation de la dette des pays en voie de développement.
2 bousiller • *That's the second car he's written off since he's been driving.* C'est la deuxième voiture qu'il bousille depuis qu'il conduit.

write-off *n* [C] épave • *She wasn't hurt, but the car was a write-off.* Elle n'a rien eu mais la voiture est une épave.

write off sb/sth or **write** sb/sth **off**
compter pour rien • *A lot of companies seem to write people off if they're over 50.* Beaucoup d'entreprises semblent compter pour rien les gens de plus de 50 ans. • (parfois + **as**) *I'd written him off as a madman.* Je le tenais pour fou.

write-off *n* [C] *familier* bide • (généralement au singulier) *Last year was a complete write-off in financial terms.* L'année dernière a été un bide complet au niveau financier.

write off
écrire (pour obtenir) • (souvent + **for**) *I've written off for a copy of the recipe.* J'ai écrit pour obtenir une copie de la recette.

write out writes, writing, wrote, written

write out sth or **write** sth **out**
1 (rapport, liste) rédiger • *He wrote out all the instructions for us.* Il nous a laissé toutes les instructions par écrit. • *It's just in note form but I'll write it out properly for you later.* Ce sont juste des notes mais je vous le rédigerai en bonne et due forme plus tard.
2 (chèque, ordonnance) rédiger • *He wrote out a prescription for painkillers.* Il m'a prescrit des analgésiques. • *I could write out a cheque if you preferred.* Je peux vous faire un chèque si vous préférez.

write out sb or **write** sb **out**
supprimer • (généralement au passif; souvent + **of**) *Scandals about the actor's private life forced producers to have him written out of the series.* Les scandales relatifs à la vie privée de l'acteur ont forcé les producteurs à le supprimer du feuilleton.

write up writes, writing, wrote, written

write up sth or **write** sth **up**
(notes) rédiger • *Have you written up that report yet?* Avez-vous déjà rédigé ce rapport? • *He spent two years doing*

research for his thesis and a year writing it up. Il a passé deux ans à faire les recherches et un an à rédiger sa thèse.
write-up *n* [C] compte rendu • *I haven't seen the film myself but it's had really good write-ups.* Je n'ai pas vu le film mais il a déjà reçu pas mal de critiques positives.

write up sb or **write** sb **up** *américain* faire un rapport sur • *The cop said he'd have to write me up for not stopping at the red light.* Le flic m'a dit qu'il allait me dresser un procès-verbal pour être passé au rouge.

X

x out xes, xing, xed

x out sth or **x** sth **out** *américain & australien*
barrer • *I've xed out the names of the people who've said they're not coming.* J'ai barré le nom des gens qui ont dit qu'ils ne viendraient pas.

Y

yank off yanks, yanking, yanked

yank off sth or **yank** sth **off**
se débarrasser de • *He yanked off his shorts and dashed into the shower.* Il s'est débarrassé de son short et s'est précipité sous la douche.

yank sth **off** sth *surtout américain, familier*
(programme) supprimer, (article) retirer du marché • *The show was yanked off television because of the political controversy surrounding it.* L'émission de télévision a été supprimée en raison de la controverse politique qui était née à son sujet. • *The Food & Drug Administration yanked the medicine off the shelves after the report on its side effects.* La Food and Drug Administration a retiré le médicament du marché après la parution du rapport sur ses effets secondaires.

yank out yanks, yanking, yanked

yank out sb/sth or **yank** sb/sth **out**
surtout américain & australien, familier
retirer brusquement • *He pulled the car door open and yanked him out.* Il a ouvert brusquement la porte de la voiture et l'a tiré dehors. • (souvent + **of**) *Alarmed investors yanked their money out of the High Yield Fund.* Les investisseurs inquiets se sont empressés de retirer leur argent du High Yield Fund.

yell out yells, yelling, yelled

yell out (sth) or **yell** (sth) **out**
crier, hurler • *'Get out of the way!' she yelled out.* 'Poussez-vous!' hurla-t-elle.

yield up yields, yielding, yielded

yield up sth or **yield** sth **up**
1 *formel* livrer • *They were forced to yield up some of their land during the war.* Ils ont été obligés de livrer une partie de leurs terres pendant la guerre.
2 *formel* livrer, révéler • *A rediscovered temple has yielded up some rare archeological treasures.* Un temple qu'on a redécouvert a livré quelques trésors archéologiques rares.

Z

zero in on zeroes, zeroing, zeroed

zero in on sth/sb
1 se concentrer sur • *A good lawyer will always zero in on a key piece of evidence.* Un bon avocat se concentrera toujours sur une preuve clé.
2 viser • *Modern military aircraft use computers to help them zero in on their targets.* Les avions de combat modernes utilisent des ordinateurs pour les aider à viser leur cible.

zip up zips, zipping, zipped

zip up sth or **zip** sth/sb **up**
remonter la fermeture éclair de • *Zip your jacket up, it's cold out there.* Remonte la fermeture éclair de ton blouson, il fait froid dehors. • *I can't reach the back of my dress. Can you zip me up, please?* Je n'arrive pas à atteindre le dos de ma robe, tu peux remonter la fermeture éclair, s'il te plaît?

zone out zones, zoning, zoned

zone out *américain, argot*
déconnecter • *She zoned out for a minute and missed what he was saying.* Pendant une minute, elle a déconnecté et n'a pas entendu ce qu'il disait.

zoned out *adj* (toujours après v) (drogue) camé, (alcool) bourré • *She was in a bad way – zoned out on drugs, alcohol, or both.* Elle était dans un triste état: camée, bourrée, ou les deux.

zonk out zonks, zonking, zonked

zonk out *surtout américain & australien, familier*
s'écrouler, s'endormir • *After work I just zonk out in front of the television.* Après le travail, je m'écroule devant la télévision.
zonked out *adj familier* nase • *I'm okay – I'm just zonked out after my flight.* Ça va. Je suis nase à cause du voyage en avion, c'est tout.

zoom in zooms, zooming, zoomed

zoom in
faire un zoom sur • (souvent + **on**) *The camera zoomed in on her face.* La caméra a fait un zoom sur son visage.

zoom off zooms, zooming, zoomed

zoom off *familier*
partir en trombe • *He jumped on his motorbike and zoomed off.* Il a sauté sur sa moto et il a démarré en trombe.

zoom out zooms, zooming, zoomed

zoom out
faire un zoom arrière • *The camera suddenly zooms out to show the whole of the desert stretching away to the horizon.* La caméra fait soudain un zoom arrière pour montrer l'étendue désertique qui s'étend à l'infini.

Rubriques thématiques

Accord & désaccord

Meetings in our office are always the same. Bill will suggest some crazy new scheme and Karen will **go along with** whatever it is, even if she doesn't quite **believe in** it. The rest of us will divide naturally into two groups: those who **side with** Bill and those who are against him. Julia usually **falls in with** Bill's ideas fairly quickly, knowing that it's pointless to argue as he usually wins in the end. Both Bill and Karen argue very persuasively and can **talk** the others **round** in no time at all. Barbara is always the last to **give in**, and even then she does so very reluctantly. Secretly, I sympathize with her. I **have** nothing **against** Bill, I just don't see why he should get his own way all the time!

être d'accord

go along with
être d'accord avec • *I go along with Martin on this one – I think the scheme's a disaster.*

side with
soutenir • *If ever there was any sort of argument, she'd always side with my father.*

go with *légèrement familier*
(proposition) accepter, (personne) être d'accord avec • *I think we should go with Sue's proposal.*

believe in
être favorable à • *Sue believes in capital punishment for terrorists.*

fall in with
être d'accord avec • *I don't mind what we do – I'll just fall in with whatever you decide.*

settle on/upon
décider de • *We still haven't settled on a place to meet.*

tomber d'accord

come around/round
(idée) se faire à • *I spent several hours telling him what a good project it was, and he finally came around to the idea.*

give in
céder • *The government cannot be seen to give in to terrorists' demands.*

cave in
céder • *The government are insistent that they will not cave in to the strikers' demands.*

persuader quelqu'un d'être d'accord

bring around/round
talk around/round *britannique & australien*
convaincre • *At first she didn't want to take on any more staff, but I eventually managed to bring her around.*

bring over to
(opinion) faire adopter • *She hasn't been able to bring her sister over to her point of view.*

win around/over/round
faire changer d'avis • *He wasn't very keen on the idea to begin with but I managed to win him over in the end.*

ne pas être d'accord

frown on/upon
désapprouver • *Divorce is still frowned upon in many countries.*

quarrel with
(idée décision) contester • *I'm not quarrelling with the idea that good childcare should be available to all who need it.*

turn against
s'opposer à, monter contre • *Public opinion has turned against the war after six years of fighting.*

Informatique

Instructions for using your computer:
First make sure the computer is **connected up** correctly, then **switch** it **on**. If you are on a network, you will need to **log in** before you can enter the system. To do this, **type in** your name and your password. If you are **keying in** data, make sure that you save it regularly, and always **back up** your files at the end of each day. You might also want to **print out** a copy of your work. When you have finished, **log out** and **switch off** your machine.

allumer et éteindre

connect up
brancher • *The keyboard isn't working. Perhaps it isn't connected up to the computer.*

boot up
(se) mettre en marche • *You'll need to boot up the computer before you can start work.*

power up *américain*
(se) mettre en route • *Computers take a few seconds to power up after they've been switched on.*

switch on
allumer • *Is the computer switched on?*

switch off
(s') éteindre • *Could you switch my machine off when you're finished?*

log in/into
log on/onto
entrer dans • *Log in using your own name and password.*

log off
sortir • *Log off the system and then shut down.*

shut down
(s') éteindre • *The computer system shuts down automatically at 8 p.m.*

travailler à l'ordinateur

key in/into
type in/into
(données) saisir • *I've got all the data now but it still needs to be keyed in.*

type out/up
taper • *I drafted a letter and Aileen typed it out for me.*

back up
sauvegarder • *I back up all my files onto floppy disks.*

print out
(s') imprimer • *I've just printed out the first draft of my essay.*

hack into
pirater • *A student had managed to hack into some top-secret government data.*

problèmes

go down
être en panne • *The computers went down and we lost a whole day's work.*

wipe out
effacer • *A sudden power cut wiped out my hard disk.*

Criminalité

My car was **broken into** last night – for the third time! I rang the police but they weren't very helpful. Apparently, there's a gang going round **breaking into** cars and houses, and the police can't catch them. They're quite violent too, and someone who tried to stop them got **beaten up** quite badly. After that, a couple of them were **hauled in** for questioning, but there was no real evidence against them so the police had to let them go. It seems it's unlikely they'll be caught unless they **give** themselves **up**, and I can't see that happening, can you?

Of course, it's nothing compared to some of these terrorist attacks where loads of people get **blown up**. It just makes me angry to see them **getting away with** it. If I had my way I'd **lock** them **up** and throw away the key!

voler

break in/into
entrer par effraction • *They broke in through the kitchen window.*

hold up
(banque) attaquer à main armée • *Four armed men held up the bank and escaped with $4 million.*

make off with *légèrement familier*
se tirer avec • *Somebody broke into the shop and made off with several TVs and videos.*

criminalité violente

beat up
tabasser • *Four soldiers dragged him out of his car and beat him up.*

do in *familier*
supprimer • *Phil had heard that his enemies were threatening to do him in.*

bump off *familier*
do away with *familier*
descendre • *He plays the hit-man who's hired to bump off the main character's wife.*

blow up
faire sauter • *They threatened to blow up the airliner if their demands were not met.*

découvrir le coupable

pull in *familier*
emmener au poste • *The police pulled in dozens of protesters during the demonstration.*

haul in/into
emmener au poste • *The police hauled him in for questioning.*

inform on
dénoncer • *The terrorist group warned that anyone who informed on them would be killed.*

turn in
(autrui) dénoncer, (soi-même) se rendre • *After six months on the run, he turned himself in.*

give yourself **up**
se rendre • *The gunman finally gave himself up to the police.*

punir

lock up
put away *familier*
bang up *britannique, familier*
mettre en prison • *At present youths can only be locked up for crimes such as murder and rape.*

send down *britannique, familier*
envoyer en tôle • *He was sent down for armed robbery.*

go down *britannique & australien, familier*
aller en prison • *You could go down for five years if they catch you.*

ne pas être puni

let off
ne pas punir • *I'll let you off this time, but I don't ever want to catch you stealing again.*

get away with
s'en tirer • *If I thought I could get away with it, I wouldn't pay tax at all.*

Émotions

Richard was a bit depressed earlier this year. I think all the uncertainty at work was **getting** him **down**. He was pretty **hacked off** at not being promoted too. He's been at the same level now for six years and I think it's really **getting to** him. It's no good telling someone to **snap out of** it or **pull** themselves **together** when something's really bothering them. Anyway, we had a really good holiday over Easter and after that he seemed to **perk up**. I don't know exactly what it was that was **getting** him **down** but he seems to have **got over** it.

être triste ou ennuyé

get down
démoraliser • *All this uncertainty is really getting me down.*

get to *familier*
contrarier, énerver • *I know he's annoying, but you shouldn't let him get to you.*

piss off *argot*
wind up *britannique & australien, familier*
énerver • *He never does any work around the house and it's starting to piss me off.*

gnaw at
ronger • *I thought I trusted him, but a growing doubt kept gnawing at me.*

tear apart
fendre le coeur de • *I know that I'll never live with my kids and it tears me apart.*

be put out
être fâché • *He seemed a bit put out at not having been included in the plans.*

se sentir mieux

cheer up
retrouver le moral, remonter le moral à • *We sent some flowers to the hospital to cheer her up.*

perk up
(faire) retrouver la forme • *I felt really tired when I woke up, but I'd perked up a bit by lunchtime.*

brighten up
avoir l'air plus réjoui • *As soon as she heard that you were coming she brightened up.*

liven up
(s') animer • *The party livened up as soon as Bob arrived.*

être de meilleure humeur

calm down
se calmer • *She was so annoyed – it took me half an hour to calm her down.*

get over
se remettre de • *I don't suppose you ever really get over the death of a child.*

snap out of *familier*
en sortir • *He's been suffering from depression ever since his wife died and he just can't snap out of it.*

pull yourself together
se ressaisir • *Pull yourself together, now. There's no point in crying.*

perdre son sang-froid

be carried away
s'emballer • *I got a bit carried away when I was dancing and got up on the table.*

freak out *familier*
perturber, paniquer • *She saw all those faces looking up at her and just freaked out.*

flip out *surtout américain, familier*
devenir fou • *He flipped out in court, yelling and screaming about his rights.*

Alimentation

My eating habits have really changed over the years. I've **cut down** on the amount of meat I eat – and fat and sugar. Five or six years ago I'd **put away** a big piece of meat most evenings, then I'd **polish off** a huge bowl of ice cream for dessert. My drinking habits weren't too healthy either. It was nothing for me to **knock back** a bottle of wine with a meal. Another important thing is how quickly you eat your food. I used to **wolf** it **down** so quickly that I didn't have time to enjoy it. Now I've learnt to appreciate each mouthful. I enjoy my food – and I'll still **pig out** on pizzas and chocolate once in a while. I'm just more careful, that's all.

Boire ou manger rapidement

bolt down *familier*
wolf down *familier*
engloutir • *If you bolt down your dinner like that you'll get indigestion.*

knock back *familier*
(alcool) descendre • *She was knocking back the champagne at Marty's last night.*

Boire ou manger beaucoup

pig out *familier*
se goinfrer • *I pigged out on pizza and chocolate last night.*

plough through
plow through *américain*
se taper • *Once I've ploughed through two whole courses, I'm usually too full for dessert.*

put away *familier*
(nourriture) avaler, (boisson) descendre • *I can't believe how much Alex put away at lunch!*

boire ou manger en petites quantités

pick at
grignoter • *Bec was picking at her food in a dejected way.*

cut down
cut back *surtout américain*
réduire • *I'm trying to cut down on the amount of sugar I eat.*

tout manger ou tout boire

eat up
manger tout, finir de manger • *Within two minutes she had eaten up all the bread and cheese.*

drink up
finir son verre • *We'd better drink up – it looks like the pub's about to close.*

polish off *familier*
liquider • *He's just polished off a pizza and half a loaf of bread.*

donner à boire et à manger

dish up
serve out/up
servir • *If you want to sit at the table, I'm ready to dish up* • *Can you carve the meat while I serve out the vegetables?*

lay on
fournir • *On Sunday lunchtimes he lays on sandwiches for all the club members.*

préparer rapidement à manger

whip up *familier*
knock together/up *familier*
préparer en vitesse • *I could knock up a quick snack if you wanted.*

faire chauffer la nourriture

heat up
faire chauffer, faire réchauffer • *I was just heating up some soup for lunch.*

Donner & obtenir des renseignements

'I didn't mean to tell her, it just **slipped out**.'
'That's the last time I **confide in** you. You can't **keep** anything **to** yourself, can you! Everyone will know by now – you know how news **gets around** in this office.'
'Talking of which, I **picked up** an interesting bit of news. Philip was **filling** me **in** on the latest gossip and he told me Claire's 6 months pregnant. But if anyone else asks, don't **let on** that I told you.'
'Don't you worry, I won't say a word. I'm just amazed she managed to **keep** it **from** us for so long.'

donner des renseignements

give out
annoncer • *The winners' names were given out on the radio last night.*

put out
(déclaration) prononcer, communiquer, (mise en garde) émettre, (communiqué de presse) diffuser • *Police have put out a warning to people living in the area.*

fill in *légèrement familier*
mettre au courant • *Let's go for a coffee and you can fill me in on what happened at the meeting.*

divulguer des secrets

let out
let on *légèrement familier*
révéler, confier • *I think Dave knows more about this than he's letting on.*

let into *britannique & australien*
(secret) dire • *Shall I let you into a secret? I've decided to give up work at the end of the year.*

let in on *familier*
(secret) mettre au courant de • *Debbie agreed to let me in on her plans.*

confide in
se confier à • *He didn't trust his brother enough to confide in him.*

slip out *légèrement familier*
échapper • *I really didn't mean to tell her that Ellen was pregnant – it just slipped out.*

circulation de l'information

get around
(nouvelle) se répandre • *For obvious reasons I don't want it to get around that I've applied for the post.*

put around/round
put about *britannique & australien*
(bruit) faire courir • *Rumours have been put around that the company is going to be bought by an American firm.*

obtenir des renseignements

sound out
(opinion) sonder • *I sounded her out about working for us but she wasn't interested.*

pick up
(commérage) entendre • *Did you pick up any interesting gossip from Emilio?*

worm out of *familier*
(information) soutirer à • *He wasn't going to tell me but I managed to worm it out of him.*

retenir l'information

keep back
cacher • *I suspected she was keeping something back.*

keep from
cacher • *Is there something you're keeping from me?*

keep to yourself
garder pour soi • *She tends to keep her opinions to herself.*

hold back
refuser de divulger, se refuser à divulguer • *Information is sometimes held back from patients when it is thought it might upset them.*

Maladie

It started with a headache and a high temperature and I thought he was **coming down with** the flu. I just assumed he'd **picked** something **up** at school, as kids do, and if it didn't **clear up** within a day or two, I'd take him to the doctor's. Then it started to get worse. He **came out in** a rash all over his chest and then he developed a really bad cough. I tried giving him some medicine for the cough but he couldn't **keep** it **down**. When he stood up he'd get dizzy and look as if he was going to **pass out**. Eventually I called the doctor out and she said it was just a virus that was going round. In a couple of days he'd **got over** it. Kids are amazing like that, aren't they?

tomber malade

come down with *légèrement familier*
(rhume) attraper • *I think I'm coming down with a cold.*

pick up
attraper • *Children pick up infections easily.*

fight off
(maladie) se défendre contre • *People vary in their ability to fight off infections.*

break out in/into
come out in
(boutons, plaques) avoir une éruption de • *I broke out in a huge red rash the day before the party.*

pass out
black out
s'évanouir • *He came back drunk from Gav's party and passed out on the sofa.*

throw up *familier*
vomir • *She'd spent half the night with her head down the toilet throwing up.*

keep down
garder dans l'estomac • *For three days after the operation she couldn't keep anything down.*

swell up
enfler • *My feet always swell up when I'm on a plane.*

flare up
(maladie) réapparaître • *If it flares up again, you should go to see a doctor.*

maladie mentale

break down
s'effondrer • *Two days after the death of his wife he broke down and needed to seek medical help.*

crack up *familier*
craquer • *When someone becomes neurotic about pens and paper clips, it's a sure sign they're cracking up.*

quand on est malade

look after
care for
s'occuper de • *Do you think you could look after the cat while we're away?*

guérir

get over
se remettre de • *She was only just getting over the flu when she caught chicken pox.*

pull through
s'en tirer • *I was so ill, they didn't even know if I was going to pull through.*

come around/round
come to
reprendre connaissance • *I stayed next to Kathy all night because I wanted to be there when she came round.*

clear up
disparaître • *After several days the infection started to clear up.*

heal up
guérir • *I'm not supposed to use my arm till the bone has healed up completely.*

heal over
cicatriser • *Try to protect that cut until it heals over completely.*

mourir

pass away
pass on
mourir • *She passed away peacefully in her sleep.*

Argent

Generally, I think I'm quite good with money, although I do tend to **splash out** on clothes occasionally. I don't mind paying for things I enjoy but I hate having to **fork out** for bills and repairs. While I was at college I **ran up** a huge debt which I've only just finished **paying off**. It wasn't my fault really – none of us ever had very much money, although somehow we all managed to **scrape by**. My parents were always willing to **bail** me **out**. I suppose that just made it worse because then I had to **pay** them **back**. I've never been very good at **saving up** for things but I'm trying to **put** a little **by** each month and I find it soon adds up.

dépenser

lay out *familier*
dépenser • *What's the point of laying out so much money on a dress that you'll only wear once.*

splash out *familier*
faire des folies • *I hadn't been to a restaurant for ages so I decided to splash out.*

run up
(déficit) accumuler • *He ran up a lot of debts while he was unemployed.*

fork out *familier*
shell out *familier*
débourser • *Having shelled out fifty pounds for the tickets, I wasn't going to miss it.*

cough up *familier*
allonger • *I've already had to cough up £200 for his bike.*

avoir juste assez d'argent

get by
(financièrement) se débrouiller • *I don't know how he gets by on so little money.*

scrape by
survivre • *She has to scrape by on what she earns as a cleaner.*

aider financièrement

bail out
renflouer • *She keeps running up huge debts and then asking her friends to bail her out.*

tide over
dépanner • *Could you lend me £20 to tide me over till the weekend?*

payer ce qui est dû

pay back
rembourser • *Pay me back another time. I don't need the money just now.*

pay off
(prêt, emprunt immobilier) rembourser, (découvert) combler • *I'm planning to pay off my bank loan within five years.*

épargner

save up
faire des économies • *It took me ages to save up enough money to buy a new car.*

put aside
put by
(argent) mettre de côté • *If you put a little by every week, it soon adds up.*

puiser dans les économies

dip into
break into
taper dans • *I've had to dip into my savings to pay for the repairs.*

Lire, écrire & étudier

When it comes to essay writing, I start by **jotting down** a few ideas. When I've worked out what I want to discuss in the essay I **read up on** the subject and **look up** anything I need to know in the relevant books. Then I start to **write** it **up**. When I've **written out** the first draft I **read** it **through** and see if anything needs changing. Then, if it's too short I **pad** it **out** with a few extra facts or quotations. Just before **handing** it **in**, I usually **skim through** it to see if there are any spelling errors to be corrected.

lire

read over/through
lire qch en entier • *I read over my essay to check for errors.*

skim over/through
lire en diagonale • *I didn't have much time so I just skimmed through the article.*

look through
jeter un coup d'oeil à • *Could you look through these figures and see if I've made any obvious errors?*

look up
chercher • *I'm not sure what his number is. You'll have to look it up in the telephone directory.*

écrire

jot down
take down
noter • *I always carry a notebook with me so that I can jot down any ideas* • *Did you take down that number?*

write out
(rapport, liste) rédiger • *He wrote out all the instructions for us.*

write up
(notes) rédiger • *He spent two years doing research for his thesis and a year writing it up.*

pad out
étoffer • *If your essay is on the short side, you can always pad it out with a few quotations.*

rough out
ébaucher • *I've roughed out a little play for the children to perform.*

apprendre

read up on
étudier à fond • *He was told to read up on world affairs before the interview.*

swot up
britannique & australien, familier
potasser • *He'll need to swot up on his maths if he's going to pass.*

brush up (on)
(anglais etc.) se remettre à • *He was hoping to brush up on his Italian before our trip.*

pick up
apprendre, acquérir • *I picked up quite a lot of Spanish during my six-month stay in Madrid.*

remettre son travail

hand in
give in
(dissertation) remettre • *All essays must be handed in on time.*

ns

Relations

The last time I spoke to Rob he told me that he and Lucy had **split up**. They'd **fallen out** over money or something and two days later Lucy had **gone off with** Rob's best friend. It doesn't really surprise me. They weren't **getting on** very well last time I saw them. Besides, Lucy seems to **fall for** a different man every week. I don't suppose she'll ever **settle down** with anyone. I think the longest she ever **went out with** anyone when I knew her was six months. The thing about Lucy is that she's incredibly attractive. At college, men were always **asking** her **out**. She'd **get off with** a different one every week. You'd walk into a pub with her and within five minutes some man would be **chatting** her **up**. It was always the same. She'd **go out with** them for a couple of weeks and then **finish with** them. It used to make the rest of us sick.

entamer et poursuivre une relation

hit it off *familier*
accrocher, bien s'entendre • *I didn't really hit it off with his friends.*

get along/on
bien s'entendre • *Vicky and Ellen seem to be getting along much better these days.*

ask out
inviter qn à sortir • *There's a girl in the office he fancies but he's too scared to ask her out.*

chat up *britannique & australien, familier*
draguer • *He spent all evening trying to chat Jane up.*

fall for *familier*
tomber amoureux de • *She fell for a tall, handsome Frenchman when she was in Paris.*

go out together/with
sortir avec • *They'd been going out together for years before they got married.*

get together
(couple) sortir ensemble • *Eight years ago, I got together with a girl who worked at the hospital.*

get off with *britannique & australien, argot*
sortir avec • *She'd got off with some bloke at the party.*

settle down
se ranger • *Eventually I'd like to settle down and have a family, but not yet.*

mettre fin à une relation

fall out
se fâcher • *He left home after falling out with his parents.*

drift apart
être de moins en moins proches • *Jane used to be one of my best friends at school but we've drifted apart over the years.*

grow apart
se perdre de vue • *The fact is that people change and sometimes this causes them to grow apart.*

break off with
finish with *britannique & australien, familier*
rompre avec • *She broke off with Philip to start a relationship with Jamie.*

break up
(mariage) échouer, (couple) se séparer • *He started drinking heavily after his marriage broke up.*

split up
se séparer • *My parents split up when I was seven.*

walk out
(conjoint) quitter • *She walked out on her boyfriend after three years of abuse.*

Conversation

Dinner with Pete's family is a nightmare. His father is one of these people who doesn't talk to you, he **talks at** you. And he likes to talk. In fact, he only **breaks off** to drink his wine. Last time I was there, he was **rambling on** about French literature and **reeling off** the names of all these authors I'd never heard of. Pete **chipped in** with the occasional comment but otherwise, no one else said a word. I was just waiting for him to **shut up** so that someone else could speak. It's difficult though. When someone you don't know very well is **going on** about something you can't just **butt in**. You've got to be polite.

parler de façon ennuyeuse

go on
parler à n'en plus finir • *I've just spent an hour listening to Anne going on about all her problems.*

harp on *familier*
rabâcher la même chose • *He keeps harping on about declining standards in education.*

ramble on
rabbit on *britannique, familier*
run on *américain*
jacasser • *He's always rabbiting on about his stamp collection* • *She ran on at great length about her operation.*

parler rapidement

rattle off *familier*
reel off *familier*
réciter d'une seule traite • *She can rattle off the names of all the team's players.*

interrompre une conversation

butt in
interrompre • *It irritates me the way she butts in on other people's conversations.*

chip in *surtout britannique & australien, légèrement familier*
intervenir • *I tried to explain things to Jenny but Jane kept chipping in.*

parler brusquement

blurt out
(paroles) laisser échapper • *Just before he left to board his plane she suddenly blurted out, 'I love you!'*

come out with
(discours) sortir • *I asked one innocent question and he came out with a stream of abuse.*

ne pas parler

shut up
se taire, faire taire • *Just shut up and get on with your work!*

break off
s'arrêter de parler • *I broke off in the middle of speaking and now I can't remember what I was saying.*

clam up *familier*
se taire • *It's difficult to get information because everyone clams up the moment they realise the police are involved.*

dry up
se taire, avoir un trou de mémoire • *My biggest fear is that halfway through my presentation I'll just dry up.*

parler avec grossièreté

talk at
parler à qn sans l'écouter • *Charles is someone who doesn't talk to you, he talks at you.*

talk down to
parler avec condescendance à • *He was always talking down to us like we were idiots.*

Réflexion

It's a year now since Ian left me and I'm still **going over** the same old things time and time again in my head. My friends tell me I should try not to think about it but I don't think it's healthy just to **block** things **out**. I suppose I can see their point of view. I've tried so often to **work out** where it all went wrong but I haven't **come up with** anything new so what's the point? I really need to clear my mind. I've been **toying with** the idea of going travelling but I need to **think** that one **through** before I give up my job.

Réfléchir posément

think over
réfléchir à • *She said she'd think it over and give me an answer next week.*

think out/through
bien réfléchir • *It sounds like a good idea but we need to spend some time thinking it through.*

mull over
retourner dans sa tête • *I need time to mull things over before I decide what to do.*

avoir une nouvelle idée

think up
(idée) avoir, (excuse) trouver, (plan) inventer • *It's one of those competitions where you have to think up a slogan for a product.*

come up with
(projet, idée) avoir, (solution, réponse) trouver • *A team of advisers is hard at work trying to come up with a slogan for the product.*

dream up
imaginer • *She's always dreaming up crazy schemes to get rich quick.*

imaginer

play with
toy with
(idée) caresser vaguement • *We were playing with the idea of moving to Glasgow.*

repenser à quelque chose

go back over
revoir • *As she lay in her bed she went back over the events of the day.*

go over
repenser à • *In bed last night I kept going over what you'd said to me at lunch.*

ne pas penser à quelque chose

block out
shut out
refouler • *The whole experience was so painful that I just tried to block it out.*

réfléchir et comprendre

fathom out *britannique & australien*
figure out
work out *surtout britannique & australien*
comprendre • *I spent hours trying to fathom out what he meant.*

suss out *surtout britannique & australien, familier*
piger • *She's quite strange. I haven't been able to suss her out at all.*

Voyages

'I've got the itinerary for your trip to Sydney, Chris. Shall I go through it with you?'
'Yes, thanks Kim.'
'You're flying from Heathrow. It says you should **check in** at 10 o'clock, though your plane doesn't **take off** till midday.'
'That means I'll have to **set off** quite early.'
'And you're **stopping over** in Singapore that night.'
'Fine, so when do I arrive in Sydney?'
'You **get in** at 4 o'clock the next day. Now, I've **booked** you **into** the Grand Hotel, as requested, so you can go straight there, **check in**, and get some rest before your meeting.'

partir en vacances

go away
partir • *She usually looks after the house when we go away in the summer.*

get away *familier*
(en vacances) s'évader • *I just need to get away for a few days and think things over.*

entamer un voyage

set off/out
se mettre en route • *It was quite sunny when we set out.*

see off
venir dire au revoir • *My parents came to the airport to see me off.*

à l'aéroport

check in
(bagages) faire enregistrer, (personne) se présenter à l'enregistrement • *When I flew to New York, I was told to check in two hours before my flight.*

take off
décoller • *I like watching planes take off.*

touch down
atterrir • *The plane finally touched down at Heathrow after a ten-hour delay.*

faire une halte

stop off
s'arrêter • *We could stop off in Paris for a couple of days before heading south.*

stop over
lay over *américain*
faire une étape, faire une escale • *We stopped over in Los Angeles for two nights on the way to New Zealand.*

arriver

get in
arriver • *What time does your train get in?*

à l'hôtel

book in/into *surtout britannique & australien*
réserver une chambre • *I've booked in at the Castle Hotel for the night.*

check in/into
se présenter à la réception • *He checked into a cheap hotel near the station.*

check out
quitter l'hôtel • *We checked out of the motel early the next morning.*

# Rubriques thématiques

Temps

It had been cold and wet all week but I'd heard on the forecast that it was going to **warm up** and I eventually managed to persuade the others to come for a walk. When we left home it seemed to be **brightening up**, but an hour and a half later it began to **cloud over**. We were hoping the rain would **hold off** long enough for us to get back to the cars but it suddenly started to **pour down** and we got soaked. In fact, the rain didn't **let up** for two whole days.

mauvais temps

pour down
pleuvoir à verse • *Take an umbrella – it's pouring down.*

cloud over
(ciel) se couvrir • *We watched as the sky clouded over, waiting for the rain to come.*

blow up
éclater • *They could hear a tremendous storm blowing up as they sat in the tent.*

roll in
(nuages) s'accumuler, (brouillard) s'intensifier • *The sky darkened as the clouds rolled in.*

hold off
keep off *britannique*
(neige, pluie) ne pas tomber • *We're playing tennis this afternoon, if the rain keeps off.*

conséquences du mauvais temps

wash out
annuler en raison de la pluie • *Heavy rain washed out the first day's play in New Zealand.*

be snowed in/up
être bloqué par la neige • *We were snowed in for five days in January.*

flood out
être évacué en raison d'une inondation • *Several families living on the seafront were flooded out during the storm.*

cut off
couper du monde • *All the roads were blocked by snow so the whole village was cut off.*

be rained off *britannique & australien*
be rained out *américain*
être annulé à cause de la pluie • *Most of the day's matches at Wimbledon were rained off.*

amélioration du temps

brighten up
clear up
(temps) s'éclaircir • *If the weather brightens up this afternoon we could go for a walk.*

let up
s'arrêter • *Let's go for a walk once the rain lets up.*

blow itself out
blow over
tomber • *The storm had blown over by the evening.*

Travail

I remember that day very clearly because it was the day I **handed in** my notice at work. I **clocked in** at around 9.30 as usual and I didn't **knock off** until after 7 pm. Summer is our busiest time so I was completely **snowed under**. In fact, that was the main reason I decided to **jack** it **in** – there was always too much work to do and never enough people to do it. I'd already decided to **set up** on my own. I applied for a business loan and using the loan and my savings I was able to **open up** a small restaurant. The trouble was, I found I was working even harder than before, even after I had **taken on** a couple of people to help out. In the end, I decided to **sell up** and ask for my old job back – so here I am back in the office, exactly one year later.

début et arrêt des activités

clock in/on
pointer en arrivant au travail • *We're supposed to clock in by 10 o'clock at the latest.*

clock off/out
pointer en sortant du travail • *Don't forget to clock out as you leave the building.*

knock off *familier*
arrêter de travailler • *What time do you knock off work?*

avoir trop de travail

be snowed under *familier*
(travail) être submergé de • *I couldn't finish the report on time because I was so snowed under with work.*

ne pas travailler dur

slack off
relâcher l'effort • *I think we all slack off a bit towards the end of the week.*

skive off *britannique, familier*
ne pas aller travailler • *Where's Martin? Is he skiving off again?*

quitter ou perdre son emploi

hand in
(démission) remettre • *As soon as this project is over, I'll be handing in my resignation.*

jack in *britannique, familier*
(travail) plaquer • *I've decided to jack in my job and go travelling.*

se lancer dans les affaires

set up
(entreprise) monter • *At the age of 29, he set up a commercial property business.*

start up
(entreprise) être créé, créer • *Many small businesses started up in the 1980's to cater to this growing market.*

open up
ouvrir • *Fast food restaurants are opening up everywhere you look.*

employer du personnel

take on
embaucher • *We usually take on extra staff over Christmas.*

keep on
garder • *They got rid of most of the staff but kept one or two people on.*

cesser ses activités

close down
shut down
fermer • *I don't understand why we can't keep the park and close down that ugly factory.*

sell off
mettre en vente • *The company announced that it would be selling off its hotel business.*

sell up *britannique & australien*
tout vendre • *He decided to sell up and retire to the south of France.*

go under
(financièrement) sombrer • *Thousands of small businesses went under during the recession.*

Exercices

Exercices

1a. Choisissez la signification correcte dans les mots de l'encadré.

1 blow up	explode	arrive	stop
2 put up with	build	expect	tolerate
3 call off	cancel	change	fail
4 egg on	separate	encourage	complain
5 pass away	rest	die	destroy

1b. Utilisez les verbes à particule de la question 1a pour compléter les phrases ci-dessous. N'utilisez chaque verbe qu'une seule fois.

1 The other children stood watching him as he climbed and .... him ....

2 I really can't .... this situation any longer.

3 Sadly, old Mrs Lockwood .... last week.

4 Terrorists had threatened to .... the army headquarters.

5 The meeting was .... due to lack of interest.

PHOTOCOPIABLE © Cambridge University Press 1997

2 Appariez les phrases de la colonne de gauche et les réponses de la colonne de droite.

1 Did you hear how much Tim paid for his bike?

2 Should I cook dinner tonight?

3 His parents both died when he was very young, didn't they?

4 I've decided I just don't want to do this job any more.

5 I'm so tired! I've been up at 6 o'clock every morning this week.

a Yes, and I think he was brought up by his grandmother.

b Yes, I think he's been ripped off.

c No, I think we should eat out for a change.

d Well, it's Saturday tomorrow so you can lie in for as long as you like.

e But you can't just pack it in. You need the money.

3 Trouvez le mot qui peut être utilisé avec les verbes à particule ci-dessous.

problems   shoes   anger
£30   business   mistake
hotel   essay   father   taxi

1 wear out ....

2 set up ....

3 face up to ....

4 flag down ....

5 check into ....

6 bottle up ....

7 rub out ....

8 take after ....

9 hand in ....

10 fork out ....

PHOTOCOPIABLE © Cambridge University Press 1997

Exercices

4. Complétez les phrases ci-dessous avec la préposition correcte.

over	with	to
on	with	

1 fall out
I can't believe they fell out .... who was going to do the washing up.

2 fall out
Janek had fallen out .... Peter, his best friend.

3 own up
If I've done something wrong, I always own up .... it.

4 break up
What made him break up .... her? They always seemed so happy together.

5 miss out
She was injured and so would miss out .... her chance to play in the final.

5. Complétez le graphique suivant avec les particules correctes.

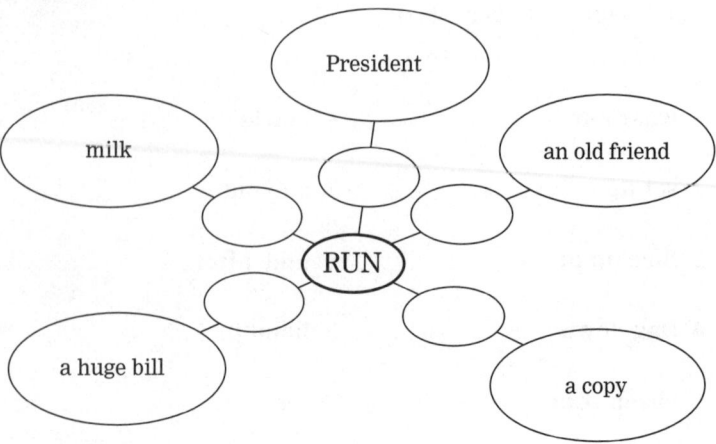

- President
- milk
- an old friend
- RUN
- a huge bill
- a copy

PHOTOCOPIABLE © Cambridge University Press 1997

Exercices

6a Choisissez la signifcation correcte dans les mots de l'encadré.

1 dream up	believe	think of	pretend
2 keep on	continue	escape	refuse
3 split up	manage	stop	separate
4 polish off	finish	wait	kill
5 talk into	introduce	survive	persuade

6b Utilisez les verbes à particule de la question 6a pour compléter les phrases ci-dessous. N'utilisez chaque verbe qu'une seule fois.

1 He was always .... new ideas for making money.

2 He .... a huge lunch and was still hungry.

3 I never let a salesman .... me .... buying anything I don't really want.

4 She just .... asking until he gave her an answer.

5 They were the type of couple people thought would never

....

PHOTOCOPIABLE © Cambridge University Press 1997

Exercices

7 Appariez les phrases de la colonne de gauche et les réponses de la colonne de droite.

1 Have you seen the way he looks at Tina?	a Well, you could if you put a little by each month.
2 She looks so miserable these days.	b Yeah, I kept nodding off all the time.
3 I really don't understand what this letter means.	c I know, we should take her out to cheer her up.
4 That lesson was so boring, wasn't it?	d Yeah, I think he's falling for her.
5 I don't think I can afford to go away this summer.	e No, I couldn't figure it out either.

8 Trouvez le mot qui peut être utilisé avec les verbes à particule ci-dessous.

idea	tennis	mistake	leaflets
company		food	jacket
letter	workers		apartment

1 get across ....

2 lay off ....

3 hand out ....

4 rent out ....

5 take over ....

6 wolf down ....

7 take up ....

8 zip up ....

9 cross out ....

10 type up ....

PHOTOCOPIABLE © Cambridge University Press 1997

9 Complétez les phrases ci-dessous avec la préposition correcte.

```
as    for   on
  on    of
```

1 drop out
Mark dropped out .... college after failing his first year exams.

2 cut down
The doctor has advised her to cut down .... sugar and fat.

3 wait up
Don't wait up .... me, I'll be home very late tonight.

4 step down
Mr Humphreys announced he would be stepping down .... chairman on his 60th birthday.

5 look in
Shall we look in .... Sasha on the way home?

10 Complétez le graphique suivant avec les particules correctes.

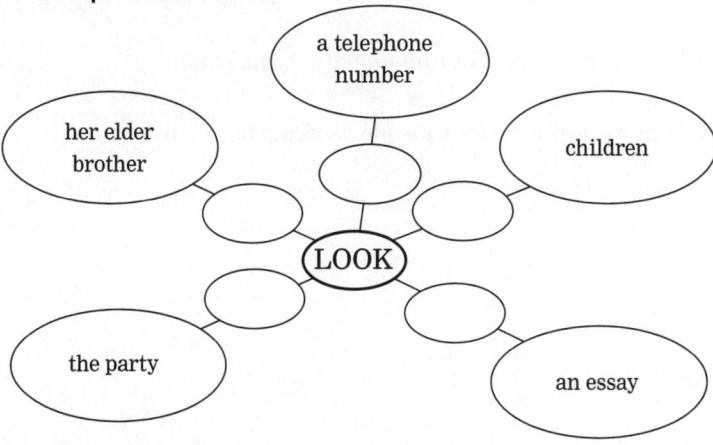

- a telephone number
- her elder brother
- children
- LOOK
- the party
- an essay

PHOTOCOPIABLE © Cambridge University Press 1997

Exercices

11a Choisissez la signification correcte dans les mots de l'encadré.

1 get by	rush	cheat	manage
2 storm off	leave	extract	fail
3 hang on	wait	deliver	frighten
4 turn down	worry	refuse	ignore
5 go along with	insist	fall	agree

11b Utilisez les verbes à particule de la question 11a pour compléter les phrases ci-dessous. N'utilisez chaque verbe qu'une seule fois.

1 Mark's decision to .... their offer was a surprise to everyone.

2 Can you .... a minute? We're very busy at the moment.

3 In the end they .... the president's decision.

4 His mother looked at him angrily, turned and ....

5 Ideally, we'd have four people working here but we can .... with three.

12 Appariez les phrases de la colonne de gauche et les réponses de la colonne de droite.

1 I'm sorry, Mr Phillips isn't in the office at the moment.

2 So, didn't he do the jump?

3 It all sounds so perfect.

4 It was a very serious accident.

5 Listen to her telling everyone about all the famous people she's met.

a I know, it'd be stupid to pass up an opportunity like that.

b Oh I know, she's always showing off.

c Well, could you ask him to call me back as soon as possible?

d No, he chickened out at the last minute.

e Yes, but she's strong. She'll pull through.

13 Trouvez le mot qui peut être utilisé avec les verbes à particule ci-dessous.

exam	present	list	room
homework	food	flu	
questionnaire	problem	team	

1 fill in ....

2 sail through ....

3 sort out ....

4 dish out ....

5 wrap up ....

6 go down with ....

7 give in ....

8 tidy up ....

9 cheer on ....

10 draw up ....

PHOTOCOPIABLE © Cambridge University Press 1997

Exercices

14 **Complétez les phrases ci-dessous avec la préposition correcte.**

into	from	about
as	with	

1 finish off
We finished off the meal .... coffee and chocolates.

2 split up
The teacher split the class up .... groups of three or four.

3 come across
Larry comes across .... a bit of an idiot, but he's actually quite intelligent.

4 stand out
That bright blue house really stands out .... the others.

5 tip off
Someone must have tipped the police off .... the robbery.

15 **Complétez le graphique suivant avec les particules correctes.**

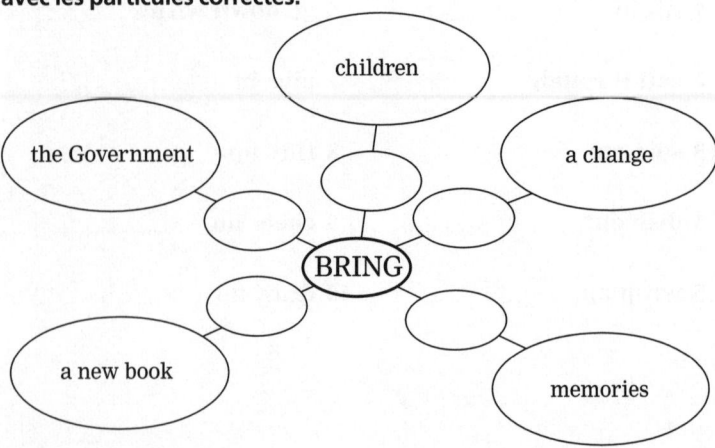

- children
- the Government
- a change
- BRING
- a new book
- memories

PHOTOCOPIABLE © Cambridge University Press 1997

16a Choisissez la signification correcte dans les mots de l'encadré.

1 make up	steal	invent	continue

2 stick up for	support	decorate	wait

3 ring up	clean	damage	telephone

4 give up	disagree	deliver	stop

5 talk over	laugh	discuss	upset

16b Utilisez les verbes à particule de la question 16a pour compléter les phrases ci-dessous. N'utilisez chaque verbe qu'une seule fois.

1 Whenever they argue you always .... Susan just because she's your sister.

2 They've both .... smoking.

3 He was always .... stories to make the children laugh.

4 I'll need to .... it .... with Hugh before I make any decisions.

5 Let's .... the theatre to see if there are any tickets left for tonight.

PHOTOCOPIABLE © Cambridge University Press 1997

Exercices

17 Appariez les phrases de la colonne de gauche et les réponses de la colonne de droite.

1 You look busy.

2 So, you're not coming tonight?

3 And then I put the phone down.

4 I don't really like the people I live with.

5 We're leaving now. Are you coming?

a No, we couldn't find anyone to look after the kids.

b Well, why don't you move out?

c Yeah, I'm swotting up for tomorrow's exam.

d No, go on. I'll catch up with you in a minute.

e What? You just hung up without saying goodbye?

18 Trouvez le mot qui peut être utilisé avec les verbes à particule ci-dessous.

bus	milk	job	road
problem	hat	factory
magazine	car	leaflets

1 try on ....

2 get on ....

3 get into ....

4 leaf through ....

5 come up against ....

6 close down ....

7 use up ....

8 pack in ....

9 block off ....

10 give out ....

PHOTOCOPIABLE © Cambridge University Press 1997

19 Complétez les phrases ci-dessous avec la préposition correcte.

```
   from    as
on    about    in
```

1 dress up
The children loved dressing up .... their mother's old clothes.

2 dress up
For the carnival, we dressed up .... ghosts.

3 go on
My parents are always going on at me .... tidying my room.

4 take over
The new director will take over .... Miss Hailsham who is leaving at the end of the month.

5 rub off
I was hoping some of her intelligence might rub off

.... me if I worked with her for long enough.

20 Complétez le graphique suivant avec les particules correctes.

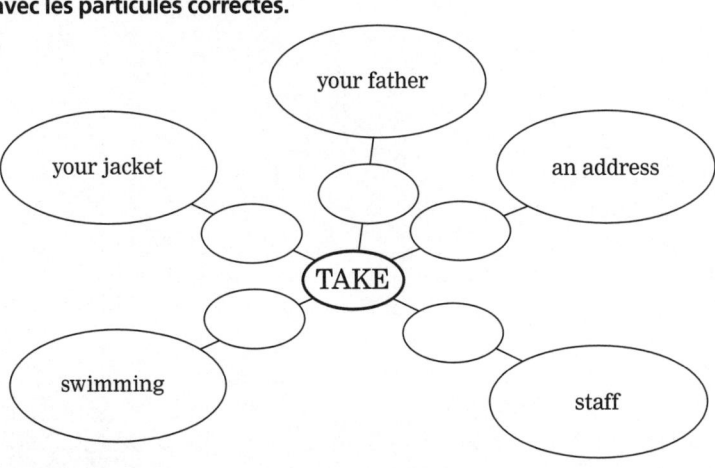

(diagram: TAKE in center, connected to: your father, your jacket, an address, swimming, staff)

Corrigé

Corrigé

1a
1. explode
2. tolerate
3. cancel
4. encourage
5. die

1b
1. egged on
2. put up with
3. passed away
4. blow up
5. called off

2
1. b
2. c
3. a
4. e
5. d

3
1. shoes
2. business
3. problems
4. taxi
5. hotel
6. anger
7. mistake
8. father
9. essay
10. £30

4
1. over
2. with
3. to
4. with
5. on

5
Run for president
Run into an old friend
Run off a copy
Run up a huge bill
Run out of milk

6a
1. think of
2. continue
3. separate
4. finish
5. persuade

6b
1. dreaming up
2. polished off
3. talk into
4. kept on
5. split up

7
1. d
2. c
3. e
4. b
5. a

8
1. idea
2. workers
3. leaflets
4. apartment
5. company
6. food
7. tennis
8. jacket
9. mistake
10. letter

9
1. of
2. on
3. for
4. as
5. on

10
Look after children
Look through an essay
Look forward to the party
Look up to her elder brother
Look up a telephone number

11a
1 manage
2 leave
3 wait
4 refuse
5 agree

11b
1 turn down
2 hang on
3 went along with
4 stormed off
5 get by

12
1 c
2 d
3 a
4 e
5 b

13
1 questionnaire
2 exam
3 problem
4 food
5 present
6 flu
7 homework
8 room
9 team
10 list

14
1 with
2 into
3 as
4 from
5 about

15
Bring up children
Bring about a change
Bring back memories
Bring out a new book
Bring down the government

16a
1 invent
2 support
3 telephone
4 stop
5 discuss

16b
1 stick up for
2 given up
3 making up
4 talk over
5 ring up

17
1 c
2 a
3 e
4 b
5 d

18
1 hat
2 bus
3 car
4 magazine
5 problem
6 factory
7 milk
8 job
9 road
10 leaflets

19
1 in
2 as
3 about
4 from
5 on

20
Take after your father
Take down an address
Take on staff
Take up swimming
Take off your jacket